"十二五"普通高等教育本科国家级规划教材

面向21世纪人力资源管理系列教材

Strategic Performance Management

战略性绩效管理

（第6版）

方振邦　杨　畅◉编著

中国人民大学出版社

·北京·

总　序

由中国人民大学人力资源开发与管理研究中心组织全国人力资源管理领域著名专家学者编写的人力资源管理系列教材以全新面貌与读者见面了。

中国人民大学人力资源开发与管理研究中心成立于2000年，聚集了学术界、政府研究机构的专家学者，致力于我国人力资源开发与管理研究。中心自成立以来，除了组织编写本系列教材之外，还翻译了我国第一套人力资源管理译丛。

改革开放以来，中国经济的高速增长为世人所瞩目。究其原因，学者们的共识是，成就主要源于两个因素：一是体制改革所造就的制度创新和激励机制；二是改革对生产要素，特别是劳动力要素的解放。改革激发了人力资源的活力，他们以各种方式投身于经济建设，使我国人力资源的优势得到充分发挥。正因为如此，人力资源管理在改革开放后特别是20世纪90年代以来，得到了企事业单位的高度关注。如何确定组织的人力资源战略、做好组织的人力资源规划，如何招聘、留住、开发以及激励组织需要的各类人才，如何把握好职位分析、绩效管理、薪酬管理等人力资源管理中的关键环节，如何建设良好的组织文化，已经成为企事业单位各级领导考虑的最重要的问题。随着移动互联网的发展、全球化步伐的进一步加快、人工智能等最新科学技术的发展以及95后开始大量进入职场，各种组织的人力资源管理面临诸多新的挑战，很多组织的人员数量可能会逐渐停止增长甚至下降，对员工的质量要求却大大提升，这就对组织的人力资源管理提出了更高的要求。

从我国改革开放40年的历程中可以清楚地看到，人力资源的确是推动中国经济发展的最重要资源，堪称"第一资源"。更为重要的是，如今，我国自然资源的人均占有量与世界相比并不占优势，国民财富生产中自然资源消耗水平已经很高，可以毫不夸张地说，我国经济与社会实现可持续发展的唯一出路在于进一步发挥人力资源的优势。需要指出的是，发挥人力资源优势并不像有些人所想象的，只是靠廉价的人工成本去竞争。世界各国发展的经验已经证明，人工成本必然会随着经济发展水平而不断提高。一个国家的人力资源优势主要体现在两个方面：一是人力资源的教育素质，体现为潜在的生产力；二是对已经实现就业的人力资源的管理水平，体现为对人力资源的开发利用程度。我国的教育，特别是基础教育，在世界上是有竞争力的，培养了一支高素质的劳动力队伍。而我国的管理水平，尤其是人力资源管理水平，与世界发达国家相比差距仍然存在。因此，提高我国企事业单位以及政府机构的人力资源管理水平是发挥我国人力资源优势的当务之急。近几十年来，我国几代领导人都强调人才对于国家发展的重要作用，人才是第一资源日益得到广泛的认同，人才强国战略更是将人力资源和人才问题提升到整个国家战略的高度。

为了提高我国人力资源管理水平，我们通过翻译教材与专著、邀请外国专家讲学等方法，努力将发达国家在人力资源管理方面的先进理念和经验介绍到国内。但是，人力资源管理是管理学诸学科中受到一个国家文化传统影响最大的领域，对人的管理必然受到社会价值观念、法律制度、人文传统等方面的影响，因此，仅仅依靠舶来品是不能真正解决自身问题的。

中国的管理学经过几十年的发展，已经到了建立具有自身特色的符合中国文化的管理理论的时候。鉴于管理学的文化根基特征，可以说，建立中国特色管理理论的关键在于建立具有中国特色的人力资源管理理论。

总而言之，无论是提高我国人力资源管理水平，还是建立具有中国特色的管理理论体系，都需要培养大批具有先进管理理念、掌握科学管理方法的人力资源管理专业人才。近年来，社会对人力资源管理专业人才的需求一直名列高校毕业生需求榜的前列。旺盛的需求同样导致供给的增加。据统计，自1993年中国人民大学在我国开设第一个人力资源管理本科专业以来，到目前为止，全国已经有500多所高校开设了人力资源管理本科专业，人力资源方向的硕士和博士培养也已经上规模。尤为可喜的是，不仅面向私营部门的人力资源管理专业人才培养日渐成熟，面向公共部门的人力资源管理专业人才培养也已经在很多高校中渐成规模，并且对公共部门人力资源管理水平的提高发挥了积极的作用。从2001年开始出版的本系列教材的第1版，到目前为止已完成了五次全面的再版修订工作，并不断有新的教材加入。本套教材对于满足我国各高校人力资源管理专业的教学需要起到了非常积极的作用，得到广大教师和学生的一致好评。

优秀的教材必须随着社会经济的发展与教学改革的深化而不断完善。我们根据作者的教学体会和教师对本系列教材的使用反馈，组织了这次重新修订工作。本系列教材从一开始起步阶段，就在编写中把握了以下三个重要原则：第一，优选教材作者。本系列教材的作者不限于一个学校，而是从我国各著名高校中最早从事人力资源管理教学与研究的著名学者中遴选，每位作者必须是在人力资源管理的相关领域或模块中的真正专家。同时要求这些学者必须亲自主笔，以保证教材的质量。第二，优化教材体系。本系列教材包括《人力资源管理概论》《人力资源战略与规划》《组织行为学》《工作分析的方法与技术》《培训与开发》《战略性绩效管理》《薪酬管理》《劳动经济学》《劳动关系》等，既可以满足人力资源管理专业的学生系统学习人力资源管理知识的需要，也可以为非人力资源管理专业的管理类学生根据需要选用。第三，重视本国案例的运用。最近几十年来，随着我国市场经济的长足发展以及企业人力资源管理水平的不断提高，涌现出大量有价值的本土化人力资源管理案例。因此，在修订时，我们特别强调多运用中国改革开放以来的案例，以帮助学生更好地理解和掌握相关理论与方法。

尽管已经付出了很大努力，我们仍然清楚地认识到，这套教材还有许多可以不断完善和修改的地方。我们真诚地希望广大读者不吝赐教，提出修改意见和建议，使之日臻完善，以推动我国人力资源管理水平的提高。

董克用

中国人民大学人力资源开发与管理研究中心

前　言

一个世纪以前，在工业化浪潮的推动下，以弗雷德里克·泰勒为代表的先驱们将人类对于管理活动及其内在规律的认知领入科学的殿堂。今天，我们站在21世纪的历史高地上，回望管理学百年历程的跌宕起伏，可以发现各个学派、各种思潮无不最终指向组织绩效、群体（部门）绩效以及个人绩效。细究之下，科学管理以动作研究名动天下，于细微之处求绩效；古典组织理论以体制研究闻达于世，举全局之力谋绩效；行为科学承袭工业心理学之传统，深入内心以探知绩效的内在动因；案例学派摒弃人性假设学说之偏颇，扎根实践、总结经验，以阐释绩效管控……种种理论莫不归于对绩效的研究。从这个意义上说，近代以来的管理科学史是一部以绩效为研究主题的生动史册。

随着科技进步、社会发展和环境变迁，人们逐渐认识到无形资产在未来竞争中的决定性作用，并开始立足于战略的高度来审视人力资源作为第一资源的价值。作为人力资源管理的核心职能，绩效管理与组织战略相互匹配的趋势愈发明显，需求日益强烈。在实践的催生下，有关愿景、战略、质量、流程、知识、文化、团队和领导力等创新性研究极大地丰富了组织用以改进与提高绩效的手段和工具。对此，如何以一种科学的方法设计出既能有效整合各种管理理论和工具，又能与组织战略达成无缝对接的绩效管理系统，成为管理者亟须应对的挑战。

随着我国进入新时代，党中央聚焦深层次体制机制障碍，对党政领导干部考核评价和选拔任用进行了一系列深层次改革。新时代、新征程对干部管理提出了新任务、新要求，如何使广大党员干部牢固树立正确的政绩观和发展观，不断提升制度执行力和治理能力，进而把制度优势更好地转化为国家治理效能，是我国当前绩效管理研究和实践亟须回应和解答的问题。在这样的时代背景下，我们推出了《战略性绩效管理》第6版。新版以习近平新时代中国特色社会主义思想为指导，立足我国所处的历史新方位和面临的新形势，坚持聚焦中国实践增强问题意识，不仅对我国绩效管理的理论创新和实践创新进行了介绍与总结，还对建设中国特色绩效管理体系的方向性、原则性、战略性问题提出了科学的方向指引和对策建议。

在结构上，本书以战略性绩效管理系统模型为理论框架，具体可划分为四个部分。第一部分即第1章，对绩效、战略性绩效管理、战略性人力资源管理等相关概念进行了明确界定；第二部分即第2章，详细介绍了目标管理、标杆管理、关键绩效指标、平衡计分卡和目标与关键结果五种常用的绩效管理工具；第三部分包括第3～6章，这一部分是全书的重点和核心内容，系统论述了绩效计划、绩效监控、绩效评价和绩效反馈等战略性绩效管理的四个环节；第四部分即第7章，对我国绩效管理的现状进行了细致梳理，介绍了我国地方政府绩效管理的代表性实践，甄别了现有的主要问题，并对未来的发展趋势做出了预判。

在内容上，秉持科学系统、简便实用的原则对各章进行了调整。第一，完善了绩效以及绩效管理的相关概念，补充更新了绩效的类型，以及使命、核心价值观和愿景的相关案例；第二，在绩效管理工具部分，结合目前绩效管理实践的发展，新增并系统介绍了当下较为流行的目标与关键结果法；第三，在绩效计划、绩效监控、绩效评价和绩效反馈等章节中，对绩效沟通的常用方式和技巧、绩效信息的来源、绩效评价的内容和 360 度反馈计划的适用性等进行了重新梳理和总结；第四，在介绍我国绩效管理的现状与未来时，以杭州市为例介绍了我国政府绩效管理的本土化尝试，并结合当前发展实际，阐述了我国绩效管理实践的新问题、新方向。以上修改是我们基于对绩效管理现实情况以及未来发展的判断所做出的合理选择，我们衷心期望本次修订工作能够为读者带来一定的裨益和有益的思考。

总体来说，本书第 6 版的特点表现在以下四个方面：一是紧贴实践，具有前瞻性。在修订过程中，我们坚持问题导向，经过深入分析战略性绩效管理实践中的技术难点、实际情境和未来需要，有针对性地对基本概念和容易让人产生困惑的关键技术问题进行了解释和说明，并对企业和公共部门的绩效管理现状与发展趋势进行了深刻的分析，对绩效管理工具的选择和应用进行了大胆的预测。二是科学实用，具有可操作性。本书从绩效概念的界定到战略性绩效管理系统模型的论述都力求将科学性和可操作性、先进性和适用性相结合，在介绍理论、工具、技术和方法时都力求能够为实践中的具体问题提供实用的指导。三是结构合理，具有系统性。从目录和篇章结构可以看出，绩效管理的四个环节勾勒了论述的主线，基本上覆盖了绩效管理的主要知识点，内容翔实、结构分明，同时突出了战略性绩效管理系统模型这个重点。四是生动具体，具有可读性。

本书既适用于普通高等学校管理类专业本科生和研究生教学，也可作为企业和公共部门人力资源管理者的阅读书籍，还可供对绩效管理、战略管理或平衡计分卡感兴趣的人士研习使用。读者既可以通篇阅读，建立起对战略性绩效管理的全面认识，也可以根据需要进行重点研读。

结集成书的艰辛过程汇聚了团队的辛劳付出和智慧。中国人民大学公共管理学院的包元杰老师也是本书作者之一，负责编写第 2 章绩效管理工具的内容。在本书即将出版之际，我要感谢我的研究生唐健、杜义国、周航、唐若琳、冯伟杰等为本书付出的艰苦努力。本书展示的生动案例得益于北京市延庆区、黑龙江省海林市、华鹤集团有限公司、东莞市科学技术博物馆等单位的领导和同志的大力支持和热情帮助，在此表示真诚的感谢。中国人民大学出版社的编辑为本书的审校和顺利出版提供了诸多建议，感谢他们的指导、理解和帮助！虽然我们付出了极大努力，但限于水平，书中的纰漏和不足在所难免，敬请各位同仁、专家和读者朋友批评指正，使本书能够日臻完善。

方振邦
教授、博士生导师
中国人民大学组织与人力资源研究所所长
中国人民大学公共组织绩效管理研究中心主任

目　录

第1章 概论

学习目标

通过对本章的学习，你将能够：

1. 掌握绩效以及绩效管理的概念
2. 阐明绩效管理与绩效评价的区别
3. 了解战略性绩效管理的发展历程
4. 描述并说明战略性绩效管理系统模型
5. 理解战略性绩效管理与战略性人力资源管理之间的关系

➡ 引导案例

海底捞——如何做好绩效管理

要准确认识人力资源管理，如何认识绩效考核是基础。绩效考核标准制定有一个核心原则：考核者一定要和被考核者一起制定，而不是由上级坐在办公室里面想，也不是上级对员工有要求就定成一个指标，一定是上下级一起制定的。原因很简单，首先是员工对岗位的描述更准确，其次是依据员工的能力制定标准更容易保证实现。脱离了员工实际操作情况的考核标准都不具可参照性。

海底捞把整个考核过程分为五个颜色卡，其中红卡是服务，黄卡是出品，白卡是设备，绿卡是食品安全，蓝卡是环境卫生。黄卡、白卡、绿卡、蓝卡是可以量化的，但是红卡是很难量化的，所以红卡考核的只有服务的速度和态度。服务的速度又分为上菜的速度、买单的速度和处理客人投诉的速度。

怎么考核

现在的考核体系全都是由上级考核下级，上级考核有一个班子和团队，这个团队在企业中工作了很多年，非常有经验，而且很多成员当过店长，之后才进入绩效考核团队。

更具体点，到一个餐厅主要观察几个现象：先观察客人，客人在等候区的时候有没有很焦急，有没有东张西望到处找人，甚至大吼大叫；到了就餐区，有没有大声喊服务员的现象，就餐区是不是很干净；观察服务员、管理者有没有聊天、打盹的现象。

如何打分

考核之后就要打分，海底捞采取的是小区考核门店。因为每个区打的分值不一样，海底捞就采用绝对值判断，分为A、B、C三个等级。这个机制出来之后，每个店的分数都在上涨，因为大家已经跑起来了，相当于大家互相在竞争。因为大家在不知道分数排到第几名的时候会努力地提高绩效的分数，为此会各方面都努力做好。

考核结果一定要应用

考核结果要和被考核者沟通。特别是对于不认同考核结果的这一部分人，一定要做好沟通，做沟通的过程其实是一个培训的过程。考核出来的A、B、C，一定要和薪酬、升迁对应上，如果不对应好，被考核者前面的绩效就白做了，培训也白做了。

资料来源：如何做好绩效管理？海底捞联合创始人告诉我们这些．（2016－06－21）．https：//www. sohu. com/a/84704304_116263.

绩效是组织的使命、核心价值观、愿景和战略的重要表现形式，也是决定组织竞争成败和可持续发展的关键因素。因此，如何利用科学的理论、工具和方法对绩效进行计划、监控、评价和反馈，不断提升绩效水平，从而实现组织既定的战略目标，始终是管理学界热议的话题。关于绩效以及绩效管理的文献和著作浩如烟海，但学者们探索的脚步从未停止。为了更好地理解这一话题，本章将从绩效的基本概念入手，继而展开有关战略性绩效管理的论述和研究。

第1节　绩　效

一、绩效的内涵

随着管理实践的不断拓展和深入，人们对绩效内涵的认识也在不断变化和发展。在不同的学科领域、不同的组织以及组织不同的发展阶段，人们对绩效有着不同的理解。但无论是组织还是个人，都应该以系统和发展的眼光来认识和理解绩效的概念。著名管理学家彼得·德鲁克认为："所有的组织都必须思考'绩效'为何物。这在以前简单明了，现在却不复如是。战略的制定越来越需要对绩效的新定义。"如果不能明确界定绩效，就不能有效地对其进行评价和管理。因此，作为绩效管理的逻辑起点，对绩效的概念进行确切的定义和深入的理解是至关重要的。

绩效一词来源于英文单词performance，其一般意义是指工作的效果和效率。也有人采用"业绩""实绩""效绩"等相近或相似的词汇来表达，但这些概念，或使用领域比较狭窄，或意思表达不够完整。而"绩效"一词能够更完整、准确地反映performance的内涵，因此为国内的学者和管理者广泛接受，故本书统一采用"绩效"的概念，并在此基础上讨论绩效管理问题。

对绩效概念的探索起源于对员工绩效的界定。关于员工个人绩效的内涵，学者们提出过许多不同的看法，概括起来主要有三种典型的观点：一种观点认为绩效是结果；另一种观点认为绩效是行为；还有一种观点则认为绩效是行为和结果等的统一体，如表1－1所示。无论是"绩效结果观"还是"绩效行为观"，都有其局限性。如果把绩效仅视为结果，会导致行为过程缺乏有效监控和正确引导，不利于团队合作、组织协同及资源的合理配置。如果把绩效仅视为行为，则容易导致员工行为的短视化，拘泥于具体工作，缺乏长远规划，最终难以实现预期结果。因此，"绩效结果观"和"绩效行为观"都无法全面、完整、准确地描述绩效的内涵。在管理实践中，绩效强调一个工作活动的过程及其结果，也就是说，个人绩效包括了工作行为及其结果。当管理者对绩效进行评价时，不仅要考虑个体投入（行为），也要考虑工作产出（结果）。因此大部分学者认为，应当采用更为宽泛的概念来界定个人绩效，将个人绩效定义为“行为与结果的统一”更为恰当。

表1-1 关于个人绩效的不同观点及划分

划分	观点描述	评价内容
结果观	• 韦氏词典（Merriam-Webster's Dictionary）将绩效定义为完成某种任务或达到某个目标 • Bernardin和Beatty（1984）认为绩效是在特定时间范围内，在特定工作职能、活动或行为中产出的结果记录 • Kane（1996）指出绩效是一个人留下的东西，这种东西与目的相对独立存在	结果/产出
行为观	• 牛津词典（Oxford Dictionary）将绩效解释为执行或完成一项活动、任务或职能的行为或过程 • Katz和Kahn（1987）把绩效分为三个方面：加入组织并留在组织中；达到或超过组织对员工所规定的绩效标准；自发地开展组织规定之外的活动，如与其他成员合作，保护组织免受伤害，为组织的发展提供建议，自我发展等等 • Campbell、McCloy、Oppler和Sager（1990）提出的工作绩效理论则将工作绩效定义为：员工所控制的与组织目标有关的行为 • Murphy（1990）指出，绩效是个体表现出的与其工作的组织或组织单元的目标有关的一组行为 • Borman和Motowidlo（1993）提出“关系绩效-任务绩效”二维模型。任务绩效指所规定的行为或与特定的工作熟练有关的行为；关系绩效指自发的行为或与非特定的工作熟练有关的行为 • Aguinis（2013）认为，绩效本身并不包括员工行为带来的结果，而只包括他们的行为	行为/过程
综合观	• Brumbrach（1988）认为绩效指行为和结果。行为由从事工作的人表现出来，将工作任务付诸实施。（行为）不仅仅是结果的工具，行为本身也是结果，是为完成工作任务而付出的脑力和体力的结果，并且能与结果分开进行判断 • Olian和Rynes（1995）指出，行为能够并且应当是任何绩效定义中的一部分，正如结果或成果能够在理论上与行为相联系一样 • Otley（1999）指出绩效是工作的过程及其达到的结果 • Mwita（2000）认为绩效是一个综合的概念，它包含三个因素：行为、产出和结果 • 彭剑锋（2011）认为绩效是具备一定素质的人通过符合组织要求的行为达成的效果和效率 • 董克用和李超平（2015）认为绩效是指员工在工作过程中所表现出来的与组织目标相关的并且能够被评价的工作结果与行为	行为＋结果

准确理解个人绩效的内涵还需要了解情境、态度、能力与结果的关系。在讨论绩效

时，首先必须牢记员工不是在真空中工作的，而是处于特定背景即某种具体的工作情境之中。对同一员工来说，工作情境的改变很可能导致其行为发生很大的变化，并产生不同的结果。其次，阿瑟·雷伯（Arthur S. Reber）在其主编的《心理学词典》中强调，“performance 通常只包括外显行为，因而与能力有别”。对于员工个人绩效而言，员工的工作态度直接反映为员工为实现绩效目标所付出的努力程度，这种努力程度能够在获取绩效结果的工作过程中得以体现，表现为员工的工作行为。但员工个人能力水平的高低仅是达成个人绩效结果的调节变量，不能作为绩效评价的内容。换言之，有能力而无意愿工作的员工在组织中大有人在，能力是影响绩效的关键因素，但不是绩效本身。美国学者贝茨和霍尔顿（Bates & Holton）指出，“绩效是一个多维构建，观察和测量的角度不同，其结果也会不同。”因此，对于员工而言，评价内容、评价主体、评价周期、评价方法以及评价结果的应用就显得尤为重要。笔者认为除了工作结果，员工在工作活动过程中表现出的行为以及该行为所反映的工作态度，也是管理者进行绩效评价和监控的重要内容。工作情境、工作态度、工作能力与工作结果的关系如图 1－1 所示。此外，对于处于组织内不同层级的员工的个人绩效，其评价内容也应该有所不同。通常，中高层管理者的绩效评价内容主要以结果为主，对于基层员工则要综合评价其工作态度及工作结果。

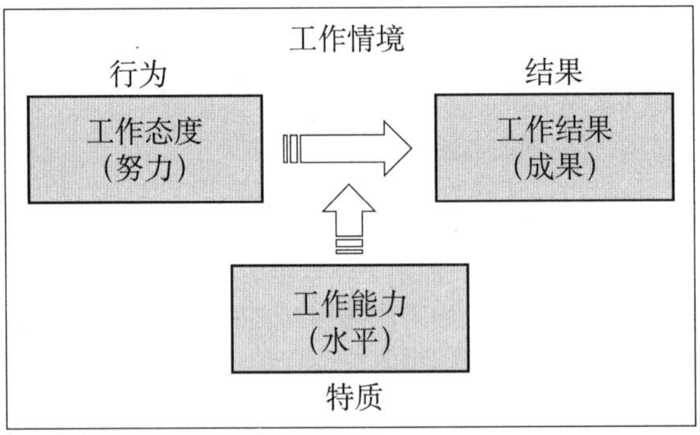

图 1－1　工作情境、工作态度、工作能力与工作结果的关系

综合众多学者的研究成果，笔者认为绩效是指组织及个人的履职表现和工作任务完成情况，是组织期望的为实现其目标而展现在组织不同层面上的工作行为及其结果，它是组织的使命、核心价值观、愿景及战略的重要表现形式。绩效本身是一个多层次的有机整体，并且影响因素众多，性质构成复杂。要全面理解绩效的概念，需要注意如下几个方面：

第一，绩效必须与组织战略的要求保持一致。绩效是组织的使命、核心价值观、愿景和战略的重要表现形式，其中组织战略对绩效系统有直接的决定作用。每个组织的战略选择和战略目标存在差异，造成了每个组织对绩效的具体界定不同，其重点绩效领域也随之产生很大的差异。比如，IBM 选择的是全面客户解决方案战略，而微软则选择了系统锁定战略，由于两家企业选择的战略不一样，其与战略保持一致的重点绩效领域也就不一样。

第二，绩效是一个多层次的有机整体。绩效包含组织绩效、群体绩效和个人绩效三个层次，其中组织绩效是绩效体系的最高层次和总体目标。群体绩效和个人绩效符合组织绩效的期望是战略性绩效管理的基本要求，任何背离组织绩效的工作行为与结果都不应该纳入战略性绩效管理体系。群体的构成在组织架构内主要是指各种部门和团队，本书在涉及群体绩效的时候主要是指部门绩效。

第三，绩效的最终表现形式是工作行为与结果。绩效是指组织及个人的履职表现和工作任务完成情况，最终表现为组织内各层级人员的工作行为与结果，并且指那些需要评价的工作行为及结果。组织内不同层级员工的工作行为与结果都需要以组织目标为导向，集中表现为绩效系统的系统性和一致性。

二、绩效的类型

随着管理研究和实践探索的深入，对于绩效的认识不断深化，依据视角的不同，可以将绩效划分为不同的类型。

（1）从行为主体层次来看，可以将绩效划分为组织绩效、群体绩效和个人绩效。组织内的行为主体按照层次不同可以分为组织、群体（主要包含部门和团队两类）和个人三个层次，不同的行为主体将产生不同的绩效。因此，按照被衡量行为主体的多样性，绩效可以从组织架构层次角度划分为组织绩效、群体绩效和个人绩效，如图 1－2 所示。组织绩效就是组织的整体绩效，指的是组织任务在数量、质量及效率等方面完成的情况；群体绩效是组织中以团队或部门为单位的绩效，是群体任务在数量、质量及效率等方面完成的情况；个人绩效是个体所表现出的、能够被评价的、与组织及群体目标相关的工作行为及其结果。

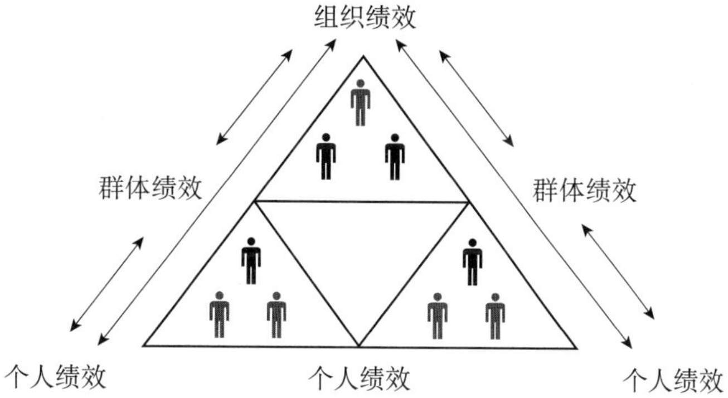

图 1－2　绩效的三个层次：组织绩效、群体绩效和个人绩效

尽管组织绩效、群体绩效和个人绩效有所差异，但是三者密切相关。组织绩效、群体绩效和个人绩效三个层次是自上而下层层分解、自下而上层层支撑的关系。组织绩效具有最高的战略价值，是绩效管理系统的最高目标。组织绩效和群体绩效是通过个人绩效实现的，离开个人绩效，也就无所谓组织绩效和群体绩效。个人绩效则是绩效管理系统的落脚点，是组织绩效的基础和保障。脱离了组织绩效和群体绩效的个人绩效是毫无意义的，个人绩效的价值只有通过群体绩效和组织绩效才能体现。

（2）从构成维度来看，绩效可以划分为任务绩效（task performance）和周边绩效（contextual performance）。任务绩效是指员工运用与工作有关的知识和技能生产产品和提供服务，或者完成与实现组织目标相关的任务时的行为表现，如将原材料转化为组织所生产的产品或服务的各项活动，通过计划、协调、监督或人员配置来提高组织效率的各种行为等。周边绩效是通过提供能够促进任务绩效发生的良好环境来帮助组织提升效率的行为表现，如持续保持工作热情，自愿承担本职工作以外的工作任务或活动，与他人保持合作态度以及认可、支持和维护组织目标等。任务绩效与周边绩效的区别如表1-2所示。

表1-2　任务绩效与周边绩效的主要区别

任务绩效	周边绩效
各职位间不同	各职位间相似
很可能是角色事先规定好的	不大可能是角色事先规定好的
达成的前提：能力和技能	达成的前提：人格
属于工作职责范围	一般在工作职责范围之外

资料来源：赫尔曼·阿吉斯．绩效管理：第3版．北京：中国人民大学出版社，2013.

任务绩效和周边绩效是绩效的两个重要维度，不可偏废其一。特别是对于周边绩效，如果组织中的所有员工都表现出较低的周边绩效，这必将影响组织的正常运转。那些既关注财务指标等任务绩效又关注建言行为等周边绩效的组织，更容易创造出较高的客户服务水平和员工满意度。因此，无论是任务绩效还是周边绩效，组织的管理者都需要给予足够的重视。

三、绩效的性质

为了更深入地理解绩效的概念，需要理解和掌握绩效的性质。根据绩效的定义，绩效具有以下三个性质，这些性质与绩效的概念和绩效管理过程是密切相关的。

（一）多因性

影响绩效的因素有很多，绩效的多因性是指绩效的优劣并不由单一因素决定，而是受个体因素、组织内部和外部因素共同作用的影响。个体因素主要包括知识、能力、技能、认知和人际关系等。组织内部因素主要包括组织战略、组织文化、组织架构、技术水平以及管理者领导风格等。外部因素主要包括社会环境、经济环境、国家法规政策以及同行业其他组织的发展情况等。并不是所有影响因素的作用都是相同的，在不同情境下，各种因素对绩效的影响作用各不相同。在分析绩效差距时，只有充分研究各种可能的影响因素，才能够抓住影响绩效的关键因素，从而对症下药，更有效地对绩效进行管理，促进绩效水平的持续提升。

（二）多维性

绩效的多维性指的是评价主体需要多角度地去分析和评价绩效。对于组织绩效，布雷德拉普（Bredrup）认为组织绩效应当包括三个方面，即有效性、效率和变革性。有效性指达成预期目的的程度；效率指组织使用资源的投入产出状况；变革性则指组织应对未来变革的准备程度。这三个方面相互结合，最终决定一个组织的竞争力。在对员工个人绩效进行评价时，通常需要综合考虑员工的工作结果和工作态度两个方面。对于工作结果，可以通过对工作完成的数量、质量、效率以及成本等指标进行评价。对于工作态度，可以通过大局意识、纪律意识、服从意识以及协作精神等评价指标来衡量。根据评价结果的不同用途，可以选择不同的评价维度和评价指标，并根据期望目标与实际值之间的绩效差距设定具体的目标值和相应的权重。如何选择适当的评价维度、评价指标以及如何确定指标权重等问题会在后面的章节进行阐释。

（三）动态性

绩效的第三个性质是动态性。组织环境的动态性和复杂性决定了员工的绩效会随着时间的推移而发生变化；原来较差的绩效有可能好转，而原来较好的绩效也可能变差。因此，在确定绩效评价和绩效管理的周期时，应充分考虑绩效的动态性特征，具体情况具体分析，根据不同的绩效类型确定恰当的绩效评价周期，从而保证组织能够根据评价目的及时、充分地掌握不同层面的绩效情况，减少不必要的管理成本，并获得较高绩效。此外，在不同的环境下，组织对绩效不同内容的关注程度会有所不同，有时侧重于效率，有时侧重于效果，有时则统筹兼顾多个方面。无论是组织还是个人，都必须以系统和发展的眼光来认识和理解绩效。

四、影响绩效的主要因素

绩效具有多因性，影响绩效的因素也是多方面的。绩效的影响因素主要包括技能、激励、环境以及机会四类，可以说，绩效是技能、激励、环境以及机会的函数，如图1-3所示。

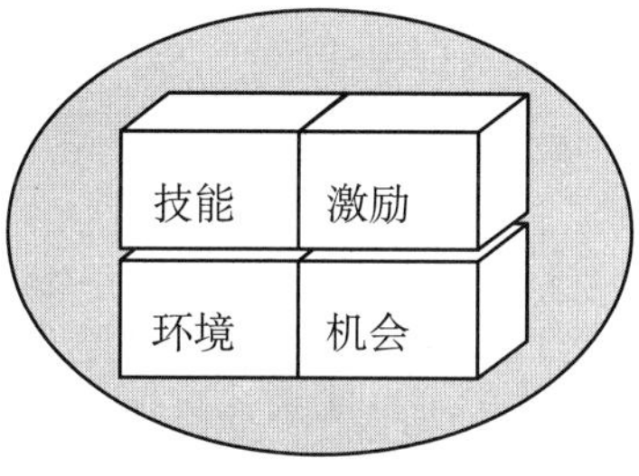

$P=F(S,M,E,O)$

绩效$=F$（技能，激励，环境，机会）

图1-3 影响绩效的主要因素

（1）技能。技能（skill）指的是员工的工作技巧和能力水平。一般来说，影响员工技能的主要因素有：天赋、智力、经历、教育、培训等。员工的技能不是一成不变的，组织可以通过各种方式来提高员工的整体技能水平。一方面，可以通过招聘录用阶段的科学性甄选出知识技能水平较高的员工进入组织；另一方面，可以为员工提供满足其工作所需的个性化培训或通过员工自身主动地学习来提高其工作技能。员工技能的提高可以加速组织技术水平的提升，从而对组织绩效产生积极的影响。

（2）激励。激励（motivation）作为影响绩效的因素，是通过提高员工的工作积极性来发挥作用的。为了使激励手段能够真正发挥作用，组织应根据员工个人的个性、需求结构等要素，选择适当的激励手段和方式。

（3）环境。影响工作绩效的环境（environment）因素可以分为组织内部环境因素和组织外部环境因素两类。组织内部环境因素一般包括：工作场所的布局和物理条件；工作设计的质量及工作任务的性质；工具、设备以及原材料的供应；公司的组织结构和政策；工资福利水平；培训机会；企业文化和组织气氛等。组织外部环境因素包括社会政治经济状况和市场的竞争强度等。不论是组织的内部环境还是外部环境，都会通过影响员工的工作行为和工作态度来影响员工的工作绩效。

（4）机会。与前面三种影响因素相比，机会（opportunity）是一种偶然性因素。机会能够促进组织创新和变革，为员工创造学习、成长和发展的有利环境。在特定的情况下，员工如果能够得到机会去完成特定的工作任务，可能会使其达到在原有职位上无法实现的工作绩效。在机会的促使下，组织可以拓展新的发展领域，加速绩效的提升。因此，无论是对组织还是对个人，机会对绩效的影响都是很重要的。

第2节　战略性绩效管理

战略性绩效管理应承担的职责就是在组织战略的指引下对绩效体系进行科学、全面和系统的计划、监控、评价与改进，最终实现管理所追求的效果和效率两大目标的持续提升。战略性绩效管理注重组织绩效、群体绩效和个人绩效的协同性和导向性，强调通过系统性和精细化的管理活动来实现各层次绩效的全面提升，最终服务于组织战略目标的达成。

一、战略性绩效管理的发展历程

战略性绩效管理经过了一个较长的酝酿、产生、发展和完善的过程。对战略性绩效管理的发展轨迹进行梳理，有利于深入、全面和准确地理解战略性绩效管理。组织、管理和绩效是密不可分的概念。组织是管理活动及其绩效的载体，管理是组织借以创造绩效的手段，绩效是组织实施管理的目的。纵观百年管理思想史，无论是各类组织管理者的实践摸索，还是管理学界对管理工作的理论研究，都是围绕绩效展开的。不同时期的不同学术流派虽然各自的研究假设有别、观察和分析问题的视角不尽相同，但都是以改善组织绩效作为探索的出发点，并始终致力于促进绩效水平的提升。从这个意义上讲，管理学发展的历史就是绩效管理探索的历史。绩效管理思想从萌芽到逐步发展为战略性绩效管理经历了一个较长的时期。

19世纪初期，被誉为“现代人事管理之父”的罗伯特·欧文（Robert Owen）进行了最早的绩效管理实验。欧文坚持以人为本，强调人性化管理。他将工人的工作绩效分为恶劣、怠惰、良好和优质四个等级，并分别用黑、蓝、黄、白四色的木块来表示。每个工人的前面都有一个木块，部门主管根据工人的表现进行考核，厂长再根据部门主管的表现对部门主管进行考核。为了保证考核的公正，欧文还规定厂长需要听取任何人对于规章制度方面的意见，且每个工人都可以查看有关自己行为方面的表现记录，如有不公正，可以向厂长提出申诉。考核结果摆放在工厂里的显眼位置，所有工人都可以看到其他人木块的颜色，从而知道其对应的工作表现。刚开始实行这项制度时，工人表现恶劣的很多，而表现良好的很少。但是，在众人目光的注视下和自尊心的驱使下，表现恶劣的频次和人数逐渐减少，而表现良好的工人却不断地增多。欧文开创了企业建立工作绩效考核系统的先河，也给自己带来了丰厚的回报。但是，欧文的实验在当时并没有立即引起足够的重视。

20世纪早期，科学管理占据管理学主导地位，以泰勒为代表的科学管理学派秉承亚当·斯密（Adam Smith）的“经济人”观点和大卫·李嘉图（David Ricardo）的“群氓假设”，将人看作一群无组织的利己主义的个体。这个时期提高绩效的方式是通过工作标准化和培养“第一流的工人”来实现的。20世纪20年代至40年代，基于埃尔顿·梅奥（Elton Mayo）的“社会人”假设研究，人际关系学派和行为科学学派对个体的社会性需求、非正式组织的影响以及管理者的领导能力等方面进行了系统分析，对人的心理因素对绩效的影响有了更深的认识。

20世纪50年代，彼得·德鲁克在综合科学管理学派和行为科学学派研究成果的基础上，把“重视事”和“重视人”的观点结合起来，提出了目标管理的思想，强调员工参与目标制定和充分尊重员工意愿以激发其内在动力。德鲁克的“目标管理和自我控制”管理思想促使目标管理发展成为一个卓越的管理工具。目标管理以制定目标为起点，以目标完成情况的评价为最重要的节点，以绩效反馈为终结；工作成果是评定目标完成程度的标准，也是评价管理工作绩效的最重要标准。总之，德鲁克的目标管理理论为绩效管理发展做出了重要贡献。50年代以后，激励理论、领导理论、权变理论、战略管理理论等研究成果的涌现，使个体绩效的影响因素呈现出多层次、多维度和动态性的特征，并逐渐与组织的战略联系起来。

自科学管理运动兴起到20世纪80年代，企业内部绩效评价和控制的研究及实践主要是针对组织财务绩效的衡量、个体绩效标准及其影响因素。这种传统的绩效衡量模式产生于工业经济时代，立足于事后评价，关注企业自身状况，重视明确可见的短期绩效，并且以财务指标为主。这种模式对依靠会计信息披露进行投资决策和管理的投资者和分析家来说曾经是一个有力的工具，但是随着知识经济的兴起，无形资产对企业获取核心竞争优势的影响日益增大，这一典型的“秋后算账”式的绩效衡量模式暴露出不少缺点。

其一，滞后性。企业的运营处于持续不断的变化过程中，与之相适应的企业绩效管理系统也应该是一个持续不断的动态循环。但传统的绩效衡量模式只是企业会计期末的分析和总结，停留在单一的事后评价环节，不利于对企业运营进行实时监控和及时调整。

其二，封闭性。企业是一个多维的开放系统，其运营不仅涉及内部各种因素，而且时刻受外部环境的影响。由于产业时代的企业外部环境相对稳定、简单，企业管理的重点在企业内部，与之相适应的传统绩效衡量模式也是一个封闭的系统，仅关注企业自身运作，而忽视了外部环境因素。

其三，抽象性。传统的绩效衡量模式主要以会计信息为依据、以财务指标为主体，会计信息和财务指标是对企业运营的一种综合的、抽象的反映。传统的绩效评价无法触及企业复杂的内部环节和层次，这就容易导致许多深层次问题及其原因被隐藏起来。换言之，传统的绩效衡量模式能在一定程度上反映综合的绩效结果，但不能揭示深层次的绩效驱动因子。

其四，功利性。传统的绩效衡量模式过分重视取得和维持短期财务成功，助长了企业管理者的急功近利思想和短期投机行为，从而忽视了企业的发展潜力和长远利益。在当今竞争日趋智力化、无形化的经营环境中，企业在先进技术、市场声誉、人员素质等方面的长期积累对于自身的生存和发展至关重要。从这个角度说，传统的绩效衡量模式显然有些“目光短浅”。

在组织绩效方面，1903年，美国杜邦火药公司开始使用投资回报率对企业整体绩效进行衡量，并将其发展成为一个评价各个部门绩效的手段，奠定了财务指标作为评价指标的统治地位。尽管之后不同时期在财务指标的选择以及衡量的手段上存在差异，但以财务指标为主导这一现实从未改变过。

到了20世纪70年代后期，学者们在总结绩效评价局限性的基础上进一步丰富了绩效的内涵，并提出绩效管理（performance management，PM）的概念。80年代出现的关键绩效指标（key performance indicators，KPI）试图通过不同层级的绩效评价指标之间的承接和分解来建立组织战略与个人绩效的联系。虽然关键绩效指标描述了绩效评价指标的设计思路及关键环节，但未能在个体绩效的衡量内容上形成一个比较明确和统一的系统框架。随着管理实践的不断发展，后来形成了以投资回报率和预算比较为核心，包括销售收入、利润、现金流和各种财务比率的组织绩效评价指标体系。总之，这一时期的个体绩效仍然从组织的生产效率和经济效益出发，提炼出以财务指标为主体的结果性指标。

20世纪90年代以来，由于时代特征和竞争环境的变化，以及传统预算存在淡化战略意识、难以促进企业绩效持续提高和编制成本高等缺陷，企业开始重视对客户、质量、技术、品牌、文化、领导力等非财务要素进行评价，出现了把财务指标评价和非财务指标评价、过程评价和结果评价紧密结合的趋势。1992年，卡普兰和诺顿在《哈佛商业评论》上发表了《平衡计分卡：驱动业绩的衡量体系》，标志着平衡计分卡（balanced scorecard，BSC）作为衡量组织绩效的工具正式问世。1996年，卡普兰和诺顿出版《平衡计分卡：化战略为行动》，将平衡计分卡从绩效衡量工具扩展为战略实施工具，标志着平衡计分卡理论体系的初步形成。之后，卡普兰和诺顿又出版了一系列著作，建立起了全面、科学和系统的化战略为行动的战略性绩效管理体系，通过平衡计分卡正式将绩效管理系统与组织战略对接起来，从而助推了战略性绩效管理理论体系的形成。

二、战略性绩效管理的内涵

（一）绩效管理

绩效管理本身代表着一种管理思想和管理观念，是对绩效相关问题系统思考的集中体现。关于绩效管理的内涵很多学者都进行了论述。理查德·威廉姆斯（Richard Williams）在《组织绩效管理》中将绩效管理的观点归纳为三种体系。一种观点认为，绩效管理是管理组织绩效的系统。该观点是从对组织绩效进行管理的角度来解释绩效管理的，强调通过对组织结构、生产工艺、业务流程等方面的调整来实现组织的战略目标；员工虽然受到技术、结构、业务流程等变革的影响，但并不是重要的考虑对象。另一种观点认为，绩效管理是管理员工绩效的系统。该观点是从对员工个人绩效进行管理的角度来解释绩效管理的，强调以员工为核心的绩效管理概念。该理论隐含的前提假设是在对员工绩效进行管理时，组织的目标已经明确，并得到了组织员工的认同和肯定。在这两种观点的基础上，又综合形成了第三种观点，即认为绩效管理是综合管理组织与员工绩效的系统，也就是组织与员工整合的绩效管理。但此种观点的内涵因强调的重点不同而并不统一。一种是更加强调组织绩效，持该观点的代表人物考斯泰勒（Costello）认为，“绩效管理通过将每个员工或管理者的工作与整个工作单位的宗旨连接在一起来支持公司或组织的整体事业目标”。另一种是更加强调员工个人绩效，该观点指出绩效管理的中心目标是挖掘员工的潜力，提高他们的绩效，并通过将员工的个人目标与企业战略结合在一起来提高组织的绩效。

赫尔曼·阿吉斯认为绩效管理是对个人绩效和团队绩效的识别、测量和发展并根据组织战略进行绩效改进的持续的过程。雷蒙德·诺伊等认为绩效管理是指管理者确保雇员的工作活动以及工作产出能够与组织目标保持一致的过程，是企业赢得竞争优势的中心环节。石金涛认为，绩效管理是指为了达到组织的目标，通过持续开放的沟通，推动团队和个人做出有利于目标达成的行为，形成组织所期望的利益和产出的过程。彭剑锋认为绩效管理的根本目的是持续改善组织和个人的绩效，最终实现企业战略目标。林新奇认为绩效管理是对组织和员工的行为与结果进行管理的一个系统，是一系列充分发挥每个员工的潜力、提高其绩效，并通过将员工的个人目标与企业战略相结合以提高组织绩效的过程。

很多学者已经对绩效管理的内涵、特点、管理机构以及系统模型等方面进行了探索和研究。管理理论界和管理实践者在如下三个方面逐渐取得共识：第一，绩效管理强调实现组织战略目标是绩效管理系统的最高目标，战略性是绩效管理的首要特性；第二，绩效管理强调坚持系统思考和持续改进的思想，需要对绩效管理的过程和结果进行全面的关注；第三，绩效管理的第一责任主体是直线部门而不是人力资源部门。从总体上看，目前绩效管理已经发展到战略性绩效管理的阶段。但是绩效管理涉及组织管理的方方面面，组织战略、组织文化、组织系统、领导、人力资源、激励政策、决策支持、控制系统、财务管理等等都可以纳入绩效管理范畴之中，因此要给绩效管理下一个准确的定义并不容易，学术界对绩效管理的概念也还没有形成共识。

从绩效管理的本质含义出发，综合学者们的观点和研究成果，笔者认为战略性绩效管理（strategic performance management，SPM）是指组织及其管理者在组织的使命、核心价值观的指引下，为达成愿景和战略目标而进行的绩效计划、绩效监控、绩效评价以及绩效反馈的循环过程，其目的是确保组织成员的工作行为和工作结果与组织期望的目标保持一致，通过持续提升个人、群体以及组织的绩效水平，最终实现组织的战略目标。对战略性绩效管理的理解，主要应该把握以下几点：

第一，战略性绩效管理是在组织使命和核心价值观的指引下，承接愿景和战略的管理系统。组织的使命和核心价值观应该指引绩效管理实践全方位的工作。愿景和战略必须通过绩效管理系统来落地，战略目标是战略性绩效管理系统的最终目标，绩效管理系统就是化战略为日常行动的系统。作为一种管理思想和管理系统，战略性绩效管理渗透到管理实践的方方面面，是组织赢得竞争优势的关键环节，不能将其仅限定在人力资源管理范畴之内。

第二，战略性绩效管理是一个由绩效计划、监控、评价及反馈四个环节构成的持续改进的封闭循环系统。这个系统中任何一个环节出现问题，都会影响到组织绩效水平。整个管理过程需要管理者和下属进行持续沟通，通过设定绩效目标、了解绩效现状、分析绩效差距、寻求解决方案、进行绩效反馈等系列行动，确保组织绩效水平的持续提升，最终确保组织绩效目标以及组织战略目标的实现。

第三，战略性绩效管理是对组织绩效、群体绩效和个人绩效的全面管理。组织绩效是绩效管理系统最高层次的目标，个人绩效是战略性绩效管理系统的落脚点。战略性绩效管理通过促进个人绩效和群体绩效的提升进而为组织绩效的提升服务，全面协同三个层次的绩效，最终推动组织战略目标的达成。

第四，战略性绩效管理应该坚持全员绩效管理，但是主要管理责任由直线管理者承担。战略性绩效管理强调化战略为每个员工的日常行动，组织内所有人员都是战略性绩效管理的责任者。组织各层级的管理者，尤其直线部门管理者，是绩效管理的主要责任者，需要保证下属的行为和结果与组织期望保持一致，而不能将绩效管理当作额外事项，更不能认为绩效管理仅是人力资源部门管理者的任务。

（二）绩效评价与绩效管理

在了解战略性绩效管理发展历程时，厘清绩效评价和绩效管理这两个概念十分重要，人们在管理实践中经常混淆这两个概念。无论是在中文文献还是英文文献中，绩效评价与绩效管理这两个概念都被广泛使用。从发展历程上看，绩效评价（performance appraisal，PA）又称绩效考核，是人们更为熟知的概念，绩效管理是在绩效评价的基础上产生的，是绩效评价的拓展，可以说绩效评价是绩效管理思想发展的一个重要阶段。从管理实践上看，绩效评价仅是绩效管理的一个关键环节，不能将绩效评价等同于绩效管理。绩效评价与绩效管理的比较如表1-3所示。

表1-3　绩效评价与绩效管理的关系

绩效评价	绩效管理
• 管理过程中的一个环节	• 一个完整的管理过程
• 注重考核和评估	• 注重信息的沟通与绩效目标的达成
• 只出现在特定的时期	• 贯穿管理活动的全过程
• 滞后性	• 战略性与前瞻性

绩效评价与绩效管理是既紧密联系又相互区别的两个概念。只有把绩效评价置于绩效管理的整个过程中，才能有效实现绩效管理的目的。如果一个组织只进行绩效评价而忽略了绩效管理的其他环节，那么组织的绩效目标将难以达成。绩效评价成功与否不仅取决于绩效评价本身，而且在很大程度上取决于与绩效评价相关联的整个绩效管理过程。有效的绩效评价依赖于整个绩效管理活动的成功开展，而成功的绩效管理也需要有效的绩效评价来支撑。绩效评价的结果表明了组织选择的战略以及行动的结果，而绩效管理则为绩效评价提供了评价的内容和对象，并在绩效的基础上进行相应的决策与改进。只有通过绩效评价这个环节，才能将客观的绩效水平转化成完整的绩效信息，为改进个人和组织绩效提供管理决策的依据；同时，绩效管理的关键决策都围绕绩效评价展开，包括评价内容、评价主体、评价周期、评价方法以及评价结果的应用，这些决策贯穿绩效管理过程的不同环节，但都是基于绩效评价来进行的。因此，我们需要发展、全面和系统地看待绩效评价和绩效管理的关系，只有将绩效评价纳入绩效管理体系，才能对绩效进行有效的监控和管理，从而保障绩效目标的顺利实现。

三、战略性绩效管理的特点

深入理解战略性绩效管理的特点，对构建科学的绩效管理系统有极大的帮助。本书在参考众多学者的研究成果和管理实践经验的基础上，分析和提炼出战略性绩效管理的四个特点，具体如下。

（一）战略性

战略性是指组织绩效管理系统在纵向上确保各个层次的绩效能形成一个有机整体，最大限度地助推组织战略目标的实现。战略性绩效管理系统涉及战略执行中与组织绩效相关的方方面面，该系统首先应该体现组织对战略的全面谋划，通过战略性绩效管理使整个组织管理系统与组织战略保持高度一致，确保绩效管理系统随着组织战略的调整而调整，确保个人的绩效目标能够与组织及部门的战略目标紧密结合。美国Renaissance Solutions公司（RSI）和CEO杂志社对数百家实施绩效管理的企业进行调查分析的结果表明，绩效管理失败的主要原因是，这些企业的绩效管理是围绕年度预算和运营计划进行的，鼓励的是短期的、局部的行为，忽视了企业长期的发展战略和整体绩效的提升。由此可见，组织的绩效管理系统必须从组织战略出发，通过提高员工的个人绩效来提高组织的整体绩效，进而实现组织的战略目标。目前我国许多组织的绩效管理系统之所以不能很好地支撑组织的战略，主要原因在于绩效管理系统不能根据组织战略的变化及时地做出调整。因此，战略性绩效管理系统应时刻保持敏锐的灵活性，能够根据组织战略的变化进行及时的调整，以便更好地确保组织、部门和个人三个层次的绩效在纵向上保持一致，从而实现组织绩效系统与发展战略的动态一致。

（二）协同性

协同性是指通过战略性绩效管理系统，实现组织、业务部门、支持部门、外部合作伙伴等的全面协同，形成合力，促进竞争优势的形成。协同是组织设计的最高目标，也是战略性绩效管理系统的基本特征。一个组织通常是由很多机构、业务部门和专业部门组成，为了实现组织整体绩效超过组织内各部门所产生的绩效的总和，即产生“1＋1＞2”的整体效应，每个部门都需要打破部门职能的壁垒和克服沟通障碍，通过与组织战略的紧密联系，实现相互协同。战略性绩效管理系统的协同性需要重点关注组织与业务部门之间的纵向协同、业务部门之间以及业务部门与支持部门之间的横向协同、组织与外部合作伙伴的协同，从而形成全方位、多维度的协同体系，最终为实现组织战略目标服务。在信息化、网络化、全球化的竞争时代，现代组织处于一个复杂的巨型系统之中，很多大型组织自身就是一个复杂的巨型系统。同类企业在硬实力上的差距越来越小，现代企业如何实现全面协同、形成最大的合力，已经成为组织获得竞争优势的关键因素。

（三）差异性

差异性是指不同组织、部门以及个人的绩效管理系统应该具有独特性，特别是绩效评价系统应该有差异，即不同组织的绩效评价系统不一样，不能用一个评价量表去评价组织系统内的所有部门，更不能用一个量表去评价所有人。组织战略选择的不同决定了绩效管理系统关注重点的差异。比如，宝马公司选择的是产品领先战略，其绩效管理系统更加强调收入增长和产品创新；而丰田公司选择了成本领先战略，故更加关注成本控制和内部运营流程的管理。这就是因为战略选择的差异直接导致了两家公司的绩效管理战略重心的不同。此外，个人绩效评价也会因为组织绩效战略重心的不同，表现出更大的差异性，即使在同一个组织内部，也会因为职位和工作任务的差异，导致绩效评价内容各不相同。因此，个体绩效评价量表必须针对特定的岗位或特定的工作任务进行评价，不能用一张量表评价所有组织成员。

（四）公平性

公平性是指战略性绩效管理系统在设计和执行过程中，需要尽量坚持绩效评价的程序、结果以及人际的公平原则，确保绩效管理系统在执行过程中得到绝大部分人员的认同。战略性绩效管理系统必须站在推动组织持续发展的立场上公平地处理各种关系。在大多数情况下，一个绩效管理系统执行的效果不佳和效率不高，主要原因之一在于人们认为该系统不能公平地对待每一名员工。因此，组织需要通过广泛参与和持续沟通，克服绩效变革带来的阵痛，最终促使上下达成共识，形成一个各方都能接受的公平的战略性绩效管理系统。在绩效评价过程中，常被人们感知的公平有以下三种类型。

1. 程序公平

程序公平是指员工对于做出绩效管理决策的过程所感知到的公平，即员工对绩效评价程序以及将绩效评价结果与薪酬相挂钩的程序是否公平的感知。程序公平能够影响员工对组织的信赖和承诺，因此，在开发绩效管理系统的过程中，应该格外重视程序公平对于绩效管理系统的影响。

2. 结果公平

绩效管理系统的结果公平主要体现在投入与结果的关系上，是指员工对绩效评价结果以及绩效评价结果运用情况的公平感受。组织可以通过一些做法提高绩效管理系统的结果公平程度，如就绩效评价指标及其标准问题、绩效评价结果的应用等与员工交换意见，告诉员工组织对他们的期望等。

3. 人际公平

人际公平是指在绩效管理过程中员工从管理者那里所感受到的人际待遇和信息传递的公平程度，这是管理者在使用绩效管理系统时应重视的问题。管理者可以通过一些方式提高绩效管理系统的人际公平程度，如：加强评价者培训，规范评价者的言行，确保评价者能够礼貌、尊重地对待评价对象；在和谐友好的氛围中向被评价员工提供及时、准确的绩效评价结果；允许员工对绩效评价结果提出质疑等。

四、战略性绩效管理的责任体系与组织机构

明确责任主体和建立组织保障是成功推进战略性绩效管理的两个重要内容。对战略性绩效管理的责任体系形成正确认识，是建立专门的绩效管理部门的前提；建立科学合理的绩效管理部门，是全面落实绩效管理责任的重要保障。

（一）战略性绩效管理的责任体系

绩效目标体系直接来源于组织战略目标的承接和分解，各层次绩效目标的达成是实现组织战略目标的前提和基础。战略性绩效管理的责任体系主要体现在组织内部各层级的人员对其绩效目标所承担的责任上。从总体上看，组织高层管理者、部门管理者和全体员工是各层级绩效目标的直接责任者。具体来讲，高层管理者是绩效管理工作的发起者、组织者和推动者，也是组织绩效的直接承担者；部门管理者是绩效管理的实施者和下属工作实践的指导者，也是部门绩效的直接承担者；员工个人是绩效实践的参与者，也是个人绩效的自我管理者和直接承担者。人力资源管理部门和管理者则是绩效管理规则的制定者、绩效管理实施的辅导者、技术支持者、推动者和监督者，以及绩效评价结果的应用者；在管理实践中，人力资源部门和管理者通常是以组织高层管理者的参谋、部门管理者和广大员工的合作伙伴的身份出现的。战略性绩效管理的责任体系的总体构成如图 1－4 所示。

（二）战略性绩效管理的组织机构

战略性绩效管理系统是一个连接战略与运营的全面的、完整的体系，涉及组织管理

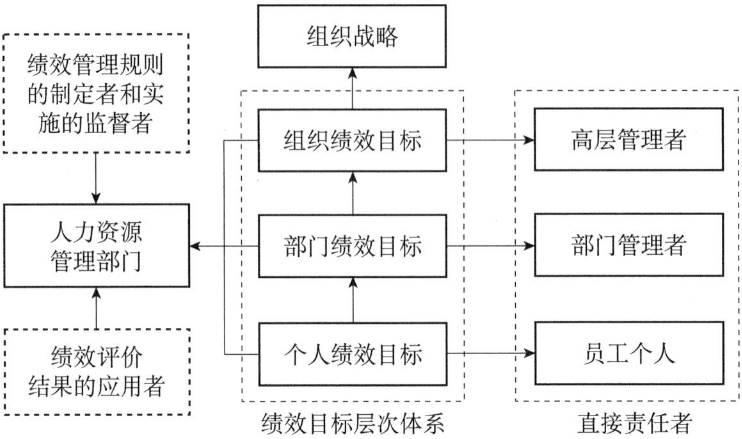

图1-4　战略性绩效管理的责任体系

的方方面面，只要与组织战略目标实现相关的关键领域，都可以纳入该系统。建立强有力的组织保障是战略性绩效管理的基本要求，也是推进战略性绩效管理的必要措施。绩效责任体系的逐渐明晰，为建立完善的绩效管理组织机构提供了基础条件和可能，为此，很多组织都建立了专门的绩效管理部门。

很多企业设立了专门的绩效管理办公室。有的绩效管理办公室的领导者是中层管理者，有的是副总兼任。鉴于战略性绩效管理在组织中的重要地位，绩效管理办公室的管理者最好是专门的分管副总裁。因为职责和分工的差异，不同的组织在称谓上有一定的差别，比如组织变革副总裁、绩效管理副总裁、业务卓越副总裁等。

在政府的绩效管理实践中，很多地方政府设置了专门的绩效管理机构。我国国家机关有绩效管理职能的机构主要是国家监察委员会和组织部。由于地方政府对绩效管理的重视程度不同或对绩效管理的理解差异，组织机构的设置也有一定的区别。有的地方政府绩效管理机构设在组织部，有的设在监察部门，也有的设在政府办公室。不同的组织机构设计，导致了在推动绩效管理实践中的执行力度不一样。比如杭州市成立了专门的考评办公室和绩效办公室，对市直部门、下辖区县（市）进行综合考评，并发布年度综合考评社会评价意见报告、社会评价意见整改进度、综合考评结果通报等信息。

五、战略性绩效管理系统模型

为了更加准确、全面地理解战略性绩效管理，掌握战略性绩效管理的运行机制，我们结合国内外绩效管理的相关理论和实践发展动态，在组织使命和核心价值观的指引下，通过对组织的愿景和战略的全面承接，设计了一个战略性绩效管理系统模型，即“目的、环节和关键决策模型”，如图1-5所示。

组织的使命、核心价值观、愿景和战略对战略性绩效管理具有规范和导向作用，是构建高效的战略性绩效管理系统的基础。战略性是战略性绩效管理系统的首要属性，集中体现在使命、核心价值观、愿景和战略通过组织绩效管理系统落地。只有通过战略性绩效管理系统将组织战略转化为整个组织系统内各个层级人员的行动指南，才能确保所

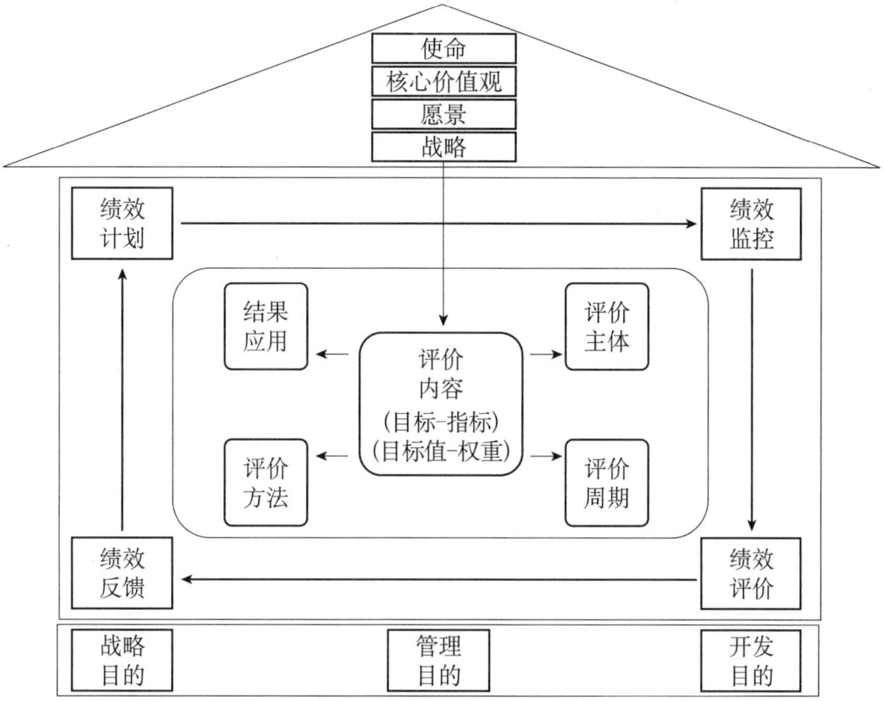

图 1-5 战略性绩效管理系统模型

有人员的绩效产出符合组织战略的需要。因此，全面和深入地理解使命、核心价值观、愿景和战略对构建战略性绩效管理系统有决定性的作用和重要的意义，本书将在将第 3 章第 2 节进行详细论述。

国内外的研究及实践表明，不论采用何种形式，一个科学、有效的战略性绩效管理系统应该包括以下三个方面的内容：目的、具体环节和关键决策。战略性绩效管理系统的“三个目的、四个环节和五项关键决策”是一个有机整体，我们需要在明确各自内涵与外延的基础上，全面、深入、系统地理解战略性绩效管理系统模型。

（一）战略性绩效管理的目的

战略性绩效管理的目的是设计战略性绩效管理系统的出发点和基础，是检验一个组织绩效管理系统设计和实施有效性的标准。组织内的一切绩效管理活动都是围绕绩效管理的目的展开的，偏离了目的，绩效管理就失去了存在的价值和意义，失败将不可避免。归纳起来，战略性绩效管理的目的包括战略目的、管理目的和开发目的，只有三个目的同时实现，才能确保组织绩效管理活动的科学性、有效性和合理性。

1. 战略目的

绩效管理与组织的战略密切相关。组织战略的实现离不开绩效管理系统，而绩效管理系统也必须与组织的战略目标密切联系才具有实际意义。战略性绩效管理系统能够将员工具体的工作活动与组织的战略目标联系起来，通过采用先进的管理工具，比如关键绩效指标、平衡计分卡等，把组织、部门和个人的绩效紧密地联系在一起，在员工个人绩效提高的同时促进组织整体绩效的提升，从而确保组织战略目标的实现。因此，在运用战略性绩效管理系统实现战略目标时，应首先明晰组织的战略，通过战略目标的承接与分解，将组织的战略目标逐层落实到部门和员工个人，并在此基础上制定相应的绩效评价指标体系，设计相应的绩效评价和反馈系统。管理者可以通过绩效评价指标体系来引导员工的行为，帮助员工正确认识自己的优势与不足，使员工的努力与组织的战略保持高度一致，促使组织战略顺利实现。

2. 管理目的

绩效管理的管理目的主要是指通过评价员工的绩效表现并给予相应的奖惩，激励和引导员工不断提高自身的工作绩效，从而最大限度地实现组织目标。组织的各项管理决策都离不开及时准确的绩效信息，绩效评价结果是组织做出培训、调薪、晋升、保留、解雇等人力资源管理决策的重要依据。虽然这些决策都十分重要，但是不少管理者却将作为绩效信息来源的绩效评价过程视为一个为了履行自己的工作职责而不得不做的、令人生厌的工作环节。在他们看来，对员工进行评价，然后再将评价结果反馈给员工，是一件难办的事情。他们往往倾向于给所有的员工都打高分或者是给予他们相同的评价，以至于绩效评价信息失去实际意义。因此，要真正实现战略性绩效管理的管理目的并不是一件容易的事情。这就要求管理者通过绩效计划为战略目标的分解和实施确定具体可行的行动方案；通过对战略目标的实施过程进行有效的监督和控制，确保组织资源的合理利用和配置；更为重要的是，通过设计科学、规范的绩效评价系统保障绩效评价结果的公平性和有效性，不断提高员工的工作绩效和组织的管理水平，确保绩效管理目标的达成。

3. 开发目的

绩效管理的开发目的主要是指管理者通过绩效管理过程来发现员工存在的不足，以便对其进行有针对性的培训开发，使员工能够更加有效地完成工作。在现实中，为了实现绩效管理的开发目的，当员工没有达到预期的绩效目标时，管理者就需要与员工面对面地讨论他们的绩效差距。通过绩效反馈环节，管理者不仅要指出下属绩效不佳的方面，同时还要帮助他们找出绩效不佳的原因，比如技能缺陷、动力不足或某些外在的障碍等，继而针对问题采取措施，制订相应的绩效改进计划，只有这样才能更有效地帮助员工提高他们的知识、技能和素质，促进员工个人的发展和实现组织绩效管理的开发目的。

从以上内容可以看出，一个有效的战略性绩效管理系统应该将员工的工作活动与组织的战略目标联系在一起，并为组织对员工所做出的管理决策提供有效的信息，同时向员工提供及时、准确的绩效反馈，从而实现绩效管理的战略目的、管理目的和开发目的。因此，组织要想通过绩效管理获得人力资源竞争优势，就必须利用战略性绩效管理系统达到上述三个目的。

（二）战略性绩效管理的具体环节

管理者在进行绩效管理时，需要严格遵循绩效计划、绩效监控、绩效评价和绩效反馈四个环节开展工作，并且四个环节缺一不可。为了确保绩效管理的有效性，管理者除了保障四个管理环节的完整性外，还需注意到由于各个组织的具体情况和需求不同，每个组织在运用战略性绩效管理系统的四个环节时有不同的侧重点。本书的章节体系就是按照这四个环节为主线展开的，通过对四个环节的系统把握，全面、系统地掌握绩效管理系统的理论与实践。

1. 绩效计划

“凡事预则立，不预则废。”没有具体的行动计划，目标只是一个美好的愿望。计划是对未来的预想及使其变为现实的有效规划，是对未来的预测和行动方案的制订过程。现代组织处于急剧变化的环境中，组织发展所面临的宏观、微观环境瞬息万变，组织要想生存和发展，比以往任何时候都更需要系统化的前瞻性思考，并时刻为未来做好准备，否则就会陷入难以预见的困境之中。

绩效计划（performance planning）作为战略性绩效管理系统闭循环中的第一个环节，是指当新的绩效周期开始时，管理者和下属依据组织的战略规划和年度工作计划，通过绩效计划面谈，共同确定组织、部门以及个人的工作任务，并签订绩效目标协议的过程。绩效计划是管理者和下属通过追问如下问题而进行的双向沟通过程：

（1）本绩效周期的主要工作内容和职责是什么？按照什么样的程序完成工作？何时完成工作？应达到何种工作效果？可供使用的资源有哪些？

（2）本绩效周期应如何分阶段地实现各种目标，从而实现整个绩效周期的工作目标？

（3）本绩效周期的工作内容的目的和意义何在？哪些工作是最重要的，哪些是次要的？

（4）管理者和下属计划如何对工作的进展情况进行沟通？如何防止出现偏差？

（5）下属在完成工作任务时拥有哪些权利？决策权限如何？

（6）为了完成工作任务，下属是否有接受培训或自我开发哪种工作技能的必要？

从以上问题可以看出，绩效计划不仅仅是完成一份工作计划那么简单。作为整个绩效管理过程的起点，绩效计划非常注重管理者和下属的互动式沟通和全员参与，使管理者与下属在如何实现预期绩效的问题上达成共识。因此，绩效计划的内容除了包括不同层面的绩效目标，还包括为了达到计划中的绩效结果，双方应做出什么样的努力，应采用什么样的方式，应进行什么样的技能开发等内容。当然这并不是说绩效计划一经制订就不可改变，环境总是在不断地变化，在计划实施过程中往往需要根据实际情况及时修正或调整绩效计划。

2. 绩效监控

绩效监控（performance monitoring）是绩效管理的第二个重要环节，也是整个绩效周期中历时最长的环节，是指在绩效计划实施过程中，管理者与下属通过持续的绩效沟通，采取有效的监控方式对员工的行为及绩效目标的实施情况进行监控，并提供必要的工作指导与工作支持的过程。绩效计划是绩效管理成功的第一步，绩效监控作为连接绩效计划和绩效评价的中间环节，对绩效计划的顺利实施和绩效结果的公平评价有着极其重要的作用。它要求管理者在整个绩效计划实施过程中持续与下属进行绩效沟通，了解下属的工作状况，预防并解决绩效管理过程中可能发生的各种问题，帮助下属更好地完成绩效计划。那种认为下属在了解绩效计划之后就能够正确地执行计划，管理者可以等到绩效周期结束后再进行绩效评价的想法是十分错误的。这实际上是管理者的一种“偷懒行为”，忽略了管理者必须履行的“监督并控制下属的绩效，促进绩效计划得以实现”的重要管理职能。在绩效监控阶段，管理者主要承担两项任务：一是采取有效的管理方式监控下属的行为方向，通过持续不断的双向沟通，了解下属的工作需求并向员工提供必要的工作指导；二是记录工作过程中的关键事件或绩效数据，为之后的绩效评价提供信息。

从绩效监控的手段看，管理者与下属之间进行双向沟通是实现绩效监控目的的一项非常重要的手段。为了实现对下属绩效的有效监控，管理者与下属应共同制订一个相互交流绩效信息的沟通计划，从而能够让管理者有针对性地帮助、指导并鼓励下属员工不断地提高工作绩效，缩小绩效差距，确保绩效目标的顺利完成。

3. 绩效评价

作为绩效管理过程的第三个环节，绩效评价是指根据绩效目标协议书所约定的评价周期和评价标准，由绩效管理主管部门选定的评价主体，采用有效的评价方法，对组织、部门及个人的绩效目标完成情况进行评价的过程。在这个过程中，需要注意的是应当把绩效评价放到绩效管理过程中考察，将其看作绩效管理过程的一个环节。绩效评价不能与绩效管理其他环节相脱离，这一点主要体现在如下三个方面。首先，绩效评价的基本依据是绩效目标协议书，并且不能根据管理者的喜好随意修改。其次，绩效评价不可能与绩效监控过程中的绩效沟通相分离，管理者与下属之间进行绩效沟通的过程实际上也是评价者观察评价对象绩效情况的过程。最后，绩效管理不是为了简单的评价，更为重要的是通过客观、公正的绩效评价得到详尽、有效的绩效信息，从而使管理者能够通过绩效评价的结果，向下属反馈其绩效优秀或绩效不佳的原因，为绩效改进提供决策依据。因此，绩效评价与绩效反馈的过程也是密切相关的。当然，同样应该看到，绩效评价是绩效管理过程的核心环节，也是技术性最强的一个环节，因此，需要对评价环节给予特别的关注。

4. 绩效反馈

绩效反馈（performance feedback）是指在绩效评价结束后，管理者与下属通过绩效反馈面谈，将评价结果反馈给下属，并共同分析绩效不佳的方面及其原因，制订绩效改进计划的过程。绩效反馈在绩效管理过程中具有重要的作用，是绩效管理过程的一个重要环节，也是一个正式的绩效沟通过程，同时也是使员工产生优秀表现的重要条件之一。通过绩效反馈，员工可以知道管理者对他的评价和期望，从而不断地修正自己的行为；管理者也可以通过绩效反馈指出员工的绩效水平和存在的问题，从而有的放矢地进行激励和指导。因此，绩效管理的目的绝不仅仅是得出一个评价等级，而是要提高员工的绩效，确保员工的工作行为和工作产出与组织目标保持一致，从而实现组织的绩效目标。而绩效管理能否确保组织目标的实现，则在很大程度上取决于管理者如何通过绩效反馈环节使员工充分了解并不断改进自己的绩效水平。

从图1-5所示的系统模型可以看出，战略性绩效管理系统由绩效计划、绩效监控、绩效评价和绩效反馈四个环节构成，表现为一个循环往复的闭循环。但事实上，这些环节在发生的时间和方式上既具有一定的连续性，也存在许多交叉的地方，其目的在于确保组织的弹性，实现即时管理，这一点应该引起管理者的重视。

（三）战略性绩效管理的关键决策

为了实现三个目的，组织在实施战略性绩效管理四个环节时，必须把握评价内容、评价主体、评价周期、评价方法以及结果应用五项关键决策。具体来说，评价内容主要在绩效计划环节中确定，主要包括目标、指标、目标值和权重的制定等；评价主体、评价周期、评价方法在绩效计划制订的时候就应当明确，但是详细论述则体现在绩效评价部分；结果应用则主要体现在绩效反馈部分，但是绩效计划通常都是基于前一绩效周期的评价结果制订的。为了确保绩效管理过程内在的时间顺序和行文的方便，本书将五项关键决策的有关内容融入绩效管理的四个环节进行论述，这里仅做概要性的介绍。

1. 评价内容

所谓“评价内容”，即“评价什么”，就是指如何确定绩效评价所需的评价指标、指标权重及其目标值。为了确保组织战略目标的实现，需要在绩效管理过程中，将组织的战略目标转化为确定周期内的绩效目标，再将绩效目标转化为可以衡量的绩效评价指标，从而将组织战略目标的实现具体落实到每个部门和每个员工。基于我们在界定绩效概念时所持的观点，我们主张对组织、部门和个人绩效的评价从工作过程和工作结果两个角度进行考虑。通过明晰组织的使命、核心价值观、愿景、战略以及明确组织的阶段性工作任务来设计组织绩效的评价指标；根据部门的职责以及承接或分解组织的战略目标来制定部门绩效的评价指标；员工个人绩效的评价指标则可以根据员工的职位职责以及承接或分解部门的绩效目标来确定，最终形成的绩效评价指标体系主要由工作业绩类指标以及少量的态度类指标构成。因此，绩效评价指标体系的战略导向和行为引导作用在很大程度上体现在绩效评价指标的选择和设计上。绩效评价指标的设计是绩效管理中技术性较强的工作之一，本书将在第2章对目标管理、标杆管理、关键绩效指标、平衡计分卡和目标与关键结果等在管理实践中广为采用的绩效工具进行介绍，并在第3章详细介绍评价指标体系设计的有关内容。另外，评价内容在绩效计划阶段就基本确定，在绩效评价阶段则是根据已有计划实施评价。

2. 评价主体

所谓“评价主体”，即“谁来评价”，就是指对评价对象做出评价的人。通常，评价主体可分为组织内部的评价者和组织外部的评价者。内部评价者包括上级、同级、下级；外部评价者包括客户、供应商、分销商等利益相关者。在设计绩效评价体系时，选择正确的评价主体，确保评价主体与评价内容相匹配是一个非常重要的原则，即根据所要衡量的绩效目标以及具体的评价指标来选择评价主体。根据这一原则，评价主体应当及时准确地掌握信息，对评价对象的工作职责、绩效目标、工作行为以及实际产出有比较充分的了解，才能确保评价结果的合理性和有效性。例如，对于工作业绩类指标，显然员工的直接上级最清楚，适合由上级进行评价；而态度类指标的评价主体则可以扩展到同级和下级，甚至是外部利益相关者，由他们来共同进行评价。

3. 评价周期

评价周期所要回答的问题是“多长时间评价一次”。评价周期的设置应尽量合理，既不宜过长，也不能过短。如果评价周期太长，评价结果就会出现严重的“近因效应”，即对最近发生的事情记忆深刻，而对以往发生的事情印象淡薄，评价主体会根据评价对象近期的表现来评判其整个绩效周期的表现，这样会导致绩效评价信息的失真并且不利于员工个人绩效的改善；而如果评价周期太短，一方面许多工作的绩效情况可能还没有体现出来，另一方面过度频繁的绩效评价也会造成评价主体的工作量过大。通常情况下，若根据职位的类别来确定评价周期，研发类、职能管理类职位的评价周期相对较长，而生产类、销售类和服务类职位的评价周期稍短；若根据职位的等级来确定评价周期，高级管理职位的评价周期较长，而低级一般职位的评价周期较短。同时，相较于工作业绩类指标，态度类指标的评价周期相对较短。但是，评价周期与评价指标、组织所在行业特征、职位等级和类别以及绩效实施的时间等诸多因素有关，采用年度、季度、月度甚至工作日作为评价周期的情况都有，因此，选择绩效评价周期时不宜一概而论，搞“一刀切”，而应根据管理的实际情况和工作的需要，综合考虑各种影响因素，合理选择适当的绩效评价周期。

4. 评价方法

所谓“评价方法”，就是判断员工个人工作绩效时所使用的具体方法。正确地选择绩效评价方法对于绩效评价结果的公正性、客观性有着重要的意义。各种不同的评价方法都是管理实践积累的宝贵财富。通常，评价方法可以划分为三大类：比较法、量表法和描述法，每类又细分为若干具体的评价方法，本书在第5章将对各种评价方法进行详细介绍。每种方法都各具特点，并无绝对优劣之分，组织应根据具体情况进行选择，总的原则是根据所要评价的指标特点选择合适的评价方法。当然，具体采用何种评价方法，还需要考虑设计和实施成本问题。有的评价方法设计成本虽高，但在避免评价误差方面非常有效；有的评价方法设计成本虽低，但在实际操作中容易出现评价误差。因此，应权衡各种评价方法的优缺点，综合使用，以适应不同发展阶段对绩效评价的不同需要。

5. 结果应用

绩效管理是人力资源管理职能系统的核心模块，而绩效评价结果能否被有效利用，关系到整个绩效管理系统的成败，也关系到人力资源系统运行有效性的高低。绩效评价结果主要用于两个方面：一是通过分析绩效评价结果，诊断员工存在的绩效差距，找出产生绩效差距的原因，制订相应的绩效改进计划，以提高员工的工作绩效。二是将绩效评价结果作为各种人力资源管理决策的依据，如培训开发、职位晋升和薪酬福利等。绩效评价结果具体应用于哪些方面是与评价指标的性质相联系的，比如，业绩类指标的评价结果就可以应用于职位晋升、培训开发和薪酬福利等决策。如果绩效评价结果没有得到应用，就会产生绩效管理“空转”现象，造成“评与不评一个样，评好评差一个样”，绩效管理也就失去了应有的作用。

第3节 战略性绩效管理与战略性人力资源管理

战略性绩效管理是战略性人力资源管理系统的核心职能模块，全面深入理解战略性人力资源管理系统模型及其构成，对理解战略性绩效管理有重要作用。同时，将战略性绩效管理置于战略性人力资源管理系统之中，有利于更加深入地理解战略性绩效管理对战略性人力资源管理的重要意义，也有利于更加系统全面地理解组织如何通过人力资源管理赢得竞争优势。

一、战略性人力资源管理

（一）战略性人力资源管理的出现

1. 人力资源管理的发展阶段

在管理学领域，人力资源管理已经发展成为一门重要的学科。人力资源管理主要经历了人事管理、人力资源管理以及战略性人力资源管理三个阶段。

第一阶段：人事管理阶段（personnel management）。现代意义的人事管理是随着工业革命的演进而发展起来的，工业革命的爆发导致劳动力雇佣需求的增加，因而必须有人处理组织中与人相关的一系列事宜，例如管理福利计划、人事档案、上岗培训、工时记录、报酬支付等。20世纪上半叶在以泰勒为代表的科学管理理论的指导下，逐渐形成了现代人事管理理论的基本框架。到第二次世界大战期间，人事管理基本成熟，在招募、甄选、培训、考核、劳动关系管理等方面发挥越来越大的作用。

第二阶段：人力资源管理阶段（human resource management，HRM）。20世纪50年代，德鲁克提出人力资源的概念，并指出“传统的人事管理即将成为过去，一场新的以人力资源开发为主调的人事革命正在到来”。伴随对人的重视程度的提升，行为科学学派的出现促使有关人力资源的研究进一步发展。人事管理理论和实践发展到了一个全新的阶段——人力资源管理阶段。人力资源部门除了从事传统的事务性工作，还增加了人力资源规划、人力资源开发、职业生涯管理、工作分析与设计等职能，并且开始参与组织战略的制定与执行。

第三阶段：战略性人力资源管理阶段（strategic human resource management，SHRM）。随着竞争的日益激烈，学者和管理者们意识到以战略性为导向实施人力资源管理能够为组织提供一种更持续的竞争优势。许多学者相继对战略性人力资源管理进行研究，并做出了重要的贡献；众多优秀组织也积极开展战略性人力资源管理实践，取得了显著的业绩。自此之后，人力资源被看作一种战略性资源，人力资源管理也逐渐上升到组织发展的战略性地位；同时，人力资源管理部门的角色开始向组织的战略合作伙伴转变，人力资源管理者的角色向战略规划者转变。在此背景下，战略性人力资源管理的实践与理论应运而生。

人事管理、人力资源管理和战略性人力资源管理这三个阶段既有联系又有区别。通过对三者的分析比较，将人事管理、人力资源管理、战略性人力资源管理的区别归纳为表1-4。

表1-4 人事管理、人力资源管理、战略性人力资源管理的区别

项目	人事管理	人力资源管理	战略性人力资源管理
理念	“人”是一种工具性资源，服务于其他资源	人力资源是组织的一种重要资源	人力资源是组织最重要的资源，是战略资产
与战略的联系	单向执行联系	双向联系	一体化联系
职能	参谋职能	直线职能；辅助决策	直线职能；决策制定
职责	行政事务性工作	战略执行 行政事务性工作	战略制定 行政事务性工作
角色	具体执行者	战略决策辅助者 战略决策信息提供者 战略执行者	战略合作伙伴 战略规划者 战略执行者
绩效	部门绩效导向	兼顾部门绩效/组织绩效	个人/部门/组织绩效一体化；竞争优势导向
变革	被动适应	主动调整	领导变革
时间视野	短期	短、中期	短、中、长期
工作方式	被动的工作方式	灵活的工作方式	主动的工作方式
关键投资	资本	资本、产品	人、知识
经济责任	成本中心	成本中心	投资中心

2. 战略性人力资源管理的理论基础

战略性人力资源管理是在不断吸收和借鉴相关理论的基础上发展起来的，有着深厚的理论基础，其中最重要的包括资源基础理论、人力资本理论、行为观点理论、人力资源优势理论以及一般系统理论等。这些理论为战略性人力资源管理提供了有力的理论支撑，是战略性人力资源管理不断发展的思想源泉。

（1）资源基础理论。自20世纪80年代以来，对战略性人力资源管理的研究和讨论日趋深入，很大程度上归功于战略管理领域以资源为基础的观点被采纳和引入到人力资源管理领域，并被欧、美、日企业的管理实践证明是获得长期可持续竞争优势的战略途径。

企业资源基础理论（resource-based view，RBV）源于20世纪50年代彭罗斯（Penrose）的著作《企业增长理论》。沃纳菲尔特（Wernerfelt）在《企业资源基础论》中首次对资源基础理论进行了完整的阐述。巴尼（Barney）对此做了进一步的研究，提出VRIO的分析框架，并对异质性资源从价值、稀缺性、模仿性和组织四个方面进行了研究。20世纪90年代中期，企业资源基础理论开始与战略性人力资源管理研究相结合，该理论认为组织的竞争优势来自自身所具有的异质性资源，而不是其所处的外部环境，是一个由内到外的过程。企业资源基础理论区分出三种组织资源，包括实体资本、人力资本及组织资本。实体资本是指工厂、设备、技术以及地理位置等；人力资本指组织成员的经验、判断与知识；组织资本则包括结构、规划、控制与协调系统以及群体间的非正式关系。该理论强调组织为了获取持续竞争优势所依赖的组织内部的有形和无形资源，必须是有价值的、稀缺的、不可模仿的和难以替代的。企业资源基础理论为人力资源管理与战略管理理论的结合架起了一座桥梁，使“人力资源对组织成功具有战略重要性”的观点具备了逻辑基础，为“人力资源及人力资源管理系统能够产生竞争优势”做了有力解释。

(2) 人力资本理论。人力资本的概念最早由哈佛大学经济学教授沃尔什（Walsh）提出，经美国芝加哥大学经济学教授西奥多·舒尔茨（Theodore Schultz）加以发展而成型。人力资本是体现在人身上的、可以用来提供未来收入的一种资本，包括符合组织战略目标的知识和技能等。扬德（Youndt）等人认为组织成员所具有的知识与技能是具有经济价值的，并且人力资源管理活动对于人力资本的提升具有正向关系。人力资本具备不同于物质资本或其他非人力资本的显著特征，这些特征决定了人力资源可以通过获取人力资本优势成为组织的战略资产：第一，由于人力资本在时间、健康和寿命等方面的时限性，并且依附于人的知识、技能、才干和资历，具有不可完全让渡性，因此人力资本作为一种资源具有稀缺性。第二，人力资本的价值性，一方面是指人力资本的递增性，即人力资本在使用中不断学习而使其存量增加；另一方面是指人力资本投资收益的多重性，即人力资本的投资收益不仅是货币收益，还包括心理收益和社会收益等。第三，人力资本具有可变性、层次性、投资不可逆性和难以测度性。这些特征是人力资本在长时间的投资和不断使用中逐渐积累形成的，决定了人力资本的复杂性，即增加了人力资本模仿和替代的难度。第四，人力资本的依附性决定了其存在移动障碍。人力资本的依附性体现在对员工个体及所处环境的依赖。因此，组织应该将人看作资本，如同投资于机器设备一样投资于人，并通过对员工的培训、保留、激励等方式，使组织的人力资本优势最大化。

(3) 行为观点理论。行为观点理论主要源于权变理论。社会心理学的学者将行为角色定义为，一个人的行为与他人的行为发生适当关联时，能够产生可预期的结果。不同的组织特性及经营战略会引发不同的态度与行为需求，而人力资源管理实践可以引导或控制员工的态度和行为。因此，可以通过与战略一致的人力资源管理活动来激发员工相应的角色行为，从而获取竞争优势。舒勒（Schuler）等人将人力资源管理实践与组织的竞争战略和绩效相联系，提出了战略性人力资源管理的5P模型，即人力资源哲学（HR philosophy）、人力资源政策（HR policy）、人力资源规划（HR program）、人力资源实践（HR practice）与人力资源流程（HR process），这五种内涵都需要与组织的战略相连接。迈尔斯和斯诺（Miles & Snow）也提出类似的观点，认为人力资源管理实践必须随着战略的不同而改变，因为组织必须通过人力资源管理实践促进员工的行为，才能推动组织战略的达成。弗雷德里克森（Frederiksen）认为人力资源管理活动是组织输入角色信息、支持理想行为、评价角色表现的首要方法，有效的人力资源管理活动能使组织内部角色参加者的期望、对其行为的评价与组织本身的行为要求（战略）保持一致。

（4）人力资源优势理论。博克塞尔（Boxell）以企业资源基础理论作为逻辑基础，提出了人力资源优势理论，认为组织可以通过获取人力资源优势来获取竞争优势。人力资源优势主要源于两个方面：一方面是人力资本优势，当组织获取了相对于竞争对手的具有高技能水平和对组织高度认可的“内圈核心”（the inner core）和“外圈核心”（the outer core）时，组织就拥有了人力资本优势。内圈核心由那些负责创新的管理者、技术专家及处于战略岗位的员工组成；外圈核心由那些拥有行业特有技能的员工组成。另一方面是人力整合过程优势，当员工关系问题和协作问题的解决过程使组织更有效时，组织就获得了人力资源整合优势，这两种优势的整合使人力资源具有价值性、稀缺性、不可模仿性和不可替代性的特征，从而成为组织持续竞争优势的源泉。

（5）一般系统理论。一般系统理论是由理论生物学家贝塔兰菲（Bertalanffy）创立的。1968年贝塔兰菲发表了代表作《一般系统论：基础、发展、应用》，奠定了该理论的学科基础。一般系统理论认为，任何系统都是一个有机的整体，而不是各个部分的机械组合或简单相加。系统的整体性是各要素在孤立状态下所没有的特质，该理论反对那种认为要素性能好，整体性能就一定好，以局部说明整体的机械论观点。同时认为，系统中的各要素不是孤立存在的，每个要素在系统中都处于一定的位置，起着特定的作用。要素之间相互关联，构成了一个不可分割的整体。怀特和斯内尔（Wright and Snell）根据一般系统理论，提出了用开放性的系统观点来解释组织的竞争管理模式，其中员工能力与技能被视为“投入”，员工行为被视为“转换”，员工满意度与工作绩效则被视为“产出”。在这个系统中，有效的管理才能包括：才能取得、才能利用、才能维持、才能剔除。有效的管理行为包括：行为控制，例如通过绩效管理与薪酬系统来引导和控制员工行为；行为协调，例如通过人力资源战略的制定和规划来协调员工行为。因此，根据一般系统理论，战略性人力资源管理系统可以通过整合与协同人力资源管理的各项职能活动来提升组织的效能。

（二）战略性人力资源管理的内涵

战略性人力资源管理于20世纪80年代产生，是相对于传统人力资源管理而言的一种新的人力资源管理形态。美国学者沃克（Walker）在《将人力资源规划与战略规划联系起来》一文中，第一次从理论角度深入阐述了如何更好地实现人力资源管理机制与组织发展战略同步，提出了将战略规划与人力资源规划联系起来的思想，被认为是战略性人力资源管理理论的萌芽。《人力资源管理：一个战略观》（Devanna，Fombrum & Tichy）是战略性人力资源管理产生的标志性论文，被认为是战略性人力资源管理史上的一个重要里程碑。这篇论文深刻分析了组织战略与人力资源管理的关系，指出了组织有效运作的三个核心要素，即使命和战略、组织结构以及人力资源管理。战略性人力资源管理把各项职能活动，如招募与甄选、培训与开发、绩效管理及薪酬体系等，与战略管理过程紧密地联系起来。一方面，人力资源管理活动要与组织战略保持动态协同；另一方面，人力资源管理活动要为组织战略的实施创造适宜的环境，发挥战略伙伴的作用，从而实现组织目标，为组织创造持续的竞争优势。

虽然战略性人力资源管理从产生到目前仅有30余年时间，然而在这么短的时间内，关于战略性人力资源管理的研究却蓬勃发展。研究者从不同角度提出了战略性人力资源管理的定义，因此到目前为止，关于战略性人力资源管理的概念还没有完全达成共识。

戴瓦纳、弗布鲁姆和狄凯（Devanna，Fombrum & Tichy）提出了关于战略性人力资源管理的基本框架，认为当组织外部环境，如经济、政治、文化或技术环境变动时，将会促使组织内部的战略、组织结构及人力资源管理做出适应性调整，并通过相互间的协调与配合，帮助组织迅速适应环境的变化。同样，组织内部也要自发地调整战略、组织结构以及人力资源管理，从而构建出完整的战略性人力资源管理系统，其理论模型如图1-6所示。

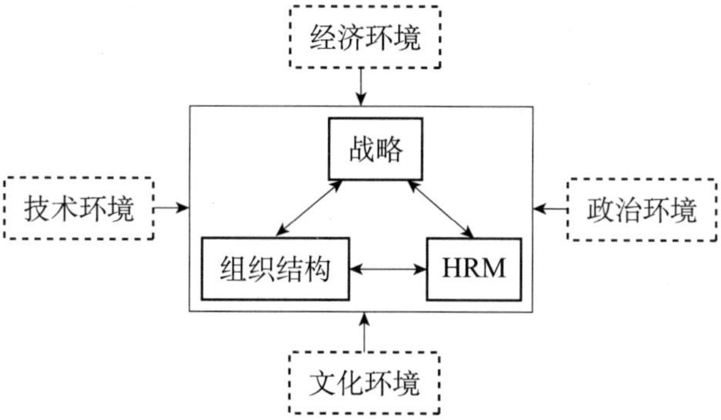

图1-6 戴瓦纳等人的战略性人力资源管理基本框架

米勒（Miller）认为，战略性人力资源管理是企业中所有与人力资源有关的决策，这些决策主要是为了协助组织实施战略以获得竞争优势。

赖特和麦克马汉（Wright & McMahan）将战略性人力资源管理定义为：使组织实现其战略目标的有计划的人力资源部署和管理行为。具体包括：(1) 将人力资源视为获取竞争优势的一种首要资源；(2) 强调通过人力资源规划、人力资源政策及具体的人力资源活动，达到可以获取竞争优势的人力资源配置；(3) 强调获取竞争优势的人力资源配置，能够与组织战略垂直匹配，并能在组织内部各种活动间水平匹配；(4) 强调所有人力资源活动皆为一个目的，即实现企业目标。

舒勒（Schuler）将战略性人力资源管理定义为运用整合（integration）和调整（adaptation）的方式，以确保：(1) 人力资源管理活动与组织的经营战略及战略性需求相匹配；(2) 人力资源政策与组织内的水平职能政策及垂直层级结构保持一致；(3) 人力资源管理实践是经过调整修正得到的，需要管理者与员工共同参与，并且能够为组织成员所接受。

泰森（Tyson）将战略性人力资源管理界定为整合公司与战略业务单元（SBU）的人力资源战略，包括把员工视为资产、分析组织变革的需求、提出并购或合并的建议、确认人才需求以及战略性人力资源规划等。

马特尔和卡罗尔（Martell & Caroll）认为战略性人力资源管理具有以下特性：(1) 长期的观点；(2) 人力资源管理与战略规划有新的联系；(3) 人力资源管理与组织绩效有关联；(4) 直线主管参与人力资源政策制定过程。具体内容如表1-5所示。

表1-5 战略性人力资源管理的特性与内涵

特性	内涵
长期的观点	在战略性导向人力资源功能的演进中，建立人力资源使用的长期计划通常是第一优先考虑的
人力资源管理与战略规划有新的联系	这是许多战略性人力资源管理模型的重要因素，一种联系方式是人力资源管理可以支持战略推行，另一种方式则是人力资源管理可以主动地影响战略的形成
人力资源管理与组织绩效的关联	多数战略性人力资源管理者认为人力资源管理对达成组织的目标扮演关键的角色；由于战略的结果是增加企业的经济价值，人力资源管理直接对企业的获利产生影响
直线主管参与人力资源政策制定过程	认识到人力资源管理的战略重要性使得人力资源管理的责任会渐渐落在直线主管身上，尤其是关于经理人的甄选和薪酬

德勒瑞和都狄（Delery & Doty）认为战略性人力资源管理是组织为实现所制定的经营战略而采取不同的人力资源管理活动，即不同的经营战略需搭配不同的人力资源管理活动。

德斯勒（Dessler）将战略性人力资源管理定义为制定和实施那些能够带来公司战略目标所必需的胜任能力和行为的人力资源政策和实践。

不同的学者从不同角度提出了多种关于战略性人力资源管理的定义，也形成了很多共识。比如，战略性人力资源管理有别于传统人力资源管理所扮演的职能性角色，而以战略导向的方式，探讨人力资源管理与组织战略的动态互动关系，将人力资源管理的各项活动与组织战略紧密结合，从而提升组织人力资源管理的地位，协助组织获取竞争优势，达成组织目标。因此，综合上述学者的观点，笔者认为战略性人力资源管理就是以组织战略为导向，通过动态协同人力资源管理的各项职能活动，确保组织获取持续竞争优势，达成组织目标的过程。

（三）战略性人力资源管理的基本特征

战略性人力资源管理是现代人力资源管理发展的新阶段，无论在实践方面还是在理论创新方面，都体现了很大的进步。与传统人力资源管理相比，战略性人力资源管理是一种新概念、新模式，不仅具有新的内容，而且具有新的特征，主要表现在以下方面。

1. 系统性

战略性人力资源管理的系统性主要体现在以系统论的观点看待人力资源管理。人力资源管理自身构成一个系统，包含若干子系统。同时，人力资源管理系统又处于组织这个大系统之中。系统性强调的是系统各要素间的协调与配合，追求系统整体功能的最优。战略性人力资源管理的系统性既要求人力资源管理决策的系统性，又强调人力资源管理者的全局思想和整体观念。人力资源管理的业务边界逐渐淡化，人力资源管理不再只是人力资源管理部门的职责，非人力资源部门管理者的人力资源管理职责日益突出。同时，系统性也要求人力资源管理部门更多地了解组织内其他部门的业务，以便更好地为组织战略服务。

2. 战略性

战略性是战略性人力资源管理的本质特征。战略性人力资源管理强调所有人力资源管理活动的开展皆为一个目标，即组织战略的实现。战略性人力资源管理不再局限于人力资源管理系统本身，而是自觉地将人力资源管理与组织的战略结合起来，让人力资源管理为组织战略目标的实现服务。在这种理念下，战略性人力资源管理的目标不仅仅是满足组织的短期发展需要，而是着眼于未来，更加关注影响组织长期发展的战略性因素，注重从人力资源的角度构建组织的核心竞争力，确保组织持续、稳健地发展。同时，战略性人力资源管理使人力资源管理职能在组织中的地位发生转变，人力资源管理部门的地位得到提升，人力资源管理方式发生根本性改变。传统人力资源管理中大量具体、琐碎的日常事务被外包或被计算机代替，人力资源管理的重心向战略性工作转移。

3. 匹配性

匹配性是战略性人力资源管理的核心要求，匹配性包括纵向匹配和横向匹配。纵向匹配包括三个方面：人力资源规划、组织结构及组织文化与战略的匹配；人力资源具体的实践活动与人力资源规划的匹配；个体目标与组织目标的匹配。横向匹配也包括三个方面：人力资源规划与组织结构及组织文化的匹配；人力资源各种实践活动间的匹配；个体成员间的匹配。因此，战略性人力资源管理非常关注人力资源管理战略与组织战略的契合性，重视员工目标与组织目标的一致性，强调人力资源管理各项实践活动间的协作性。通过战略整合来实现人力资源管理实践与组织战略的动态纵向匹配以及各项人力资源政策、职能活动之间的动态横向匹配，从而发挥战略性人力资源管理活动的协同效用，实现组织协同和促进战略达成。

4. 动态性

战略性人力资源管理的动态性基于这样的基本假设，即组织的内外部环境是不断变化的。组织在进行战略性人力资源管理时，需要考虑到战略性人力资源管理对组织内外部环境的适应性和灵活性。动态性对组织和管理者都提出了全新的要求，组织追求的不再是“最佳的”人力资源管理实践，而是要求人力资源管理实践与组织的内外部环境保持持续适应的动态过程。因此，需要不断增强战略性人力资源管理的战略弹性，提高组织的学习创新能力：一方面，面对外部环境的改变，能够积极地调整人力资源管理战略；另一方面，在组织内部进行战略匹配时，能够保持灵活的动态互动过程，从而确保组织能够有效应对不同的发展需求和多变的竞争环境。

二、战略性人力资源管理系统及其影响因素

根据系统论的观点，战略性人力资源管理是一个系统。战略性人力资源管理系统通过人力资源规划来实现人力资源战略与组织战略的匹配，通过人力资源管理关键职能活动的开展来打造满足组织战略所需的核心人力资源队伍，并通过人力资源管理的基础建设来保证战略性人力资源管理系统的有效运行，从而不断提升组织的竞争优势，实现组织的战略目标。下面简要地介绍战略性人力资源管理系统的构成及其影响因素。

（一）战略性人力资源管理系统

战略性人力资源管理系统的构建始于对组织使命、核心价值观、愿景及战略的明晰。组织的使命、核心价值观是组织所信奉的核心理念，愿景是组织所期望的美好未来，这些因素直接影响并引导组织战略的制定与执行，是构建有效的战略性人力资源管理系统的重要前提。一个较为完整的战略性人力资源管理系统通常由组织架构设计、工作设计与工作分析、招募与甄选、职业生涯管理、培训与开发、员工流动管理、劳动关系管理、薪酬管理以及绩效管理等职能活动组成。这些职能活动都受组织文化和员工激励政策的影响，并且各项职能活动相互联系、相互影响，共同为组织的人力资源战略与规划提供支撑。战略性人力资源管理系统模型全面展示了战略性人力资源管理的主要职能及其关系，将战略性人力资源管理活动与相关运作情境结合起来，从战略的角度诠释了人力资源管理的实质，如图1-7所示。

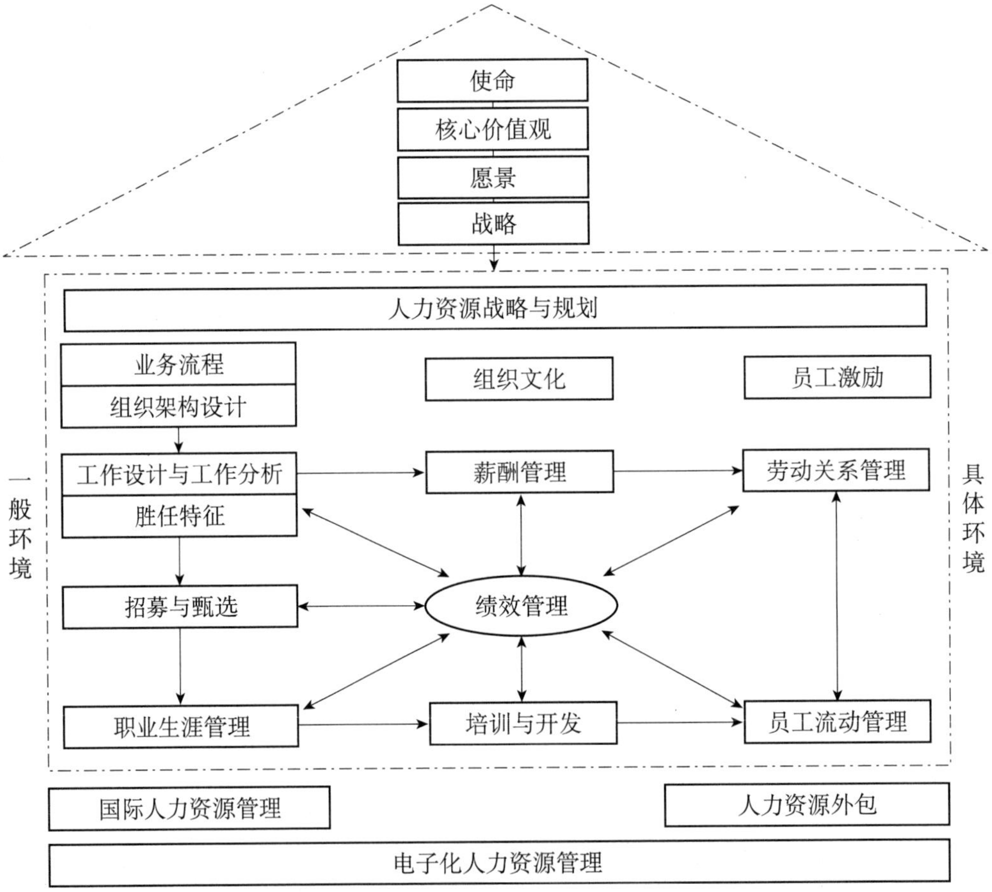

图1-7　战略性人力资源管理系统

（二）战略性人力资源管理系统构建的影响因素

影响战略性人力资源管理系统构建的因素既包括组织环境（一般环境和具体环境），

也包括组织的使命、核心价值观、愿景及战略。这些因素是战略性人力资源管理系统设计的基础和依据，对组织战略性人力资源管理实践起着决定作用。

组织环境是组织生存的土壤，它既为人力资源管理活动提供条件，同时也影响着人力资源管理活动的开展。根据组织界线，可以将组织环境划分为一般环境和具体环境。一般环境是指组织所处的整体社会环境和经济环境，主要包括经济、政治、文化、法律、技术、资源等环境。一般环境从总体上说是难以控制的，当一般环境发生剧烈变化时，甚至会导致组织发展的重大变革。对一般环境进行分析，目的是要找出可以把握的机会和需要回避的风险，从而确保组织持续、健康发展。具体环境是指与组织关系紧密的、对组织影响较大的局部环境。影响人力资源管理活动的具体环境包括物理环境、心理环境以及文化环境等。物理环境要素包括工作地点的空气、光线和照明、声音（噪声和杂音）、色彩等，物理环境对员工的工作安全、工作心理、工作行为以及工作效率有着重要的影响。心理环境是指组织内部的精神环境，对人力资源管理的有效性具有直接影响，主要包括组织内部的人际关系、组织成员的责任心、归属感、合作精神和奉献精神等。组织文化环境主要有两个层面的内容。一是组织的制度文化，包括组织的工作流程、规章制度、考核奖励制度以及健全的组织架构等；二是组织的精神文化，包括组织的价值观念、经营哲学以及精神风貌等。一个良好的组织文化是组织生存和发展的基础和动力。

使命和核心价值观都是组织必须长期坚持的，是组织的动力源泉和根本信条，指引着组织愿景和战略的方向。在目前这个环境日益多变和竞争日益激烈的时代，组织比以往任何时候都更需要明确自身的使命，这样才能使组织的工作变得更有意义，更能吸引、激励和留住杰出的人才。核心价值观是促使组织长盛不衰的根本信条，不能将其与特定的文化或作业方法混为一谈，也不能为了经济利益或短期效益而自毁立场。愿景反映的是人们发自内心的对组织的美好愿望和宏伟蓝图，具体包括宏大的目标和对目标的生动表述两部分。其中，生动表述要求用激情、情感和信念等形式，生动描述愿景，吸引并激发组织的员工，鼓舞他们为实现美好的愿景而不懈努力。另外，组织的战略选择对人力资源战略有决定性的影响，决定了人力资源战略规划以及“选、用、育、留”等具体的人力资源管理政策和实践。

三、战略性绩效管理在战略性人力资源管理系统中的地位

战略性绩效管理在战略性人力资源管理系统中处于核心地位，它与战略性人力资源管理系统的其他职能模块之间存在非常密切的关系。全面系统地了解并把握它们之间的相互关系，对更好地设计出科学有效的战略性绩效管理系统和战略性人力资源管理系统，进而对推动组织战略目标的实现有重要的意义。

（一）战略性绩效管理与工作设计及工作分析的关系

工作设计（job design）是根据组织的战略目标及员工的个人需要来规定某个职位的工作任务、工作责任及工作关系的过程。进行工作设计时，既要考虑员工个人的素质、能力等各个方面的因素，也要考虑整个组织的管理方式、劳动条件、工作环境以及政策

机制等因素。工作分析（job analysis）是研究组织内每一个职位包括的具体工作内容和责任，并对工作内容及有关因素做全面系统的描述和记载，指明担任这一职位的工作人员所必须具备的知识和能力。简单地讲，就是解决“某一职位应该做什么”和“什么样的人来做最适合”的问题。工作分析是人力资源管理的基础，是获得有关职位工作信息和界定某一职位工作与其他职位工作差异的过程，通过工作分析得到的信息可以用来制作职位说明书。工作分析与工作设计不同。工作分析主要对员工当前所从事的工作进行研究，明确成功完成工作所必须履行的职责和达到的要求；而工作设计则关注对工作的精心安排，以便能够提高组织绩效和员工的满意度。绩效管理与工作设计及工作分析的关系主要表现在如下两个方面：

第一，工作设计和工作分析的结果是设计绩效管理系统的重要依据。工作设计和工作分析对绩效管理系统的作用表现在评价内容必须与工作内容密切相关，即要做到“干什么考什么”。进行有效的绩效管理必须有客观的评价标准，而工作设计和工作分析为每一个职位的工作内容及要达到的标准进行了明确的界定，为管理者提供了评价员工绩效的客观标准，从而可以减少评价主体的主观因素，提高绩效评价的科学性。

第二，绩效管理也会对工作设计和工作分析产生影响。绩效管理的结果可以反映出工作设计中存在的种种问题，是对工作设计合理与否的一种验证。例如，在较长一段时间内某位公认的优秀员工在绩效管理中得到的评价结果都较差，在分析原因时，就应该考虑到可能是工作设计出了问题。因此，在绩效管理的过程中可以发现与工作设计有关的问题，这就需要重新进行工作设计和工作分析，重新界定有关职位的工作职责，从而确保绩效管理工作的顺利开展。

（二）战略性绩效管理与招募甄选的关系

招募（recruitment）是指组织以发现和吸引潜在员工为目的而采取的所有行动的总称；而甄选（selection）是组织通过运用一定的工具和手段对已经招募到的求职者进行鉴别和考察，区分他们的人格特点与知识技能水平，预测他们未来的工作绩效，从而最终挑选出组织所需要的、恰当的职位空缺填补者的过程。

招募与甄选质量的高低直接关系到员工乃至组织的绩效水平。招募与甄选的目标是及时填补职位的空缺，使录用的人员与工作的要求相匹配，以满足组织发展需要。如果人员配置不当，员工的工作绩效和满意度都会受到不利影响。如果招募与甄选的质量高，录用的都是组织需要的优秀人才，那么将有效降低绩效管理的成本，促进员工个人绩效与组织整体绩效的共同提升。

绩效管理也直接影响着组织的招募与甄选工作。首先，绩效管理的结果可以为招募与甄选决策提供依据。在绩效管理过程中发现的员工在能力、态度等方面存在的问题，可以为组织下一次的招募与甄选决策提供依据并制订相应的招募计划；如果通过分析员工的绩效评价结果发现问题不在于现有员工的能力和态度，而是由于工作量过于饱和，即现有的人力资源数量无法满足完成工作任务的需要，也会促使组织做出招募新员工的决策。其次，绩效管理是检验一个组织甄选系统预测效度的有效途径。在人员甄选过程中经常会发生两类错误：一是选拔录用了本该淘汰的人（“错误的选拔”）；二是淘汰了本该选拔录用的人（“错误的淘汰”），其原因是甄选系统的预测效度不高。如果在甄选测试中成绩最好的人是在工作中取得成功的人，同时在甄选测试中成绩最差的人也是不胜任工作的人，就说明这一甄选过程具有较高的预测效度；相反，如果甄选测试成绩较好的人，日后的工作绩效却不好，而甄选成绩较差的人，日后的工作绩效却较好，则说明这一组织目前的甄选系统预测效度比较低。因此，运用员工绩效评价的结果检验组织现有甄选系统的预测效度，对于不断探索和开发更加适合组织自身特点的甄选方法具有重要的作用。

（三）战略性绩效管理与职业生涯管理的关系

职业生涯管理（career management）是指组织和员工一道对员工的职业生涯进行设计、规划、执行、评估和反馈的一项综合性工作。它是人力资源管理的重要职能之一，分为组织职业生涯管理（organizational career management）和员工职业生涯管理（individual career management）。组织职业生涯管理是指组织将个人发展与组织目标相结合，对决定员工职业生涯的主客观因素进行分析、测定和总结，并通过规划、设计、执行、评估和反馈，使每位员工的职业生涯目标与组织发展的战略目标相一致的过程，它集中表现为帮助员工制订职业生涯规划，建立各种适合员工发展的职业通道，针对员工职业发展的需求进行适时的培训，给予员工必要的职业指导，促使员工职业生涯的成功等。员工职业生涯管理是指员工以实现自身发展成就最大化为目的，对自己所要从事的职业、要去的工作组织以及在职业发展上要达到的高度等做出规划和设计，并为实现自己的职业目标不断积累知识、开发技能的过程，它一般通过选择职业、选择工作组织、选择工作岗位、在工作中提升技能、发挥才干等活动来实现。因而，职业生涯管理应被看作期望满足管理者、员工、组织三者需要的动态过程。

有效的绩效管理能够促进员工职业生涯的发展。随着绩效管理的不断深入，绩效管理正从传统意义上的监督考核机制向与战略管理紧密结合的激励机制转变，这使得员工更加关注自身工作与组织发展之间的关系，注重将个人的职业生涯发展道路与组织的未来发展相结合，因而有利于员工工作绩效的提升；同时，这也促使管理者在绩效管理的过程中注意发现员工个人发展的需要，帮助员工进行职业生涯规划，并将员工个人职业生涯发展规划与组织整体的人力资源规划联系起来，从而确保在推动员工职业生涯发展的同时促进组织绩效管理目标的实现。

职业生涯管理促进了管理者和员工在绩效管理过程中角色的变化。管理者由过去的“监督者”“消息传播者”“领导者”变成了“帮助者”“合作伙伴”“辅导员”。同时，员工也不再是绩效管理过程中的“被监督者”和“被领导者”，而是变成了自己绩效的主人。职业生涯管理促使每个员工成为自己的绩效管理专家，能够清楚地了解如何为自己设定绩效目标，如何有效地实现自己的职业目标，并知道如何在目标实现的过程中提高自我绩效管理的能力，从而使组织的绩效管理工作能够得到员工最大的理解和支持。

（四）战略性绩效管理与薪酬管理的关系

薪酬（compensation）是指员工因雇佣关系的存在，而从雇主那里获得的所有形式的经济收入、有形服务以及福利。薪酬主要包括基本工资、绩效工资、奖金和奖励以及福利与服务四种形式。薪酬管理（compensation management）是指组织在综合考虑各种内外部影响因素的情况下，根据组织的战略和发展规划，结合员工提供的服务来确定他们应得的薪酬总额、薪酬结构以及薪酬形式的一个过程。在这一过程中，组织必须就薪酬水平、薪酬体系、薪酬结构以及特殊员工群体的薪酬等做出决策。

在人力资源管理活动中，绩效管理与薪酬管理相互联系、相互作用、相辅相成。绩效管理与薪酬管理都是调动员工工作积极性的重要因素。其中，绩效管理是人力资源管理过程中的难点，直接影响薪酬管理的效能；而薪酬管理是影响人力资源管理活动成败的关键因素，是员工最为关心的敏感环节。一方面，绩效管理是薪酬管理的基础之一，建立科学的绩效管理体系是进行薪酬管理的首要条件。有效的绩效管理有利于建立科学的薪酬结构，通过将绩效管理过程中产生的评价结果与员工的薪资等级、可变薪资、奖金分配和福利计划等挂钩，能够确保薪酬管理过程的公平性、科学性和有效性，并在一定程度上简化薪酬方案的设计过程，降低设计成本，提高薪酬方案的运行效率。另一方面，针对员工的绩效表现及时地给予不同的薪酬奖励，能够合理地引导员工的工作行为，确保组织目标与员工目标的一致性，同时提高员工的工作积极性，增强激励效果，促使员工工作绩效不断提升。因此，只有将薪酬管理与绩效管理的结果相联系，才能够使绩效管理真正发挥其应有的作用。鉴于薪酬管理和绩效管理的密切相关性，组织在进行薪酬管理和绩效管理时，应充分考虑两者之间的联系，避免相互冲突，以确保两者能够相辅相成，发挥协同作用。

（五）战略性绩效管理与培训与开发的关系

培训与开发（training & development）是指一个组织通过相应的项目来改进员工能力水平和组织绩效的一种有计划的、连续的工作。培训的主要目的是使员工获得目前工作所需的知识和能力，帮助员工完成好当前的工作；开发的主要目的是使员工获得未来工作所需的知识和能力，帮助员工胜任组织中其他职位的工作需要。由于开发是以未来为导向的，因此在开发过程中学习的内容并不一定与员工当前所从事的工作有关。随着培训与开发的战略地位日益凸显，培训与开发的界限也日益模糊。

绩效管理与培训开发之间的关系是双向的。不论是培训开发还是绩效管理，都是通过引导员工的行为，使其能够满足组织发展的需要。绩效评价的结果为培训开发的需求分析提供了重要信息，管理者往往需要根据员工的绩效现状，结合员工个人的发展愿望，与员工共同制订绩效改善计划和未来发展计划。人力资源部门则可根据员工目前绩效中有待改善的方面，设计整体的培训与开发计划，从而使人力资源管理人员在设计培训与开发计划时能够有的放矢，并通过对培训与开发效果的评价，不断改善培训方案，确保培训与开发更具有针对性和有效性。培训与开发是一个系统化的行为改变过程，其最终目的就是通过提高员工的工作能力、职业素质和知识水平，不断挖掘员工的个人潜能，调动员工的工作积极性，从而改善员工的工作绩效，实现组织的战略目标。培训与开发可以弥补在绩效管理过程中发现的员工的不足，提高员工的工作能力，进而重新制定或调整相应的绩效评价指标或权重，促使员工绩效目标顺利实现。因此，绩效管理和培训与开发作为整个人力资源管理系统中的两个重要的行为引导机制，应该向员工发出相同的“信号”，从而有效强化行为引导的效果。

（六）战略性绩效管理与劳动关系管理的关系

劳动关系（labor relations）是指劳动者与用人单位之间在劳动过程中发生的关系。劳动关系管理（labor relations management）是以促进组织经营活动的正常开展为前提，以调整缓和组织劳动关系的冲突为基础，以实现组织劳动关系的合作为目的的一系列组织性和综合性的措施和手段。就其管理职能而言，劳动关系管理一般包括基本业务管理、合作管理和冲突管理等三个方面。具体来说，员工合同管理、员工社会保障管理、安全生产和卫生管理、员工参与管理、集体谈判管理、集体冲突处理等都属于劳动关系管理的范畴。

人是生产力中最重要的因素，而劳动关系是生产关系中的重要组成部分，规范和维护和谐稳定的劳动关系是人力资源管理活动中的重要内容。劳动关系管理与员工的利益密切相关，是直接影响员工工作积极性和工作满意度的重要因素。通过劳动关系管理可以强化员工的组织认同感和忠诚度，提高员工的工作热情和投入程度，营造一个和谐共进的组织氛围，从而可以确保员工对绩效管理工作的支持和配合，促进员工个人绩效的改善和组织整体绩效目标的实现。绩效管理对于劳动关系管理也十分重要。科学有效的绩效管理可以加强管理者与员工之间的沟通和理解，有效避免或缓和矛盾与冲突，促进双方意见达成统一，确保员工的合法利益得到保护，促使劳动关系更加和谐。

（七）战略性绩效管理与员工流动管理的关系

员工流动（employee turnover）通常是指人员的流入、组织内所发生的人员变动和流出，它影响一个组织人力资源的有效配置。合理的员工流动可以不断改善员工的素质和结构，帮助组织长期保持活力与增强竞争优势。但是，不合理的员工流动会导致核心员工流失，造成人力资源的浪费，进而对组织的发展产生诸多不利影响。因此，对员工流动进行有效管理十分必要。员工流动管理（employee turnover management）是指对组织员工的流入、内部流动和流出进行计划、组织、协调和控制的过程，以确保组织员工的可获得性，从而满足组织现在和未来的人力资源需要和员工职业生涯发展需要。

员工流动管理是强化绩效管理的一种有效形式。通过晋升、解雇等员工流动管理的方法可以激励员工不断地提高工作绩效，努力达成绩效考核目标，促进绩效管理工作的顺利进行。同时，绩效管理的结果也会影响员工流动管理的相关决策。在绩效管理过程中发现员工无法胜任现有的工作时，绩效管理的结果便可能成为职位变动或解雇的依据。当从绩效管理的结果中发现员工的长处时，也可以根据各个职位对人员的不同要求为其选择一个更适合的职位，同时可以通过绩效管理的结果来检验员工流动决策是否达到了预期的效果。

人力资源管理最直接的目标就是提高员工的工作绩效，而绩效管理的结果正是对这一核心目标的直接体现。绩效管理的结果在很大程度上判断了各项人力资源管理职能是否取得了预期的效果，因而成为指导各项人力资源管理职能的“风向标”。绩效管理是否能够准确地衡量员工的真实绩效水平在很大程度上决定了其他人力资源管理职能是否能够充分发挥应有的作用。因此，人力资源管理的其他职能也对绩效管理提出了更高的要求，设计一套符合组织实际的、科学的、动态的绩效管理系统成为人力资源管理系统中的一项核心工作。

➡ 关键词

绩效（performance）

绩效评价（performance appraisal）

战略性绩效管理（strategic performance management）

战略性人力资源管理（strategic human resource management）

➡ 复习思考题

1. 谈谈你对绩效的理解。
2. 绩效评价与绩效管理之间的联系和区别是什么?
3. 谈谈你对战略性绩效管理的内涵和特点的认识。
4. 谈谈你对战略性绩效管理系统模型的认识。
5. 谈谈绩效管理与战略性人力资源管理系统的其他职能模块的关系。

➡ 章末案例

绩效主义毁了索尼

2006年索尼公司成立60周年。过去它像钻石一样晶莹璀璨，而今却变得满身污垢、暗淡无光。因笔记本电脑锂电池着火事故，世界上使用索尼产锂电池的约960万台笔记本电脑被召回，估计更换电池的费用将达510亿日元。多数人觉察到索尼不正常恐怕是在2003年春天。当时索尼公布，一个季度就出现约1 000亿日元的亏损。市场上甚至出现了“索尼冲击”，索尼公司股票连续两天跌停。坦率地说，作为索尼的老员工，我当时也感到震惊。但回过头来仔细想想，从发生“索尼冲击”的两年前开始，公司内的气氛就已经不正常了。身心疲惫的员工急剧增加。回想起来，索尼是在长期内不知不觉慢慢地退化的。

一、“激情集团”消失了

首先，“激情集团”不存在了。所谓“激情集团”，是指我参与开发CD技术时期，公司中那些不知疲倦、全身心投入开发的集体。在创业初期，这样的“激情集团”接连开发出了具有独创性的产品。索尼当初之所以能做到这一点，是因为有井深大的领导。

井深大最让人佩服的一点是，他能点燃技术开发人员心中之火，让他们变成为技术献身的“狂人”。在刚刚进入公司时，我曾和井深大进行激烈争论。井深大对新人并不是采取高压态度，他尊重我的意见。

为了不辜负他对我的信任，我当年也同样潜心于研发工作。比我进公司更早，也受到井深大影响的那些人，在井深大退出第一线后的很长一段时间，仍以井深大的作风影响着全公司。当这些人不在了，索尼也就开始逐渐衰败。

从事技术开发的团体进入开发的忘我状态时，就成了“激情集团”。要进入这种状态，最重要的条件就是“基于自发的动机”的行动。比如“想通过自己的努力开发机器人”，就是一种发自自身的冲动。

与此相反的是“外部的动机”，比如想赚钱、升职或出名，即想得到来自外部回报的心理状态。如果没有发自内心的热情，而是出于想赚钱或升职的世俗动机，是无法成为“开发狂人”的。

二、“挑战精神”消失了

今天的索尼，员工好像没有了自发的动机。为什么？我认为是因为实行了绩效主义。绩效主义就是“业务成果和金钱报酬直接挂钩，员工是为了拿到更多报酬而努力工作”。如果外在的动机增强，那么自发的动机就会受到抑制。

如果总是说“你努力干我就给你加工资”，那么以工作为乐趣这种内在的意识就会受到抑制。从 1995 年左右开始，索尼逐渐实行绩效主义，成立了专门机构，制定了非常详细的评价标准，并根据对每个人的评价确定报酬。

但是井深大的想法与绩效主义恰恰相反，他有一句口头禅：“工作的报酬是工作。”如果你干了件受到好评的工作，下次你还可以再干更好的工作。在井深大的时代，许多人为追求工作的乐趣而埋头苦干。

但是，因实行绩效主义，员工逐渐失去工作热情。在这种情况下是无法产生“激情集团”的。为衡量业绩，首先必须把各种工作要素量化。但是工作是无法简单量化的。公司为统计业绩，花费了大量的精力和时间，而在真正的工作上却敷衍了事，出现了本末倒置的倾向。

因为要考核业绩，几乎所有人都提出容易实现的低目标，可以说索尼精神的核心即“挑战精神”消失了。因实行绩效主义，索尼内追求眼前利益的风气蔓延。

三、团队精神消失了

2004 年 2 月底，我在美国见到了“涌流理论”的代表人物奇凯岑特米哈伊教授，并听了他的演讲。演讲一开始，大屏幕上放映的一段话是我进入索尼后多次读过的，只不过被译成了英文。

“建立公司的目的：建设理想的工厂，在这个工厂里，应该有自由、豁达、愉快的气氛，让每个认真工作的技术人员最大限度地发挥技能。”这正是索尼的创立宗旨。索尼失去活力，就是因为实行了绩效主义。

没有想到，我是在绩效主义的发源地美国，聆听到用索尼的创建宗旨来否定绩效主义的“涌流理论”。这使我深受触动。绩效主义企图把人的能力量化，以此做出客观、公正的评价。但我认为事实上做不到。它的最大弊端是搞坏了公司内的气氛。上级不把部下当有感情的人看待，而是一切都看指标，用“评价的目光”审视部下。

过去在一些日本企业，即便部下做得有点出格，上级也不那么苛求，工作失败了也敢于为部下承担责任。另外，尽管部下在喝酒的时候说上级的坏话，但在实际工作中仍非常支持上级。后来强化了管理，实行了看上去很合理的评价制度，但大家都极力逃避责任。这样一来就不可能有团队精神。

四、创新先锋沦为落伍者

不单索尼，现在许多公司都花费大量人力物力引进评价体制。但这些企业的业绩似乎都在下滑。

索尼是最早引进美国式合理主义经营理论的企业之一。而公司创始人井深大的经营理念谈不上所谓“合理”。1968年10月上市的单枪三束彩色显像管电视机的开发，就是最有代表性的例子。

当时索尼在电视机的市场竞争中处于劣势，几乎到了破产的边缘。即便如此，井深大仍坚持独自开发单枪三束彩色显像管电视机。这种彩色电视机画质好，一上市就大受好评。其后30年，这种电视机的销售一直是索尼的主要收入来源。

但是，“干别人不干的事情”这种追求独自开发的精神，恐怕不符合今天只看收益的企业管理理论。索尼当时如果采用和其他公司一样的技术，立刻就可以在市场上销售自己的产品，当初也许就不会有破产的担心了。

投入巨额费用和很多时间进行的技术开发取得成功后，为了制造产品，还需要有更大规模的设备投资，亦需要招募新员工。但是，从长期角度看，索尼积累了技术，培养了技术人员。此外，人们都认为“索尼是追求独特技术的公司”，这大大提升了索尼的品牌形象。

更重要的是，这种独自开发能给索尼员工带来荣誉感，他们都为自己是“最尖端企业的一员”而感到骄傲。单枪三束彩色显像管电视机之所以能长期成为索尼的收入来源，是因为技术开发人员怀着荣誉感和极大热情不断对技术进行改良。

具有讽刺意味的是，因单枪三束彩色显像管电视机获得成功而沾沾自喜的索尼，却在液晶和等离子薄型电视机的开发方面落后了。实际上，井深大曾说过：“我们必须自己开发出让单枪三束彩色显像管成为落伍产品的新技术。”包括我自己在内的索尼公司高管没有铭记井深大的话。

如今，索尼采取了极为“合理的”经营方针。不是自己开发新技术，而是同三星公司合作，建立了液晶显示屏制造公司。由这家合资公司提供零部件生产的液晶电视机“BRAVIA”非常畅销，使索尼公司暂时摆脱了困境。但对于我这个熟悉索尼成长史的人来说，总不免有一种怀旧感，因为索尼目前在基础开发能力方面，与井深大时代相比存在很大差距。今天的索尼为避免危机采取了临时抱佛脚的做法。

五、高层主管是关键

今天的索尼与井深大时代的最大区别是什么呢？那就是在“自豪感”方面的差别。当年创始人井深大和公司员工都有一种自信心：努力争先，创造历史。

当时索尼并不在意其他公司在开发什么产品。某大家电公司的产品曾被嘲讽为“照猫画虎”，今天索尼也开始照猫画虎了。一味地左顾右盼，无法走在时代的前列。

今天的索尼已经没有了向新目标挑战的“体力”，同时也失去了把新技术拿出来让社会检验的胆识。在导致索尼受挫的几个因素中，公司最高领导人的态度是最根本的原因。

在索尼充满活力、蓬勃发展的时期，公司流行这样的说法：“如果你真的有了新点子，来。”也就是说那就背着上司把它搞出来，与其口头上说说，不如拿出真东西来更直接。但是如果上司总是以冷漠的、“评价的眼光”来看自己，恐怕没有人愿意背着上司干事情，那是自找麻烦。如果人们没有自己受到信任的意识，也就不会向新的更高的目标发起挑战了。过去，有些索尼员工根本不畏惧上司的权威，上司也欣赏和信任这样的部下。

所以，能否让职工热情焕发，关键要看最高领导人的姿态。索尼当年之所以取得被视为“神话”的业绩，也正是因为有井深大。但是，井深大的经营理念没有系统化，也没有被继承下来。也许是因为井深大当时并没有意识到自己经营理念的重要性。

在今天的日本企业中，患抑郁症等疾病的人越来越多。这是因为公司有不称职的上司，推行的是不负责任的合理主义经营方式，给职工带来了苦恼。

不论在什么时代，也不论在哪个国家，企业都应该注重员工的主观能动性。这也正是索尼在创立公司的宗旨中强调的“自由、豁达、愉快”。

过去人们都把索尼称为“21 世纪型企业”。具有讽刺意味的是，进入 21 世纪后，索尼反而退化成了“20 世纪型企业”。我殷切希望索尼能重现往日辉煌。

资料来源：天外伺朗．绩效主义毁了索尼．文艺春秋，2007（1）．

思考题

1. 试结合所学知识分析索尼公司的绩效管理。
2. 结合案例，讨论企业在实施绩效管理时需要注意哪些问题。

第2章 绩效管理工具

学习目标

通过对本章的学习，你将能够：

1. 熟悉绩效管理工具的发展与演变
2. 了解常用绩效管理工具的具体差异
3. 掌握目标管理的基本原理与实施步骤
4. 明确标杆管理的具体内涵及实施步骤
5. 掌握关键绩效指标的基本原理与实施步骤
6. 掌握平衡计分卡的基本理论与应用策略
7. 掌握目标与关键结果的构成要素与实施步骤

➡ 引导案例

备受追捧的OKR，为何沦为比KPI还要内卷的绩效考核工具

这两年，备受谷歌、字节跳动等互联网大厂追捧的OKR（目标与关键结果）火了。似乎不采用OKR，企业的管理就跟不上时代大潮了。

字节跳动自创立就开始采用OKR，随着字节跳动的成功崛起，国内对于OKR的关注度持续升温，这一工具也被许多巨头、创业公司视为管理“灵药”。从华为到字节跳动，从百度到小米、阿里巴巴、京东、腾讯、网易、美团……众多国内互联网巨头，在过去几年，纷纷开始抛弃KPI，引入OKR。一时间，OKR风头无两，在KPI越来越被诟病的情况下，OKR被大多数公司当成了替代KPI（关键绩效指标）的好工具。好像只要用了OKR，就能够激发大家的主动性，就能在不确定的商业环境里成功，OKR就这样一步步被推上了神坛。

老板一声令下在内部推行OKR时，公司上下并未对OKR进行太多的培训和了解。看到这么多巨头都在用，先跟上这股风潮再说。这是大多数公司引入OKR的真实写照，大家对于OKR的本质和土壤环境并未做好充分的准备，越是要求做好各种标准动作，员工越是深受其累，非但整个公司的业绩没有提升，反而效率下降了。于是，OKR就成了员工口中“变种的KPI，企业只是把绩效考核改了个名字而已，本身工作压力就很大，结果考核更加频繁”，OKR沦为了大家纷纷吐槽的比KPI还要内卷的绩效考核工具。

事实上，OKR仅仅是一个目标管理工具，而非绩效考核工具。OKR和KPI虽然

相近，但是二者在本质上存在诸多差异。归纳起来，OKR是一个目标管理工具，还是一种能够促进员工协同创新的思维模式，而KPI主要是一个考核工具。OKR主要强调的是对项目的推进，而KPI主要强调的是达成目标，前者要求的是如何更有效率地完成一个有野心的项目，而后者强调的则是如何保质保量地完成预定目标。与KPI最大化集中注意力完成指标不同，OKR弱化了绩效与奖惩的关系，它的核心优势就是激发创新。但无论是OKR还是KPI，思想的转变比工具的使用更重要，很多人把OKR当作类似KPI的绩效考核工具，本质上是忽视了OKR背后信任、透明、自主的文化土壤。

资料来源：彭海燕．备受谷歌、字节跳动追捧的OKR，为何沦为比KPI还要内卷的绩效考核工具？．(2021-05-21)．https：//36kr.com/p/1233771512451718.

管理学是一门直接面向实践的科学，绩效管理工具作为管理实践与管理理论之间的桥梁与纽带，直接来源并应用于管理实践。绩效管理工具的革命性创新始于20世纪50年代，之前，不论是绩效管理的理论还是工具，都限于表现性评价。之后的几十年，绩效管理逐渐发展成为人力资源管理理论研究的重点。学者和管理者们先后提出了目标管理、目标与关键结果、标杆管理、关键绩效指标、平衡计分卡等绩效管理理论和工具，其发展演变脉络和主要代表人物如图2-1所示。纵观绩效管理工具的演变历程，可以发现绩效管理工具越来越重视绩效管理的战略性、协同性、参与性和平衡性，始终强调为建立科学系统和简便易行的绩效管理体系而服务。

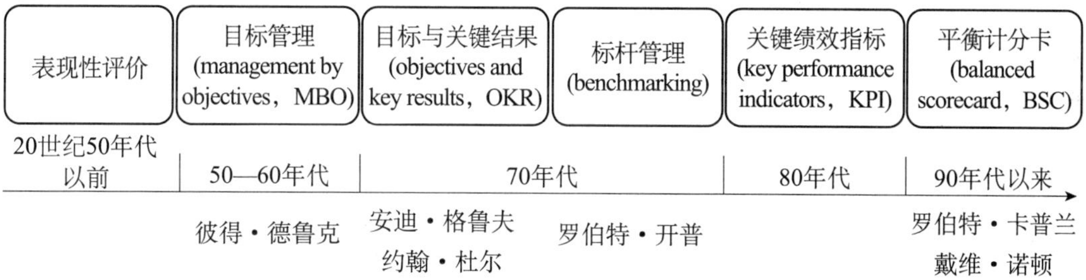

图2-1 绩效管理工具的演变

根据是否以战略为导向以及是否含有目标两个特征，可以将目标管理、目标与关键结果、标杆管理、关键绩效指标和平衡计分卡划分为四类，如图2-2所示。目标管理强调目标的重要性，但不是战略导向的；目标与关键结果和平衡计分卡在与战略保持一致的同时强调目标的重要性；关键绩效指标要求与战略保持一致，但不含目标；标杆管理则既不是战略导向的，也不含目标。

目标管理、目标与关键结果、关键绩效指标以及平衡计分卡是应用非常普遍的系统性绩效管理工具。四个管理工具在产生的年代、性质、对象、特征、关注点、构成要素、指标构成等方面既相互联系又不尽相同，其详细比较情况如表2-1所示。

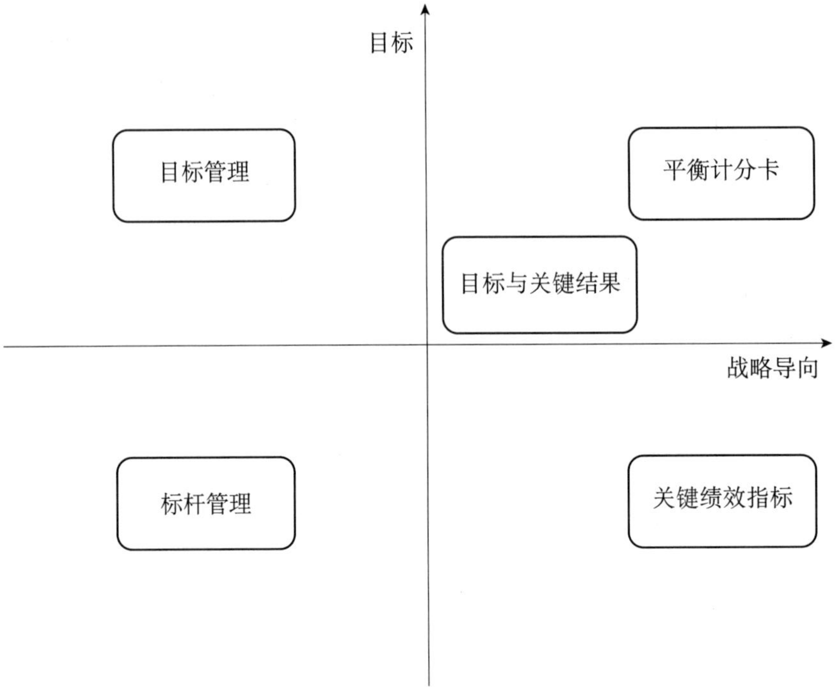

图 2-2　绩效管理工具的特征比较

表 2-1　绩效管理工具的详细比较

项目		目标管理	目标与关键结果	关键绩效指标	平衡计分卡
年代		20 世纪 50 年代	20 世纪 70 年代	20 世纪 80 年代	20 世纪 90 年代
性质		管理思想 重视工作与人的结合	明确、追踪目标及完成情况 将战略与目标结合	指标分解的工具与方法 将战略与考核指标结合	集大成的理论体系 将战略管理与绩效管理有机结合
对象		个人	组织、群体、个人	组织、群体、个人	组织、群体、个人
特征		员工参与管理 体现“我想做” 自我管理与自我控制	战略导向 员工自我驱动 强调聚焦、协同和创新	战略导向 指标的承接与分解 指标层层分解、层层支撑	战略导向 目标的共享与分享，承接与分解 强调因果关系、平衡
关注点		管理、考核 （关注结果）	管理、提升 （关注过程和结果）	考核、管理 （关注结果）	管理、考核 （关注过程和结果）
构成要素		目标 指标 目标值	使命、核心价值观、愿景、战略、目标、关键结果	战略 关键成功领域 关键绩效要素 关键绩效指标	使命、核心价值观、愿景、战略 客户价值主张、四个层面目标、指标、目标值、行动方案
指标	设计	根据组织目标，由上下级协商确定	结合自上而下的战略引导和自下而上的自主设计	根据战略，自上而下层层分解	根据使命、核心价值观、愿景、战略、客户价值主张等，依据目标分层分别制定

续表

项目		目标管理	目标与关键结果	关键绩效指标	平衡计分卡
指标	关系	指标之间相互独立 彼此没有关联性	目标之间没有逻辑关系导致指标之间没有关联性	关键成功领域之间没有逻辑关系导致指标之间没有关联性	目标的因果关系导致四个层面的指标之间有关联性
	类型	侧重定量指标	强调定量指标	无前置指标和滞后指标之分 强调客观指标	有前置指标和滞后指标之分 客观指标、主观判断指标

第 1 节 目标管理

美国著名的管理学家彼得·德鲁克（Peter Drucker）在 1954 年出版的《管理的实践》（*The Practice of Management*）一书中提出了目标管理（management by objectives，MBO），他认为古典管理学派偏重于以工作为中心，忽视了人性的一面，行为科学又偏重于以人为中心，忽视了同工作相结合。目标管理结合了对工作的兴趣与人的价值，强调在工作中满足社会需求，同时又致力于组织目标的实现，这样就实现了工作和人的需要两者的统一。德鲁克提出的“目标管理和自我控制”的管理思想促使目标管理发展成为一个卓越的管理工具。

一、目标管理概述

（一）目标管理的内涵

德鲁克认为，目标管理的具体形式多种多样，但其基本内容是一致的，即先有了目标之后，才根据目标确定每个人的工作，而不是有了工作之后才有目标。组织的使命和任务都必须转化为具体目标，而组织目标只有通过分解变成多个更小的目标后才能够实现，或者说只有拥有工作目标的领域在管理实践中才不会被忽视。他还指出“目标管理和自我控制”最大的优点在于：以目标给人带来的自我控制力取代来自他人的支配式的管理控制方式，从而激发人的最大潜力，把事情办好。

从某种意义上说，目标管理是德鲁克提出的最重要、最有影响的概念。德鲁克认为，所谓目标管理，是一种程序或过程，它使组织中的上下级一起协商，根据组织的使命确定一定时期内组织的总目标，由此决定上下级的责任和分目标，并把这些目标作为组织经营、评估和奖励的标准。本书讲的目标管理是指德鲁克提出的目标管理，但是在德鲁克之后，有很多学者也对目标管理的概念进行了探索和研究。

约翰·亨布尔（John Humble）认为，目标管理是在管理者努力发展自己的前提下，积极整合组织的需要来阐明和实现组织利益的动力系统，是对管理风格的要求与奖赏。

戴尔·麦康基（Dale D. MeConkey）把目标管理看成是一种业务管理计划和考核方

法，即每一位管理者都按其应达成的目标与成果订立一年或一定时期内具体可行的工作内容与进度，期满时以预定目标来衡量实际的成果。麦康基在分析了近40位权威人士对目标管理的观点之后认为，关于目标问题在三个方面具有普遍一致的看法：目的和目标应当具体，应该根据可衡量的标准来定义目标，应当将个体目标与组织目标联系起来。

对目标管理理论做出了重大贡献的乔治·奥迪昂（George Odiorne）曾将目标管理描述为如下过程："一个组织中的上级和下级一起制定共同的目标；同每个人的应有成果相联系，规定他的主要职责范围；并用这些措施作为经营一个单位和评价其每个成员的贡献的指导。"他认为目标管理是一种秩序，凭借上下层级对目标的共同了解，制定个人的工作目标及职责，使之能齐心协力地完成组织目标，并以预定的目标作为工作推进的指导原则和评价成果的客观标准。

（二）目标管理的特点

德鲁克提出的目标管理与我们一般意义上的目标分解、落实、执行、监督、检查、激励、惩罚等有着原则性的区别。德鲁克提出目标管理具有三个重要的特点。

1. 目标管理是一种基本原则

目标管理更确切地说应该是"目标管理和自我控制"，可以说这是一种基本原则，即通过将管理者和员工的注意力及努力引向一个共同的目标，来实现管理效率和效果的提升。通过有效的管理，保证各个层级的管理者和全体员工明白需要达到的结果是什么，同时确保上级充分了解每个下级管理者的期望，从而建立起协作关系，将"要我做"变成"我要做"，把个人的潜力和责任心充分发挥出来，激励每个管理者和员工朝着正确的方向做出最大的努力。

2. 目标管理是一种责任

德鲁克认为，目标应该从"我们的事业是什么？我们的事业将是什么？我们的事业应该是什么？"三个问题中获得，体现组织发展的方向，是组织最根本的策略；同时，目标还是一种承诺，是实现未来的手段，也是用来衡量组织绩效的标准。因此，德鲁克的目标管理表现为一种责任意识。关于责任，德鲁克曾经做了如下诠释："责任既是外在的也是内在的。对外而言，它意味着组织或组织内其他人能够通过自己达到特定要求的绩效表现。对内而言，它意味着一种承诺，即一个负责任的人不仅对具体结果负责，也有权为产生这些结果采取一切必需的行动；他尽力去取得这些结果，并把它看作个人的成就。"也正是通过这种"责任"，在组织内部推行自我管理的方式，推动实现个人目标、部门目标和组织目标的统一。

3. 目标管理是一种管理哲学

德鲁克认为，"目标管理和自我控制"可以称为管理的"哲学"。目标管理之所以可以称为一种管理哲学，突出表现在它适用于所有管理者，不受其职位和职责差异的影响，也适用于任何类型的组织，不管组织性质和规模如何。目标管理通过将人类行动、需求和动机等基本概念与管理工作实践相结合，体现了管理实践的一种基本趋向；也通过将组织目标转化为个人目标，充分激发出员工的内在动力，使组织绩效得到了保障。可以说目标管理是在探索管理哲学的基本问题（管理是什么、为什么和怎么做）的基础上发展起来的系统管理理论。

（三）目标管理的理论基础

德鲁克构建的目标管理体系是具有系统性、完整性、科学性和实用性等特点的理论体系，已经成为现代管理理论体系的重要组成部分，在管理理论中具有十分重要的地位。任何重要的管理理论都是建立在充分吸收前人研究成果的基础上逐渐积淀和丰富起来的，对目标管理理论有贡献的主要理论基础有科学管理理论、管理过程理论以及人际关系学派理论等。

1. 科学管理理论

泰勒认为，在现代科学管理中最突出的要素是任务观念。《伟大的管理思想》的作者邓肯认为“从纯理论的角度看，泰勒所说的任务实质上就是目标”，泰勒对“任务”的详细论述表明了泰勒对组织中制定目标的重视。泰勒还认为“计划如果同执行混在一起，计划就不能执行”，并提出了把计划职能与执行职能分开的思想。德鲁克认为，泰勒发现“计划不同于操作”，认识到计划是管理工作中单独的一部分的见解对目标管理的贡献最大。

科学管理学派其他代表人物的研究也为目标管理的提出做出了贡献。莉莲·吉尔布雷思进一步发展了泰勒的“任务管理”观点，她意识到目标的完成涉及“手段和目的之间的相互关系”。基于此，她认为个人任务的实现是组织目标实现的一个前提，从而把组织中的“任务”发展成为组织的“目标”。埃默森的“12条效率原则”的第一原则就是“十分明确的理想”，他认为组织中所有人都对组织的理想有一致的认识并通过齐心协力来实现，有助于获得良好的组织效果。

2. 管理过程理论

管理过程学派侧重于对管理过程的研究，它与科学管理学派侧重于提高劳动生产率不同，着重研究组织职能。管理过程学派的主要代表人物法约尔提出管理的五项基本职能，开始把计划作为管理的一种职能。厄威克把“目标原则”作为其系统化行政管理原则之一，他认为“除非是为了一个共同的目标，否则就无理由要求人们进行合作，也无理由要把他们组织起来”。管理过程学派的另一个代表人物穆尼在《工业，前进！——组织原理及其对现代工业的意义》一书中谈到了“组织效率原理”，强调“组织是各种人群为了实现某种共同目标的联合形式”，即协调原理。管理过程学派关于管理职能的分析、对组织中“计划”和“目标”的论述，与德鲁克目标管理相比，有很多相似之处，只是目标管理将管理重心从关注过程转移到关注结果，强调目标就是管理的根本。

3. 人际关系学派理论

人际关系学派理论对目标管理理论具有直接的影响，其中很多观点为目标管理体系的形成提供了一个基本框架。目标管理理论主要基于有关人性假设的研究成果。这些成果可以用道格拉斯·麦格雷戈（Douglas M. McGregor）提出的X理论和Y理论来阐释。

对人的假设决定了一个管理者将采取什么样的管理方式对待自己的下属员工，X理论和Y理论是两种比较极端的假设。主张X理论的管理者认为，工作对大多数人而言是没有乐趣的，大多数人都会逃避责任，因此管理的行为应该是“严厉的”或“强硬的”，管理者要采取严格的监督与控制方式；而Y理论则认为工作是一种像游戏和休息一样自然的事，人在工作中也愿意负责任，人的自我实现的要求与组织的要求并不矛盾。在《企业中人的方面》一文中，麦格雷戈把Y理论叫作“个人目标与组织目标的结合”，在这种哲学的指引下，管理者的重要任务就是创造一个使人发挥才能的工作氛围，并主要通过员工的内在激励，给予员工更多的自主权，让员工参与决策，实现自我控制，满足其自我实现的需要。目标管理正是一种以“员工”为中心，以“人性”为本位的管理方法，其本质就是以“民主”代替“集权”，以“沟通”代替“命令”，使组织成员充分而切实地参与决策，并采用自我控制、自我指导、自我激励的方式，把个人目标与组织目标结合起来。

二、目标管理的实施

（一）目标管理的实施步骤

目标管理包括以下两方面的重要内容：第一，必须与每一位员工共同制定一套便于衡量的工作目标；第二，定期与员工讨论他的目标完成情况。具体来说，目标管理的实施过程主要有计划目标、实施目标、评价结果、反馈四个步骤。

1. 计划目标

计划目标就是建立每位被评价者所应达到的目标。这一过程是通过目标分解来实现的，通常是评价者与被评价者共同制定目标。在此需要明确的是本部门的员工如何才能为部门目标的实现做出贡献。通过计划过程可以明确期望达到的结果，以及为达到这一结果所应采取的方式、方法及所需的资源。同时，还要明确时间框架，即当他们为这一目标努力时，应该了解自己目前在做什么、已经做了什么和下一步将要做什么，并且合理安排时间。

计划目标是目标管理最重要的步骤，是目标管理的关键环节。该环节需要高度重视如下两个方面的内容。首先，需要明确目标的类型。按照不同的分类标准，目标通常有三种分类方式。一是按照作用不同可将目标分为经营目标和管理目标，其中经营目标通常包含销售额、费用额、利润率等指标，管理目标则包含客户保有率、新产品开发计划完成率、产品合格率、安全事故控制次数等指标；二是按照组织结构的层级不同，可将目标分为组织目标、部门目标和个人目标；三是按照评价方法的客观性分为定量目标和定性目标，如定量目标包含销售额、产量等，定性目标包含制度建设、团队建设和工作态度等。其次，还需要明确各种分类在管理实践中往往是相互交叉的，因此，需要具体问题具体分析，制定出适合组织管理实际的目标体系。

2. 实施目标

实施目标就是对计划实施的监控，是保证制订的计划按预想的步骤进行，掌握计划进度，及时发现问题，如成果不及预期，应及时采取适当的矫正行动，如有必要还可对计划进行修改。同时通过监控，也可使管理者注意到组织环境对下属工作表现产生的影响，从而帮助被评价者克服他们无法控制的客观环境。

3. 评价结果

评价结果是将实际达到的结果与预先设定的目标相比较。这样做的目的是使评价者能够找出未能达到的目标，或实际达到的目标远远超出了预先设定的标准的原因，有助于管理者做出合理的决策。

4. 反馈

反馈就是管理者与员工一起回顾整个周期，对预期目标的达成和进度进行讨论，从而为制定下一绩效周期的目标及战略制定或战略调整做好准备。凡是已成功实现目标的被评价者都可以而且通常愿意参与下一次新目标的设置过程。

目标管理理论特别重视员工对组织的贡献。在传统的绩效评价方法中，评价者的作用类似于法官的作用，而在目标管理的过程中，评价者起的是顾问和促进者的作用，员工的作用也从消极的旁观者转变成积极的参与者。员工同他们的部门主管一起建立目标，然后在如何达到目标方面，管理者给予员工一定的自由度。参与目标建立使得员工成为该过程的一部分。在评价后期，员工和部门主管需要进行一次评价面谈。部门主管首先审查所实现目标的程度，然后审查解决遗留问题需要采取的措施。在目标管理下，管理者在整个评价时期要保持联系渠道公开。在评价会见期间，解决问题的讨论仅仅是另一种形式的反馈面谈，其目的在于根据计划帮助员工进步。与此同时，就可以为下一个评价周期建立新的目标，并且开始重复评价过程的循环。

（二）目标管理成功实施的关键点

很多组织有清晰的战略目标，但是对如何实现目标并不清楚，员工更不清楚他们的工作与组织的战略目标有何关系。员工有努力的良好愿望，但是由于没有明确的目标，往往无所适从，不知道努力的方向，终日忙碌而不知所向。要取得目标管理的成功，必须充分把握实施过程中的关键点。目标管理的关键点主要体现在如下四个方面：

1. 选择最有效的管理风格

在成功的目标管理中，普遍采用的管理风格是参与式管理。从本质上讲，参与式管理是一种分散权力、用小组形式管理的方法，每一个管理人员被赋予最充分的自由去决定或影响他的工作和前途，但又不超出整个组织在特定时期内必须达到的要求范围。参与式管理要求管理人员和他的上级，首先对下属要达到的具体目标和实现目标的时限、下属享受的权限以及可以支配的资源取得一致意见，然后让下属独自管理自己的目标，上级的控制要最少，但必须有效。

员工参与是目标管理的精髓，从目标制定、目标实施到结果评价的全过程都离不开员工的参与。管理者只有和员工进行了充分的、持续的沟通，才有利于充分激发员工的创造性、主动性和积极性，促使员工信守承诺，从而真正实现员工的自我控制和自我管理，进而确保目标的实现。

2. 做到组织层次分明

要取得好的管理效果，先决条件是要求所有管理人员为已确定的目标负起绝对责任，这就需要明确指定每一个管理人员具体承担的目标，并且每一个管理人员承担的目标必须与授予的权限相一致。任何在职责和权限之间出现的差距，往往会使目标无法达到，而且会使管理人员受到很大的挫折。为每个组织成员制定目标，有助于发现组织设计上的弱点，即是否重复授予权限，或授予的权限与职责是否一致，但是这些弱点的纠正工作必须由最高管理部门进行。在目标管理实践中，组织层次分明是目标体系具体明确的前提和基础，而目标体系本身的科学性、具体性、明确性以及针对性则是目标管理成败的关键因素；在组织混乱的情况下，很难有效推行目标管理。

3. 制定有挑战性的目标

大量的理论研究和管理实践都证明，具有挑战性的目标通常能带来高绩效。在目标管理中，目标制定是关键。管理者和下属能否经过充分沟通制定出具有挑战性的目标，就成了目标管理成功与否的关键。但是在管理实践中，很多组织的目标选择不是难度太高，就是难度太低，这两种情况都不利于最大限度地发挥个人的最大潜力；如何制定出难度适中并且组织中绝大多数的部门和个人通过努力能实现的目标，是成功实施目标管理的又一个关键点。

4. 进行及时的工作反馈

进行工作反馈是目标管理的必要环节，并且工作反馈的必要性主要包含两个方面。第一，管理人员越以成就为导向，越需要对自己的工作获得反馈。他自始至终要了解他的工作做得好不好，他不愿意在采取行动后对行动的结果一无所知。第二，管理人员越以成就为导向，越不能忍受日常文书工作、不必要的日常事务和原始数据。他需要的是在决策时能直接采用的、最简洁的、有质量的和经过组织的数据。

三、对目标管理的评价

目标管理是德鲁克提出的重要管理思想，也是重要的管理工具，对管理思想的系统化和操作化做出了重要贡献。20世纪50年代至70年代，在西方管理学界和企业管理实践中，目标管理风行一时，并产生了重要的影响。罗宾斯认为目标管理是一种运用目标激励人而不是控制人的方法。美国旧金山大学商学院教授理查德·巴布柯克（Richard D. Babcock）认为，“目标管理概念的提出具有划时代的意义，目标管理注重管理行为的结果而不是对行为的监控，这是一个重大贡献。因为它把管理的整个重点从工作努力（输入）转移到生产率（输出）上来”。美国南卫理公会大学商学院教授理查德·巴斯科克（Richard H. Buskirk）认为，目标管理是划时代的思想革命，重视管理行为的结果而非监督活动本身，为管理者把管理中心从努力工作转移到生产力（产出）方面做出了极大的贡献。虽然目标管理已经取得了长足的进步，但是任何管理理论都不能脱离管理实践，随着社会的发展，目标管理的弊端也逐渐显现。

（一）目标管理的优点

第二次世界大战后的各国经济由恢复转向迅速发展的时期，企业亟须采用新的方法调动员工积极性以提高竞争能力，目标管理由于适应了当时的环境变化和企业管理实践的需要而迅速发展起来，并在企业管理中发挥了巨大的作用。与传统的表现性评价（由主管根据绩效周期内下属的工作表现，包括工作的数量、工作的行为等，对其做出评价的绩效管理模式）相比，目标管理有巨大的优点。

1. 重视激发员工内在潜力

目标管理重视人的因素，强调“目标管理和自我控制”。在工作中实行自我控制，通过让下属参与、由上级和下属经过协商共同确定绩效目标，来激发员工的工作兴趣和价值，满足员工自我实现的需要。实施目标管理还可以提高个人的能力，由于目标管理所制定的目标是以个人能力为基础的，要达成这个目标，必须经过一番努力，因此，员工实现目标的过程也是其不断挖掘自身潜力和提高个人能力的过程。

2. 有利于组织目标的实现

目标管理可以帮助管理者理清思路，有利于组织目标的顺利实现。目标管理通过专门的过程，使组织各级管理者及所有员工都明确了组织的目标、组织的结构体系、组织的分工与合作及各自的任务。在目标制定的过程中，通过明确权力和责任，将个人的需求和组织目标结合起来，有利于目标实施过程中的相互配合和既定目标的顺利实现。目标管理还迫使管理者仔细思考实现目标所应采取的方式和方法、所需的时间和资源以及行动计划的效果和可能遇到的问题等，从而可以确保行动计划的切实可行。许多着手实施目标管理的组织，通常在目标管理实施的过程中会发现组织体系存在的缺陷，从而帮助组织对自己的管理实践进行改造。

3. 有利于改进管理方式和改善组织氛围

有效实施目标管理，还能改进管理方式和改善组织氛围。目标管理以目标制定为起点，以目标完成情况的评价为重点，以评价结果反馈为终点，其中工作结果是评价工作绩效的最主要依据。这样使得在实施目标管理的过程中，监督的成分较少，而控制目标实现的能力却大大增强。目标的制定和执行过程强调上下级充分沟通，能够有效地改善人际关系和营造良好的组织氛围；再加上重视员工激励，可以使员工的向心力大大增强。

（二）目标管理的不足

到了20世纪70年代末，目标管理的不足之处逐渐暴露出来，目标管理也开始遭到质疑。目标管理的不足主要体现在如下四个方面。

1. 对目标管理人性假设的质疑

目标管理假定人们对成就动机、能力提升与自治有强烈的需求，员工愿意接受有挑战性的目标，因此，允许员工制定自己的目标与绩效标准。但是，组织中的员工并非都具有高成就动机，愿意参与决策和承担挑战性任务，它忽视了组织中的本位主义及员工的惰性，对人性的假设过于乐观，使目标管理的效果在实施过程中大打折扣。正是基于这个原因，当今许多组织将目标管理的应用范围仅局限于中高层管理者或技术人员。

2. 实施目标管理的成本过高

目标管理实施过程中，上下级为目标制定和统一思想必须进行反复沟通，需要耗费大量的时间和成本。罗伯特·斯科法（Robert Schaffer）指出："值得嘲讽的是目标管理经常制造的是纸片风景，计划越来越长，文件越来越厚，焦点散漫，质量因目标标准过多而混乱，能力都花在机制上而不是结果上。"这容易使目标管理流于形式。

3. 目标及绩效标准难以确定

目标管理过分强调通过量化指标来衡量绩效，然而组织中的许多工作是难以量化的，并且绩效标准也因人而异，因而采用目标管理的组织无法提供一个相互比较的平台。目标管理的公平性因此受到质疑。

4. 容易导致短视行为

目标管理实施过程中，强大的考核压力使得员工倾向于选择短期目标，即更加注重在评价周期内能够衡量的目标，导致组织内部员工为了达到短期目标而牺牲长期目标。这最终会导致组织长期利益受到忽视，不利于组织的可持续发展。

无论如何，目标管理在管理思想史上仍具有划时代的意义。它不仅作为一种绩效管理工具，为未来绩效管理的发展奠定了基础，而且作为一种先进的管理思想，对之后的很多管理理论产生了重大影响。

第2节　标杆管理

20世纪70年代末80年代初，日本企业借助其产品质量和成本控制的优势，在世界范围内取得了举世瞩目的成就。在此背景下，美国企业掀起了学习日本的运动。1979年，美国施乐公司首创标杆管理（benchmarking），后经美国生产力与质量中心加以系统化和规范化，标杆管理发展成为一个重要的支持企业不断改进和获得竞争优势的管理工具之一。

一、标杆管理概述

（一）标杆管理的内涵

在施乐公司推行标杆管理取得明显成效之后，很多大型企业纷纷效仿。研究表明，1996年世界500强企业中有近90%的企业在日常管理活动中应用了标杆管理，其中包括柯达、AT&T、福特、IBM等。随着研究的深入和管理实践的探索，标杆管理（又称基准管理）的内涵逐渐明晰。

施乐公司将标杆管理定义为"一个将产品、服务和实践与最强大的竞争对手或者行业领导者相比较的持续流程"。美国生产力与质量中心则将标杆管理定义为"一个系统的、持续的评估过程，通过不断地将企业流程与世界上居领先地位的企业相比较，获得帮助企业改善经营绩效的信息”。其实这个定义并不全面深刻，标杆管理不仅是一个信息过程和评估过程，而且涉及规划和组织实施的过程。

基于前人的研究，笔者认为标杆管理是不断寻找和研究同行一流公司的最佳实践，并以此为基准与本企业进行比较、分析、判断，从而使本企业不断改进，进入或赶超一流公司，创造优秀业绩的良性循环过程。其核心是向业内外最优秀的企业学习。通过学习，企业重新思考和改进经营实践，创造自己的最佳实践，这实际上是模仿与创新的过程。

标杆管理突破了产业界限，模糊了企业性质，重视实际经验，强调具体的环节和流程。其思想就是企业的业务、流程、环节都可以解剖、分解和细化；企业可以根据需要去寻找整体最佳实践或者优秀部分来进行标杆比较；通过比较和学习，企业重新思考和设计经营模式，借鉴先进的模式和理念，创造出适合自己的全新的最佳经营模式。通过标杆管理，企业能够明确产品、服务或流程方面的最高标准，然后做出必要的改进来达到这些标准。因此，标杆管理是一种摆脱传统的封闭式管理方法的有效工具。

（二）标杆管理的类型

标杆管理可以分为以下四类：

（1）内部标杆管理。内部标杆管理以企业内部操作为基准，是最简单且易操作的标杆管理之一。辨识企业内部最佳职能或流程及其实践，将其推广到组织的其他部门，从而实现信息共享，是企业提高绩效的最便捷的方法之一。但是，单独执行内部标杆管理的企业往往持有内向视野，容易产生封闭思维，因此内部标杆管理应该与外部标杆管理结合使用。

（2）竞争标杆管理。竞争标杆管理的目标是与有着相同市场的企业在产品、服务和工作流程等方面的绩效和实践进行比较，直接面对竞争者。它实施起来比较困难，原因在于除了公共领域的信息容易获取之外，有关竞争企业的其他信息较难获得。

（3）职能标杆管理。职能标杆管理是以行业领先者或某些企业的优秀职能操作为基准进行的标杆管理。职能标杆管理的合作者常常相互分享一些技术和市场信息，标杆的基准是非竞争性外部企业及其职能或业务实践。由于没有直接的竞争者，因此合作者往往比较愿意提供和分享技术与市场信息。

（4）流程标杆管理。流程标杆管理是以最佳工作流程为基准进行的标杆管理。由于比较的是类似的工作流程，因此流程标杆管理可以跨不同类型的组织进行。它一般要求企业对整个工作流程和操作有很详细的了解。

（三）标杆管理的特点

标杆管理作为一个重要的管理工具，在组织变革、组织学习和绩效管理中都有广泛应用，在实施标杆管理的实践中，通常表现出如下特征。

（1）标杆通常是最佳实践或者最优标准。在标杆管理的过程中，通常是在全行业范围内，甚至在全球范围内选择最佳实践或者最优标准作为标杆。通过与标杆企业进行全面的比较和分析，找出差距，制订超越方案，实施改进并超越。组织在选择标杆的时候，可以根据领域不同，选择不同的标杆进行超越。比如华为在选择标杆的时候就是根据不同的业务领域选择不同的企业进行学习，在业务流程管理上，华为于1998年启动了“IT策略与规划”项目，通过向IBM学习，逐渐由电信设备制造商向电信整体方案提供商和服务商转变；在干部培养上，华为则选择向通用电气学习，把组织发展和个人发展结合起来。

（2）绩效比较和超越贯穿整个标杆管理的始终。选择标杆就是选择一个超越的绩效基准，超越标杆就是绩效改进、绩效提升并实现超越的过程。通过对标杆进行深入透彻的分析，找到标杆取得卓越绩效的核心竞争力，并在分析组织自身与标杆的差距的基础上，设计和学习标杆组织的优秀方法，从而促进组织的绩效改进。整个标杆管理都体现了比较和评价的基本思想。

二、标杆管理的实施

施乐公司的罗伯特·开普是标杆管理的先驱和最著名的倡导者。20世纪70年代末，施乐公司失去了复印机市场的领导地位，并于1979年对竞争对手进行调查和分析，发现竞争对手的销售价格与施乐公司的制造成本相当。罗伯特·开普决定从产品质量和特性上对制造活动进行改进，实施标赶超越。在制造活动取得成功后，施乐公司又在企业内其他领域进行了推广。施乐公司的标杆管理实践为标杆管理确立了一种基本范式，该公司将标杆管理活动划分为五个阶段，每个阶段有2～3个步骤。

（1）计划。确认对哪个流程进行标杆管理；确定用于比较的公司；决定收集资料的方法并收集资料。

（2）分析。确定自己目前的做法与最好的做法之间的绩效差异；拟定未来的绩效标准。

（3）整合。就标杆管理过程中的发现进行交流并获得认同；确立部门目标。

（4）行动。制订行动计划；实施明确的行动并监测进展情况。

（5）完成。处于领先地位；全面整合各种活动；重新调校标杆。

标杆管理的规划实施有一整套逻辑严密的步骤，大体可分为以下五步：

第一步，确认标杆管理的目标。在实施标杆管理的过程中，首先，要坚持系统优化的思想，不是追求组织某个局部的优化，而是着眼于组织总体的最优。其次，要制定有效的实践准则，避免实施过程中的盲目性。

第二步，确定比较目标。比较目标就是能够为企业提供借鉴信息的组织或部门，比较目标的规模和性质不一定要与本组织相似，但应在特定方面为组织提供良好的借鉴。

第三步，收集与分析数据，确定标杆。分析最佳实践和寻找标杆是一项比较烦琐的工作，但对于标杆管理的成效非常关键。标杆的寻找包括实地调查、数据收集、数据分析、与自身实践比较找出差距、确定标杆指标。标杆的确定为企业找到了改进的目标。

第四步，系统学习和改进。这是实施标杆管理的关键。标杆管理的精髓在于创造一种环境，使组织成员在战略愿景下工作，自觉地学习和变革，创造出一系列有效的计划和行动，以实现组织的目标。另外，标杆管理往往涉及业务流程的重组和行为方式的变化。这时组织就需要采用培训、宣讲等各种方式，真正调动员工的积极性。

第五步，评价与提高。实施标杆管理不能一蹴而就，而是一个长期渐进的过程。每一轮完成之后都有一项重要的后续工作，即重新检查和审视标杆研究的假设、标杆管理的目标和实际达到的效果，分析差距，找出原因，为下一轮改进打下基础。

标杆管理在企业发展中的重要作用已经逐渐被企业认同，其使用范围也从最初衡量制造部门的绩效发展到不同的业务职能部门，包括客户满意度、后勤和产品配送等方面。标杆管理也被应用于一些战略目的，如衡量一个企业在创造长期股东价值方面与产业内其他公司的差距等。标杆管理已经成为改善企业经营绩效、提高全球竞争优势最有用的一种管理工具，甚至很多非营利组织也开始采用这一工具。标杆管理作为一种管理思想，还可以与其他管理工具结合在一起使用，比如在设置绩效目标或者提炼关键绩效指标的时候，可以用标杆管理的思想或方法。

三、对标杆管理的评价

树立标杆是手段，实现超越才是目的。企业实施标杆管理，必须抓住学习创新的关键环节，适应企业自身特点，并以促进企业战略目标的实现为原则，既有模仿又有创新，才能真正发挥标杆管理的作用。片面理解标杆管理而惰于创新，不但与标杆管理的初衷背道而驰，而且不能从根本上提高企业的核心竞争力。对标杆管理的优点和局限性进行全面理解，有助于更有效地使用该管理工具。

（一）标杆管理的优点

标杆管理有很多优越性，它为企业提供了优秀的管理方法和管理工具，具有较强的可操作性，能够帮助企业形成一种持续追求改进的文化。标杆管理的优点主要表现在以下几个方面：

首先，标杆管理有助于改善绩效。标杆管理作为一种管理工具，在绩效管理中发挥重要作用，特别适合作为绩效改进的工具。在管理实践中，实施标杆管理的组织通过辨识行业内外最佳企业的绩效及其实践途径，确定需要超越的标杆，然后制定需要超越的绩效标准，同时制定相应的改善措施，进而实施标杆超越，最后制定循环提升的超越机制，从而实现绩效的持续提升。

其次，标杆管理有助于企业的长远发展。标杆管理是企业挖掘增长潜力的工具，经过一段时间的运作，组织内部与全面标杆进行比较，使个人、部门甚至组织的潜力得到充分的激发，克服组织内部短视现象。组织内在潜能的充分激发有利于形成积极的企业文化，实现外在动力转化为内在发展动力，为组织长期健康发展打下扎实的基础。

最后，标杆管理有助于建立学习型组织。学习型组织实质上是一个能熟练地创造、获取和传递知识的组织，同时也要善于修正自身的行为，以适应新的知识和见解。标杆管理的实施有助于企业发现其在产品、服务、生产流程以及管理模式方面存在的不足，通过学习标杆企业的成功之处，结合实际情况将其充分运用到本企业当中。同时随着企业经营环境和标杆的变化，这一过程也在持续更新。

（二）标杆管理的不足

标杆管理是一种片段式的、渐进的管理工具。所有的业务、环节和具体的工作都可以作为比较的对象，都能够实施标杆管理。很多组织在实施标杆管理的时候，不一定能从整体最优的角度出发实施标杆超越，局部的学习虽然可能取得一定的效果，但很多时候会遇到困难和挫折。因此，标杆管理工具通常与其他管理工具一起配合使用，才更能发挥其作用。

第3节　关键绩效指标

进入20世纪80年代，随着管理实践的发展，绩效管理作为人力资源管理的重要方面，受到了更加广泛的关注。这一时期管理学界开始关注将绩效管理与企业战略相结合，并采用各种评估方法，将结果导向与行为导向的评估方法的优点相结合，强调工作行为与目标达成并重。在这种背景下，关键绩效指标（key performance indicators，KPI）应运而生。

一、关键绩效指标概述

（一）关键绩效指标的内涵

所谓关键绩效指标，是指将组织战略目标层层分解而产生的、具有可操作性的、用以衡量组织战略实施效果的关键性指标体系。其目的是建立一种机制，将组织战略转化为内部流程和活动，从而促使组织获取持续的竞争优势。关键绩效指标作为一种战略性绩效管理工具，其核心思想是根据“二八”原则，找到并抓住组织的关键成功领域（key result areas，KRA），洞悉该领域内的关键绩效要素（key performance factors，KPF），有效管理组织的关键绩效指标，就能以少治多、以点带面，实现组织战略目标，进而打造持续竞争优势。其中，关键成功领域是为了实现组织战略而必须做好的几方面工作；关键绩效要素是对关键成功领域的细化和定性描述，是制定关键绩效指标的依据。关键成功领域、关键绩效要素和关键绩效指标始终保持着战略导向性，三者的关系如图2-3所示。

对关键绩效指标体系内涵的理解通常需要把握如下几个方面。

1. 关键绩效指标是衡量组织战略实施效果的关键性指标体系

设计关键绩效指标体系的目的是建立一种机制，通过将组织战略转化为内部流程和活动，促使组织获取持续竞争优势。因此，必须确保关键绩效指标是衡量组织战略实施效果的关键性指标体系。这包括如下两方面的含义：一方面，确保关键绩效指标是战略导向的，即关键绩效指标是由组织战略层层分解得出的，是对组织战略的进一步分解和细化；另一方面，确保关键绩效指标必须是“关键性的”，是对组织成功具有重要影

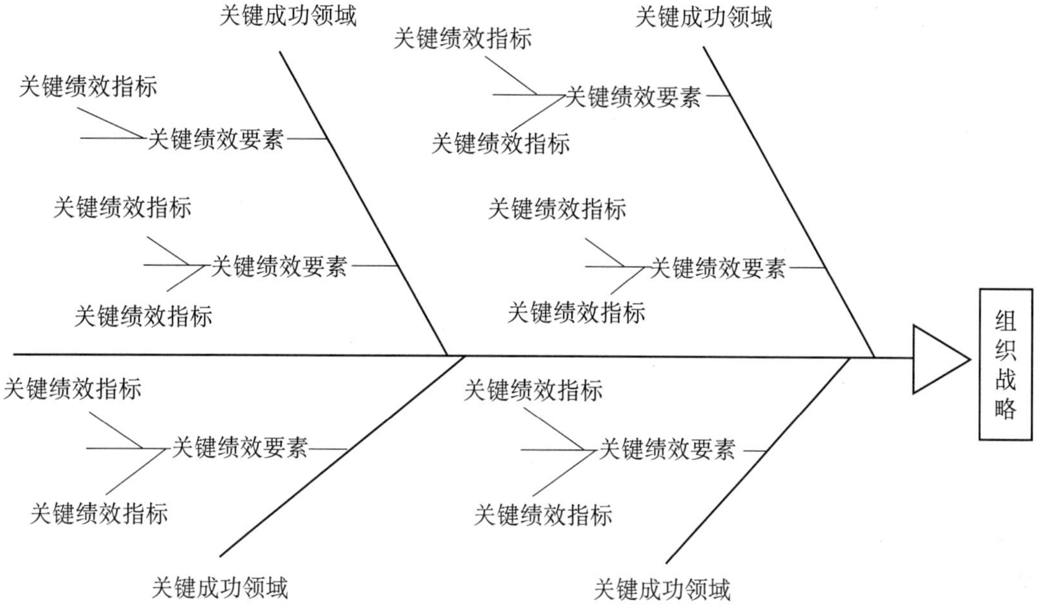

图 2-3　基于组织战略的 KRA、KPF 和 KPI 的关系鱼骨图

响的。

组织战略对关键绩效指标具有决定性的作用。当组织战略目标调整或改变的时候，关键绩效指标体系必须根据组织战略目标的变化做出相应的调整或改变，特别是当组织进行战略转型时，关键绩效指标必须及时反映出组织战略新的关键成功领域和关键绩效要素。

2. 关键绩效指标反映的是最能有效影响组织价值创造的关键驱动因素

关键绩效指标是对驱动组织战略目标实现的关键领域和重要因素的深入发掘，它实际上提供了一种管理思路。作为管理者，应该抓住关键绩效指标进行管理，通过关键绩效指标将员工的行为引向组织的战略目标方向。其主要目的是引导管理者将精力集中在能对绩效产生最大驱动力的经营行为上，及时了解和判断组织运营过程中出现的问题，及时采取提高绩效水平的改进措施。

3. 关键绩效指标体现的是对组织战略目标有增值作用的可衡量的绩效指标体系

关键绩效指标不是指与组织经营管理相关的所有指标，而是指对组织绩效起关键作用的指标。基于关键绩效指标的绩效管理，是连接个人绩效与组织战略目标的桥梁。通过关键绩效指标，可以落实组织的战略目标和业务重点，传递组织的价值导向，有效激励员工，确保对组织有贡献的行为受到鼓励，将员工行为引导到组织目标方向，从而促进组织和员工绩效的整体改进与全面提升。关键绩效指标还通过可量化或可行为化的方式，对管理者和员工的工作效果和工作行为进行最直接的衡量。

（二）关键绩效指标的类型

根据不同的标准，可以将关键绩效指标分为不同的类型。目前，分类的标准主要包括绩效指标层次和指标性质等。

1. 按照关键绩效指标的层次划分

与绩效分为组织绩效、部门绩效和个人绩效一样，关键绩效指标体系也可以按照层次的差别分为组织关键绩效指标、部门关键绩效指标和个人关键绩效指标三个层次。其中，组织关键绩效指标直接来自对组织战略的分解；部门关键绩效指标来自对组织关键绩效指标的承接和分解；个人关键绩效指标则来自对部门关键绩效指标的承接和分解。这三个层次的指标共同构成了组织整体的关键绩效指标体系。关键绩效指标体系的建立过程，强调在组织战略的牵引下，将组织的战略规划和目标通过自上而下的层层分解落实为组织、部门和个人的关键绩效指标，并通过在组织系统内推行关键绩效指标，将组织战略规划转化为内部管理过程和具体行动，从而确保战略目标的有效实施。

2. 按照关键绩效指标的性质划分

根据指标性质的不同可以将关键绩效指标分为财务指标、经营指标、服务指标和管理指标。其中，财务指标侧重衡量组织创造的经济价值；经营指标侧重衡量组织经营运作流程的绩效；服务指标侧重衡量利益相关者对组织及其所提供的产品和服务的态度；管理指标侧重衡量组织日常管理的效率和效果。这种分类方式的目标、范例和作用如表2-2所示。

表2-2　关键绩效指标分类

类别	目标	关键绩效指标范例	作用
财务指标	侧重与公司会计职责一致的价值创造	公司投资资本回报 业务单元损益	确保创造财务价值
经营指标	侧重在日常经营运作流程以及跨职能/跨业务辅助流程中创造价值	新品收入占总收入的份额 细分市场的份额 新渠道的收入份额	确保近期和远期的侧重点
服务指标	提供客户对公司经营注意度/满意度的看法	客户满意度指数，例如服务质量、购买价值、公司形象	确保近期和远期的侧重点
管理指标	培养与保留人才	员工满意度指数 关键人才流失率 员工培训与开发	包括对公司业绩的内部和外部评判

（三）基于关键绩效指标的绩效指标体系

虽然关键绩效指标根据不同的分类方式可以分为不同的类型，但是在实际构建以关键绩效指标为基础的绩效管理系统的时候，通常以组织关键绩效指标、部门关键绩效指标和个人关键绩效指标为主体，其他分类方式为补充。在管理实践中，关键绩效指标不是绩效指标的全部，还有一类绩效指标来源于部门或个人的工作职责，体现了组织各层次具体工作职责的基础要求，通常称为一般绩效指标（performance indicators，PI），二者之间的差异如表2-3所示。

表 2-3　战略导向的关键绩效指标与一般绩效指标的区别

比较项目	战略导向的关键绩效指标	一般绩效指标
假设前提	假定人们会采取必要的行动努力达到事先确定的目标	假定人们不会主动（也不知道）采取行动以实现目标；制定和实施战略与一般员工无关
考核目的	以战略为中心，指标体系的设计和运用都是为战略服务的	以控制为中心，为了更有效地控制个人的行为
指标来源	来源于组织的战略目标与外部竞争的需要	来源于对过去行为和绩效的修正
指标产生	在组织内部自上而下对战略目标层层分解而产生指标	通常是自下而上根据个人以往的绩效与目标而产生指标
指标的构成和作用	财务指标与非财务指标相结合；关注长期发展，兼顾短期效益；指标传达结果，也传达产生结果的过程	注重财务指标，忽视非财务指标；注重对过去绩效的评价；绩效改进与战略需要脱节
价值分配体系与战略的关系	与关键绩效指标的值与权重相搭配，有助于推动组织战略的实施	与个人绩效密切相关，与组织战略关系不大

资料来源：林新奇．绩效考核与绩效管理．北京：清华大学出版社，2015.

在设计基于关键绩效指标的绩效管理体系的时候，通常组织层面的绩效指标都是关键绩效指标，而部门层面的绩效指标和个人层面的绩效指标则由关键绩效指标和一般绩效指标共同构成，如图 2-4 所示。但是，不同部门所承担的两类指标的构成不同，有的部门承担的关键绩效指标多，有的部门承担的关键绩效指标少，有的部门甚至不承担关键绩效指标。比如，对于一些支持性部门（如办公室、财务部、人力资源部等）而言，它们的绩效指标更多的是来自部门的职能或职责，而不是源于组织战略的分解，因此这类部门的一般绩效指标所占比重较大，而关键绩效指标所占比重相对较小。个人层面的绩效指标构成也是由关键绩效指标和一般绩效指标构成。

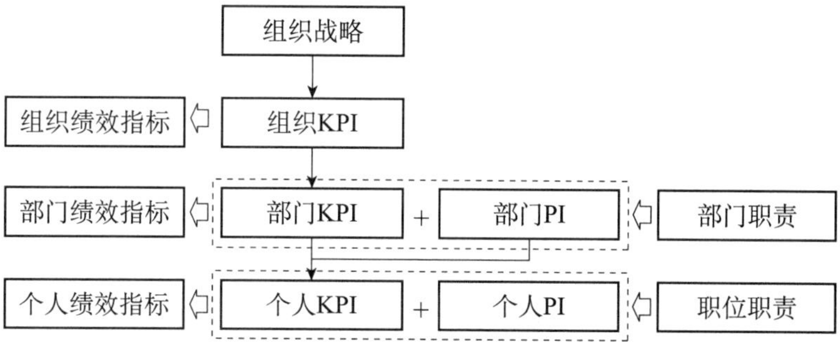

图 2-4　基于 KPI 的绩效指标体系

二、关键绩效指标体系的实施

关键绩效指标体系通常是采用画鱼骨图的方法来建立的。其基本思路是通过对组织战略的分析，找出组织获得成功的关键成功领域，再把关键成功领域层层分解为关键绩效要素；为了便于对这些要素进行量化考核和分析，须将要素细分为各项指标，即关键绩效指标。把战略置于绩效管理的核心，善用关键绩效指标来推进绩效管理实践，发挥其战略导向的牵引作用。设计一个完整的基于关键绩效指标的绩效管理系统通常包含六个步骤：确定关键成功领域、确定关键绩效要素、确定关键绩效指标、构建组织关键绩效指标库、确定部门 KPI 和 PI 以及确定个人 KPI 和 PI，如图 2－5 所示。其中，组织 KPI 的制定涉及关键绩效指标体系建立的前面四步，这四步是设计关键绩效指标体系的关键和核心内容。

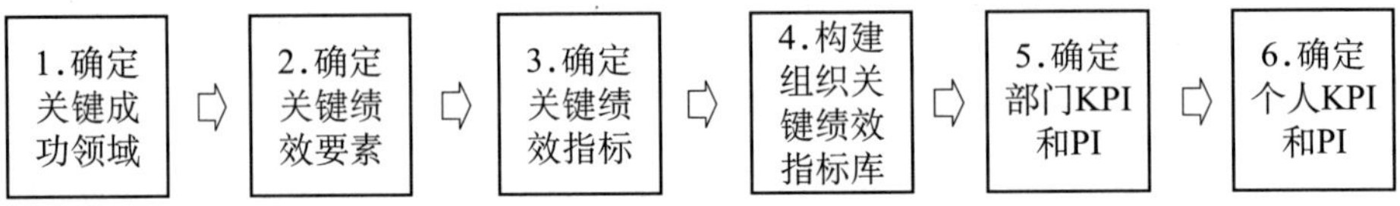

图 2－5　基于 KPI 的绩效指标体系的建立步骤

（一）确定关键成功领域

建立关键绩效指标体系的第一步就是根据组织的战略，通过鱼骨图分析，寻找能够使组织实现战略目标或保持竞争优势所必需的关键成功领域，即对组织实现战略目标和获得竞争优势有重大影响的领域。确定组织的关键成功领域，还必须明确三个方面的问题：一是这个组织为什么会取得成功，成功依靠的是什么；二是在过去那些成功因素中，哪些能够使组织在未来持续获得成功，哪些会成为组织成功的障碍；三是组织未来追求的目标是什么，未来成功的关键因素是什么。这实质上是对组织的战略制定和规划过程进行审视，对所形成的战略目标进行反思，并以此为基础对组织的竞争优势进行剖析。例如，某制造企业通过访谈和头脑风暴法，寻找并确定了企业能够有效驱动战略目标的关键成功领域：优秀制造、市场领先、技术支持、客户服务、利润与增长和人力资源，如图 2－6 所示。

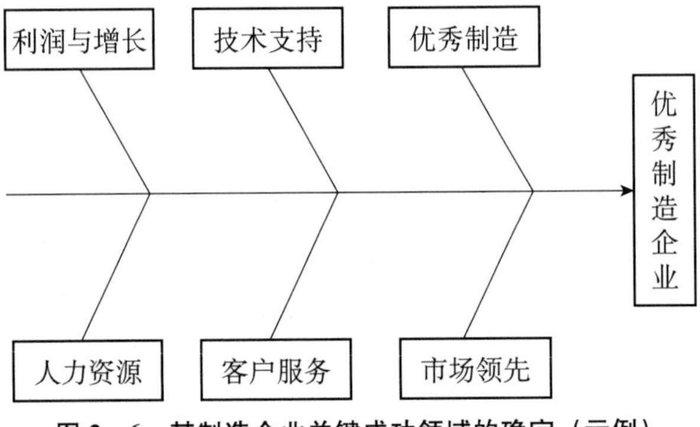

图 2－6　某制造企业关键成功领域的确定（示例）

（二）确定关键绩效要素

关键绩效要素提供了一种描述性的工作要求，是对关键成功领域进行的解析和细化。主要解决以下几个问题：第一，每个关键成功领域包含的内容是什么；第二，如何保证在该领域获得成功；第三，达成该领域成功的关键措施和手段是什么；第四，达成该领域成功的标准是什么。上述制造企业的关键绩效要素如图 2－7 所示。

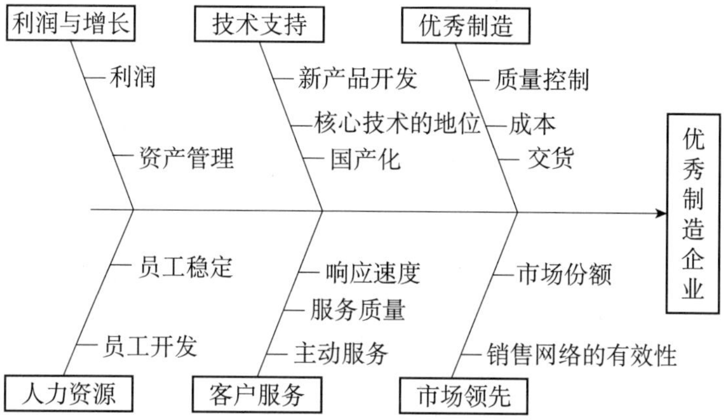

图 2－7　某制造企业关键绩效要素的确定（示例）

（三）确定关键绩效指标

对关键绩效要素进一步细化，经过筛选，关键绩效指标便得以确定。选择关键绩效指标应遵循三个原则：(1) 指标的有效性，即所设计的指标能够客观地、最为集中地反映要素的要求；(2) 指标的重要性，通过对组织整体价值创造业务流程的分析，找出对其影响较大的指标，以反映其对组织价值的影响程度；(3) 指标的可操作性，即指标必须有明确的定义和计算方法，容易取得可靠和公正的初始数据，尽量避免凭感觉主观判断的影响。以优秀制造和市场领先为例，上述制造企业确定的关键绩效指标如图 2－8 所示。

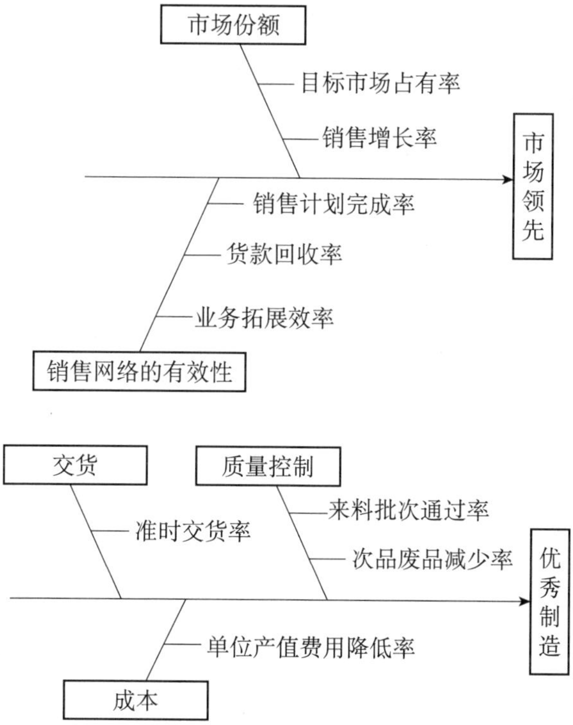

图 2－8　某制造企业关键绩效指标的确定（示例）

（四）构建组织关键绩效指标库

在确定了组织关键绩效指标之后，就需要按照关键成功领域、关键绩效要素和关键绩效指标三个维度对组织的关键绩效指标进行汇总，建立一个完整的关键绩效指标库，作为整个组织进行绩效管理的依据。上述制造企业汇总后的关键绩效指标库如表 2－4 所示。

表 2－4　某制造企业的关键绩效指标汇总表（示例）

关键成功领域	关键绩效要素	关键绩效指标
优秀制造	质量控制	来料批次通过率
		次品废品减少率
	成本	单位产值费用降低率
	交货	准时交货率
市场领先	市场份额	目标市场占有率
		销售增长率
	销售网络的有效性	销售计划完成率
		货款回收率
		业务拓展效率
技术支持	新产品开发	新产品开发计划完成率
		新产品立项数
	核心技术的地位	设备维修平均时间
		与竞争对手产品对比分析
	国产化	国产化的费用节约率
		国产化率
客户服务	响应速度	服务态度
		问题及时答复率
	主动服务	客户拜访计划完成率
		客户拜访效率
		产品售后调查及时性
	服务质量	质量问题处理及时性
		质量问题处理成本
利润与增长	资产管理	资产负债率
		应收账款周转率
		存货周转率
		净资产收益率
	利润	销售利润率
		成本费用利润率
		销售毛利率

续表

关键成功领域	关键绩效要素	关键绩效指标
人力资源	员工稳定	员工满意度
		员工流失率
	员工开发	优秀员工流动性
		绩效改进计划完成率

（五）确定部门KPI和PI

部门绩效指标一般由关键绩效指标和一般绩效指标构成。关键绩效指标绝大部分来自对组织关键绩效指标的承接或分解，也有一部分是部门自身独有的指标。一般绩效指标通常来源于流程、制度或部门职能。

组织目标的实现需要部门的支持。对组织关键绩效指标的承接和分解是制定部门绩效指标的关键环节。因此，在获得组织关键绩效指标后，就应当考虑将这些指标通过承接和分解两种形式落实到具体部门，形成部门关键绩效指标，如图2－9所示。首先，要确认这些指标能否直接被相关部门承接。有些关键绩效指标是可以直接被部门承接的，如单位产值费用降低率、新产品立项数等，这些关键绩效指标就可以直接确定为部门关键绩效指标。其次，对不能被直接承接的指标，则必须对这些指标进行进一步的分解。对关键绩效指标进行分解通常有两条主线：一是按照组织结构分解；二是按主要流程分解。比如，“次品废品减少率”这一关键绩效指标需要由采购部门的“采购有效性”、品质保证部的“不合格品再发生率”和生产部的“生产技术问题处理的有效性”几个指标共同支撑才能实现。

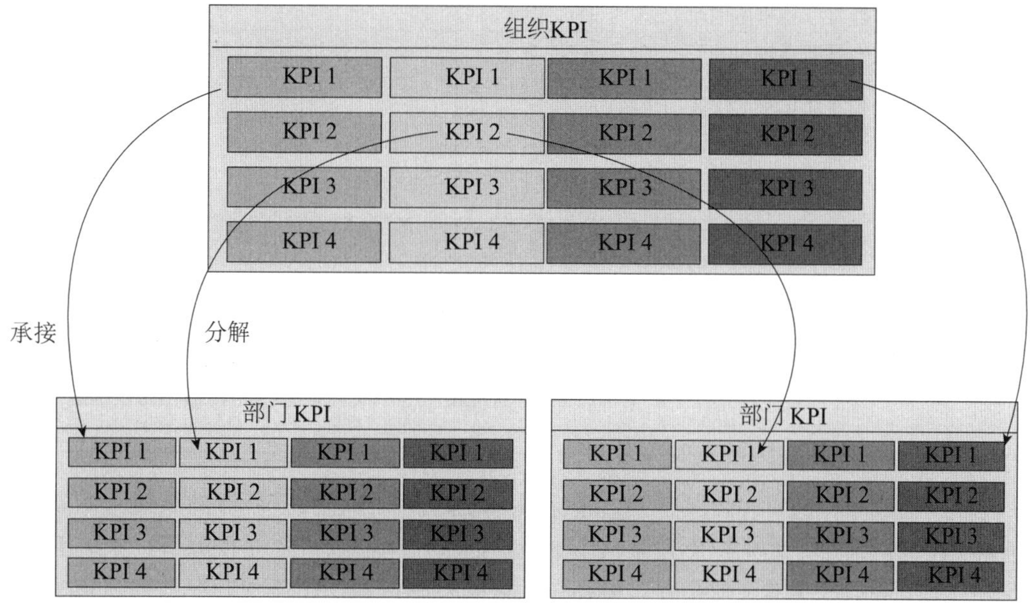

图2－9　部门关键绩效指标的确定

在一般情况下，组织关键绩效指标需要全部落实到具体的部门，否则必然会导致重要工作遭到忽视。部门关键绩效指标的确定过程也可以看作在组织关键绩效指标库中根据分工进行指标选择的过程。比如，某汽车制造厂按照指标承接和分解的原则，将组织关键绩效指标落实到具体的部门，该厂部门关键绩效指标的分解矩阵如表 2－5 所示。

表 2－5　某汽车制造厂部门关键绩效指标分解的矩阵表（示例）

序号	指标名称	销售中心	研发中心	采购中心	质保中心	生产管理中心	办公室	财务中心	…
1	盈利性产品比率	√	√	√				√	
2	委托外部设计管理制度建设达成/数量		√				√		
3	供应商评估流程优化达成评价			√			√		
4	产品一次性交验合格率				√				
5	内部质量损失金额				√				
6	优良供应商比率			√					
7	质量体系认证计划达成率				√				
8	零部件按时交货率			√					
9	订单满足率/战略客户订单满足率					√			
10	平均生产周期					√			
11	市场信息反馈流程优化达成率	√					√		
12	客户管理流程优化达成率	√					√		
13	战略性客户及时交货率					√			
14	战略客户销售比重	√							
15	期末应收账款数量	√							
16	售后服务管理流程优化达成指数				√			√	
17	客户投诉解决满意率				√				
18	销售费用	√							
19	整改措施计划达成评价	√	√	√	√	√	√	√	
20	人工成本总额/定额符合率						√		
⋮	⋮								

部门绩效指标通常包含关键绩效指标和一般绩效指标，并且所有的绩效指标需要全面体现在部门绩效计划中。上述某汽车制造厂的销售中心通过承接或分解组织关键绩效指标确定了部门的关键绩效指标，再补充来自部门职责和工作流程的一般绩效指标，就获得了该部门的绩效指标体系，如表 2－6 所示。

表 2-6　某汽车制造厂销售中心绩效计划表（示例）

序号	关键绩效指标	权重	指标类型	目标值	评价周期	信息来源	实际得分
1	盈利性产品比率		KPI				
2	市场信息反馈流程优化达成率		KPI				
3	客户管理流程优化达成率		KPI				
4	战略客户销售比重		KPI				
5	期末应收账款数量		KPI				
6	销售费用		KPI				
7	整改措施计划达成评价		KPI				
8	部门行政人员出勤率		PI				
⋮	⋮						

部门经理签字　　　　　　　　　　主管领导签字　　　　　　　　　　年　　月　　日

（六）确定个人 KPI 和 PI

个人关键绩效指标的确定方式同部门关键绩效指标的设计思路一样，主要是通过对部门关键绩效指标的分解或承接来获得，如图 2-10 所示。个人绩效指标体系同样包括关键绩效指标和一般绩效指标。其中一般绩效指标通常来源于员工所承担职位的职责，也有部分来自对部门一般绩效指标的承接和分解。

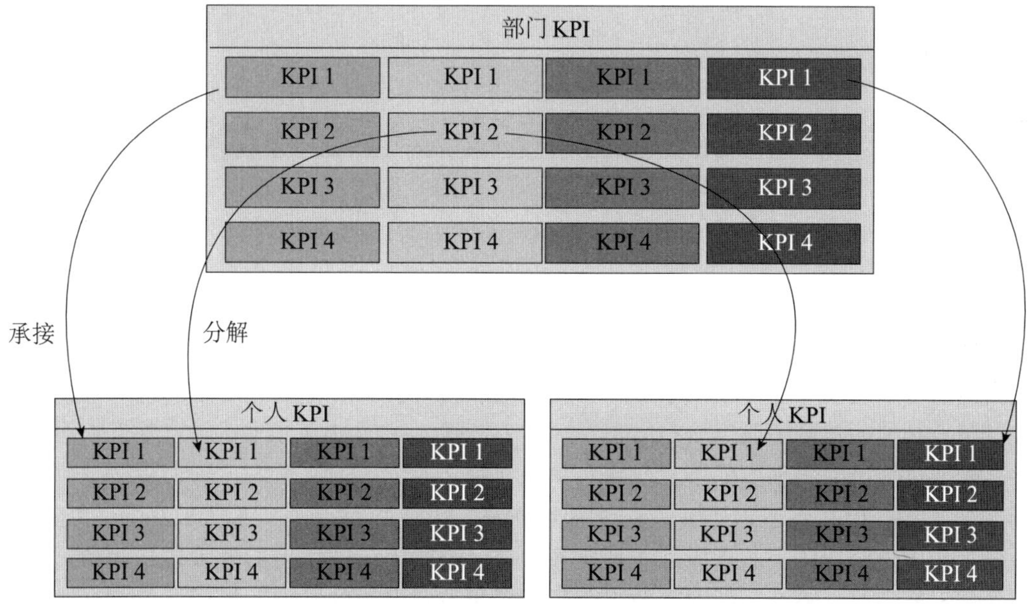

图 2-10　个人关键绩效指标的确定

所有部门关键绩效指标最终都需要有人承担，以确保组织战略能够有效指导员工的工作行为。但是，不同的岗位承担关键绩效指标的数量有很大的差异，有的岗位承担的关键绩效指标数量多，有的岗位承担的关键绩效指标数量少，甚至有的岗位承担的全是一般绩效指标，没有关键绩效指标。从某公司企管部的信息化管理员的绩效评价表（见表2－7）中可以看出，该员工承担了6个关键绩效指标和3个一般绩效指标。

表2－7　某公司企管部的信息化管理员的绩效评价表（示例）

<table>
<tr><td colspan="2">姓名</td><td></td><td colspan="2">部门</td><td>企管部</td><td>职位</td><td colspan="2">信息化管理员</td></tr>
<tr><td colspan="3">评价周期</td><td colspan="6"></td></tr>
<tr><td>序号</td><td colspan="2">指标名称</td><td>权重</td><td>指标类型</td><td>目标值</td><td>挑战值</td><td>完成情况</td><td>实际得分</td></tr>
<tr><td>1</td><td colspan="2">硬件故障发生率</td><td></td><td>KPI</td><td></td><td></td><td></td><td></td></tr>
<tr><td>2</td><td colspan="2">故障排除及时率</td><td></td><td>KPI</td><td></td><td></td><td></td><td></td></tr>
<tr><td>3</td><td colspan="2">硬件、软件升级的及时率</td><td></td><td>KPI</td><td></td><td></td><td></td><td></td></tr>
<tr><td>4</td><td colspan="2">策划报告的及时率</td><td></td><td>KPI</td><td></td><td></td><td></td><td></td></tr>
<tr><td>5</td><td colspan="2">增加网络节点的及时率</td><td></td><td>KPI</td><td></td><td></td><td></td><td></td></tr>
<tr><td>6</td><td colspan="2">网络故障排除的及时率</td><td></td><td>KPI</td><td></td><td></td><td></td><td></td></tr>
<tr><td>7</td><td colspan="2">维护检查频率</td><td></td><td>PI</td><td></td><td></td><td></td><td></td></tr>
<tr><td>8</td><td colspan="2">验货质量（发现问题数）</td><td></td><td>PI</td><td></td><td></td><td></td><td></td></tr>
<tr><td>9</td><td colspan="2">信息化方案完成率</td><td></td><td>PI</td><td></td><td></td><td></td><td></td></tr>
<tr><td colspan="2">其他日常工作的完成情况</td><td colspan="5"></td><td>最后等级</td><td>A/B/C</td></tr>
<tr><td colspan="2" rowspan="2">信息反馈</td><td colspan="5" rowspan="2"></td><td>评价者签名</td><td></td></tr>
<tr><td>被评价者签名</td><td></td></tr>
</table>

三、指标权重与员工责任

设计良好的关键绩效指标是绩效管理成功的保障，它所提供的基础性数据是绩效改进的依据和绩效评价的标准。通常关键绩效指标对个人行为具有引导和规范作用。不同的指标类型以及同一指标被赋予不同的权重，都会对员工产生不同的影响。一个岗位的关键绩效指标的数量一般应该控制在5～10个之间。指标过少可能导致重要工作遭到忽略，指标过多可能出现指标重复现象，并且可能分散员工的注意力。每个指标权重一般不高于30％，但是也不能低于5％。指标权重过高可能导致员工“抓大放小”，而忽视其他与工作质量密切相关的指标；而且权重过高可能造成绩效评价的风险过于集中，万一该指标不能完成，整个绩效周期的奖金薪酬都会受到很大的影响。指标权重太低则对评价结果影响力小，也容易产生无法突出重点工作的现象。为了便于计算，指标权重一般取5的倍数，得分也一般使用线性变化计算比例。下面对每种类型的关键绩效指标的权重分配都举一个例子进行说明，如表2－8所示。

表 2－8　关键绩效指标类别（示例）

指标类型	关键绩效指标	单位	权重	目标值	完成情况	最后得分
财务指标	业务收入	亿元	25%			
	⋮	⋮	⋮			
经营指标	网络资源利用率	%	5%			
	⋮	⋮	⋮			
服务指标	服务对象满意度	%	5%			
	⋮	⋮	⋮			
管理指标	关键人员流失率	%	5%			
	⋮	⋮	⋮			

员工绩效是结果与行为过程的集合体。对于处在不同层次和担任不同角色的员工而言，反映其工作绩效结果和行为过程的关键绩效指标所占的比重是不一样的。因此在设置关键绩效指标权重时，就要考虑员工所处的不同层级。由于高层管理者对组织的整体经营管理负责，因此对财务指标负有更大的责任，也就是说，在其评价指标中财务指标所占的权重较大。中层管理者的经营、服务指标的权重应该更大，如图 2－11 所示。

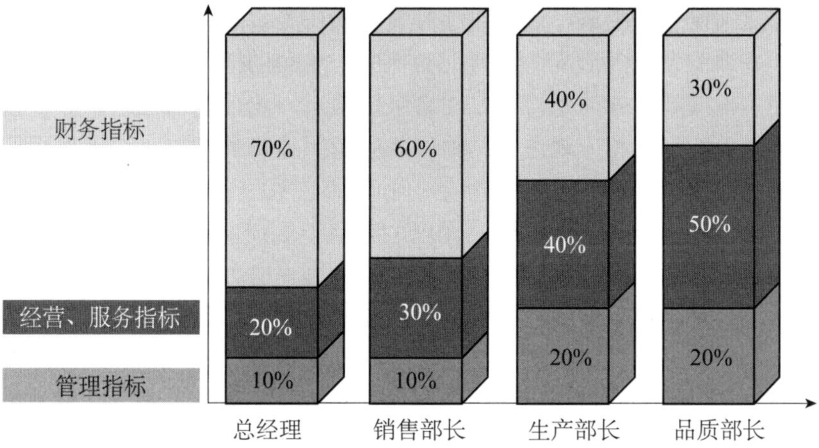

图 2－11　关键绩效指标权重在不同层级员工中的分配

在一个企业中，履行不同职能的员工对企业绩效所发挥的作用是不同的，由此决定了其对关键绩效指标的责任有所不同：企业前端部门（销售等）比后端部门（生产等）的财务指标权重大；职能部门一般情况下财务指标权重偏小，经营、服务指标权重偏大，如图 2－12 所示。

四、对关键绩效指标的评价

（一）关键绩效指标的优点

关键绩效指标作为一个战略性绩效管理工具，在绩效管理实践中得到了广泛应用。

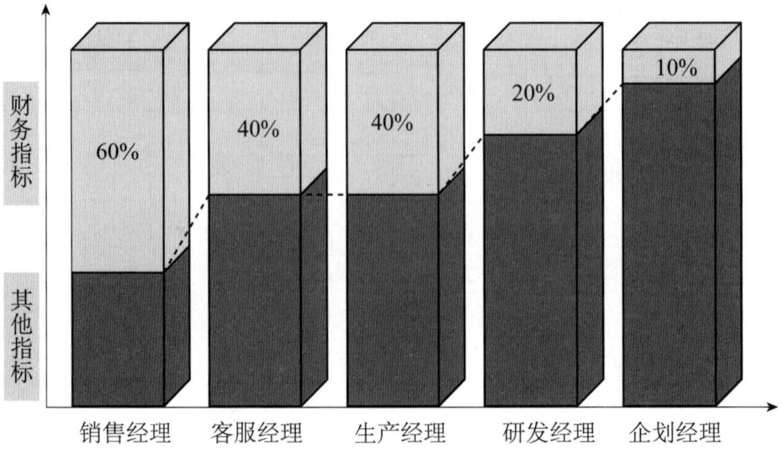

图 2-12　关键绩效指标权重在不同职能员工中的分配

善于运用关键绩效指标对组织进行绩效管理，有助于发挥战略导向的牵引作用，形成对员工的激励和约束机制。具体来说，关键绩效指标主要有以下优点。

（1）推行基于关键绩效指标的绩效管理，有利于实现组织战略。一方面，关键绩效指标体系直接源于组织战略，有利于组织战略目标的实现。通过分解战略找出关键成功领域，然后确定关键成功要素，最后通过对关键成功要素的分解得到关键绩效指标，这个过程有助于在组织系统内形成一致的行动导向，从而助推组织战略目标的实现。另一方面，通过使关键绩效指标体系与组织战略保持动态一致，确保在组织环境或战略发生转变时，关键绩效指标会相应地进行调整以适应组织战略的新重点，确保组织战略对绩效管理系统的动态化牵引，有利于提升绩效管理系统的适应性和操作性。

（2）推行基于关键绩效指标的绩效管理，有利于促成协调一致。个人关键绩效指标是通过对组织关键绩效指标的层层分解而获得的，员工努力达成个人绩效目标就是助推组织绩效实现的过程，也是助推组织战略目标实现的过程。因此，关键绩效指标有利于确保个人绩效与组织绩效保持一致，有利于实现组织与员工的共赢。

（3）推行基于关键绩效指标的绩效管理，有利于抓住关键工作。关键绩效指标强调目标明确、重点突出、以少带多。关键绩效指标一般可以避免由于指标庞杂、工作重点不明确而导致关键工作受忽视或执行不到位的现象发生。

（二）关键绩效指标的不足

虽然关键绩效指标为管理者提供了一种新的思路和途径，为之后绩效管理思想和工具的发展提供了一个新的平台，受到了理论界和实践界的肯定与认可，但随着管理实践的不断深入，关键绩效指标也暴露出某些不足和问题，主要体现在以下几个方面。

（1）关键绩效指标的战略导向性不明确。关键绩效指标强调战略导向，但是具体的“战略”到底指的是公司战略、竞争战略还是职能战略，在关键绩效指标里面并没有明确指出；虽然绝大多数人将这里的战略理解为竞争战略，但是同样没有提供可供选择的战略基本模板。另外，关键绩效指标没有关注组织的使命、核心价值观和愿景，这种战略导向是不够全面的，也缺乏战略检验和调整的根本标准；在面对不确定性环境的时候，或在战略需要调整和修正的过程中，使用关键绩效指标的局限性尤为明显。

（2）关键成功领域相对独立，各个领域之间缺少明确的逻辑关系。关键成功领域是根据战略需求确定的对战略有贡献的相对独立的领域，这就会忽略领域间横向的协同和合作，相互之间没有逻辑关系，并直接导致了关键绩效指标间缺乏逻辑关系。在管理实践中，关键成功领域没有数量的限制，不同的设计者可能提出不同的关键成功领域，最终就会导出不同的关键绩效指标。

（3）关键绩效指标对绩效管理系统的牵引方向不明确。各关键绩效指标之间相对独立并且缺乏明确的因果关系，可能导致关键绩效指标对员工行为的牵引方向不一致。关键绩效指标对资源配置的导向作用不明确，甚至出现指标间相互冲突，容易导致不同部门和不同员工在完成各自绩效指标的过程中，对有限的资源进行争夺或重复使用，从而造成不必要的耗费和损失。

（4）关键绩效指标过于关注结果，而忽视了对过程的监控。科学高效的绩效管理系统不仅需要关注最终的结果，还需要对实现路径进行全面的关注，便于在过程中加强监控和管理，从而保障组织获得持续稳定的高绩效。

第4节　平衡计分卡

20世纪90年代，随着知识经济和信息技术的兴起，无形资产的重要性日益凸显，人们对以财务指标为主的传统绩效衡量模式提出了质疑。在此背景下，美国哈佛大学商学院教授罗伯特·卡普兰（Robert Kaplan）和RSI公司总裁戴维·诺顿（David Norton）针对企业的组织绩效评价创建了平衡计分卡。经过两位创始人20余年锲而不舍的努力，平衡计分卡不断推陈出新，逐渐发展成为系统完备的战略管理理论体系，并广泛应用于企业、政府、军队、非营利机构等各类组织的管理实践。

一、平衡计分卡的形成与演变

20世纪中后期，为了对环境变化和市场需求迅速做出反应，管理者需要全面掌握组织的经营业绩和运作情况，尤其是无形资产对价值创造的贡献。然而，传统的财务业绩衡量模式因其固有的滞后性，已无法满足管理实践的现实需要，这为平衡计分卡的诞生提供了契机。

（一）平衡计分卡的产生

传统绩效衡量模式重财务指标而轻非财务指标，这种模式的弊端在20世纪80年代就日益明显。这个时期的管理实践已经认识到非财务绩效是通过经营管理系统获得的内因、过程和无形资产的积累，与企业的盛衰成败关系极大，是本质的东西；也认识到将财务指标与非财务指标有机结合的做法已经成为企业业绩衡量的发展趋势。但是，实践中尚缺乏一个将财务指标与非财务指标有机结合起来并能协调好各个指标之间关系的系统框架。管理实践的需要为平衡计分卡的产生创造了必要条件。

1990年，美国毕马威会计师事务所（KPMG）的研究机构诺兰诺顿（Nolan Norton Institute）资助了一个名为“未来的组织业绩衡量”的研究项目，戴维·诺顿担任该项目的负责人，罗伯特·卡普兰则担任学术顾问。项目开始后，小组成员查阅了大量有关绩效衡量系统创新的案例研究，最终把目光锁定在模拟设备公司（Analog Devices）的“企业计分卡”上。这张卡不仅包括传统的财务指标，还包括与交货时间、制造流程的质量和周转期、新产品开发效率等相关的业绩指标。小组成员都认为这张卡最可能满足项目的预期要求，因此它也就成为日后所创建的平衡计分卡的原型。之后，小组成员经过反复的讨论，对计分卡的内容进行了扩展，形成了一个新的具有四个独特层面的衡量系统，并将其命名为“平衡计分卡”。项目结束后，卡普兰和诺顿总结了小组的研究成果，写成了一篇论文《平衡计分卡：驱动业绩的衡量体系》（The Balanced Scorecard: Measures that Drive Performance)，发表于1992年1—2月号的《哈佛商业评论》。该文的发表标志着最初用于衡量组织绩效的平衡计分卡正式问世。

（二）平衡计分卡的发展脉络

平衡计分卡自问世以来，得到管理界人士的广泛认可，迅速风靡全球，成为近百年来最具影响力的管理理论之一。这主要得益于卡普兰和诺顿虚怀若谷的胸襟和长期以来孜孜不倦的努力。20余年来，两位创始人对平衡计分卡不断发展、丰富和完善，形成了一批极具价值的研究成果。平衡计分卡理论体系全面地阐述了组织获得高绩效的管理框架和基本原则，即描述战略、衡量战略、管理战略、协同战略以及整合战略（连接战略和运营）。这些理论成果集中反映了两位创始人的思想轨迹，也体现了平衡计分卡的理论演变脉络。

1. 构建平衡计分卡以衡量战略

在1992年《平衡计分卡：驱动业绩的衡量体系》一文发表之后，通过将平衡计分卡作为绩效衡量系统应用于企业管理实践以及与企业高层管理者进行深入交流，卡普兰和诺顿感到将平衡计分卡与企业战略挂钩的重要性。由此，平衡计分卡与战略之间的联系得到进一步完善，并逐渐从一个改良的绩效衡量系统演变成一个核心的管理系统。在最早实施平衡计分卡的公司以及后来采用平衡计分卡的企业中，都能观察到平衡计分卡的演变，这些公司的高层管理者不约而同地把平衡计分卡作为重要管理流程的核心架构，将其运用到包括制定个人和团队目标、薪酬制度、资源分配、预算编制和计划以及战略反馈和学习等众多管理模块中。卡普兰和诺顿总结了当时近3年来的经验，并于1996年出版了他们的第一本平衡计分卡专著：《平衡计分卡：化战略为行动》（*The Balanced Scorecard: Translating Strategy into Action*)，标志着平衡计分卡从绩效衡量工具转变为战略实施工具，同时标志着平衡计分卡理论体系的初步形成。

2. 建立战略中心型组织

在实践的推动下，卡普兰和诺顿逐渐意识到一种新的组织形式——“战略中心型组织”开始出现。一些组织的高层管理者利用平衡计分卡把经营单位、共享服务单位、团队和个人围绕整个战略目标联系起来；他们专注于计划、资源分配、预算、定期报告以及管理会议等与战略相关的关键管理流程；他们按照自上而下的方式进行愿景、战略和资源分配的纵向传递，并通过执行、创新、反馈以及学习确保战略信息向上回流。换言之，这些组织拥有了新的管理中心、新的协调机制以及新的学习模式，实现了整体价值大于各部分价值的总和。组织创新和变革的种种迹象和趋势异常准确地验证了卡普兰和诺顿的早期预言，这让他们备受鼓舞。为了及时总结来自实践一线的管理经验，他们于2000年推出了《战略中心型组织：如何利用平衡计分卡使企业在新的商业环境中保持繁荣》(*The Strategy-Focused Organization: How Balanced Scorecard Companies Thrive in the New Business Environment*)，系统阐述了建立战略中心型组织的五个基本原则，为该理论的继续发展找到了新的支点。

3. 绘制战略地图以描述战略

战略地图（strategy map）将平衡计分卡由菱形结构改为矩形叠加的四个层面，将管理者的关注焦点从绩效指标转移到了绩效目标上，发现“目标应该通过因果关系连接”是平衡计分卡管理工具的重要突破。战略地图通过四个层面目标之间的因果关系来描述战略，为战略沟通和战略描述提供了一个可视化的工具，从而为人们提供了一个清晰、逻辑性强并且经得起考验的描述战略的工具。战略地图的提出是对最初提出的平衡计分卡的发展和升华，对管理实践的解释更明晰，指导作用更大。卡普兰和诺顿在《哈佛商业评论》2000年9—10月号发表了《战略遇到困难了吗？绘制战略地图》(Having Trouble with Your Strategy? Then Map It!）一文，论述了平衡计分卡四个层面目标之间的因果驱动关系，并提供了战略地图的通用模板。2004年，两位创建者出版了平衡计分卡系列的第三本书《战略地图：化无形资产为有形成果》(*Strategy Maps: Converting Intangible Assets into Tangible Outcomes*)，创造性地解决了化无形资产为有形成果的技术路径问题，廓清了传统战略管理理论中战略制定和战略执行之间的模糊地带。

4. 围绕战略协同组织

从协同的角度来看，战略地图具有将流程、人员、信息技术和组织文化协同于客户价值主张和股东期望的功能。然而，这只是组织整体协同的一环，仅限于单个战略业务单位（或共享服务部门）的内部协同。要释放组织系统的全部潜能，获得“1＋1＞2”的效应，必须在纵向上将组织、部门、团队和个人协调和整合起来，在横向上将组织中的业务单元、支持单元、外部合作伙伴等利益相关者协调和整合起来。

但是，许多大型组织依然存在着总公司、分公司、总公司职能部门、分公司职能部门、供应商和顾客之间不能协调一致的问题。为此，卡普兰和诺顿于2006年推出了第四本平衡计分卡系列专著《组织协同：运用平衡计分卡创造企业合力》(*Alignment: Using the Balanced Scorecard to Create Corporate Synergies*)。该书是平衡计分卡理论的又一重要成果，它为组织的高层管理者提供了一整套以战略地图和平衡计分卡为工具的治理框架，并为他们深入挖掘组织协同所产生的衍生价值提供了技术指导。

5. 连接战略和运营并对战略实施流程化管理

许多组织运用战略地图和平衡计分卡来明晰战略路径和协调组织行动，取得了卓越的经营业绩。但是，如何才能将持续的战略管理融入组织的经营活动以保持这一来之不易的卓越业绩，成为困扰高层管理者的难题。

2004年，卡普兰和诺顿与美国平衡计分卡协会的同事成立了一个工作组，旨在研究如何才能使组织持续聚焦于战略执行。这一工作组最为重要的创新就是让一组经理人专职监管战略执行所涉及的各个流程。为了介绍这一成果，卡普兰和诺顿在2005年10月号的《哈佛商学评论》上发表了《战略管理办公室》（The Office of Strategy Management）一文。经过在北美和欧洲地区开展持续调研，卡普兰和诺顿终于找到了将战略与运营进行连接的所有关键流程，并于2008年推出了他们的平衡计分卡系列第五本著作《平衡计分卡战略实践》（*The Execution Premium*：*Linking Strategy to Operations for Competitive Advantage*），描述了公司怎样在战略与运营之间建立强有力的连接，使员工的日常工作能够支持战略目标。

至此，平衡计分卡理论发生了根本性变化，已完全由组织绩效评价转向组织的战略管理，全面涉及战略制定、描述、协同、衡量、管理以及与运营相连接等诸多环节，演变成一个严谨的六阶段战略管理理论体系。

二、平衡计分卡的特点与功能

作为一个新的战略管理体系，平衡计分卡具有自身的鲜明特点和功能定位。了解这些特点及其功能，有助于我们在平衡计分卡的设计与实施过程中准确把握其内在本质，发挥这一管理工具的比较优势，从而设计出科学有效的战略性绩效管理体系。

（一）平衡计分卡的主要特点

1. 始终以战略为核心

平衡计分卡以提升战略执行力为出发点，结合时代背景和环境特征针砭了当前组织在战略管理中的纰漏之处，先后探讨了如何对战略进行衡量、管理、描述、协同以及如何实现战略管理与运营管理的有效结合等难题。

（1）战略衡量。卡普兰和诺顿指出，任何一个衡量系统，其目的都应该是激励所有管理者和员工成功执行战略。在无形资产决定组织未来的信息时代，组织必须摒弃传统的财务业绩衡量模式，在战略的指导下综合财务、客户、内部业务流程、学习与成长四个层面，建立一套全面的、具有紧密关联的、相互平衡的绩效目标和指标体系，以充分发掘构成企业核心竞争力的价值源泉。

（2）战略管理。由于平衡计分卡提供了一个能够从四个不同的层面来描述战略的管理框架，使组织的管理者能够站在全局的高度审视价值创造的绩效结果和驱动因素，因此利用平衡计分卡为管理平台构建战略中心型组织是管理者的优先选择，而战略中心型组织的根本特征在于将战略作为组织变革和管理流程的核心。

（3）战略描述。战略地图作为一种可视化的描述工具，其贡献在于通过四个层面之间层层向下牵引和向上支撑的逻辑关系，将用概括性语言表述的组织战略转化成一整套清晰明确的目标和指标。相对于表述笼统的战略，这些目标和指标不仅是清晰具体的，而且是围绕战略主题高度整合的，目标之间具有严密的因果关系，相应的衡量指标也具有明显的关联性。

（4）战略协同。平衡计分卡针对传统的职能壁垒提出了创造企业衍生价值的主张，提出了实现战略协同的八个查验点，并详细讲解了如何在董事会、企业总部、经营单位、支持单元、外部合作伙伴和客户之间实现协同作战和密切合作，以及对协同效果进行评估和对协同流程进行管理的方法。

（5）连接战略和运营。卡普兰和诺顿以战略为纲、以运营为目，利用平衡计分卡为管理工具构建了一套六阶段战略管理体系。该体系从战略制定开始，将关键流程改进和运营计划编制作为连接的节点，以结构化会议形式的战略检验和调整为终端，形成了一个良性循环的管理回路，从而将战略执行和运营管理有效地整合与协同起来。

2. 重视协调一致

为了实现化战略为行动的目的，平衡计分卡将协调一致提升到了战略的高度，认为协同不仅是创造企业衍生价值的根本途径，也是实现客户价值主张的必要保障，有必要形成一套严谨的协同机制以确保战略落地。

（1）从逻辑上明晰协同思路。与关键绩效指标采取指标逐层分解的做法不同，平衡计分卡的逻辑思路主要是采取目标分层，并在分层基础上分类的办法。分层包括层面和层级两个方面，其中层面先是有绩效结果层面（财务和客户）和驱动因素层面（内部业务流程和学习与成长）之分，然后才有四个层面目标之间从上往下牵引和从下往上支撑的因果关系；分层级就是在组织、部门和个人三个层级实现目标的承接和分解。同样，分类也包括两个方面，一是每一层面的目标依据属性进行分类；二是在属性分类的基础上，每一层面目标依据横向和纵向协作关系进行分类。

（2）从体系上整合协同主体。在明晰组织协同的逻辑关系的基础上，卡普兰和诺顿从组织体系上对协同的主体进行了分析，确定了外部协同和内部协同中四种不同的协同关系，涉及企业总部、董事会、总部职能部门、经营单位、支持服务部门、客户和外部合作伙伴等七个协同主体和八个协同查验点。通过目标之间的因果或协作关系以及指标之间的关联性，平衡计分卡创造企业衍生价值的协同思想覆盖了组织的整个架构体系。

（3）从机制上保障协同效果。平衡计分卡包含了一整套用以保障协同效果的管理机制，包括管理工具、管理流程、保障机制、沟通机制、监测和控制机制以及激励政策等。战略地图和平衡计分卡是协同的管理工具，也可以说是协同的操作平台，它从财务、客户、内部业务流程、学习与成长四个层面界定了协同的内容，以及协同效果的衡量指标。

3. 强调有效平衡

平衡计分卡所强调的平衡，不是平均主义，不是为平衡而平衡，而是一种有效平衡。这种有效平衡是指在战略的指导下，通过平衡计分卡各层面内部以及各层面之间的目标组合和目标因果关系链，合理设计和组合财务与非财务、长期与短期、内部群体与外部群体、客观与主观判断、前置与滞后等不同类型的目标和指标，实现组织内外部各方力量和利益的有效平衡。

（1）财务指标与非财务指标的平衡。为了弥补传统业绩衡量模式单纯依赖财务绩效指标的局限性，平衡计分卡引入了客户、内部业务流程、人力资源、信息管理、组织发展等方面的非财务指标，对组织绩效进行综合评价，这是平衡计分卡的基本特征。

（2）长期目标与短期目标的平衡。企业的主要目标是创造持续增长的股东价值，它意味着一种长期承诺，但是企业必须同时创造出较高的短期业绩。当市场竞争加剧而组织可利用的资源相对短缺时，管理上的短视行为和“寅吃卯粮”的现象时有发生，也就是说，短期结果总是以牺牲长期投资为代价实现的。在平衡计分卡中，内部业务流程层面的每一类内部流程为组织带来益处的时间段都不同，管理者可以通过内部流程的组合，形成不同的战略主题，以确保企业的长短期利益能够兼顾，从而实现可持续发展。

（3）外部群体评价指标与内部群体评价指标的平衡。作为社会系统的构成单元，组织的经营管理决策和行为总是受到政府、供应商、辅助厂商、消费者、同业竞争者、行业协会等利益相关者的影响，它所生产和提供的产品或服务只有被目标客户认可，才能在市场上占有一席之地。同时，股东和董事会成员对组织经营业绩的评价，以及由此在公司治理策略和高管团队调配上所采取的行动，能够从根本上影响组织的发展方向。并且组织内部也是一个由不同群体构成的社会子系统，生产、研发、营销、人力资源等不同单元之间的互动，员工之间的人际沟通和工作协调，以及员工个人的职业发展、公平感受和组织承诺等，都会影响组织发展。平衡计分卡体现了在实施战略的过程中有效平衡这些群体的利益的重要性。

（4）客观指标与主观判断指标的平衡。由于传统的业绩衡量模式偏重于从财务数据上考察员工个人的工作成效和组织的整体经营成果，因此目标管理、关键绩效指标等以往的绩效管理工具在指标设计和权重分配上都强调可量化性，倾向于选择定量指标并给这些指标赋以较高权重，这样难免忽略一些重要的定性指标。平衡计分卡所倡导的绩效评价指标体系，不仅包括能够即时获取到客观数据的财务类指标，而且纳入了客户、流程以及无形资产方面的指标。这些指标，尤其是关于无形资产的衡量指标，常常难以根据单一数据对其做出准确判断，而更多地依赖于亲身体验、主观感受和经验判断。

（5）前置指标与滞后指标的平衡。为了加强对绩效的预测、监控、评价和控制，平衡计分卡对四个层面进行了区分，其中财务和客户层面描述了组织预期达成的绩效结果，而内部业务流程和学习与成长层面则描述了组织如何达成战略的驱动因素。根据这一逻辑，平衡计分卡将前两个层面的指标界定为滞后指标，而将后两个层面的指标界定为前置指标。在此基础上，平衡计分卡依据动态管理的原则，对每一个层面的指标按照因果关系进一步划分为前置指标和滞后指标。一般来说，对工作过程或阶段性成果进行衡量的指标为前置指标，对工作的最终结果进行衡量的指标为滞后指标。

（二）平衡计分卡的功能定位

整体来看，平衡计分卡的功能随着理论体系自身的不断发展和完善而发生变化。这种变化表现在它由最初的绩效评价工具逐渐转变为战略管理工具，其应用领域也由企业组织逐步扩张至政府部门、非营利组织、准军事组织，乃至军事机关。

1. 战略管理工具

从平衡计分卡对于战略管理的突破性贡献来看，主要有三点：第一，通过绘制战略地图这一管理工具，实现对战略的可视化描述。卡普兰和诺顿说："战略地图创新的重要性丝毫不亚于最初的平衡计分卡本身。管理层找到了战略内在属性和外在力量的可视化表述方法。"可以说，对于战略的清晰描述填补了传统战略管理过程中战略制定和战略规划之间的模糊地带。第二，通过战略地图和平衡计分卡建立了战略协同的机制。协同效应是战略构成要素之一，但是以往的管理工具未能很好地实现组织战略协同。平衡计分卡将协同视为经济价值的来源，构建了一个逻辑严密、体系完整和机制健全的协同机制。第三，尝试通过战略地图、平衡计分卡以及仪表盘等工具将战略和运营进行连接，这是平衡计分卡的最新理论成果，尽管还存在有待完善之处，但是将战略转化为员工日常行为不仅是实现战略和运营无缝连接的有效途径，也是确保战略落地的必然选择。

2. 绩效管理工具

1990 年"未来的组织业绩衡量"项目组所创建的平衡计分卡模型，仅限于组织绩效的评价，没有涉及部门和员工个人的绩效。但是，"化战略为行动"这一新的定位形成以后，平衡计分卡在绩效评价方面的应用范围便覆盖了组织中的每个层级和个体。随着平衡计分卡理论的继续发展和丰富，绩效管理的计划、监控、评价和反馈环节都纳入了其理论范畴，涉及绩效目标的设置和评价指标的选择、绩效沟通和辅导、绩效监测和评估、绩效结果的反馈和应用等内容，平衡计分卡也因此成为一个以战略为核心的绩效管理工具。作为一个新的绩效管理工具，平衡计分卡不仅克服了传统财务绩效衡量模式的片面性和滞后性，而且相对于目标管理、关键绩效指标等绩效管理工具，在目标制定、行为引导、绩效提升等方面具有明显的管理优势，能够为组织绩效目标的达成提供有力保证。

3. 管理沟通工具

平衡计分卡是一个具有鲜明个性的有效的管理沟通平台，通常可以从如下三方面对其进行深入理解：第一，平衡计分卡具有一套层次分明、意义明确、表述清晰的统一的概念和术语。其中有些词是既有的管理专业术语，但是卡普兰和诺顿明确界定了其内涵或赋予其新的含义，例如，使命、愿景、战略、无形资产、人力资本等；有些词则是根据需要创造出来的，具有明确含义，例如，客户价值主张、企业价值主张、战略主题、战略工作组群、准备度等。这些词在统一的平衡计分卡框架内形成了一种新的语言，保证了信息沟通的统一和规范。第二，平衡计分卡是一个具有严密逻辑关系的管理工具。从沟通的角度看，逻辑上的清晰和严谨具有两方面作用：一是它能够将平衡计分卡的概念和术语有机地组合起来，形成一个语言体系；二是目标之间严密的因果和协作关系以及指标之间的关联关系能够明确界定组织各构成单元和个人所遵循的沟通渠道、沟通内容以及责任权限。第三，平衡计分卡建立了一套良好的沟通机制。这套机制包括领导者的沟通责任、员工的培训和教育、战略反馈和学习流程、结构化会议等，从而对沟通渠道、传播媒介、沟通方式和频次以及沟通管理等内容做出了明确的界定。

三、平衡计分卡的框架与要素

对平衡计分卡的理解，有广义和狭义之分。广义的平衡计分卡是就理论体系而言，其本质是通过以战略为管理核心实现组织整体协同，从而提升战略执行力的管理体系，包括战略地图和狭义的平衡计分卡；狭义的平衡计分卡是就管理工具而言，它是与战略地图相并列的一种管理表格。本书从广义的视角出发，对平衡计分卡的内部构件及其组合原理进行全面的考察，即通过对战略地图和狭义的平衡计分卡的构成和逻辑结构的全面理解，系统理解平衡计分卡化战略为行动的全过程。

（一）战略地图的框架

战略地图是对组织战略要素之间因果关系的可视化表示方法，是一个用以描述和沟通战略的管理工具。

1. 战略地图的框架及逻辑结构

（1）战略地图的框架。为便于理解和记忆，我们把通用的战略地图形象地比喻为一座四层楼房。房顶部分由使命、核心价值观、愿景和战略构成，房子的主体部分为四个楼层，从上往下依次是：财务层面、客户层面、内部业务流程层面、学习与成长层面，这四个层面是一个“2—4—4—3”框架，如图2-13所示。其中，“2”指的是两大财务战略，即财务层面的生产率提升战略和收入增长战略；第一个“4”指的是四种通用的客户价值主张，即总成本最低、产品领先、全面客户解决方案、系统锁定；第二个“4”指的是四类创造价值的内部业务流程，即运营管理流程、客户管理流程、创新流程、法规与社会流程；“3”指的是三种无形资产，即人力资本、信息资本、组织资本。

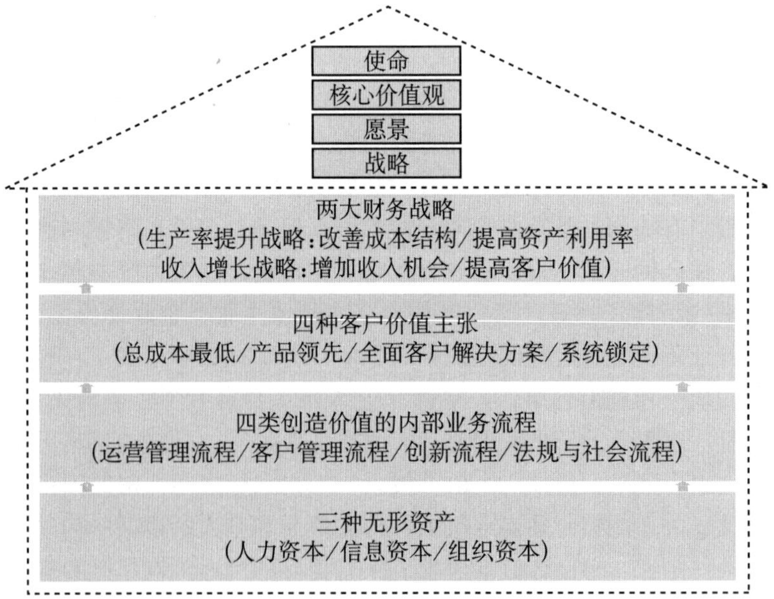

图2-13　战略地图的框架

（2）逻辑结构。战略地图的框架不仅包括以方框标示的各构成要素，还包括以箭头标示的用以将各构成要素串联起来的逻辑关系。就房顶部分而言，使命和核心价值观描述了组织长期奉行的核心理念，愿景和战略描述了组织在特定期限内的发展蓝图和战略选择。这四者之间的关系是，使命指引核心价值观的形成，使命和核心价值观指引愿景和战略的形成，愿景指引战略的形成。四个层面的逻辑关系须从两个层次来分析：一是层面之间的关系；二是各层面目标之间的关系。

从层面来看，财务层面和客户层面分别描述了组织期望达成的财务绩效和客户（市场）绩效，界定的是战略的绩效结果；内部业务流程层面和学习与成长层面则分别描述了组织创造价值的关键流程和无形资产，界定的是组织达成预期绩效结果的战略性驱动因素，如图2-14所示。

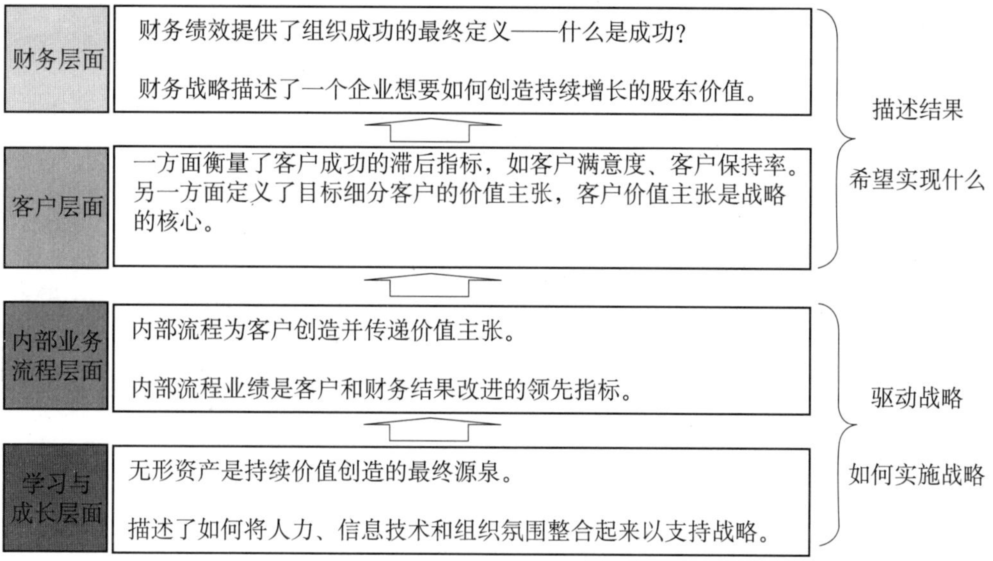

图2-14　战略地图四个层面之间的关系

在明晰组织的使命、核心价值观、愿景和战略的基础上，形成了以战略为核心的、因果关系明确的框架体系，这四个层面的目标从上往下层层牵引，从下往上层层支撑。具体来说，战略地图的四个层面先后回答了四个问题：财务层面回答的是我们如何满足股东的期望；客户层面回答的是我们如何满足目标客户的需求；内部业务流程层面回答的是我们必须做好哪些重点工作；学习与成长层面回答的是我们必须在哪些无形资产上做好准备。具体如图2-15所示。

2. 战略地图的通用模板

在理解战略地图的框架和四个层面的逻辑结构之后，将使命、核心价值观、愿景、战略、四个层面及其构成要素通过因果关系整合起来，就形成了战略地图的通用模板，如图2-16所示。这个模板是卡普兰和诺顿通过对营利性企业组织的研究、分析和凝练提出的，而政府、事业单位、军事机关等公共组织的战略地图的基本模板则需根据组织属性及相应的运营实际进行必要的调整。

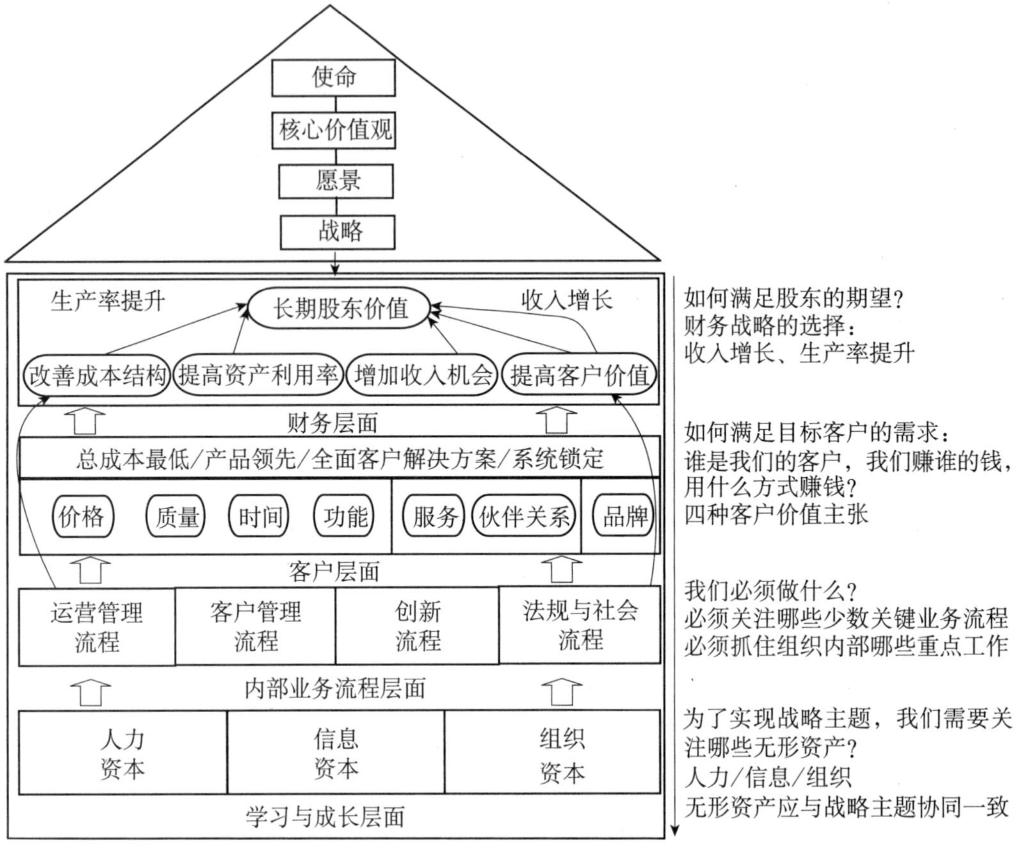

图 2－15　战略地图四个层面回答的四个问题

（二）战略地图的构成要素

由战略地图的基本框架可知，战略地图包含房顶和四个层面两大部分。战略地图的房顶部分是确定战略地图四个层面的基础和依据，四个层面具有因果关系的目标体系是战略地图的主体内容。

1. 使命和核心价值观

（1）使命。使命是指组织存在的根本价值和追求的终极目标，回答了“组织为人类做出什么样的贡献和创造什么样的价值”这一首要问题。使命是一个简明的、重点清晰的内部陈述，应该说明企业希望如何创造并向客户传递价值。使命及伴随它的核心价值观在一段时间内是保持相对稳定的。

（2）核心价值观。核心价值观是指组织中指导决策和行动的永恒原则，回答了“组织长期奉守的坚定信仰是什么”这一基本问题。组织的价值观体现了组织的态度、行为和特质。核心价值观源于领导人的个人信仰，是组织文化长期积累和沉淀的成果，为全体成员共同认可和遵从。

2. 愿景和战略

（1）愿景。愿景是指组织的发展蓝图，反映了组织对未来的期望，回答了“组织的

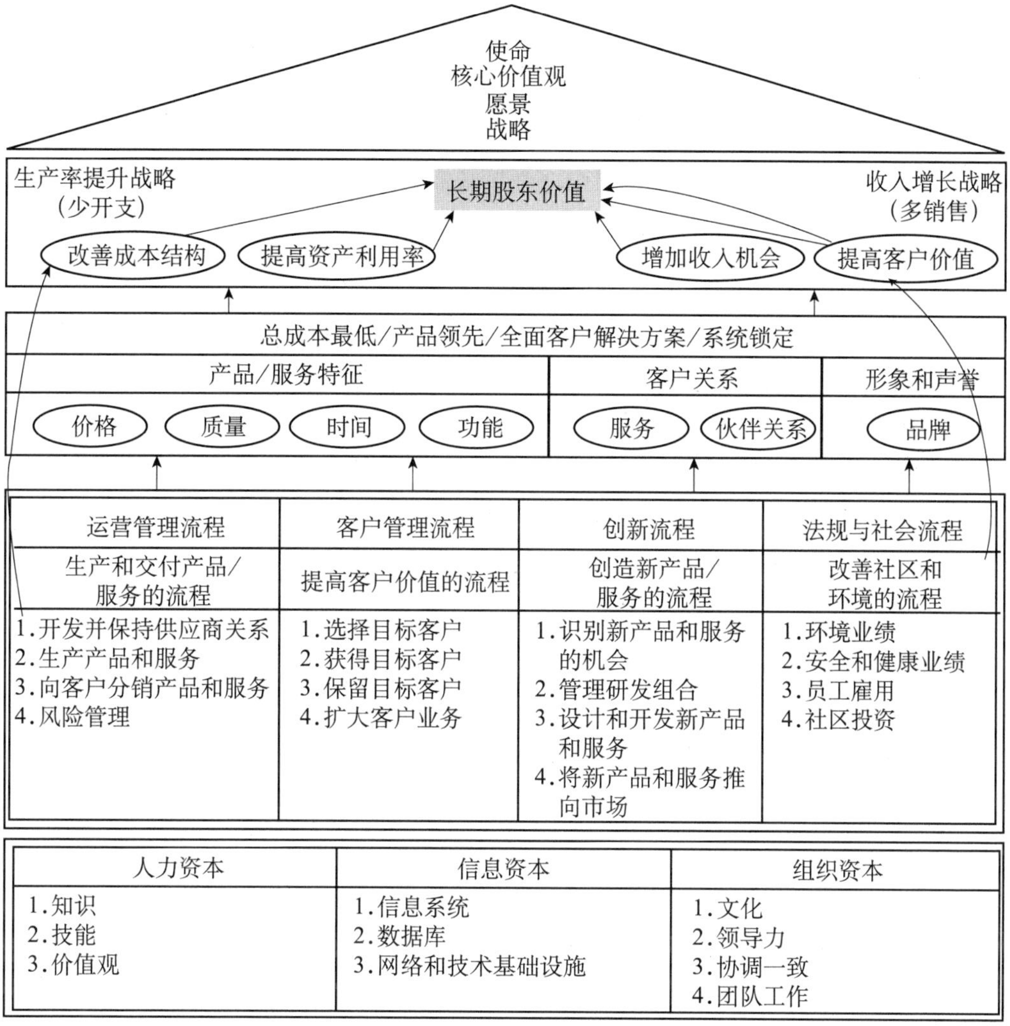

图 2－16　战略地图通用模板

资料来源：罗伯特·卡普兰，戴维·诺顿．战略地图：化无形资产为有形成果．广州：广东经济出版社，2005.

中长期目标是什么”这一关键问题。愿景是一个简明的陈述，界定了组织的中长期目标(3～10 年)。愿景是实现从使命和核心价值观的稳定性到战略的动态性的中间一环，它阐明了组织的方向，并帮助个人理解他们为什么及如何支持组织的发展。

(2) 战略。战略是一种假设，是关于为或不为的选择，是组织在认识其经营环境和实现使命过程中所接受的显著优先权和优先发展方向，描述了组织打算为谁创造价值以及如何创造价值；而从组织过去发展历程的角度来看，战略则表现为一种模式。战略是平衡计分卡的核心，其内涵主要包括如下几个方面：

第一，战略是一个假设，是关于为或不为的选择。战略隐含着组织从目前位置到它所期望的但又具有不确定性的未来位置的运动方式。因为组织从没有到过这个未来位置，所以它准备走的道路包含一系列相互关联的假设。平衡计分卡使这些战略性假设被描述成一系列清晰的和可行为化的因果关系。更进一步说，战略性假设要求列出组织所期望的结果以及能够带来这些结果的驱动因素。实现战略的关键是组织内的每个人清楚地理解潜在的假设，将资源和假设协调一致，不断地测试假设，并在实际需要时进行调整。

第二，战略是连续统一体中的一环，它自身无法构成一个独立的管理系统。使命和核心价值观描述了组织存在的根本原因以及管理决策和行为的基本准则，是战略形成的基本依据。愿景描绘了组织的未来前景，它开启了稳定的核心理念向动态战略的转化。愿景和战略是互补的，愿景给出了实现战略后的图景，战略则解释了实现愿景的逻辑。通过目标、指标、目标值、行动方案和预算等战略变量以及相互之间的逻辑关系，战略使高层管理者笼统的使命表述和发展蓝图走向一线员工的具体工作。

第三，战略的逻辑性通过平衡计分卡的四个层面体现。战略地图是一个给战略下定义的逻辑框架，能够帮助组织以连贯、整体和系统的方式来看待战略。首先，战略的财务要素必须有长期和短期两个维度，两者之间的平衡为其他层面的设计提供依据。其次，客户价值主张是竞争战略的核心。通过确定能为组织带来增长的目标客户，以及描述公司为目标客户提供的独特产品组合、价格、服务、关系和形象，差异化的价值主张定义了公司的竞争战略。再次，战略的精髓在于行为，行为是竞争优势的基本单位，而行为体现在其价值链上的各内部业务流程之中。对于组织来说，运营管理、客户管理、创新以及法规与社会等流程都很重要，但组织必须在某一个对其客户价值主张影响最大的流程上形成竞争优势，而其他两个或三个流程则是支持性的，不是主要的。最后，无形资产是组织价值创造的源泉，是战略结果的最终驱动力。人力资源、信息技术和组织资本等无形资产要发挥基础支撑作用，就必须在战略的整合下统一起来，不能处于离散状态。

第四，战略由多个并存且互补的战略主题组成。战略主题是一组相关战略目标的集合，它提供了一种将战略细分成几个一般类别的方式。大多数战略主题是创造价值的少数关键业务流程的纵向组合。这些少数的关键业务流程体现了战略的差异化，对于创造和传递客户价值至关重要，必须受到特别关注和重视。这些业务流程的目标向上连接客户和财务层面的目标，向下连接学习与成长层面目标，构成了一个包含绩效结果和驱动因素的完整的价值创造链，这就是战略主题。所以说，战略主题将战略分解为若干个独立的价值创造链，根据不同周期的战略主题来构建战略地图，使得组织可以同时管理短期、中期和长期的价值创造流程。

3. 战略地图的四个层面

战略地图的主体框架由财务、客户、内部业务流程、学习与成长四个层面构成。需要特别说明的是，战略地图的四个层面与平衡计分卡的四个层面是完全一致的。在平衡计分卡中，最初结构形式是菱形模式的四个维度；后来在战略地图中，改变为更能体现不同层面及其目标之间因果关系的四个叠加的矩形形式。下面按照从上到下的顺序依次介绍这四个层面以及各层面的内部构成要素。

（1）财务层面。财务层面用传统财务术语（如投资回报率、收入增长和单位成本等）描述了战略的有形成果，提供了组织成功的最终定义（针对企业而言）。卡普兰和诺顿认为，为了防止战略假设、经营决策和财务业绩的脱节，平衡计分卡必须继续关注财务结果。平衡计分卡强调财务、客户、内部业务流程、学习与成长层面的目标要按照战略主题形成若干条因果关系链，从而对战略进行清晰的描述。而财务目标和指标就是这一系列因果关系链的终端，为其余三个层面目标的确定和指标的选择提供依据。它们一方面直观地诠释了战略假设的最终成果，另一方面有助于管理者在各种力量和利益之间进行平衡，防止出现经营上的短视或扭曲行为。对于企业来说，平衡计分卡财务层面的最终目标是实现股东价值的持续提升。为了达成这一统领性目标，组织可以通过两种战略来改善财务业绩，即收入增长和生产率提升，如图 2-17 所示。

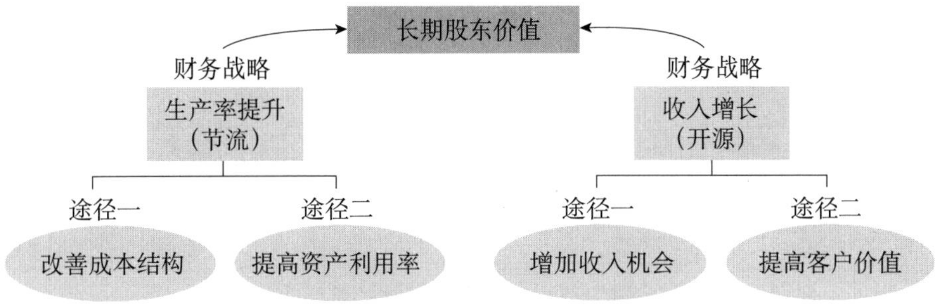

图 2-17　平衡计分卡的两大财务战略

第一，收入增长战略。收入增长即“开源”，可以通过两种途径实现：一是增加收入机会，企业通过销售新产品或发展新客户实现收入增长。例如，商业银行在做好传统的中间业务和对外担保业务的基础上，通过业务组合与创新推出了金融期货、远期利率协议、互换等一系列新的金融产品。二是提高客户价值，即加深与现有客户的关系，销售更多的产品和服务，提高单位客户的利润。例如，银行努力使其账户客户使用本行发行的信用卡并从本行贷款购房或买车。

第二，生产率提升战略。生产率提升即“节流”，也可以通过两种途径实现：一是改善成本结构，即企业通过降低直接或间接成本来改善成本结构，这可以使企业生产同样数量的产品却消耗更少的人、财、物等资源。例如，订单式生产在加速资金流转速度的同时，可以使生产制造企业大幅降低材料和成品的储存成本。二是提高资产利用率，即通过更有效地利用财务和实物资产，企业可以减少支持既定业务量水平所必需的流动资金和固定资本。例如，通过减少计划外的设备停工时间，企业可以充分利用现有生产能力，在不增加厂房和设备的情况下生产更多的产品。

相比而言，收入增长通常比生产率提升花费更长的时间。出于向股东显示财务成果的压力，企业通常倾向于支持短期而非长期行为，这对组织发展的可持续性构成了威胁。为此，平衡计分卡强调在确定财务层面的目标时，必须同时关注收入增长战略和生产率提升战略，在竞争战略的指引下实现四种途径的有机组合，使企业能够在短期利益和长期目标之间保持平衡。

(2) 客户层面。客户层面由组织在市场上的预期绩效成果和驱动绩效达成的客户价值主张构成。预期绩效成果代表了组织希望在既定的细分市场上取得的最终业绩，通常表现为组织针对预期成长和获利能力最大的目标客户群确定的概括性目标和指标。客户价值主张是一种针对竞争对手的战略模式，是企业经过战略分析，在界定细分市场和目标客户的基础上，为客户提供的一整套有关产品/服务特征、客户关系以及形象和声誉等方面的独特组合。差异化的客户价值主张不仅决定了战略所瞄准的市场群体，而且决定了企业如何使自己相对于竞争对手更具特色。因此，企业应当通过深入的市场调查，揭示不同的市场和客户群体及其对价格、质量、功能、形象、商誉、关系和服务的偏好，进而针对自己所选择的客户和细分市场确定客户价值主张。通常，客户价值主张有一套鲜明的特征，这些特征主要可以归结为三类，即产品/服务特征、客户关系、形象和声誉，如图2-18所示。

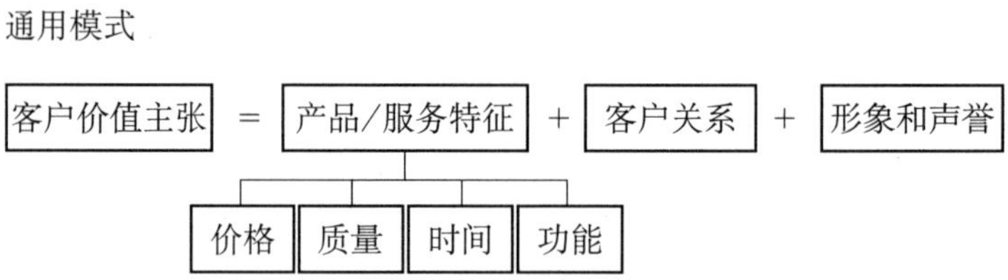

图2-18　客户价值主张的维度

第一，产品/服务特征。产品和服务特征包括价格、质量、时间和功能。及时交货和上市时间的先后、采购和使用产品或服务的成本差异、产品质量的稳定性和服务承诺的履行状况、产品功能的齐全程度和领先水平体现了不同的客户价值主张在产品或服务特征上的区别。例如，沃尔玛采取"天天平价、始终如一"的价值定位，通过低廉的价格来吸引对价格敏感的顾客。

第二，客户关系。客户关系涉及客户购买产品的体验、产品/服务的交货周期、客户需求的响应时间等。例如，IBM采取的服务战略主题为"创新服务、成就客户"，针对行业客户的需求提供端到端的行业解决方案，增强开发能力并提供"交钥匙"解决方案，关注中小企业和发展高可用性服务。

第三，形象和声誉。形象和声誉是企业吸引客户的无形因素，有些企业能够利用广告及高质量的产品和服务创造客户忠诚，使得客户对其品牌的支持程度远超过产品或服务本身的有形价值。例如，迪士尼作为主题乐园品牌，百事和可口可乐作为饮料品牌，阿迪达斯作为运动服饰品牌等，都对其目标客户具有极强的吸引力。

客户价值主张的选择是战略确定的核心环节。不同的组织通过向目标客户群体提供独特产品组合（价格、质量、时间、功能）、客户关系（服务、伙伴关系）以及形象和声誉（品牌）等客户价值主张定义其战略选择，并形成与竞争对手的差异化战略。卡普兰和诺顿在前人研究的基础上总结出四种通用的客户价值主张：总成本最低、产品领先、全面客户解决方案以及系统锁定。战略的本质在于选择，因此，组织应当在综合分析环境因素以及自身情况的基础上，选择一种合适的客户价值主张，并将它转化为特定的目标、指标、目标值和行动方案，以便组织成员更深入地认识、更准确地把握体现差异化的战略要素，把客户价值主张落实到每个人的具体工作中。四种客户价值主张的内涵及相互间的区别如表2-9所示。

表 2-9 四种通用的客户价值主张

项目	总成本最低	产品领先	全面客户解决方案	系统锁定
价值定位	为客户提供可靠的、及时的、低成本的、有限选择的产品和服务	为客户提供高品质的、领先的、选择多样化的产品和服务	为客户提供全面的、定制化的产品和周到的、持续的服务	为客户提供需要高额转换成本的、标准化的产品、服务或交流平台
差异化因素	关注价格、时间、质量、功能和品牌	关注时间、功能和品牌	关注服务、伙伴关系和品牌	关注功能、服务、伙伴关系和品牌
代表性企业	丰田、松下电器、西南航空、戴尔、麦当劳、沃尔玛	宝马、奔驰、耐克、索尼、英特尔	IBM、高盛、美孚石油	微软、苹果、思科、eBay、黄页、美国运通、维萨、万事达
基本要求	具有很强的成本控制能力，善于调查大众消费偏好	具有很强的创新和产品研发能力，能快速将产品投入市场	善于客户关系管理，强调同客户建立长期的友好关系	拥有专利、许可协议或专有知识，能够创建行业标准并持续创新

（3）内部业务流程层面。流程是指一系列活动的组合，这一组合接受各种投入要素，包括信息、资金、人员、技术等，最后产生客户所期望的结果，包括产品、服务或某种决策结果。平衡计分卡的内部业务流程层面阐述了创造价值的少数关键业务流程，这些流程驱动着企业两个关键的战略要素，即向客户生产和传递价值主张，降低并改善成本以实现生产率提升。根据创造价值时间的长短，内部业务流程又被划分为四类：运营管理流程、客户管理流程、创新流程、法规与社会流程，每类流程由若干个子流程构成，如图 2-19 所示。

运营管理流程	客户管理流程	创新流程	法规与社会流程
生产和交付产品/服务	提高客户价值的流程	创造新产品/服务的流程	改善社区和环境的流程
生产并向客户提供产品和服务	建立并利用客户关系	开发新产品、服务、流程和关系	遵纪守法 满足社会的期望 建立繁荣的社区
1.开发并保持供应商关系 2.生产产品和服务 3.向客户分销产品和服务 4.风险管理	1.选择目标客户 2.获得目标客户 3.保留目标客户 4.扩大客户业务	1.识别新产品和服务的机会 2.管理研发组合 3.设计和开发新产品和服务 4.将新产品和服务推向市场	1.环境业绩 2.安全和健康业绩 3.员工雇用 4.社区投资
短波	中波	长波	长期

图 2-19 四类创造价值的内部业务流程

资料来源：罗伯特·卡普兰，戴维·诺顿．战略地图：化无形资产为有形成果．广州：广东经济出版社，2005.

第一，运营管理流程。运营管理流程是指生产和交付产品/服务的流程，包括以下四个子流程：1）开发并保持供应商关系。良好的供应商关系可以降低总获得成本，也就是降低获得货物、材料和服务的总成本，还可以提高供货和服务的及时性。随着外包业务的发展，提高外包服务的绩效（成本、质量和反应时间）也是运营管理的一个重要目标。有的企业依赖其供应商进行产品革新和设计，或者将自身的产品和服务与供应商的产品与服务集成起来，以强化客户价值主张。在这种情况下，供应商关系管理还应该包括供应商创新或直接向企业的客户提供增值服务的目标。2）生产产品和服务。运营管理的核心在于高效率、高质量、快速地为客户生产产品和服务。这一子流程的目标主要包括：降低生产产品和服务成本、持续改进流程、提高流程反应速度、提高固定资产利用率和提高营运资本效率等。3）向客户分销产品和服务。典型的分销流程目标包括企业的成本、质量和时间业绩，如降低服务成本、快速反应、及时交货、提高质量等。和降低与供应商合作总成本一样，企业在与分销商合作或者直接向客户销售并提供产品和服务的过程中，在确保分销目标达成的前提下，要从整体上控制分销总成本。4）风险管理。企业的潜在风险通常包括财务风险、信用风险、运营风险和技术风险等。当今的组织面临动荡的社会环境，风险与机遇并存，如果期望零风险，很可能会失去组织发展的大好机遇。因此，加强风险管理是所有组织都要面对的一个重要问题，组织要在其战略地图中设置至少一个风险管理类的目标。

第二，客户管理流程。客户管理流程是建立并利用客户关系以提高客户价值的流程，它反映了组织选择、获得、保留目标客户并不断扩大客户规模的能力。同样，客户管理流程也包括四个子流程：1）选择目标客户。选择客户就是确定对企业有吸引力的细分客户，构思吸引这些客户的价值主张，并且创建吸引这些细分客户的产品和服务的品牌形象。2）获得目标客户。获得客户就是向市场宣传公司的价值主张，吸引目标客户购买公司的产品和服务。通常，企业都是利用入门级产品或高折扣产品启动客户关系。3）保留目标客户。保留客户就是确保产品质量、迅速纠正问题并提供卓越的客户服务，提高客户的忠诚度。客户的忠诚表现为重复购买、客户参与（客户为企业提供有关改善产品和服务的信息反馈）和客户所有（客户参与新产品设计和供应商推荐）三种形式。企业创造高度忠诚的客户，一方面是通过持续地传递其基本价值主张，另一方面则是靠万无一失的服务质量。4）扩大客户业务。通过了解客户需求，培育并深化客户关系，企业可以增加客户购买活动中本企业的份额。企业应该积极管理客户的生命周期价值。也就是说，利用入门级产品获得新客户，通过向新客户提供其他的高盈利产品和服务来扩大客户的购买份额。

第三，创新流程。创新流程是指开发新产品、新服务、新流程和新关系，它是提升客户获得率和增长率、创造客户忠诚和增加利润的必要条件。不管战略如何，所有企业都应该在战略地图中至少设置一个创新目标，而对于采取产品领先和系统锁定战略的公司，创新流程的业绩可能是最具决定性的成功因素。通常，创新流程包括以下四个子流程：1）识别新产品和服务的机会。通过这一流程，企业了解和预测未来的客户需求，从而开发新的、更有效的或更安全的产品与服务。一般情况下，新产品的创意来源于对过去产品和流程创新中所积累的技能和技术的理解。但是，组织不应当仅仅局限于在内部获得创意，还必须从外部，如各类实验室、大学，特别是供应商和客户，获得创意。2）管理研发组合。获得新产品/服务的创意后，管理者必须决定资助、延迟或否决具体的研发项目。管理者应该在完全依靠内部资源生产、进行合资生产或从其他公司获得许可证和外包等方式中做出选择。3）设计和开发新产品和服务。成功的产品设计和开发能够使产品符合市场的期望从而对客户产生吸引力，在一致的质量和一定的成本条件下为企业赚取令人满意的利润。4）将新产品和服务推向市场。新产品上市是产品开发循环的最后阶段，即项目团队发布新产品，并逐步增加产品的生产批量，最终进入商业生产。

第四，法规与社会流程。法规与社会流程主要是指改善社区和环境的流程，如遵纪守法、满足社会期望、建立繁荣的社区等。有效的法规与社会流程可以驱动长期股东价值创造，也有利于提高效率和降低运营成本。企业一般从以下四个方面管理法规与社会流程：1）环境业绩。环境业绩主要包括能源和资源消耗、污水排放、废气排放、固体废弃物产生和处理、对上代产品的处理和重新利用、综合的环境指标等。管理者必须确定那些与客户价值主张相关并对长期价值创造至关重要的环境衡量指标。2）安全和健康业绩。企业在生产和运营过程中必须遵守相关的政策和法规，确保安全生产，为员工健康提供必要的职业保障。当然，并非所有安全、健康、职业等方面的指标都应当纳入平衡计分卡的指标体系。平衡计分卡不是企业唯一的指标体系和监控系统。管理者应当将那些有助于降低成本、增加收入，能够推动战略实现的目标和指标纳入平衡计分卡。3）员工雇用。多样性是组织创新的源泉，多样化的员工队伍能够从不同的视角看待和处理问题，更有效率、更好地完成工作任务，提高组织的整体竞争力。4）社区投资。为了实现组织的可持续发展，越来越多有实力的企业开始注意到社区投资所带来的收益。其中，大多数企业都通过基金组织，甚至建立基金会，为所在社区的非营利组织系统化地提供资金。但是，很少有企业对社区投资的产出进行衡量，因而无法系统地了解持续性投资所产生的影响。运用平衡计分卡，管理者可以建立社区投资方面的目标和指标以衡量其产出和成果，从而真正达到社区投资的目的。

（4）学习与成长层面。学习与成长层面描述了组织的无形资产及其在战略中的作用。所谓无形资产，是指没有实物形态，但能被所有者占有、使用并带来经济效益的非货币性长期资产。一切与企业生产经营有关，能为企业带来经济效益，不具备物质实体的资产，都属于无形资产。无形资产是组织价值创造的源泉，是任何一个持久转变的真正起点，其重要性容易被大家认可。但是，对如何定义、衡量和实现相关目标，人们的认识程度还较低，且常常难以达成共识。经过对大量实践案例的分析和总结，卡普兰和诺顿将无形资产划分为三种类型，即人力资本、信息资本和组织资本，如图 2－20 所示。

第一，人力资本。在平衡计分卡中，人力资本被划分为知识、技能、价值观等三个方面。其中，知识是指完成工作所要求的一般知识，既包括具体的工作知识，也包括使具体工作适应环境的外围知识，如“了解客户”；技能是指弥补一般知识要求的技能，如谈判、协商和项目管理等技能；价值观是指在既定工作中能产生突出业绩的特性和行为，比如，有些工作要求团队合作精神，有些则要求以客户为导向。

第二，信息资本。信息资本可以分为硬件和软件两个部分，即技术基础设施和信息应用程序。技术基础设施包括能有效传递和利用信息应用程序的技术（如中央服务器和

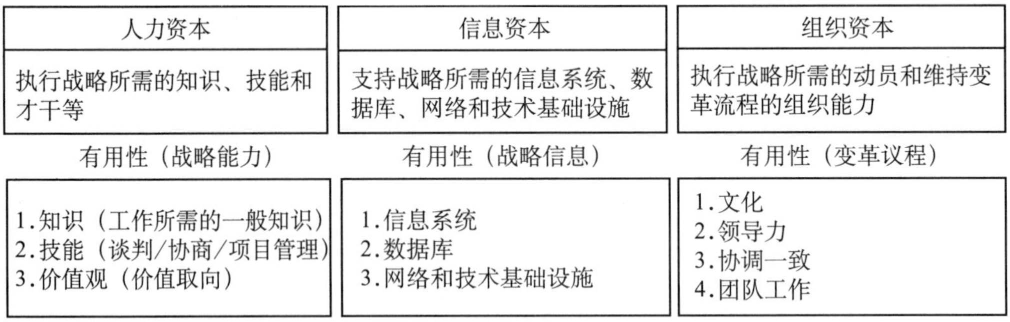

图2-20　三种无形资产

资料来源：罗伯特·卡普兰，戴维·诺顿．战略地图：化无形资产为有形成果．广州：广东经济出版社，2005.

通信网络）以及管理专长。信息应用程序是由信息、知识和技能组成的程序包，它建立在技术基础设施之上，支持组织的内部业务流程。技术基础设施和信息应用程序构成了信息资本组合。不同的信息资本组合可以支持运营管理、客户管理、创新等内部业务流程。例如，供应链管理（SCM）和物料需求计划（MRP）是支持运营管理流程的典型系统。管理者必须知道如何为组织的特定战略选择信息资本组合，以及如何管理支持战略所需的信息资本组合。

第三，组织资本。组织资本被定义为执行战略所要求的动员和维持变革流程的组织能力，通俗地说，就是将组织拥有的能力和技术协同起来以实现战略目标的能力。有较高组织资本的企业对使命、核心价值观、愿景和战略有共同的认识，它们围绕战略创造绩效文化，并且在整个企业内共享知识，保证每个员工共同工作并方向一致。管理者通常没有一个统一的框架将注意力集中于组织文化和氛围，使它们与战略保持协调一致。为了便于描述和衡量组织资本，平衡计分卡提供了一个仍处于测试阶段的框架，这个框架将组织资本划分为四个组成部分：文化、领导力、协调一致和团队工作。其中，文化是指对执行战略所需的使命、核心价值观和愿景的认知和内化；领导力是指组织各层级中能够动员组织朝着战略方向发展的领导能力的可获得性；协调一致是指个人、团队和部门的目标与战略目标的结合以及激励政策对战略实现的有效性；团队工作则侧重于知识共享，即在整个组织中创造、组织、开发和分配知识。

（三）平衡计分卡的框架及构成要素

狭义的平衡计分卡与战略地图一样，由财务、客户、内部业务流程以及学习与成长四个层面构成，是通过将战略地图四个层面的目标转化为衡量指标和目标值，并制订行动方案和预算计划的管理工具。需要特别注意的是，战略地图所制定的目标与平衡计分卡中的目标需要完全一致，这是平衡计分卡体系化战略为行动的重要体现。

1. 平衡计分卡的框架及其逻辑关系

（1）平衡计分卡的框架。平衡计分卡的表现形式是一张二维的表格，如表2-10所示。纵向是财务、客户、内部业务流程、学习与成长四个层面，横向是目标、指标、目标值、行动方案和预算。由于战略地图和平衡计分卡是配套使用的，因此在战略地图开发出来之后，平衡计分卡四个层面的目标也就随之确定，也就是说制作平衡计分卡的过程实际上就是针对每个目标确定其指标、目标值、行动方案和预算。

表 2-10　平衡计分卡（样表）

层面	目标	指标	目标值	行动方案	预算
财务					
客户					
内部业务流程					
学习与成长					

（2）逻辑关系。平衡计分卡的逻辑关系包括两个方面：一是四个层面及其目标之间在纵向上的因果关系与战略地图是一致的，不再赘述。二是目标、指标、目标值、行动方案和预算之间的横向推导关系。具体来说，目标是战略与绩效指标之间的桥梁，它说明了战略期望达成什么，即要想实现战略在各层面中要做好哪些事情；指标则紧随目标，用以衡量该目标的实现程度；目标值是针对指标而言的，说明了该目标在特定指标上的期望绩效水平；行动方案说明了怎么做才能实现预定的战略目标，制订行动方案要综合考虑目标、指标和目标值；预算则说明了实施行动方案所需的人、财、物等资源。由于指标是由目标推导出来的，而目标之间具有因果关系，因此指标之间也形成了一定的关联关系。从整体上看，平衡计分卡的逻辑关系呈现为一个由纵向因果关系、横向推导关系以及指标关联关系构成的网状结构，如图 2-21 所示。

2. *平衡计分卡的构成要素*

从上述框架中可以看出，平衡计分卡的基本构成要素包括目标、指标、目标值、行动方案和预算等内容。在很多情况下，明确绩效管理责任制也是平衡计分卡的重要构成要素。

（1）目标及其类型。目标是组织在一定时期的特定绩效领域内所希望取得的理想成果，是战略的重要组成部分。目标指出了有效实施战略所必须做好的事情，是对组织使命、愿景和战略的展开和具体化，在战略所选择的比较宽泛的优先权与用于评价绩效状况的指标之间架起了一座桥梁，它们比战略的内容具体，但比绩效指标抽象。通过战略地图，组织的战略在组织、部门和个人三个层次均被具体化为一整套财务目标、客户目标、内部业务流程目标、学习与成长目标。这些目标围绕战略主题协同起来，形成若干个战略绩效领域，共同支撑组织战略的实现。下面从具体类型上对平衡计分卡中的目标进行分析。

第一，长期目标、中期目标、短期目标。从价值创造周期来看，平衡计分卡中内部

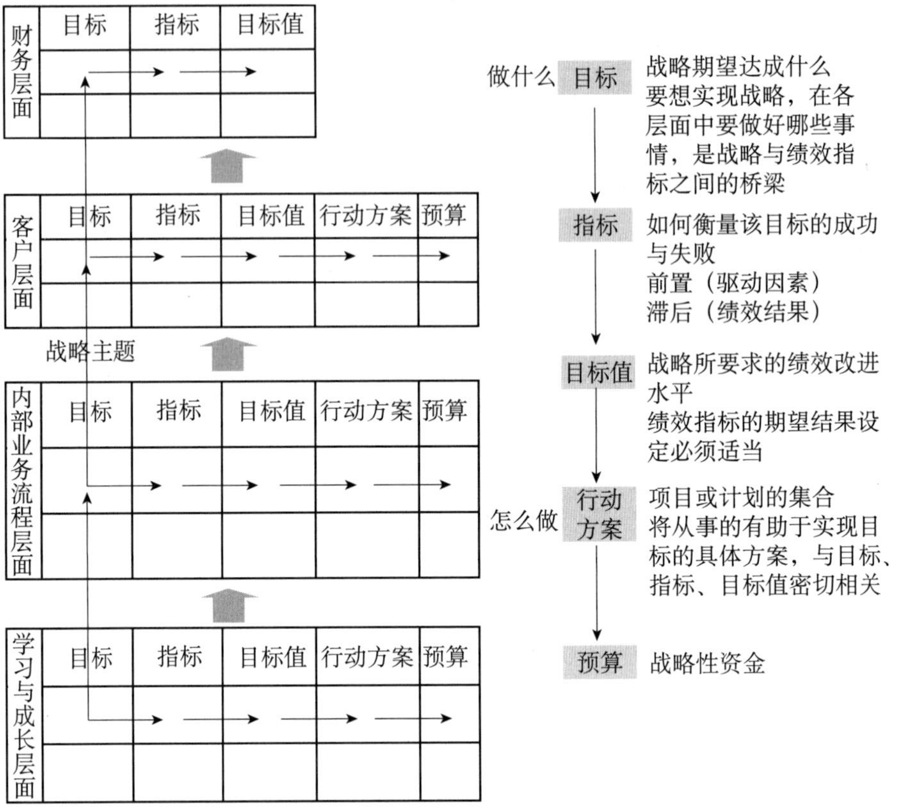

图 2-21 平衡计分卡的逻辑关系

业务流程层面的目标可以划分为长期目标、中期目标和短期目标。平衡计分卡的构成是以战略主题为基本单元的，而单个战略主题的确定主要是对内部业务流程层面中少数关键的流程进行组合，继而通过因果关系链与财务、客户以及学习与成长的目标进行连接，这就意味着内部业务流程中价值创造的长短波将决定不同战略主题在时间期限上的区分。不同时限战略主题的组合能够从整体上直接反映战略的意图，保证组织在短期利益和长远发展之间取得有效平衡，从而实现股东价值的持续增长。通常，得益于运营管理流程改善的成本节约一般在6～12个月显现成效；源于加强客户关系的收入增长通常需要12～24个月；创新流程一般需要24～48个月才能产生收入和利润改善；法规与社会流程的好处是可以规避诉讼和倒闭以及提升组织的形象，这需要更长时间才能获得，如图2-22所示。

第二，组织目标、部门目标、个人目标。从组织的纵向协同来看，平衡计分卡是通过分层进行承接和分解的方式，把战略转化为组织目标、部门目标和个人目标。根据组织不同层级的主要作用，这三类目标的侧重点有所不同。组织目标主要是创造企业价值，即把各个分散的业务单元和职能部门的不同工作协同起来，实现"1+1>2"的功效；部门目标主要创造客户价值，即通过生产和提供产品与服务传递客户价值主张，从而创造企业利润；个人目标则是落实战略，即通过决策和执行具体落实战略行动方案和运营计划。

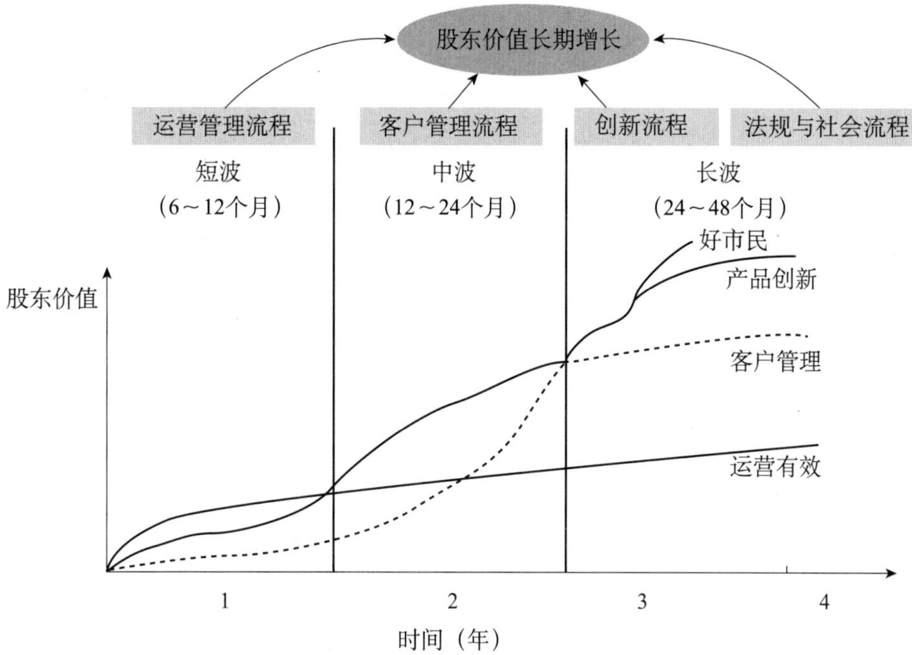

图2-22 不同的价值创造周期

资料来源：罗伯特·卡普兰，戴维·诺顿．战略地图：化无形资产为有形成果．广州：广东经济出版社，2005.

第三，共享目标、分享目标、特有目标。从组织的横向协同来看，平衡计分卡是按照分工与协作相结合的原则，把部门和个人的目标划分为共享目标、分享目标和特有目标。共享目标是指目标所确定的事项是一个整体，不可分解，需要不同部门或不同员工合作才能完成的目标。分享目标是指目标所确定的事项虽然是一个整体，但是可以分解，不同部门或不同员工根据各自的职责承担部分任务，按照各自所处的流程节点位置进行衔接和配合完成的目标。特有目标则是根据职责和权限的划分，由单个部门或员工独立完成的目标，通常不需要与他人进行协作。

（2）指标及其类型。指标是衡量目标实现程度的标尺，是对绩效因子或绩效维度进行提炼后形成的评判绩效状况的媒介。通常对单个指标进行评价所形成的结果只能反映绩效的某个方面，只有从工作的数量、质量、时间、成本、效率、效果等不同维度进行指标设计和组合，才能得到一个综合的评价结果，从而真实地反映目标的预期绩效与实际绩效的吻合程度。因此，在平衡计分卡中，指标也被划分为不同类别。

第一，财务指标与非财务指标。平衡计分卡在保留财务指标的同时，将非财务指标划分为客户类指标、流程类指标和无形资产类指标，从而形成一个基于目标因果关系链的有机指标体系。

第二，客观指标与主观判断指标。将指标分为定性指标和定量指标是管理实践中最常见的做法。实际上，无论是定性指标还是定量指标，都能转化为数值形式，从而模糊了两者之间的界限。为避免这一现象，平衡计分卡将指标的定性和定量之分改为主观判断指标和客观指标之分。两者的区别在于，主观判断指标的评价建立在对数据和信息的综合分析之上，受制于评价者的知识、经验和主观感受，而客观指标的评价依赖于直接的数据。

第三，前置指标与滞后指标。平衡计分卡为了凸显价值创造过程中绩效结果和驱动因素之间的因果关系，将指标划分为前置指标和滞后指标，并力求在两者之间取得平衡。把前置指标纳入组织绩效管理体系弥补了以往绩效管理工具只重视滞后指标的片面性，使得那些对组织成功有利的、不容易发现和评价的行为能够得以衡量，如表2-11所示。

表2-11　滞后指标与前置指标的比较

项目	滞后指标	前置指标
定义	一段时期结束时的结果指标 通常具有历史绩效的特征	驱动或导致滞后指标绩效的指标 通常评价中间过程和活动的绩效
举例	市场份额 销售额 员工满意度	花在客户身上的时间 书面提议 缺勤率
优势	易于辨别和确认	起预测作用 允许组织根据结果随时调整
劣势	侧重于历史，无法反映现时活动 缺乏预测力	难以辨别和确认 许多新指标在组织中缺乏历史数据支持

第四，计分卡指标和仪表盘指标。计分卡指标涉及财务、客户、业务流程和无形资产四个层面，通常是战略性的、结果性的、员工的日常行为不能直接影响的指标，多为聚焦于跨业务和跨职能的滞后指标。其更新频率往往是以月或年为周期，作用在于牵引组织将资源投入有限的战略重点，对关系组织战略的成败具有战略意义的目标进行衡量。而仪表盘指标主要涉及内部业务流程，通常是运营性的、过程性的、员工的日常行为可以影响的指标，多为聚焦于局部的部门、职能和流程的前置指标。其更新频率往往是以天甚至小时为周期，作用在于规范员工的具体行为和监测日常运营过程。计分卡指标和仪表盘指标之间通过目标的衔接相互连接在一起，形成一个有机的整体，而非主次有别的、互不关联的不同指标。计分卡指标和仪表盘指标的比较如表2-12所示。

表2-12　计分卡指标与仪表盘指标的比较

计分卡指标	仪表盘指标
• 战略性的 包括财务、客户及人力资本开发等指标	• 运营性的 可能没有财务、客户或人力资本开发指标
• 结果性的 员工的日常行为不能直接影响的指标 更新频率是月度或年度	• 过程性的 员工的日常行为可以影响的流程指标 更新频率为天甚至小时
• 聚焦于跨业务和跨职能的结果指标	• 聚焦局部的部门、职能和流程绩效
• 多为滞后指标	• 多为前置指标
• 引导资源分配和衡量目标绩效	• 规范员工行为和监测运营过程

第五，评价指标和监控指标。组织的经营管理所涉及的指标可以说是成百上千，十分复杂。为了从这些名目繁多的指标中找出对战略成败最具影响的因素，平衡计分卡主张将绩效指标划分为评价指标和监控指标。评价指标又称战略指标，是指那些为了取得竞争优势而界定一个战略的指标，这类指标一般需纳入绩效评价量表以便定期对目标进行衡量。监控指标又称诊断指标，是指那些可以监控组织是否按部就班地运转并在出现异常现象时需要立刻注意的指标。平衡计分卡中的指标多是帮助组织达成战略成功的战略指标，而不是那些监控组织运行的诊断指标。正是在此基础上，我们才能将平衡计分卡指标控制在极为有限的数量范围之内。

（3）目标值。目标值是组织所期望的绩效结果，一般用一个带有时间限制的具体数值表述，将目标和指标转变成在今后一段时期内所期望达成的状态，其作用在于确立既定目标在相应指标上的期望标准。如果说目标描述了实现战略所需做好的事项，指标显示了如何追踪和评价目标的实现程度，那么目标值则规定了衡量目标的指标应该做到何种程度。通过有时间限制和量化的目标值，我们可以把笼统的、描述性的目标转变为明确具体的绩效任务。如同目标一样，目标值既提供了前进的方向，指明了需投入的资源规模和应有的努力程度，又能对员工产生内在激励的作用。但是，激励作用的形成取决于目标值设置的合理性。也就是说，目标值要具有一定的挑战性，员工必须经过一定的努力才能达成；同时，目标值也不宜过高，以免员工望而生畏，产生过大的压力。如果目标值定得过高而使员工没有达成，必将会影响员工的绩效评价结果，从而对其薪酬和个人发展产生影响。久而久之，就会使员工产生焦虑，不满意感上升，进而导致员工流失。

（4）行动方案。战略行动方案是指有时间限制的、自主决定的项目或计划，旨在确定达成战略目标的途径，从而帮助组织实现目标绩效，应该与组织的日常运营计划和活动区分开来。一般来说，每个非财务目标至少有一个行动方案来支撑。行动方案的制订要兼顾目标、指标、目标值的要求，因为目标界定向度，指标描述维度，目标值说明力度，行动方案则将具有时间限制的、量化的目标值转化为具体的行动。至此，组织的战略经过目标、指标、目标值和行动方案的步步阐述，已经从一种静态的、笼统的战略思维转变成组织在某个时间段内必须完成的若干个具体的计划或项目。不同目标的行动方案通过战略主题捆绑起来，形成一个整体性的行动方案组合，基于同一个战略主题的所有行动方案必须同步实施。需要注意的是，组织中存在数量众多、形式多样的行动方案，管理者必须对行动方案进行筛选、管理和评估，确保所选择的行动方案能够有效支撑战略目标并得到有效执行。

（5）预算和责任制。与行动方案密切相关的是预算和责任制，其中预算要解决的问题是为战略行动方案提供资金支持，责任制的目的则是明确战略行动方案管理和执行的责任人及其职责。在确定行动方案之后，组织需要为这些行动方案编制预算。平衡计分卡主张将组织的战略规划过程和预算制定过程结合起来进行，而不是作为两个完全独立的流程。利用平衡计分卡来驱动预算程序，可以使组织明确制定预算的根本目的，确保组织将有限的资金分配给那些最重要的战略行动方案。在为战略行动方案提供资金保证的同时，组织应该建立起有关战略执行的责任机制。平衡计分卡要求组织根据管理层级、职责权限以及执行和管理跨业务和跨职能流程的需要，以战略主题为单元为相应的战略行动方案选择主题负责人和团队，以执行战略行动方案，并通过一系列管理会议来定期回顾战略行动方案的进程和效果。由此，组织的战略管理形成了一个包括计划、执行、监测、评价、调整和问责等诸环节在内的封闭循环，为战略的实现提供了清晰路线和有力保障。

四、基于平衡计分卡的战略管理流程

卡普兰和诺顿在《战略中心型组织：如何利用平衡计分卡使企业在新的商业环境中保持繁荣》一书中提出了一套战略管理框架，并确立了构建基于平衡计分卡的管理框架的五项管理原则：高层领导推动变革、将战略转化为可操作的行动、使组织围绕战略协同化、使战略成为每个人的日常工作、使战略成为一个持续的流程，即从动员、转化、协同、激励和管控五个方面构建完整的战略管理体系。很多使用平衡计分卡取得了卓越绩效的公司在具体构建战略管理体系时，通常是完整实施前三项原则，同时实施第四项原则和第五项原则的一些活动。但是第五项原则需要重新构建各种规划、预算和控制系统，因此很多组织是在实施平衡计分卡一段时间之后，才开始导入第五项原则。

卡普兰和诺顿对平衡计分卡第五项原则的最佳实践进行了深入研究，形成了一套独立的、全面的管理体系，构建了基于平衡计分卡的战略管理流程，该流程是一个六阶段环形图，依次为：开发战略、诠释战略、协同组织、规划运营、监控和学习、检验与调整，如图2-23所示。这六个阶段的工作几乎覆盖了综合管理的所有重要方面，以此为主线谋划和带动组织的全局工作，无疑会带来管理水平的大幅提升。同时，通过对六阶段流程的全面贯彻，助推组织实现战略的流程化管理，使组织获得持续稳定的高绩效，不会因为领导的更替而导致业绩的波动。下面从开发战略开始，探讨这一战略管理流程。

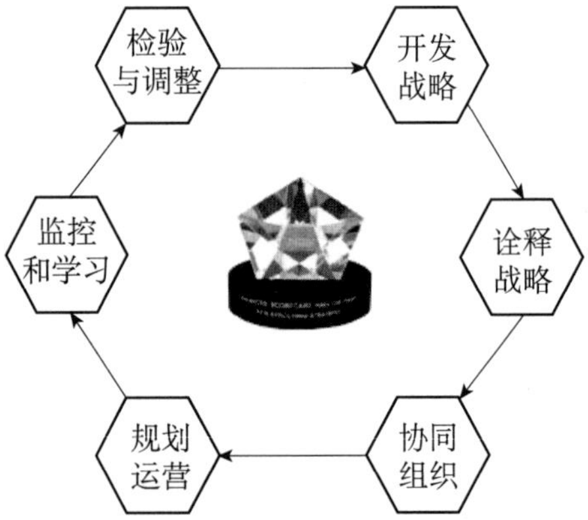

图2-23　基于平衡计分卡的战略管理流程

（一）开发战略

战略管理流程始于管理层对战略的开发。开发战略阶段的主要任务是回顾组织的使命、核心价值观和愿景，分析环境信息，完成战略的开发或对组织战略进行微调或变革。组织主要通过全面回答如下三个问题来完成这个过程。

（1）我们做的业务是什么，为什么？回答这个问题主要是为了明晰组织的使命、核心价值观和愿景，即明确组织存在的目的，为组织内部的行为提供指导原则，以及确立令人鼓舞的未来目标。

（2）获取竞争优势的最关键因素是什么？回答这个问题需要进行全面的战略分析，即从外部环境分析、内部环境分析以及现有战略执行情况三个方面入手，审视组织竞争与运营环境，尤其需要重点关注上一轮战略制定之后发生的重大变化，将具体开发战略时需要注意的重要问题列出来。就战略分析中的重大问题向组织成员进行沟通或说明，强调必须变革才能实现挑战性目标或赢得竞争优势，营造出变革的氛围，必要时可以启动“战略变革日程”的管理工具来为变革提供动力。所谓战略变革日程，是指为达成愿景所确定的组织最高层面的宏伟战略目标，组织必须对现有的结构、能力、流程、文化等方面的状况与3～5年后组织想要达成的状况进行分项对比，从而指明组织将在何种范围、规模、领域进行必要的变革。下面以加拿大血液服务中心为例对此加以说明。

加拿大血液服务中心创立于20世纪90年代，其前身是加拿大红十字会。当时，加拿大红十字会由于管理失误造成了数千加拿大人因受污染血液感染，导致整个血液系统出现信任危机。新组建的加拿大血液服务中心用了大约4年的时间，才使公众对血液产品的安全性重建信心。此时，中心新任负责人格雷厄姆·谢尔（Graham Sher）发现组织内同时启动了相当多各自独立的行动方案，每个方案都在争夺有限的组织资源，而且缺乏协同管理。为了改变这一状况，将服务中心建成现代化的、有活力的血液系统，并为加拿大卫生保健服务做出更大贡献，谢尔和他的高层管理团队制定了一份具体的变革日程，如图2-24所示。这份变革日程清楚、详细、有说服力，不仅表明了中心领导层改变现状的愿望和持续变革的决心，也向所有员工说明了变革的需要，有效地克服了员工的抵触情绪。

	从……	到……
使命	血液产品	延伸产品和服务
管理重点	策略性、运营性、危机处理	长期战略对话
优质体系的实施	抵触、不理解	倡导、主动承担
融资	短期、单一来源融资	多渠道融资、战略性投资
基础架构	承袭、低效	创新、现代、目的明确
医疗研发	被动、有限的透明度	目标明确、有力、通过领导实现透明度
核心流程	手工	标准化、自动化
领导	自上而下	甄别、发展、授权
单元成本	模糊的标杆	精确定义、接近标杆
人员	只关注本职工作和任务，无战略意义	与战略相联系

图2-24 加拿大血液服务中心的战略变革日程

资料来源：罗伯特·卡普兰，戴维·诺顿．平衡计分卡战略实践．北京：中国人民大学出版社，2009.

（3）我们如何做到最好地参与竞争？最后一步就是完成战略开发或战略调整。在这个阶段我们必须明确组织的竞争领域，明确在该领域我们应当确定的客户价值战略，明确什么样的关键业务流程能带来战略上的差异化，清楚什么样的人力资源、信息技术以及组织资本才能支撑战略等问题。

（二）诠释战略

诠释战略是将战略转化为可操作的行动的重要环节。诠释战略的主要任务就是将战略转化为基于战略主题的战略地图，为战略地图中的每一个战略目标设定相应的计分卡指标和目标值，以及开发达成战略目标的行动方案和资源计划。诠释战略过程是平衡计分卡理论对战略管理领域的重要贡献之一，犹如在传统的战略制定和战略规划之间增加了一个显微观察的环节，放大了战略所包含的细节元素，从而使人们对战略有更微观、深入和透彻的理解。从这个意义上讲，诠释战略可以说是整个战略管理流程的关键一环，是开发战略过程的拓展和延伸。这一阶段主要围绕如下五个典型的问题展开。

（1）我们应该如何描述战略？回答这个问题主要是为了开发战略地图，用直观的战略地图展示所有的战略主题，并对每个战略主题进行规划和管理，保障每个战略主题协同运作。

（2）我们应该如何衡量战略？这个问题主要是为了制定绩效指标和确定目标值，将战略地图确定的绩效目标转化为可衡量的具体规划。

（3）我们应该采取什么样的行动才能实现战略？这个问题主要是确定为了达成战略地图上的绩效目标，我们需要选择什么样的战略行动方案，明确系统的、具体的和相互协同的行动计划。

（4）我们如何为行动方案配置资金？由于传统的预算管理是按照既有组织机构的部门或业务单元进行资金分配的，而跨部门、跨业务单元的战略性行动方案常常得不到足够的资金支持，因此高层管理者需要特别保障所有重要的战略行动方案都有相应的预算支持。

（5）由谁来牵头制定战略？这个问题主要是解决每个战略主题都有负责人，一般需要由一个高层管理者来牵头组建主题团队，对每个战略主题负责。

（三）协同组织

平衡计分卡认为组织创造的价值不仅包括来自客户的价值，还包括来自企业的价值。前者由组织的业务单元通过创造产品和服务为目标客户提供独特的客户价值主张而实现；后者产生于组织所创造的跨职位、跨层级、跨部门和跨边界的协同效应。按照系统论的观点，平衡计分卡从技术角度全面深入地阐述了组织中不同管理层级之间、不同业务单元之间、业务单元和职能部门之间以及与外部利益相关者之间实现协调一致的思路和方法。如果说诠释战略是从组织层面对战略进行可视化分析，使组织成员对共同的战略目标和竞争方式达成共识，那么组织协同则是进一步将战略逐层推向管理一线和市场前沿，使每一个部门、员工和利益相关者都能理解自身的战略角色和工作任务，进而实现密切配合和协同作战。在协同过程中，组织需要回答如下三个问题。

（1）如何确保组织的所有业务单元都理解战略并达成一致？回答这个问题主要是为了实现总部与业务单元的协同。对组织价值主张的清晰阐述和有效管理是总部的首要责任。总部与战略业务单元不同，它没有自身的客户，也没有能够提供产品和服务的操作流程。归根到底，总部的全部工作就是协同不同业务单元的价值创造活动，使其能够为客户创造更多的价值或降低总体运营成本，从而超越每一个业务单元独立运作所能够达到的程度。在管理实践中，通过战略地图，通常可以清晰地描述和显示各种系统优势的来源，管理者需要将战略地图纵向分解到每一个业务单元，确保每个业务单元都能反映战略；同时，还需要特别注意组织协同的差异和组织价值主张的统一这两个方面的问题。

（2）如何实现支持单元与业务单元的战略协同？回答这个问题主要是为了实现协同支持单元与业务单元。组织的支持和服务单元，例如人力资源、财务、法律、公共关系等部门，起源于19世纪的职能型组织，其员工通常具有专业知识和技能，承担支持业务部门从事产品生产和服务提供的职能性和辅助性工作。由于支持单元不直接创造经济价值，其产出是无形的且难以量化，因此在组织中经常被称为“纯费用中心”。同时，支持单元的工作人员通常是某一领域的职业经理人，他们的观念意识与长期在一线工作的业务经理往往有较大差异，由此导致的结果是，支持单元与业务单元常常各行其是，业务经理总是指责他们置身职能壁垒中不能响应业务需求。为此，组织的高层管理者一直都在努力寻找有效的方法来监控和评估组织的支持单元，以确保它们带来的收益大于所花费的成本。平衡计分卡的问世不仅能够通过因果关系清晰描述支持单元为实现股东长期价值所做的贡献，而且为有效地整合与协同业务单元和支持单元提供了管理平台。

（3）如何激励员工帮助组织实施战略？最后一个问题主要是实现协同员工。所有的战略最后都需要员工去执行，只有将战略与员工连接起来才能实现战略落地。战略的成功执行离不开员工的积极参与，再完美的战略只有转化成员工日常工作的一部分才具有现实意义。在明确了组织战略并且制定了总部机构、业务单元、支持单元乃至外部合作伙伴的战略地图和平衡计分卡之后，就必须落地到协同员工上。运用平衡计分卡协同员工和战略的流程有三个步骤：向员工传授和沟通战略；将员工的个人目标和激励与战略相连接；协同个人培训和发展计划，培养员工执行战略所需的各种知识、技能和能力。

（四）规划运营

战略和运营虽然是组织体系的两个不同功能模块，但两者都非常重要，并且需要融为一体。一份好的战略如果没有优异的运营系统予以支撑，就像没有基础的空中楼阁，不可能成功地达到预期目标。反之，一个优异的运营系统虽然有可能在成本控制、质量改进和效率提升上取得不俗的成绩，但如果缺少战略的指引以及聚焦效应，最终将变成迷失在市场竞争大潮中的帆船，纵然竭尽全力也难以到达成功的彼岸。如果不能解决战略执行和运营管理之间的整合与协同问题，组织的战略和运营出现脱节就在所难免。平衡计分卡从改进关键流程和制订运营规划两个方面，探讨了连接战略与运营的机制和方法，有助于企业在实现战略软着陆上迈出至关重要的一步。在规划运营阶段，管理者需要回答如下两个问题。

（1）哪些业务流程的改进对战略执行最关键？回答这个问题主要是为了改进关键流程。从管理思想发展的历史脉络可以看到，关于流程改进的主张及研究成果主要分为两大类：一是渐进式流程改进，以戴明和朱兰的全面质量管理为代表；二是激进式流程改进，以哈默和钱皮的流程再造思想为代表。这些理论自问世以来，在全球范围内引发了一次次管理变革的风暴，对组织的管理思维和流程业绩产生了深刻的影响。但是，无论是全面质量管理还是流程再造运动，在协同流程改进计划与战略目标上都存在明显不足。这些理论要么聚焦于局部的、缺乏关联性的流程改进，要么拘泥于策略性的流程变革，往往是孤立地看待运营短板和进行资源配置，因此难以实现持续性的流程改善。作为一个连接战略和运营的封闭性综合管理体系，平衡计分卡在流程改进与客户价值和股东价值创造之间建立了清晰的因果关系，可以帮助组织围绕战略进行关键流程识别、衡量和改进。平衡计分卡的流程改进主要包括识别战略性流程、改进战略性流程和衡量战略性流程三个方面。

（2）如何将战略与运营规划、预算联系起来？除了改进关键业务流程之外，连接战略与运营的另一个重要任务就是把高层的战略规划转化为具体的运营计划和预算。虽然公司在战略行动方案和流程改进项目上的投入对于有效实施战略至关重要，但是通常公司的战略性支出和流程改进费用只占公司预算总额的10%左右，剩下的90%都用于具体的运营计划。为了将战略规划与资源分配、财务预测及动态预算有效连接起来，平衡计分卡提供了一个基于时间驱动作业成本模型的管理框架。

（五）监控和学习

在实现战略和运营的有效连接之后，组织就进入具体的战略执行过程，包括实施战略行动方案、流程改进项目以及销售和运营计划。为确保战略目标顺利达成，组织需要在战略执行过程的不同阶段，通过不同的反馈机制，掌握执行的进展和效果，以便采取相应的控制措施纠正各类偏差。组织的战略监控和调整机制主要是一套结构化的会议，会议主要是回顾组织的运营和战略，并根据需要调整和改变战略。这就是基于平衡计分卡的战略管理流程中通过运营回顾会和战略回顾会进行监控与学习。运营回顾会主要通过回顾部门和业务单元的绩效情况，找出问题。战略回顾会则是讨论各业务单元平衡计分卡上的指标和行动方案，评估战略执行的进展情况和障碍。这个过程主要回答如下两个问题。

（1）组织的运营受控吗？回答这个问题主要通过召开运营回顾会解决，主要讨论短期内必须马上解决的问题。运营回顾会的频率与运营数据产生的频率是一致的，主要监控的是仪表盘指标。

（2）战略执行有效吗？回答这个问题主要通过每月召开的战略回顾会解决，主要监控战略制定过程中存在的问题，并找出原因、提出修正意见和明确责任人。与我们熟知的PDCA循环（计划—实施—检验—调整）相比，战略回顾就是解决战略执行本身的“检验与调整”阶段的工作。

（六）检验与调整

运营回顾会和战略回顾会都是在不质疑战略本身的情况下，对战略执行情况的监控。但是战略本身所含的假设和推理是否正确和有效也需要进行验证。由于战略制定和战略选择本身就是艺术，不一定是完全科学的，因此在管理实践中还需要深入分析内部运营数据和外部环境信息，通过运营到战略的反向连接，对战略进行检验。召开战略检验与调整会是对战略进行检验与调整的主要形式。高层管理者通过运营数据的分析和环境分析，积极倾听来自组织内部关于战略修订和调整的想法及行动方案，保障战略获得及时的修正和调整，而不是引入新战略或进行战略转型。

总体上看，运营回顾会、战略回顾会和战略检验与调整会这三个结构化会议各有不同的目的、频率、与会人员和特定主题，并且通常都是分开进行。三种管理会议的比较如表2－13所示。

表2－13　三种管理会议的比较

项目	运营回顾会	战略回顾会	战略检验与调整会
频率	每天/每周	每月/每季度	每季度/每年
定位	不质疑且不回顾战略	不质疑战略的有效性	审视战略的有效性
目的	解决短期问题，促进持续改进	微调战略，做中期调整	战略调整或转型，修改或重新制定战略地图、平衡计分卡、运营规划
信息要求	仪表盘指标、每周财务报表	战略地图和平衡计分卡	战略地图和平衡计分卡、作业成本盈利报告、战略分析报告、战略调整或转型预案
与会者	与会人员来自同一部门、职能或流程小组	高层管理团队/战略主题负责人/战略管理办公室	高层管理团队/战略主题负责人/战略管理办公室/职能和规划专家/业务单元负责人
内容	探讨我们的运营是否可控；监控和管理短期财务和运营绩效	探讨我们的战略执行得如何；监控和管理战略行动方案和平衡计分卡	探讨我们的战略是否可行；评估战略假设的因果关系是否有效
关注焦点	找出并解决运营问题（销售下滑、交付延迟、设备停机、供应商问题）	战略执行中的问题，战略行动方案的进展情况	根据产品线和渠道的盈利性、变化的外部环境、出现的新战略机会以及新的技术发展等，审视和调整战略

资料来源：罗伯特·卡普兰，戴维·诺顿．平衡计分卡战略实践．北京：中国人民大学出版社，2009.

五、公共部门的平衡计分卡

（一）公共部门平衡计分卡总体介绍

平衡计分卡最初是针对企业组织开发设计的，但随着平衡计分卡在企业组织获得极大成功，也逐渐被公共组织采纳。卡普兰和诺顿认为，“虽然平衡计分卡最初的焦点和运用是改善营利企业的管理，但是平衡计分卡在改善政府部门和非营利组织的管理上效果更好”。由于政府组织结构复杂，涉及领域众多，在政府绩效管理实践中，更需要消除部门沟通的鸿沟，实现全面的协同。目前已经有越来越多的政府组织开始或者已经着手实施平衡计分卡。全面引入平衡计分卡是提高政府绩效的有效途径，也是政府组织绩效管理的发展趋势。

关于平衡计分卡在公共部门的应用，卡普兰和诺顿提出了三点建议：其一，公共部门应当根据自身所承担的社会责任，选择一个长期性的使命目标作为平衡计分卡的终极目标，例如“减少贫困”“消除种族歧视”等；其二，公共部门需要拓展“客户”的内涵，根据既定战略来识别并选择真正的客户，进而提炼相应的客户层面目标；其三，将政府组织平衡计分卡框架调整为包含实际成本、价值创造和合法性支持三个层面。美国商务部经济发展署的战略地图（见附录一）就是由卡普兰和诺顿提出的。

作为对完善公共部门平衡计分卡做出了较大贡献的学者，保罗·尼文（Paul R. Niven）对卡普兰和诺顿的公共部门平衡计分卡框架提出了六点修订意见：第一，使命位于平衡计分卡的最顶层；第二，战略依然是平衡计分卡的核心；第三，顾客层面得到提升；第四，没有财务层面，平衡计分卡不完整；第五，辨认驱动顾客价值的内部业务流程；第六，学习与成长层面为构建良好的平衡计分卡奠定基础。关于公共部门绩效指标体系，尼文还提出了两点建设性意见：第一，在前置指标和滞后指标的基础上，将投入指标、产出指标和成果指标嵌入平衡计分卡框架中；第二，就各层面的指标选择问题提出建议，例如客户层面主要衡量公共产品和服务的“准确性”“易获取性”“时间性”“可选择性”“效率”“顾客满意度”等。此外，其他学者也进行了相关研究和探索。比如，多多尔（Dodor）和吉普塔（Gupta）等人开发了政府组织平衡计分卡（GO-BSC），该模型自上而下分别是“财务状况”“服务选民”“内部运营”“学习与成长”四个层面。

由于中西方在政治体制和政府职能等方面存在显著差异，西方学者所提出的公共部门平衡计分卡框架不宜在我国直接应用，需要根据我国国情和实际情况进行模式重构。组织的使命、核心价值观、愿景和战略等方面的相关知识在公共部门和企业两类组织中没有本质的差别，但是，财务绩效不是公共部门所追求的结果性目标，因此公共部门平衡计分卡在层面构成及其具体内涵上都与企业有相对较大的差异。本书在附录中全面介绍了我国地方政府全面导入平衡计分卡的案例，管理者在具体设计公共部门平衡计分卡的时候，可以参考北京市延庆县等具体案例，深入全面地理解平衡计分卡中国化的相关内容。

（二）公共部门的战略地图

政府组织战略地图的制定与企业组织相比有一定的差别。基于我国的政治体制和政府治理模式，在绘制符合我国政府实际的战略地图时，要对西方国家相关成果进行中国化转换之后才能用于中国政府的管理实践。笔者在充分吸收国外研究成果的基础上，结合我国实际提出了我国地方政府战略地图的基本模板，如图2-25所示。在该模板中，使命、核心价值观、愿景与战略仍然处于顶层，它们是战略诠释和化战略为行动的指针。该模式的战略地图在层次上由四层变为三层，分别包括“利益相关者”、“实现路径”和“保障措施”三个层面。利益相关者层面作为绩效结果层面，由平衡计分卡通用框架的财务层面与客户层面改造而成。由于“内部业务流程”一词与政府组织的沟通风格相悖，同时这一层面所描述的是驱动结果层面目标得以实现的因素，因此将创造公共价值的层面命名为实现路径层面。保障措施层面处于最底层，与原来的学习与成长层面相对应。原有的人力资本、信息资本和组织资本不能完整描述我国政府组织的无形资产内容，因此我们在保障措施层面设置了“政府自身建设”和“党的建设”两个战略主题，提高了地方政府无形资产的周延性；同时，还辅以“财政资金”这一有形资产方面的战略主题，为实现路径层面提供了无形资产和有形资产双重保障。

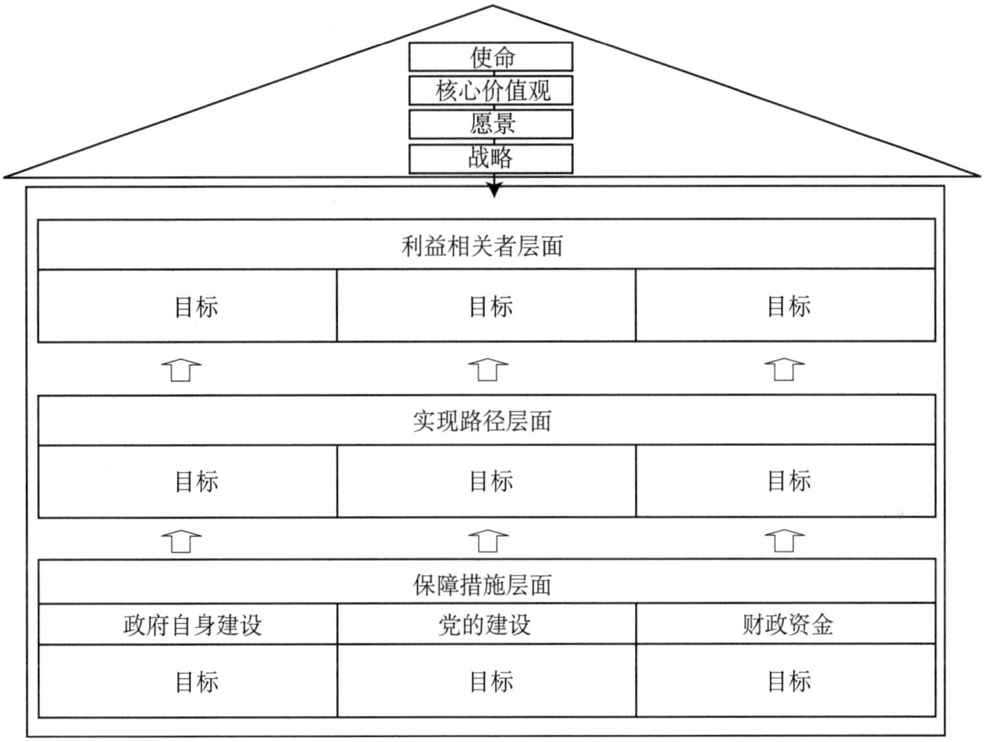

图2-25 地方政府战略地图模板

这个模板仅仅是地方政府战略地图基本框架的一个素描，在地方政府具体的绩效管理实践中，还需要结合地方实际，进行针对性和具体化的设计。本书附录二以北京市延庆县人民政府2012年度的战略地图绘制过程为例对该模板的操作过程进行了详细讲解。

第5节 目标与关键结果

20世纪70年代初，时任英特尔公司执行副总裁的安迪·格鲁夫（Andy Grove）受到彼得·德鲁克目标管理理论的影响，开始在公司内部启动“英特尔的目标管理”（iM-

BO)，也就是目标与关键结果（objectives and key results，OKR）的前身。通过有效地运用目标与关键结果，英特尔成功地击败了摩托罗拉这一强劲的竞争对手，树立了其在微处理器行业的巨头地位。随着目标与关键结果在谷歌的发扬光大，这一管理工具开始受到各类组织的广泛关注。

一、目标与关键结果概述

（一）目标与关键结果的起源与发展

1971年，格鲁夫援引德鲁克的目标管理，开始在成立仅三年的英特尔公司内部推行“英特尔的目标管理”。虽然格鲁夫仍然将其称为目标管理，但实际上与德鲁克的目标管理有着很大不同，而这也是目标与关键结果的前身。格鲁夫将iMBO作为提升组织目标聚焦和协同程度的工具，目的在于约束英特尔科技研发人员的发散性创新，通过识别目标与关键结果来实现持续协同和实时更新。20世纪70年代末80年代初，为了应对摩托罗拉等公司在微处理器市场中的竞争与挑战，英特尔成立了“蓝丝带行动小组”，开始发起“粉碎行动”（Operation Crush）保卫战，目标与关键结果也因此正式得以确立并全面推行。借助目标与关键结果，英特尔成功实现了业务战略转型，从一个濒临破产的存储器公司转型为微处理器公司，并成为世界上最大的半导体企业，每年能够给投资者带来超过40%的回报率。

1975年，还在哈佛商学院学习的约翰·杜尔（John Doerr）以实习生的身份进入英特尔，开始接触并参与目标与关键结果的实施。杜尔毕业后继续在英特尔工作了四年，做过工程师、产品经理和销售经理，他对格鲁夫以及目标与关键结果推崇备至。因此，当杜尔1999年作为投资人加入刚成立不满一年的谷歌公司董事会时，他便将目标与关键结果带入了谷歌，自此目标与关键结果开始在谷歌内部生根发芽。随着谷歌的迅猛发展，目标与关键结果也逐渐声名远扬。尤其是到了2013年，谷歌风投发布了一条详细介绍目标与关键结果的视频，目标与关键结果开始风靡全球，被越来越多的公司采用。截止到目前，谷歌、领英、推特、YouTube、字节跳动、百度等大量互联网企业都在使用目标与关键结果。

目标与关键结果的理论来源主要有彼得·德鲁克的目标管理理论和埃德温·洛克的目标设置理论。德鲁克所提出的“目标管理与自我控制”是目标与关键结果的主要理论基础，德鲁克认为，古典管理学派和行为科学各有不足，好的管理应该结合对工作的兴趣与人的价值，强调在工作中满足社会需求，同时致力于组织目标的实现，这样才能实现工作和人的需要两者的统一，即建立基于信任和尊重的具有人文主义的结果驱动型管理。在目标管理中，对人的关注能够充分发挥个人能力和责任感，对工作的关注则能在员工中确立共同的愿景和努力方向，建立团队合作精神，最终实现个人目标和组织目标的协调一致。洛克对目标的困难程度与实现程度之间的关系进行了大量研究。洛克认为，目标设定越具有挑战性，产生的结果则越佳，具体的、困难的目标往往比模糊不清的目标带来更高的产出。大量的研究结果也表明，明确的、具有挑战性的目标不仅能够提升生产效率，还可以提高工作的趣味性和员工的愉悦感。因此，设定明确的、具有挑战性的目标不仅能够提升员工的绩效，还能提高他们的自我驱动力以及对工作的投入程度。

关于目标与关键结果的定义，杜尔在《这就是OKR》一书中认为，目标与关键结果是一套确保将整个组织的力量都聚焦于完成对所有人都同样重要的事项的管理方法。保罗·尼文和本·拉莫尔特（Paul Niven and Ben Lamorte）在其著作《目标与关键结果》中指出，目标与关键结果是一套严密的思考框架和持续的纪律要求，旨在确保员工紧密协作，把精力聚焦在能促进组织成长的、可衡量的贡献上。

（二）目标与关键结果的框架

目标与关键结果是一套通过激发员工内在动力，以实现组织战略和促进个体发展为导向，强调结合自上而下的引导与自下而上的参与的思维模式和绩效管理系统。目标与关键结果应该与组织的顶层设计（使命、核心价值观、愿景、战略）相联结，能够反映组织的意图和长远目标，将组织的战略转化为具体行动。关于组织的使命、核心价值观、愿景和战略，本书在下一章中将详细介绍。

目标与关键结果的构成要素主要包含目标和关键结果。其中，目标是对驱动组织朝着期望方向前进的对象、活动和标准的一种简洁定性描述，主要回答“我们想做什么”这一问题。目标代表着希望完成的事情，通常由动宾短语组成，如“达成一季度财务指标”“提高客户满意度”“提升产品用户界面的易用性”等。组织各层级责任主体的目标不宜过多，通常控制在2～5个。一个高质量的目标应该满足如下标准：

（1）鼓舞人心。好的目标天然带有挑战性和感染力，具有鼓舞人心的力量，能够驱动人们达成更高的绩效，激发员工的创造力。目标不能仅仅是商业术语的文字堆砌，组织应该创建比商业结果更为宏伟的目标。

（2）可实现。好的目标应该做到想象力和现实情况的平衡。一方面要具有一定的难度和挑战性，能够激发员工的动机与活力；另一方面要适度，不能盲目设置过高而不可能达到的目标，以免带来挫伤员工积极性和产生不道德行为等副作用。

（3）与制定周期相匹配。目标与关键结果具有较快的实施节奏，与此相应，好的目标应该符合这套体系的时间节奏。一旦确认了目标与关键结果的制定周期，就应该明确该周期内能达成的目标。

（4）可控。这里的可控是指目标的达成与否在该层面内是可控的，即目标的责任主体有能力和办法去实现这一目标。如果一个目标的达成进度受到其他部门或个人的控制，那这就不是一个可控的目标。

（5）有价值。好的目标应该受到组织使命、核心价值观和愿景的指引，并服务于组织的战略，能够为组织的总体目标和业务战略贡献价值。如果目标没有价值，那就没有必要耗费资源去完成它。

关键结果是一种定量描述，用于检查和监控如何达到目标的标准，主要回答“我们如何知道是否已经达成目标”这一问题。关键结果既包括衡量目标的达成情况（如“用户对产品易用性的满意度评分从8.5分提升至9.0分”），也包括如何达成目标（如“整理基线数据，跟踪用户提出的需求在系统中的实现情况”）。关键结果应该尽量以数字的形式来表述，这样可以将目标中模糊不清的地方加以量化，如“一季度公司净利润达到1 500万元”“6月前将客户满意度从现在的75%提高到85%”等。绝大多数目标的关键结果数量应控制在2～4个。制定关键结果时需要遵循以下标准：

（1）有挑战性。为目标设定具有适度挑战性的关键结果有利于员工绩效水平和工作满意度的提升。富有挑战性的关键结果能够激发团队和员工的思考和探索，而过于简单的关键结果则会导致员工动机和努力的大幅度下降。

（2）具体。在制定关键结果前，需要在组织内部确保对术语、概念等理解的一致性，保证组织内部的无障碍沟通，避免不必要的歧义。统一、明确和具体的关键结果能够避免实施过程中的偏差和资源浪费。

（3）自主制定。目标与关键结果强调员工参与，管理者与相关人员达成共识，让责任员工拥有自主权，而非简单的层层传达。因此，好的关键结果应该鼓励员工自行创建，结合自上而下的引导与自下而上的参与进行制定。

（4）基于进度。好的关键结果应该能在较短的时间内体现出进度变化，让员工能频繁地感知到进步，进而增强他们的创造性。通过对基于进度的关键结果进行实时自检，责任员工的热情、动机和敬业度会得到提升。

（5）协同一致。好的关键结果不仅应该在纵向上保持“组织-部门-个人”的上下协同，还应该在横向上与相关的部门和个人实现水平协同。

（三）关键结果的三种类型

1. 度量型关键结果

度量型关键结果主要用于跟踪定量结果，并以此来衡量目标的实现程度。度量型关键结果包含三种子类型：

（1）正向度量型：通常使用“增加”“提高”等正向词语来表述，适用于需要设置一个越多越好的衡量指标时，如“第二季度净利润比第一季度增加500万元”“员工满意度提高至90%”等。

（2）负向度量型：通常使用“降低”“减少”等负向词语来表述，适用于需要设置一个越少越好的衡量指标时，如“残次废品率降低至1%”“8月人工成本比上月减少5%”等。

（3）范围型：对于难以精确设定或者没必要精确设定的衡量指标，通常使用一个范围值来表述，如“客户投诉率保持在5%以内”“单位客户服务时间控制在10～30分钟之间”等。

2. 里程碑型关键结果

对于某些目标，其结果具有二元性而无法用一个具体衡量值来表述，难以转化为度量型关键结果。然而“是/否”等二元回答在目标与关键结果中是难以接受的，通过应用评分方法，可以将这类目标的结果进一步转化为评价过程以及里程碑事件的度量项，进而追踪目标的进展状况。以“成为中国最受推崇的企业”这一目标为例，其结果看上去似乎只有“成功”和“失败”两种，但通过设定里程碑型关键结果并根据实现难度赋予不同的分值，可以将其转化为对具体指标是否达成的检验，如“拥有伟大的企业家和管理层，至少有一人入选全球最佳企业家（管理者）榜单”“将创新作为企业的核心竞争力，进入中国创新力排名榜前五位”“提高企业营收能力，进入《财富》中国企业100强”等。

3. 基线型关键结果

当组织进入一个新的战略领域时，往往没有相应的基线数据可供参考以设定合适的指标。鉴于组织之前没有与目标相关的度量数据，需要设定基线型关键结果，从而建立可供下一个制定周期参考的基线值，如“获取员工满意度基线数据”“获取顾客满意度基线数据”等。

二、目标与关键结果的实施

（一）准备工作

一个组织选择实施目标与关键结果的原因应该是目标与关键结果能够解决该组织当下所面临的具体业务问题。当组织内部大多数员工，尤其是基层员工，无法准确把握组织整体目标和战略，缺乏目标感和承诺感，驱动力和敬业度都不足时，目标与关键结果能够帮助组织员工把精力聚焦于少量真正重要的任务上，并可以很好地解决员工目标意识薄弱这一问题。因此，准备工作的首要任务就是回答组织是否有必要实施目标与关键结果，实施目标与关键结果的具体理由是什么。在回答了以上问题，同时能够引起组织内部自下而上的共鸣，产生紧迫的变革感后，实施目标与关键结果前还需要做好以下准备工作：

1. 获取高层支持

要想成功实现变革，推动目标与关键结果在组织中落地生根，必须要得到组织高层的理解、认可和大力支持。“上有所好，下必甚焉。”如果没有高层强有力的推动，目标与关键结果就很容易迷失方向和不知所措。

2. 决定实施层面

目标与关键结果可以仅在组织层面实施，也可以在组织层面和部门层面同时开始；既可以在整个组织实施，也可以在团队中进行试点，或者在项目中实施。目标与关键结果仅在组织层面实施最为简单，也能清晰地传递出组织最高层的目标。整体实施的难度最大，但收益也往往较大。因此，应根据组织实际情况选择最合适的部署层面，并循序渐进。

3. 制订辅助计划

在确定实施层面之后，需要制订一个大致的辅助计划，以便跟踪进度，包括：组织开展培训，介绍目标与关键结果的基础知识与成功案例；审视并明晰组织的使命、核心价值观、愿景和战略，确保其完整有效；在组织内部广泛开展宣传和讲解，进行交流和对话沟通等。

（二）制定目标与关键结果

一个完整的目标与关键结果制定流程可以用“CRAFT”来表示，分别代表创建（create）、提炼（refine）、协同（align）、定稿（finalize）和发布（transmit），下面将依次介绍。

1. 创建

可以通过头脑风暴法或者小团队讨论的方式来创建目标与关键结果。头脑风暴法有利于产生创新思维和引起共鸣，对创建过程的参与能够增强组织员工的归属感和责任感，但也有可能产生搭便车和惰化现象。小团队讨论对时间、精力的要求更高，但往往效率更高，也更加可行。无论采用哪种方式，首先都必须掌握创建目标与关键结果所必需的背景信息，包括但不限于分析竞争环境、审视战略、确定核心竞争力等。这个阶段一般生成2～5个目标，每个目标包含2～4个关键结果，且每个关键结果都应该设定得很有挑战性以激发灵感。

2. 提炼

根据目标与关键结果部署的层级，将上一阶段初步创建的目标与关键结果分发给组织管理层或团队管理层进行讨论。一方面要确保参与人员对讨论做好了准备，另一方面还要提高他们对提炼过程的关注和重视程度。可以先对目标与关键结果初稿进行解释，进而引发参与人员激烈而富有建设性的讨论，尤其要注意接纳反对的声音和不同的观点，这有助于从各个角度对目标与关键结果进行审慎思考。最后，通过反复的讨论、争辩和说服，要达成团结一致的结果，确保所有人支持并积极参与到所创建的目标与关键结果中。

3. 协同

现代组织大多依靠跨部门协同合作来解决工作任务并实现组织目标，尤其对于部门层面而言，与关联部门坐下来一起讨论存在依赖关系的目标与关键结果十分必要且重要。讨论不仅应该包括自己部门负责的目标与关键结果是如何依赖关联部门来实现的，还应该包括自己部门能为关联部门的目标实现提供什么样的帮助，如何促进双赢。这一阶段的目的在于对依赖关系达成一致，获取其他部门对提供相关支持的承诺，提升相关的关键结果指标，并最终确定关键结果的度量刻度。

4. 定稿

以部门层面为例，经过以上三个步骤之后，部门层面的目标与关键结果到此已经基本定型，不过还需要向上级即组织领导层进行汇报和沟通。部门管理者应向组织领导层说明本部门的目标与关键结果是如何产生的，在制定过程中付出了哪些努力，以及与关联部门之间达成的合作协议等情况。同时还需要就评分指标取得组织领导层的理解和认可，保证与组织战略之间的一致性。

5. 发布

在对目标与关键结果进行严格和正式的分类，并确保其完整性的基础上，就可以开始向组织成员和其他相关人员发布目标与关键结果。最好采用面对面的方式，因为这可以为某些没有直接参与目标与关键结果创建的成员提供交流和提出意见的机会。

（三）检验执行情况

要想确保战略成功执行，并持续地提升组织绩效水平，就必须有规律地定期检验目标与关键结果的执行情况。对于以季度为周期的目标与关键结果，跟踪其完成情况的方法主要有以下几个：

1. 周例会

周例会的主要目的有三个：评估进度、识别潜在风险和确保持续聚焦。周例会的重点是如何分享信息以及促进更有价值的讨论，因此会前需要做好充分的准备，确保对关键信息的实时更新。通过周例会，组织成员可以明确工作的优先级，持续聚焦工作的重点，并对当前状态进行确认，检查是否存在潜在的风险，分析自身信心状态的变化及其原因。此外，周例会还可以使组织成员了解其他同事的工作重点，并为其提供必要帮助，进而激发员工敬业度和推进目标稳步实现。

2. 季度中期审视

与周例会的主观判断相比，季度中期审视是对目标达成进度的一次比较正式的审视，目的在于寻求正确的方向性信息。季度中期审视要求根据收集上来的新信息重新调整指标期望值，并确定之后一段时间的重点行动。通过对外部环境、目标优先级、客户需求、供应商等一系列需要关注的问题重新思考和审视，决定是否有必要对目标与关键结果进行中途更新。

3. 季度评估

季度末对目标完成情况进行的客观正式评估主要关注“做到什么程度”和“如何做到这个程度的”。前者要求对每一个关键结果打分，基于实际的绩效表现，每个责任主体会有一个最终得分，以及取得这些得分的理由。后者需要回答是什么促进了成功，以及组织的执行力得到了哪些提升，同时激发组织内部的学习。

（四）更新目标与关键结果

在上一个目标与关键结果周期结束后，需要对该周期内的目标与关键结果进行评分，并制定下一个周期的目标与关键结果。有些目标与关键结果因为对当前战略和运营来说极为关键，有可能会在好几个周期连续出现。对于上一个周期未完成的，或者具有持续战略意义的目标与关键结果，同样可以在下一个周期保留。已经成功完成的目标与关键结果应该被移除，并用全新的目标与关键结果取而代之，以激发组织成员的潜能，实现绩效的持续提升。

三、目标与关键结果和平衡计分卡的比较

平衡计分卡作为管理学理论的集大成者，自问世以来一直广受欢迎。通过四个不同但相关的层面，平衡计分卡将组织的使命、核心价值观、愿景和战略转换为不同的目标、指标、目标值和行动方案，推动组织战略的落地和整体目标的达成。一些目标与关

键结果的支持者则认为，对于组织战略的聚焦和执行，目标与关键结果是一个同样有效但更为简单的轻量级系统，更适合那些希望提高战略聚焦程度和协同程度的组织。比较目标与关键结果和平衡计分卡的相同情形与不同情形，有助于理解两者之间的异同，分析各自的优势与劣势，进而帮助组织选择更适合的绩效管理工具。

（一）目标与关键结果和平衡计分卡的相同点

第一，战略导向。两者都以战略为导向，强调组织顶层设计尤其是战略的分解、落地与执行。通过聚焦组织战略，将目标与战略挂钩，能够有效推动组织整体目标的达成。以组织战略为引领，目标与关键结果和平衡计分卡都能帮助组织成员关注那些对组织来说真正重要的事，确保组织成员的努力方向与组织期望的保持一致，不仅能够"正确地做事"，还能"做正确的事"。

第二，强调协同。两者都能够通过透明共享的方式将各个层面及责任主体的目标和衡量标准在组织内部公开，下级能够清楚地知道上级的目标以及自己能够为之做出的贡献，上级也能够掌握下级的能力和兴趣特长，以便更好地引导和帮助。通过分析部门之间在目标上的关联和依赖程度，也有利于组织内部横向上的协同。

第三，目标内涵相同。两者都包含目标，且目标都是回答"我们要干什么"这一问题。目标由动宾词组构成，如"降低单位客户服务成本"等。同样地，目标的设定也都需要遵循"SMART"原则，因此在通常情况下，高水平的目标能在目标与关键结果和平衡计分卡之间共享。

第四，一般情况下，目标与关键结果中的关键结果可以由平衡计分卡中的指标加上目标值转换而成。在平衡计分卡中，指标是指用什么来监控和评价目标，目标值则是指标达到什么程度算合格。而在目标与关键结果中，关键结果被用于衡量目标的达成情况，通常表现为带有时间限制的指标和目标值。以"降低单位客户服务成本"目标为例，平衡计分卡中的指标为"单位客户服务成本降低率"，目标值为"3%"，而在目标与关键结果中，关键结果可以将平衡计分卡中的指标和目标值加以整合，表述为"一季度将单位客户服务成本降低3%"。

（二）目标与关键结果和平衡计分卡的不同点

从目标数量上看，目标与关键结果强调目标要尽量少而精，组织内各层级责任主体的目标数量应该控制在2～5个，每个目标具有2～4个关键结果，全部关键结果数量最好保持在20个左右；而高水平的组织层面的平衡计分卡通常有15个左右的目标，指标数量则达到了30个左右。因此，同层级的平衡计分卡的目标数量一般多于目标与关键结果。

从构成要素上看，平衡计分卡不仅明确界定了与目标相应的衡量指标、目标值、行动方案和预算，还能够区分出计分卡指标和仪表盘指标等指标类别；而目标与关键结果则不区分目标的类别，尽管关键结果通常表现为带有时间限制的衡量指标，但有时也会以行动方案甚至仪表盘指标的形式呈现。下面以两个示例进行具体说明。

在表2-14的示例一中，目标与关键结果和平衡计分卡的目标是相同的，即"提升产品用户界面的易用性”。但在平衡计分卡中，其相应的衡量指标为“用户对产品易用性的满意度”，目标值为“9.0 分”，行动方案为“实施满意度调查确定基线数据，整理基线数据，跟踪用户提出的需求在系统中的实现情况”，预算为“3 万元”。而在目标与关键结果中，尽管目标是相同的，但两个关键结果分别是“用户对产品易用性的满意度评分从去年的 8.5 分提升至 9.0 分”和“整理基线数据，跟踪用户提出的需求在系统中的实现情况”。其中第一个关键结果实际上是平衡计分卡中的指标加上目标值，第二个关键结果则是平衡计分卡中的行动方案，不包括预算。在这种不同情形中，目标与关键结果中的关键结果不仅包括指标加目标值，还包括平衡计分卡中的行动方案。

表 2-14 目标与关键结果和平衡计分卡不同情形示例一

	目标	指标	目标值	行动方案	预算
平衡计分卡	提升产品用户界面的易用性	用户对产品易用性的满意度	9.0 分	实施满意度调查确定基线数据，整理基线数据，跟踪用户提出的需求在系统中的实现情况	3 万元
	目标	关键结果			
目标与关键结果	提升产品用户界面的易用性	用户对产品易用性的满意度评分从去年的 8.5 分提升至 9.0 分（指标＋目标值） 整理基线数据，跟踪用户提出的需求在系统中的实现情况（行动方案）			

表 2-15 的示例二以美国西南航空公司的“实现快速地面周转”目标为例，更加形象地说明了目标与关键结果和平衡计分卡之间的不同情形。

表 2-15 目标与关键结果和平衡计分卡不同情形示例二

平衡计分卡			目标与关键结果	
目标	实现快速地面周转		目标	实现快速地面周转
计分卡指标	指标	地面停留时间 准时起飞率	关键结果（一）	将地面停留时间从 50 分钟降低至 30 分钟 将准时起飞率从 85%提升至 90%
	目标值	30 分钟 90%		
	行动方案	登机口编排流程再造 乘客登机顺序调整		
仪表盘指标	指标	飞机清洁时间 行李装卸时间 地面维护时间 燃料补给时间	关键结果（二）	将飞机清洁时间缩短至 10 分钟 将行李装卸时间缩短至 25 分钟 将地面维护时间缩短至 20 分钟 将燃料补给时间缩短至 25 分钟
	目标值	10 分钟 25 分钟 20 分钟 25 分钟		

平衡计分卡能够有效区分仪表盘指标和计分卡指标，仪表盘指标是那些可以监控企业是否按部就班地运转并在出现异常现象需要立刻注意时发出警报的指标，计分卡指标

则是为了达成目标取得战略竞争优势而界定核心影响要素的指标。为了“实现快速地面周转”，美国西南航空公司需要重点关注飞机的地面停留时间与准时起飞率，对这两个计分卡指标设计行动方案进行流程改进，能够直接促进目标的实现。如果通过登机口编排流程再造和乘客登机顺序调整，能够将地面停留时间控制在30分钟以内，同时将准时起飞率保持在90%以上，那么“实现快速地面周转”的目标就能达成。由于计分卡指标对于目标的实现有着重要的价值，目标与关键结果可以直接把计分卡指标和目标值当作关键结果，也就是表2-15中的“关键结果（一）”。

仪表盘指标不是帮助组织获取竞争优势的关键驱动因素，这些指标仅仅捕捉了能使企业正常运行所必需的“保健因素”，只有在出现异常状况时才会引起注意并加以解决，因而属于诊断性的例外管理。在示例二中，飞机清洁时间、行李装卸时间、地面维护时间和燃料补给时间都属于仪表盘指标，只需监控确保其正常运行即可。目标与关键结果没有从战略价值上对指标类型进行区分，有时可能会将仪表盘指标作为关键结果，即表2-15中的“关键结果（二）”。

四、对目标与关键结果的评价

（一）目标与关键结果的特点

目标与关键结果最初继承和发展了德鲁克的目标管理理论，是目标管理理论的延伸和扩展，强调目标管理的可操作化。在发展演变过程中，目标与关键结果汲取了目标管理中目标引导、促进员工参与和沟通的思想，关键绩效指标中关键指标设定、聚焦的思想，以及平衡计分卡中战略管理和组织协同的思想，并通过对三种绩效管理工具部分要素的提取与融合，使自身具备了敏捷性、内在驱动和创新挑战等特点。具体来说，目标与关键结果主要有以下特点：

（1）目标与关键结果旨在提高绩效，需要组织成员持续不断地思考目标以及关键结果是否对组织有贡献、贡献的大小，以及对自己来说意味着什么，因而是一套严密的思考框架；

（2）目标与关键结果以结果为导向，要求员工投入时间和精力，实时检验结果达成情况并随时调整，因而是组织内持续的纪律要求；

（3）目标与关键结果具备透明性和共享性，可以促进组织内部各个层级的协调一致，因而能确保组织协同；

（4）目标与关键结果主要用于识别对组织最关键的业务目标，是对做什么和不做什么的取舍，因而是战略聚焦；

（5）关键结果是量化的，用来衡量目标的达成情况，以及对组织绩效有多大的促进作用，因而是可衡量的贡献；

（6）目标与关键结果一定是与组织相关的，通过严格执行并检验目标所取得的实际成果，能够促进组织的成长，因而是成长导向的。

（二）目标与关键结果的优点

目标与关键结果最初是为小型创新团队设计的，通常适用于高科技、互联网企业，能够激活扁平化组织和科技驱动型组织的活力。目标与关键结果操作简单，周期较短，通常以季度为周期对目标进行动态设置，能够持续推进组织各项工作的完成，促进战略执行、组织协同和提升员工敬业度。目标与关键结果的优点主要有：

（1）通过设定挑战性目标激发员工的创新与潜力。目标与关键结果鼓励员工自发地自下而上地制定目标和关键结果，能够充分促进员工进行自我管理和自我控制。同时由于不与绩效考核挂钩以及由本人自行打分，可以鼓励员工追求更富有难度和挑战性的工作。通过与利益脱钩，目标与关键结果能够最大化地鼓励自我挑战，激发员工的积极性、主动性和创造性，在组织中营造崇尚创新的氛围。

（2）有助于促进组织内部的持续沟通。目标与关键结果强调各层级责任主体目标的透明性和共享性，这一方面能够使组织高层向全体员工传达以下信息：组织的目标是什么？我们当前需要集中资源聚焦的任务是什么？这些信息有利于推进组织战略落地和整体目标实现。另一方面，目标与关键结果强调员工参与和自主设定目标，能够帮助领导者了解下属的能力、特长和关注点，更好地发挥下属的特长。

（3）能够同时关注结果和实现结果的过程。目标与关键结果强调目标对组织战略的价值，达成目标对组织来说有极其重要的战略意义，因而是结果导向的。一般而言，越重要的目标越具有挑战性，所以实现目标的过程也同样重要，员工在挑战的过程中反思自己、检验策略以及自主学习，对组织的持续发展十分重要。

（4）有助于推动战略聚焦、组织协同和团队合作。目标与关键结果以战略为导向，强调注意力聚焦，关注那些对组织至关重要的工作，在组织内部形成“劲往一处使”的氛围。目标与关键结果在以战略引领员工的同时鼓励团队合作，将个体目标融入组织战略中，实现组织与个人的双赢。通过将个体目标与组织共同目标相连接，能够形成一致的努力方向，聚焦于组织战略，推动组织协同。

（三）目标与关键结果的不足

目标与关键结果作为一个简单的轻量级绩效管理系统，具备便捷性和灵活性等特点，但与其他绩效管理工具相比存在着一些不足，在实践应用中需要注意其局限性。具体来说，目标与关键结果主要有以下不足：

（1）目标数量较少，关键结果形式多样。综合来看，目标与关键结果中的目标通常与平衡计分卡的目标内涵相同，但因为总体目标的数量过少，更容易出现目标设置过大的情况，有时甚至会出现愿景性目标和战略主题性目标等，致使战略落地和执行出现困难。此外，尽管目标与关键结果中的关键结果通常表现为带有时间限制的指标和目标值，但有时也会出现与行动方案、仪表盘指标等混合使用的情形。

（2）没有区分目标类别，主观随意性较强。目标与关键结果在价值创造周期上没有区分长期目标、中期目标和短期目标，在因果逻辑关系上没有区分结果性目标、过程性目标和保障性目标，在组织横向协同上也没有区分共享目标、分享目标和特有目标。因此，目标制定往往依靠管理者的主观设计，容易导致目标之间的混乱和冲突。

（3）缺乏逻辑严谨的结构体系和普适标准，难以广泛推广。尽管目标与关键结果也强调聚焦战略，但对于目标与战略之间的关联程度缺乏逻辑严谨的检验和证明，它们通常来自管理者的经验和主观判断。关键结果和目标之间也缺乏科学合理的因果关系，关键结果的实现并不一定标志着目标的达成。此外，目标与关键结果没有一套普遍适用的标准，实施目标与关键结果的组织无法对照标准进行自检，因而往往难以最大化发挥其优势。

（4）不能作为绩效考核工具，一般也不与绩效奖励挂钩。当前许多组织在实施目标与关键结果的最大误区之一就是，将目标与关键结果作为一种绩效考核工具。但实际上，目标与关键结果是一种目标设定和实现工具，十分强调目标设定的挑战性，以实现程度来看，目标与关键结果认为员工积极努力后能实现80%左右的目标才是好目标。因此，目标与关键结果主要适用于设定和追求挑战性的目标，如果将其运用到绩效考核上，不仅会影响员工的心理安全和积极性，还有可能导致目标的扭曲和短视。

➡ 关键词

目标管理（management by objectives，MBO）

标杆管理（benchmarking）

关键绩效指标（key performance indicators，KPI）

平衡计分卡（balanced scorecard，BSC）

目标与关键结果（objectives and key results，OKR）

➡ 复习思考题

1. 谈谈绩效管理工具和技术的发展和演变。
2. 目标管理的内涵是什么？如何认识和评价目标管理的历史地位？
3. 谈谈标杆管理的含义和类型以及实施步骤。
4. 关键绩效指标设计的理念和思路是什么？
5. 谈谈你对平衡计分卡的特点与功能的认识。
6. 谈谈你对平衡计分卡的框架与要素的认识。
7. 论述基于平衡计分卡的战略管理流程。
8. 目标与关键结果的构成要素有哪些？关键结果的类型有哪些？

➡ 章末案例

韩国富川市的平衡计分卡体系

富川市是韩国一个拥有80多万人口的地方自治体。根据韩国行政自治部的要求，富川市自1999年到2003年上半年实行了目标管理制。在该制度的安排下，富川市对各课（局下设的行政机构）的组织架构进行了调整，实行以团队为绩效责任主体的运作方式，绩效目标的设置以团队为基本单元，并对其人力资源管理政策做出相应调整。但是，在未确立全市战略目标的情况下，以团队为单位实施目标管理，导致团队目标很难与全市整体绩效联系起来。而且，在目标管理的情境下，将绩效评价结果与绩效等级相联系，容易导致各团队避实就虚、拈轻怕重。这种状况又引发了部门之间的相对孤立，进而降低了组织的协同程度。为了应付政府内部的评价，各团队将焦点集中在自我利益的维护上，忽视了市民的需求，目标管理蜕化成应付绩效评价的工具，最后导致目标管理宣告失败。因此，该市于2004年1月决定引进平衡计分卡，其目的在于重视经营战略思维，推进以战略目标为中心的政策，忠实履行对市民的责任，满足市民的深层次需求。换言之，富川市试图从内部角度提高政府成员的行政经营能力和创造性，营造积极挑战目标的组织氛围；从多个侧面构建综合经营系统，在绩效上坚持顾客导向，重视业务效率、组织灵活性以及关键人才。而且，通过构建市民和政府成员易于接受的绩效管理体系，将行政经营的实情告知市民，展示尽职尽责的责任担当，确保政务透明度。

富川市构建平衡计分卡系统分为推动引进、试运行及正式施行三个阶段。各阶段的主要措施如下：第一阶段，推动引进（2004年3—6月）。这一阶段主要关注两个方面：一是外部专家的介入方式；二是制定富川市长期发展规划和有关政策评价的条例。第二阶段，试运行（2004年7—12月）。这一阶段主要开展两项工作：一是成立政策评价研究会，为平衡计分卡设计与运行提供组织保障；二是在平衡计分卡理论的指导下着手构建评价指标体系，并进入试点工作。第三阶段，正式施行（2005年1月至今）。这一阶段的主要工作也是两项：一是绘制战略地图，并对评价指标体系进行修改和完善；二是正式施行平衡计分卡。

1. 富川市战略地图

富川市战略地图将其使命和愿景统称为“建设以文化促进发展，以经济实现腾飞的富川”，确定了文化和经济在富川市发展中的核心地位。根据使命和愿景，该市确立了文化、经济、交通、环境、福利、自治等6个核心领域，并以6个核心领域为立足点，确立了“以知识经济为中心的经济城市”“享誉世界的文化城市”“便利的生活空间城市”“洁净、舒适的环境城市”“共同生活的福利城市”“有竞争力的自治经营城市”等6个战略主题。富川市平衡计分卡的四个层面由23个目标构成，分别在市民层面设置14个目标，内部业务流程层面设置2个目标，财政层面设置4个目标，学习与成长层面设置3个目标，并且注重层面之间的因果关系（见图2-26）。

2. 富川市绩效管理体系

富川市构建绩效管理体系是围绕评价指标及评价项目、评价主体、评价周期、评价结果的应用等4项关键决策进行的。具体做法如下：

（1）评价指标及评价项目。富川市在选取评价指标时，力求所衡量的绩效维度服务于市民满意度的提升，并尽可能使用量化指标；设计权重时，力求主次分明、统筹兼顾。

在指标的来源上，该市针对绩效目标按照投入、过程、产出、结果等逻辑顺序选取相应指标（见图2-27），并将绩效指标分为结果型指标（产出和结果）和过程型指标（投入和过程），尽量选取结果型指标，尽可能将定性指标转换成量化指标。富川市在设置指标方面，不以公务员或专家的主观意志为依据，而以市民是否满意为标准。比如，在环保监测方面，尽管很多行政组织将“大气污染测量网正常启动率”作为评价指标，但实际上减少大气污染或者减少由于大气污染带来的危害，更加符合市民的利益。因为市民对大气污染自动测量网是不是正常启动并不关心，也无从得知。富川市在这种“责任”和“绩效”的矛盾中，果断地采用了有利于市民的指标。

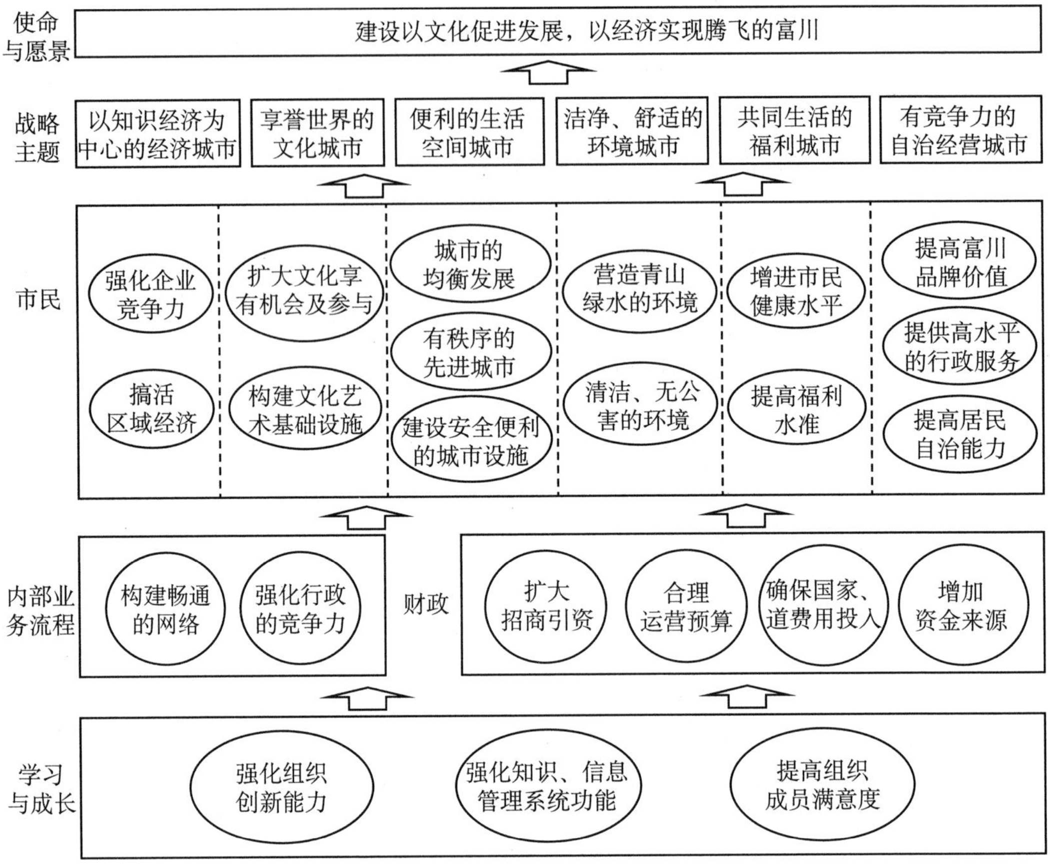

图2-26 富川市战略地图

资料来源：Choi U Y，Cho H Y，Kwon S H，et al. A Case Study of Local Government's Balanced Performance Management System Focused on BSC Implementation in Bucheon City. Korean Journal of Management Accounting Research，2008，7（3）：222.

在指标的构成上，富川市的做法是在纵向上设置了市、局（区）、课（洞）、团队四级指标，并实行以课为中心的绩效管理体系，其中各团队绩效结果中70%是所属课的绩效，30%是团队自身的绩效，目的在于加强课和团队绩效间的联系程度。在市级部门、局级部门以及课级部门相关业务负责人的协调下，对各层级指标进行体系构建工作，确保指标名称规范统一、指标选用科学合理，使之上下衔接、系统有序。这就彻底打破了以往因指标紊乱导致的同一个业务在不同层级之间长期存在的壁垒。在横向上设置了特有和共有两类指标。特有指标用以评价每个部门独立承担的绩效任务，包括绩效指标评价和行动方案执行效果评价两方面内容；共有指标用以评价不同部门需共同担负的绩效任务，例如人均教育时间就是其共有指标之一。

在评价项目及其权重的分配上，富川市的做法是按照内部评价和外部评价分配权重。其中，内部评价由政策评价研究会实施，占绩效总分的75%；该75%的权重分别分配到特有与共有两类指标和业务环境及贡献度评价之中，特有指标占60%，共有指标占10%，业务环境及贡献度评价占5%，并将特有指标所占权重分割为两个部分，其中绩效指标评价占

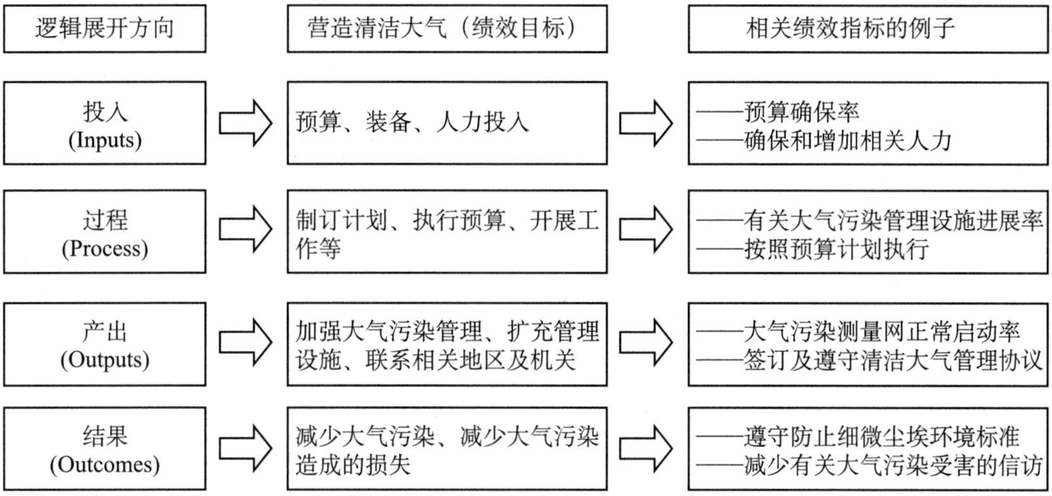

图 2－27　选取指标的逻辑模型

资料来源：Choi U Y，Cho H Y，Kwon S H，et al. A Case Study of Local Government's Balanced Performance Management System Focused on BSC Implementation in Bucheon City. Korean Journal of Management Accounting Research，2008，7（3）：222.

60%，行动方案执行效果评价占 40%。外部评价通过问卷调查的方式由市民评分，占绩效总分的 25%。该 25%的权重进一步分为两个部分：一是对政策的评价，主要关注绩效目标与绩效指标的匹配度；二是对履行行政服务承诺的满意度，主要关注绩效指标与行动方案的契合度，两者各占 50%，如图 2－28 所示。

（2）评价主体。富川市在平衡计分卡系统中，采用了内部评价和外部评价并行的办法。内部评价是由政策评价研究会根据平衡计分卡对各部门绩效完成情况的评价。外部评价指的是对各部门政策执行情况的市民满意度评价。市民评价占绩效总分权重的 25%，并明确了市民评价的内容和方式。这就可以反映出富川市对于市民参与的高度重视，也真正体现其以市民满意为中心的管理理念，从而突破了韩国地方政府评价主体仅局限于政府自我评价和上级评价的传统做法，是政府评价主体多元化的新探索。

（3）评价周期。富川市在评价过程中，根据指标的特性采用了季度、半年、一年等不同的评价周期。比如，某区市民服务课对“通过学习纠正错误及处理信访事件”指标的评价周期是一个季度；对“信访处理满意度”指标的评价周期是半年；对“业务环境及贡献度”指标的评价周期是一年。而且每年都进行一次中期评价和一次年度评价。

（4）评价结果的应用。在评价结果的应用上，富川市主要从三个方面下功夫：第一，绩效改进。这一点在全市范围内达成了共识，避免了为评价而引进平衡计分卡的误区。通过平衡计分卡系统的整合，全市的战略与局、课以及团队的业务紧密联系起来，构成了一个整体性的管理体系。不同层级、不同部门在同一管理平台上进行绩效沟通和反馈，及时发现和纠正工作中存在的问题或偏差，实现了对组织绩效的监控和提升。第二，信息建设。富川市根据平衡计分卡体系开发了相应的绩效管理信息系统，通过该系统可以随时查询每个周期的评价结果和分析意见。第三，人力资源管理决策。富川市将评价结果作为决策依据，应用到绩效等级的评定、职务的晋升、薪酬的支付等人力资源管理实践中。

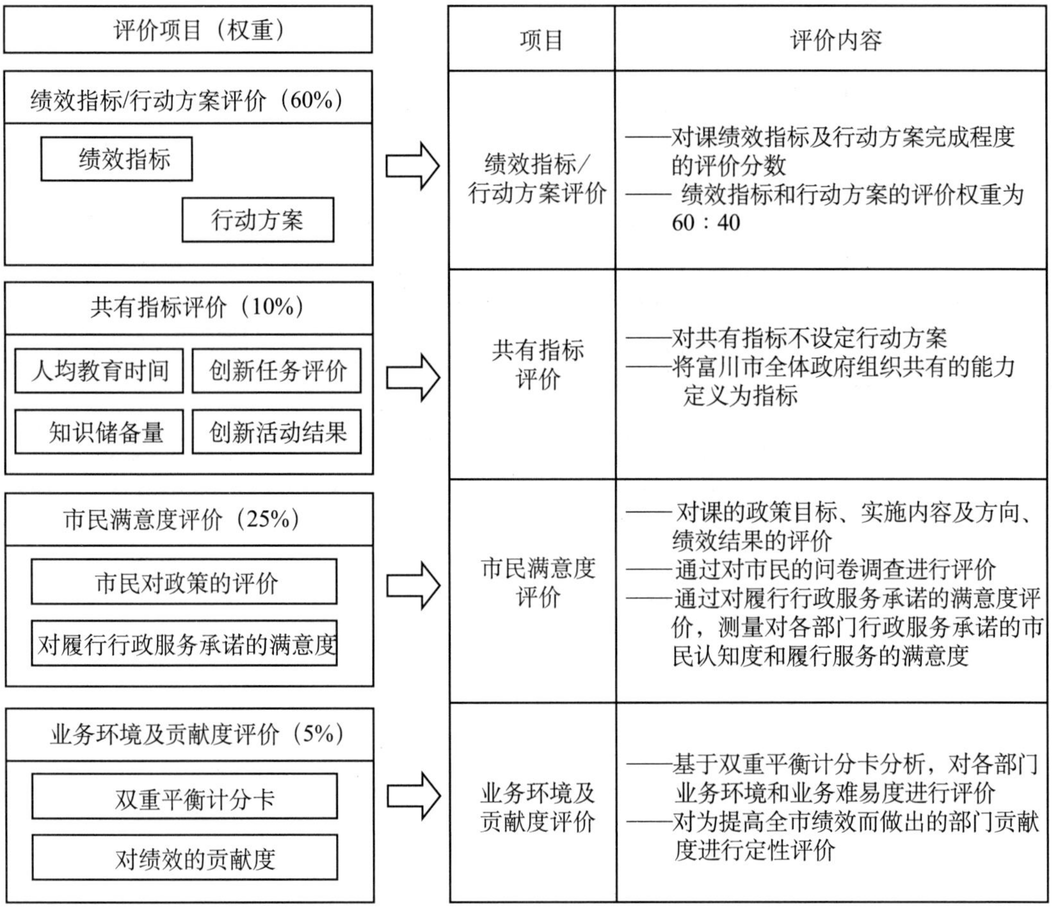

图 2-28　评价项目的构成及其权重（以课为单位的评价标准）

资料来源：Choi U Y，Cho H Y，Kwon S H，et al. A Case Study of Local Government's Balanced Performance Management System Focused on BSC Implementation in Bucheon City. Korean Journal of Management Accounting Research，2008，7（3）：222.

资料来源：方振邦，金洙成．韩国地方政府绩效管理实践及其对中国的启示：以富川市构建平衡计分卡系统为例．东北亚论坛，2010，19（1）：90-97.

思考题

1. 结合案例，分析富川市的平衡计分卡体系设计与企业的平衡计分卡体系设计有哪些异同。

2. 富川市的平衡计分卡体系对我国政府部门的绩效管理有何启示？

第 3 章
绩效计划

学习目标

通过对本章的学习，你将能够：

1. 理解绩效计划的内涵与类型
2. 了解制订绩效计划的原则与步骤
3. 掌握绩效目标的制定原则与步骤
4. 清楚绩效指标的内涵与类型
5. 掌握绩效指标的设计方法
6. 知道如何设定绩效标准

➡ 引导案例

我国税务部门绩效指标设置

国家税务总局从 2014 年起在全国税务系统推行绩效管理，经过持续不断优化完善，逐步形成了一套符合中国税务部门实际、具有示范引领效应的绩效管理模式和体系，被世界银行发布于 2018 年 10 月的《全球公共部门绩效报告》纳为 15 个优秀案例之一向全球推介。

我国实施税务绩效管理的基本流程包括：制订绩效计划、编制绩效指标、实施绩效监控、开展绩效考评、运用考评结果和加强绩效改进。年初根据党中央和国务院的决策部署、税收现代化战略目标、税务总局年度工作重点等，编制绩效指标，其中税务总局制发的年度税收重点工作任务相当于绩效计划。

我国税务绩效管理秉承持续改进的核心要义，经过不断优化升级，关键绩效指标日益凸显，绩效指标数量从 1.0 版到 7.0 版逐步精简，注重统筹整体工作考评和重点专项考评。同时，在对具体指标考评中，不仅关注结果，还注重过程管控，从时间、数量、质量、效果等维度进行考评，具有环环相扣、一抓到底和促落实、提质效的鲜明特征。考核指标主要包括“财务管理”“预算执行”“支出管理”等，主要考评中央财政拨款的基本支出预算执行率和项目支出预算执行率等预算执行情况。

从指标设置来看，我国税务部门绩效指标主要运用了平衡计分卡的原理，注重从财务、客户、内部运营、学习与成长四个层面，将组织战略目标分解成纳税人满意度、运营成果、财务管理和员工满意度等可操作的绩效指标，既考虑服务对象和员工队伍的因素，又考虑内部流程规范和成本节约的因素，综合平衡，形成合力，保证组织战略的有效执行。

资料来源：何强，付江峰，张晨．中美税务部门实施绩效管理的比较研究．中国行政管理，2019（5）：138－142.

绩效计划是绩效管理的第一个环节，也是绩效管理成功实施的关键环节。该环节要求在明确组织的使命、核心价值观、愿景和战略的基础上，制订出组织、部门和个人三个层次的绩效计划，形成一套具有较高的系统性、协同性和可操作性的绩效计划体系。个人绩效计划是整个绩效计划体系的落脚点，要求各级管理者与下属一起，就下属在该绩效周期内要做什么、为什么做、需做到什么程度、应何时做完等问题进行充分讨论，以促进相互理解并达成协议。

第1节 绩效计划概述

一、绩效计划的内涵

计划是重要的管理职能之一，全面了解计划的内涵对理解绩效计划具有重要的意义。计划是指对未来的预想及使其变为现实的有效方法的设计，是对未来进行预测并制订行动方案，简言之，计划就是设立目标和编制方案。计划既是制定目标的过程，也是这一过程预期达成的目标；既涉及目标（做什么），也涉及达到目标的方法（怎么做）。计划的目的和作用在于给出行动的方向、减少变化的冲击、减少浪费和冗余、设立标准以利于控制等。现代组织处于急剧变化的环境中，组织发展所面临的宏观和微观环境无时无刻不在变化，组织要想生存和发展，比以往任何时候都需要系统化的前瞻性思考。管理者必须具有远见并为未来做好准备，否则就会陷入难以预见和无法挽救的困境之中。

绩效计划作为一种重要的计划形式，具有计划的一般功能和特点。战略性绩效管理系统通过绩效计划来连接战略与运营，使管理中的计划职能得以实现。绩效计划作为绩效管理的首要环节，也是谋划绩效管理的关键环节，在战略性绩效管理系统中具有非常重要的作用。绩效计划（performance planning）是指当新的绩效周期开始的时候，管理者和下属依据组织的战略规划和年度工作计划，通过绩效计划面谈，共同确定组织、部门以及个人的工作任务，并签订绩效目标协议的过程。对绩效计划内涵的深入理解，需要从以下几个方面进行全面把握。

（一）实现组织的战略目标是绩效计划的目的

战略性绩效管理的战略性集中体现在绩效管理实践要体现并支持组织战略。具体到绩效管理的绩效计划环节，就是要将组织的战略目标转化为组织层面、部门层面和个人层面的绩效目标，使每个员工的工作行为和结果都能够有效促进组织绩效的持续改进和提升。因此，绩效计划的目的就是确保部门和每个员工的绩效目标与组织的战略目标协调一致。确保绩效计划与组织战略目标的一致性，一般是通过在组织的使命、核心价值观、愿景和战略的指引下制订绩效计划来实现的。

（二）绩效计划面谈是绩效计划的重要环节

绩效计划面谈是管理者与下属就绩效计划的问题所进行的双向的、全面的和持续的沟通过程。通过绩效计划面谈，管理者与下属就绩效目标、指标和评价标准进行充分的沟通，形成共识并共同确定行动计划。绩效计划面谈是一个双向沟通和全员参与的过程，管理者和下属需要对此进行深入了解。

1. 绩效计划面谈是管理者与下属双向沟通的过程

传统的目标制定过程通常是由最高管理者制定总目标，然后依据组织结构层层分解，是一个单向的制定过程。而战略性绩效管理中的绩效计划强调互动式沟通，需要管理者和下属共同参与绩效目标、指标、目标值和行动方案的讨论和确定。也就是说，在这个过程中，管理者和下属双方都负有责任。在这个双向沟通的过程中，管理者需要向下属解释和说明如下几个问题：组织整体的目标是什么；为了完成整体目标，本部门的目标是什么；为了实现组织整体目标及各部门目标，对下属的期望是什么；对下属的工作制定什么样的标准；应如何确定完成工作的期限。下属需要向管理者说明的问题则包括：自己对工作目标和如何完成工作的认识；自己对工作的疑惑和不理解之处；自己对工作的计划和打算；在完成工作的过程中可能遇到的问题和需要的帮助等。

2. 绩效计划面谈是全员参与的过程

在绩效沟通过程中，人力资源管理专业人员、管理者和员工需要全面参与，并且在这个过程中，三者的职责不一样。

人力资源管理专业人员的主要责任是帮助相关人员制订绩效计划。人力资源管理专业人员应提供政策框架，开发相关的培训材料，指导管理者和下属开展绩效计划工作，并且解决管理者与下属之间的冲突，确保绩效计划工作围绕如何更好地实现组织目标顺利进行。在许多组织中，人力资源管理专业人员与管理者共同设计一个符合组织需要的绩效管理框架，以指导管理者与下属针对每个职位的情况制订具体的绩效计划。总的来说，人力资源管理专业人员的责任就是向管理者（有时包括普通员工）提供必要的指导和帮助，确保组织的绩效计划系统中的绩效结果和绩效标准保持稳定性和协同性，从而保证组织绩效管理系统的战略一致性。

制订绩效计划要求掌握许多有关的职位信息，而直线经理最了解每个职位的工作职责和绩效周期内应完成的各项工作，由他们与下属协商并制订绩效计划能保障计划更符合现实情况，更具有灵活性，更有利于部门内部人员之间的合作。直线经理在整个过程中扮演着十分重要的角色，并且是部门绩效计划工作的责任人。

员工参与是绩效计划得以有效实施的保证。目标设置理论（goal-setting theory）认为，员工参与制订计划有助于提高员工的工作绩效。社会心理学家认为，人们对于自己亲自参与做出的选择投入程度更高，从而提升了目标的可执行性，有利于目标的实现。这就要求管理者在制定绩效目标和绩效标准时，尽可能地让员工参与进来，制定具有挑战性的目标，通过员工目标的实现来实现组织目标。另外，绩效计划不仅要确定员工的绩效目标，更重要的是让员工了解如何才能更好地实现目标，了解组织内的绩效信息沟通渠道，了解如何才能得到来自管理者或相关人员的帮助等。从这个意义上讲，绩效计划面谈离不开员工的参与。

（三）确定绩效目标、绩效指标、绩效评价标准和行动方案是绩效计划的主体内容

绩效计划的主体内容是在充分沟通的基础上，管理者和下属确定在一个绩效周期内应该“做什么”的问题。“做什么”在绩效计划中具体体现为确定绩效目标、绩效指标和绩效评价标准。还需要通过沟通，确保组织战略目标分解到部门目标和个人目标，最终实现组织战略目标在个人目标上的落地。这要求通过制订绩效计划，为实现化战略为每个人的行动创造基础和前提条件。

在制订绩效计划过程中，确定“做什么”之后，最重要的就是确定“如何做”，即确定行动方案。在确定行动方案的过程中，应该着重关注行动方案是否能帮助管理者和下属都达到规定的绩效标准，并确保各类行动方案如何配合和协同，从而有利于达成组织的战略性目标。目前许多组织都在执行各种各样的行动方案，遗憾的是，很多行动方案都与组织目前既定的战略目标关联不大，各种方案相互争夺有限的资源，消耗管理者和员工的时间和精力。因此，如何通过制订科学的绩效计划，实现行动方案与组织的绩效目标和指标无缝对接，让行动方案为达到绩效标准保驾护航，就成了具有高度创造性和挑战性的工作。

（四）签订绩效协议是绩效计划的最终表现形式

根据社会心理学家多伊奇和杰勒德（Deutsch and Gerard）的研究，做出了公开承诺或比较强的私下承诺的人非常倾向于坚持最初的意见。大量研究发现，人们坚持或改变某种态度的可能性主要取决于两种因素：一是他在形成这种态度时的卷入程度，即是否参与了态度形成的过程；二是他是否为此进行了公开表态，即做出正式承诺。因此，人们对于自己亲自参与做出的选择投入程度更大，从而增加了行动方案的可执行性和实现目标的可能性。在绩效计划阶段，通过沟通，管理者和下属对绩效目标达成共识，签订正式的绩效计划协议，就是为了让下属对自己的绩效计划内容做出很强的公开承诺，促使他们履行自己的工作计划；同时，管理者也通过向下属做出承诺，提供必要的支持、帮助和指导，从而实现管理者和下属上下一心，共同推动组织目标的达成。

绩效协议就是关于工作目标和标准的契约。管理者与下属根据组织和部门的目标共同制定并修正个人绩效目标以及实现目标所需的步骤。绩效协议的主要内容包括绩效目标、绩效指标、目标值、指标权重和行动方案等。管理者和下属经过充分沟通，对绩效协议的内容达成共识，经过双方确认之后，签订了绩效协议，就标志着绩效计划工作的完成。

二、绩效计划的类型

明确绩效计划的分类是理解绩效计划概念外延的有效途径。根据不同的分类标准，可以将绩效计划分为不同的类别。根据绩效层次的差别，可以将绩效计划分为组织绩效计划、部门绩效计划、个人绩效计划；根据人员在组织系统内岗位层次的不同，可以将绩效计划分为高层管理者绩效计划、部门管理者或团队领导绩效计划、一般员工绩效计

划；根据绩效周期的差别，可以将绩效计划分为任期绩效计划、年度绩效计划、半年绩效计划、季度绩效计划、月度绩效计划、周计划甚至日计划等。各类绩效计划并不是独立的，而是相互影响、相互渗透、相互融合的。绩效管理实践中最普遍的分类仍然是组织绩效计划、部门绩效计划、个人绩效计划。

（1）组织绩效计划。组织绩效计划是对组织战略目标的分解和细化，组织绩效目标通常都是战略性的目标。组织绩效目标和绩效指标是整个绩效计划体系的指挥棒和风向标，决定着绩效计划体系的方向和重点。

（2）部门绩效计划。部门绩效计划的核心是从组织绩效计划分解和承接而来的部门绩效目标体系，是在一个绩效周期之内部门必须完成的各项工作任务的具体化。同时，部门绩效计划还需要反映与部门职责相关的工作任务。

（3）个人绩效计划。从广义上讲，个人绩效计划包含组织内所有人员的绩效计划，即高层管理者绩效计划、部门管理者绩效计划和员工绩效计划。高层管理者绩效计划直接来源于组织绩效计划，是对组织绩效目标的承接；部门管理者绩效计划直接来源于部门绩效计划，是对部门绩效目标的承接；员工绩效计划是对部门绩效计划的分解和承接，同时也反映个人岗位职责的具体要求。从狭义上讲，个人绩效计划就是指员工绩效计划。

三、制订绩效计划的原则

在制订绩效计划的过程中，无论是制订组织绩效计划、部门绩效计划还是个人绩效计划，都应该遵循一些基本原则。

（1）战略性原则。在制定绩效计划体系时，必须坚持战略性原则，即要求在组织使命、核心价值观和愿景的指引下，依据战略目标和经营计划制订组织绩效计划，然后通过目标的分解和承接，制订出部门绩效计划和个人绩效计划。

（2）协同性原则。绩效计划体系是通过以绩效目标为纽带形成的全面协同系统。在纵向上，要求依据战略目标和经营计划制定的组织绩效目标、部门绩效目标和个人绩效目标是一个协同的系统。在横向上，业务部门和支持部门的目标也需要相互协同，特别是支持系统需要为业务部门达成绩效目标提供全面的支持。

（3）参与性原则。在制订绩效计划的过程中，管理者必须与下属进行充分的沟通，确保组织战略目标能够被组织所有员工正确理解。同时，管理者还需要认真倾听下属的各种意见，妥善处理各方利益，确保绩效计划制订得更加科学合理。总之，通过全员参与绩效沟通，确保管理者和下属都对绩效计划中的绩效目标、绩效指标、绩效标准、行动方案等内容达成共识，以保障在签订绩效协议的时候，做出充分的承诺。

（4）SMART 原则。在绩效计划的制订中，特别是在设置绩效目标和绩效指标时，需要遵循 SMART 原则。该原则将在本章第 3 节详细介绍。

四、制订绩效计划的步骤

围绕组织战略制订绩效计划，需要保障几个层次的绩效计划层层支撑，以确保战略性绩效管理系统能全面反映组织战略目标的具体要求。在战略性绩效管理实践中，通常将制订绩效计划分为绩效计划的准备、绩效计划的制订、绩效协议的审核和签订三个步骤。

（一）绩效计划的准备

绩效计划的制订是一个管理者和下属双向沟通的过程，绩效计划准备阶段的主要工作是交流信息和动员员工，使各层次绩效计划为实现组织的战略目标服务。绩效计划的准备工作主要包括组织信息、部门信息、个人信息以及绩效沟通四个方面的准备。

1. 组织信息的准备

充分的组织信息的准备是战略性绩效管理成功实施的重要保障，其核心就是让组织内部所有人员熟悉组织的使命、核心价值观、愿景和战略，使其日常行为与组织战略保持一致。组织信息的相关内容一经确定，一般需要及时传递给所有成员。传递这些信息的形式很多，除了组织专门的培训之外，还可以通过每年的总结大会，部门或业务单元的传达会，高层领导的走访，或者通过各种文件、通告，组织的内部网以及内部刊物等。组织信息的相关内容将在本章第2节详细讲解。

2. 部门信息的准备

部门信息主要是指制订部门绩效计划所必需的各种信息。第一，需要准备部门战略规划相关材料。部门战略要反映组织的使命、核心价值观和愿景，对组织战略有直接的支撑作用，与组织文化保持一致。第二，需要准备部门职责相关材料。尽管部门职责所规定的很多事项都不是战略性的，却是部门执行战略所必需的，各部门在制订计划的时候必须通盘考虑这些因素。第三，需要准备部门上一绩效周期的绩效情况。绩效计划的制订是一个连续的循环过程，新绩效周期的计划都是在上一绩效周期完成情况的基础上制订的。第四，需要准备部门人力资源配置的基本情况。在制订部门绩效计划的时候，应该考虑到部门的分工，以便为每一个绩效目标的达成做好准备。

3. 个人信息的准备

除了组织信息和部门信息之外，绩效计划的制订对个人信息的准备也有很高的要求。个人信息的准备主要包括所任职位的工作分析和上一周期的绩效反馈。工作分析用于说明为达成某一工作的预期绩效所需要的行动要求。从工作分析入手，可以使员工更好地了解自己所任的职位，明确自身职位在组织职位系统中的地位和作用，并把职位与部门目标和个人目标联系在一起。新绩效周期开始时，环境和目标可能改变，个人的职位要求也可能调整，需要重新思考和定位，并且旧的职位说明书很可能已经过时，管理者需要将新的要求和信息准确地传递给员工。同样，上一绩效周期的反馈也是很重要的信息，虽然在绩效周期结束的时候，已经有过绩效反馈，但是在制订新的绩效计划时，还需要再次明确上一绩效周期的绩效完成情况，管理者必须对高绩效员工给予肯定，对造成绩效不佳的原因进行深入分析，提出绩效改进的建议并协助制定绩效改进的办法，从而使其不断提高工作绩效。

4. 绩效沟通的准备

这里讲的绩效沟通，主要是指为了制订具有科学性和可操作性的绩效计划，在组织内部进行的各种形式的沟通面谈。制订绩效计划是一个充分沟通的过程，也是管理者与下属就绩效计划的内容达成一致并通过绩效协议做出绩效承诺的过程。绩效沟通的准备主要从沟通形式和沟通内容入手。绩效沟通的形式需要根据绩效管理实际的需要确定，可以召开全员性的动员大会，也可以召开小型动员会或讨论会，还可以进行一对一的绩效计划面谈。

不同发展阶段的组织的沟通内容不一样。比如，对首次实行规范的绩效管理的组织，在制订绩效计划的时候，通常需要让所有人员明确如下问题：

（1）绩效管理的主要目的是什么？

（2）绩效管理对员工个人、部门以及组织有什么好处？

（3）员工个人绩效、部门绩效与组织绩效的关系是什么？如何保持一致？

（4）绩效管理系统中，重要环节和关键决策有哪些？

（5）如何才能在组织内部建立起高绩效文化？

对于已经建立健全完善的绩效管理系统的组织，其沟通内容可以直接聚焦绩效计划本身。组织需要在良好的沟通环境和氛围下，集中沟通如下几个方面的内容：

（1）高层管理者需要提供组织信息，主要是战略目标和行动计划相关信息。

（2）中层管理者需要传达组织信息，并提供全面详实的部门信息，特别是部门的关键业务领域、重点任务和主要计划等相关信息。

（3）选定绩效管理工具，并在此基础上进行沟通。

（4）管理者向下属提供系统全面的绩效反馈信息。

（5）员工提供初步的绩效计划以及行动方案，并指出绩效执行过程中可能遇到的困难和需要的帮助。

（6）为了确保绩效计划兼具科学性、实效性和可操作性，管理者和下属还需要在计划制订之前收集其他信息。

（二）绩效计划的制订

绩效计划制订工作具有重要的意义和作用，绩效计划的质量决定了整个绩效管理系统的成败。在绩效计划制订过程中，需要考虑绩效计划能否被有效执行，是否便于有效的监控，是否面向绩效评价，以及计划被成功执行后，结果能否被有效应用等。绩效计划制订的过程就是一个持续沟通的过程，其主要成果就是在充分沟通的基础上，制订切实可行的绩效计划，并保障个人绩效计划和部门绩效计划对组织绩效计划的有效支持，最终为实现组织战略目标服务。绩效计划的制订是绩效计划工作的核心步骤，本书以组织、部门和个人三个层面的绩效计划为主线对绩效计划制订进行深入全面的讲解。

（三）绩效协议的审核和签订

绩效协议的审核和签订阶段是对初步拟订的绩效计划进行再审核和确认的阶段。这个阶段的时限可以根据绩效计划的复杂程度或者层次不同确定具体期限。一般组织绩效计划和部门绩效计划审核的时间更长、反复修订次数更多，个人绩效计划审核修订的时限较短。

绩效协议审核阶段主要是针对绩效计划拟订过程中的未尽事宜进行增补或修订，主要是对细节上的进一步确认。管理者和下属都有义务对完善初步的绩效计划做出努力，需要对一些细节问题深入思考、反复推敲和最后确认，具体问题如下：

（1）在本绩效周期内，主要工作内容和职责是否明确？

（2）应达到何种工作效果？

（3）这些结果可以从哪些方面去衡量？评判标准是什么？

（4）各个绩效指标的权重分配是否科学？各类目标主次是否明确？对战略实现非常重要的目标是否受到足够的重视？

（5）在本绩效周期内，绩效目标是否需要分阶段完成？对目标完成过程中存在的困难和挑战的估计是否充分？领导应该提供的帮助是否足够？

（6）下属在完成工作任务时拥有哪些权利？决策权限如何？

（7）管理者和下属对绩效计划执行过程中的沟通程序是否清楚？如何防止出现偏差？

（8）为了完成工作任务，下属是否有必要接受某一方面的培训或通过自我开发的手段掌握某种工作技能？

经过严密的审核之后，管理者和下属都在绩效协议上签字确认。绩效协议的签订标志着绩效计划的完成。绩效协议的签订，不仅仅是书面协议的签订，也代表了管理者和下属在心理上做出的一种承诺。

第2节　绩效计划的准备

为了保障战略性绩效管理系统具有战略导向性，战略性绩效管理流程一般从审视和重申其使命、核心价值观、愿景和战略开始。通常，在制订组织绩效计划前，高层管理团队需要就组织的使命和核心价值观达成一致，并对愿景和战略有清晰的描述。

一、明晰使命

（一）使命的内涵

使命是组织存在的根本原因，概括了组织为人类所做出的贡献和创造的价值。使命就像组织远航时的灯塔，指引着组织发展的方向，指导和鼓舞着组织成员不懈努力；使命就像启明星，是组织永远不可及的追求。虽然使命本身不变化，但它可以激发改变。“使命永远不可能完全实现”这一事实，恰恰激励着组织持久地追求使命。

一个有效的使命反映了员工对组织事业的重视程度，决定了他们的动机。使命的陈述应该避免着眼于组织的产品线或顾客，而应该为组织的生存寻找深层的根本原因。使命不等于经济目标，“利润最大化”并不能激励组织中各个层级的成员，且不具有指导作用。正如管理学家吉姆·柯林斯（James C. Collins）所说：“对于那些尚未认清真正核心目的的组织来说，‘股东财富最大化’是一种现成的、标准的目的，但它实际上是一种无效的替代品。”

使命可以延续上百年，因此不能将其和具体的目标、战略混为一谈。目标和战略可以随着组织环境和发展的需要而改变，但是使命却恒久不变；目标和战略可以一步一步地实现，但使命却不可能完全实现。使命不仅仅锚定了组织发展方向，也是组织战略制定的根本指南，而且为组织配置资源提供了最高准则，为组织所有管理系统的协同提供了根本依据。

（二）明晰使命的方法

使命如果经过适当的构思，可以成为基础广泛且长盛不衰的动力源泉；清楚地认识组织的使命，对组织持续健康发展具有根本性意义。需要注意的是，使命的主要作用是指引和激励，而不是一定需要造成不同。换言之，使命陈述的关键在于真实，不必独一无二，不在于与众不同。在管理实践中，很多组织都认识到使命的重要性，却不明确自身的真正使命是什么。例如，对迪士尼来说，“我们的存在，是为了替小孩制作卡通”，这必然是个差劲的使命宣言，既不引人入胜，也没有足够延续百年的弹性，但是，“用我们的想象力给千百万人带来快乐”，就是一个让人动容和富有弹性的使命。

明晰使命的一种有效方法是提出下面这个问题：“为什么不干脆把这个组织关闭，出售资产，获取利润?”然后致力于寻找现在和百年后同样正确的答案。探询这一答案的做法是问五个“为什么”。从描述性的声明开始，“我们制造甲产品”或者“我们提供乙服务”，然后问五次“那为什么是重要的?”在问了几个为什么之后，你会发现自己逐渐接近了公司的根本使命。例如，一家市场调研公司的管理层首先开了几个小时的会得出下列有关其公司使命的陈述：“提供可得到的最好的市场调研数据”。然后，需进一步追问：“为什么提供可得到的最好的市场调研数据很重要?”讨论之后，他们的回答反映出公司使命的深层意义：“提供可得到的最好的市场调研数据，是为顾客找到一种了解市场的途径，这种途径要比其他方法更好。”接下来的讨论让管理层意识到，他们的价值并不在于卖掉市场调研数据，而在于为顾客的成功发挥作用。这一系列的自我发问帮助他们明确了公司的使命：“通过帮助顾客了解他们的市场，为顾客的成功服务”。有了这个使命之后，公司在做产品决策时考虑的问题就不再是“这有市场吗?”而是“这对我们顾客的成功有用吗?”

具体操作时，可从职责和价值两个方面对组织的使命进行陈述。阐述职责就是界定组织归根到底是做什么的，即为何存在；阐述价值就是要表明做好这些事能够给社会带来何种益处，即存在的理由。这需要组织成员采用追问的方式不断寻找组织存在的深层次原因，并直接决定了使命的准确性和清晰度。例如，一家制药厂可以把“为人类的医疗制药”作为其使命，其中“制药”是其职责，“为人类的医疗”是其价值。但是，该使命并未触及该组织使命的本质，因为随着技术的发展，公司很有可能创造全新的、不用传统的药物来改进人类医疗的方法。经过几番深入的讨论，最终形成的使命是“为人类的健康致力于医疗的重大改善”，其职责由“制药”深入到“医疗的重大改善”，其价值由“为人类的医疗”清晰化为“为人类的健康”。

（三）使命的陈述

一个正确有效的使命，在内容上，必须抓住组织存在的本质，能够起到指导和激励的作用；在语言上，必须精炼、准确；在传播上，必须易于理解与沟通。几乎每一个卓越的组织都有一个指引着组织长期发展的、脍炙人口的使命。下面，本书列举几个组织的使命陈述，如表3－1所示。

表3－1　使命陈述实例

组织名称	使命陈述
沃尔玛	让普通百姓买到有钱人用的东西
迪士尼	用我们的想象力给千百万人带来快乐
3M	创造性地解决未解决的各种问题
惠普	为了人类进步、人类福祉做出技术贡献
索尼	体验发展技术造福大众的快乐
玫琳凯	丰富女性人生
麦肯锡	帮助杰出的公司和政府更为成功
长庆油田	我为祖国献石油
重庆富侨	专注于足道保健养生领域，深耕细作，为顾客提供优质的保健按摩服务
中国移动	创无限通信世界，做信息社会栋梁
国家电网	为美好生活充电，为美丽中国赋能
万达集团	产业报国，奉献社会，服务人民，造福员工
腾讯	用户为本，科技向善

二、提炼核心价值观

（一）核心价值观的内涵

核心价值观是一个组织在实现所肩负使命的过程中，必须长期坚持的深层的、根本的信仰和价值准则，也是指引组织决策和组织成员日常行动的永恒原则。经过组织文化的长期积累和沉淀，高瞻远瞩的组织一般都提炼出了独特而明确的核心价值观，这些核心价值观一般源于组织创始人或最高领导者的个人信仰，并且是组织领导者长期倡导的、全体员工一致信奉的价值观念。

核心价值观是最为根本、深植在组织内部的，变动或妥协的机会极为稀少。组织真正的核心价值观只有几条，因为只有少数的价值观才是深植于组织内部的、最为根本的指导原则。核心价值观是促使组织长盛不衰的根本信条，不能将其与特定的文化或作业方法混为一谈，也不能为了经济利益或短期权益而自毁立场。

核心价值观应具有个性，防止趋同现象。价值观是对组织长期以来坚决奉行的决策和指导原则的理性分析，而不同的组织因其所处行业、服务对象、组织使命和员工素质等方面的差异，在价值观本身上是有所不同的，我们就是要把这种个性化的东西提炼出来，展现价值观的独特性。但是，柯林斯认为价值观的功能在于引导和激励，因此，不必过于强调价值观的差异而忽视其核心功能。

（二）提炼核心价值观的方法

真正的核心价值观是组织在长期实践过程中沉淀下来的、经受时间考验的价值准则。因此，组织在提炼核心价值观时，必须保持绝对的自我诚实，即必须由“自我需要”来决定自己应该持有的核心价值观，而不能出于当时的环境、竞争需求或追逐管理时尚，也非来自对其他组织价值观的模仿；同时，需要强调核心价值观能够经受时间的考验，不能将组织的一般价值观当成核心价值观。

阐明核心价值观的关键是怎样从个人的层次入手，逐渐上升到组织的层次。提炼组织核心价值观最通行的一种方法是在组织内部举行所有员工参与的关于核心价值观的大讨论。领导者应发动管理层和所有员工都参与到核心价值观的讨论中，共同对核心价值观和价值体系做出详细定义，员工讨论得越充分，核心价值观的内容就越细致，员工就越能准确把握领导者和组织对他们的要求以及他们需要努力的方向。为了提炼组织的核心价值观，并区分组织真正坚守的核心价值观和应时而变的做法或谋略，通常采用追问一系列问题的形式。在提炼核心价值观的实践中，如下几个问题比较常见，特别是最后三个问题尤为关键：

（1）你在工作中持有什么样的核心价值观，即你始终追求的，不管是否有益，你都会坚持？

（2）如果要你向你的孩子或其他亲人形容你在工作中持有什么样的核心价值观，并且希望在他们长大成人，出来工作时也坚守同样的价值观，你会怎么做？

（3）假设第二天一早醒来，你拥有了一笔足够供你安度余生的钱，你还会继续坚守这样的核心价值观吗？

（4）你可以预见自己所坚持的核心价值观在100年后还会像今天一样有意义吗？

（5）如果有人指出你坚持的核心价值观中有几点将使你在竞争中有所不利，你还愿意坚持吗？

（6）如果将来你要在一个全新的领域建立一个公司，你会为这个新的公司注入什么样的核心价值观，而无须考虑这个公司从事的行业？

最后，对讨论结果进行深入分析和提炼，找出组织长期坚持的本质的东西，即找出那些长期指导组织实践、规范员工行为的，并且是实实在在的、可见可闻可感的基本信条。核心价值观在数量上一般严格限制在3～6条，如果超过6条，很可能是混淆了核心价值观和经营做法、管理谋略、文化标准，而不是组织长期坚持的根本价值准则。

（三）核心价值观的陈述

一个组织真正的和有效的核心价值观，要求在内容上必须真实反映组织长期坚持的基本信条，在语言表述上必须通俗易懂，在数量上必须严格控制。因此，核心价值观在陈述的时候，必须做到表达简单、清楚、直接有力。例如，沃尔玛的第一条价值观是：“我们把客户放在前面，如果你不为客户服务，或是不支持为客户服务的人，那么我们不需要你。”该价值观表达得非常明了，并且易于为员工所理解。而诸如“上善若水”“厚德载物”“达兼天下”“恒心如一”之类的，则偏于晦涩。下面，本书列举几个组织的核心价值观，如表3-2所示。

表3-2　核心价值观陈述样本

组织名称	核心价值观陈述	组织名称	核心价值观陈述
通用电气	●充满追求出色的激情，厌恶官僚作风	迪士尼	●不愤世嫉俗
	●欢迎任何建议并致力于解决问题		●创造、梦想和想象
	●每个人充满自信，按最时尚的方式行事		●狂热地关注协调和细节
	●无限活力并能带动他人		●保护和掌握迪士尼形象
	●将变革视作机会而非威胁	重庆富侨	●奋斗改变命运
	●全球观点并建立多样化的全球化的团队		●合作创造未来
IBM	●成就客户		●与时俱进
	●创新为要	北京延庆县政府	●开拓创新
	●诚信负责		●绿色发展
宝洁	●领导才能		●高端一流
	●主人翁精神		●以人为本
	●诚实正直	中国移动	●开拓创新
	●积极求胜		●正德厚生
	●信任	腾讯	●臻于至善
国家电网	●诚信		●正直
	●责任		●进取
	●创新		●协作
	●奉献		●创造

三、描述愿景

（一）愿景的内涵

愿景是组织勾画的发展蓝图和期望实现的中长期目标，是组织内人们“发自内心的意愿”。愿景能够反映组织的使命和核心价值观，指引战略的制定，指导组织成员执行战略行动，确保组织沿着正确的方向发展。

柯林斯和波勒斯认为，组织的愿景一般包括两个部分：一是组织在未来10～30年要实现的胆大包天的目标（big hairy audacious goals，BHAG）；二是对组织完成胆大包天的目标后的情景的生动描述。胆大包天的目标应该是简洁、可行并且鼓舞人心的，它是组织成员共同努力的目标，是团队精神的催化剂，能够激发所有人的力量，促使组织团结。生动描述则是用憧憬的语言传达想要展现给世界的形象。比如亨利·福特对“大众化汽车”这个胆大包天的目标所进行的生动描述是：“我们要为大众生产一种汽车，这种汽车的价格很低，不会有人因为薪水不高而无法拥有它，人们可以在上天赐予的广阔空间里尽情地享受他们幸福的家庭生活……当我们实现这个目标时，每个人都将拥有一辆汽车。马会从马路上消失，汽车取而代之……我们将会给众多的人提供就业机会和令人满意的工资。”激情、情感和信念是生动描述的重要组成部分。正是这种激情和情感吸引并激发了组织的员工，鼓舞他们为实现美好的愿景而不懈努力。

对愿景的准确陈述有助于一个组织获得竞争优势。比如在20世纪50年代，日本的索尼公司就对使命和愿景（胆大包天的目标和生动描述）进行了成功的描述，为自身成为世界级企业提供了强大的精神动力，具体如表3-3所示。

表3-3　索尼公司20世纪50年代的使命和愿景

1. 使命 体验发展技术造福大众的快乐。
2. 愿景 胆大包天的目标： 成为最知名的企业，改变日本产品在世界上的劣质形象。 生动描述： 我们所生产的产品将分布于世界各地……我们将成为第一家打入美国市场的日本公司，并直接销售我们的产品……美国公司失败的技术创新项目——如半导体收音机，我们将会取得成功……50年后，我们的品牌在世界各地都是知名的……我们崇尚创新和质量，我们可以和任何一家最具创新精神的公司相媲美……“日本制造”将意味着精美细致，而不是粗制滥造。

卡普兰和诺顿与柯林斯和波勒斯在愿景的界定上总体上是相同的，但是在细节上有较大的区别。他们都强调了宏伟目标的重要性，虽然对时限的界定和理解不一样，但是都强调愿景是组织的中长期目标。卡普兰和诺顿的论述更加侧重在组织的使命、核心价值观、愿景和战略这个体系中去理解愿景，注重操作性和实效性；柯林斯和波勒斯强调对胆大包天的目标进行生动描述则强调了愿景的激励性。美国学者保罗·尼文则认为一个清晰的、具有说服力的愿景陈述应该具有以下基本特征：（1）简洁；（2）吸引所有利益相关者；（3）与使命和价值观保持一致；（4）可验证性；（5）可行性；（6）鼓舞人心。根据目前研究和管理实践的发展情况，卡普兰和诺顿对愿景的陈述框架更为科学，再加入对目标的生动描述，愿景的陈述就更加完整和有效。

（二）愿景的陈述

卡普兰和诺顿认为，愿景应该表明组织最高层面的宏伟战略目标，陈述愿景应该包含挑战性目标、市场定位、时间期限三个要素。其中，挑战性目标是指愿景应该与组织当前的定位有所区别。卡普兰和诺顿赞同柯林斯和波勒斯的观点，认为领导最重要的作用就是为组织设立宏伟、长期和大胆的目标。也就是说，一个优秀的领导者首先要承担起设定宏伟目标的责任，在组织内营造一种紧迫感，为所有员工设定挑战性目标并规定具体的时间期限和明确的评判标准。对于政府机构或非营利组织来说，愿景应该是与其使命相关的挑战性目标。市场定位是指愿景应该以市场为导向，对业务、顾客、竞争者、资源和能力做出综合分析和判断，明确组织将要参与的竞争领域和预期的市场表现。清晰、准确的市场定位实际上表明了组织想要如何创造价值，能够为战略分析和决策提供指引。时间期限是指愿景表达的是组织的中长期目标，应有明确的完成期限，其时间跨度一般为3～10年。下面，本书列举几个组织愿景陈述的示例，如表3-4所示。

表3-4 愿景陈述示例

美国肯尼迪政府空间计划	
在20世纪60年代结束之前，实现登陆月球，并安全返回地球。(1961年)	●挑战性目标：实现登陆月球并安全返回地球 ●市场定位（竞争领域）：航空航天事业探月工程 ●时间期限：在20世纪60年代结束之前
英国利兹大学	
到2015年，我们整合世界水平的研究、学术和教育，进入世界大学前50强。	●挑战性目标：进入世界大学前50强 ●市场定位：整合世界水平的研究、学术和教育 ●时间期限：到2015年
海林市山市镇	
到2015年，全力打造“山产品之乡”品牌，把山市镇建成人民富裕、环境友好、社会和谐的中国北方知名山产品流通贸易大镇和牡丹江市畜牧业强镇。(2007年)	●挑战性目标：人民富裕、环境友好、社会和谐的山产品之乡和畜牧业强镇 ●市场定位（竞争领域）：中国北方山产品流通贸易业、牡丹江市畜牧业 ●时间期限：到2015年
东莞市科学技术博物馆	
到2015年，成为国内一流、国际知名的（专题）科技馆。(2009年)	●挑战性目标：国内一流、国际知名 ●市场定位：专题科技馆 ●时间期限：到2015年
金鹤门业有限公司	
到2015年，成为中国木门行业的领导品牌。(2008年)	●挑战性目标：成为国内木门品牌的领导者 ●市场定位：国内木门行业、产品领先 ●时间期限：到2015年

愿景是一个组织的中长期目标，而且是一个具有很高挑战性的宏伟目标，或者说是一个胆大包天的目标，仅仅运用三要素框架对愿景进行陈述远远不够，还需要通过有效

的管理技术或途径，将愿景与战略对接在一起，并通过战略的制定，绘制一幅完整、详细、可操作的宏伟蓝图。目前，最有效的方式就是绘制战略地图，实现愿景与战略的无缝对接，进而完成愿景的完整陈述。

描述愿景的最后一个环节是确定细化的愿景，而战略地图的四层面框架就是一个很好的细化愿景的工具。细化的愿景描绘了一幅整合的蓝图，包括实现愿景的所有驱动因素，如客户价值主张、关键内部业务流程以及人员、技术和其他无形资产。通过明确细化的愿景，高层管理团队能够对愿景的含义和实用性进行深入思考，对从愿景到战略的转化过程进行描述。下面以金鹤门业公司的例子来说明。金鹤门业公司是我国一家专门从事木门生产的制造公司，它曾将愿景确立为：到 2015 年，成为中国木门行业的领导品牌，这个愿景虽然很简洁地描述了公司未来 5 年的挑战性目标和市场定位，但是对于战略形成的指导还不充分。为此，金鹤门业公司提出了一个细化的愿景来指导战略地图的绘制。它按照战略地图的四个层面从上到下的顺序，将愿景细分为财务层面的愿景、客户层面的愿景、内部业务流程的战略优先事项以及学习与成长层面的战略优先事项。其中，财务层面的愿景主要是通过扩大国际、国内两个市场的收入确保财务优势，客户层面的愿景是以高品质的新产品和差异化的服务赢得客户认可与忠诚，内部业务流程确定了质量管控强化、产品及时交付、经销商获利能力提升、产品研发和工艺技术改进等战略优先事项，学习与成长则将培养和整合具有国际水准的设计力量作为战略优先事项，如图 3-1 所示。这样，金鹤门业公司通过对其所属的华鹤集团的愿景进行细化，基本上形成了一个较为完整的战略思路。

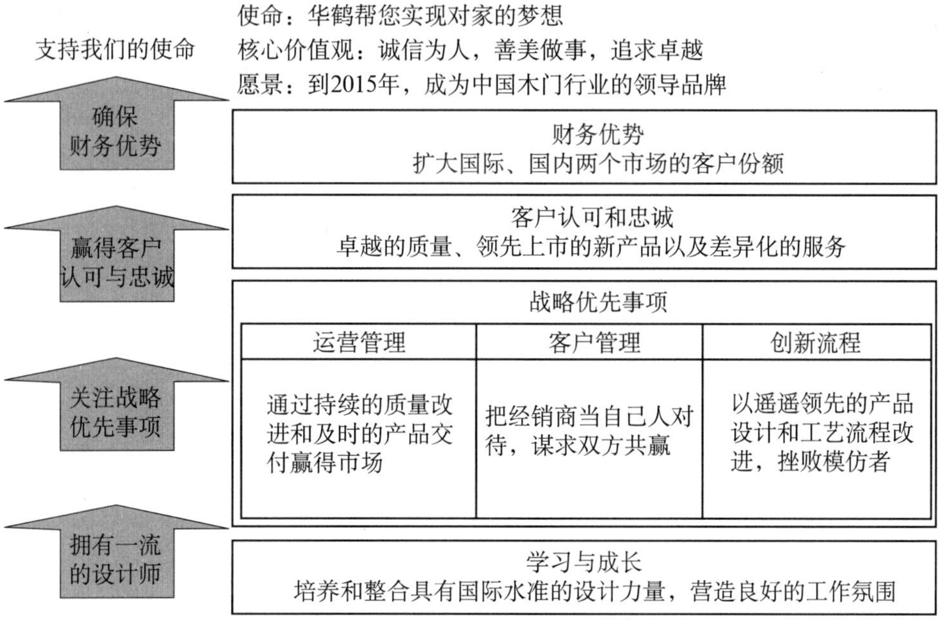

图 3-1　金鹤门业公司细化的愿景

四、制定战略

战略是组织使命、核心价值观和愿景的可视化蓝图和逻辑表现。战略性绩效管理系统通过化战略为每个员工的日常行动，确保组织战略目标的实现。

（一）战略分析

战略制定本质上是一种战略选择。一个组织做出战略选择通常是在组织使命和核心价值观的指引下，基于愿景的具体陈述，通过战略分析来审视内外部环境，了解将会对组织的竞争和运营产生影响的各种因素，尤其是上一轮战略制定后发生的变化，以便组织做出正确的战略选择。在管理实践中进行具体的战略分析时，除了对组织使命、核心价值观和愿景进行回顾，还需要重点进行详细的环境分析。

1. 分析内外部环境

对外部环境和竞争态势的分析，不同的学者有不同的观点和方法，相应的分析工具也颇多。占主导地位的理论有两类：一是以产业分析理论为代表的企业竞争优势外生论，这一主张的代表人物是迈克尔·波特（Michael E. Porter），他通常把注意力集中在市场和产品上，试图从行业结构和市场机会识别等方面构建组织的竞争优势；二是以能力理论为代表的企业竞争优势内生论，这一主张的代表人物有伯格·沃纳菲尔特（Birger Wernerfelt）、普拉哈拉德（C. K. Prahalad）和加里·哈默尔（Gary Hamel）等，他们通常把注意力集中在企业所拥有的独特资源和能力上，试图探寻形成组织竞争优势的内在源泉。常用的环境分析工具包括 PEST 分析、SWOT 分析、外部因素评价矩阵、五力模型、竞争者分析、利益相关者分析、价值链分析、组织资源分析等。其中，SWOT 分析是最常用的分析工具之一，SWOT 是英文 strengths，weaknesses，opportunities 和 threats 的缩写，即企业自身的竞争优势、竞争劣势，所面临的机会和威胁。SWOT 分析是一个结构化的系统分析方法，它的重要贡献在于用系统的思想将组织内外部环境分析中看似独立的因素相互匹配起来进行综合分析，使得组织的战略分析更加科学全面，SWOT 分析的一般矩阵如图 3-2 所示。

	S——优势 列出优势	W——劣势 列出劣势
O——机会 列出机会	SO战略 发挥优势，利用机会	WO战略 利用机会，克服劣势
T——威胁 列出威胁	ST战略 利用优势，回避威胁	WT战略 减小劣势，回避威胁

图 3-2　SWOT 分析矩阵

传统的 SWOT 分析框架在拥有直观、简单、系统等优点的同时，也存在一些缺陷，主要体现在两个方面。首先是指向不明。运用 SWOT 分析的效果关键在于是否能够准确界定组织的机会、威胁、优势和劣势。但是，SWOT 分析框架未能为组织指明从哪些方面着手分析，而实践中许多管理者青睐于关注经营成果，这样就忽略了真正导致竞争差异化的价值驱动因素。其次是精度不够。SWOT分析采用定性方法，通过罗列S、W、O、T的各种表现，形成一种模糊的企业竞争地位描述，以此做出的判断难免带有一定程度的主观臆断。平衡计分卡是一种很好的化战略为行动的工具，能实现战略与运营的有效对接。综合两种不同的研究视角和利用上述方法，我们可以在平衡计分卡的基础上改良SWOT分析，形成一个关于组织竞争和运营状况的整体框架。有些组织采用平衡计分卡的四个层面对SWOT分析框架进行了重构，如表3-5所示。

表3-5 平衡计分卡SWOT矩阵

层面	优势	劣势	机会	威胁
财务	目前财务绩效的优势和劣势		收入增长和生产力提高的机会，以此缩小现有绩效与挑战性财务目标的差距	保持或提升财务绩效的威胁；影响防御性战略的竞争威胁；明确所需改善的范围和速度
客户	目前我们被客户、竞争对手和市场认知的价值主张的优势和劣势		扩大客户基础，开发新市场以及改善客户价值主张，满足客户需求的机会	来自客户和竞争者的威胁
内部业务流程	我们内部业务流程的优势，我们优于对手的地方	我们内部流程和价值链中薄弱的环节	改善内部业务流程以抓住机遇	内部业务流程薄弱环节引起的威胁
学习与成长	人员、文化、核心竞争力方面的优势和劣势		发展完成战略性优先事项的能力的机会，发展文化和竞争力的机会	由于内部人员、架构、能力和文化等方面的短板所引起的威胁和风险

资料来源：罗伯特·卡普兰，戴维·诺顿．平衡计分卡战略实践．北京：中国人民大学出版社，2009.

2. 列出战略问题清单

在对组织的内外部战略性竞争因素进行综合分析的过程中，需要将识别和确认的战略问题以清单的形式罗列出来，并运用平衡计分卡的四层面框架进行归纳整理。这一问题清单是对无效信息进行排除的结果，有助于战略分析抓住重点和确保连续性，帮助管理团队很快理解组织制定战略时必须解答的关键问题；同时，简洁明了和保存完好的战略问题清单也有助于引导组织在战略执行过程中将人财物等资源和监控重点向关键问题倾斜；最后，高度概括的问题清单有助于管理团队在召开战略回顾会议时聚焦讨论的议题。下面提供一份时装零售公司所列出的战略问题清单，以供参考，如图3-3所示。

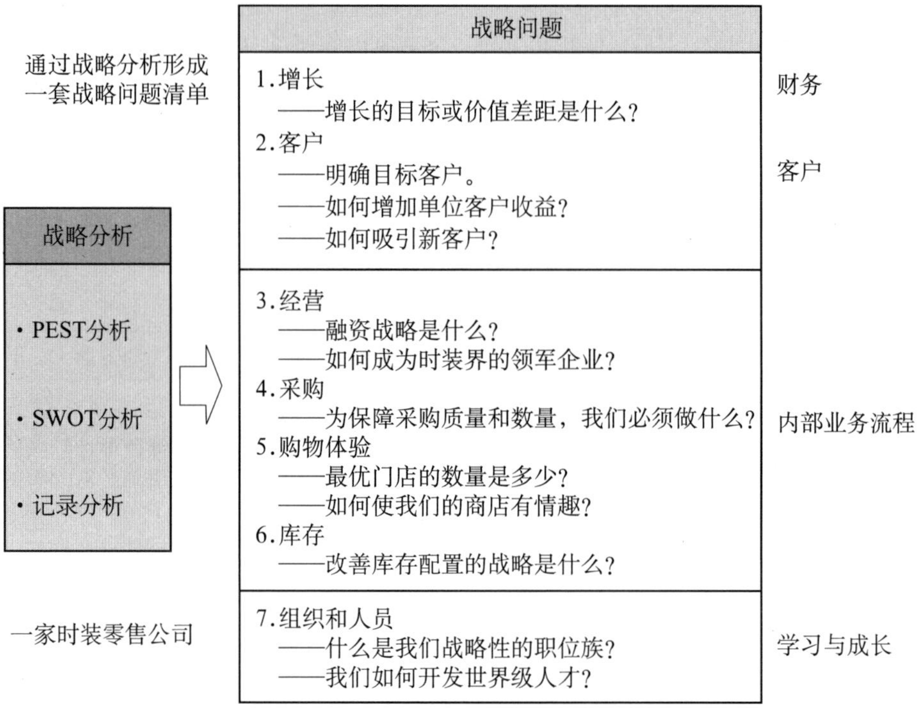

图3-3　列出战略问题清单

资料来源：罗伯特·卡普兰，戴维·诺顿．平衡计分卡战略实践．北京：中国人民大学出版社，2009.

（二）战略开发与调整

由于战略是一种假设，是关于为或不为的选择，因此在进行战略开发与调整的时候，首先需要对战略的构成有一定了解。迈克尔·波特主要从竞争战略层面来探讨战略，他将战略分为三个层次：一是定位，即战略就是一种独特、有利的定位，关系到各种不同的运营活动；二是抉择，即在市场竞争中做出取舍；三是配置，即在组织的各项运营活动之间建立一种有效的联系。因此，一份完整的战略既要定义“战略是什么”，还应指出“如何实现战略”。具体如图3-4所示。

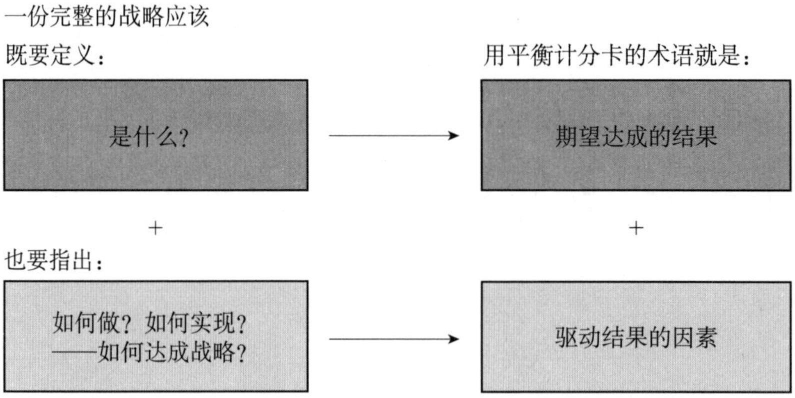

图3-4　一份完整战略的构成

开发和选择战略方案需要借助战略分析和规划工具。半个世纪以来，关于战略制定和开发的论述已积累不少，其中不乏非常优秀的战略方针，如战略定位思想、资源基础观、核心竞争力理论、客户价值理论、蓝海战略、应急战略、共创经验和颠覆性创新等；除了这些战略性方法，还有很多运营改善的方法论，如全面质量管理、六西格玛、ISO、精益制造和学习型组织等。此外，还有补充战略和运营管理以使风险最小化的方法论，如企业风险管理、内部控制、COSO内部控制框架等。很多公司有效地运用以上方法或工具制定了战略。但是在管理实践中，很多管理者对这些工具的使用缺乏明确的认识。平衡计分卡作为一种集大成的战略性管理工具，充分吸收了各种先进管理思想的精华，对各种战略的、运营的或风险管理的方法在管理实践中的地位和作用进行了定位和描述。当面对纷繁复杂的管理理论和工具无从下手时，高层管理团队可以利用战略地图引导战略选择。以战略地图为基本框架，有多种方法可以支撑战略制定流程，如图3-5所示。

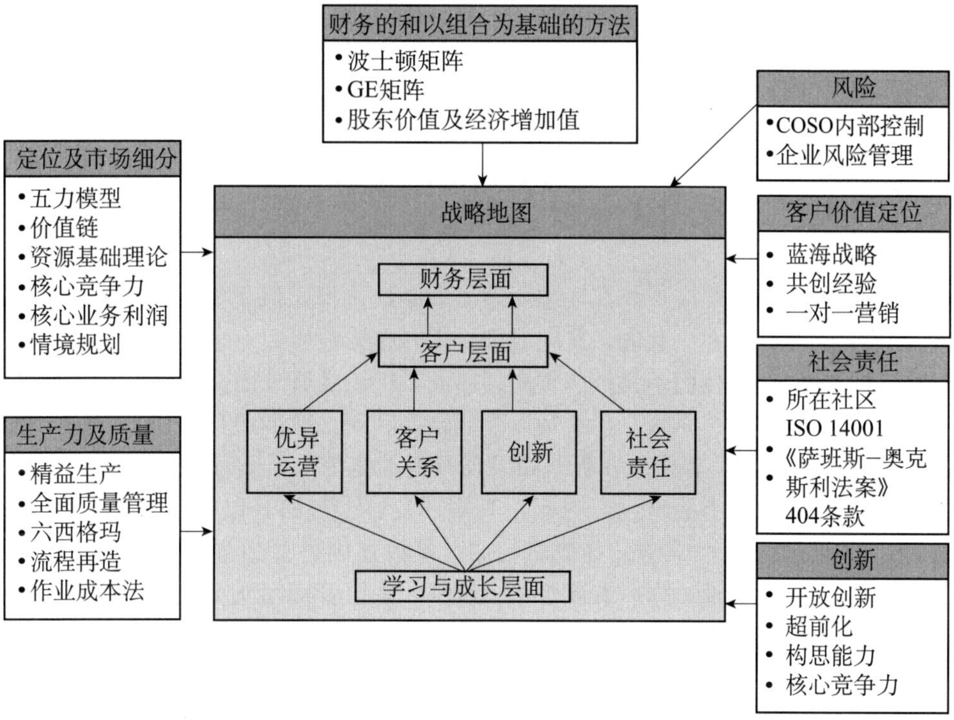

图3-5 多种方法共同支撑战略制定流程

资料来源：罗伯特·卡普兰，戴维·诺顿．平衡计分卡战略实践．北京：中国人民大学出版社，2009.

如果要深入理解如何进行战略选择，管理者需要构建全面的、以战略地图为核心的逻辑清楚的认知体系。关于战略地图如何引导战略选择，通常可以从如下四个层面进行理解。

（1）财务层面主要考虑组织预期怎样实现股东价值增长这一问题。组织可以借助一些财务组合的方法来找出理想的业务增长、现金流和风险的平衡点，也可以采用价值管理方法，如经济增加值，重点选取那些与长期财务目标一致的目标，还可以采用企业风险管理的方法，如COSO内部控制，主要关注降低那些可能影响企业战略执行能力的财务、运营、技术和市场风险。

（2）客户层面主要考虑什么样的客户价值主张可以使我们与众不同这一问题。波特的竞争优势框架为聚焦客户和如何在细分市场上赢得竞争提供了指导。蓝海战略有助于组织针对庞大的客户群体开发创新性的、可持续的新竞争定位，“共创经验”则能够帮助企业与客户共同开发价值定位。

（3）内部业务流程层面主要考虑什么样的关键流程会产生战略差异化。如果企业在某些重要的业务流程，如运营管理、客户信息挖掘或者产品特点和创新等方面，相对于竞争对手有明显的优势，或者拥有竞争对手所不具备的优势，那么资源基础理论和核心竞争力分析是有效的战略制定框架。

（4）学习与成长层面主要考虑战略需要什么样的人力资源和信息技术支持。如果企业具有强大的人力资本基础，拥有一支有技能、有经验且士气高昂的员工队伍，那么建立学习型组织并鼓励提出战略设想，有助于形成新的战略途径。

不管采用哪种方式，战略制定的结果就是形成公司的发展方向，形成公司区别于竞争对手的差异化的定位和产品组合，获得持续性的竞争优势和出色的财务绩效（对于政府及非营利组织来说是获得社会认可和赞许）。战略的创造性是达到这个目标的重要手段。战略规划的参与者可以运用上述方法形成差异化战略。当管理层对战略制定工具更加了解之后，他们就可以根据企业的状况、历史、文化以及竞争力选用最贴近实际、最有效的工具。

开发新的战略是组织应对外部环境所做出的全新选择，但是大多数情况下，战略的动态性和连贯性是结合在一起的，这就要求管理者在影响组织竞争的环境因素出现变化时对战略进行适时调整，而不是推倒重来。因此，组织的管理团队每年至少需要开一次会议来回顾组织的使命、愿景、价值观以及战略，利用获取的内外部信息，把关键的战略性事项纳入SWOT框架进行分析。如果现有的战略依然有效，则只需根据实际情况做渐进式调整；如果现有战略已经过时，则需开发转型战略，以指引公司未来3～5年的发展方向。渐进式战略调整又称战略权变，是根据内外部边界条件和资源禀赋的变化，对战略进行权衡变通，做微调或修正。组织的高层管理团队可以采用情境模拟的方式，仔细研究每一种假设的情况并找出战略优先事项和驱动因素，将其与现有的战略变革日程进行对照，如有必要则纳入变革范畴之中。

战略转型是企业为了动态地适应内外部环境的变化或者利用潜在的机会，而将原战略转变为新战略的行动。实质上，战略转型就是一个引入新战略的过程。公司只有在当前战略周期结束，或者遇到重大的突发性事件，或者面临失败的危险时，才会考虑战略转型。

（三）战略描述

当管理团队选定战略后，就要将其编制成文，传达给组织所有的管理者和员工。对战略进行陈述可以分两个步骤进行，首先是对战略本身进行描述，然后是对每一个战略问题进行方向性描述。近期，哈佛商学院研究得出一个结论，无论战略形成的来源如何，一个好的战略描述都需要包含以下三项基本要素：

（1）目标（objective）：战略要达到的最终结果。

（1）优势（advantage）：组织达到目标所使用的方法。

（3）范围（scope）：组织想要经营的领域及市场。

目标、优势和范围三项要素的具体含义如下：战略描述中“目标”部分的陈述与先前讨论的愿景类似，既要求尽量对目标进行量化，如盈利能力、规模、市场份额、排名或股东回报等，也要求设定具体的时间期限，如3～5年实现。“优势”表示企业将采取何种差异化、更好的或独特的竞争手段，描述了企业如何吸引客户的价值主张。价值主张应该包含那些企业想要区别于或优于竞争对手的购物体验或关系。它可以用传统的战略术语表述，如低成本或产品、服务、客户关系等方面的差异化。“范围”界定了企业想要竞争或赢取的细分市场。范围可以是细分的目标客户、产品线的宽度、采用的技术、服务的地区及纵向一体化的程度。美国西南航空公司的战略描述框架如表3-6所示。毫无疑问，西南航空公司的目标是成为最盈利的航空公司。时间期限省略了，因为该公司目前在美国航空业的排名已经第一，只需保持这个地位即可。该公司的优势在于航班的低价格、高频率和可靠性，以及航空服务的快捷性。该公司的客户细分和价值主张定位非常精准，主要瞄向那些注重飞行便利性并且对价格敏感的乘客，这些人愿意忍受一些不便，如没有预订、许多人同时登机、没有头等舱或机场休息室，以换取快速的城市间航空飞行和准点抵达。这个例子说明了如何运用尽可能少的字把组织战略干脆有力地以OAS（目标、优势、范围）形式表达出来。

表3-6 美国西南航空公司的战略描述

目标（O）	战略要达到的最终结果	成为美国最盈利的航空公司
优势（A）	组织达到目标所使用的方法	以公共汽车、火车的价格、频率及可靠性，提供快速的航空服务
范围（S）	组织想要经营的领域及市场	针对那些注重飞行便利性并对价格敏感的乘客

战略方向描述是在OAS框架的基础上，针对战略分析环节获取的战略问题逐项进行阐述，它包含三个组成部分：

（1）战略目标：确定具体要实现的目标。

（2）要做好的事：确定如果要实现目标，必须采取哪些关键的行动。这些必须做好的事是下一步设计战略地图和行动方案的重要信息来源。

（3）首要衡量指标：确定如何衡量目标绩效。这是平衡计分卡中首先要采用的指标。

下面举个具体的例子。例子中的战略问题是：“如何使我们的店更有情趣?”针对这个问题的分析可以导出战略方向描述，以此可以想象出新的店面环境，形成具体的战略性目标、实现目标的具体路径以及对目标绩效进行衡量的指标，如图3-6所示。类似的战略方向描述可以应用于每一个战略问题，这对将新制定的战略转化为战略地图和平衡计分卡极有帮助。

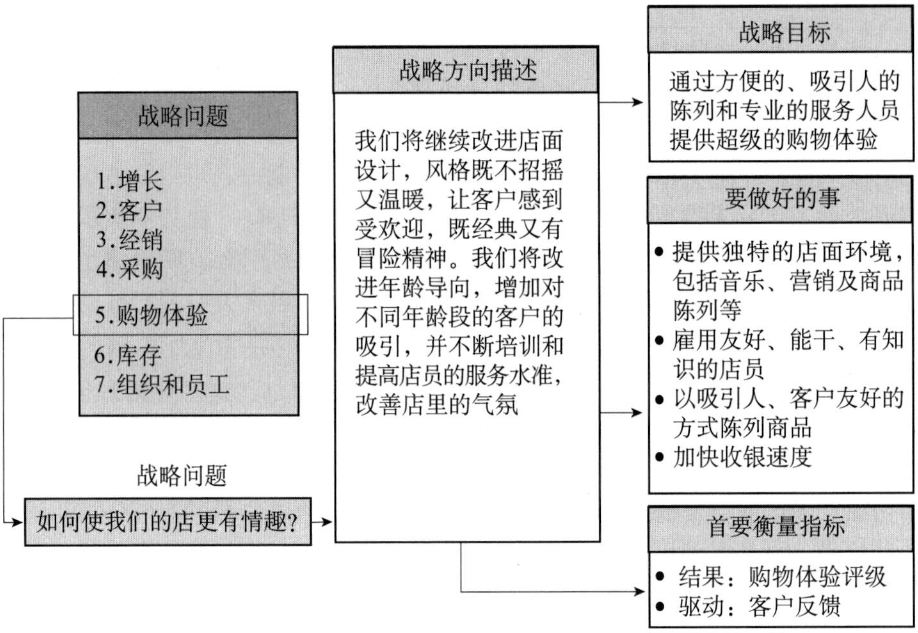

图3-6　战略方向描述示例

资料来源：罗伯特·卡普兰，戴维·诺顿．平衡计分卡战略实践．北京：中国人民大学出版社，2009.

第3节　绩效计划的内容

绩效计划的制订是一项技术性很强的工作。绩效计划内容的完整性、系统性、科学性和可操作性对绩效计划环节乃至整个绩效管理系统都会产生非常重要的影响。本节将对绩效目标、绩效指标、绩效评价标准、行动方案等绩效计划的核心内容进行系统全面的介绍。

一、绩效目标

绩效目标是绩效计划的关键内容，是连接组织战略与绩效管理系统的纽带。战略性绩效管理的绩效目标体系是对组织战略的分解和细化，是制定绩效指标、绩效评价标准和行动方案的起点和基础。

（一）绩效目标的内涵

在战略性绩效管理系统中，绩效目标是指管理者与下属在使命和核心价值观的指引下，对愿景和战略进行分解和细化，具体体现为绩效主体在绩效周期内需要完成的各项工作。具体明确的绩效目标是实现组织纵向和横向协同的基础，也是实现组织、部门和个人协调一致的纽带和关键。目前对绩效目标的理解主要有两种：一种是将绩效目标理解为“绩效指标加上目标值”，比如“完成年度销售额300万元”；另一种则是将绩效目标理解为绩效的行为对象，具体表现为一个动宾词组，比如“增加团体客户总量”和“开发并维持战略伙伴关系”等。理解绩效目标的内涵还需重视以下内容。

（1）绩效目标的来源。绩效目标的来源主要有两类。首先，绩效目标来源于对组织战略的分解和细化。客户价值主张决定组织对竞争战略的选择，合理构建和妥善传递的客户价值主张是战略性绩效管理的精髓和核心。通过对战略的分解与细化，形成组织绩效目标、部门绩效目标和个人绩效目标来引导每个员工都按照组织要求的方向去努力，从而确保组织战略的顺利实现。其次，绩效目标来源于职位职责。职位职责描述了一个职位在组织中扮演的角色，即这个职位对组织有什么样的贡献或产出。职位职责相对比较稳定，除非该职位本身从根本上发生变化。

（2）绩效目标的差别。使用不同的绩效管理工具，对绩效目标的理解有较大差别。在目标管理中，绩效目标通常采用“绩效指标加上目标值”的表述形式。在关键绩效指标中，没有明确提出绩效目标的概念，不同层次的绩效计划是通过指标分解建立起相互的联系。在平衡计分卡中，主张将绩效目标和绩效指标分开，绩效目标具体表现为一个动宾词组，在不同层次的绩效计划体系中，通过绩效目标的承接与分解建立关系，在一个绩效计划之内，强调绩效目标之间是一个具有因果关系的逻辑体系。

（二）绩效目标的类型

在管理实践中，比较常见的分类方式是依据绩效层次的不同将绩效目标分为组织绩效目标、部门绩效目标和个人绩效目标。除此之外，还有以下几种常见的分类方式。

第一，按照绩效周期的长短，可以将绩效目标分为短期绩效目标、中期绩效目标和长期绩效目标。短期绩效目标通常是在几天、几周或几个月内完成的绩效目标；中期目标是指在半年或一年，甚至一年多的时间内完成的绩效目标；长期绩效目标则是指完成时间更长一些，可能要2～3年，甚至更长时间的绩效目标，或者指需要划分为几个关键性阶段的绩效目标。

第二，根据绩效目标的来源，可以将绩效目标分为战略性绩效目标和一般绩效目标。战略性绩效目标来源于组织战略目标的分解，强调激发组织内所有人的创造力，激励所有人为之采取新思维、新方法或新思路，为了实现组织战略目标而群策群力、协同合作和共同奋斗。一般绩效目标则来源于组织系统内具体职责的要求，指维持组织正常运行必须履行的日常工作。

此外，在以平衡计分卡为基础的战略性绩效管理实践中，还可以根据绩效目标协同方式的不同进行分类。按照纵向协同的要求，可以将绩效目标分为承接目标、分解目标和独有目标；按照横向协同的要求，可以把绩效目标划分为共享目标、分享目标和特有目标。

（三）绩效目标的制定

制订绩效计划最重要的内容就是制定绩效目标。在制定绩效目标的过程中，管理者需要特别重视以下几个方面。

1. 绩效目标制定的基本原则

在战略性绩效管理实践中，绩效目标的制定通常应该遵循以下五条基本原则，简称SMART原则。

（1）绩效目标应该是明确具体的。“S”（specific）指的是绩效目标应该尽可能地细化、具体化。组织绩效目标和部门绩效目标必须细化和具体化到每个人的绩效目标上，即必须落实到具体的岗位和人员，或能对应到具体的个人。每个人的情况各不相同，比如岗位、权责、资源条件和经验能力等不同，因此绩效目标应该明确、具体地体现每位员工的具体工作。只有将这种要求尽可能表达得明确而具体，才能够更好地激发员工实现这一目标，并引导员工全面地实现管理者对他的绩效期望。比如，某客户经理的绩效目标为“3天内解决客户的投诉”，而不是“尽快解决客户投诉的问题”；人力资源部培训主管的绩效目标是“第一季度20%的时间用于培训新员工”，而不是“要利用淡季进行员工培训”等。如果使用平衡计分卡管理工具，则需要将目标、指标和目标值结合起来考察。

（2）绩效目标应该是可衡量的。“M”（measurable）是指目标要能够被衡量，就是可以将员工实际的绩效表现与绩效目标相比较，也就是说，绩效目标应该提供一种可供比较的标准。设定绩效目标，是为了激发每个人的潜力，为实现组织目标而共同努力，因此，目标必须可以衡量，才能够为人们的行为提供及时有效的反馈，在绩效评价的时候才能进行量化。绩效目标的可衡量特征与绩效评价指标和绩效标准的可衡量特征是密切相关的，这三者的可衡量特征决定了绩效评价和反馈在绩效管理中的可能性。比如，客户经理的绩效目标为“提高客户满意度”，衡量该目标的绩效指标之一是“客户投诉回复率”，绩效标准则是“24小时内答复投诉问题”。需要指出的是，可衡量并不一定要绝对量化。关于这一点，我们在谈到评价指标的特征时会进一步阐述。

（3）绩效目标应该是可达到的。“A”（attainable）是指目标通过努力就能够实现。在制定目标的时候，通常是比现实能力范围稍高一点的要求，强调“蹦一蹦，够得着”。因此，在绩效目标制定过程中，管理者和下属需要充分沟通，共同制定具有很强可行性的绩效目标。如果管理者为了追求高绩效，盲目利用行政手段和权力，强加给下属很高的绩效目标，有可能造成下属心理上的抗拒，并且在目标不能达成的时候首先想到的是推卸责任，而不是付出努力去实现目标。因此管理者在制定目标的时候，需要考虑目标的可实现性。实际上，所谓目标切实可行，不仅强调不应该制定过高的不切实际的目标，还强调应该根据员工的工作潜力制定具有一定挑战性但是通过努力可以实现的目标。过高的目标会使员工失去信心和动力，而目标太低则无法使员工发挥应有的水平。切实可行是在两者之间找到一个最佳的平衡点，即一个员工通过努力可以达到的可行的绩效水平。

（4）绩效目标应该与战略有关联。“R”（relevant）指绩效目标体系要与组织战略目标相关联，个人绩效目标要与组织绩效目标和部门绩效目标相关联。与战略有关联原则要求在制定绩效目标时，应对组织战略有清晰明确的界定，同时在分解和承接过程中，要避免错误推理而制定出看似漂亮但对组织战略无贡献甚至适得其反的绩效目标。

(5) 绩效目标还应该有时限性。"T"(time-based)就是指完成目标需要有时间限制。这种时间限制实际上是对目标实现方式的一种引导，要求根据工作任务的权重、事情的轻重缓急，确定完成绩效目标的最后期限和项目进度安排，并据此对绩效目标进行有效的监控，以便在出现问题的时候能及时对下属进行绩效辅导。比如，上半年实现大客户增长率5%，这个目标的时间限制就是6月30日。绩效目标的时间限制通常是与绩效周期联系在一起的，不同的绩效目标完成的绩效周期不一样。在目标确定的情况下，管理者的要求和下属的工作能力等方面的情况是确定时间限制的最重要因素。对于被授予权限较大的员工来说，制定他们的绩效目标时行为引导可能会少一些，但时间限制在任何情况下都是必不可少的。另外，我们往往会根据需要制定分阶段的分目标，不论是整个绩效计划中的总目标，还是分阶段的分目标，都应受到时间的限制。

2. 绩效目标制定的基本步骤

绩效目标的制定过程通常包含如下几个步骤。

第一，成立一个由高层领导参与的战略规划小组，负责拟定和描述组织的愿景，在高层领导之间达成共识后，确定组织的战略目标。对一个成熟的组织来说，则是直接根据组织的愿景和战略，结合组织的年度工作计划，制定组织的绩效目标。

第二，每位高层领导与其分管部门的管理者组成小组，提出各部门的目标，然后基于部门目标和部门工作计划，制定部门绩效目标。在制定部门绩效目标时，管理者需要注意部门绩效目标和组织绩效目标的纵向协同和不同部门之间的横向协同。

第三，部门管理者与员工就部门目标分解和实现方式进行充分沟通，形成每个人的绩效目标。在这一过程中，上级需要统筹协调每个人的工作内容，保证本部门的目标能够实现。同时也要避免像传统的目标制定过程那样仅仅是从上到下的命令过程，应该在制定各级目标时保证每个员工都有充分的发言权，并鼓励下级人员积极参与绩效目标的制定。保证基层员工的绩效目标与部门绩效目标的协同性和一致性，有助于确保个人、部门和组织目标的协同性和一致性，进而保证通过绩效系统化组织战略为每个员工的日常行动。

3. 绩效目标制定的关键点

在绩效目标制定过程中，为了确保绩效目标的科学性和可操作性，绩效目标制定者还需要把握如下几个关键点。

(1) 进行充分的绩效沟通。在制定绩效目标的过程中，管理者和下属需要进行充分、平等、全面的沟通。充分的沟通要求以确保下属的参与为重点，确保下属能够有机会参与到制定绩效目标的过程中，提升下属对绩效目标的承诺程度和工作卷入程度，从而提升目标达成的可能性。很多组织在绩效目标制定过程中缺乏充分的沟通，而采取上级给下级分派任务的方式，由组织的最高管理层制定组织的战略及目标，然后逐层分解到组织的各个层次。最高领导层的目标经常是一种充满激情的陈述，使用的往往是泛泛的描述性语言，而下面每一个层级在接收信息时必然加入自己的理解，经过层层过滤，一线人员所做的往往是与战略毫不相关的事，甚至朝着相反的方向进行。在缺乏沟通的绩效管理实践中，这种现象非常普遍。传统的目标设定过程如图3-7所示。

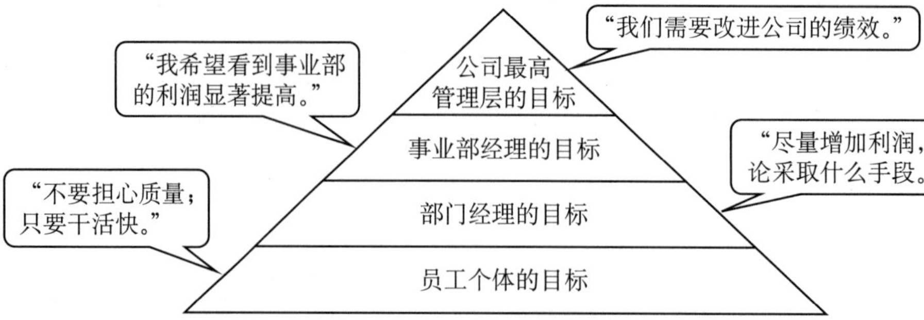

图3-7　传统的目标设定过程

资料来源：斯蒂芬·罗宾斯，玛丽·库尔特．罗宾斯管理艺术．北京：中国人民大学出版社，2015.

（2）确保绩效目标的动态调整。绩效目标的制定通常遵循"先建立后完善"的原则。在绩效目标建立的过程中，在严格遵循SMART原则的基础上，先确定至关重要的绩效目标，同时避免将绩效目标与日常工作计划等同。如果绩效目标过少，则说明可能有重要的目标被忽略；如果目标过多，则可能造成工作繁杂，没有重点，或者是工作职责相互交叉和重叠。在建立了绩效目标之后，管理者与下属进行持续沟通，对已经制定的绩效目标进行修正和完善。

绩效目标是根据每个绩效周期的现状确定的，而现实情况处在不断的变化之中，因此，管理者应注意对目标进行及时的动态调整。特别是在制定了分阶段目标的情况下，这种调整应更频繁。如果下属轻易地达到了上一阶段的目标，就应该分析其中是否有特殊的原因，并通过目标的调整来适应情况的变化。如果目标明显不可实现，也应该在分析原因之后适当地进行下调。

（3）管理者需要提高对绩效目标的认识。第一，不能将需要达到的目标和切实可行的目标混淆。管理者可能面对来自其上级或客户的压力，这些压力对部门绩效目标常常有较大的影响，部门绩效目标又需要落实到部门内个人绩效目标上。在这种情况下，管理者提出的绩效目标就可能会超出下属的能力与资源范围。如果下属没有最后的决定权或缺乏充分沟通，常常会面对超出自身能力的绩效目标，进而产生挫折感，并降低工作努力程度。第二，需要清楚所有绩效目标都必须为组织战略目标服务，保障目标体系在纵向上注重协同性和一致性，在绩效周期长短上注意长、中、短兼顾，在重要性上注意重点突出。第三，不可将所有需要解决的问题都包含在绩效目标之中。管理者必须清楚绩效管理不是万能的，不能医治百病，更不能代替一切，只有与组织的各种制度规范、组织文化、管理实践以及外部环境结合起来，才能充分发挥绩效管理系统的作用。

二、绩效指标

在确定绩效目标之后，一项非常关键的工作就是如何衡量这些目标是否达成。把绩效目标转化为可衡量的指标，是绩效计划的又一项具有较高技术含量的工作。在绩效管理系统中，对员工行为的引导很大程度上就体现在绩效指标的选择和设计上，绩效监控和绩效评价就是对绩效指标的监控和评价，因此，绩效指标设置的科学与否在很大程度上影响着整个绩效管理系统的成败。

（一）绩效指标的内涵

指标（indicator）是指衡量目标的单位或方法，是目标预期达到的指数、规格、标准。绩效指标（performance indicator）是用来衡量绩效目标达成的标尺，即通过对绩效指标的具体评价来衡量绩效目标的实现程度。由于绩效指标是直接面向绩效评价，因此绩效指标也叫绩效评价指标或绩效考核指标。

所谓评价指标，就是评价因子或评价项目。在评价过程中，人们要对评价对象的各个方面或各个要素进行评估，而指向这些方面或要素的概念就是评价指标。只有通过评价指标，评价工作才具有可操作性。总的评价结果的优劣往往需要通过各个评价指标的评价结果综合体现。比如，企业的组织绩效可以从经济效益、市场地位、客户关系、与政府的关系、员工关系及能力发展、股东关系等方面的指标，来衡量和监控企业对有关各方面的负责程度以及目标各方面的达成程度。个人绩效目标也同样需要多重绩效指标，比如销售员的绩效目标就可以从销售额、回款率、顾客满意度等指标来进行监控和衡量。

在绩效管理过程中，绩效指标扮演着双重角色，既是“晴雨表”又是“指挥棒”。既用于衡量实际绩效状况，又对管理决策和员工行为产生指引作用。可以说，组织成员对绩效评价指标的准确理解和一致认识直接关系到绩效管理的最终成效。为此，许多组织不仅根据所在行业、组织特性、经营业务和管理状况等情况建立自己的指标库，而且为每一个指标制作了指标卡，以便统一认识和规范操作。通常，指标卡样表包括指标描述和指标衡量两个部分，每个部分包括若干栏目，如表 3-7 所示。指标描述的作用在于确保组织成员对指标形成一致的理解，具体包括指标名称、责任部门/人、所在层面、衡量目标、指标解释和计算公式等栏目。指标衡量的作用在于说明如何对指标实施绩效评价，具体包括评价周期、评价主体、数据来源、绩效基数、目标值、计算单位和评分标准及其等级描述等栏目。

表 3-7　指标卡模板

<table>
<tr><td colspan="12">指标描述</td></tr>
<tr><td colspan="3">指标名称</td><td colspan="3"></td><td colspan="3">责任部门/人</td><td colspan="3"></td></tr>
<tr><td colspan="3">所在层面</td><td colspan="3"></td><td colspan="3">衡量目标</td><td colspan="3"></td></tr>
<tr><td colspan="3">指标解释</td><td colspan="9"></td></tr>
<tr><td colspan="3">计算公式</td><td colspan="9"></td></tr>
<tr><td colspan="12">指标衡量</td></tr>
<tr><td colspan="2">评价周期</td><td colspan="2"></td><td colspan="2">评价主体</td><td colspan="2"></td><td colspan="2">数据来源</td><td colspan="2"></td></tr>
<tr><td colspan="2">绩效基数</td><td colspan="2"></td><td colspan="2">目标值</td><td colspan="2"></td><td colspan="2">计算单位</td><td colspan="2"></td></tr>
</table>

续表

	等级描述	分值
评分标准	S：	90分及以上
	A：	80～89分
	B：	70～79分
	C：	60～69分
	D：	59分以下
备注		

（二）绩效指标的类型

为了更好地设计绩效管理系统中的评价指标，制订科学的绩效计划，我们应该熟悉绩效指标的具体分类，并将各类绩效指标纳入绩效评价系统之中。

1. 工作业绩和工作态度评价指标

根据绩效评价内容不同，可以将绩效指标分为工作业绩评价指标和工作态度评价指标。

（1）工作业绩评价指标。所谓工作业绩，就是工作行为所产生的结果。对于业绩的考核结果直接反映了绩效管理的最终目的——提高企业的整体绩效，以实现既定的目标。组织成功的这些关键要素决定了绩效评价中需要确定的关键绩效结果。这种关键绩效结果规定了在评价员工绩效时应着重强调的工作业绩指标。这些指标可能表现为该职位的关键工作职责或一个阶段性的项目，也可能是年度的综合业绩。在设计工作业绩指标时，通常的做法是，将业绩具体表现为完成工作的数量指标、质量指标、工作效率指标以及成本费用指标。这四类指标都属于工作业绩评价指标。

（2）工作态度评价指标。在组织中常常可以看到这样的现象：一个能力很强的员工出工不出力，未能实现较高的工作业绩；而一个能力一般的员工兢兢业业，却做出了十分突出的工作业绩。这两种不同的工作态度产生了截然不同的工作结果。因此，工作态度在一定程度上决定了一个员工的实际工作业绩。为了对员工的行为进行引导从而达到绩效管理的目的，在绩效评价中应引入对工作态度进行评价的指标。

2. 硬指标和软指标

斯坦利·西肖尔（Stanley E. Seashore）是著名的管理学家和社会心理学家，他在1965年发表的《组织效能评价标准》一文中提出了组织效能评价的金字塔模型。西肖尔认为，要全面评价一个企业的经营活动，需要考虑以下三个方面的问题：第一，是否实现组织目标以及实现程度。第二，由若干项短期指标衡量的短期经营业绩，这些指标通常代表着经营的成果，可以由其自身的数值加以判断。将它们综合为一组指标后，可以体现组织的最终经营情况。第三，许多从属性、低层次子指标群反映了当前的经营状况，并预示着迄今所取得的进展和实现最终目标或结果的可能性。

位于塔顶的是组织的长期总体目标，代表了组织效能的“最终标准”。一般而言，除非由历史学家们去做结论，否则最终标准是无法衡量的。但是，最终标准是评价那些直接衡量组织经营业绩的次级标准的基础。

位于金字塔中部的是组织的经营成果，代表了组织效能的“中间标准”。这些标准是影响短期经营效益的要素或参数，其内容不超出最终标准的范围，可以称为“输出性”或“结果性”标准。这些标准的度量值本身正是企业所要追求的成果，它们之间可以进行比较、权衡和取舍。将它们以某种方式加权组合起来，其总和就决定了最终标准的取值。对于营利性组织来说，在这一层次上的典型指标或变量是销售额、生产效率、增长率、利润率等，可能还包括行为学方面的一些软指标，比如员工满意度、客户满意度等。而对于非营利组织来说，这些中间标准可能主要是行为学方面的。

位于塔底的是一些对组织当前的活动进行评价的标准，即“基础标准”。这些标准是经过理论分析或根据实践经验确定的，反映了顺利和充分实现上述各项中间标准所必需的前提。在这些标准当中，有一部分是将一个组织描述成一个系统的变量，有一部分则代表与中间标准相关的分目标、子目标或实现中间标准所必需的手段。属于这一层次的标准很多，它们形成了一个复杂的关系网络。在这个关系网中，包括因果关系、互相作用关系和互相修正关系，其中也有一些标准是根本无法评价的，它们的作用只是减少这个关系网中的不可控变化。对于营利性组织来说，这一层面上的硬指标可能包括次品数量、短期利润、生产进度、设备停工时间、加班时间等；这一层面上的软指标可能包括员工士气、企业信誉、内部沟通的有效性、缺勤率、员工流动率、群体内聚力、顾客忠诚度等。

西肖尔认为，硬指标（营业额、废品数量等）和软指标（协作关系好坏、顾客满意度等）必须互相补充，两者同等重要。行为学标准的主要作用在于改善硬指标对将来可能发生的变化做出的预测，即行为学标准能够预示即将发生的问题和即将来临的机会，而且在硬指标不全面或用作短期评价不可靠时，为管理者制定决策提供一个更加均衡、更加广泛的信息基础，以弥补硬指标的不足。

（1）硬指标。所谓硬指标，指的是那些可以统计数据为基础，把统计数据作为主要评价信息，建立评价数学模型，以数学手段求得评价结果，并以数量表示评价结果的评价指标。

使用硬指标进行绩效评价能够摆脱个人经验和主观意识的影响，具有相当的客观性和可靠性。在处理硬指标的评价结果时，如果需要完成复杂或多变的计算过程，还可借助电子计算机等工具来进行，以有效提高评价的可行性和时效性。

但是，当评价所依据的数据不够可靠，或者评价的指标难以量化时，硬指标的评价结果就难以客观和准确了。另外，硬指标的评价过程往往比较死板，在评价的过程中缺乏人的主观性对评价过程的影响。一方面评价结果具有客观准确性的优点；另一方面也产生了缺乏灵活性的弊端，毕竟统计数据本身并不能完全说明所要评价的事实情况。

（2）软指标。软指标指的是主要通过人的主观评价得出评价结果的评价指标。在行为科学中，人们用专家评价来指代这种主观评价的过程。所谓专家评价，就是由评价者对系统的输出做出主观的分析，直接对评价对象进行打分或做出模糊评判（如很好、好、一般、不太好或不好）。这种评价指标完全依赖于评价者的知识和经验来做出判断和评价，容易受各种主观因素影响。所以，软指标的评价通常由多个评价主体共同进行，有时甚至由一个特定的集体共同做出一个评价结论，以实现相互补充，从而产生一个比较完善的结论。之所以将软指标评价称为专家评价，是因为这种主观评价在客观上要求评价者必须对评价对象所从事的工作相当了解，能够通过不完整的数据资料，在利用大量感性资料的基础上看到事物的本质，做出准确的评价。

运用软指标的优点在于，这类指标不受统计数据的限制，可以充分发挥人的智慧和经验。在这个主观评价的过程中往往能够综合更多的因素，考虑问题更加全面，避免或减少统计数据可能产生的片面性和局限性。另外，当评价所需的数据很不充分、不可靠或评价指标难以量化的时候，软评价能做出更有效的判断。因此，软指标能够更广泛地运用于评价各种类型的员工。随着科学的发展和模糊数学的应用，软指标评价技术得到了迅猛发展。通过评价软指标并对评价结果进行科学的统计分析，我们能够将软指标评价结果与硬指标评价结果共同运用于各种判断和推断，以提高绩效评价结果的科学性和实用性。

当然，软指标也具有不可忽视的弱点。对软指标进行评价的结果容易受评价者主观意识的影响和经验的局限，其客观性和准确性在很大程度上取决于评价者的素质。对软指标进行评价得出的评价结果往往缺乏稳定性，尤其在民主氛围不佳的环境中，个人专断性的主观判断经常造成严重的不公平，引起评价对象对评价结果的强烈不满。

在实际评价工作中，往往不是单纯使用硬指标或软指标进行评价，而是将两类指标加以综合应用，以弥补各自的不足。在数据比较充足的情况下，以硬指标为主，辅以软指标进行评价；在数据比较缺乏的情况下，则以软指标为主，辅以硬指标进行评价。在绩效评价中，对于硬指标的评价往往需要一个定性分析的过程，而对于软指标评价的结果也要应用模糊数学进行定量化的换算过程。因此，我们在建立指标体系的时候，应尽量将指标量化，收集相关的统计资料，提高评价结果的精确度。同时，还要考虑评价对象的具体情况，将硬指标与软指标的评价技术有效地结合起来使用。

绩效评价更多地使用软指标的评价方法，人的主观判断在很大程度上影响着绩效评价的结果。需要注意的是，软指标与非量化指标并非同一个概念。软指标与硬指标的区分强调的是评价方式上的区别，而量化指标与非量化指标的区分强调的则是评价结论在表现方式上的区别。我们可以进一步认为，绩效评价更多地使用软评价的方式来对各种量化指标与非量化指标进行评价。至于量化指标与非量化指标的区分，从字面上就能够理解，在此不予赘述。

3.“特质、行为、结果”三类绩效评价指标

在很多理论和实证研究中，综合运用“特质、行为、结果”这三类指标进行绩效评价指标体系的设计是一种比较常见的方式，这三类评价指标详细比较如表3-8所示。

西方学者指出，在这三类绩效评价指标中选择的最好方式就是：将评价指标名称冠以“特质”的标签，评价指标的定义和尺度则采用行为导向与结果导向相结合的方式。关于这一点，我们将在介绍绩效评价方法时做进一步的论述。

表3-8 "特质、行为、结果"三类绩效评价指标对照表

	"特质"绩效评价指标	"行为"绩效评价指标	"结果"绩效评价指标
适用范围	●适用于对未来的工作潜力做出预测	●适用于评价可以通过单一的方法或程序化的方式实现绩效标准或绩效目标的岗位	●适用于评价那些可以通过多种方法达到绩效标准或绩效目标的岗位
不足	●没有考虑情境因素，通常预测效度较低 ●不能有效地区分实际工作绩效，员工易产生不公正感 ●将注意力集中在短期内难以改变的人的特质上，不利于改进绩效	●需要对那些同样能够达到目标的不同行为方式进行区分，以选择真正适合组织需要的方式，这一点是十分困难的 ●当员工认为其工作重要性较小时，意义不大	●结果有时不完全受评价对象的控制 ●容易诱使评价对象为了达到一定的结果而不择手段，使组织在获得短期效益的同时丧失长期利益

资料来源：杨杰，方俐洛，凌文辁．对绩效评价的若干基本问题的思考．中国管理科学，2000（4）．

4. 其他分类方式

按照不同分类标准，绩效指标还有多种分类方式。比如，在平衡计分卡中可将绩效指标分为如下几类：财务指标和非财务指标、客观指标与主观判断指标、前置指标与滞后指标、计分卡指标和仪表盘指标、评价指标和监控指标。这种分类方法具有较高的科学性和合理性，越来越多的管理者采用这种分类方式来认识或管理绩效指标，读者可以参考第2章第4节的相关内容。

（三）绩效指标体系的基础

绩效指标体系的构建是一项具有很高技术性和挑战性的工作，管理者需要为此做全面的准备。

1. 绩效指标体系设计的指导思想

（1）始终坚持系统思考。系统思考渗透在绩效管理的方方面面，坚持系统思考对设计科学合理的绩效指标体系有重要的指导作用。首先，每个组织在设计其绩效评价指标体系时，通常都是从确定绩效指标库开始的。该指标库实际上就是对组织的绩效目标或关键成功要素进行分解所形成的一个由一定数量的绩效评价指标构成的集合。之后，就可以在这个指标库的基础上，针对所评价职位的特点进行进一步的选择，从而确定与各个职位相对应的评价指标，以形成一个与职位设置相对应的绩效评价指标体系。这个过程中，还需要全面认识如下三个"系统"。

其一，指标库实际上就是一个系统，并具有系统的基本特征。例如，绩效指标库中的所有绩效指标都应为绩效管理系统的整体总目标服务。绩效指标库的总目标就是实现对所有重要的工作的全覆盖，能通过绩效指标对这些工作进行有效的监控和评价。每一个绩效指标都指向组织系统中相关的领域，并且，每一个绩效指标都应该对应着组织的某一个关键成功要素。另外，指标库还具有开放性的特征，受到内外部环境（组织的战

略、组织面临的竞争环境等）的影响，同时具有动态性和稳定性特征，设计者在必要的情况下可以对指标进行动态调整，以实现绩效评价的行为导向目的。

其二，所评价的每一个职位就是一个子系统。在设计每一个职位的绩效指标时，我们应运用系统论的观点对该职位进行分析，在组织系统中全面考虑该职位绩效指标的构成。虽然每一个职位的工作职责都是由若干任务构成的，并且这些任务往往可能是琐碎的、分散的，但在工作设置合理的情况下，每一个职位的职能都将指向一个最终的目标。这个最终的目标应该是绩效指标所指向的最重要的内容。

其三，每一个职位的绩效指标同样构成了一个系统。这些指标之间应该具有相关性、协同性、独立性，并共同指向岗位设计的根本目标，同时，还应随着外部情况（绩效评价的目的、组织的战略规划等）的变化进行一定的调整。

（2）坚持绩效评价内容和评价目的的一致性。根据目标一致性理论，在绩效管理活动中，特别是绩效评价之中，绩效指标、绩效目标和绩效评价目的三者之间需要保持目标一致。三者之间的一致性具体表现在如下三个方面。

首先，绩效指标与绩效目标的一致性。这种一致性具体反映在两个方面。一是绩效指标体系与绩效目标内容的一致性，即绩效指标的内容应能反映绩效目标。绩效指标体系的内容能够引导绩效主体产生符合运行目标的输出，进而促进绩效主体实现其系统运行目标。在平衡计分卡中，先制定绩效目标，然后根据实现绩效目标的操作过程确定可以全面衡量绩效目标的指标，这个过程本身就具有很高的一致性。在使用关键绩效指标设计绩效指标库时，通常是在充分考虑组织战略目标的基础上，通过对组织的关键成功要素进行分解，找到影响组织成功的具体指标。由于关键绩效指标中没有绩效目标的概念，因此指标直接指向的是组织战略目标。二是绩效指标的内容完整地反映绩效目标。由于绩效目标通常是一个多层次的综合体，因此绩效指标与绩效目标的一致性不仅表现在每一个绩效指标都应该反映相应的绩效目标，还表现在绩效指标能否全面地反映整体性的绩效目标和各个层面上的绩效目标。

其次，绩效指标与绩效评价目的的一致性。绩效指标体系是一组既相互独立又相互关联的、能够完整反映绩效目标的评价要素，而绩效评价目的实际上就是为了促进绩效目标的实现。因此，绩效评价目的同样也会影响绩效指标的选择，绩效指标应充分体现绩效评价目的对绩效指标的要求。当绩效评价目的发生变化时，绩效指标也相应地发生变化。例如，绩效评价结果可能用于为薪酬管理提供依据，也可能用于为员工的职位升迁等提供依据。当绩效评价的结果与薪酬密切挂钩时，评价指标应更多地强调对员工工作业绩的评价，而作为员工升迁的依据，绩效评价的结果应能够反映员工的工作潜力。需要强调的是，绩效指标的这种变化不能脱离绩效目标。事实上，绩效评价目的与绩效目标的一致性确保了这种变化不会造成这三者之间关系的割裂。

再次，绩效评价目的与绩效目标的一致性。绩效指标既要与绩效目标相一致，又要与绩效评价目的相一致。这就对绩效评价目的与绩效目标的一致性提出了要求。否则，在设计绩效指标时，就会由于难以与二者同时保持一致而陷入困境。绩效评价是一种手段，而不是目的。绩效评价是为了更好地促进绩效主体实现绩效目标，因此，绩效目标必然要服从绩效评价的目的。

2. 绩效指标的基本要求

绩效指标是绩效计划的重要内容，在设计绩效指标的时候，需要遵循如下几条基本要求。

（1）独立性。独立性指的是绩效指标之间的界限应清楚明晰，不会发生含义上的重复。这要求各个评价指标尽管有相互作用或相互影响、相互交叉的内容，但一定要有独立的内容，有独立的含义和界定。绩效指标名称的措辞要讲究，使每一个指标的内容界限清楚，避免产生歧义。在必要的时候可通过具体明确的定义给出操作性的定义，避免指标之间出现重复。例如，“沟通协调能力”和“组织协调能力”中都有“协调”一词，但实际上适用的人员类型是不同的，这两种协调能力的含义也是不同的。“沟通协调能力”一般可以适用于评价普通员工，而对于拥有一定数量下属的中层管理人员，则可以通过评价他们的“组织协调能力”来评价他们在部门协调和员工协调中的工作情况。如果在同样的人员身上同时评价这两种协调能力，就容易引起混淆，降低评价的可靠性和准确性。

（2）可测性。评价指标之所以需要测量和可以测量，最基本的原因就是该评价指标指向的变量具有变异性。具体来说，评价能够产生不同的评价结果。只有这样，绩效评价指标的标志和标度才有存在的意义，评价指标才可能是可测量的。另外，在确定绩效评价指标时，还要考虑到评价中可能遇到的种种现实问题，确定获取所需信息的渠道以及是否有相应的评价者能够对该指标做出评价等。评价指标本身的特征和该指标在评价过程中的现实可行性共同决定了评价指标的可测性。

（3）针对性。评价指标应针对某个特定的绩效目标，并反映相应的绩效标准；应根据部门职责或岗位职能所要求的各项工作内容及相应的绩效目标和标准来设定每一个绩效评价指标。

3. 绩效指标的选择依据

在确定绩效指标的过程中，需要关注如下几个选择指标的基本依据。

（1）绩效评价的目的。绩效指标的制定和监控，最终都需要落实在绩效评价中，只有在评价中受到重视的指标才能对员工行为产生良好的导向作用。绩效评价的目的是通过对绩效指标的评价来促进绩效目标的实现，从而助推组织战略目标的实现。在绩效管理实践中，每个部门或岗位具体工作内容涉及的指标往往很多，对绩效指标的监控和评价不可能面面俱到。因此，绩效评价的目的是选择绩效指标的一个非常重要的原则。

（2）工作内容和绩效标准。每个部门或岗位的工作内容在组织系统中已经有相对明确的规定，每个组织的总目标都会分解到具体的部门，然后再进一步分工到每一个员工。组织、部门和个人的工作内容（绩效任务）以及绩效标准事先都应该有明确的规定，以确保工作的顺利进行和工作目标的实现。因此，绩效指标应该体现这些工作内容和标准，从数量、质量、时间上赋予绩效指标特定的内涵，使绩效指标的名称和定义与工作内容相符，指标的标度与绩效标准相符。这样的绩效指标方能准确地引导员工的行为，使员工的行为与组织的目标一致。

（3）获取绩效信息的便利程度。绩效信息对绩效指标的选择也是非常重要的影响因素。为了保障绩效监控和绩效评价工作的顺利开展，我们应能够方便地获取与绩效指标相关的统计资料或其他信息。因此，所需信息的来源必须稳定可靠，获取信息的方式应简单可行。绩效管理的根本目的不是进行控制，而是提升个人、部门和组织的绩效，为组织战略目标的实现服务。因此，绩效监控必须方便易行，绩效评价必须有据可依；绩效管理必须避免主观随意性，绩效评价的结果易于被评价对象接受。然而，这一切都是建立在丰富、全面、准确的绩效信息的基础上。获取绩效信息的难易程度并不是直观可以判断的，在绩效管理体系的设计过程中，需要不断地在小范围内试行，不断地进行调整。如果信息来源渠道不可靠或者相关资料呈现矛盾状态，就应对绩效指标加以调整，最终使评价指标能够方便、准确地得到评价。例如，通常对员工的工作业绩都是从数量、质量、效率和费用节约四个方面进行评价。但是，对不同的职位而言，取得这四个方面的信息并非都是可行的。有时，我们可能会发现员工所从事的工作是不可量化的。这时，员工的工作业绩更多地反映在“工作质量”、“与同事协作的情况”以及各种“特殊事件”等方面。这种对绩效指标的调整正是基于使绩效监控和评价更切实可行而进行的。

（四）绩效指标体系的设计

绩效指标的设计是一项系统性的工作，要求指标的设计者必须系统全面地认识绩效指标，使用科学的方法，选择合适的路径，并为每一个绩效指标赋予合适的权重。

1. 绩效指标的设计方法

设计绩效指标体系的主要工作之一就是依据准确全面地衡量绩效目标的要求，在坚持相关基本原则的基础上，采用科学的方法设计合适的绩效指标。常见的设计绩效指标的方法有以下五种。

（1）工作分析法。科学的管理必须建立在详尽分析的基础之上。工作分析是人力资源管理的基本职能，是对工作本身最基本的分析过程。工作分析是确定完成各项工作所需履行的责任和具备的知识及技能的系统工程。工作分析的主要内容由两部分组成：一是职位说明；二是任职资格。职位说明包括工作性质、职责、进行工作所需的各种资料、工作的物理环境、社会环境、与其他工作相联系的程度等与工作本身有关的信息。任职资格包括员工为了完成本工作应具备的智力、体力、专业知识、工作经验、技能等相关要求。

在制定绩效指标的过程中进行的工作分析，最重要的就是分析从事某一职位工作的员工需要具备哪些能力和条件，职责与完成工作任务应以什么指标来评价，指出这些能力和条件及评价指标中哪些比较重要，哪些相对不那么重要，并对不同的指标完成情况进行定义。这种定义就构成了绩效评价指标的评价尺度。

（2）个案研究法。个案研究法是指对个体、群体或组织在较长时间里连续进行调查研究，并从典型个案中推导出普遍规律的研究方法。例如，根据测评的目的和对象，选择若干具有典型代表性的人物或事件作为调研对象，通过对他们的系统观察和访谈来分析、确定评定要素。

常见的个案研究法有典型人物（事件）研究与资料研究两大类。典型人物研究是以典型人物的工作情境、行为表现、工作绩效为直接对象，通过对他们的系统观察和分析研究来归纳总结出他们所代表群体的评定要素。资料研究是以表现典型人物或事件的文字材料为研究对象，通过对这些资料的总结、对比和分析，最后归纳出评定要素。

（3）问卷调查法。问卷调查法就是设计者根据需要，把要调查的内容设计在一张调查表上，写好填表说明和要求，分发给被调查者，让被调查者根据个人的知识与经验自行选择答案，以收集和征求不同人员的意见。调查的问题应设计得直观、易懂，不宜过多，应尽可能减少被调查者的回答时间，以免影响调查表的回收率和调查质量。例如，研究者通过访谈法把评价某员工的绩效评价指标归纳为40个指标，为了从这40个指标中筛选出关键的评价指标，就可以采用问卷法。

问卷调查法按答案的形式可以分为封闭式问卷和开放式问卷两大类。封闭式问卷分为是非法、选择法、排列法、计分法四种。

第一，是非法。问卷列出若干问题，要求被调查者做出“是”或者“否”的回答。例如：

销售人员需要具备较强的口头表达能力吗？　　是（　　）　否（　　）

生产人员是否应具备较强的口头表达能力？　　是（　　）　否（　　）

第二，选择法。被调查者必须从并列的两种假设提问中选择一项。例如：

对部门主管而言，最重要的工作能力应该是高深的专业理论知识。（　　）

对部门主管而言，最重要的工作能力应该是协作能力。（　　）

第三，排列法。调查者要对多种可供选择的方案按其重要程度排出次序。例如：

一个优秀的主管应具有沟通能力、协调能力、高度的责任心、丰富的专业知识、足够的耐心五项特征，请根据这五大特征的重要性进行排序。

第四，计分法。问卷列出几个等级分数，要求被调查者进行判断选择。例如：

研究人员的口头表达能力应是：

稍低于一般水平（　　）　具备一般水平（　　）

具备较高水平（　　）　　具备相当高的水平（　　）

另外，开放式问卷没有标准答案，被调查者可以按照自己的意愿自由回答。如某企业对推销员绩效考核指标的问卷中有如下两题：

你认为该职位的员工最重要的是应具备何种能力？

你认为对于该职位的员工来说考勤重要吗？

（4）专题访谈法。专题访谈法是指研究者通过面对面的谈话，用口头沟通的途径直接获取有关信息的研究方法。例如，通过与企业各部门主管、人力资源部门人员、某职位人员等进行访谈获取绩效指标。专题访谈的内容主要围绕下列三个问题展开：

●你认为对担任该职位的员工最基本的要求是什么？

●该职位的工作的主要特点是什么？

●检验该职位的工作成效的主要指标是什么？

研究者通过分析汇总访谈所得的资料，可以获取许多极其宝贵的材料。专题访谈法有个别访谈法和群体访谈法两种。个别访谈轻松、随意、活跃，可快速获取信息。群体访谈以座谈会的形式进行，具有集思广益、团结民主等优点。

（5）经验总结法。众多专家通过总结经验，提炼出规律性的研究方法，称为经验总结法。一般又可分为个人总结法和集体总结法两种。个人总结法是请人力资源专家或人力资源部门人员回顾自己过去的工作，通过分析最成功或最不成功的人力资源决策来总结经验，并在此基础上设计出评价员工绩效的指标目录。集体总结法是请若干人力资源专家或企业内有关部门的主管（6～10 人）集体回顾过去的工作，采用头脑风暴的方式分析绩效优秀者和绩效一般者的差异，列出长期以来用于评价某类人员的常用指标，在此基础上提出绩效指标。

2. 绩效指标体系的设计

在具体的设计绩效指标体系的管理活动中，管理者需要根据绩效指标的基础知识、基本理念和思想，设计出适合组织具体要求的绩效指标体系，以确保组织、部门和个人三个层次的绩效指标体系能有效地支撑组织战略目标的实现。虽然管理实践各不相同，但是了解绩效指标设计中的具体原则和绩效指标体系的设计路径却是绩效指标体系设计工作中普遍需要高度重视的两个问题。

（1）绩效指标体系的设计原则。绩效指标体系通常由一组既相对独立又相互关联、既能衡量绩效目标又能实现绩效监控和评价目的的系列指标组成。绩效指标体系呈现出层次分明的结构。一方面，绩效指标包括组织、部门和个人绩效指标三个层次；另一方面，针对每一个职位的绩效指标也呈现出层次分明的结构。通常，员工的绩效指标包括工作业绩和工作态度两个维度，每一个维度都包含若干个具体的评价指标，从而也形成了一个层次分明的结构。为了使各个指标更好地整合起来，以实现评价的目的，在设计绩效指标体系时，需要遵循一些基本的设计原则，其中最常见的原则有如下两条。

第一，坚持“定量指标为主，定性指标为辅”的原则。通常情况下，不论组织层面的绩效计划的制订，还是部门和个人层面的绩效计划的制订，为了确定清晰的标度，我们主张更多地使用定量的绩效指标，从而提高绩效监控的有效性和针对性，也提高绩效评价的客观准确性。因此，坚持绩效指标设计时的量化原则，是绩效指标设计实践中的首要原则。SMART 原则在绩效指标的设计过程中就非常实用，严格遵循 SMART 原则对提高绩效指标设计的质量和效率具有重要的意义。但并不是所有绩效都能量化或都好量化。对于来源于战略目标分解的绩效指标坚持量化是必须的，但是对于来源于具体职责规定的绩效指标，很多难以量化。因此，绩效指标还需要一定的定性指标作为补充。例如，根据不同职位的工作性质，人们往往会发现将所有评价指标量化并不可行，这时我们就需要考虑定性指标；当然，对于定性的评价指标，也可以运用一些数学工具进行恰当的处理，使定性指标得以量化，从而使评价的结果更精确。

第二，坚持“少而精”的原则。这一原则指的是绩效指标需要反映绩效管理的根本目的，但不一定要面面俱到。也就是说，在设计绩效指标体系时，应避免一切不必要的复杂化。结构简单的绩效指标体系便于对关键绩效指标进行监控，也能有效地缩短绩效信息的收集、处理过程乃至整个评价过程，提高绩效评价的工作效率，从而有利于绩效目标的达成。同时，绩效指标简单明了、重点突出，有利于大家掌握绩效管理技术，了解绩效管理系统的精髓，提高绩效沟通质量和绩效管理的可接受性。所以在制定绩效指标或者从绩效指标库中选择绩效指标时，需要确定或选取最有代表性和特征的项目，从而简化绩效监控和评价过程。

（2）绩效指标体系的设计路径。设计绩效指标的一个重要标准就是评价对象所承担的工作内容和绩效标准，这种工作内容和绩效标准的区别很明显地反映在个人的职位职能上。在制定处于组织中不同层级和职位的个人绩效指标时，我们需要使用不同的绩效指标和权重。在设计绩效指标的实践中，通常首先设计组织绩效指标和部门绩效指标，然后通过承接和分解，分别获得组织高层管理者和部门管理者的绩效指标。具体来讲，绩效指标体系的设计路径有如下两种。

路径一：针对不同层级的目标设定相应的绩效指标。

管理层级是设计绩效指标体系纵向框架的依据。不管采用何种类型的组织结构，管理层级是必然存在的，只不过层级数量有所差异而已。一般来说，企业可以划分为组织、部门和个体三个层级，相应的个体也可区分为高层管理者、中基层管理者和普通员工。由于不同层级的主体在纵向上存在职责和权限的分工，因此各自的绩效目标或者绩效目标的侧重点也相应存在差异。但是，由于组织、部门和个体以及不同层级的人员是通过绩效目标之间的承接和分解来实现牵引、支持和配合的，因此各自的绩效目标大多存在一定的逻辑关系。

绩效指标是用以衡量绩效目标的手段，它的设计和组合是以目标为导向的。因此，基于绩效目标在纵向上的逻辑链，我们可以建立起具有一定关联的绩效指标体系。当处于不同层级的主体设定了相同的绩效目标时，他们就有了共同的衡量指标；当下级目标是对上级目标进行分解时，则需要根据目标细化的程度设置各自的衡量指标，但是这些指标所评价的内容综合起来应该能够大体上反映上级目标的绩效状况。当然，不同层级的主体总归有自己的特殊任务，需要独立完成自己特有的目标。相应地，这些目标的指标一般也是个性化的，与其他指标没有必然的联系。由此，我们可以从纵向上对指标体系进行归类，区分上下级的绩效指标是共同的、有关联的还是独有的指标。

路径二：针对不同职位的特点选择不同的绩效指标。

职位类别是设计绩效指标体系横向框架的依据。在我国，由于没有建立起严格的职位职能分类标准，不同的企业对于职位职能的分类存在不同的看法。常见的职位类型包括：生产类、工程技术类、销售类、研发类、行政事务类、职能管理类、政工类等。常见的职能等级包括：经理、部长、主管、主办、操作工人等。但不论用什么样的称谓，最重要的是在企业的职位体系中对这些不同的称谓进行严格的定义和区分，以便为人力资源管理的各方面工作提供一个准确的、可操作的职位平台。

按职位职能标准进行绩效管理的前提就是在企业中建立健全这样一个明确的职位系列。在分层分类评价时，不一定要严格按照这个职位系列来进行。通常，我们会对比较复杂的职位系列进行一定的合并。分层评价的层次究竟应该如何确定并没有明确的规定，具体的分类方式应该根据企业规模，特别是管理幅度和管理层次来确定。至于分类的标准，则要根据企业的生产经营对人员类别的需要而定。

为了更好地推行分层分类的绩效管理，可以将企业的职位系列体现为一个以职位类型为横坐标、以职能等级为纵坐标的矩阵图，其简单的例子如图3-8所示。

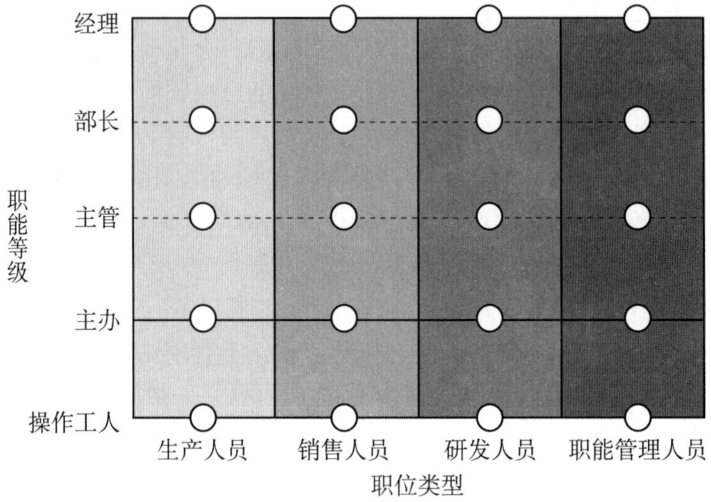

图3-8　职位类型矩阵图

从上面的矩阵图中可以看出，该组织存在4个不同的职位类型，并有5个职能等级。这样一来，就存在20种不同的职位职能等级。对于这20种人员来说，由于职位类型和职能等级的不同，他们承担着不同的工作内容和管理职能。在评价他们的工作绩效时，必然要考虑到这一点进行个性化的指标设计。某公司采用分级分类的观点，得到了不同层级和不同职位的人员的绩效指标，其汇总表如表3-9所示。

表3-9　分级分类评价的绩效指标汇总表

评价指标		人员类别											
		生产人员			销售人员			研发人员			职能管理人员		
		经理	主管	主办	经理	主管	主办	经理	主管	主办	经理	主管	主办
工作业绩	工作数量		●	●									●
	工作质量	●	●	●				●	●	●			
	工作效率	●	●	●	●	●	●				●	●	●
	目标完成程度	●	●	●	●	●	●	●	●	●	●	●	●
工作态度	全局意识	●			●			●			●		
	责任感	●	●	●	●	●	●	●	●	●	●	●	●
	纪律性			●			●			●			●
	积极性			●			●			●			●
	培育下属意识	●	●		●	●		●	●		●	●	
	自我开发意识			●			●			●			●

3. 绩效指标的权重设计

绩效指标的权重是指在衡量绩效目标的达成情况过程中，各项指标的相对重要程度。在设计绩效指标体系过程中，不同的指标权重对员工行为具有牵引作用，确定各项指标的权重是一项非常重要的工作，也是一项具有较高技术要求的工作。决定绩效指标权重的因素很多，其中最主要的因素包括以下三类。

首先，绩效评价的目的是影响指标权重的最重要的因素。前面谈到，以绩效评价为核心环节的绩效管理是人力资源管理职能系统的核心模块。因此，绩效评价的结果往往运用于不同的人力资源管理目的。显然，针对不同的评价目的，应该对绩效评价中各个评价指标赋予不同的权重。但是，关于权重的这种规定并不需要明确到每个绩效指标。通常的做法是，将绩效指标分为工作业绩指标和工作态度指标这两个大类（也就是通常所说的两个评价维度），然后根据不同的评价目的，规定这两个评价维度分别占多大的比重。

其次，评价对象的特征决定了某个评价指标对于该对象整体工作绩效的影响程度。例如，责任感是评价员工工作态度时常用的一个指标。但是对于不同种类的员工来说，责任感这一评价指标的重要程度各不相同。对于一个保安人员来说，责任感可能是工作态度指标中权重最大的指标，而对于其他类型的员工，责任感的权重可能就没那么大。

最后，组织文化倡导的行为或特征也会反映在绩效评价指标的选择和权重上。例如，以客户为中心的文化较重视运营绩效和短期绩效，而创新型文化更关注战略绩效和长期绩效，因此在指标选择和权重分配上两者会各有侧重。

在综合分析指标权重的影响因素之后，就需要对每个绩效指标设定相应的权重系数。通常情况下，指标权重设定工作是在统筹考虑各种影响因素的基础上，采用科学的设计方法设计具体的权重系数。主要的权重设计方法有如下几种。

（1）专家经验判定法。专家经验判定法是最简单的权重确定方法。它是决策者个人根据自己的经验和对各项绩效指标重要程度的认识，对各项绩效指标的权重进行分配。有时决策者也会召集相关人员和专家学者共同讨论，听取大家的意见，共同商定权重的大小。也可以请多个专家为每个绩效指标打分，然后取专家赋值的平均值为权重。

这种方法基本上是基于个人的经验决策，往往带有片面性。对于比较简单的绩效评价工作，这个办法花费的时间和精力比较少，容易被接受。但在实际的应用过程中，应注意不同利益主体之间观点的平衡，避免决策专断的行为。

（2）权值因子判断表法。权值因子判断表法是指由评价人员组成评价专家小组，由专家组制定和填写权值因子判断表，然后根据各位专家所填写的权值因子判断表来确定权重的方法。这种方法的实施主要由以下几个步骤构成：

1）组成评价的专家组。专家组一般由绩效管理部门的人员、评价专家以及其他相关人员构成。根据不同的评价对象和目的，专家组的构成可以有所不同。

2）制定绩效指标权值因子判断表，见表3-10：

表 3-10 权值因子判断表

a_{ij} 列$_j$ / 行$_i$		绩效指标				
		F_1	**F_2**	**F_3**	**…**	**F_n**
绩效指标	F_1					
	F_2					
	F_3					
	⋮					
	F_n					

3）专家填写权值因子判断表。方法如下：将每行因子与每列因子进行比较，判断其相对重要程度。若采用四分制，非常重要的指标为 4 分，比较重要的指标为 3 分，同样重要的为 2 分，不太重要的为 1 分，相对很不重要的为 0 分。

4）对各位专家所填写的权值因子判断表进行统计。

首先，计算每一行绩效指标得分值。

$$D_{iR} = \sum_{\substack{i=1 \\ j\neq i}}^{n} a_{ij}$$

式中，n 为绩效指标的项数；a_{ij} 为绩效指标 i 与绩效指标 j 相比时，指标得分值；R 为专家序号。

其次，求绩效指标平均分值。

$$p_i = \sum_{R=1}^{L} \frac{D_{iR}}{L}$$

式中，L 为专家人数。

最后，计算绩效指标权值。

$$W_i = \frac{p_i}{\sum_{i=1}^{n} p_i}$$

（3）层次分析法。层次分析法是对人们的主观判断进行形式的表达、处理与客观描述，通过判断矩阵计算出相对权重后进行判断矩阵的一致性检验，克服两两相比的不足。层次分析法确定权重的步骤如下：

1）建立树状层次结构模型。这个步骤就是建立一个组织完整的绩效指标体系。

2）确立思维判断定量化的标度。在两个因素互相比较时，需要有定量的标度，假设使用前面的标度方法，则其含义如表 3-11 所示。

表 3-11 因素比较定量标度

标度	含义
1	表示两个因素相比，具有同样重要性
3	表示两个因素相比，一个因素比另一个因素稍微重要

续表

标度	含义
5	表示两个因素相比，一个因素比另一个因素明显重要
7	表示两个因素相比，一个因素比另一个因素强烈重要
9	表示两个因素相比，一个因素比另一个因素极端重要
2，4，6，8	为上述相邻判断的中值

3）构造判断矩阵。运用两两比较方法，对各相关元素进行两两比较评分，根据中间层的若干指标，可得到若干两两比较判断矩阵，如表3－12所示。

表3－12 因素比较矩阵

A	A_1	A_2	…	A_n
A_1	a_{11}	a_{12}	…	a_{1n}
A_2	a_{21}	a_{22}	…	a_{2n}
⋮	⋮	⋮	⋮	⋮
A_n	a_{n1}	a_{n3}	…	a_{nn}

4）计算权重。首先，将判断矩阵每列正规化；其次，将正规化后的判断矩阵按行相加；再次，计算权重；最后，计算矩阵的最大特征根。

（4）加权平均法。传统的确定绩效指标的方法是将绩效指标人为地划分为一定比例，这种方法在管理实践中常常出现权重分配不完全的现象。采用加权平均法来确定绩效指标权重的方法，操作性和科学性都较高。具体做法包括三个步骤：首先，将所有指标划分为三类并赋予不同的权重系数，即全局性指标的权重系数为5，局部性指标的权重系数为3，事务性指标的权重系数为1；其次，每个指标的满分赋值为100分，考核主体依据考核标准进行打分，经权重系数加权，得到每个指标的加权得分；最后，对所有指标加权得分进行求和，并根据指标数量对权重进行求和，取两者的商即为最终评价得分。计算公式如下：

$$\bar{x}=\frac{x_1f_1+x_2f_2+\cdots+x_kf_k}{f_1+f_2+\cdots+f_k}=\frac{\sum_{i=1}^{k}x_if_i}{\sum_{i=1}^{k}f_i}\left(\text{可简记为 }\bar{x}=\frac{\sum x_if_i}{\sum f_i}\right)$$

下面以北京市延庆县* 八达岭镇领导班子的绩效评价为例对此进行讲解。我们对每个指标都按照全局性指标、局部性指标和事务性指标分别赋予权重系数5，3和1，而每个指标的满分都为100分，每个指标的具体得分乘以权重系数就是该项指标的最后得分。但是不同类型的组织或部门在分配不同层面的绩效指标的权重系数时，比重需要根据自身特点进行调整。比如八达岭镇突出过程导向，将利益相关者层面的权重设定为

* 2015年11月撤销北京市延庆县，设立北京市延庆区。这里因为沿用之前的案例，取旧称。

20%，实现路径层面定为60%，保障措施层面则定为20%，三个层面合计100%。该镇绩效指标的具体情况（示例）如表3-13所示。也有的组织在绩效评价中突出结果导向，那么该组织在设计组织层面绩效指标权重分配的时候就需要与之相适应。比如北京市延庆县环保局的绩效指标权重分别是利益相关者层面占50%，实现路径层面占30%，保障措施层面占20%。

表3-13 北京市延庆县八达岭镇领导班子绩效评价量表（示例）

层面	指标	目标值	满分	权重系数	数据来源	评价主体
利益相关者（20%）	农村经济总收入年增长率	10%	100分	5		
	旅游收入年增长率	25%	100分	5		
	空气质量二级和好于二级的天数占全年比重	85%	100分	3		
	大气指数	达到县级要求	100分	1		
实现路径（60%）	有机农业产值年增长率	达到县级要求	100分	5		
	以旅游为基础的消费性服务业年收入	达到县级要求	100分	3		
	食品安全事件发生次数	达到县级要求		减分项		
	创建绿色村庄数量	1个		加分项		
保障措施（20%）	党建工作	达标	100分	5		
	各类基础数据库健全度	达标	100分	3		
	行政问责次数	0次/年		减分项		
	社会融资总额	元		加分项		

这一思路的特点是所有指标的满分赋值相同，所有情形下同一指标的权重系数相同。其优点在于，指标的权重结构统一、简单，便于进行指标设计与管理；被考核对象的得分不受指标数量及其权重结构的限制，突破了组织指标设计时经常遭遇的容量问题；指标赋值和权重系数的统一，便于对不同组织、岗位的绩效进行比较分析，也有利于指标权重分配保持一致性。当然，这一思路也有其难点，即如何科学划分指标类型。也就是说，区分哪些指标是全局性的，哪些指标是局部性的，哪些指标是事务性的。全局性、局部性和事务性的判定标准是什么？实际上，这些问题的根源在于考核内容本身，其破解之道依赖于考核内容的设计思路和质量。

三、绩效标准

绩效标准又称为绩效评价标准，描述的是绩效指标需要完成到什么程度，反映组织对该绩效指标的绩效期望水平。在设计绩效指标时，需要为每个指标确定相应的绩效标准，便于管理者在绩效监控和绩效评价中判断绩效指标的完成情况。在绩效管理实践中，人们对绩效标准的理解主要有两种：一种是将绩效标准理解为一个区间值，另一种是将绩效标准理解为一个数值，即目标值。

（一）作为区间值的绩效标准

绩效目标描述的是实现战略所必须做好的事项，绩效指标则是追踪和评价目标实现程度的晴雨表，即强调从哪些方面衡量绩效目标，而绩效标准则说明了各类指标应该做到何种程度才符合组织的期望，即各项绩效指标分别应该达到什么水平。在绩效计划制订过程中需要对每个绩效指标确定一个合适的绩效标准。绩效标准通常需要特别注意可行性，与整个绩效计划体系协调一致，并直接面向绩效管理各环节。某公司销售员的绩效目标、绩效指标和绩效评价标准的示例如表3-14所示。

表3-14　某公司销售员的绩效计划（示例）

绩效目标	绩效指标	类型	绩效评价标准
销售利润	年销售额	数量	年销售额达到80～100万元
	税前利润百分比	数量	税前利润率控制在20%～22%
销售成本	实际成本与预算的变化	数量	实际费用与预算相差在4%以内
⋮	⋮	⋮	⋮

在具体确定绩效标准的时候，至少需要注意如下三个方面的问题。

（1）绩效标准可以分为基本标准和卓越标准。基本标准是绩效对象在相应绩效指标上应该达到的合格水平，是对绩效对象的基本要求；基本标准是绩效指标合格的最低标准，通常用于基本工资的确定。卓越绩效标准是引导组织追求卓越绩效，提高产品、服务和经营质量所期望的卓越绩效水平。卓越绩效标准一般不设上限，也不做强制要求，鼓励个人挑战极限，通过不断的自我超越，树立绩效标杆，引导绩效发展方向。卓越绩效标准主要用于激励性奖励和职位晋升等。比如某公司关于销售代表的基本绩效标准至少应该包括正确介绍产品或服务，达成承诺的销售目标，汇款及时，不收取礼品或礼金等；卓越绩效标准则强调对每位客户的偏好和个性做出详细的记录和分析，为市场部门提供有效的客户需求信息，维持长期稳定的客户群等。

（2）绩效标准通常是一个连续等级。虽然绩效标准可以分为基本标准和卓越标准两大类，但通常是用一个连续的绩效等级来衡量具体的绩效指标完成情况。需要说明的是评分标准和等级描述实际上共同构成了绩效评价过程的标尺。评分标准的划分通常有四种方式：第一种是量词式，即采用带有程度差异的形容词、副词、名词等表示不同的等级水平。例如，“较好”“好”“一般”“差”“较差”。第二种是等级式，即运用一些能够体现等级顺序的字词、字母或数字表示不同的评价等级，例如，“优”“良”“中”“差”，“甲等”“乙等”“丙等”“丁等”，以及“1”“2”“3”等。第三种是数量式，即用具有量的意义的数字表示不同的等级水平，可细分为离散型和连续型两种，如表3-15和表3-16所示。第四种是定义式，即通过语言描述的方式界定评分标准和等级。相对于前面三种评价尺度而言，定义式的评价标尺比较复杂，要求设计者针对每一个评价指标的不同绩效等级进行具体描述，不仅要求语言高度简练，而且要具体准确，具有很强的针对性。尽管设计难度大，但是它能够有效地提高评价的客观性，更好地实现评价的行为引导作用，因此在绩效评价中得到了越来越广泛的运用。表3-17是定义式评价标尺的一个例子。

表3-15 离散型评价标尺

评价指标	指标定义	标度（尺度）				
计划能力	能够有计划、有步骤地完成领导交给的工作，使本业务领域的工作与整个部门或所在工作团队的工作目标相匹配	0分	3分	6分	9分	12分

表3-16 连续型评价标尺

标志（尺度）评价指标	5～4.5分	4.4～4分	3.9～3.5分	3.4～3分	3分以下
协作性	很好	尚可	一般	较差	极差

表3-17 定义式评价标尺

对象	要素定义	分等级说明				
		S	A	B	C	D
部长级	是否重视工作目标的树立并在工作中对部门目标的完成情况进行监控，能否使下属了解目标的重要性，并通过让下属参与目标的制定激发他们的工作热情。	重视工作目标的树立并在工作中对部门目标的完成情况进行监控，让下属参与目标的制定，目标切实可行，下属的工作热情很高。	重视工作目标的树立并在工作中对部门目标的完成情况进行监控，让下属参与目标的制定，目标基本上切实可行，下属的工作热情较高。	了解目标的重要性，但不善于制定目标，所制定的工作目标不能为一部分部门员工所接受，在目标实施过程中有一定困难。	在日常工作中有一定的计划性，但往往无明确的长期或阶段性目标，常常“走一步算一步”，下属员工也难以确定自己的阶段性工作目标。	工作完全没有计划性，总是在上级或其他部门的要求下被动地组织部门的工作。
主管级	是否重视工作目标的树立并在工作中对团队目标的完成情况进行监控，能否使下属了解目标的重要性，并通过让下属参与目标的制定激发他们的工作热情。	重视工作目标的树立并在工作中对团队目标的完成情况进行监控，让下属参与目标制定，团队人员的工作热情很高。	重视工作目标的树立并在工作中对团队目标的完成情况进行监控，让下属参与目标的制定，目标基本上切实可行，下属的工作热情较高。	了解目标的重要性，但不善于制定目标，所制定的工作目标不能为一部分下属员工所接受，在目标实施过程中有一定困难。	在日常工作中有一定的计划性，但往往无明确的长期或阶段性目标，常常“走一步算一步”，下属员工也难以确定自己的阶段性工作目标。	工作完全没有计划性，总是在上级或其他同事的要求下被动地组织本团队的工作。

续表

对象	要素定义	分等级说明				
		S	A	B	C	D
普通员工	是否重视工作目标的树立，积极参与个人工作目标的确定，个人目标是否符合部门或团队的工作目标，是否能在工作中按照预定的目标落实每一项工作。	重视工作目标的树立，积极参与个人工作目标的确定，个人目标符合部门或团队的工作目标，并能够在工作中按照预定的目标落实每一项工作。	了解工作目标的重要性，参与个人工作目标的确定，个人目标基本符合部门或团队的工作目标，在工作中能按预定的目标落实每一项工作。	重视工作目标的树立，但不善于制定目标，不能将自身的目标与部门或团队的目标很好地结合。	在日常工作中有一定的计划性，但缺乏长期的或阶段性的工作目标，在领导的要求下被动地开展工作。	工作完全没有计划性，每天都在被动地完成上级领导交给的工作。

（3）绩效标准是稳定性和动态性的统一。绩效标准的制定过程是管理者和下属充分沟通后共同确定的，标准一旦确定，在外部环境没有发生重大变化的时候应该保持标准的稳定性。不能因为领导个人的喜好和意志的变化对绩效标准随意调整，否则会降低绩效系统的权威性。但是管理和技术的大幅进步、外部环境的急剧变化或竞争突然加剧等情况导致原来制定的绩效标准不适应新形势的时候，就需要及时对绩效标准进行动态调整或修正。比如，一家生产型企业因为引进大型先进生产设备，实现了生产率和产品质量的大幅提升，原来的卓越标准就有可能变成了基本标准，这就要求对原来的绩效标准进行及时调整。

（二）作为一个数值的绩效标准

将绩效标准设定为一个具体的数值，有利于对绩效的判断形成一个明确的标准。在平衡计分卡中，通常使用一个具体的目标值作为衡量绩效指标是否达成的标准。一般情况下，在确立了绩效目标和衡量指标之后，就需要为每一个指标设定目标值。目标值是组织所预期的特定指标的未来绩效状态，通常决定了组织为实现既定目标的资源投入程度和员工努力程度。目标值的设定高低在于在挑战性和可行性之间取得一种平衡，既能满足组织绩效改进的需求，又易于让员工接受和信服。在平衡计分卡中，目标值设定的难点是如何把最高层的价值差距在保持逻辑一致的前提下，分解到各个层面中的每一个指标。

由于目标的设置和指标的选择在某种程度上带有一定的价值判断成分，员工即使有不认同的地方也不至于激烈反对。但是确定目标值和行动方案的过程更多地依赖历史数据和客观条件，而且与员工的个人利益紧密相关，这更容易产生分歧和争议。设定科学合理的目标值对于组织绩效的影响非常明显，但它的确是一个艰难的过程。在管理实践中，深入理解具体设计步骤和方法对目标值的设定非常关键。

1. 目标值设定的步骤

目标值的设定可以分为两个主要步骤：一是将整体的价值差距分解到每个战略主题；二是在每个战略主题内，根据战略地图因果关系分别设置目标值。

（1）分解价值差距。目标值设定源于愿景描述，即组织设定的最高层面的挑战性目标，它是一个宏伟而大胆的目标，因而在现实和理想状态之间必然产生价值差距，战略的作用就是缩小这种价值差距。管理层可以把价值差距分解到不同的战略主题。每个战略主题都会以一种独特的方式创造价值，并且它们所创造的价值累加起来应该能弥合整体的价值差距。每一个主题的目标值都反映了该主题在支持和实现战略各组成部分过程中的影响力。下面以一家消费者银行为例进行说明，如图3-9所示。

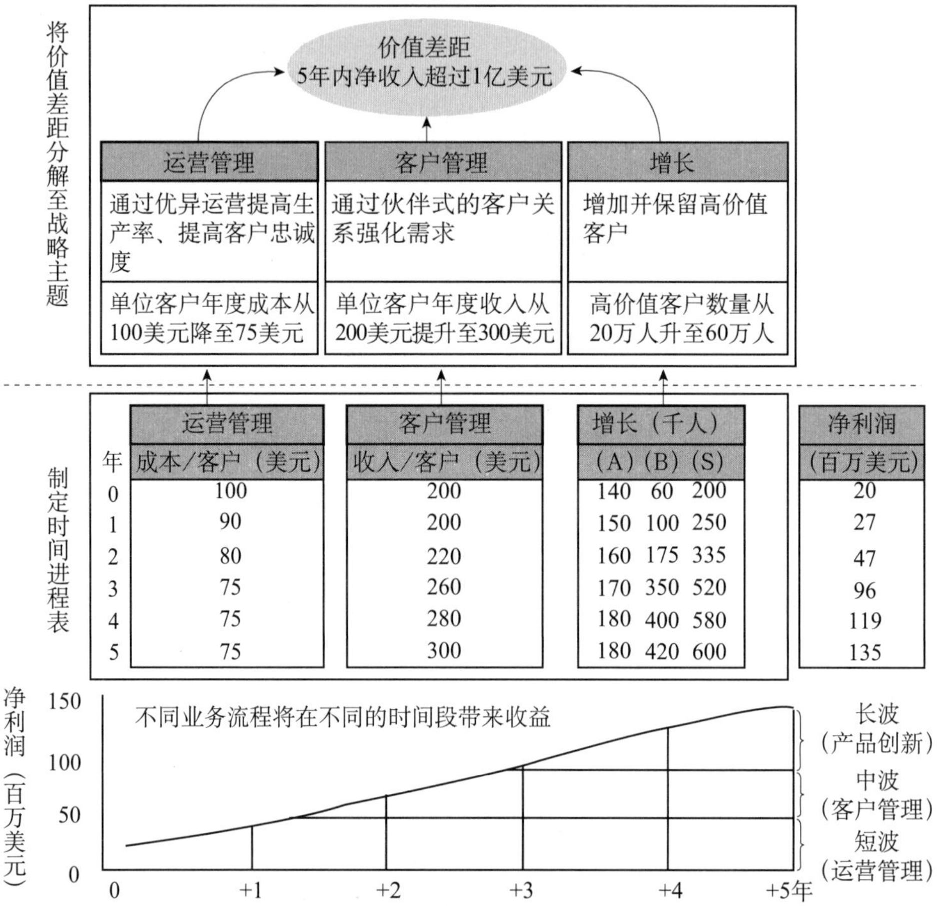

图3-9　将价值差距分解到战略主题

资料来源：罗伯特·卡普兰，戴维·诺顿．平衡计分卡战略实践．北京：中国人民大学出版社，2009.

消费者银行就财务层面的统领性目标设立了一个价值差距："当前净收入2 000万美元，5年内净收入超过1亿美元"。随后，它将这一价值差距分解到"运营管理"、"客户管理"和"增长"三个战略主题上。其中，为运营管理主题设定的目标值是，要求"降低25%的单位客户的服务成本"，但仍然要提供始终如一的服务。为客户管理主题设定的目标值是"单位客户的收入提高50%"，实现途径是成为客户可信赖的财务规划者，向他们交叉销售多种金融产品和服务。为增长主题设定的目标值是，通过卓越的绩效表现和创新的产品"吸引40万名新客户"。消费者银行为这三个战略主题制定了具体的时间进程表，预计高效运营主题可以相对较快地产生成本节约效益，其目标值的80%在一两年内即可达成；加强现有客户关系所带来的收益增长则需要较长时间，主要收益要在

3～4 年后才会实现；产品创新和提升品牌形象所产生的客户增长则需要更长的时间。时间进程表显示了实现愿景所提出的挑战性目标的可行性，并且为深入思考每个战略主题内的目标、指标和目标值提供了框架。根据消费者银行的时间进程表，到第 5 年年末，如果三个战略主题都达到了目标值，那么该银行就可以实现预定的财务目标——净收入超过 1 亿美元，远远超过当前的 2 000 万美元的水平。

（2）运用因果逻辑关系设定目标值。这一步就是将每个战略主题的目标值进一步分解到主题内的战略目标。目标值设定应遵循的最重要原则是，不能孤立地设定战略主题内各个战略目标值，每个目标值的设定应该和主题中其他战略目标的目标值形成因果关系。下面以“客户服务”战略主题为例，讲解运用因果关系模拟设定目标值，如图 3-10 所示。目标值设定流程开始于图中右边所示的价值差距——提高净收入 50%。该战略主题财务层面的子目标是提升单位客户收入 20%。这个增长将为实现总体目标做出贡献。在实现这一目标的众多战略中，该组织最终决定通过提供更高水准、快速响应的个人服务来提高客户保留率。相应地，改善客户服务要求提升员工能力，这个目标可以通过减少高素质员工的流失来实现。其中的相关性假设是关键员工流失率降低 20%，服务水平可以提高 30%，这种服务改善将减少 25%的客户流失，同时会增加 20%的单位客户收入。这条因果关系链提供了清晰的自下而上的战略可行性验证。如果公司发现战略可行，就启动因果关系模拟，制订行动方案来降低关键员工流失率，这一举措将取得减少客户大幅波动、增加预期收入的效果。

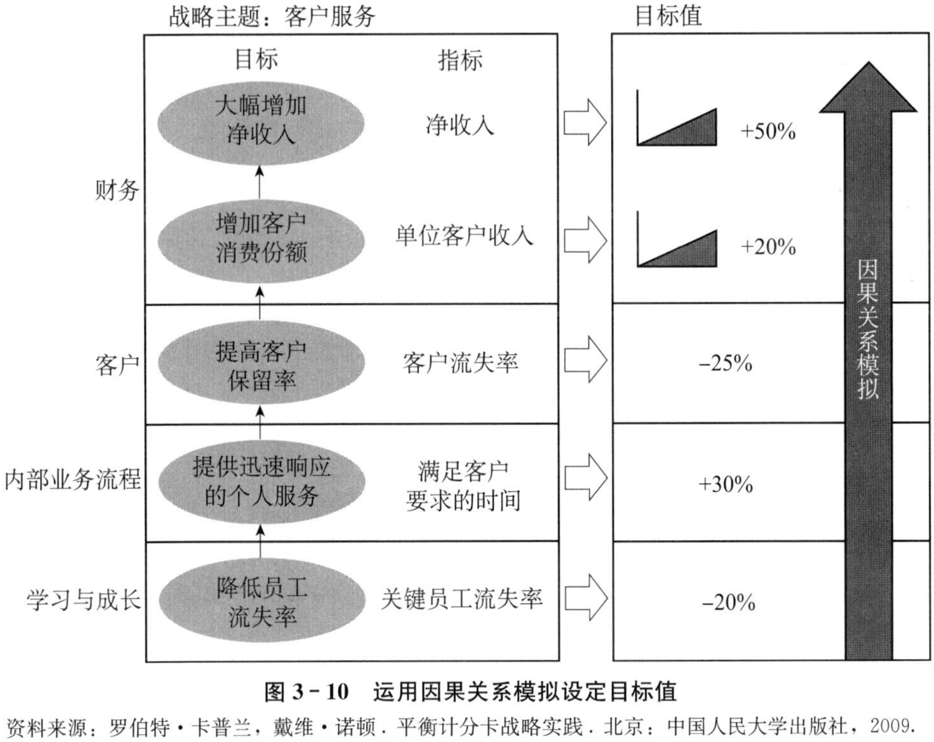

图 3-10　运用因果关系模拟设定目标值

资料来源：罗伯特·卡普兰，戴维·诺顿．平衡计分卡战略实践．北京：中国人民大学出版社，2009.

2. 运用标杆法设定目标值

目标值的数据确定在最初阶段主要依赖管理者的经验判断，随着有关历史数据的不断积累，目标值的数据将变得日益精确。尽管经验判断或多或少会带有主观色彩，但还是有一些客观数据可以参考，通常的做法是设定标杆目标值。也就是说，在设定目标值的时候，可以考虑采用绩效指标的外部标杆。平衡计分卡中四个层面的衡量指标都可能有外部标杆，但是需要认真考虑外部标杆产生的条件及其与公司内部的实际情况是否具有可比性。参考公共数据、行业协会的数据或者查询公司数据库，公司可以确定它要达成的各项指标的绩效水平。如果公司的状况和那些对标的外部公司具有相似性，这些数据就形成了公司目标值的参考值。

运用标杆法设定目标值就是一个对标的过程，即通过对比标杆找差距来设定目标值。企业的对标可以从财务层面开始考虑。因为大多数竞争对手都有可能成为上市公司，企业很容易获知行业内其他公司的详细财务绩效状况。因此，公司应该挑战最佳绩效，在某些指标上做到行业最好，如资本回报、收入增长、经营利润及生产率等。它们应该在这些指标上做到数一数二，或者至少也要达到前1/5～1/4的水平，尤其当它们目前的水平还低于行业平均水平的时候。一些客户层面的结果指标，如提高市场份额和增加客户数量，从含义来看应该聚焦于外部，以竞争对手为比较对象。公司也可以请它们的关键客户通过与其他竞争对手相比较，来对其绩效进行评分。那些拥有大量相似的分支机构的公司，可以通过内部标杆来设定流程层面和学习与成长层面的目标值。例如，零售连锁商店、酒店、银行、快餐店等，可以应用统计分析的方法来确定各项流程的目标值和员工能力的目标值。公司也可以使用外部最好的标杆作为其流程的衡量指标，尤其是关于成本、质量和周期的关键流程。对于一个创新流程来说，生产制造企业或者软件公司可能会将行业内最短的产品开发时间设定为目标值，采用从想法到产品商品化的时间来衡量。当然，如果公司的关键流程采用外部标杆作为衡量标准的话，那么它一定要有渠道获得行业或行业协会的数据信息，如订阅标杆信息或者进行标杆研究。

四、行动方案

很多组织在制定完绩效目标、绩效指标和绩效标准之后，就认为绩效计划的制订已经结束了，从而忽略了完成目标和指标需要有具体的行动方案做支撑。实际上，只有将长期战略规划与短期行动计划连接起来，才是提升组织执行力和协同性的根本途径，也是确保战略落地的必然要求。

但是，如何将两者紧密联系起来才是管理者面临的重大挑战。需要采取什么样的行动才能实现组织的战略目标？如何保证各种行动方案的战略性、系统性和协同性？将有限的资金配置到哪些行动方案上更能促进组织的持续健康发展？这些问题对于很多管理者来说都是很棘手的问题。战略行动方案是达成目标的途径，是有时间限制的自主决定的项目或计划的集合，区别于组织的日常运营活动，旨在帮助组织实现目标绩效。选择战略行动方案的时候，如下两个方面需要特别关注。

（一）战略行动方案的确定和组合

确定战略行动方案是绩效计划的重要组成部分，并且在确定战略行动方案的过程中，还要实现行动方案系统相互协同，共同助推战略目标的实现，因此如何组合各种行动方案也是制订绩效计划过程中必须面对的挑战。

在最初的平衡计分卡理念中，卡普兰和诺顿建议为每一个战略目标制订相对独立的行动方案，并结合财务回报分析和非财务评估来筛选行动方案。然而，独立地制订行动方案会忽略相互关联的多项行动方案之间的整合与累积产生的影响。因此，他们对原有观点进行了修正，认为应该基于战略主题选取行动方案，每个非财务目标至少要有一个行动方案来支撑，而且这些行动方案要绑定到每个战略主题，跨部门和跨业务单元的行动方案需相互匹配，形成整体的行动方案组合。每个战略主题都需要一组完整的战略行动方案组合来支撑绩效目标的达成，而且同一个战略主题内所有行动方案应该同步实施，任何独立行动方案都是必需的但不足以支持整个主题。下面以“交叉销售产品”战略主题为例讲解行动方案的选定，如图 3-11 所示。这个名为“交叉销售产品”的战略主题包括 5 个非财务目标，对应 10 个行动方案。其中，提升人力资本准备度需要两个方案：一是发展员工的关系管理技能；二是使员工成为可信赖的财务规划师。如果这两个行动方案实施了，就会实现人力资本准备度达到 100%的目标值。同时，组合产品供应、整合客户档案、管理层持股调整等其他战略目标的行动方案也需要有效执行，否则整个战略主题的绩效会大打折扣。

战略主题：交叉销售产品			
战略目标	指标	目标值	行动方案
财务层面 拓宽收入组合	• 收入组合 • 收入增长	• +10% • +25%	
客户层面 提高客户对我们金融咨询的信任	• 细分客户份额 • 钱包份额 • 客户满意度	• 25% • 50% • 90%	• 细分客户行动方案 • 满意度调查
内部业务流程层面 交叉销售产品	• 交叉销售比率 • 与客户在一起的时间	• 2.5% • 1 hr/Q	• 财务计划行动方案 • 组合产品供应
学习与成长层面 开发战略技能	• 人力资本准备度	• 100%	• 关系管理技能 • 可信赖的财务规划师
易于获得战略信息	• 战略应用程序准备	• 100%	• 整合客户档案 • 组合计划应用程序
协同个人目标	• 目标与BSC联结	• 100%	• MBO升级 • 激励补偿

图 3-11 基于战略主题开发战略行动方案

（二）战略行动方案的筛选和评估

实现组织战略目标是战略行动方案的要义所在，但是许多公司都存在行动方案过多的问题。高层管理者每周要花半天时间来审批新的行动方案，或是跟踪现有行动方案的进程，决定取消哪些方案以及如何配置人员和资金。造成这一问题的原因主要是有关行动方案的提议和决策是孤立进行的，没有以战略框架为依据。战略地图的开发为行动方案的评审和排序提供了平台，管理者可以通过创建一个矩阵来对行动方案进行验证。如

表3－18所示，矩阵的纵向是战略主题和目标，横向是现有行动方案。如果行动方案的有效实施有助于战略主题中目标绩效的大幅提升，就在相应空格内标注“√”。通过这个矩阵，管理者可以发现有些行动方案对任何一个战略主题都没有影响，例如表中的“仓库升级”和“服务系统重组”。这类不能给战略主题的绩效提升带来明显改善的方案，将成为被整合或者取消的首选。同时，管理者还能发现有些战略主题或其目标没有任何行动方案支持，例如表中的“符合法规标准”，此时需要提出新的行动方案。新方案的开发要集中组织全体员工的经验和智慧，最好的行动方案往往来自一线员工，因此管理者要鼓励他们提出新的行动方案，以帮助组织实现绩效目标。

表3－18　检验矩阵：行动方案与战略主题和目标的协同性

战略主题和目标	现有行动方案							
	采购流程再造	销售培训	仓库升级	质量需求培训	产品开发漏斗	服务系统重组	客户中心连接	行动方案“*n*”
改善服务提供 ●目标1 ●目标2	√			√				
提升合作伙伴关系 ●目标3 ●目标4		√					√	
驱动未来价值 ●目标5					√			
符合法规标准 ●目标6								
提高以客户导向的能力 ●目标7 ●目标8		√					√	

没有行动方案的战略主题

没有行动方案的战略主题

资料来源：罗伯特·卡普兰，戴维·诺顿．平衡计分卡战略实践．北京：中国人民大学出版社，2009.

行动方案的检验要在战略地图开发完成后立即进行，以剔除不合理的现有方案，开发新的战略方案。新方案的提议可以按照标准模板制作，主要包括四个要素：行动方案的描述；所支持的战略主题或战略目标；期望的效果；所需资源、成本和时间。新方案提议汇总之后，需按照规范的流程进行正式评估，对现有行动方案和新提议的行动方案的优先级进行排序并得出量化的分数，以筛选出高质量的行动方案。下面以一个典型的行动方案选择流程为例对行动方案的排序进行说明，如图3－12所示。该流程有三个标准：战略匹配度与收益（50%权重）、资源需求（30%权重）以及组织能力和风险（20%权重）。其中，每个标准都进行了含义说明，并划分为三个等级，每个等级赋予1，3，9三个不同分值。评分的方法是，每一个行动方案都按照这三个标准进行评定，用每个标准上的得分乘以相应权重，三个标准所得分数相加即为该行动方案所得总分。当所有的行动方案都被评分后，则依据每个行动方案的总分进行排序，以便根据评估结果进行讨论和筛选，确定最终的战略行动方案组合。当然，不同的组织可以根据实际情况对上述标准和权重进行细分，或者开发出自己的标准和相关权重，通过评估每个行动方案对目标绩效实现的影响程度来决定和选择战略行动方案。

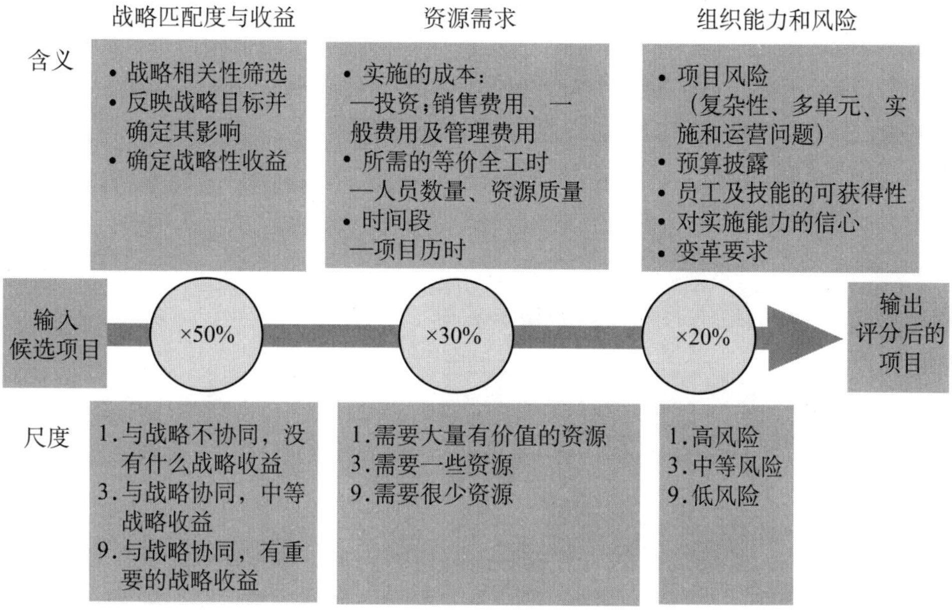

图 3-12　行动方案评估：进行优先等级排序

资料来源：罗伯特·卡普兰，戴维·诺顿．平衡计分卡战略实践．北京：中国人民大学出版社，2009.

第 4 节　绩效计划的制订

战略性绩效管理的关键就是制订和执行兼具科学性和可操作性的绩效计划，实现化组织战略为每个人的日常行动。如何确保组织、部门和个人三个层面的绩效计划都与组织战略保持一致，使组织内每个人的工作行为、方式和结果都为实现组织战略目标服务就显得尤为重要。

一、绩效计划体系的总体设计

保障绩效计划体系设计遵循科学的设计程序和设计步骤，对保障绩效计划体系的科学性和操作性具有重要的意义，管理者需要对此有深入全面的认识。

（一）绩效计划体系设计的一般步骤

绩效计划有很多不同的形式，但任何形式的绩效计划都应该包含目标、指标、目标值和行动方案等核心内容。制订绩效计划的过程应该按照绩效层次来进行，通过对组织战略的层层分解、细化、承接，最终落实到个人绩效计划之中。

我们以大型企业集团的绩效计划体系构建为例进行详细说明。大型企业的绩效计划体系的制定通常包括以下几个步骤：第一步，设计企业战略地图并制定企业平衡计分卡，其核心是确定企业层次的绩效目标体系；第二步，通过对企业绩效目标的分解或承接，制定业务单元和支持单元的战略地图和平衡计分卡，其核心是设计业务单元或支持单元的绩效目标体系；第三步，通过对业务单元或支持单元绩效目标的分解或承接，制定部门的战略地图和平衡计分卡，其核心是设计部门绩效目标体系；第四步，通过对部门绩效目标的分解或承接，制定个人平衡计分卡，其核心是设计个人绩效目标体系。大型企业集团的绩效计划体系的总体构成如图 3-13 所示。

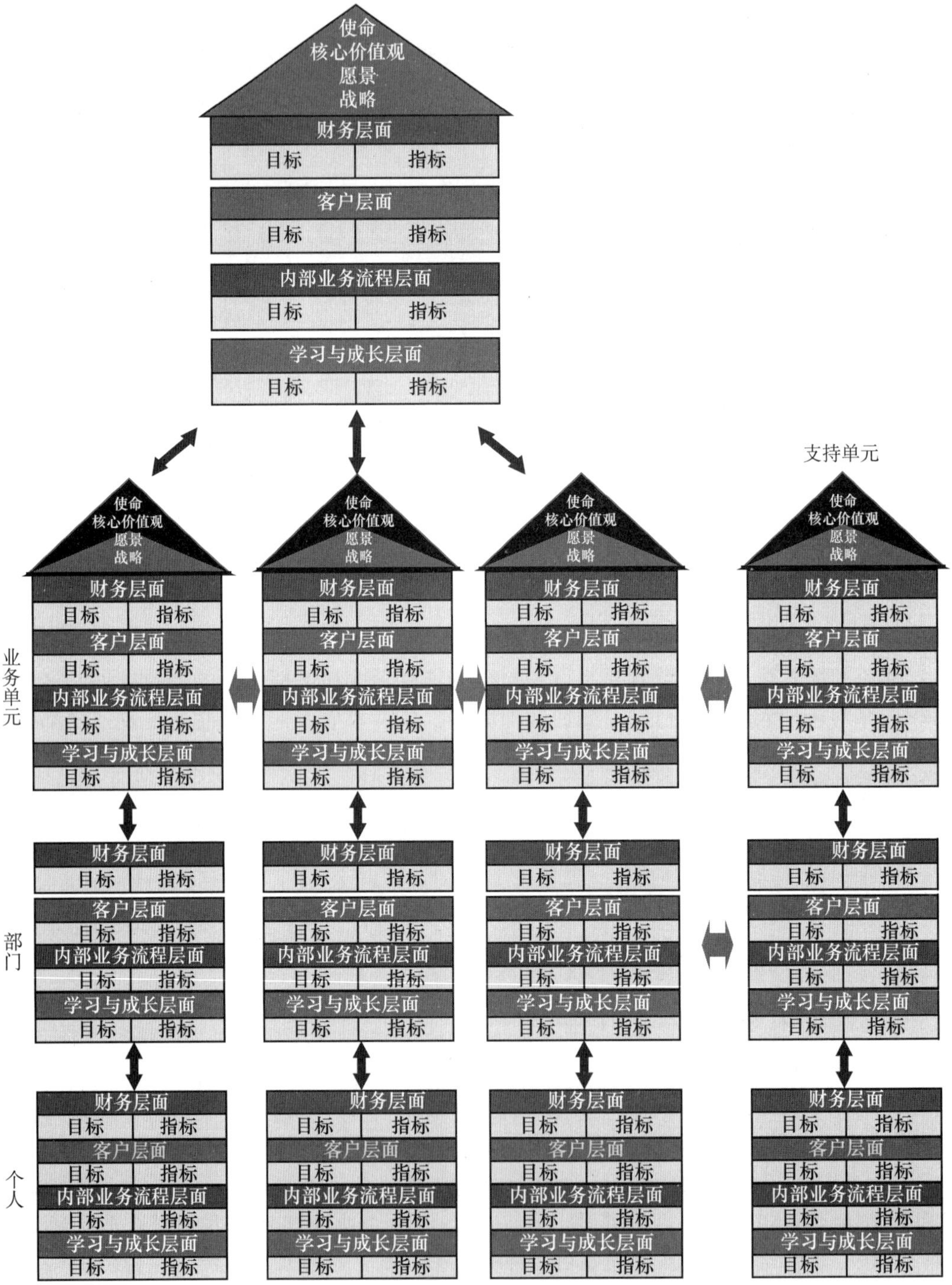

图 3-13　全面协同的绩效计划体系

保障组织战略目标通过层层分解最终落实到个人绩效计划之中是设计战略性绩效管理系统的重点、难点和关键。下面以制定业务单元绩效目标为例对此进行详细讲解。组织战略地图确定之后，组织绩效目标就随之确定。其中，有的目标能够被业务单元直接承接，这类目标在两个层次上的目标名称都保持一致；有的目标则不能直接被业务单元承接，而是需要经过分解才能被不同的业务单元承接，这类目标的名称在两个层次上发生了变化。通过分解和承接两种方式，将组织目标落实到业务单元上，从而形成业务单元主要的绩效目标，如图 3-14 所示。另外，在制定业务单元目标体系时，还需要考虑业务单元的特有目标，才能建立完整的目标体系。

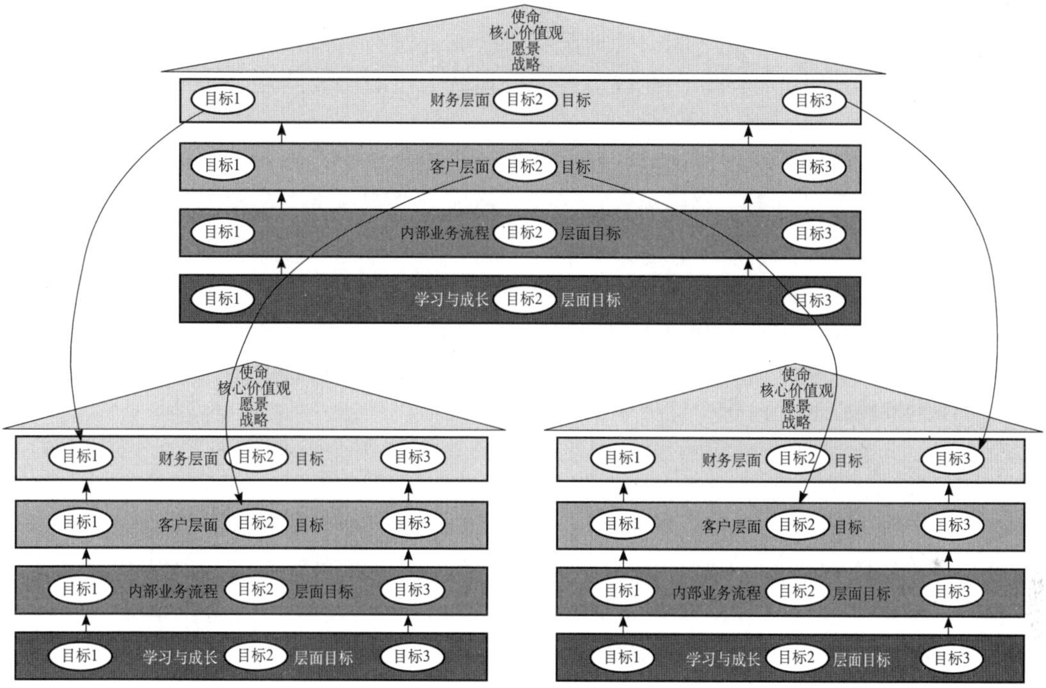

图 3-14　业务单元绩效目标的确定过程

（二）绩效计划体系的全面协同

确保绩效计划体系的全面协同是战略性绩效管理的重要特征，也是设计绩效计划体系的技术难点之一。绩效计划体系需要以绩效目标为纽带，在纵向上协同企业总部与业务单元，在横向上协同业务单元和支持单元。

1. 协同企业总部与业务单元

在制定绩效计划体系的时候，确保企业价值主张的统一也是确保绩效计划体系科学性和操作性的重要环节和确保组织协同的有效措施。在大型集团公司中使用平衡计分卡，需要注意企业价值主张的统一，充分发挥公司总部的功能，也可以说对企业价值主张的清晰阐述和有效管理是公司总部的首要责任。

公司总部与战略业务单元不同，它没有自身的客户，也没有能够提供产品和服务的操作流程。归根结底，企业总部的全部工作就是协同不同业务单元的价值创造活动，使其能够为客户创造更多的价值或降低总体运营成本，从而超越每一个业务单元独立运作所能够达到的程度。在理解这个问题之前，首先需要了解不同公司与其业务单元之间的关系，然后根据不同的关系采取差别化的处理方式。平衡计分卡根据母子公司治理结构的不同，将企业划分为三种类型：控股公司、运营公司和介于两者之间的公司。

第一，控股公司。控股公司由多个自主经营的战略业务单元（子公司）组成，没有统一的客户价值主张，其下属的每个业务单元都拥有完全的战略权，自行制定战略和绘制战略地图及平衡计分卡，例如印度的塔塔集团。这类公司的总部机构通常只是审阅并批准每个业务单元的战略及其图卡，然后据此为业务单元提供相应支持。这种被动型的控股公司能够在分散的单元之间有效地配置资金，并进行有效的监管，以形成协同。由于多数衡量指标是财务性的，因此许多控股公司认为没有必要绘制公司层面的战略地图和平衡计分卡。

第二，运营公司。运营公司以连锁经营方式运作的居多，拥有众多分支机构的银行也属于此类，例如星巴克、家乐福等。运营公司通常希望通过交易来强化品牌，因此主张客户在每一个业务单元的消费体验都是一致的。为此，这类公司的总部在经营管理中通常扮演积极角色，统一界定客户价值主张，并将公司战略转变为关键指标，涵盖财务、客户体验、每一个业务单元必须执行的关键流程以及员工招聘、开发和保留等方面。而且，运营公司下属的每一个业务单元的战略地图和平衡计分卡都是统一的，总部机构可以据此监控和记录每个业务单元的绩效表现。

第三，介于控股公司和运营公司之间的公司。这类企业拥有一个公司层面的战略，其下属的每个业务单元还有各自的战略，例如美孚石油、通用电气等。这类公司的业务单元一般结合自身的竞争优势形成独特的战略，但注重与公司总部以及其他业务单元形成协同和整合。因此，每个业务单元的战略地图和平衡计分卡既有许多各自特有的目标，也包含一些反映公司战略重点的目标，以及与其他运营单元共享的目标。这就要求业务单元的管理者必须在上述二者之间保持平衡，既能够像一个自治的公司一样实现优异的独立运营，又能够兼顾组织协同，对上级公司和其他业务单元有所贡献。

在制订绩效计划的时候，首先要理顺公司总部和业务单元的关系，进而实现有效协同。协同的实质就是围绕战略整合组织，实现密切配合和协同作战。一般来说，协同应该是自上而下的，首先由公司总部阐述企业价值主张，然后交由各战略业务单元执行。理想的组织协同需要企业总部清晰地了解竞争环境和每一个战略业务单元的优缺点，并以此来制定和贯彻企业价值主张。高层管理者可以利用战略地图和平衡计分卡阐释经营企业的理论，形成统一的企业价值主张，从而整合不同战略业务单元的竞争优势。因此，企业在制定业务单元战略地图和平衡计分卡的时候，需要清晰地了解竞争环境和每一个战略业务单元的优缺点，并以此来制定和贯彻企业价值主张。如图3－15所示，企业需要通过战略地图和平衡计分卡来阐释企业的经营理念，形成统一的企业价值主张，从而将不同的业务单元的竞争优势整合起来，形成统一的竞争优势，为获得较高组织绩效和实现战略目标服务。

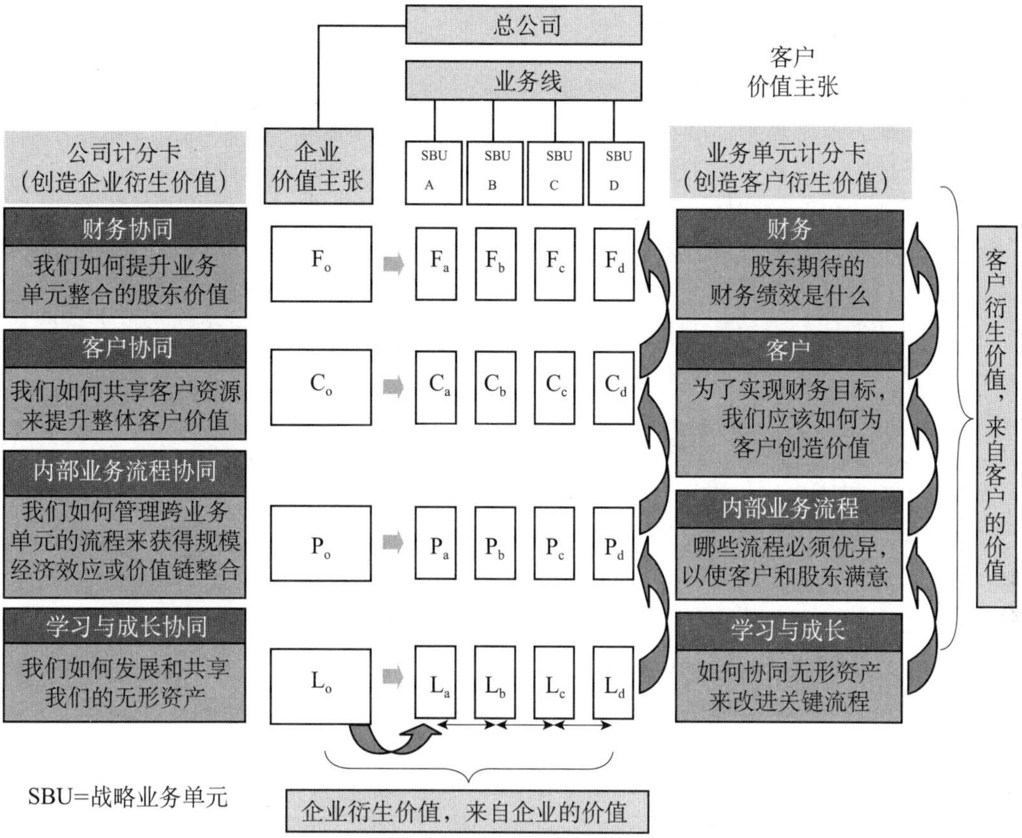

图3-15　运用平衡计分卡协同企业总部与业务单元

资料来源：罗伯特·卡普兰，戴维·诺顿．组织协同：运用平衡计分卡创造企业合力．北京：商务印书馆，2006.

不同类型的公司需要根据自身的实际情况确定具体的协同范围，分析和挖掘产生企业衍生价值的来源，并制定统一的企业价值主张，然后建立一个管理系统去传达并实现预期的协同效应。这一过程的关键在于明晰企业价值主张，也就是说，公司总部必须首先明确期望建立何种协同效应。前面已经对企业衍生价值的来源进行了总括性的介绍，下面将通过平衡计分卡管理工具，分别从平衡计分卡四个层面探讨公司总部如何通过协同多个战略业务单元来创造卓越的价值。

（1）财务层面的协同。财务层面的协同主要有两种方式，一种是自上而下，另一种是自下而上。所有企业都可以通过集中化的资源分配和财务管理来创造协同效应，这是自上而下的方式，典型的代表就是控股公司。通常，一个控股公司的各个业务单元分布在不同的地区，涉足不同的行业，面向不同的客户群，采用不同的技术，执行不同的战略。这种多元化经营的集团公司必须拥有出色的投资能力来优化资源配置和降低经营风险，必须建立有效的治理体系来监督和引导旗下企业获得长期业绩。在公司总部的平衡计分卡中，财务层面应该设置经济附加值、投资回报率、净资产收益等高端指标，以便为评价每个战略业务单元的财务贡献提供统一标准。在此基础上，要针对不同战略业务单元的具体情况，设置相应的财务指标并合理设计指标权重，以便更加有效地配置公司资源。例如，对于产品处在生命周期早期阶段的业务单元，它们将重点关注产品的销售额和市场份额的增长速度；而对处于相对成熟阶段的业务单元，则会关注它们所产生的自由现金流量。

公司总部还可以采用自下而上的方式来实现协同，即通过积极利用不同战略业务单元的资源、能力或信息来创造额外的价值。这种价值主张的实现主要依靠总部机构的内部资本运作能力，以及关键主题和信息的共享机制。具体方式是多种多样的，既可以通过审批下属业务单元的战略地图和平衡计分卡对其进行战略监控，也可以强制确定一个平衡计分卡框架，明确要求必须纳入的财务指标，同时在不同的层面确定一些共同的目标，例如“成为客户最有价值的供应商”（客户目标）、“达到六西格玛质量水平”（流程目标）、“塑造训练有素的员工队伍”（人力资本目标）、“建立高度集成的信息系统”（信息资本目标）等。各业务单元在这样的总体框架下绘制其战略地图和开发平衡计分卡，就能与公司总部保持协调一致，并具有足够空间贯彻自身战略。

（2）客户层面的协同。除了财务目标之外，多元化经营的企业在公司平衡计分卡中也会有客户层面的目标，用以描述公司所期望的客户成果，例如品牌形象、客户的获取、客户的满意度、客户的保留率、市场份额和客户利润等。但是公司总部的客户目标通常不包括界定客户价值主张的目标或指标，因为每个下属业务单元都要针对自己的目标客户制定个性化的价值主张。然而，当下属的不同业务单元拥有共同的客户时，公司就有机会通过多种产品与服务提供具有个性的解决方案，提高客户满意度和忠诚度。此时，公司平衡计分卡中应该从客户成果和价值主张两个方面设置相应的客户目标和衡量指标，描述为客户提供更加完整的解决方案。例如，描述客户成果的目标可以是“提高客户份额”，衡量指标是“公司产品销量在客户同类产品总支出中所占比例”；描述客户价值主张的目标可以是“客户的生命周期收益率”“为客户提供的整体解决方案的质量”等。相对于那些产品种类少且专一的公司，通过共享客户资源创造额外价值是多元化企业的独特优势。

对于运营公司来说，要求旗下各个业务单元统一客户价值主张是创造协同效应的有效途径。每个独立的业务单元提出并始终保持一致的客户价值主张，可以保证客户在和不同的业务单元交易中得到同样的产品、服务和购买体验。因此，运营公司的价值主张一般是通过在每一个门店向每一位顾客提供始终如一的客户体验和质量标准，来赢得顾客满意和忠诚。在公司平衡计分卡中，财务指标主要是评估集团的战略成功与否，具体指标依据行业特点有所不同，例如“单店销售增长率”（零售业）、“单个客户收入”（酒店业）等；客户目标通常是“提供一致的购买体验”，通过客户满意度来衡量；内部业务流程的目标强调各个门店要遵守公司统一价值主张的相关标准，如速度、质量、服务态度等；学习与成长层面则强调员工的服务技能和明星员工的保留。这类公司以集团化运作为主，因此总部和业务单元之间的协同相对简单，只需公司高层管理者明确客户价值主张，并将其转化为具体的战略目标和衡量指标，再传递并应用到各个业务单元即可。

（3）内部业务流程层面的协同。从流程的角度协同多个战略业务单元有三条途径，即共享流程和服务、价值链协同、通过公司层面的战略主题实现协同。

第一，通过共享流程和服务来创造协同效应。公司创造企业衍生价值的最常用方法是在各个业务单元之间共享通用的流程和服务。所创造的额外价值源于两个方面：其一，企业通过流程集中化获得规模效益；其二，从集中的资源中获得收益，这些资源包括通用的管理哲学、信息技术平台、专业知识和技能等。在业务流程上实现规模经济早已成为大企业的目标和竞争优势，例如像花旗银行这样的大型银行，通过合并银行的后台支持单元和并购其他金融机构，不仅占据了行业的主导地位，而且有效防范了内部的恶性竞争，创造了巨大的规模效益。这些大型企业所面临的管理挑战是，如何将原有的优秀流程管理方法有效地与平衡计分卡进行整合，创造远远超出某种单一管理方法所产生的最大优势。这就需要高层管理者将这些管理方法提升到组织的全局层面，将其置于战略管理的大环境中，通过平衡计分卡的因果关系链来识别对战略成功影响巨大的流程改进项目和行动方案。

第二，通过整合或延长价值链来创造协同效应。事实上，每个组织都处于一个更广阔的竞争或合作环境中，在这个环境中客户需要将不同企业提供的产品和服务结合，以实现更高层级的价值主张。例如，一位消费者购买新汽车时，通常需要找到贷款渠道。汽车制造商可以选择只卖车而让消费者自己办理贷款，也可以选择建立一个新的业务为客户提供贷款服务。消费者买车以后还需要汽车服务和维修。同样，制造商可以选择让消费者自己寻找服务站，也可以选择建立新的业务线，提供厂家培训过的机械师维护卖出的汽车。贷款与服务两项业务为制造商创造了扩展客户关系的机会，增加了客户在汽车方面相关支出的花费，同时也提高了车主向制造商购买下一辆新车的可能性。类似的延长客户价值链的机会在许多行业都存在，关键是如何推动价值链的成功整合。在此，公司总部的作用最为重要，其平衡计分卡应该明确每个业务单元的市场、客户和服务方式，以自上而下的方式确定各个业务单元的战略优先任务，使之形成一个完整的价值创造链条。随后，各业务单元将公司所要求的具体的交叉业务目标加以分解并纳入自己的平衡计分卡中。下面展示一个常见的企业价值链整合战略的价值主张和衡量指标示例，如表 3-19 所示。

表 3-19 通过价值链整合创造协同效应

协同效应	企业价值定位	典型的衡量指标
财务	确定通过价值链整合实现交叉业务的收入增长和生产率提高目标	●协同服务收入所占百分比 ●全生命周期成本降低额
客户	确定整合各业务单元的服务后所形成的新客户价值主张	●客户关系的持久度 ●客户平均支出 ●客户份额
内部业务流程	确定整合各业务单元达成无缝运作所需的新流程	●集中采购的项目比率 ●共享目标客户的人数 ●关键流程周期
学习与成长	确定价值链整合所需的知识、能力、信息技术和文化	●交叉业务知识的培训合格率 ● BSC 目标的挂钩比率 ●团队奖金

第三，通过有效运用战略主题来创造协同效应。对于产品多元化且跨区域的大型组

织来说，共享流程和整合价值链的机会较少，但是它们可以利用战略主题来尝试创造协同效应。这类企业通常面临以下挑战：一方面各个业务单元必须对本地市场和竞争及时进行回应，另一方面要通过与其他业务单元的协同来帮助整个组织获得规模经营和范围的效益。由于相对独立的业务单元承担着多种责任，因此很难对其业绩和责任进行合理的界定。平衡计分卡则为多元化、分散型的组织协同创造了机会，它可以帮助公司总部清晰描述其战略主题，建立高层次的协同目标，这些战略主题及其目标将为各业务单元制定各自的战略目标和行动方案提供信息依据，使各业务单元在获得本地区收益的同时能对整个公司的目标做出贡献。例如，许多公司推崇质量管理，以达到六西格玛水平作为公司的战略目标，因此鼓励旗下的业务单元竞相获取国家和国际质量奖，以此表明在质量管理上的领先地位。有些公司为了避免因旗下某个企业出现失误或发生事故给整个公司造成不良影响，要求所有业务单元严格遵守法律和社会规范。

（4）学习与成长层面的协同。不管是业务高度一致的运营公司，还是多元化经营的企业，都可以通过对无形资产的积极管理来创造企业衍生价值。虽然每个公司的业务类型不同，所要求的员工能力、信息系统和组织氛围具有差异，但开发和整合无形资产的流程是相同的。公司总部可以推动三个流程为不同的战略业务单元开发无形资产：人力资本开发、领导力和组织开发、知识共享。

第一，公司总部可以通过有效管理企业内部劳动力市场来协同不同战略业务单元的人力资本开发。公司平衡计分卡应该设置关键员工在整个公司范围内的轮岗情况以及高层管理人员在不同业务单元之间进行交叉提升等目标。类似的目标还包括：通过内部招聘将最优秀的员工纳入人才库，建立一个正规的企业大学服务于内部培训和教育，为有潜质的管理者提供不同的职业发展机会，等等。

第二，公司总部可以在组织变革过程中通过领导力开发项目和企业文化建设项目来引导领导力和文化与战略保持协同。以国际化工公司为例来说明如何对战略业务单元的领导力和组织文化进行评估和改进，如图3-16所示。评估的参考依据是国际化工公司的某个战略业务单元根据新战略所采取的组织变革计划，具体包括7项行动。尽管该业务单元的战略需要从原来的产品导向转向咨询导向和客户解决方案导向，但在图中的“期望的价值主张”中客户导向并没有被提及。同样，该业务单元的战略要求实现区域中心发展的最优化，这需要进行全球性的高层次团队合作，但“期望的价值主张”没有体现团队合作。因此，组织期望的文化和战略变革计划的协同性指标只达成70%。类似的问题在该业务单元的领导力模型中也存在，关注客户和团队合作目标没有得到体现，使得领导力开发和组织发展规划之间出现了脱节。通过系统评估，公司总部针对这一战略业务单元的变革计划进行了改进，对缺失的目标予以补充，并制订了有针对性的行动方案，从而提高了该业务单元通过重要的无形资产获得战略效益的能力。

第三，所有企业都可以从内部知识共享中获益。即使在高度多元化的业务单元，各自拥有不同的目标客户和多元价值主张，仍然可以使用很多相似的流程，例如薪资体系、月度财务报告、招聘、年度员工绩效回顾、采购、供应商甄选、交货、付款和计划

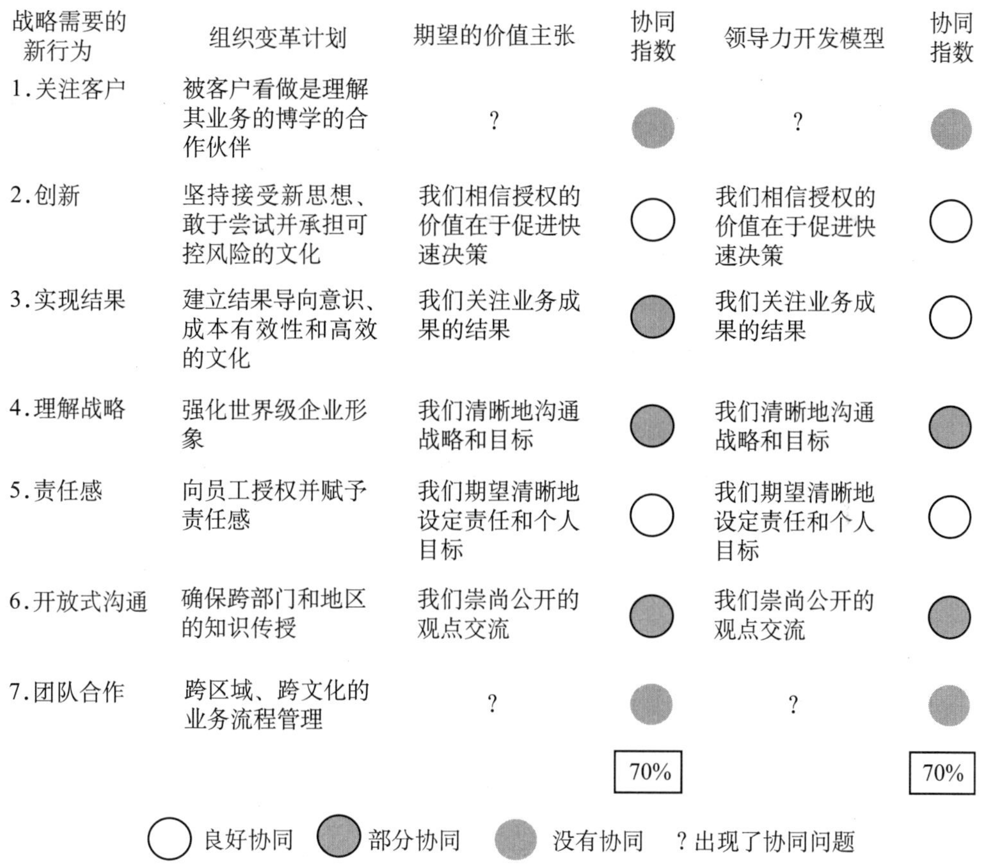

图 3-16 领导力和文化与战略的协同

资料来源：罗伯特·卡普兰，戴维·诺顿．组织协同：运用平衡计分卡创造企业合力．北京：商务印书馆，2006.

安排等。通过分享某些通用流程的信息，公司有更多的机会在跨业务单元迅速共享最佳实践。相对各个业务单元自行寻找标杆，这种最佳实践知识的获取和共享既可以更快地实现，也可以节省更多的成本。对于知识共享，企业的规模越大，多元化程度越高，流程创新并惠及整个组织的机会就越大。公司总部可以应用平衡计分卡的衡量和沟通功能，根据创造战略成果的能力识别那些高绩效团队、部门或者单元，进而分析和验证产生高绩效的原因，并在整个组织中广泛宣传先进经验，达到教育和带动落后者改进绩效的目的。

2. 协同业务单元与支持单元

在保障不同层级绩效目标的纵向协同的同时，还需要保持业务单元（部门）和支持单元（部门）的横向协同。这种协同是通过支持单元与业务单元在组织绩效目标上的横向协同来实现的，也可以说是通过支持单元提供全面的战略化服务项目来实现的。通常情况下，支持单元可以通过一套系统化的流程来达到与组织和业务单元的协同，从而创造统一的企业衍生价值，如图 3-17 所示。首先，根据业务单元和公司总体战略，确定支持单元需要提供的一系列战略化服务。这一流程始于对公司和业务单元战略的清晰理解。在此基础上，各个支持单元要明确它们如何帮助业务单元和公司实现预期的战略目标。其次，支持单元要在自己的内部建立协同以成功执行部门战略。这就需要制订部门战略计划，描述如何获取、开发并达成它们为业务单元所提供的战略化服务，该计划是支持单元制定战略地图和平衡计分卡的基础。最后，支持单元要评估自身的部门行动方案的实施效果，针对出现的问题进行原因分析并提出改进计划。评估的方法可以采用服务协议、客户调查和反馈以及内部审计等。

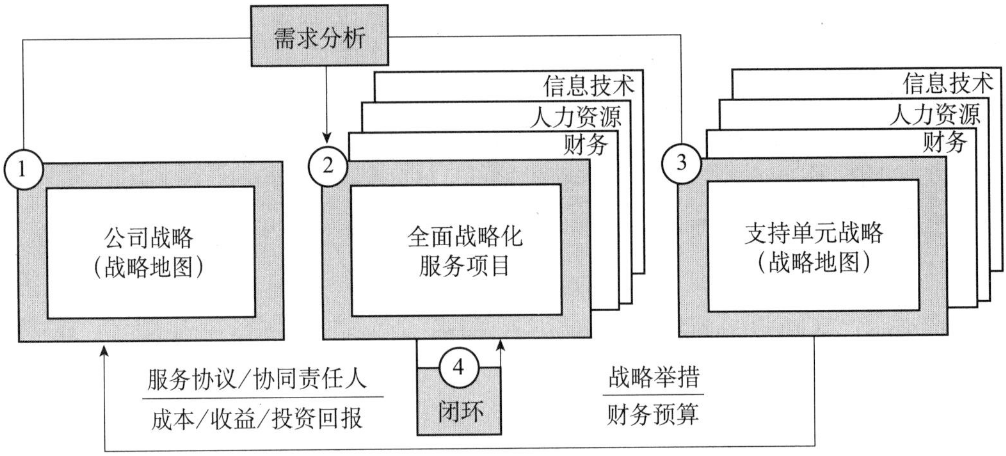

图3-17　支持单元与公司战略的协同流程

资料来源：罗伯特·卡普兰，戴维·诺顿．组织协同：运用平衡计分卡创造企业合力．北京：商务印书馆，2006.

各个支持单元要明确它们如何帮助业务单元和公司实现预期的战略目标。支持单元在制定战略地图的时候，需要进行全面的需求分析，对公司战略地图相关的绩效目标进行全面的分析，并通过提供专业领域的全面战略化的服务来支持业务单元和公司战略。典型的战略化服务包括10～20个行动方案，比如人力资源部通常通过战略性能力开发项目、组织与领导力发展项目、战略性绩效管理项目等来实现对业务单元和公司整体战略的支持。通常，支持单元提供的全面战略化服务项目需要在制定支持单元战略的时候全面考虑。

原则上讲，与业务单元一样，支持单元也有自身的使命、客户、服务和员工，也可以通过在低成本、产品领先或全面客户解决方案等任一战略领域构建竞争优势并创造价值。但是，两者最根本的区别在于，支持单元的存在不是为了盈利，而是协助业务单元创造收入和利润。在开发支持单元的战略地图和平衡计分卡时，要把支持单元的工作视为“业务中的业务”，在支持单元的战略地图顶层也要设置一个有关股东价值提升的统领性目标。因为，组织的所有员工，无论是业务单元还是支持单元，都应该作为组织整体的一部分关注最终的成果是否如期实现。此外，支持单元一般有两类客户：一是业务单元的经理，二是员工或者外部利益相关者，但主要是业务经理和员工。支持单元通常采用全面客户解决方案这一战略类型，因此它们需要与客户建立合作伙伴关系，在深刻理解客户战略的基础上利用自身专长开发和提供服务，为客户的成功提供全方位支持。

支持单元的内部业务流程层面一般有三个战略主题。第一个主题注重本部门的运营效率，支持财务层面的效率目标，主要指标包括单次作业的成本、质量及响应时间。第二个主题关注支持单元如何管理与内部客户的关系，要确定有效实施关系管理所需的流程和技能，例如设定专门的关系经理、整合计划、服务协议、客户反馈等。第三个主题关注对业务的战略性支撑，旨在通过为客户提供战略化服务推动财务层面的有效性目标。这一主题的结构因职能而异，应该反映出特定支持单元的全面战略化服务的具体内容和要求。最后，支持单元的学习与成长层面需要反映所属员工对培训、技术以及良好工作环境的需求。

二、战略地图的绘制

战略性绩效管理系统的根本目的是实现组织战略目标。绘制合适的战略地图，即绘制化战略为行动的蓝图，是制订绩效计划的第一步。通过战略地图的绘制，组织内各层次的员工通过这个显微观察的环节，全面审视战略所包含的细节元素，从而使人们对战略有更直观、深入和透彻的理解。从某种意义上说，绘制战略地图并确定组织绩效计划，是战略开发过程的拓展和延伸，是化战略为行动的关键环节。

绘制战略地图是一个系统性的规划工作，既要将静态的理论和概念贯彻其中，选择合适的目标和指标，也要融入动态的因素，实现目标的量化和可操作化，并确定具体的时间线。在管理实践中，绘制战略地图通常有如下六个步骤。

第一步，确定股东价值差距。这一步骤包含两个环节：确定终极的财务目标、指标及目标值，确认价值差距；将价值差距分解到各个创造价值的战略主题，并设定需达成的两大财务战略目标。对于政府组织和事业单位来说则是确定利益相关者价值差距。

第二步，选择或调整客户价值主张。这一步骤包含两个环节：确定目标细分客户，选择或调整客户价值主张；确定目标并选择指标，使客户目标和两大财务战略目标相协调。

第三步，确定价值提升时间表，即确定如何通过不同的内部业务流程在整个战略期限内创造价值。这一步骤包含两个环节：确定实现成果的时间表；把价值差距分配给不同的战略主题。

第四步，确定创造价值的关键流程。这一步骤包含两个环节：确定有重大影响的少数关键流程；设定指标和目标值。

第五步，确定和协调无形资产，即提升人力、信息、组织等战略资产的准备度并使其协调一致。这一步骤包含三个环节：确定支持战略性业务流程所需的人力、信息和组织资本；评估支持战略的各类无形资产的准备度；确定指标和目标值。

第六步，确定战略行动方案并安排预算。这一步骤包含两个环节：确定支持业务流程和开发无形资产的具体行动方案；阐明和保障预算需求。

仅仅了解绘制战略地图的六个步骤是远远不够的，根据不同的战略绘制合适的战略地图才是关键。因此，本书根据总成本最低、产品领先、全面客户解决方案和系统锁定四种战略选择，提供了相应的设计模板，以展示战略的差异及其构成要素之间的协调思路，为不同组织的战略地图绘制实践提供基本的依据。

（一）总成本最低战略的通用模板

从财务层面来看，遵循总成本最低战略的公司以生产率战略为主，强调通过降低客户购买和使用产品与服务的总成本来吸引目标客户和扩大客户份额。从客户层面来看，遵循总成本最低战略的公司的价值主张是为追求物美价廉的客户提供质量稳定的、及时的、低价格的产品和服务。从内部业务流程层面来看，遵循总成本最低战略的公司将运营管理流程作为关键业务流程，同时要求客户管理和产品创新等其他流程在目标设置上始终围绕总成本控制这一战略中心。在运营管理方面，公司必须和卓越的供应商保持良好合作，能通过高效的运营流程将供应商的输入稳定、快速、优质地转换为有效输出，并通过低成本的渠道及时准确地将产品和服务分销给客户。而且，公司应擅长风险管控，使可用性最大化和客户损失最小化。在客户管理方面，公司应聚焦于为客户提供便利，从运营角度改善售后服务以及了解客户消费偏好。在创新方面，公司应将创新的焦点放在流程上，而不是投入大量的资金进行产品创新，但是必须能够复制产品领先者的创新。在法规与社会方面，公司应致力于减少员工和社区的危险，防止引起成本提高的事故和环境问题。从学习与成长层面来看，遵循总成本最低战略的公司在人力资本开发和建设上应该对员工进行全面质量管理、六西格玛、适时管理和作业成本法等方面的知识培训，使他们获得降低成本、缩短周转期和提高质量的能力和知识。在信息资本开发和建设上应该加强客户易于订购的购买体验并通过电子交换技术降低交易成本，并为员工及时准确地提供有关成本、质量、时间和客户的数据。在组织资本开发和建设上应该将重点放在局部流程学习和最佳实践共享上，以便在整个组织内传播最有效率的单元或个体的成功经验，如图3-18所示。

（二）产品领先战略的通用模板

从财务层面来看，遵循产品领先战略的公司以收入增长战略为主，主张通过为前卫客户提供比竞争对手更为优越和领先的产品来扩大收入。从客户层面来看，遵循产品领先战略的公司的价值主张是通过为前卫客户提供令他们满意的产品和服务来突破现有业绩边界。从内部业务流程层面来看，遵循产品领先战略的公司将创新流程作为关键业务流程，公司必须在预测客户需要和为优秀产品与服务发现新机会方面表现突出。而且，在产品开发过程中，公司必须在三个方面维持最佳平衡：基础研究创造新的科技突破；在新产品平台引入这些突破；通过递增的但仍然创新的衍生产品来提升现有平台的产品。不仅如此，公司还必须拥有产品快速打入市场的优秀能力，同时还要精于专利申请和品牌管理以保持产品领先地位。在运营管理方面，产品领先公司不应追求成本最低，而应坚定对新产品持续开发，保证市场渗透不受生产能力的约束，其运营流程必须保持高度灵活，以便开展产品试验和根据市场反馈对产品特性进行调整。在客户管理方面，产品领先公司主要关注两个方面：一是确定前卫客户并从中捕捉有关产品设计的新思

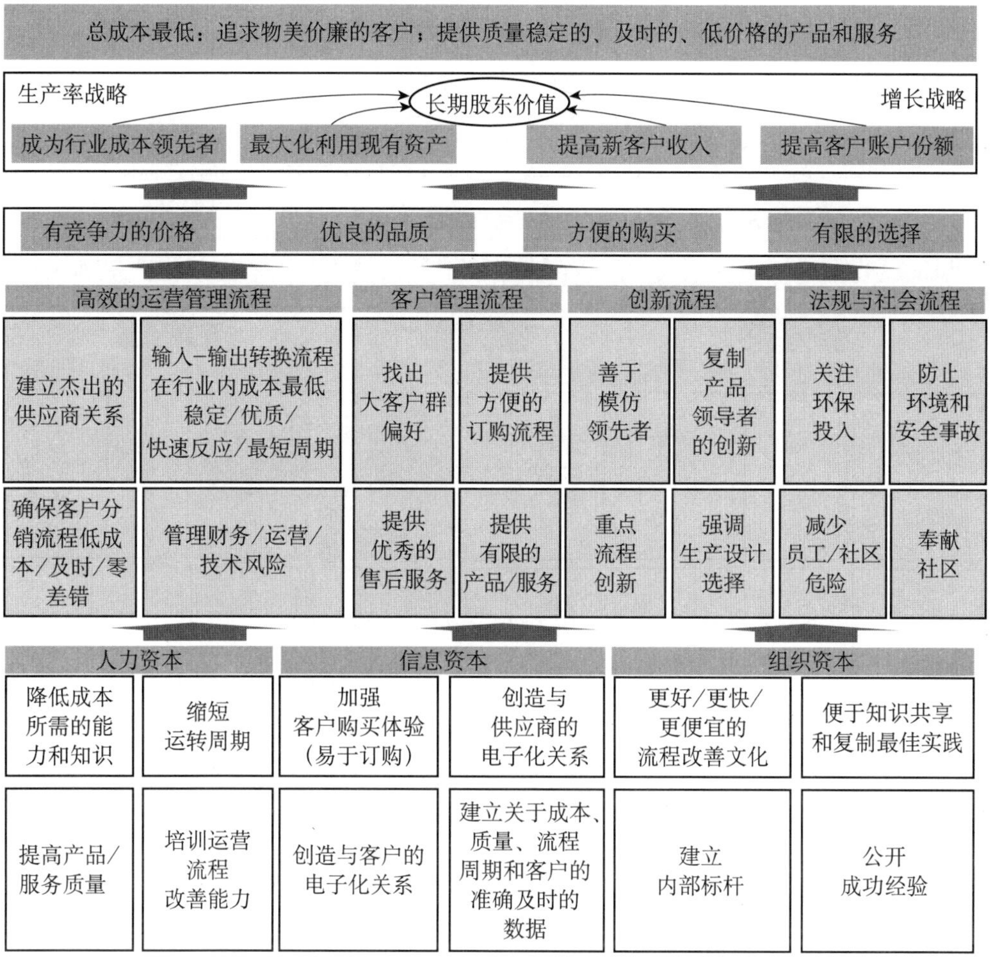

图 3－18　战略地图通用模板：总成本最低战略

资料来源：罗伯特・卡普兰，戴维・诺顿．战略地图：化无形资产为有形成果．广州：广东经济出版社，2005.

想；二是向客户推介产品的新特征和功能。在法规与社会方面，产品领先公司必须关注新产品的安全性，以及对员工和客户的健康及环境的负面影响。同时，公司还必须维持良好的政府关系，缩短新产品和服务获取批准的周期。从学习与成长层面来看，遵循产品领先战略的公司在人力资本开发和建设上应该注重培育掌握基础科学和专业技术的专家，并进行交叉学科和多功能团队之间的能力整合。在信息资本开发和建设上应善于运用先进技术来实施产品设计和商业生产。在组织资本开发和建设上应该致力于塑造包容的文化，为创新和变革营造良好的氛围，如图 3－19 所示。

（三）全面客户解决方案战略的通用模板

从财务层面来看，采用全面客户解决方案战略的公司主张建立与客户的长期关系，意在通过获取和保留客户产生更高的长期利润。从客户层面来看，采用全面客户解决方案战

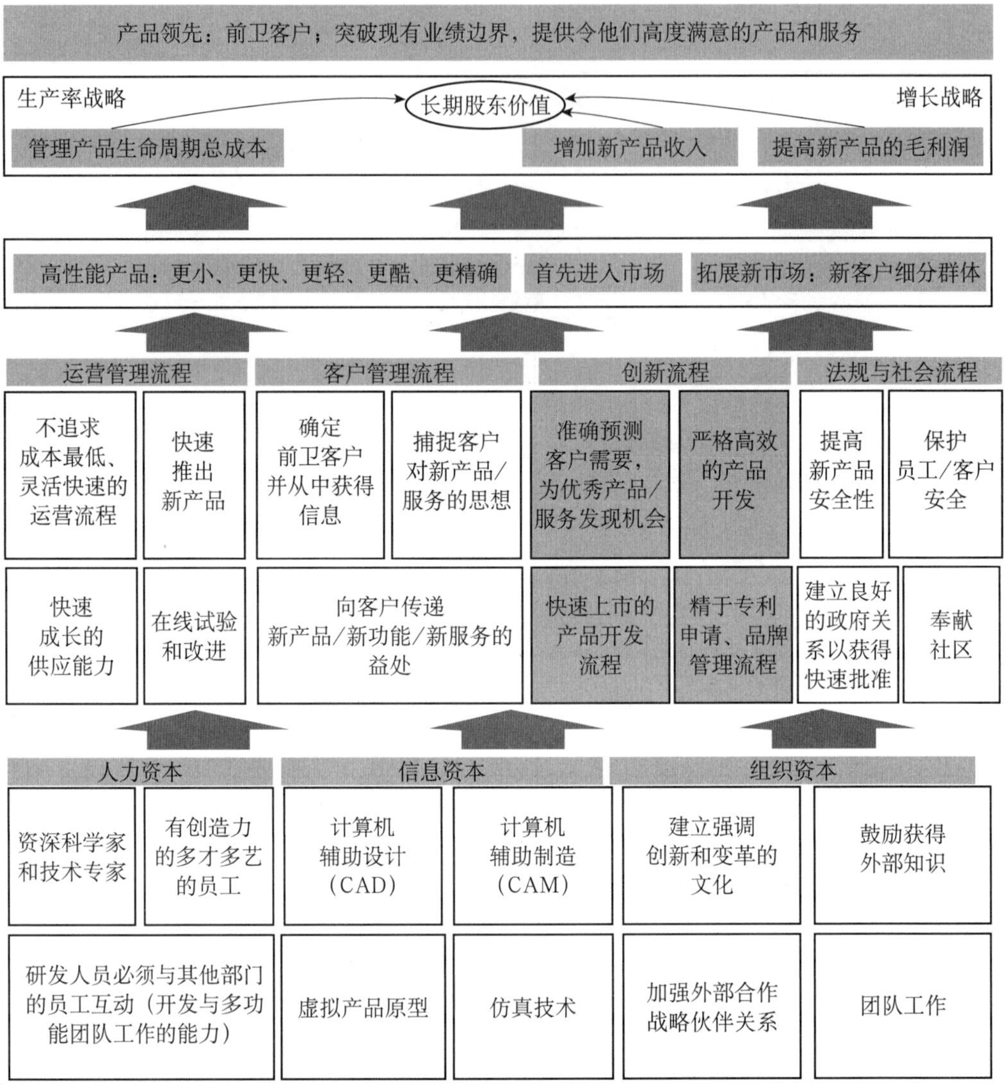

图3－19　战略地图通用模板：产品领先战略

资料来源：罗伯特·卡普兰，戴维·诺顿．战略地图：化无形资产为有形成果．广州：广东经济出版社，2005.

略的公司的价值主张是通过提供最好的解决方案，提供客户化的、满足客户需求的产品和服务来建立与客户的长期关系。从内部业务流程层面来看，采用全面客户解决方案战略的公司将客户管理流程作为关键业务流程，强调充分理解客户价值主张，与客户建立牢固又可信的关系，并把既有产品和方案融入个别的客户化方案，最终帮助客户获得成功。在运营管理方面，公司关注的焦点同样不是成本最低，而是能否有效支持为客户提供一个更为广阔的产品和服务线，这就要求捆绑供应商的产品和服务，捆绑公司自己的产品和服务，以及通过无缝的分销渠道把供应商和公司自己的捆绑式产品和服务传递给客户。在创新方面，公司的重点是借助客户调查找到为客户创造价值的新方法。在法规与社会方面，公司应将重点放在获取法律批准上，以扫清横跨传统行业的障碍来提供服务。从学习与成长层面来看，采用全面客户解决方案战略的公司在人力资本开发和建设上强调员工应该对目标客户及其偏好具有高度敏感性，并拥有为目标客户提供不同产品和服务的技能和知识。在信息资本开发和建设上应关注客户数据和分析能力，以获得更多关于客户偏好和购买品种的资料。在组织资本开发和建设上强调培育客户中心型文化，以便员工理解客户的重要性和与客户保持长期关系的价值，如图3-20所示。

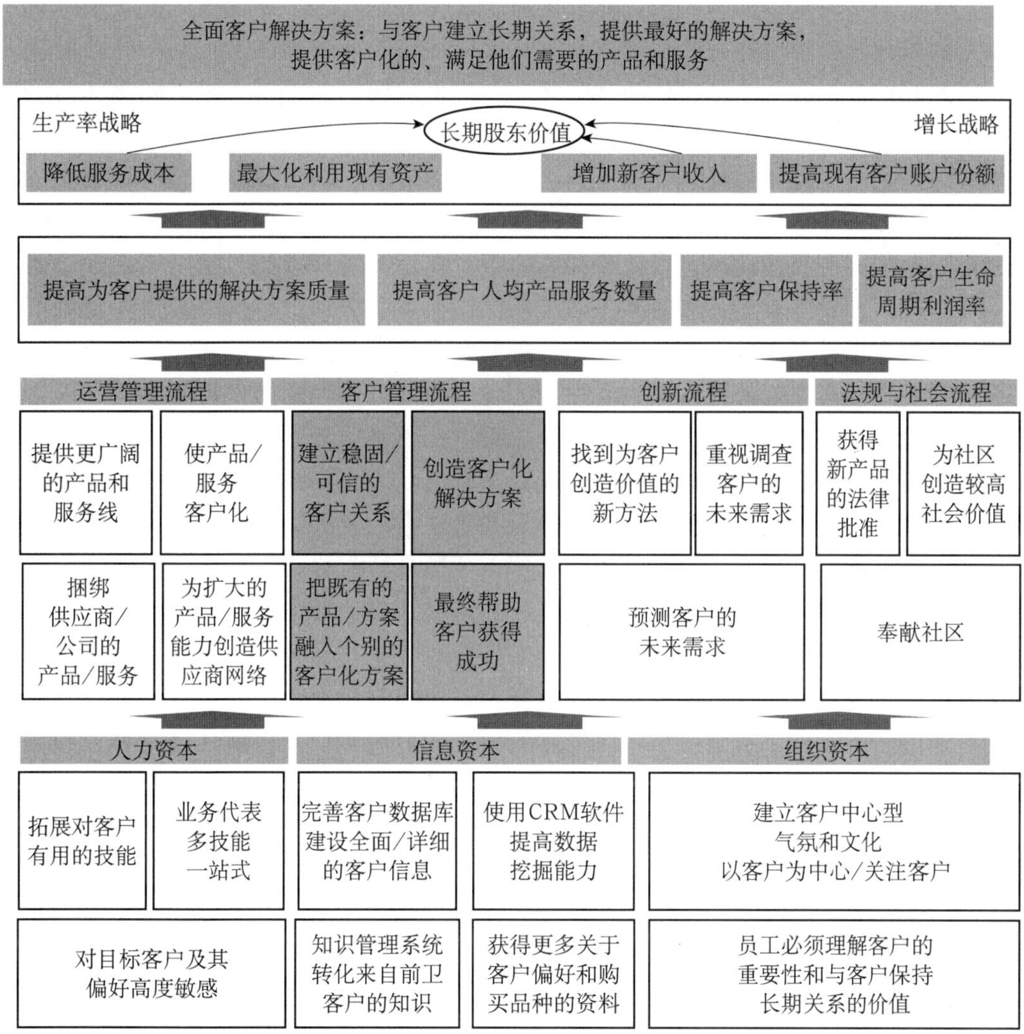

图3-20 战略地图通用模板：全面客户解决方案战略

资料来源：罗伯特·卡普兰，戴维·诺顿．战略地图：化无形资产为有形成果．广州：广东经济出版社，2005.

（四）系统锁定战略的通用模板

从财务层面来看，采用系统锁定战略的公司力图通过为客户创造较高的转换成本，产生长期的可持续性价值。这类公司更强调收入增长而不是生产率，因为从成功实施锁定战略获取高利润和高市场份额的机会远远超过从降低成本中获取的利润。成功的关键在于利用低价吸引客户和辅助厂商以快速扩大市场份额。从客户层面来看，奉行锁定战略的客户类型有二：一为顾客，二为辅助厂商。对于客户来说，这类公司主要通过快速的客户获得、持久的客户保持和深化客户关系来创造和维持锁定优势，同时要求建立一系列加强锁定的计划来保持和扩大公司与既有客户的业务范围，以提高客户业务份额。此外，对于客户来说，公司还必须确定吸引和保持专有标准客户的价值主张，包括两个方面：其一，标准是易于使用的；其二，标准被广泛使用。对于辅助厂商来说，公司所拥有的大规模的、已形成的终端客户群也是辅助厂商的潜在客户，因此它们希望有一个可以接触这些终端客户群的便利的分销渠道，同时辅助厂商也看重广泛使用的标准平台。从内部业务流程层面来看，奉行锁定战略的公司必须具有强有力的创新流程。公司首先必须开发作为锁定战略基础的专有产品和保护标准；然后寻找方法来拓宽核心产品的使用，从而吸引更多的客户和辅助厂商；最后找到办法来阻止未授权产品的使用，以保障产品收益。在运营管理方面，采用锁定战略的公司应该有能力开发专有产品和服务，而且确保产品和服务平台易于被客户和辅助厂商使用，还要在质量和成本上进行持续创新以便在保持较低入门价的同时能够获利，或者至少限制在新客户初始销售额上的损失。与其他战略类型的通用模板不同，锁定战略需要对辅助厂商进行管理，而这类流程的重点在于吸引和保留辅助厂商。在客户管理方面，公司一方面希望通过降低转换成本来吸引新客户，另一方面希望为既有客户设置高转换成本。在法规与社会方面，公司必须注意两个关键的法规目标：第一，必须保护公司专有产品免遭竞争者模仿和使用，免遭未授权客户、辅助厂商和供应商使用；第二，必须防止对客户进行产品和服务的不合法强迫捆绑销售，以免引起法律诉讼。此外，公司应当将社区投资直接用于支持公司专有技术的行为。从学习与成长层面来看，采用系统锁定战略的公司在人力资本开发和建设上必须着力于建设一支具有技术专长的科学家和工程师队伍，注重培养员工的客户意识并提高其满足客户和辅助厂商需求的能力。在信息资本开发和建设上必须建立一个便于客户和辅助厂商使用的平台。在组织资本开发和建设上公司应致力于建设以客户和辅助厂商为中心的文化，如图3-21所示。

三、目标设置和指标选择

事实上，绩效目标在绘制战略地图时就已经确定。但是绩效目标的设置与绩效指标的选择是制订绩效计划的核心和技术难点，通常需要放在一起考虑。所设计的目标应该紧扣当前的工作重心，并确保各个层面之间形成清晰的因果联系。所设计的绩效指标需要完整地体现目标意图，能够对目标的绩效状况给予准确衡量。关于平衡计分卡四个层面的目标和指标，卡普兰和诺顿分别介绍了相应的范例。

（一）财务层面的目标和指标

平衡计分卡在财务层面通常会首先明确代表企业长远目标的统领性目标，即提升长

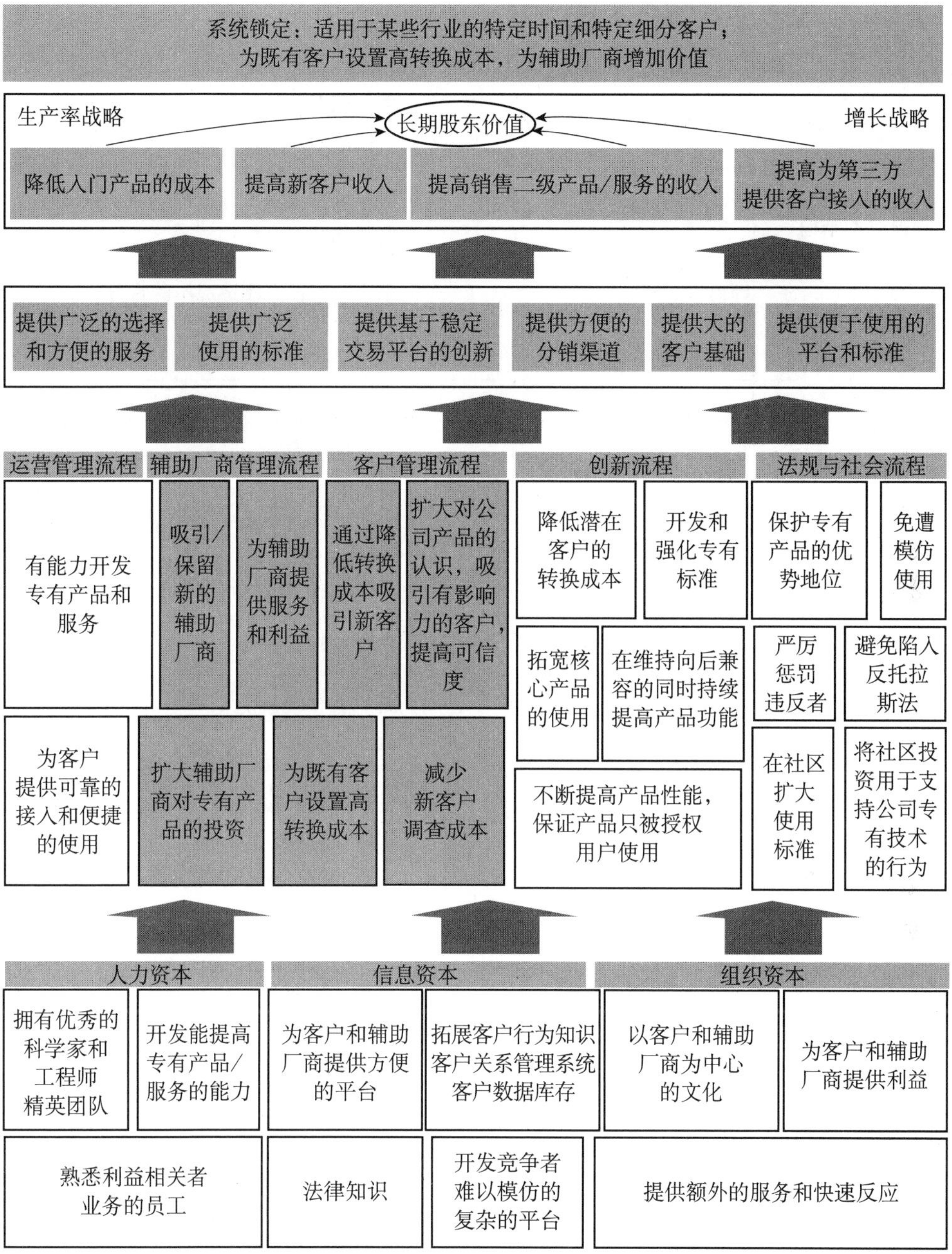

图 3-21 战略地图通用模板：系统锁定战略

资料来源：罗伯特·卡普兰，戴维·诺顿．战略地图：化无形资产为有形成果．广州：广东经济出版社，2005.

期股东价值。在此基础上，根据战略分析与定位进行生产率目标和增长目标的设置与组合，明确终极目标的驱动因素。通用战略地图中列举的四种不同战略途径的具体财务目标和指标如表 3-20 所示。

表3-20 四种不同战略途径的财务目标和指标

战略途径	目标	指标
改善成本结构	成为行业中的成本领先者	单位成本 单位产出
	改善销售效率	销售成本（渠道） 电子化客户交易比例
	降低服务成本	维修成本占总制造成本的百分比
	管理产品生命周期总成本	处理成本占总制造成本的百分比
提高资产利用率	最大化利用现有资产	销售/资产 存货周转率 投资效率 可用生产能力的生产和开发渠道
增加收入机会	提高新客户的收入	来自新客户的收入金额
	创造新收入来源	新客户收入
	提高新产品的收入	新产品和服务收入 收入总额
	研发投资回报	技术投资回报 实际和目标盈亏时间（BET） 专利的特许权和许可权收入
	新客户的收入增长	使用新产品的新客户收入和利润
提高客户价值	提高现有客户的账户份额	现有客户业务增长率
	增加单位客户收入	钱包份额
	提高客户盈利性	单位客户利润（通过ABC系统来衡量） 非盈利客户比例
	现有客户的收入增长	最近一年现有客户的收入和利润增长 现有客户的销售额增长百分比

平衡计分卡要求四个层面的目标都必须与组织的战略保持一致，并且以财务目标为起点形成层层牵引和支撑的因果关系，因此财务目标的设置为其他层面的目标选择确定了基调。所以，财务目标必须首先明确战略方向，这就应该在四种不同战略路径中进行取舍，形成能够体现战略重点的目标组合。总成本最低、全面客户解决方案和产品领先三种战略的财务目标和指标如表3-21所示。

表 3-21 针对不同战略的财务目标和指标

战略类型	目标	指标
总成本最低	成为行业中的成本领先者	单位成本，将竞争对手作为标杆 单位产出成本年降低率 成本预算差异百分比 单位产出
	最大化利用现有资产	销售/资产 存货周转率 投资效率 可用生产能力的生产和开发渠道 准时开票的百分比
	提高新客户的收入	来自新客户的收入金额
	提高现有客户的账户份额	现有客户业务增长率
全面客户解决方案	创造新收入来源	新客户收入 新产品和服务收入
	增加单位客户收入	客户份额（钱包份额）
	提高客户盈利性	单位客户利润（通过 ABC 系统来衡量） 非盈利客户比例
	改善销售效率	销售费用/收入总额 单位销售成本（通过渠道） 电子化客户交易比例
产品领先	研发投资回报	技术投资回报 实际和目标盈亏时间（BET） 专利的特许权和许可权收入
	现有客户的收入增长	最近一年现有客户的收入和利润增长 现有客户的销售额增长百分比
	新客户的收入增长	使用新产品的新客户收入和利润
	管理产品生命周期总成本	维修成本占总制造成本的百分比 处理成本占总制造成本的百分比

（二）客户层面的目标和指标

制定客户层面的目标和指标关键在于辨别细分市场和目标客户，以及明确为目标客户提供何种价值主张。据此，平衡计分卡的客户指标通常有两套：第一套是适用于所有企业的概括性指标，卡普兰称之为核心衡量指标群，包括市场份额、客户获得率、客户保持率、客户满意度、客户获利率。其中，客户获得率一般支持增长战略中的增加收入机会途径，客户保持率一般支持增长战略中的提高客户价值途径，客户获利率一般支持生产率战略的两个途径。这五个指标之间能够形成一条因果关系链，客户满意度是起点，市场份额是最终产出，如表3-22所示。

表3-22　客户层面核心指标及其内部关系

市场份额	反映某业务单位在既有市场中所占的业务比例，以客户数、消费金额或销售量来计算
客户获得率	衡量一个业务单位吸引或赢得新客户或新业务的比例，可以是绝对或相对的数目
客户保持率	记录一个业务单位与既有客户保持或维系关系的比例，可以是绝对或相对的数目
客户满意度	根据价值主张中的特定业绩准则，评估客户的满意程度
客户获利率	衡量一个客户或一个细分市场扣除支持客户所需的特殊费用后的净利润

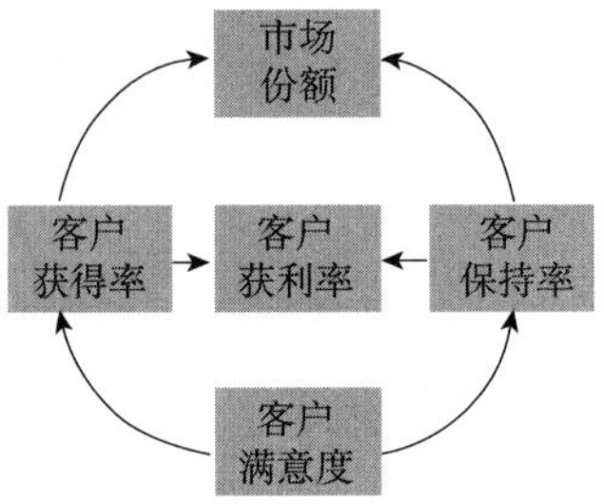

客户层面的第二套指标代表客户成果的驱动因素——价值主张，表明了企业如何获得较高的客户满意度、保持率、获利率，并创造预期的市场份额。企业在战略选择上的差异，通过客户价值主张及其特征体现出来，表现为不同的客户目标组合。总成本最低、全面客户解决方案和产品领先三种战略的客户目标和指标如表3-23所示。

表3-23　针对不同战略的客户目标和指标

战略类型	目标	指标
总成本最低	降低客户成本；增加客户利润	相对于竞争对手的价格 客户的获得成本 本公司产品和服务的客户盈利性
	向客户交付零缺陷的产品和服务	缺陷率或客户体验缺陷等级的比例 客户抱怨数量和百分比 质保事件和现场维修数量
	准时交付产品	准时交付率 客户提前期（从订货到交付） 完美订单比例
	提供良好的选择	衡量客户需求满足程度的产品或服务 提供状况指数 缺货率

续表

战略类型	目标	指标
全面客户解决方案	提高客户满意度（价值主张）	高度满意客户百分比
	提高客户忠诚度	客户保持率 客户关系深度
	创造狂热爱好者	客户推荐业务比例
产品领先	为客户提供高质量产品/服务	新产品/服务的独特性能和特征
	新产品/服务首次上市	相对于竞争者的提前时间 首次上市产品/服务的数量 及时上市产品百分比
	把产品/服务拓展到新市场	平台产品的新应用领域 新市场和细分客户的收入

（三）内部业务流程层面的目标和指标

平衡计分卡的内部业务流程层面按照价值创造周期的长短，划分为运营、客户、创新、法规与社会四类流程。每类流程内部根据价值创造的逻辑顺序进一步细分为若干个子流程，每个子流程都包含各自的典型目标和指标。内部业务流程是直接创造价值的层面，该层面目标和指标的选择，需要系统考量其他层面的目标和指标，以形成一个相互支持和全面协同的完整体系。通过目标之间的因果关系，每类内部业务流程的目标都能够和与之对应的客户目标和财务目标相连接，并引导学习与成长层面目标的选择。

1. 运营管理流程的目标和指标

运营管理流程的总目标是为客户生产和提供产品与服务。这一总目标由四个子流程共同承担，即开发并保持供应商关系、生产产品和服务、向客户分销产品和服务、风险管理。每个子流程都聚焦于价值创造链的特定目标，例如降低总获得成本、确保产品及时交付、提高外包服务业绩等；同时，它们向上驱动相应的客户目标和财务目标，例如提供有竞争力的价格和较低的供应成本、质量上乘的产品、快速及时的购买、良好的选择等；向下则为组织设置学习与成长层面的目标提供了依据，例如，提高全面质量管理能力、开发供应链管理软件和建设持续改善的文化等。运营管理流程的目标和指标需要与其他相关层面的目标和指标形成一个完整的体系，如表3-24所示。

表3-24 运营管理流程及相关层面的目标和指标（示例）

层面		目标	指标
财务		成为行业中的成本领先者	单位成本，将竞争对手作为标杆；单位产出成本年降低率；成本预算差异百分比；单位产出；销售和管理费用
		最大化利用现有资产	销售/资产；存货周转率；投资效率；可用生产能力的生产和开发渠道；准时开票的百分比
		提高新客户的收入	来自新客户的收入金额
		提高现有客户的账户份额	现有客户业务增长率
客户		降低客户成本；增加客户利润	相对于竞争对手的价格；客户的获得成本；本公司产品和服务的客户盈利性
		向客户交付零缺陷的产品和服务	缺陷率或客户体验缺陷等级的比例；客户抱怨数量和百分比；质保事件和现场维修数量
		准时交付产品	准时交付率；客户提前期（从订货到交付）；完美订单比例
		提供良好的选择	衡量客户需求满足程度的产品或服务提供状况指数；缺货率
内部业务流程（运营管理）	开发并保持供应商关系	降低获得成本	获得材料和服务的作业成本；采购成本占采购总价百分比；电子化采购百分比；供应商排名
		获得即时交付的供应能力	从订货到收获的提前期；交货及时率；订单迟到率；供应商直接将货送到生产流程的百分比
		开发高质量供应商的能力	到达订货中每百万件的次品数或次品率；送货免检的供应商百分比；接收优质订货的百分比
		运用来自供应商的新理念	来自供应商的创新数量
		实现供应商伙伴关系	直接向客户提供服务的供应商数量
		外包成熟、非核心产品和服务	外包关系数量；外包伙伴的标杆业绩

续表

层面		目标	指标
内部业务流程（运营管理）	生产产品和服务	降低产品和服务成本	关键运营流程作业成本；单位产出成本；营销、销售、分销和管理费用占总成本的百分比
		持续改进流程	持续改进流程数量；减少无效流程数量；缺陷率；合格品率；废品率；检查测试成本；质量总成本
		改进流程反应速度	周转期；加工时间；加工效率
		提高固定资产利用率	生产能力利用百分比；设备可靠性；故障次数或百分比；灵活性
		提高运营资本效率	存货周转率；日应收账款；库存比率；现金周转期
	向客户分销产品和服务	降低服务成本	向客户交付和储存的作业成本；通过低服务成本渠道到达的客户比例
		快速反应向顾客交货	从订货到交付的提前期；从产品/服务完成到可供客户使用的时间；准时交付率
		提高质量	无缺陷交付项目的百分比；客户投诉的数量和频率
	风险管理	管理财务风险/保持高信用质量	劣质负债比率；坏账比率；来自利率、外汇或商品价格波动的风险或损失；过时或变质存货；负债权益比率；利息保障倍数；每月薪水的现金支出
		管理运营风险	积压订单；现有和积压订单所需生产能力的比例
		管理技术风险	与竞争对手相比，产品或工艺的技术排名
学习与成长	人力资本	开发质量管理和流程改善技能	参加质量管理技术培训的员工百分比；拥有六西格玛“黑带”水平的员工比例或数量；参加作业管理、即时制和限制理论培训或具有这方面知识的员工比例
	信息资本	推动流程改善和客户满意的技术	从运营中获得及时反馈的员工比例；能够对订单情形进行电子化跟踪的客户比例
	组织资本	持续改善文化	持续改善和知识共享文化的员工调整；提出流程改善新思路的数量；采纳员工流程改善建议的比例；跨多个部门共享质量和流程改善思路的数量；来自员工的建议或行动

2. 客户管理流程的目标和指标

客户管理流程聚焦于促销和销售企业的产品，这一总目标通过客户的选择、获得、保留以及扩大客户业务等子流程实施。虽然建立客户关系并不是客户管理流程优先考虑的事情，但是它与客户层面之间存在较强的联系，因为在很大程度上该流程决定了组织所提出的客户价值主张能否实现；同时，还对客户价值主张的关系和形象维度产生直接的支撑作用。从无形资产的角度看，客户管理流程要求管理者更多地关注客户，例如进行客户关系管理的培训、建立客户关系管理系统、培育一种以客户为中心的企业文化等。客户管理流程的目标和指标也需要与其他相关层面的目标和指标形成一个完整的体系，如表3-25所示。

表3-25　客户管理流程及相关层面的目标和指标（示例）

<table>
<tr><th colspan="2">层面</th><th>目标</th><th>指标</th></tr>
<tr><td colspan="2" rowspan="4">财务</td><td>创造新收入来源</td><td>新客户收入；新产品和服务收入</td></tr>
<tr><td>增加单位客户收入</td><td>钱包份额</td></tr>
<tr><td>提高客户盈利性</td><td>单位客户利润（通过ABC系统来衡量）；非盈利客户比例</td></tr>
<tr><td>改善销售效率</td><td>销售成本（渠道）；电子化客户交易比例</td></tr>
<tr><td colspan="2" rowspan="3">客户</td><td>提高客户满意度（价值主张）</td><td>高度满意客户百分比</td></tr>
<tr><td>提高客户忠诚度</td><td>客户保持率；客户关系深度</td></tr>
<tr><td>创造狂热爱好者</td><td>客户推荐业务比例</td></tr>
<tr><td rowspan="11">内部业务流程（客户管理）</td><td rowspan="4">选择</td><td>了解细分市场</td><td>细分市场贡献</td></tr>
<tr><td>筛除非盈利客户</td><td>非盈利客户比例</td></tr>
<tr><td>瞄准高价值客户</td><td>战略客户数量</td></tr>
<tr><td>品牌管理</td><td>品牌意识/偏好</td></tr>
<tr><td rowspan="4">获得</td><td>宣传价值主张</td><td>品牌意识</td></tr>
<tr><td>客户化大规模营销</td><td>响应率运动；使用促销样品的客户数</td></tr>
<tr><td>获得新客户</td><td>客户线索数量/转化率；获得每个客户的成本；获得新客户的寿命价值（估计）</td></tr>
<tr><td>开发经销商关系</td><td>经销商计分卡；经销商调查反馈</td></tr>
<tr><td rowspan="3">保留</td><td>提供额外客户服务</td><td>额外服务客户数量；优质客户的质量评价；解决客户关注问题或抱怨的时间；客户对咨询的初次应答的不满意比例</td></tr>
<tr><td>创造唯一来源伙伴关系</td><td>唯一来源收入比例</td></tr>
<tr><td>提供卓越服务</td><td>服务水准（渠道）</td></tr>
</table>

续表

层面		目标	指标
内部业务流程（客户管理）	保留	创造终身客户	客户生命周期价值；推荐新客户的数量；通过现有客户的推荐获得新客户的数量；来自忠诚客户的推荐数量；忠诚客户对产品和服务提升的建议数量
	扩大	交叉销售	单位客户产品数量；交叉营销收入；入门级产品以外的市场或产品创造的收入
		解决方案销售	联合开发服务协议数量；售后服务的收入/利润；客户可获得的增值服务数量
		伙伴/集成管理	单一来源合同数量；获得共享协议数量；从共享协议中赚取的收入
		客户教育	与客户接触的时间
学习与成长	人力资本	开发战略能力	人力资本准备度
		吸引和保留顶尖人才	关键员工周转率
	信息资本	开发战略 CRM 投资组合	投资组合运用准备度
		增加知识共享	接触知识管理系统的客户/员工数量
	组织资本	创造客户中心型文化	客户调查
		创造个人目标协调一致	将个人目标与 BSC 连接

3. 创新流程的目标和指标

创新流程的总目标是持续开发新产品、服务和流程，以培育和保持组织的竞争优势。同样，创新流程也由四个子流程构成，包括识别新产品和服务的机会、管理研发组合、设计和开发新产品和服务、将新产品和服务推向市场，每个子流程都有自身特定的目标。这些子流程向上与客户层面目标相联系，进一步阐释了公司的新产品和服务特性及其与竞争对手之间的差异，明确了客户获得产品增强功能的最新时间。需要注意的是，创新流程本身具有财务上的限制，即需要进行研发管理，保证投入到产品研发上的资金能够得到回报。在学习与成长层面，创新流程要求组织从能力、技术和工作氛围等方面培育无形资产，例如建设一支高素质的科学家和工程师队伍、引进最新的信息技术、培育创新型和鼓励变革的文化等。创新流程的目标和指标也需要与其他相关层面的目标和指标形成一个完整的体系，如表 3-26 所示。

表3-26 创新流程及相关层面的目标和指标（示例）

层面		目标	指标
财务		研发投资回报	技术投资回报；实际和目标盈亏时间（BET）；专利的特许权和许可权收入
		现有客户的收入增长	最近一年现有客户的收入和利润增长；现有客户的销售额增长百分比
		新客户的收入增长	使用新产品的新客户收入和利润
		管理产品生命周期总成本	维修成本占总制造成本的百分比；处理成本占总制造成本的百分比
客户		为客户提供高质量产品/服务	新产品/服务的独特性能和特征
		新产品/服务首次上市	相对于竞争者的提前时间；首次上市产品/服务的数量；及时上市产品百分比
		把产品/服务拓展到新市场	平台产品的新应用领域；新市场和细分客户的收入
内部业务流程（创新）	识别机会	预期未来客户需求	花费在关键客户上的时间，获得他们的机会和需求；基于新客户推出的新项目数量和百分比
		发现和开发更好的产品和服务	提出新项目和概念的数量；确定新增值服务的数量
	管理研发组合	为优秀的创新和客户定位、业绩和利润积极管理产品/方案组合	项目的实际和预期组合比较；每个项目的实际和预期花费；技术排名；项目传递途径的产品净现值；扩展（在传递途径中，基于产品原型的客户反馈和收入计划）
		把产品平台拓展到新的和既有的市场	利用既有平台（瞄准新市场）的项目数量；生命周期延长的项目数量
		通过协作拓展产品组合	被许可产品的数量；新市场的合资项目数量；技术或产品伙伴数量
	设计和开发新产品和服务	管理项目组合	专利数/专利引用数；项目通过率；进入每个产品开发流程的项目数量；利用阶段门分析或其他正式开发回顾流程的项目百分比
		缩短开发周期	及时交付的项目数量；项目在开发流程的平均时间；总时间（从创意到上市）
		管理开发周期成本	每个开发阶段项目的实际与预算费用

续表

层面		目标	指标
内部业务流程（创新）	新产品和服务推向市场	将新产品快速推向市场	从试产到全面实现产能的时间；再设计循环数量；新产品上市或商业化数量
		新产品的有效生产	新产品的制造成本；新产品制造流程产量；从客户那里获得的损失或收益；初始保证和现场服务成本；消费者对新上市产品的满意度或抱怨；新产品的安全事故量；新流程的环境事故量
		新产品的有效营销、分销和销售额	新产品的6个月收入（实际与预算）；新产品的脱销与毁约
学习与成长	人力资本	实现渊博的功能专长	关键研发职位的战略技能覆盖率
		开发有效的交叉学科和跨职能团队	交叉学科和跨职能研发团队中有效的研发员工比例；有效的项目管理领导能力的员工比例
	信息资本	为模拟和虚拟模型开发计算机技术	具有先进模型工具知识的研发员工比例
		为产品快速上市利用技术	有效整合CAD/CAM的上市产品比例
	组织资本	从科技界获得领先知识	从外部来源获得的创意的数量；研究同行的现有科学和技术能力
		培育创新文化	新产品和能力的建议数量；对创新和变革的员工文化调查

4. 法规与社会流程的目标和指标

法规与社会流程涉及环境业绩、安全和健康业绩、员工雇佣和社区投资等方面，目的在于最小化公司经营风险和提高长期股东价值。企业在环境、员工、市民和社会责任上的主动担当和突出表现，能够帮助其树立良好的品牌形象，强化公众的认可度，促使潜在客户加快转化；同时，企业在遵守法规政策和处理社区关系上的良好记录，为其有序经营和长远发展赢得了支持和空间。但是，企业在环境保护、员工健康和社区发展上的投资应有的放矢，想取得预期成效还要具有相应的能力、技术和文化氛围，并据此设置有关学习与成长方面的目标和指标。法规与社会流程的目标和指标也需要与其他相关层面的目标和指标形成一个完整的体系，如表3-27所示。

表3-27 法规与社会流程及相关层面的目标和指标（示例）

层面	目标	指标
财务	减少业务执行风险	
	吸引有社会意识的客户和投资者	

续表

层面		目标	指标
客户		社区伙伴	
		负责的公民	
内部业务流程（法规与社会）	环境	能源和资源消耗	能源来源/能源类型；其他资源的总计和消耗数量
		污水排放	清洁水的需求量；污水排放总量
		废气排放	有毒气体和致癌物的排放情况
		固体废物处理	有害或无害固体废弃物的处置
		产品业绩	产品生命周期内的环境影响；产品中的有害有毒物；材料的种类和数量；包装；可回收
		综合环境指标	
	安全与健康	安全	事故率
		健康	职业病频率；员工暴露在有害化合物中的情况；员工工作之外的事故情况
	招聘	多样性	信仰；国籍；种族；性别
		招聘失业者	招聘失业者数
	社区	社区计划	对社区投资的定量信息（年份、金额等）
		联合非营利组织	对社区非营利组织的资金贡献；企业员工为社区提供的支援活动
学习与成长	人力资本	投资于人力资本	
	信息资本	清洁技术	
	组织资本	社会意识和责任文化	

（四）学习与成长层面的目标和指标

平衡计分卡的学习与成长层面是对人力资本、信息资本和组织资本等无形资产的描述，阐释无形资产如何成为持续性价值创造的决定性因素。该层面目标的确定在于根据战略一致性原则，合理界定能够有效驱动业务流程目标的无形资产类型，并对其战略准备度进行准确评估。战略准备度是平衡计分卡引入的一个新概念，用以描述无形资产支持组织战略的程度，具体指支持战略优先任务的无形资产需求状态与组织现有状态之间的比率。根据无形资产的类型，战略准备度可以细分为人力资本准备度、组织资本准备度和信息资本准备度，准备度越高，无形资产支撑价值创造的力度越大。

1. 衡量人力资本准备度

人力资本准备度用以反映员工的知识、能力和技能对成功执行战略的有效性。衡量人力资本准备度从确定个人执行战略地图中每一个关键内部业务流程所要求的能力开始，整个过程分为以下四个步骤。

（1）确定战略工作组群。战略工作组群是指承担对战略产生极大影响的关键工作的员工，也就是通常所说的核心员工。卡普兰和诺顿认为，组织战略的成功取决于如何更好地开发不到总人数10%的员工的能力。这就是战略重点的本质。确定战略工作组群源于对关键业务流程的分析，明确成功执行这些关键业务流程所需的能力，最后锁定拥有这些能力的员工。例如，美国消费者银行通过流程分析，确定了7个战略流程，并针对每一个流程明确了其战略工作组群，如图3-22所示。

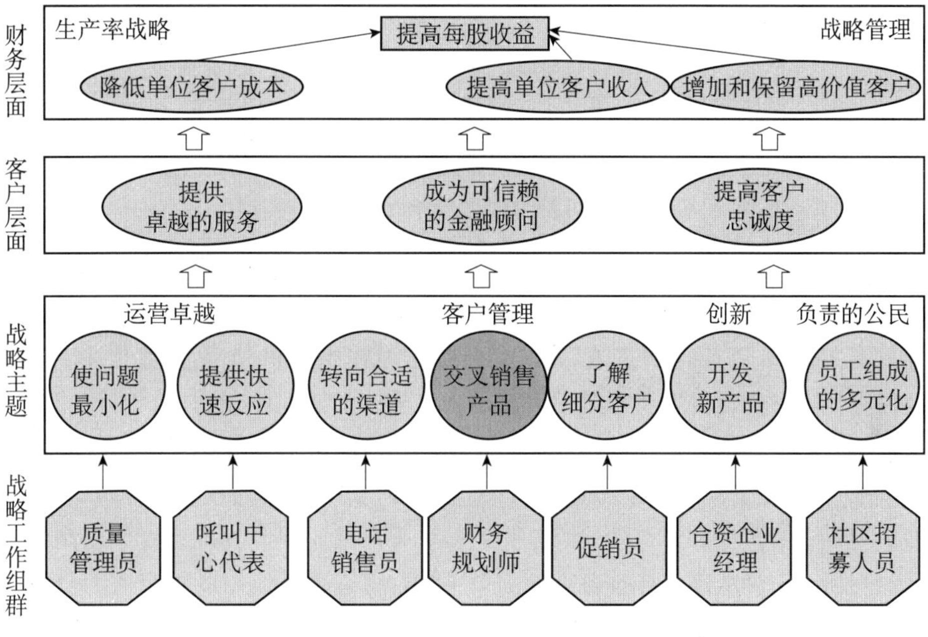

图3-22 确定战略工作组群

（2）构建能力图解。在确定对战略成功至关重要的战略工作组群之后，接下来就要确定这些工作的要求，即构建能力图解。能力图解描述了某一职位实现高绩效所要求的知识、技能和价值，它为人力资源部门招聘、培训和开发特定职位的员工提供了参照标准。组织需要针对不同的战略工作组群开发能力图解，相关信息可以从组织的职位说明书或者胜任素质模型中获取。同样，以美国消费者银行为例，该银行针对7个战略工作组群形成了不同的能力图解，如图3-23所示。

（3）评估人力资本准备度。在这一过程中，组织将评估战略工作组群中的员工能力。能力图解要求和实际能力之间的差距可以称为“能力差距”，这一概念定义了组织的人力资本准备度。评价者可以采用不同的方法进行评估，如自我评估、上级评估或者

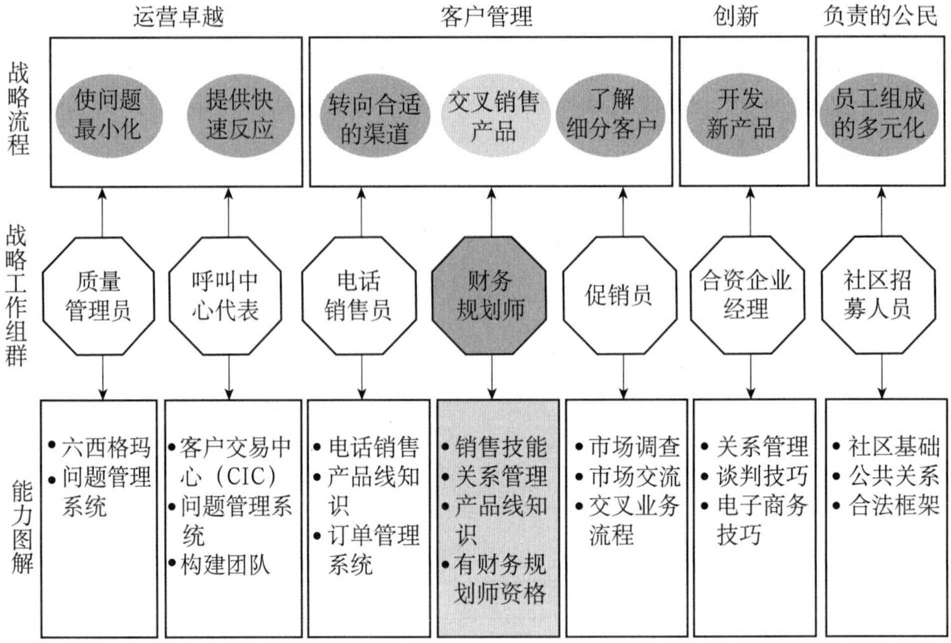

图 3-23 构建能力图解

360度反馈等。如图3-24所示，组织希望具有销售、关系管理和产品线知识的财务规划师是100名，而通过对该战略工作组群的调查，发现现有的能够满足能力要求的财务规划师只有40名。因而，财务规划师这个战略工作组群的准备度就是40%（=40/100）。可见，这种低准备度状态是无法满足战略需要的，因此在图中，对该战略准备度亮起了红灯。同样的道理，不同颜色标志着不同的战略准备度状态，其中绿灯表示准备度为80%以上，黄灯表示准备度为60%～70%，红灯表示准备度为50%以下。组织应该高度重视标识为黄灯和红灯的战略工作组群，采取措施提高其准备度，以满足战略需求。通过对所有七种战略工作准备度的简单平均，可以得到组织的整个人力资本准备度为65%。需要注意的是，不同的战略工作组群之间不存在重要性的差别，因此在确定组织的整体人力资本准备度时，不需要对战略工作组群就重要性进行加权平均，只需简单平均就行。这里隐含的一个逻辑就是，所有的战略工作组群都是同等重要的，任何一个战略工作组群出了问题，组织都不可能达成战略目标。

（4）制订人力资本开发计划。人力资本开发计划是准备度报告不可缺少的一部分，组织可以实施人力资本开发计划来缩小"能力差距"。通过人力资本准备度评估，组织应将关注的焦点放在战略工作组群的人力资本投资和开发计划上，以便集中优势资源较快地实现突破性业绩。人力资本开发的方式既可以通过培训和教育现有员工来缩小其能力差距，也可以通过招聘或聘请外部专家来缩小这种差距。总之，组织需要想方设法缩小实际能力和要求能力之间的差距，使实际能力达到要求能力的标准。唯有如此，组织才有可能实现其战略目标。

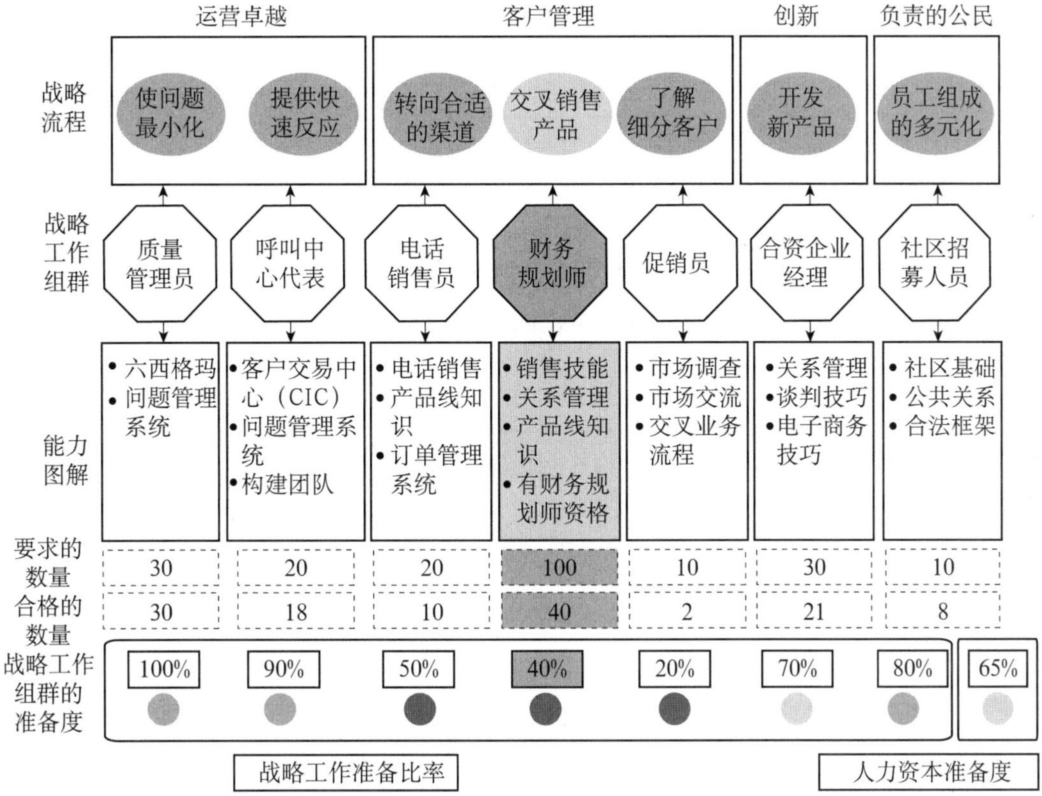

图 3-24 评估人力资本准备度

2. 衡量信息资本准备度

组织的信息资本包括技术基础设施和信息应用程序两个部分，它们同样只有置于战略背景下才具有价值。因此，与衡量人力资本准备度一样，基于战略地图的关键内部业务流程来选择基础设施和应用程序，使之与战略保持协调一致，形成战略 IT 组合，并不断对这些经过优先性检验的技术组合进行投资，才能充分发挥信息资本的支撑作用。对于信息资本的衡量同样可以使用准备度这个指标，可以结合谱系式衡量方法来进行评估。谱系式衡量方法就是通过一个六等级方案来确定每个应用程序的地位，如图 3-25 所示。其中，1 级和 2 级是正常的和可操作的；3 级和 4 级表明该程序的能力欠缺，正通过投资开发计划加以改善；5 级和 6 级是问题领域，表明没有相应的程序满足战略需要。谱系式信息资本组合衡量方法主要依赖信息资本开发项目经理的主观判断和首席信息官（CIO）的管理控制，其主要关注点在于信息资本的投资开发，以确保尽最大努力创造战略准备度。与谱系式衡量方法不同，许多复杂的 IT 组织采取更为量化客观的评估方法来衡量其信息资本组合。例如，通过调查使用者的满意度来评估每个应用程序；通过财务分析来确定每个应用程序的操作和维修成本；通过技术审计来评估编码的基本质量、可操作性、文档和每个应用程序的失败频率等。这种综合性评价方法对于管理那些已经可操作的应用程序组合极为有效，能够全面了解信息资本的准备度情况并有针对性地制订优化计划。

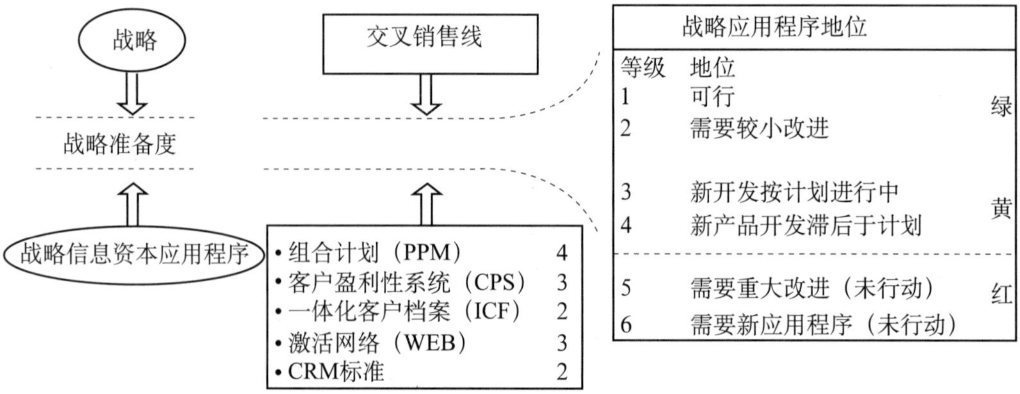

图3-25　谱系式信息资本组合衡量方法

资料来源：罗伯特·卡普兰，戴维·诺顿．战略地图：化无形资产为有形成果．广州：广东经济出版社，2005.

3. 衡量组织资本准备度

平衡计分卡将组织资本定义为执行战略所要求的动员和维持变革流程的组织能力。人力资本和信息资本，以及有形实物资产和财务资产，不仅要与战略保持协调一致，而且要为战略目标的实现整合起来共同工作，组织资本则为这种整合提供了能力。因此，拥有较高组织资本的企业对其使命、价值观、愿景和战略有共同认识，能够围绕战略创造高绩效文化，并且在组织高层、中层以及整个公司共享知识，保证每个员工共同工作并协调一致。战略地图描述了战略所要求的变革，这些变革确定了组织所需的新行为和价值观。开发组织资本的第一步就是确定战略所隐含的变革议程，通常有两类：一是为客户、股东创造价值所需的行为变革，包括关注客户、有创造力和创新性、结果导向等；二是执行战略所需的行为变革，包括理解使命和战略、责任感、公开交流、团队工作等。一般情况下，一个单一组织应选择3～4个对于战略实施最为重要的变革议程纳入平衡计分卡。卡普兰和诺顿从上述变革议程中选择了文化、领导力、协调一致和团队工作共四个方面作为组织资本的基本框架，下面逐一介绍。

（1）文化。平衡计分卡对文化的概念界定是执行战略所需要的使命、核心价值观和愿景的意识和内在化。关注客户、创新和冒险、理解使命和战略、责任心、公开交流等是最常用的文化变革目标。文化的衡量很大程度上依赖于员工调查。管理者可以利用或者改进一些衡量工具，例如组织文化组图，从与战略相关的各个维度来衡量员工个人对战略的理解。下面列举了不同组织根据各自选择的变革议程所确定的文化目标和指标实例，如表3-28所示。

（2）领导力。平衡计分卡对领导力的概念界定是各层级中动员组织朝着战略发展的合格领导的可获得性。领导力，特别是管理转型变革的领导力，是成为战略中心型组织的核心要求。企业可以利用两种方法来确定领导力：一种是开发领导者流程，即关注如何开发必备的领导能力，并为领导开发流程制定相关的目标和指标，如表3-29所示。

表 3-28　有关文化的目标和指标实例

变革议程	目标	指标	组织类型
客户驱动	创造客户中心的文化	员工调查 客户认知调查 领导与客户相处的时间	医疗保健
	构建一种授权的、关注方案的、以社区为导向的文化	员工调查	区域银行
	培育以客户为中心的行为	员工排名（公司采购者）	保险
创新/冒险	培育一种持续改进的、具有创新性和创造力的文化	变革准备调查	公用事业
	促进企业文化	新服务交付培训（员工百分比）	公用事业
	确保负责的同时，推动冒险精神	公开的“共享知识”的数量	制药
结果导向	创造成果气氛	气氛调查（领导力组成）	化学
	产生结果	BSC 目标的实现	公用事业
理解使命和战略	保证所有员工都明确战略方向	员工调查	医疗保健
	理解组织独特的业务模型和不同贡献	战略意识（调查）	专业服务
	明确预期和责任与战略优先任务协调一致	能确定组织重点领域的员工比例	医疗保健
责任感	通过责任心创造高绩效并鼓励风险与报酬挂钩	“总裁俱乐部”员工的数量	制造
	创造价值驱动的、高绩效文化	员工调查	服务
公开交流	通过双向交流和教育创造一致的思想	具有交叉业务重点的员工数量	制药
	作为持续交流的结果，创造忠诚的团队	气氛调查（沟通）	银行
团队工作	通过双重身份充分发挥企业能力	最佳实践共享的数量	制造
	我们的团队——我们的梦想	被轮换员工的百分比	服务

资料来源：罗伯特·卡普兰，戴维·诺顿．战略地图：化无形资产为有形成果．广州：广东经济出版社，2005.

表 3-29　领导力模型：关注流程

战略目标	战略指标	组织类型
深度开发领导力	没有确定接班人的关键职位的百分比 流程与领导力开发计划	区域银行

续表

战略目标	战略指标	组织类型
开发独特的领导力图解	内部与外部的管理层招聘	制造
开发领导者	坚持领导力开发生命周期的人事部门百分比	军事、医疗保健
使领导力成为一个参与性流程	自我指导的工作团队管理的项目数量	制药
开发有效的领导力	空缺率 员工调查	医疗保健
在各级培育领导力环境	决策需要的提议数量	医疗保健
提高高级管理层的领导技能	在员工调查中，有利领导力的得分比率	电信
执行战略	领导力开发评价（360度反馈）	区域银行

资料来源：罗伯特·卡普兰，戴维·诺顿．战略地图：化无形资产为有形成果．广州：广东经济出版社，2005.

另一种是领导能力模型，这种方法试图描述组织期望的领导者是什么样的，也就是领导者为优秀业绩做出贡献时所应展现的特点。平衡计分卡总结了三种通用的能力种类，具体如下：其一，创造价值，即能够拿出实质性利润成果的领导者；其二，执行战略，即善于动员和指导变革流程的领导者；其三，开发人力资本，即为组织建立能力并设定高标准的领导者。前两类通过强调文化变革议程提高组织资本，第三类通过指导和反馈、创造学习环境、提供个人表率等来指导和开发员工能力，如表3-30所示。

表3-30　领导力模型：关注能力

一般特征		描述	作用
创造价值	以客户为中心	理解客户，解决客户问题	创造组织准备度
	创新/冒险	挑战假设，提出新方法	
	提交成果	为客户和股东提交成果	
执行战略	理解战略	明确确定使命、价值观、愿景和战略	
	责任	设定方向、目标值、责任	
	沟通	沟通公开化，提供反馈	
	团队工作	跨边界工作，共享知识	
开发人力资本	学习	向别人学习，向自己学习	创造人力资本准备度
	指导/开发	花费在向别人学习上的时间	
	个人贡献	模范指导，设定个人高标准	

资料来源：罗伯特·卡普兰，戴维·诺顿．战略地图：化无形资产为有形成果．广州：广东经济出版社，2005.

由此可知，确定领导力的两种方法各有侧重，前者关注领导力开发，后者关注领导者的能力特征描述。与此相应，两种方法在领导力的衡量上也有区别：领导力开发流程采用的衡量指标大部分是客观指标，如缺少继任者的关键职位数目、外部招聘数目、坚持领导开发周期的单位百分比等；而领导能力模型采用的衡量指标则以主观判断指标居多，如沟通质量、领导者指导和鼓励团队工作的能力等，组织需通过员工调查来获取相关信息。

（3）协调一致。在平衡计分卡中，协调一致是指个人、团队和部门目标和激励与战略目标的实现相结合。成功的组织变革要求协调一致，也就是说，团队的所有成员都有共同的目的、共享的愿景和对个人如何支持整个战略的共识。协调一致通常分两步进行：其一，创造意识；其二，建立激励。首先，领导者必须利用所有员工都能理解的方法沟通高层战略目标。领导者可以通过多层面的沟通计划创造战略意识，如宣传手册、培训计划、主管谈话、公司内联网和 BBS 等。组织可以通过员工调查来衡量员工对高层战略目标的理解程度。其次，领导者必须把个人目标的设定和报酬机制与部门和公司的目标联系起来，以实现战略协调一致，如表 3－31 所示。

表 3－31 有关协调一致的目标和指标实例

特征	战略目标	战略指标	组织类型
战略意识	保证全体员工理解战略	能确定战略优先任务的员工百分比（调查）	医疗保健
战略的协调一致	加强战略方向，强化紧迫感和目标感	个人目标与 BSC 联结的员工百分比	共同基金
	通过评价和激励协调努力	目标与战略一致的员工百分比（主管及以上级别）	医疗保健
	打造热情、训练有素的员工队伍	有个人 BSC 的员工百分比	加工部门
	协调个人目标	目标与 BSC 联结的员工百分比	国民银行
	员工	培训和开发与 BSC 联结的员工的百分比	城市政府

资料来源：罗伯特•卡普兰，戴维•诺顿．战略地图：化无形资产为有形成果．广州：广东经济出版社，2005.

（4）团队工作。平衡计分卡对团队工作的概念界定是，整个组织共享的具有战略潜力的知识。许多组织利用知识管理系统（KMS）来创造、组织、开发和分配知识，但是，对于衡量知识共享或知识管理流程的产出则难以入手，因此在实践中大多采用投入或流程指标而不是结果或产出指标来衡量知识共享状况。事实上，企业可以通过被团队采用的新建议数目、与其他团队和个人共享和实践的新建议数目等来更好地衡量产出。表 3－32 列举了不同最佳实践团队知识共享的目标和指标的代表性例子。

此外，目标值和行动方案的确定也是绩效计划的重要内容，相关基础知识在本章第 3 节有详细介绍。其具体操作过程都是管理者和下属依据战略目标和组织实际情况，在充分沟通的基础上，将相关知识和操作技术结合起来，共同制订出包含绩效目标、指标、目标值以及行动方案等内容的完整的绩效计划。

表3-32 有关团队工作的目标和指标实例

特征	战略目标	战略指标	组织类型
共享知识	开发一个学习型组织	确定的最佳实践数量 员工人均产出	化学
	持续地开发和转化知识	员工人均培训时间	国际保险
	保证最佳实践思想的交流	参与测试流程的员工百分比	金融服务
	促进跨公司交流	利用共享知识渠道的员工百分比	药店
	为共享知识创造并利用一个共同的全球化系统和流程	知识银行（KB）的项目数量 KB的点击次数	软件
	保证在公司内获得精确、一致的信息	在公司内获得想要的指标、数据和统计资料的百分比	金融服务
组织整合	整合员工	跨部门调动的百分比	制造

资料来源：罗伯特·卡普兰，戴维·诺顿．战略地图：化无形资产为有形成果．广州：广东经济出版社，2005.

四、个人绩效计划的制订

（一）绩效计划体系的分级开发

无论是组织绩效目标还是部门绩效目标，最终都必须落地到组织中不同层级的个体身上。在制定完组织和部门的战略地图及平衡计分卡之后，需要将组织和部门的战略地图和平衡计分卡转化为组织中各层级人员的平衡计分卡，从而确保能将组织战略化为组织内部所有人员的行动。

1. 企业组织个人平衡计分卡的分级开发

通过平衡计分卡开发个人绩效计划，通常需要保障组织绩效计划体系的横向与纵向协同。首先，要求在纵向上，实现总公司、分公司和部门之间的纵向协同；其次，要求在横向上，保障领导班子之间实现协同，如图3-26所示。下面以某集团公司为例，对该集团公司内部个人平衡计分卡开发的具体步骤进行论述。

第一步，开发总公司战略地图和平衡计分卡，其目标和指标由总公司高层领导团队通过承接（共同承接或单独承接）和分解的形式共同承担。其中，结果层面的目标和指标，高层领导者都要承担。其他两个层面的目标和指标，则由于分工不同，有的是共同承接，有的是单独承接，还有的需要分解到不同的人身上，通过相互配合共同完成。同时，还有一些职责在公司战略地图和平衡计分卡里没有体现，也需要补充进来，以便形成完整的绩效计划。另外，由于岗位不同，不同高层领导者对所承担的目标和指标的权重分配常常不同，这需要高层领导团队充分沟通，形成共识。

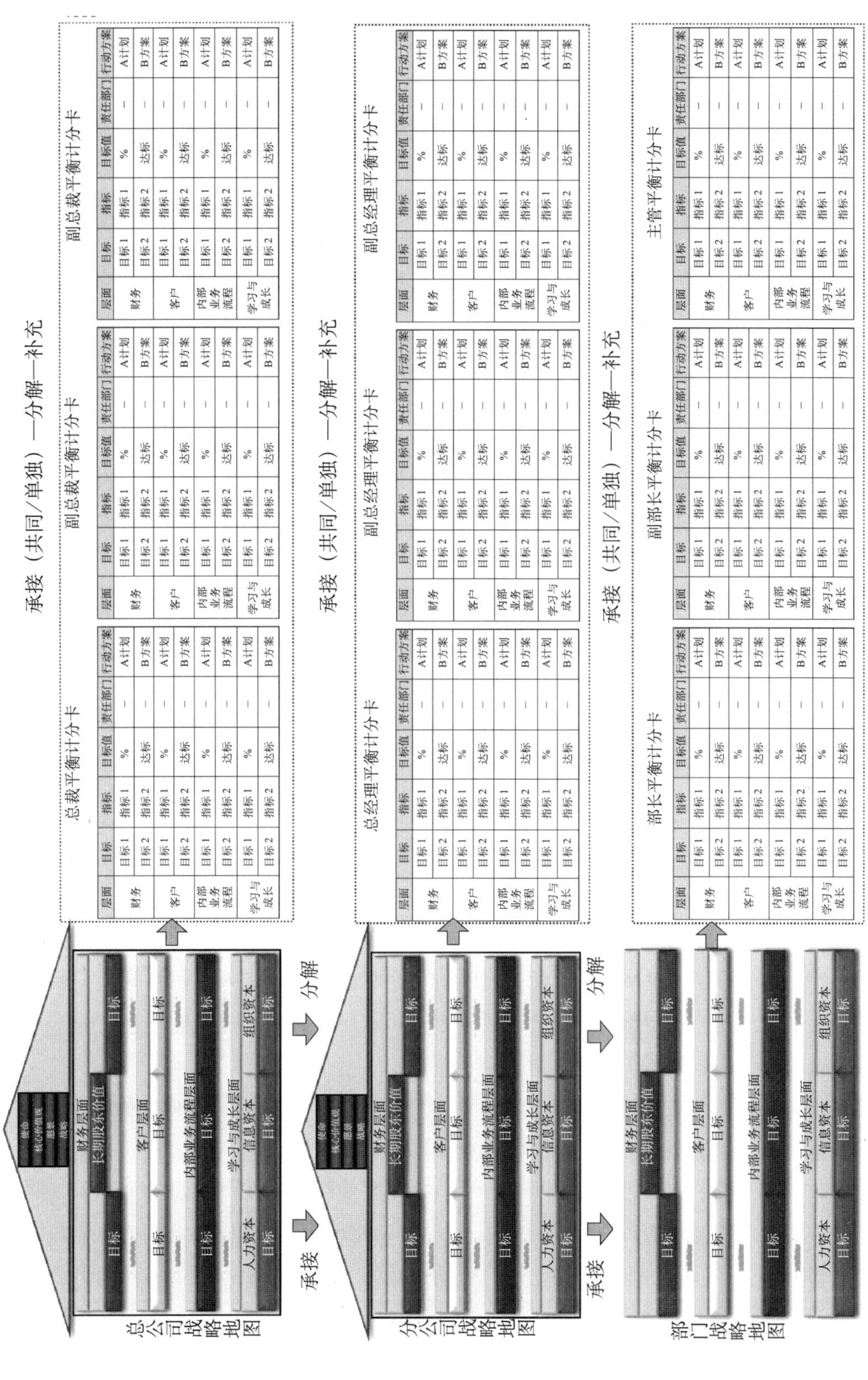

图3-26 某集团公司个人平衡计分卡分级开发模型

第二步，通过对总公司目标的承接和分解，结合分公司战略规划，开发分公司战略地图和平衡计分卡，其中分公司平衡计分卡中的相关目标和指标同样由分公司领导团队通过承接（共同承接或单独承接）和分解的形式共同承担。与总公司一样，分公司领导者也通过承接、分解和补充等形式分别确定不同领导者的个人目标和指标；权重分配也需要根据分工协商确定。

第三步，通过对分公司目标的承接和分解，结合部门职责，开发部门战略地图和平衡计分卡，并以此为基础开发部门管理者和普通员工的平衡计分卡。部门管理者的目标和指标设计流程与组织层次保持一致。对于普通员工平衡计分卡的开发，除了注意对部门目标的承接之外，还要充分考虑职位的具体职责。

2. 公共部门个人平衡计分卡的分级开发

公共部门领导干部和公务员的平衡计分卡的开发与企业组织个人平衡计分卡设计的具体操作步骤和关键点相似。由于政府的管理层级更多，组织结构更复杂，职责涉及面更广，利益相关者诉求更多，因此政府绩效管理更适合使用平衡计分卡管理工具。下面以北京市延庆县政府为例，对地方政府平衡计分卡开发流程进行讲解。

地方政府平衡计分卡开发的步骤同样分为三个步骤，如图 3-27 所示。第一步，开发县政府的战略地图和平衡计分卡，通过对政府目标的指标的承接和分解，并补充组织整体没有但是个人职责规定的各项目标，确定县级政府领导个人的平衡计分卡。第二步，通过对县级政府的目标的承接和分解，结合部门自身特有职能，开发党政工作部门的战略地图和平衡计分卡；然后按照承接、分解和补充等形式确定党政部门领导个人的平衡计分卡。第三步，按照承接、分解及特有的形式开发科室战略地图和平衡计分卡，再按照承接、分解和补充等形式确定党政部门领导个人和普通科员的平衡计分卡。

党政工作部门的平衡计分卡分级开发模型的思路与地方政府并无二致。下面以延庆县园林绿化局领导班子平衡计分卡的开发为例，对具体的党政工作部门及其领导班子成员的平衡计分卡的开发步骤进行讲解。具体来讲，该局领导班子成员的平衡计分卡开发需要经过三个步骤，如图 3-28 所示。

第一步，根据县委县政府的要求，参考县五年发展规划和年度计划，依据园林绿化局的五年规划和年度工作计划，开发园林绿化局的战略地图。

第二步，开发园林绿化局的平衡计分卡。以战略地图确定的绩效目标为基础，深入沟通并确定具体的绩效指标、目标值、主管领导和责任部门，形成班子成员达成共识的组织平衡计分卡，如表 3-33 所示。需要特别注意的是，在整个园林绿化局的平衡计分卡开发的同时就确定了其绩效评价量表。

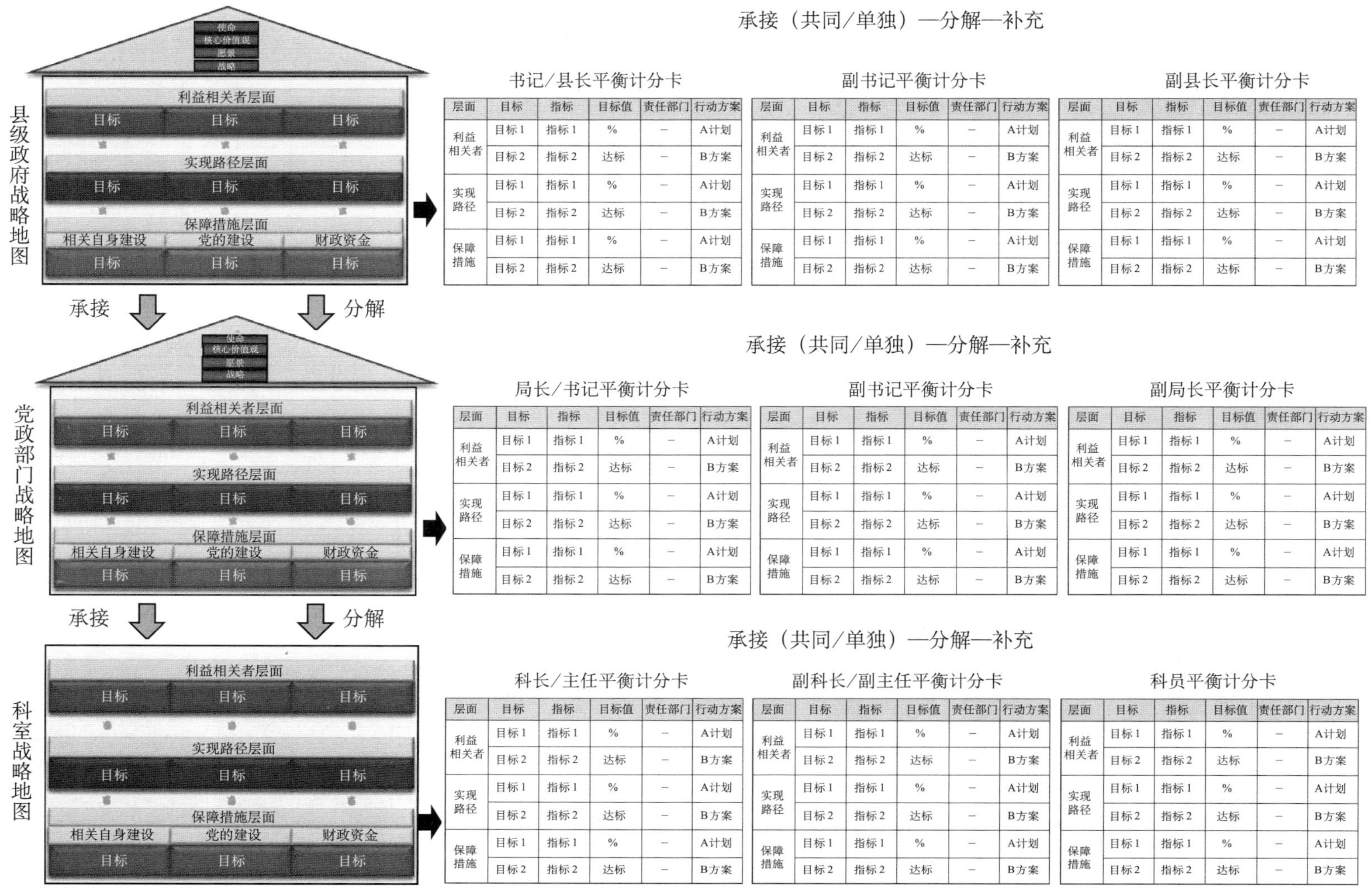

图3–27　北京市延庆县政府平衡计分卡分级开发模型

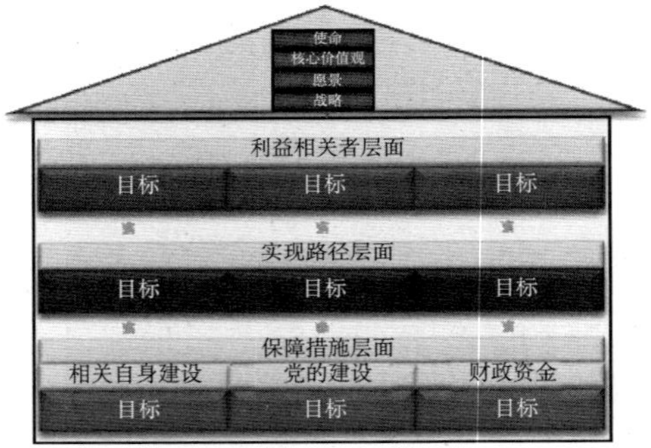

园林绿化局的战略地图

层面	目标	指标	目标值	主管领导	行动方案
利益相关者	目标1	指标1	%	赵**	A计划
	目标2	指标2	达标	钱**	B方案
实现路径	目标1	指标1	%	孙**	A计划
	目标2	指标2	达标	李**	B方案
保障措施	目标1	指标1	%	王**	A计划
	目标2	指标2	达标	刘**	B方案

园林绿化局的平衡计分卡

层面	指标	目标值	满分赋值	权重系数	数据来源	考核主体
利益相关者 50%	指标1	%	100	5	–	–
	指标2	达标	100	5	–	–
实现路径 30%	指标1	%	100	3	–	–
	指标2	达标	100	3	–	–
保障措施 20%	指标1	%	100	3	–	–
	指标2	达标	100	1	–	–

领导班子实绩评价量表

承接（共同/单独）—分解—补充

局长/书记

层面	目标	指标	目标值	责任部门	行动方案
利益相关者	目标 1	指标 1	%	–	A计划
	目标 2	指标 2	达标	–	B方案
实现路径	目标 1	指标 1	%	–	A计划
	目标 2	指标 2	达标	–	B方案
保障措施	目标 1	指标 1	%	–	A计划
	目标 2	指标 2	达标	–	B方案

局长/书记平衡计分卡

层面	指标	目标值	满分赋值	权重系数	数据来源	考核主体
利益相关者 50%	指标 1	%	100	5	–	–
	指标 2	达标	100	5	–	–
实现路径 30%	指标 1	%	100	3	–	–
	指标 2	达标	100	3	–	–
保障措施 20%	指标 1	%	100	3	–	–
	指标 2	达标	100	1	–	–

局长/书记实绩评价量表

副书记

层面	目标	指标	目标值	责任部门	行动方案
利益相关者	目标 1	指标 1	%	–	A计划
	目标 2	指标 2	达标	–	B方案
实现路径	目标 1	指标 1	%	–	A计划
	目标 2	指标 2	达标	–	B方案
保障措施	目标 1	指标 1	%	–	A计划
	目标 2	指标 2	达标	–	B方案

副书记平衡计分卡

层面	指标	目标值	满分赋值	权重系数	数据来源	考核主体
利益相关者 40%	指标 1	%	100	5	–	–
	指标 2	达标	100	5	–	–
实现路径 40%	指标 1	%	100	3	–	–
	指标 2	达标	100	3	–	–
保障措施 20%	指标 1	%	100	3	–	–
	指标 2	达标	100	1	–	–

副书记实绩评价量表

副局长

层面	目标	指标	目标值	责任部门	行动方案
利益相关者	目标 1	指标 1	%	–	A计划
	目标 2	指标 2	达标	–	B方案
实现路径	目标 1	指标 1	%	–	A计划
	目标 2	指标 2	达标	–	B方案
保障措施	目标 1	指标 1	%	–	A计划
	目标 2	指标 2	达标	–	B方案

副局长平衡计分卡

层面	指标	目标值	满分赋值	权重系数	数据来源	考核主体
利益相关者 40%	指标 1	%	100	5	–	–
	指标 2	达标	100	5	–	–
实现路径 40%	指标 1	%	100	3	–	–
	指标 2	达标	100	3	–	–
保障措施 20%	指标 1	%	100	3	–	–
	指标 2	达标	100	1	–	–

副局长实绩评价量表

领导干部个人的实绩评价量表

图3–28　北京延庆县园林绿化局的平衡计分卡分级开发模型

表 3-33 北京市延庆县园林绿化局的平衡计分卡（示例）

单位名称	延庆县园林绿化局		分管领导		
利益相关者层面					
目标	指标	目标值	指标类型	主管领导	责任部门
优化县域生态环境	城市绿地年增长面积	114 公顷/5 年 22.8 公顷/年	考核指标		
	城市绿化覆盖年增长率	4.06%/5 年 0.81%/年	监控指标		
增加森林资源总量	新增森林面积	1 196 公顷/年	考核指标		
保障森林资源安全	重大森林资源灾害事件发生次数	0 次/年	减分项		
实现路径层面					
目标	指标	目标值	指标类型	主管领导	责任部门
推进城乡园林绿化建设	新增造林面积	2.76 万亩	考核指标		
	新增封山育林面积	6 万亩	考核指标		
加快林业产业发展	年花卉种植面积	1.2 万亩	考核指标		
加强森林资源保护	年林下经济发展面积	3.5 万亩	监控指标		
保障措施层面					
目标	指标	目标值	指标类型	主管领导	责任部门
坚持依法行政	行政处罚案卷合格率	100%	考核指标		
加强行政问责	行政问责次数	0 次/年	减分项		
提升党的组织工作科学化水平	人才队伍建设工作	达标	考核指标		
控制行政成本	三公经费占总支出比重	%	考核指标		

第三步，依据园林绿化局的平衡计分卡，开发每个班子成员的平衡计分卡。在确定领导班子如何承担（单独承接或共同承接）班子绩效目标和指标上，确定了两个基本原则：首先，结果层面的绩效目标和指标由所有班子成员共同承接；其次，实现路径层面和保障措施层面的绩效目标和指标根据领导分工的不同，可以共同承接，也可以单独承接。至于不同领导在所有指标上承担的权重，则需要班子成员协商和讨论确定。领导班子成员个人平衡计分卡一般必须包括目标、指标、目标值、责任部门、行动方案等内容，如表 3-34 所示。另外，班子成员个人计分卡和绩效评价量表是同步确定的。

表3－34 北京市延庆县园林绿化局副局长个人计分卡（示例）

单位名称	延庆县园林绿化局	直接上级	
姓名		职位名称	党委书记、副局长
主管（分管/协管）工作	党务工作，负责党的思想、组织、作风建设和精神文明建设、纪检监察、党风廉政建设工作		

目标	指标	目标值	指标类型	责任部门	行动方案
利益相关者层面					
提高林业产业效益	林业总产值	22 202万元	考核指标	县林业产业服务中心	技术服务、产业引导、政策扶持
提高服务质量	园林绿化工作群众满意度	%	考核指标	全局	强化教育管理
提升公民生态文明意识	公民生态文明意识调查	等级	考核指标	全局	宣传教育
实现路径层面					
加强森林资源经营管护	林地管护面积	232.2万亩	考核指标	全局	
加快林业产业发展	年花卉种植面积	1.2万亩	监控指标	县林业产业服务中心	制订方案，任务分解落实到镇、村
开发生态资源文化价值	开发生态文化产品数量	1～3个	监控指标	全局	积极研发
加强园林绿化宣传教育	年度园林绿化宣教受众人次	32万人次	考核指标	全局	通过网络、报纸、电视、广播等多种媒体，主题宣传活动、培训等
保障措施层面					
提升党的宣传思想工作水平	政治理论教育工作	达标	考核指标	政工科	
提升党的组织工作科学化水平	班子和干部队伍建设工作	达标	考核指标	政工科	
加强行政问责	行政问责次数	0次/年	减分项	全局	严格管理
争创先进单位	获市级以上荣誉数量	1个/年	加分项	政工科	积极组织创建

（二）个人绩效计划的其他模式

如前所述，个人绩效计划的制订是管理者和下属充分沟通最后达成协议的过程。在不同的情况下，计划应该包括哪些具体内容，要视组织文化、员工情况和管理者的管理风格等方面的因素而定。不过在管理实践中，人力资源管理部门往往会向各级管理者提供一个绩效计划的框架，为管理者制订计划的过程和方式给出一个指导性建议；另外，根据实际需要，这种框架还会提供一种（也可能为若干种）结构化的管理绩效计划表格。由于绩效计划在管理实践中没有统一的模式，因此本书在此提供一些个人绩效计划表的表头的例子，如表 3－35 至表 3－38 所示，希望能够为管理者根据现实情况设计绩效计划表格提供一些思路。在这些表格中，有一些项目也许并不属于计划的内容，而是对于计划的一种监控手段，在绩效周期中这种阶段性评价记录能够帮助管理者达到改进绩效的目的。

表 3－35　绩效计划表格示例一

对应的工作要项	绩效目标	目标的难度等级	潜在的障碍及可能的解决方案	行动计划	实施情况

表 3－36　绩效计划表格示例二

时间	分阶段目标	行动计划	实施情况	阶段性评语

表 3－37　绩效计划表格示例三

	目标	实现情况
工作业绩目标		
工作态度目标		

表 3－38　绩效计划表格示例四

工作要项	目的	重要性	权重	潜在障碍	绩效目标	可能的业绩评价指标	行动计划

（三）绩效协议的签订

不同层次的平衡计分卡制定出来之后，绩效计划体系的制定工作就初步完成。管理者和下属经过仔细审核和确认，在双方取得共识的情况下，平衡计分卡就转化为对双方都有约束力的绩效协议，双方在绩效协议上签字确认代表绩效计划工作的正式完成。通常一份完整的绩效协议应该包含岗位信息、评价周期和计划内容等。管理者和下属需要对绩效目标、指标、目标值、权重以及行动方案等重要内容进行认真审核之后再签字确认。绩效协议签字确认之后，意味着管理者和下属都认可协议内容，并做出了履行协议的承诺。下面以某公司的个人绩效目标协议书为例对绩效协议的基本构成进行说明，如表 3－39 所示。

表 3－39　个人绩效目标协议书

职位编号			职位名称		
所属部门			姓　名		
评价期限	年　月　日至　年　月　日				
协议内容					
层面	绩效目标	评价指标	目标值	权重	行动方案
财务					
客户					
内部业务流程					
学习与成长					
其他					
备注					
	本部门确认，已理解上述协议内容，并承诺按时按质按量完成绩效任务，以及对自身的工作行为和绩效结果承担相应责任。				
本人签字			直接上级签字		
人力资源部盖章			签字日期		

无论采取哪种绩效管理工具，管理者在制订具体的绩效计划时，都需要充分考虑各方面的情况，制订出适合特定岗位的绩效计划。管理者与下属对绩效计划内容进行审核与确认，计划就转变为双方进行绩效管理的协议。下面以某公司完整的绩效协议表格为例进行诠释，如表 3－40 所示。

表 3－40　车间主任绩效协议书

职位名称	车间主任	任职者签名		直接上级签名	
绩效评价周期		年　　月　　日至　　年　　月　　日			

工作要项	目的	重要性	权重	潜在障碍	绩效目标	可能的业绩评价指标	行动计划
成本控制	在第二季度使部门开支减少 15%	必须控制成本，以提供利润	25%	买方价格过高以及竞争的限制	对所有零件招标竞价，找到至少 3 家新的供应商	任务完成提高的百分比	分别在 4 月 10 日、15 日和 5 月 15 日前完成、核准和实施招标计划
生产时间安排	把订单延期减少到 3 个工作日	如果过分延期，将会失去主要客户	40%	使用新机器开支的增加，雇员的抵制	9 月 1 日前安排一线、二线自动化零件生产线	错过最后期限的产品数量；顾客保有量	5 月 1 日前准备好报告；5 月 12 日前核准计划；6 月 30 日前完成自动化项目
供应	获得及时可靠的原材料供应	上月流失 4 个客户，损失总额 18.5 万美元订单	15%	卖主不可靠；货运方的违约责任	寻找新买主；指派检验员到采购部监督工作进展	完成天数；顾客保有数；拒收货物百分比；货物延期造成的损失金额等	4 月 20 日前找到新买主；4 月 30 日前招聘、培训新的检验员
安保	避免内部员工偷窃行为的发生	上季度库存货物损失达 5.5 万美元	10%	绝大多数材料存放在无人看守的地方	在 3 个月内将库存货物损失减少 50%	遭盗窃的次数；丢失库存原材料的总价值	4 月 1 日前提出行动计划；4 月 15 日前为重要材料提供安全的储存地
安全生产	减少事故发生	过去两年保险费 60%，受伤员工带薪休假日增加	10%	发现了新的风险隐患；主管人员没足够重视安全问题	本季度事故发生率和事故严重程度均降低 12%	能在事故第二天写出报告的次数和百分比；事故中受伤人数和工时损失；改善不安全工作条件的支出	4 月 1 日起每周做一次报告；5 月 1 日前提出改进行动方案；6 月 30 日前实施计划

资料来源：Roger Fritz. 个人绩效合约：树立切实可行的目标．广州：中山大学出版社，2001.

在公共部门，签订个人绩效协议是提升绩效管理水平的重要推手，也是各项工作真抓实干和有序推进的保障。公共部门的领导者和公务员个人绩效协议需要与绩效评价内容保持一致。下面以北京市延庆县经济开发区副主任的绩效协议为例对公共组织的个人绩效协议进行诠释，如表 3－41 所示。

表3-41 北京市延庆县经济开发区副主任的绩效协议（示例）

单位		经济开发区		职位名称		副主任	
姓名				直接上级		主任	
主管（分管/协管）工作		主管开发区物业工作；分管延庆经济开发区物业服务中心、延庆经济开发区长城服务产业园物业服务中心工作。					
层面	目标	指标	目标值	指标等级	指标类型	责任部门	行动方案
利益相关者层面	提升服务质量	企业对园区服务满意度	90%	处级	考核指标		
		居民对园区服务满意度（供暖）	80%	处级	考核指标		
实现路径层面	加强运行保障和安全生产	园区重大安全生产事故次数	0次	县级	减分项		
	提供优质的职工生活服务	入住企业职工对居住条件满意度	%	处级	考核指标		
	做好道路维护与绿化工作	道路清洁卫生合格率	100%	处级	考核指标		
	抓好集中供暖工作	南城供暖温度达标率	98%	处级	考核指标		
		南城供暖覆盖率	%	处级	监控指标		
保障措施层面	促进协调一致	部门协作满意度	%	县级	考核指标		
	争创先进单位	获市级以上荣誉数量	个	处级	加分项		
	控制行政成本	“三公”经费占总支出比重	%	处级	考核指标		
单位负责人签名		分管县领导签名		书记/县长确认签名			
确认日期	年 月 日	确认日期	年 月 日	确认日期	年 月 日		

➡ 关键词

绩效计划（performance planning）

绩效目标（performance objective）

绩效指标（performance metrics）

SMART原则（SMART principle）

➡ 复习思考题

1. 谈谈绩效计划的内涵。
2. 谈谈绩效计划制订的步骤。
3. 制订组织绩效计划主要做哪些准备?
4. 一份完整的绩效计划一般包含哪些基本内容?
5. 绩效计划体系设计的一般步骤有哪些?
6. 部门级管理人员个人绩效计划开发的步骤有哪些?

➡ 章末案例

华鹤集团绩效计划体系的设计

华鹤集团的总部坐落在素有“丹顶鹤故乡”之称的齐齐哈尔市，主导产品为华鹤家具、华鹤木门。在齐齐哈尔和北京，公司建有2个20余万平方米的生产基地，拥有3个家具制造公司和1个与德国豪迈金田公司合资的成品木门制造公司，以及装饰工程、家居流通公司，员工队伍超过3 500人。多年来，华鹤集团从德国、意大利、日本引进了具有当今世界先进水平的家具、木门生产制造设备及工艺技术，是目前中国家具、木门制造业的龙头企业，也是重要出口企业之一。

作为中国家具业的领头羊，如何设计科学合理的绩效计划体系，使之既能够管理和提升企业整体绩效，又能够实现集团内各部门、各子公司之间的有效协同，是摆在公司高层管理者面前的一道难题。为此，公司高层管理者运用平衡计分卡这一系统工具，自上而下设计了一套涵盖集团所有部门、子公司及个人的绩效计划体系。华鹤集团绩效计划体系的构建分为五个步骤。

第一，开发总公司的战略地图和平衡计分卡，形成集团总部的绩效计划。华鹤集团的高层管理者在专家团队的指导下，明确了公司的使命、核心价值观、愿景和战略，并将这些要素转化为四个层面的目标、指标、目标值、行动方案，为集团绩效计划体系的设计奠定了基础。华鹤集团总部的绩效计划如表3-42所示。

表3-42 华鹤集团总部绩效计划体系（示例）

<table>
<tr><th rowspan="2">层面</th><th colspan="5">要素</th></tr>
<tr><th>目标</th><th colspan="2">指标</th><th>目标值</th><th>行动方案</th></tr>
<tr><td rowspan="5">财务</td><td>F1：提升长期股东价值</td><td colspan="2">F1-1：投资回报率（ROI）</td><td>略</td><td>略</td></tr>
<tr><td>F2：持续降低成本基数</td><td colspan="2">F2-1：总成本基数</td><td>略</td><td>略</td></tr>
<tr><td>F3：提高资产利用率</td><td colspan="2">F3-1：总资产周转率</td><td>略</td><td>略</td></tr>
<tr><td>F4：有效管控财务风险</td><td colspan="2">F4-1：坏账比率</td><td>略</td><td>略</td></tr>
<tr><td>⋮</td><td colspan="2">⋮</td><td>⋮</td><td>⋮</td></tr>
<tr><td rowspan="3">客户</td><td rowspan="3">C1：统筹子公司形成协同的客户价值主张</td><td rowspan="3">C1-1：子公司客户价值主张清晰度</td><td>金鹤</td><td>略</td><td>略</td></tr>
<tr><td>华美</td><td>略</td><td>略</td></tr>
<tr><td>华鹤</td><td>略</td><td>略</td></tr>
</table>

续表

层面	要素				
	目标	指标		目标值	行动方案
客户	C2：提升分支品牌价值	C2-1：分支品牌市场占有率	金鹤	略	略
			华美	略	略
			华鹤	略	略
	C3：为客户提供最佳的整体价值	C3-1：客户满意度		略	略
	⋮	⋮		⋮	⋮
内部业务流程	I1：实现对流程和技术的优化管理	I1-1：共享流程数量		略	略
		I1-2：共享技术数量		略	略
	I2：高度整合企业价值链	I2-1：协同销售收入		略	略
		I2-2：共同客户人数		略	略
	I3：平衡发展战略和风险掌控力	I3-1：自我识别的风险问题个数	财务风险	略	略
			技术风险	略	略
			管理风险	略	略
	⋮	⋮		⋮	⋮
学习与成长	L1：提升与整合战略执行能力	L1-1：人力资本准备度		略	略
		L1-2：交叉提升高管人次		略	略
	L2：建立关键岗位储备计划	L2-1：已储备人员的岗位比率		略	略
	⋮	⋮		⋮	⋮

第二，设计总公司职能部门的战略地图和平衡计分卡，形成集团总部支持单元的绩效计划。在实施平衡计分卡体系的过程中，华鹤集团将总部职能部门（如财务部、人力资源部等）的角色定位由传统的纯费用中心转变为战略伙伴，在充分理解公司战略并将其行动与公司战略紧密连接的基础上，使总部职能部门的工作变得更有成效。因此，在设计职能部门的绩效计划时，华鹤集团充分考虑了其与集团总部绩效计划之间的协同，将公司战略转化为各职能部门的具体政策，确保了职能部门的绩效计划能够支持总公司战略目标的实现。华鹤集团质量管理部的绩效计划如表3-43所示。

表3-43　华鹤集团质量管理部绩效计划（示例）

层面	要素			
	目标	指标	目标值	行动方案
财务	F1：控制质量成本	F1-1：外部故障成本损失率	略	略
		F1-2：内部故障成本损失率	略	略
	F2：扩大合理化建议收益	F2-1：合理化建议收益	略	略
	⋮	⋮	⋮	⋮

续表

层面	要素			
	目标	指标	目标值	行动方案
客户	C1：提供卓越的产品/服务	C1-1：完工产品合格率	略	略
		C1-2：客户满意度	略	略
	C2：提供专业化的质量指导	C2-1：子公司满意度	略	略
	C3：提供有效的决策支持	C3-1：上级认可度	略	略
	⋮	⋮	⋮	⋮
内部业务流程	I1：完善质量管理体系	I1-1：内/外审整改完成率	略	略
	I2：加强生产现场管理	I2-1：5S检查整改完成率	略	略
	I3：强化质量/客服监督	I3-1：重大质量/客服事故次数	略	略
	⋮	⋮	⋮	⋮
学习与成长	L1：提高质量管控能力	L1-1：培训考核达标率	略	略
	L2：塑造追求卓越的企业文化	L2-1：文化认知度	略	略
	⋮	⋮	⋮	⋮

第三，确定各子公司的战略地图和平衡计分卡，形成子公司的绩效计划。各子公司不仅要为满足客户需求从事价值创造活动，从而在市场中脱颖而出，而且要为达成集团总体的协同效应做出贡献。因此，华鹤集团根据子公司的不同特点及定位，在集团总部绩效计划的基础上，开发了各子公司的绩效计划，既体现了各子公司的独立性和针对性，也确保了总公司的战略优先工作逐层分解到子公司，形成在财务层面、客户层面、内部业务流程层面、学习与成长层面的全面协同。华鹤集团子公司金鹤门业的绩效计划如表3-44所示。

表3-44 金鹤门业绩效计划（示例）

层面	要素			
	目标	指标	目标值	行动方案
财务	F1：提升利润总额	F1-1：利润增长率	略	略
	F2：控制生产成本	F2-1：材料成本降低率	略	略
		F2-2：制造费用降低率	略	略
		F2-3：期间费用降低率	略	略
	F3：提高资产利用率	F3-1：流动资产周转率	略	略
	⋮	⋮	⋮	⋮
客户	C1：提供高品质产品	C1-1：无缺陷订单交付率	略	略
	C2：提供差异化的客户服务	C2-1：客户满意度	略	略
	⋮	⋮	⋮	⋮

续表

层面	要素			
	目标	指标	目标值	行动方案
内部业务流程	I1：实现对流程和技术的优化管理	I1-1：优化的流程数量	略	略
		I1-2：技术标准化目标达成率	略	略
	I2：强化产品质量管控	I2-1：完工产品合格率	略	略
		I2-2：内部故障成本损失率	略	略
		I2-3：外部故障成本损失率	略	略
	⋮	⋮	⋮	⋮
学习与成长	L1：提升与整合战略执行能力	L1-1：人力资本准备度	略	略
	L2：建立关键岗位储备计划	L2-1：已储备人员的岗位比率	略	略
	⋮	⋮	⋮	⋮

第四，确定子公司职能部门的战略地图和平衡计分卡，形成子公司职能部门的绩效计划。子公司职能部门除了要对子公司提供支持外，也要向总部所对应的职能部门负责。因此，华鹤集团在为各子公司的职能部门设计绩效计划时，充分考虑了如何从自身职能定位出发为其所在子公司的战略服务，也综合了集团总部对应职能部门的相关要求。金鹤门业技术研发部的绩效计划如表3-45所示。

表3-45　金鹤门业技术研发部绩效计划（示例）

层面	要素			
	目标	指标	目标值	行动方案
财务	F1：控制产品研发成本	F1-1：产品研发周期成本	略	略
	F2：降低产品成本	F2-1：技术改进收益	略	略
	⋮	⋮	⋮	⋮
客户	C1：确保新产品市场领先	C1-1：新产品上市提前期（与竞争对手相比）	略	略
		C1-2：新产品铺样率	略	略
	C2：提供良好的技术指导与服务	C2-1：相关部门满意度	略	略
	⋮	⋮	⋮	⋮
内部业务流程	I1：整合资源开发新产品	I1-1：开发的新产品数量	略	略
		I1-2：新增专利个数	略	略
	I2：实现对流程和技术的优化管理	I2-1：技术标准化目标达成率	略	略
		I2-2：研发流程是否优化	略	略
	⋮	⋮	⋮	⋮

续表

层面	要素			
	目标	指标	目标值	行动方案
学习与成长	L1：提升与整合战略执行能力	L1-1：员工胜任度	略	略
		L1-2：组织培训的次数	略	略
	L2：建设先进适用的信息系统	L2-1：综合评价指数	略	略
	⋮	⋮	⋮	⋮

第五，制作个人平衡计分卡，形成个人绩效计划。为了切实有效地执行战略，华鹤集团在制订完上述组织与部门的绩效计划之后，依据个人职责和分工，继续将绩效计划体系向下延伸到个人层面，真正做到化战略为全体员工的行动。

华鹤集团运用平衡计分卡将集团的战略通过分解、承接等方式落实到集团内各部门、子公司，乃至每个员工，形成了一套完整的绩效计划体系，让集团上下统一思想、明确目标、促进协同，为集团战略目标的实现打下了坚实的基础。

思考题

1. 运用相关理论，对华鹤集团绩效计划体系的构建过程进行评价。
2. 你认为华鹤集团在实施绩效计划体系中需要注意哪些问题？

第 4 章 绩效监控

学习目标

通过对本章的学习，你将能够：

1. 理解绩效监控的内涵
2. 熟悉绩效监控的内容与方法
3. 理解绩效沟通的内涵与原则
4. 熟悉绩效沟通的方式与技巧
5. 阐述绩效辅导的内涵、风格与实施
6. 了解收集绩效信息的来源与方法

➡ 引导案例

华为的绩效辅导模型

华为将绩效辅导中常用的工具称为“G. R. O. W. 模型”，四个字母分别是目标（Goal）、现状（Reality）、解决方案（Options）、行动计划（Will）四个英文单词首字母的缩写。其中 G 代表审视员工绩效目标，R 代表搞清楚现状和事实，O 代表寻找解决方案，W 代表制订行动计划。同时，“GROW”正好是“成长”的意思，也很好地说明了“G. R. O. W. 模型”是一个帮助员工成长的教练式辅导方法。华为使用“G. R. O. W. 模型”主要包括以下四个步骤。

G：建立目标

第一步是帮助员工确定希望实现的目标。在进行绩效辅导时，首先要向员工陈述此次谈话/面谈的目的，不要让员工觉得云里雾里，要帮助员工建立目标。

在第一步中，典型问题包括：(1) 你希望谈些什么？(2) 在这次讨论中你想达成什么结果？(3) 最重要的问题是什么？关键事项则包括：(1) 重新审视当前目标；(2) 从长远看，目标是什么？(3) 什么时候能达成目标？

R：了解现状

第二步是挖掘真相，了解现状。描述发现的问题，要求员工分析原因，避免盲目下结论，设身处地地倾听。

在第二步中，典型问题包括：(1) 现在出现了什么情况？(2) 对此你有什么感觉？(3) 事实是什么？关键事项则包括：(1) 目前为止的工作进展；(2) 总结经验和教训。

O：讨论方案

第三步是讨论解决方案，通过提问鼓励员工创造性思考，帮助员工用头脑风暴法思考出完成目标的各类方法。

在第三步中，典型问题包括：（1）你已经做过哪些尝试？（2）你还可能尝试做什么？（3）如果你有更多时间会如何？关键事项则包括：（1）解决这个问题有哪些方案；（2）有哪些新的可能性。

W：确定意愿

最后一步是确定意愿。与员工一起商讨并阐明行动计划，设立目标衡量标准，规定分工角色，建立自我责任，感谢员工并表达你对他的信心。

最后一步的典型问题包括：（1）下一步计划是什么？（2）你需要什么支持？（3）实现目标对你有什么意义？关键事项则包括：（1）要做什么；（2）什么时候做；（3）需要什么帮助。

资料来源：华为在绩效管理中常用的教练式辅导工具．（2019－10－16）．http：//www.360doc.com/content/19/1016/17/60766069_867260315.shtml.

绩效监控是绩效管理的第二个环节，是连接绩效计划和绩效评价的中间环节，也是耗时最长的一个环节。在绩效管理系统中，管理者需要根据绩效计划，与下属进行定期或者不定期沟通，对绩效计划的执行情况进行监控，针对存在的问题与计划执行者进行充分交流，并提供必要的绩效辅导，为绩效目标的顺利达成提供有力保障，这个过程就是绩效监控。

第 1 节 绩效监控概述

一、绩效监控的内涵

管理学的基本职能包括计划、组织、领导和控制。不能简单地将绩效监控与管理学中“控制”的概念等同起来，更不能将其简单视为一个束缚下属手脚的贬义词。绩效监控是为了达成组织战略目标和实现竞争力的全面提升，对绩效计划实施情况进行全面监控的过程，涉及管理学原理的组织、领导、控制等基本职能。

关于绩效监控的内涵，有不少学者进行了探索和研究，但主要是从员工个人绩效和战略绩效两个方面探索。比如，有学者认为绩效监控指的是在绩效考核期间，管理者为了掌握下属的工作绩效情况而进行的一系列活动；也有学者认为绩效监控体系是为决策层提供决策依据，为其更好地监控组织战略与运营提供有力支持和保障，同时也为个人业务与管理部门的业绩评价提供依据。但是目前学术界关于绩效监控的明确界定并不多见。

笔者认为绩效监控（performance monitoring）是指在绩效计划实施过程中，管理者与下属通过持续的绩效沟通，采取有效的监控方式对下属的行为及绩效目标的实施情况进行监控，并提供必要的工作指导与工作支持的过程。其目的是确保组织、部门及个人绩效目标的达成。对绩效监控概念的把握，需要注意以下几个方面。

第一，绩效监控旨在通过提高个体绩效水平来改进部门和组织的绩效。绩效监控的重点是管理者对下属的绩效计划实施情况进行全面监控，即通过对下属工作行为及结果的全面监控，来实现部门和组织绩效的持续提升，绩效监控的最终目的是实现组织战略。

第二，绩效监控是一个持续沟通的过程。绩效监控是管理者为了掌握下属的绩效情况而进行的一系列沟通活动。一个优秀的管理者必须善于与下属持续沟通，以便观察、预防和解决绩效周期内可能存在的问题，从而更好地完成绩效计划。绩效监控的优点就是通过持续的绩效沟通，随时发现绩效计划执行过程中出现的问题并及时加以调整。

第三，绩效辅导和收集绩效信息是绩效监控的重要任务。绩效监控的工作重点是在发现问题或潜在危机之后，提供及时的绩效辅导，清除绩效计划执行过程中可能出现的障碍。另外，绩效监控和绩效评价决策都需要建立在准确、有效的绩效信息之上，因此，准确记录并定期汇总员工工作中的关键事件和绩效数据是绩效监控的重要任务之一。

二、绩效监控的过程

过去在研究“投入-产出”问题时，更多关注的是输入与输出这两个端点的问题。然而，现在越来越多的学者和实践者已经认识到，在输入与输出之间存在一个过程，而这个过程对输出结果的影响相当大。在明确绩效计划之后，只有持续不断地进行绩效监控，才能得到一个好的结果。那种认为下属在了解绩效计划之后就能够正确地执行计划，等到绩效周期结束后再进行绩效评价的想法，是十分错误的。就像在播种之后还需要进行一系列像杀虫、除草这样辛勤的田间劳动，才能有一个好的收成一样。

在战略性绩效管理系统中，一般通过保证绩效计划、绩效监控和绩效评价在内容上的一致性来确保管理措施的有效性。首先，绩效监控与绩效计划是一脉相承的，绩效监控是对绩效计划实施情况的全面监控。因此，绩效监控的类型与绩效计划的类型是一致的，即绩效计划可以分为多少种类型，绩效监控就应该相应分为多少种类型；绩效计划的内容和重点不一样，绩效监控也随之表现出不同的特点。其次，绩效监控也需要面向绩效评价，绩效评价的内容就是绩效监控的重点。评价指标是绩效监控的晴雨表和指挥棒，绩效监控的直接目的就是帮助下属在各项指标上达成或超越目标值，促进其全面实现绩效目标。

绩效监控是一个持续的沟通过程，始于绩效协议的签字确认，终于绩效评价。绩效协议签订之后，管理者就需要与下属进行全程的绩效沟通，对绩效计划执行情况进行监控，针对存在的问题提供必要的辅导，并对监控和辅导过程中收集的绩效信息进行汇总，为绩效评价提供准确有效的绩效信息，如图4-1所示。

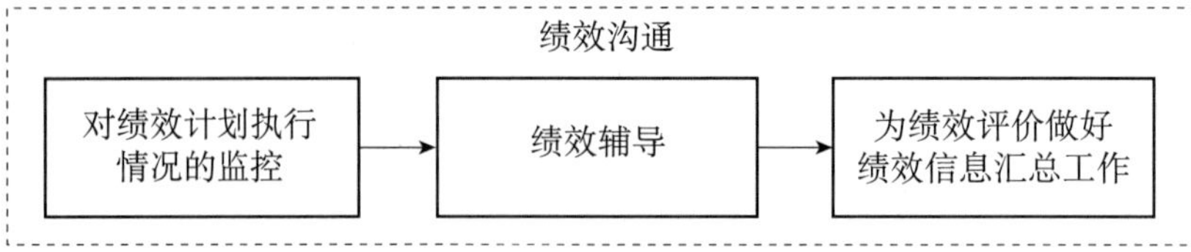

图4-1 绩效监控的过程

在绩效监控过程中，管理者可以通过抓住监控中的关键问题来提升监控的效率和改善监控的效果。这些问题主要包括：第一，依据是否有利于组织战略的实现和绩效目标的达成，进行持续的双向沟通，保障绩效计划实施过程中能及时发现问题，并提出解决方案。第二，针对绩效监控中发现的问题，进行及时的绩效辅导，为下属实现绩效提升提供支持，并修正工作任务实际完成情况与目标之间的偏差。第三，正确理解绩效沟通和绩效辅导的关系。绩效辅导与绩效沟通的目的都是帮助下属达成绩效目标。但是，绩效沟通贯穿整个过程，绩效辅导仅仅在下属绩效计划执行中出现问题时才出现；绩效沟通是管理者和下属之间绩效信息的双向传递，绩效辅导则是指管理者通过沟通的形式帮助下属达成绩效目标的行为。第四，进行绩效信息收集，特别是记录下属工作过程中的关键事件或绩效数据，为绩效评价提供信息。

三、绩效监控的方法

选择合适的绩效监控方法对绩效进行全面监控，确保组织战略目标的顺利实现已经成为管理者的共识。管理者需要了解每种绩效监控方法的优缺点，并针对具体情况选择一种或多种监控方法，从而确保各层次绩效目标和组织战略的顺利达成。目前，最常用的绩效监控方法有书面报告、绩效会议和走动式管理三种。

（一）书面报告

书面报告是绩效监控中最常用的一种方法，主要指下级以文字或图表的形式向上级报告工作进展的情况。书面报告可以分为两种类型：一类是定期的书面报告，比如工作日志、周报、月报、季报、年报等；另一类是不定期的书面报告，主要是在绩效管理实践中，对绩效影响重大的工作所做的各种专项报告，可以根据工作进展的情况做具体的安排。

书面报告能提供大量、全面的绩效信息，也可以在管理者与下属无法面对面沟通的时候进行及时监控。在具体使用该方法的时候，需要注意三点：首先，汇报内容需要做到重点突出；其次，尽量通过绩效信息平台做到绩效信息的共享；最后，与其他方法组合使用，确保信息双向的沟通并避免汇报内容流于形式。

（二）绩效会议

绩效会议是指管理者和下属就重要的绩效问题通过召开会议的形式进行正式沟通的绩效监控方法。为了使绩效会议达到预期目的，管理者需要注意绩效会议的目的、过程以及基本技术等关键点。

召开绩效会议的目的主要包括：对绩效实施情况进行例行检查；对工作中暴露的问题和障碍进行分析和讨论，并提出必要的措施；对重大的变化进行协调或通报；临时布置新任务。

虽然绩效会议形式有差别，但是一般都包含如下几个基本步骤：会议准备、确定议程、进行会议沟通、达成共识、制订行动方案等。通常需要做好会议记录，并将会议记录及时反馈给所有与会者。

为了达到有效监控的目的，管理者在召开绩效会议时要注意以下几点：营造平等和谐的氛围；给予下属充分的表达机会，充分挖掘下属的积极性；会议目的具体、明确，不开无谓和冗长的会议等。

（三）走动式管理

有效的绩效监控需要建立在对绩效计划执行情况充分了解的基础上，但是对于远离一线的管理者，特别是对于高层管理者，仅仅通过下属的汇报，往往不能准确掌握绩效计划的执行情况，还需要进行实地调研，与绩效计划执行者进行面对面的沟通。走动式管理是管理者进行绩效监控的有效方式之一。

走动式管理（management by wandering around，management by walking around，MBWA）是美国管理学者彼得斯（Peters）与沃特曼（Waterman）在《追求卓越》一书中提出的，指高层管理者为了实现卓越绩效，利用时间经常抽空前往各个办公室走动，以获得更丰富、更直接的员工工作问题，并及时了解所属员工工作困境的一种策略。走动式管理不是说管理者到各部门随便走走，而是通过非正式的沟通和实地观察，尽量收集第一手绩效信息，发现问题或潜在危机，并配合情境做出最佳的判断。同时，走动式管理也是对下属汇报的绩效信息的再核查过程，带着问题到工作实践中去分析原因和排除障碍。

在使用走动式管理进行绩效监控的时候，管理者需要注意以下几点：第一，需要走进基层和一线，接触工作实际，通过现场的观察和沟通来了解下属的工作进度、实际困难和潜在能力，并获得他们的信任与尊重；管理者需要通过对下属工作的全面观察和沟通，敏锐地捕捉重要的绩效信息。第二，不一定每次走动都能获得重要的信息，但是管理者经常走动能够对重大绩效事故的防范有很大的帮助，不必等到事故发生之后再焦头烂额地处理。第三，走动式管理不仅是一种有效的绩效监控方法，还是一种情感管理、现场管理方法。在使用走动式管理的时候，管理者需要思考如何实现管理方法和领导艺术的有效融合，有效提升组织绩效，从而使组织获得持续的竞争优势。

第2节　绩效监控的内容

为实现组织绩效目标和战略目标，管理者需要通过绩效沟通和绩效辅导，保障组织、部门和个人三个层次绩效目标的全面达成，最终实现组织战略目标。绩效监控的具体内容需要根据绩效管理工作实际确定，但是在战略性绩效管理实践中，通常重点关注组织协同性、关键流程以及个人绩效等方面。

一、组织协同性的监控

协同是组织获得高绩效的重要条件。在绩效监控过程中，管理者需要对组织系统的协同性进行监控，确保所有人的工作行为和工作产出都能为实现组织战略目标服务。在组织协同理念中，企业价值主张是一个提纲挈领的重要概念。卡普兰和诺顿指出，当企业把各个分散经营的业务单元和职能单元的不同工作协同在一起的时候，将会产生一种额外的价值，即企业衍生价值，而为创造企业衍生价值所设定的跨业务单元的目标则是企业价值主张。企业的高层管理者应该深入挖掘企业衍生价值的来源，并通过科学、持续的流程来推动和管理组织协同的进程。

（一）组织协同的顺序

企业衍生价值的创造流程应该是一个自上而下并且循环往复的过程。该流程始于企业总部清晰阐述企业价值主张，即它如何在业务单元、职能部门和外部合作伙伴之间产生协同效应，大体上分为以下四个步骤。

第一步，企业总部与业务单元的协同。在企业总部制定战略地图和平衡计分卡后，每一个业务单元应根据公司平衡计分卡开发与其相一致的战略地图和平衡计分卡，这将帮助各业务单元平衡其各项挑战性工作。业务单元不仅要为满足客户需求从事价值创造活动，为参与市场竞争构建自身优势，而且要为达成企业层面的协同效应做出价值贡献，这些方面都应该在其战略地图和平衡计分卡中得到体现。

第二步，整合内部支持和服务部门。在业务单元明确战略目标之后，人力资源部、信息技术部、财务部等共享职能部门应制定相应的战略地图和平衡计分卡，以支持业务单元和企业的战略优先工作。在平衡计分卡中，内部支持和服务部门扮演的角色发生了变化，从传统的纯费用中心转变为企业的战略伙伴。因此，支持和服务部门只有充分理解公司战略并将其行动与公司战略紧密连接，才能使自身的工作变得更有成效。

第三步，外部组织协同。除了建立内部业务单元和支持单元的组织协同，企业还可以通过制定战略地图和平衡计分卡来确定企业与董事会、股东、客户供应商和合作伙伴的关系，以此探索外部的整合机会。董事会战略地图和平衡计分卡描述了董事会在投资者、股东、监管机构以及社会等方面的战略目标，为董事会治理提供了清晰的战略重点和必备的沟通平台。一旦董事会认可了平衡计分卡所描述和衡量的公司战略，公司的管理团队就能利用平衡计分卡与股东进行交流并发布信息公告。与外部重点客户、供应商或者合作伙伴一起开发计分卡提供了另外一种整合创造附加价值的机会，它可以使双方的高层领导对实现合作目标达成共识，同时还能帮助双方跨越组织界限建立理解和信任，从而降低合作过程中的交易成本，避免双方脱节。此外，平衡计分卡使合作双方要达到的绩效目标更易于衡量和管理，为双方提供了一种更全面的契约结构。

第四步，协同全体员工。前面三个步骤都是从组织或者部门层面来探讨战略协同，而协同的落脚点在于组织的每一个体，因此在组织和部门的战略地图和平衡计分卡形成之后，接下来就是为包括中高层管理者在内的全体员工制定个人计分卡，从而将战略真正转化为员工行为。个人计分卡对于每一个员工在战略执行过程中的角色、任务、作用和相互关系进行了描述，不仅能够促进培训和沟通，达成全员的战略共识，进而提升整体战略执行力，而且能够减少工作冲突、相互推诿、行动迟缓等不良现象，从而达到降低管理成本和改进员工激励的目的。

创造组织的协同效应不可能一蹴而就，它是一个持续的管理过程，应该有专门的流程予以支持和配合，并纳入公司年度治理范畴之中。换言之，无论何时，只要公司或者业务单元的战略规划有所改变，公司的高层领导就需要重新整合组织来适应新的战略方向。

（二）协同的查验点

组织协同是一个系统性工作，目的在于创造各部分之和大于整体的综合效应。为此，管理者需要深入组织内部查验能够产生企业衍生价值的来源，并将这些来源作为协同点进行管理、监控和评估。组织协同的八个查验点实质上是组织协同顺序的细分，表明了协同的优先次序，如图4-2所示。其具体含义如下：

（1）企业价值主张：公司总部为下属单位界定战略大纲。

（2）公司与董事会/股东：公司董事会对公司战略进行评估、批准和监督。

（3）公司与公司支持单元：将公司战略转变成公司政策，并由总部职能部门跟踪管理。

（4）公司与业务单元：将公司的战略优先工作逐层分解到业务单元。

（5）业务单元与支持单元：将业务单元的战略优先工作与支持单元的战略进行连接。

（6）业务单元与客户：将业务单元的客户价值主张传递到目标客户，并通过客户反馈和衡量指标来反映。

（7）业务单元与供应商/战略合作伙伴：由供应商/战略合作伙伴所共享的主要工作应该体现在业务单元的战略中。

（8）业务支持单元与公司支持单元：下属单位中支持单元的战略应该体现总部职能部门的重点工作。

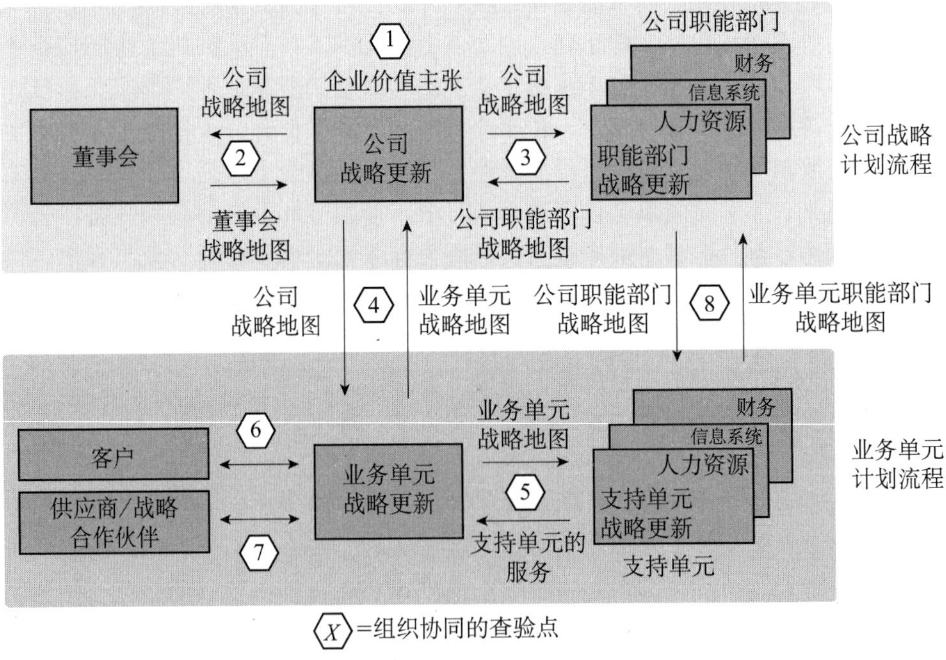

图4-2　组织协同的八个查验点

资料来源：罗伯特·卡普兰，戴维·诺顿．组织协同：运用平衡计分卡创造企业合力．北京：商务印书馆，2006.

二、关键流程的监控

在绩效管理系统中，流程改进对组织绩效的持续提升具有重要作用。从管理思想的历史脉络可以看到，关于流程改进的主张及研究成果主要分为两大类：一是渐进式流程改进，以戴明和朱兰的全面质量管理为代表；二是激进式流程改进，以哈默和钱皮的流程再造思想为代表。这些理论自问世以来，在世界范围内引发了一次又一次管理变革的风暴，对组织的管理思维和流程业绩产生了深刻的影响。但是，无论是全面质量管理还是流程再造运动，在协同流程改进计划与战略目标上都存在显著不足。这些理论要么聚焦于局部的、缺乏关联性的流程改进，要么拘泥于策略性的流程变革，往往是孤立地看待运营短板和进行资源配置，因此难以获取持续性的流程改善。作为一个连接战略和运营的封闭性综合管理体系，平衡计分卡在流程改进与客户和股东价值创造之间建立了清晰的因果关系，可以帮助组织围绕战略进行关键流程识别、衡量和改进，从而为高组织绩效和战略目标的达成提供有力保障。

（一）识别战略性流程

流程改进的起点在于根据组织的客户价值主张，通过对战略地图中目标之间因果关系的分析，识别能够产生战略差异化的关键业务流程。由前面介绍的总成本最低、全面客户解决方案、产品领先和系统锁定等不同类型战略的战略地图模板可知，每一种战略都有截然不同的关键业务流程。总成本最低战略聚焦于降低成本、提高质量以及缩短供应、生产、分销和服务交付周期；全面客户解决方案则关注目标客户的选择、获得以及加深与目标客户的关系；产品领先战略注重发掘创新机会、提高产品研发的技术和管理能力以及对上市时机的准确把握；系统锁定战略则致力于提高产品和服务平台的标准化等级以及与辅助厂商开展良好合作。组织正是凭借这些差异化的关键业务流程构建起独特的竞争优势，因此流程改进计划必须优先关注这些能够促进战略取得成功的流程。

既然如此，对组织的全部业务流程进行梳理并根据组织的战略设定流程的战略优先级就是流程改进计划的关键控制点。流程分类和改进之间的关系，为我们识别需要改进的战略性流程提供了基本思路，如图4-3所示。方格图的横向栏是根据鲍德里奇质量标准对组织现有流程进行的分类，将流程分为绩效卓越的流程和需要改进的流程两类。纵向栏则将流程分为战略性流程和至关重要的流程两类，其中，战略性流程是指那些有助于差异化战略的流程，根据组织战略和平衡计分卡的因果关系确定；至关重要的流程是公司成功所必需的，但不能体现战略差异化的流程。至关重要的流程是非战略性流程，例如制作工资单、定期核对账簿、提供基本的航空服务、保障通信系统正常运行等。这些流程即使做到最好，也不能够创造有竞争力的新产品、为客户提供差异化的体验或者取得突破性的财务绩效。至关重要的流程如同人体的关键功能，如体温、血压和心率，其中任何一点不稳定或者失控，身体就会出现问题，必须立刻采取纠正措施。但是，一个人即使很好地控制了体温、血压和心率，也不能为他们在所选的专业领域里取得职业的长久成功创造所需的条件。

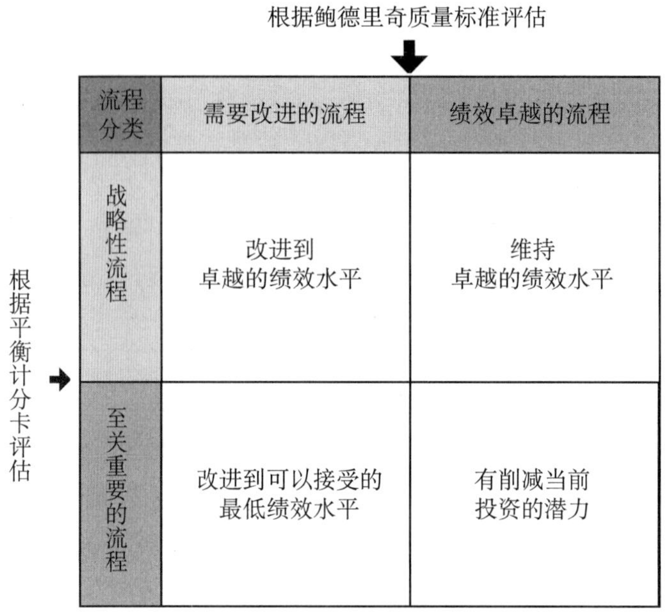

图4-3　业务流程的分类管理

资料来源：罗伯特·卡普兰，戴维·诺顿．平衡计分卡战略实践．北京：中国人民大学出版社，2009.

在方格图的左下方，我们看到的是执行效果较差的至关重要但非战略性的流程。组织需要投入资源来改进这些流程，使之达到具有竞争力的水平，或者至少使其不影响战略的成功执行。右下方的单元格代表执行效果卓越的非战略性流程。组织应当尽力维持现有的绩效，但可以考虑撤出为提升这些流程质量所投入的资源，因为这些流程已经有令人满意的绩效水平。右上角的单元格代表目前执行卓越的战略性流程，组织可以借此获得成功，同时可以保持少量但连续性的资源投入以持续完善这些流程。左上角的单元格是管理者需要高度关注的重点区域。单元格中的流程是成功执行战略的关键，但是目前的执行效果较差，至少与所期望的绩效水平相去甚远。因此组织必须集中力量和资源来改进这些流程，并对改进过程和效果进行有效监控，否则就不可能向客户传递差异化的价值定位并实现预期的财务目标。

除了对现有流程进行分类管理并加以改进之外，组织还必须运用新开发的战略地图来识别那些必须达到卓越的全新流程。这就需要把现有的客户价值定位与希望达成的客户价值定位进行比较。例如，一家公司打算运用平衡计分卡来实现战略转型，由原来的总成本最低战略转变为全面客户解决方案战略。新战略要求公司摒弃以往凭借价格进行竞争的做法，在快速开发并推出新产品和服务上加大投入，重视培养提供售后服务和支持的能力，以满足目标客户的多样化需求。经过新旧战略目标比较，公司看到了为支持先前战略而培养的能力与新战略所需流程绩效之间存在的差距，这些差距必须通过改进现有流程和引入一些全新的流程来消除。

（二）衡量战略性流程

通过战略地图，组织在识别出那些驱动客户和财务绩效的战略性流程之后，接下来要运用平衡计分卡指标和仪表盘指标来监控和衡量这些流程的执行情况。下面举例说明，某公司为了顺利实现战略转型，引入了一些全新的战略性流程。其间设置了一个重要的创新流程目标："制定灵活、有效的以客户为导向的解决方案"，并用两个平衡计分卡指标来衡量这个目标，即"研发有效性指数"和"上市时间"。该公司试图在3年内将研发有效性指数提升至50%，将上市时间缩短55%。这两个平衡计分卡指标是衡量流程结果的滞后指标，它们被用来评估公司是否成功推出了回报超出开发成本的新产品，以及是否加快了推出新产品的速度。但是为了改进设计和开发流程，公司需要利用仪表盘指标对流程执行的整个过程进行同步跟踪，以衡量现有项目是否有望达成预期目标，而不能等到产品上市后才知道是否成功。要提炼出恰当的仪表盘指标，就需要明确员工在执行流程时需要努力达成的关键成功因素。这些运营层次的关键成功因素与战略层次的流程目标是通过因果关系形成支撑作用的，而仪表盘指标是关键成功因素的绩效指示器。据此，该公司为"制定灵活、有效的以客户为导向的解决方案"这一战略性流程界定了三个关键成功因素："产品线持续创新""对相关市场和目标细分客户有深入的了解""持续的产品绩效监控流程"，相应的衡量指标分别为"受到保护的创意数量""与目标客户共同提出的建议数量""新上市产品绩效占比"，如图4-4所示。

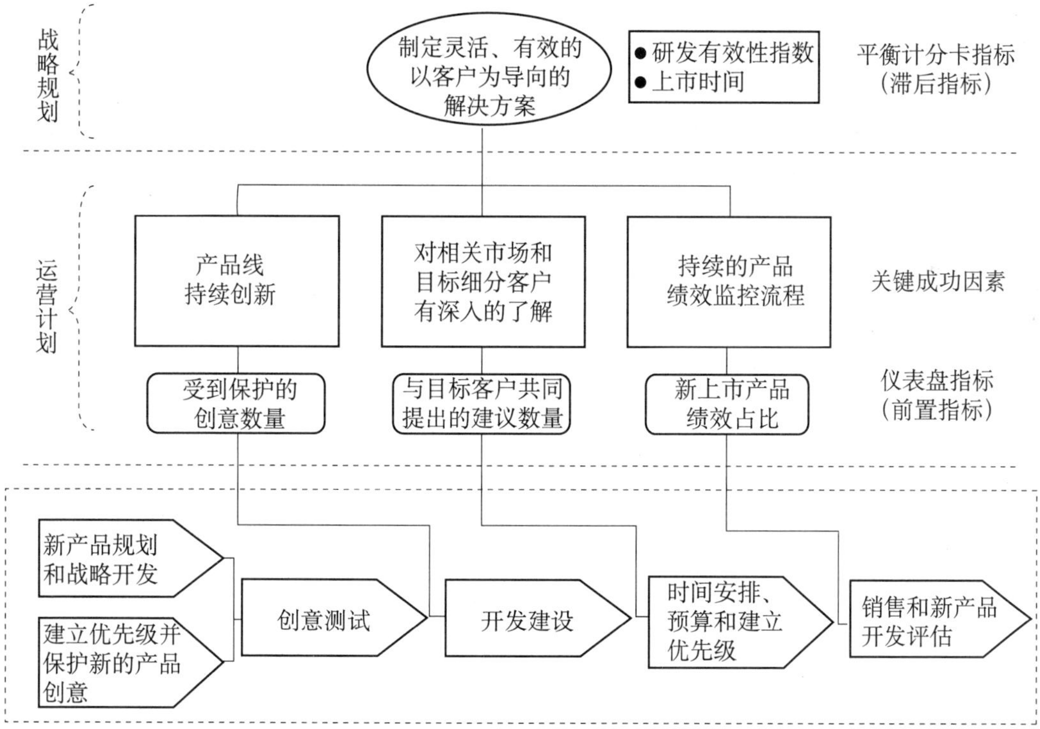

图4-4 驱动业务流程的关键成功因素及仪表盘指标

资料来源：罗伯特·卡普兰，戴维·诺顿．平衡计分卡战略实践．北京：中国人民大学出版社，2009.

（三）改进战略性流程

通过流程分类和衡量确定了需要改进的战略性流程之后，组织应该有针对性地实施流程改进项目。流程的改进不应被视为某个团队、部门或业务单元独有的活动，而应该在整个公司范围内通过共享最佳实践来实现，以便充分利用组织的流程改进能力。例如，威斯特零售公司运用正式的流程来回顾和比较其所有品牌直销购物中心的绩效。公司鼓励各个业务单元共享最佳实践，如处理客户投诉、改进客户服务以及提供更短的采购周期等。区域主管在定期视察各个购物中心时，找出最佳实践并在本地区其他单元内进行推广。当然，充分发挥最佳实践的示范效应离不开最佳实践的发现、推广和共享，但最佳实践的产生才是流程改进的首要环节。这就需要组织运用与运营管理相关的知识、技术和经验来持续性地开展流程创新和改进。此时，全面质量管理、精益管理、六西格玛、流程再造、ISO质量标准等管理理论和质量体系就有了用武之地。需要注意的是，一线员工是流程的具体执行者，处于流程的终端位置，对流程问题的症结和原因最为清楚，能提供一些颇为有效的解决措施。因此，将一线员工卷入流程改进项目并充分调动他们的参与意识是非常必要的。例如，威斯特零售公司为此专门设立了一个非现金奖励项目——威斯特荣誉奖，以奖励那些提出有价值的流程改进建议的人员或团队；每个季度，所有的购物中心都会公布前三名获奖者，第一名获奖者的资料会被提交到公司进行季度评比，大奖获得者将赢得为期7天的外出旅游机会。

三、个人绩效的监控

绩效监控是通过绩效沟通和绩效辅导等形式对绩效计划执行情况进行监控的过程，整个绩效监控体系的落脚点是个人绩效的监控。管理者需要通过对下属绩效目标的完成情况进行及时监控，保证下属顺利达成绩效目标进而推动部门和组织绩效目标的顺利实现。另外，由于内外部环境的变化，领导可能根据实际情况交办临时工作任务，由于这些工作没有反映在绩效计划中，这使得仅对绩效计划实施情况进行监控不能反映下属的全部工作内容。因此，管理者需要将绩效执行情况和临时工作完成情况等内容纳入监控体系之中，促进绩效监控体系稳定性和动态性的有机融合，从而提升战略性绩效管理系统的有效性。

在绩效管理实践中，管理者需要通过绩效监控表对绩效监控过程进行规范和记录，确保监控过程能反映出绩效指标的完成情况，并针对实际的或潜在的问题及时调整和改进。下面以某公司的绩效监控表为例进行说明，如表4-3所示。该表对监控周期、绩效指标完成情况、关键事件和原因分析等内容进行了明确的规定，保证了绩效监控工作落到实处。

表4-1　岗位绩效监控表（示例）

<table>
<tr><td colspan="2">岗位名称</td><td colspan="2"></td><td colspan="1">部门名称</td><td></td></tr>
<tr><td colspan="2">受约人</td><td colspan="2"></td><td colspan="1">发约人</td><td></td></tr>
<tr><td colspan="2">监控周期</td><td colspan="4">年　月　日　　至　　　年　月　日</td></tr>
<tr><td>编号</td><td>关键绩效指标名称</td><td>目标值</td><td>实际值</td><td>关键事件描述</td><td>原因分析</td></tr>
<tr><td>1</td><td></td><td></td><td></td><td></td><td></td></tr>
</table>

续表

编号	关键绩效指标名称	目标值	实际值	关键事件描述	原因分析
2					
3					

认定部门（签章）

年　月　日

公共组织的个人绩效监控与企业一样，也需要通过对绩效计划的执行情况进行信息收集，发现存在问题，及时制定改进措施。在北京市延庆县环保局副局长个人季度绩效监控表中，绩效监控表现为对各项指标的累计完成值、存在的问题和解决对策等内容，如表 4－2 所示。

表 4－2　北京市延庆县环保局副局长个人季度绩效监控表（示例）

所属单位	环保局	职位	副局长	姓名	

层面	目标	具体完成工作任务（内容）	指标完成情况			存在问题	对策
			指标	年目标值	累计完成值		
利益相关者	提高服务质量		环保工作群众满意度	90%			
实现路径	严格建设项目审批		依法审批率	100%			
			“三同时”执行率	100%			
	健全风险管理制度		建设项目环境风险评估率	100%			
	提供环境咨询服务		新建项目跟踪服务率	100%			
			咨询服务满意率	≥90%			
保障措施	坚持依法行政		行政诉讼败诉次数	0 次			
	加强信息化建设		各类基础数据库健全度	达标			
	加强行政问责		行政问责次数	0 次/年			
	促进协调一致		部门协作满意度	%			
	争创先进单位		获市级以上荣誉数量	个			
其他工作	1.						
	2.						
汇报人签名				汇报日期		年　月　日	

第3节　绩效沟通

在整个绩效管理过程中，管理者和下属之间都需要进行有效的绩效沟通。绩效沟通的效果在一定程度上决定着绩效管理的成败。绩效监控也是绩效沟通最集中的阶段，因此本书将在本章系统全面地介绍绩效沟通。

一、绩效沟通的内涵

绩效沟通（performance communication）是管理者和下属为了实现绩效目标而开展的建设性、平等、双向和持续的信息分享和思想交流。其中，绩效沟通中的信息包括有关工作进展情况的信息、下属工作中的潜在障碍和问题的信息及各种可能的解决措施等。对绩效监控过程中的绩效沟通概念的理解，需要特别注意以下几个方面。

（1）绩效沟通是一种建设性的沟通。绩效沟通是以解决问题为目的的沟通，是在不损害人际关系的前提下进行的。建设性沟通技巧是每一名管理者都需要掌握的重要的沟通技巧。许多管理者仅仅关心下属能否通过沟通理解自己的意图，并不真正关心下属的感受。在这种情况下，沟通往往是非建设性的，并不能取得应有的成效。研究表明，下属与管理者之间的良好关系会产生较高的工作绩效。管理者与下属之间不良的关系不仅会成为双方沟通的一大障碍，而且往往就是不良的沟通方式带来的恶果。因此，为了实现组织的战略目标，管理者应该坚持绩效沟通的建设性。

（2）绩效沟通是一种平等的沟通。沟通最本质的目的就是思想的传递，为了让对方真正了解自己的想法，信息发出者应该通过了解听者的需要和可能的反应，决定自己要使用的沟通手段和方式。思想顺利传递的基础就是沟通主体在心理上的平等地位，“己所不欲，勿施于人”。双方坚持换位思考，从对方的立场出发思考问题，就能够找到最佳的沟通方式。管理者无法通过沟通影响他人的重要原因之一在于，他们误解了沟通的本质。信息只有在心理上坚持平等，才有利于信息形成沟通的环路。否则管理者高高在上，信息传递通常不顺畅，即使有信息传递，信息本身的准确性和及时性也会受到影响。

（3）绩效沟通是一种有效的沟通。绩效沟通是一个封闭的环路，管理者必须准确地知道计划执行的情况，下属要及时将绩效计划执行的情况向上级反映，并且传递的信息要能被双方充分理解。沟通更重要的意义在于传递想法而非传递信息本身，让发出的信息（语言或行为）被接受者充分理解才是真正有效的沟通。

（4）绩效沟通是一种持续的沟通。绩效沟通贯穿整个战略性绩效管理的四个环节，在绩效监控中持续时间最长，但是最容易受到忽视。在绩效计划执行过程中，管理者和下属需要持续地就相关工作进展情况、潜在障碍和问题、解决问题的措施以及管理者帮助下属的方式等信息进行沟通，特别是在障碍发生前就能识别和指出相应问题，并通过沟通找到解决方案。绩效沟通的中断会导致管理者与下属之间产生各种各样的摩擦，使绩效管理变成下属与管理者之间不断争执和冲突的导火索。因此，充分了解绩效沟通，掌握绩效沟通的技巧成为每一名管理者必须掌握的管理技能之一。

二、绩效沟通的内容

对于管理者和下属来说，绩效沟通的主要目的通常是提高下属的工作绩效，但是双方通过绩效沟通所要了解的信息内容却是不同的。

对管理者而言，他们需要得到有关下属工作情况的各种信息，以帮助他们更好地协调下属的工作。当下属工作出现问题的时候，管理者应该及时掌握情况，避免不必要的麻烦和浪费。另外，他们还需要了解工作的进展情况，以便在必要的时候向上级汇报。如果不能掌握最新的情况，管理者可能会面临许多不必要的麻烦。在一些情况下，管理者还应该有意地收集一些绩效评价和绩效反馈时需要的信息。这些信息将帮助管理者更好地履行他们在绩效评价中担负的职责。

对下属而言，他们也需要有关信息。通过与管理者之间的绩效沟通，下属可以了解到自己的表现获得了什么样的评价，以便保持工作积极性，并且更好地改进工作。另外，下属还需要通过这种沟通了解管理者是否知道自己在工作中遇到的各种问题，并从中获得有关如何解决问题的信息。当工作发生变化时，下属能够通过绩效沟通了解自己下一步应该做什么，或者应该主要做什么。总之，这些信息应该能够帮助下属更好地完成他们的工作，应对工作中遇到的各种变化和问题。

因此，我们可以简单地认为，绩效沟通的目的就是保证在任何时候，每个人都能够获得改善工作绩效所需的各类信息。为了进行有效的绩效沟通，管理者首先要确定双方之间应沟通的具体内容。我们可以通过回答以下两个问题来确定沟通的具体内容：

（1）作为管理者，为了更好地履行职责，我必须从下属那里获得什么信息？

（2）作为下属，为了更好地完成工作职责，我需要哪些信息？

通过对这两个问题的回答，管理者能够更好地明确绩效沟通的内容，这是确定绩效沟通内容的一个非常实用的思路。通过绩效沟通，管理者和下属还应该能够回答以下问题：

（1）工作进展情况如何？

（2）绩效目标和计划是否需要修正？如果需要，如何修正？

（3）工作中有哪些方面进展顺利？为什么？

（4）工作中出现了哪些问题？为什么？

（5）下属遇到了哪些困难？管理者应如何帮助他们克服困难？等等。

上面的问题只是给我们提供了一个思路。在具体情况面前，我们还要充分考虑到工作中面临的种种变化。值得注意的是，甚至双方之间应就什么问题进行沟通，也可以成为双方沟通的话题。

三、绩效沟通的原则

实现高效的绩效沟通并不是一件简单的事情，管理者和下属都需要为绩效沟通做充分的准备，既要掌握基本的沟通技巧，又要遵循基本的沟通原则。以下三项基本的绩效沟通原则对规范沟通行为、提高沟通效果具有重要作用。

（一）对事不对人原则

人们在沟通中存在两种导向：问题导向和人身导向。所谓问题导向，指的是沟通关注问题本身，注重寻找解决问题的方法；而人身导向的沟通则更多地关注出现问题的人，而不是问题本身。绩效沟通的对事不对人原则要求沟通双方针对问题本身提出看法，充分维护他人的自尊，不轻易对人下结论，从解决问题的目的出发进行沟通。

人身导向的沟通往往会带来很多负面的影响。但是，人们在遇到问题时往往会非常直接地将问题归咎于人，甚至常常导致一定程度的人身攻击。因此，人身导向的沟通往往只是牢骚，不能为解决问题提出任何积极可行的措施。另外，如果将问题归咎于人，往往会引起对方的反感和防卫心理。在这种情况下，沟通不但不能解决问题，还会对双方的关系产生破坏性影响。人身导向的沟通不适用于批评，同样也不适用于表扬。即使你告诉对方“你很优秀”，如果没有与任何具体的行为或结果相联系，也可能会被认为是虚伪的讽刺而引起对方的极度反感，这一点往往被人们忽视。

（二）责任导向原则

所谓责任导向，就是在绩效沟通中引导对方承担责任的沟通模式。与责任导向相关的沟通方式有两种——自我显性的沟通与自我隐性的沟通。典型的自我显性的沟通使用第一人称的表达方式；而自我隐性的沟通则采用第三人称或第一人称复数，如“有人说”“我们都认为”等。自我隐性的沟通通过使用第三者或群体作为主体，避免对信息承担责任，从而逃避就其自身情况进行真正的交流。如果不能引导对方从自我隐性转向自我显性的沟通方式，就不能实现责任导向的沟通，不利于实际问题的解决。

另外，通过遵循责任导向原则，人们通过自我显性的沟通方式，能够更好地与对方建立联系，表达合作与协助的意愿。“我想这件事可以这样……”“在我看来，你的问题在于……”等说法都能够给人这样的感受。与此相对的是，人们往往通过自我隐性的沟通方式逃避责任。这往往给人一种不合作、不友好的感受。在建设性沟通中，人们应该使用责任导向的自我显性的表达方式，与沟通对象建立良好的关系。

因此，当下属使用自我隐性的沟通方式时，管理者应该在给下属说话权利的同时，使用要求对方举例的方式引导下属采用自我显性的沟通方式，使员工从旁观者立场转变为主人翁立场，并自然而然地为自己的行为承担责任。

（三）事实导向原则

在前面对事不对人的原则中我们谈到，建设性沟通应该避免轻易对人下结论的做法。遵循事实导向原则能够帮助我们更好地克服这种倾向。事实导向原则在沟通中表现为以描述事实为主要内容的沟通方式。在这种方式中，人们通过对事实的描述避免对人身的直接攻击，从而避免对双方的关系产生破坏性作用。特别是在管理者向下属指出其缺点和错误的时候，更应该恪守这一原则。在这种情况下，管理者可以遵循三个步骤进行描述性沟通：第一步，管理者应描述需要修正的情况。这种描述应基于事实或某个特定的、公认的标准。例如，可以说“你在这个季度的销售额排名中处于部门最后一名的位置”“这个月你受到了3次有关服务质量的投诉”等。这种描述能够在很大程度上避免下属的抗拒心理。但是，仅仅描述事实是不够的。因此，第二步，在描述事实之后，还应该对这种行为可能产生的后果进行一定的描述。例如，可以说“你的工作业绩出乎我的意料，这将对我们整个部门的销售业绩产生不良影响”“顾客表示无法接受这样的服务水平，他们宁可放弃我们的产品”等。在这里，管理者应该注意不要使用过于严厉的责备的口吻，否则下属会将精力集中于如何抵御攻击，而不是如何解决问题。第三步，管理者可以提出具体的解决方式或引导下属主动寻找可行的解决方案。当然在现实中，并不是所有情况下都应该遵循这三个步骤。上面的例子是针对指出下属工作中的问题而言的。总之，在可能的情况下用事实根据来代替主观判断，能够最大限度地避免对方的不信任感和抵御心理。事实导向原则能够帮助我们更加顺利地进行建设性沟通。

四、绩效沟通的方式

绩效沟通是一个充满细节的过程。管理者与下属的每一次信息交流都是一次具体的沟通。总的来说，绩效沟通可以分为正式的绩效沟通和非正式的绩效沟通两大类。正式的绩效沟通是组织管理制度规定的各种定期进行的沟通。非正式的绩效沟通则是管理者和员工在正式规章制度和正式组织程序以外进行的有关绩效信息的沟通形式。

（一）正式的绩效沟通

正式的沟通方式主要包括正式的书面报告和管理者与下属之间的定期会面两种形式。其中，管理者与下属之间的定期会面又包括管理者与下属之间的一对一会谈和有管理者参加的团队会议。

1. 正式的书面报告

很多管理者都要求下属定期上交工作汇报，以了解下属的工作情况和遇到的各种问题，并要求下属提出建设性意见。其形式主要有周报、月报、季报和年报等。

书面报告的沟通方式有很多优点，主要包括：简单易行，能够提供文字记录，避免进行额外的文字工作；比较严谨，便于长期保存与核查；可以培养员工系统、理性思考问题的能力，提高逻辑思维和书面表达能力；方便和适用于不在同一地点办公的管理者和员工，使沟通突破时间和空间的限制。

书面报告也有一些缺点，主要包括：是一种单向的信息流动，缺乏双向的信息交流；在很大程度上取决于下属的文化水平，容易引起员工的抵触，只是应付了事，使沟通流于形式；信息不能在团队中共享。

为了让下属更好地完成书面报告，管理者应该让下属有机会决定他们应该在报告中写些什么，而不应由管理者一厢情愿地决定。当双方就这个问题达成一致后，管理者可以设计出一个统一的样表，方便下属填写。这种表格的形式非常多，但通常需要包括工作目标的进展情况、工作中遇到的问题、建议和意见等栏目。

2. 定期会面

书面报告毕竟不能够代替管理者与下属之间面对面的口头沟通。为了寻求更好的解决问题的途径，管理者与下属之间的定期会面是非常必要的。这种面对面的会谈不仅是信息交流的最佳机会，而且有助于在管理者与下属之间建立一种亲近感。这一点对于培育团队精神、鼓励团队合作是非常重要的。

（1）一对一会谈。

定期会面最常见的形式就是管理者与下属之间的一对一会谈。在每次会谈的开始，管理者应该让下属了解本次面谈的目的和重点。例如，管理者可以说这样的开场白："今天我想和你谈一谈你的工作进展情况。上次会谈中谈到的问题是否得到了解决，是否又有什么新的问题……"由于是一对一会谈，管理者应该将会谈集中在解决下属个人面临的问题上，以使会谈更具实效。例如，让下属了解企业整体经营方向的变化非常重要，但更关键的是让他明确各种变化对他个人的工作产生了什么影响。也就是说，应该将问题集中在调整下属的工作计划、解决下属个人遇到的问题上。

一对一会谈的优点是：提供了面对面讨论和解决问题的机会，可以进行比较深入的沟通；可以讨论某些敏感或者不便公开讨论的问题；可以营造一种相对轻松的沟通氛围，气氛融洽；管理者可以根据面谈结果及时发现问题，并提供帮助和指导。

一对一会谈的缺点是：面谈容易带有个人感情色彩；团队运作模式下沟通效率较低。

为了提高一对一会谈的效果，管理者应学会倾听，更多地鼓励下属进行自我评价和报告，然后再进行评论或提出问题。如果问题显而易见，就应该鼓励下属尝试自己找出解决问题的方式。另外，管理者应该在面谈的最后留出足够的时间让下属有机会提出问题。在面谈中，管理者还应该注意记录一些重要的信息，尤其是当面谈涉及一些计划性的事务时更应如此。例如，对于工作计划的变更、答应为下属提供某种培训等，都应该留有记录，防止过后被遗忘。

（2）团队会议。

书面报告和一对一会谈的一个共同缺陷就是涉及的信息只在两个人之间共享。由于很多工作都是以团队为基础开展的，这两种方式都不能够实现沟通的目的。这时，就需要采用一种新的方式——有管理者参加的团队会谈。管理者参加的团队会议应该精心设计交流内容，避免不恰当的内容造成无效沟通而浪费时间和在团队成员之间造成不必要的摩擦或矛盾。

团队会议的优点有：管理者和员工可以直接讨论问题及其解决方案，缩短信息传递的时间和环节；可以使团队成员共享相关信息，满足团队交流的需要；管理者可以利用团队会议传递公司的使命、核心价值观、愿景和战略等重要信息。

团队会议也有一些缺点，主要包括：会议的组织耗时耗力，对于管理者的沟通技能要求比较高；有些问题不便于在团队中公开讨论，管理者需要慎重选择会议议题；与会者的参会目的不同，可能会对信息进行选择性过滤；会议的时间和频率不易安排，可能会影响员工的正常工作。

为了提高团队会议的沟通效果，团队会谈要注意明确会议重点，控制会议的进程。

管理者可以要求每个人都介绍一下工作的进展和遇到的困难，以及需要管理者提供什么帮助才有利于工作更好地完成等。管理者可以使用一些结构化的问题提纲和时间表来控制进程。例如，可以要求每个参会人员谈一谈工作的进展情况、遇到的问题以及可能的解决方法。如果找到了问题并能够很快地解决，就应立即安排到个人，确保问题得到及时解决。如果不能在规定的时间内找出问题的解决方法，可能的解决方式是：计划开一个规模更小的小组会或要求某个人在规定时间内草拟一份方案等，不能由于个别难以解决的问题而影响整个会谈的进度。与一对一会谈相同，团队式的会谈也应该做好书面的会议记录。参会成员可以轮流做这项工作，并及时向其他参会人员反馈书面记录的整理材料。

（二）非正式的绩效沟通

管理者与下属之间的绩效沟通并不仅仅局限于采取正式会面或书面的形式。事实上，管理者和下属在工作过程中或工作之余的各种非正式会面为他们提供了非常好的沟通机会。

非正式绩效沟通的最大优点在于它的及时性。当下属在工作中发生问题时，管理者可以与之进行简短的交谈，从而促使问题得到及时解决；非正式绩效沟通没有固定的模式，不受时间和空间的限制，在问题发生时就可以马上沟通，及时解决；非正式沟通可以营造一种相对轻松的沟通氛围，更容易让员工开放地表达自己的想法，拉近管理者和员工之间的距离。

但是，非正式沟通也有一些局限性，与正式沟通相比缺乏严肃性，而且，并非所有的情况都适合非正式沟通。

随着通信与网络的发展，人们的沟通更加便捷，受地域限制越来越少。这为管理者和下属进行深入的绩效沟通提供了条件。在这种情况下，非正式绩效沟通也可以是书面形式的，但是管理者可以更快捷地给予反馈信息，从而通过虚拟网络达到员工与管理者之间“面对面”交流的效果。

五、绩效沟通的技巧

绩效沟通是技术要求相对较高的一种沟通，在具体的沟通实践中，管理者需要运用各种各样的沟通技巧和方法。这些技巧五花八门，散见于各种管理培训教程和沟通技巧教程中，这些技巧和方法很多都能应用于绩效沟通之中。

（一）有效沟通的技巧

1. 利用反馈

一个完整的沟通过程必须包括信息接收者对信息所做出的反应，只有能够确认信息接收者接收并理解了信息传递者所发送的信息时，才意味着沟通过程的完成。及时反馈是促进有效沟通的重要手段，组织沟通中许多的误解或不准确都可以通过反馈来减少或者避免。反馈既包括语言的反馈，也包括非语言的反馈。管理者可以通过向下属提问或者要求下属复述所传递的信息，提高下属对信息的理解和接收程度。同时，管理者还需要鼓励开放性的反馈，当组织中的人可能不愿意给予和接受反馈时，管理者需要公开和诚实地接受反馈，营造一种开放的沟通氛围，让级别较低的员工也可以畅所欲言。

2. 简化语言

语言作为沟通的载体，既能有效地传递信息，也容易成为沟通的障碍。每一个领域都有专业术语，对于不熟悉专业术语的人而言，必然容易造成沟通不畅。为了确保信息被正确地吸收和理解，管理者在传达信息时，需要言简意赅地表达出想要告知的信息。使用文字时要简洁明确，叙事说理要言之有据，条理清楚，富有逻辑性；措辞得当，通俗易懂，不要一味地滥用辞藻，不要讲空话、套话。还可以借助手势语言和表情动作，生动形象地传递信息，提高下属的接收程度。

3. 积极倾听

积极倾听（active listening）通常能够帮助管理者更好地解决问题。每个人在形成对某种事物或观念的正确判断之前，往往只有一些朴素的、模糊的认识，仅仅通过自己的思考很难得到充分的信息。在这种情况下，积极的倾听能够帮助我们获取信息，整理思路，从而更好地解决问题。积极倾听的常用技巧包括：（1）倾听者要学会用自己的词汇解释讲话者所讲的内容，从而检验自己是否完全理解了对方的想法；（2）通过赞同性的点头和恰当的面部表情向对方表达认同，帮助对方进一步表明他的想法；（3）简要概括对方表达的内容，表明已经确实了解，并促使对方进一步说明他的观点；（4）综合对方表达的内容，得出一个结论，使话题能够得到进一步的展开；（5）站在对方角度进行大胆的设想；（6）避免让人分心的动作或手势；（7）通过眼神接触表示自己对该话题的兴趣。

4. 设身处地

有效的绩效沟通要求管理者必须具有同理心，能够感同身受、换位思考，站在信息接收者的立场，以接收者的观点和视野来考虑问题。若信息接收者拒绝其观点和意见，那么管理者必须耐心、持续地做工作来改变信息接收者的想法。管理者有时候还有必要考虑自己所要表达的观点是否正确。

5. 言行一致

行动胜于雄辩。沟通往往受到说一套做一套的束缚，用语言说明意图仅仅是沟通的开始。只有将语言转化为行动，才能真正提高沟通的效果，达到沟通的目的。如果说的是一套，做的又是另外一套，言行不一致，那么沟通就难以达到预期的效果。在企业中，传达政策、规范和命令之前，管理者最好先确定自己能否身体力行，“说你能说的，做你能做的”，由此才能营造一种相互信任的良好氛围，提高组织沟通的效果，促进组织的使命、核心价值观、愿景和战略的顺利落实。

6. 控制情绪

管理者的情绪也会影响沟通的实际效果，要始终以一种理性的方式进行沟通恐非易事。当管理者对某个事项感到失望时，他很可能会误解收到的信息，无法准确、清晰地传达自己的意思。因此，管理者有必要在沟通之前冷静下来，控制自己的情绪，以尽量减少情绪对沟通的妨碍和扭曲。

（二）非语言沟通的技巧

沟通并不是一个简单的语言传递的过程。在沟通的过程中，沟通双方往往需要通过非语言的信息传递各自的想法。在积极倾听的技巧中，我们已经谈到了肢体语言对沟通对象的影响。沟通双方能否很好地运用非语言沟通技巧，是影响建设性沟通成败的一个重要因素。

关于各类肢体语言的基本含义的相关文献非常丰富，并且这些肢体语言基本上涵盖了日常生活中各种常见的情况。需要注意的是，当肢体语言脱离了具体的沟通环境时，这些肢体语言往往是空洞、没有意义的。为了真正理解肢体语言所表达的内容，我们必须结合沟通发生的环境、双方的关系和沟通的内容等进行综合判断。但是，了解一些常见肢体语言的一般含义能够帮助我们更敏锐地观察和理解沟通对象的想法，并从中学会更好地控制自己的行为，从好的方向上影响沟通的进程。

例如，一个人有太多如下肢体语言时，可被认为在撒谎：眨眼过于频繁，说话时掩嘴，用舌头润湿嘴唇，清嗓子，不停地做吞咽动作，冒虚汗和频繁地耸肩等。上面这些肢体语言往往是人们在沟通过程中无意识地表现出来或无意识地接受并做出的。学习肢体语言的可能含义能够帮助我们在沟通中对这些无意识的反应做出有意识的认识，从而更好地把握沟通对象的真正意图。这一点对于建设性沟通十分有益。

（三）绩效沟通中组织信息的技巧

在沟通过程中，由于沟通双方的生活背景、经历以及个人观点和地位等方面不同，沟通过程中的信息接收者和发出者会对相同信息符号产生不同的理解。因此，如何组织沟通信息，便于沟通双方准确理解就成了保障沟通质量的决定性因素。在组织信息过程中，管理者和下属需要保障绩效信息的完整性和准确性。

1. 信息的完整性

信息的完整性是指在沟通中信息发出者需要尽量提供完整和全面的信息。具体来说，要求信息发出者注意以下几个方面：沟通中是否提供了全部的必要信息；是否根据听者的反馈回答了全部问题；是否为了实现沟通的目的，提供了必要的额外信息。信息提供是否完整，需要从沟通双方在沟通实践中经过信息的编码和解码全过程来确认。很多时候，我们以为已经把需要告诉对方的信息都表达了，但实际上这往往只是自己的错觉。

在绩效沟通中，信息不完整的情况是十分常见的。比如管理者和下属在就日常工作进行沟通的时候，信息的完整性就可能被忽视：下属可能提供部分绩效信息，以为管理者对很多信息都是清楚的；管理者在进行绩效辅导的时候，也常常会忽略一些他认为下属理所当然应该知道，但实际上下属可能不完全知道，或者没掌握解决问题的关键技术等。虽然在信息沟通中所有人都不可能做到信息的面面俱到，但是管理者和下属都必须做到关键信息不遗漏。

2. 信息的准确性

信息的准确性是指提供的信息对沟通双方来说应该是准确、对称的。信息完整性要求信息发出者提供全部的必要信息，而信息的准确性则强调信息发出者提供的信息是准确的。沟通信息的准确性要求根据环境和对象的不同采用相应的表达方式，从而帮助对方精确领会全部的信息。

许多关于人际沟通的研究工作关注信息的准确性。这些研究普遍强调，应该使信息在整个传送过程（编码和解码）中基本不改变或偏离原意，并将之视为有效沟通的基本特征。为了保障沟通双方对信息都有精确的理解，我们应注意以下两个方面。

（1）信息来源对沟通双方来说都应该是准确和可靠的，这是信息准确性的基本要求。在沟通过程中，出现信息不准确现象的一个非常重要的原因就是原始数据的可靠性不符合沟通的需要。特别是管理者对下属的工作失误提出意见时，就必须使用双方都认同的信息源所提供的信息。例如，甲和乙之间有一些私人矛盾。如果管理者以甲提供的信息为依据，对乙的怠工行为提出批评，就容易遭到乙的排斥。即使这种情况是客观发生的，这样的沟通也无法达到应有的效果，因为沟通信息的可靠性没有得到接收者的认同。

（2）信息传递方式有助于沟通双方准确理解信息。在沟通过程中，应该使用沟通双方都理解的媒介手段和恰当的语言表达方式。

第一，选择合适的媒介手段。目前主要的媒介包括会谈、书面报告、信息系统等多种形式。在选择媒介时，不能仅凭信息发出者的意愿，而要根据沟通对象的特征、沟通的目的以及各方面的环境因素等进行综合考虑。例如，管理者要针对某个下属在工作中的问题进行辅导，通常就应该采用一对一会谈的形式；而对于团队工作中的问题，在团队成员数量有限并有可能集中而不影响工作进展的情况下，就可以采用团队集体会议的方式进行沟通。随着信息技术的不断发展，信息传递的准确性有了很大的提高，人们可以在很短的时间内将信息以文字文件、图像、声音等形式传送到世界各地。在企业管理中，人们在更加广泛的领域使用企业内部网络或基于互联网的信息平台，进行管理者与下属双方的沟通。但是，如果下属的工作环境和个人经济情况决定其没有经常上网的条件，片面地追求时髦的管理手段就可能达不到任何效果，这种情况下，信息系统远不如车间里的小黑板来得有效。

第二，恰当的语言表达方式的选择，主要注意恰当的词汇和恰当的语言风格两个方面。关于沟通词汇的准确理解，主要是由于沟通双方在文化和语言上的差异往往会导致对相同词汇的不同理解。一个流传很广的案例可以说明这个问题：一个美国商务代表团到日本参加谈判，直到他们就要打道回府时才发现，双方离达成共识还有很大的距离。因为在谈判中，每当日方对于价格等问题提出异议时，只要美方在其他方面略作让步，日方代表就会回答“哈伊、哈伊”。之后，美方就将谈判引入下一个议题。实际上，日本人说“哈伊”（日语中的“是”）只是意味着理解了对方的意思，而并不代表认同对方的意思。关于语言风格的选择，沟通双方可以根据不同的沟通主题，决定是选择正式语言、非正式语言，还是非规范语言。这三种类型的语言适用于不同的沟通方式，服务于不同的沟通对象和沟通目的。在管理者与下属之间进行的非正式沟通中，人们更多地运用非正式的语言进行交流，甚至会使用一些在工作场所中大家都能够理解的非规范语言。但是在正式的书面沟通（如定期的工作报告）中，就会更倾向于使用正式语言精确地表达信息的内容。

第4节　绩效辅导

不会指导下属的管理者不是有效的管理者，不愿指导下属的管理者不是合格的管理者。优秀的管理者需要针对不同的情况，积极研究如何指导下属，帮助下属提升绩效水平。从某种意义上说，绩效监控的过程就是通过双向沟通进行绩效辅导的过程。

一、绩效辅导的内涵

所谓绩效辅导（performance coaching），是指管理者采取恰当的领导风格，在进行充分的绩效沟通的基础上，根据绩效计划，针对下属工作进展中存在的问题和潜在的障碍，激励和指导下属，帮助其实现绩效目标，并确保其工作不偏离组织战略目标的持续过程。管理者作为绩效辅导的主导者和推动者，不仅仅需要向下属提出的各种要求做出积极回应，还需要前瞻性地发现潜在问题并在问题出现之前解决。绩效辅导包含以下几个方面的内容：

第一，管理者提供帮助是绩效辅导的关键。绩效辅导的目的是通过帮助下属完成绩效目标，来实现部门和组织的绩效目标，进而实现组织战略目标。下属在执行绩效计划的过程中遇到困难或障碍需要帮助时，管理者需要及时提供各种必要的帮助和支持；在必要的时候，还应该为下属提供培训的机会，使其具备完成绩效计划必备的知识和技能。管理者不仅是在问题出现时进行辅导，更重要的是着眼于提升下属获取持续高绩效的能力。

第二，激励下属是绩效辅导的重要职能。绩效责任制是实现绩效目标的基本保障。绩效辅导不是管理者越俎代庖，绩效改进的主要责任者还是下属本人。因此，在绩效辅导中，管理者需要注重培养下属对绩效的主人翁意识和责任感，帮助其树立自信和提高工作的成就感，促使其为了实现绩效目标而不断自我超越，为承担更具挑战性的工作任务而不断提升知识、技能和对组织的承诺水平。

第三，领导风格对绩效辅导效果有重要影响。管理实践中面对的实际情况是多种多样的，但是管理者的领导者风格却相对稳定。绩效辅导由管理者具体执行，并且领导风格和管理者的特征对绩效辅导有较大的影响。因此，在绩效管理实践中，需要注意管理者领导风格和绩效辅导之间的匹配。

第四，根据绩效计划的执行情况，及时与下属沟通是绩效辅导成功的基本保障。这要求管理者全面收集绩效计划执行的各种信息，做出正确的辅导决策。对绩效不佳的员工给予及时辅导，甚至为其提供培训机会；对成功达成或超额完成预期目标的员工，则需要及时表扬，激励其为实现更高的绩效目标不断努力。

二、绩效辅导的风格

毋庸讳言，大多数管理者都工作繁忙，但心理学家告诉我们，过度繁忙会极大影响人们的认知过程。过于忙碌的人往往不愿意倾听，从而减少了与别人的沟通，这种情况很可能会导致绩效管理的最终失败。管理者应当重新审视他在组织中所扮演的角色。只有管理者知道如何有效地领导员工，员工的绩效才有可能最大限度地提高。缺乏有效的领导，员工就很难将他们的活动与组织当前的需求有机结合起来。如果你是销售总监，发现手下的一位优秀的销售员业绩忽然开始下滑；再比如你是研发部经理，发现部门中的一位设计人员逐渐失去了灵感，同一项目组中的两个员工最近发生了不愉快，或者一个员工不遵守企业的规章制度，经常迟到……你会采取怎样的方式控制事态或处理问题？这就涉及管理风格的选择问题。当今的管理工作越来越要求管理者能够在适当的时候采取适当的管理风格。

（一）依据下属成熟程度选择绩效辅导风格

管理者不可能也不需要随时对下属进行绩效辅导。管理者只需在下属需要辅导时，及时提供辅导与支持即可。对管理者来说，准确判断下属在什么情况下需要绩效辅导就成为一个技术性问题。为了提高绩效辅导的有效性，管理者需要对不同的下属采取不同的方式，使绩效辅导更有针对性。

保罗·赫塞（Paul Hersey）和肯·布兰查德（Ken Blanchard）在1969年提出的领导情境理论，又称为领导生命周期理论，为管理者做出正确的判断、选择正确的绩效辅导风格提供了理论指导。该理论将领导划分为任务行为和关系行为两个维度，并根据两个维度组合成指示、推销、参与和授权四种不同的领导风格。

S1指示：高任务-低关系领导风格；

S2推销：高任务-高关系领导风格；

S3参与：低任务-高关系领导风格；

S4授权：低任务-低关系领导风格。

该理论还比较重视下属的成熟度，这实际上隐含了一个假设：领导者的领导力大小实际上取决于下属的接纳程度和能力水平的高低。根据下属的成熟度，也就是下属完成任务的能力和意愿程度，可以将下属分成四种类型：

R1：下属既无能力又不愿意完成某项任务，这时是低度成熟阶段；

R2：下属缺乏完成某项任务的能力，但是愿意从事这项任务；

R3：下属有能力但不愿意从事某项任务；

R4：下属既有能力又愿意完成某项任务，这时是高度成熟阶段。

保罗·赫塞和肯·布兰查德的领导情境理论的具体模型如图4-5所示。

领导情境理论的核心就是将四种基本的领导风格与下属的四种成熟度阶段相匹配，对管理者根据下属的不同绩效表现做出适当回应并提供相应的帮助。随着下属成熟度的提高，领导者不但可以减少对工作任务的控制，而且可以减少关系行为。具体来讲，在

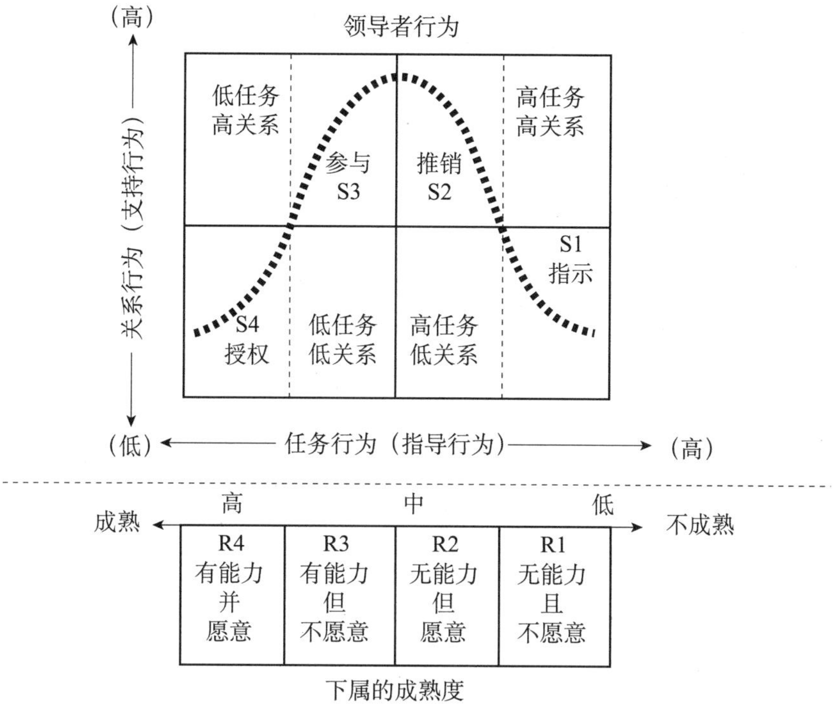

图 4-5　领导情境理论

R1 阶段，采用给予下属明确指导的指示型风格；在 R2 阶段，领导者需要高任务-高关系的推销型风格；到了 R3 阶段，参与型风格的领导最有效；而当下属的成熟度达到 R4 阶段，领导者无须再做太多的事情，只需授权即可。

（二）依据环境和下属的权变因素选择绩效辅导风格

管理者在帮助员工实现其绩效目标的过程中，需要充分考虑下属自身的特点和环境的限制因素，然后提供有针对性的绩效辅导。罗伯特·豪斯（Robert House）提出的路径-目标理论为管理者提供了相关的理论指导。

该理论是豪斯提出的另一种经典的领导权变模型。豪斯认为，如果领导者能够弥补下属或工作环境方面的不足，则会提升下属的工作绩效和满意度。有效的领导者通过明确指出实现工作目标的途径来帮助下属，并为下属清除在实现目标过程中出现的重大障碍。有效的领导是以能够激励下属达到组织目标以及下属在工作中得到的满足程度来衡量的。如图 4-6 所示，豪斯提出了四种领导风格：

（1）指示型领导：由领导者发布指示，下属不参与决策。

（2）支持型领导：领导者对下属很友善，而且更多地考虑下属的要求，关心下属。

（3）参与型领导：下属参与决策和管理，领导者主动征求并采纳下属意见。

（4）成就指向型领导：领导者为下属设置挑战性的目标，并相信下属能达到这些目标。

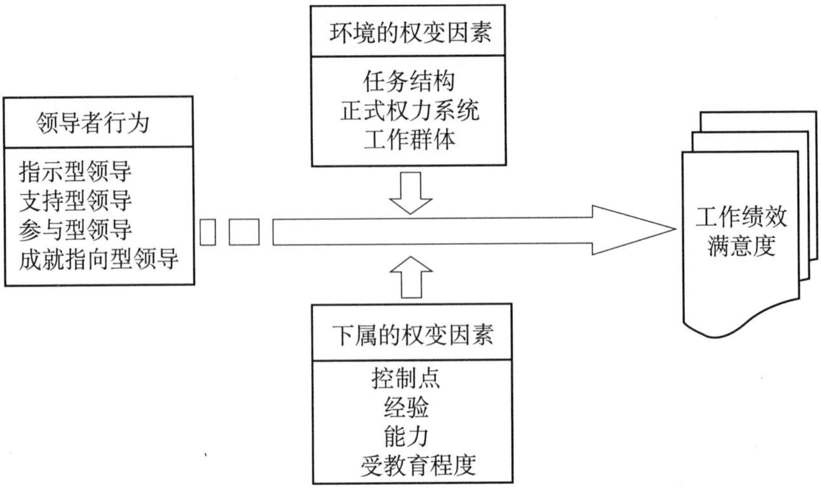

图 4-6　路径-目标理论模型

路径-目标理论同时提出了两种权变因素作为领导者行为与业绩结果之间的中间变量。一种是下属控制范围之外的环境，包括任务结构、正式权力系统、工作群体等。另一种是下属个性特点中的一部分，如控制点、经验、能力、受教育程度等。

豪斯指出，领导者的选用没有固定不变的公式，应当根据领导方式与权变因素的恰当配合来考虑。但是与菲德勒（Fiedler）不同，豪斯认为领导者是弹性灵活的，同一领导者可以根据不同的情境因素选择不同的领导风格。

由路径-目标理论还可推导出一些观点，这些观点对于领导行为的指导同样具有很重要的意义。

（1）当面对结构模糊的任务或压力较大时，指示型领导会带来更高的满意度。

（2）当任务结构化的时候，支持型领导会得到比较高的绩效和满意度。

（3）对能力强或经验丰富的下属而言，指示型领导被视为累赘。

（4）组织正式权力系统越完善、越官僚化，领导者越应采用支持型风格，而减少指示行为。

（5）当工作群体内部有激烈冲突时，指示型领导会产生较高的下属满意度。

（6）内控型下属更适合接受参与型领导。

（7）外控型下属则对指示型领导更满意。

路径-目标理论虽然受到中间变量过少的限制，但无论是理论本身还是由之推导出的观点，都得到了不同程度的验证，为领导者选择领导行为奠定了理论基础，这些管理箴言也符合许多高效管理者的行为理念。

从路径-目标理论可以看出，管理者在选择绩效辅导风格的时候，需要根据下属的全部因素和环境的全面因素两方面的管理情境，决定在指示型领导、支持型领导、参与型领导以及成就指向型领导等辅导风格中做出具体的选择，从而确保通过有效绩效辅导来弥补下属的不足，更好地实现绩效目标。为了实现绩效目标，管理者需要及时、系统地找出并清除绩效障碍，同时，管理者角色也发生了改变，其基本角色不再是法官，在更多的情况下是伙伴、教练或者导师。

随着知识经济时代的到来，知识型的职位或由知识型员工担任的职位所占的比重不断增加。下属受教育程度的不断提高、学习能力的不断增强、物质生活水平的提高和需求层次的不断提升，导致下属更多地追求成就感，需要自我控制，因此在这些知识型的职位或由知识型员工担任的职位上，管理者更应当采用一种合作、参与、授权的领导风格。

三、绩效辅导的实施

就具体工作而言，管理者并不见得比下属有更深入、更全面的了解，但是这并不妨碍其成为一名合格的辅导者。在绩效辅导的实施过程中，关键是建立一种绩效辅导机制，确保管理者能全面监控绩效计划执行的情况，及时发现下属存在的问题和困难，并提供必要的帮助。

优秀管理者应该在以下三个方面发挥作用：第一，与下属建立一对一的密切联系，向他们提供反馈，帮助下属制定能拓展其目标的任务，并在他们遇到困难时提供支持。第二，营造一种鼓励下属承担风险、勇于创新的氛围，使他们能够从过去的经验中学习。这包括让下属反思他们的经历并从中获得经验，从别人身上学习，不断进行自我挑战，并寻找学习新知识的机会。第三，为下属搭建交流平台，使他们有机会与不同的人一起工作。把他们与能够帮助其发展的人联系在一起，为他们提供新的挑战性工作以及接触某些人或情境的机遇，而这些人或情境是员工自己很难接触到的。

基于以上论述，我们对绩效辅导的具体流程就有了比较全面的认识，具体如图4-7所示。管理者需要采取合适的监控方法，对下属绩效计划的执行情况进行监督，如果发现问题，就应该提供及时的绩效辅导与帮助，以协助下属解决存在的问题。管理者提供辅导与帮助有两种情况：一种情况是管理者只需要直接提供指导和协助就能解决问题；另一种情况是管理者不能提供直接的帮助，需要为下属提供培训机会，以帮助其达到绩效目标。绩效辅导的过程也是绩效信息的收集过程，绩效辅导工作结束的时候，对绩效信息进行汇总就获得了完整的绩效信息。在绩效监控过程中，对顺利达成或超额完成绩效目标的下属，管理者要及时给予表扬与肯定，对其进行激励，并帮助其对内在潜力进行持续开发，为承担更艰巨的任务做好准备。另外，绩效辅导时机和辅导方式的选择对绩效辅导的效果有比较大的影响，管理者需要特别关注。

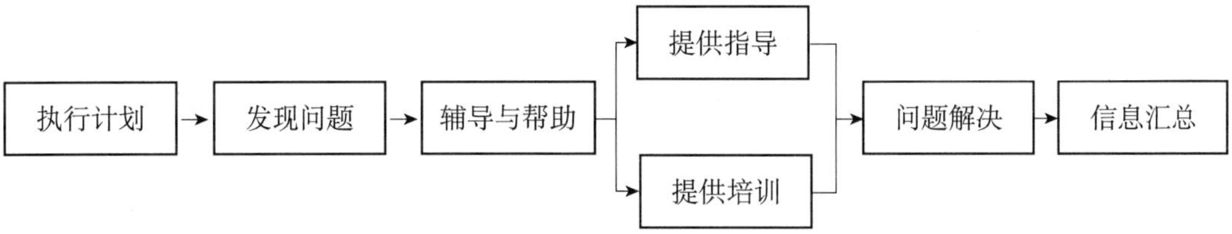

图4-7　绩效辅导的流程

（一）绩效辅导时机

为了对下属进行有效的指导，帮助下属发现问题、解决问题，更好地实现绩效目标，管理者必须掌握进行指导的时机，确保及时有效地对下属进行指导。一般来说，在以下时间进行指导会获得较好的效果。

（1）正在学习新技能时。

（2）正在从事一项任务，而你认为如果他们采取其他方法能够更加有效地完成任务时。

（3）被安排参与一项大的或非同寻常的项目时。

（4）面临新的职业发展机会时。

（5）未能按照标准完成任务时。

（6）弄不清工作的重要性时。

（7）刚结束培训学习时。

对下属进行指导时，管理者需要获得关于下属绩效的信息。持续的监督有助于管理者获得反映下属绩效所必需的信息。绩效辅导不是一种被动行为或一项临时性活动，而是使用一种（或几种）特定的方法收集所需数据，如关键事件记录法等，使管理者获得关于下属足够的信息，确保管理者的指导有的放矢。

（二）绩效辅导方式

绩效辅导方式受管理者的指导风格的影响非常大，而管理者的指导风格是一个从教学型指导者到学习型指导者的连续过程，如图 4-8 所示。其中一端是教学型指导者。这种类型的指导者喜欢直接告诉下属该如何去做。他们都具有某一方面的专长，并希望向下属传授这些专长使其能够完成一项具体的工作。他们凭借自身的经验向下属传授完成工作所必需的技能和知识。这种指导对于那些需要依据某种恰当方法反复操作的任务是合适的。这对于在一线工作的员工特别有帮助，这些员工在提供产品或服务时需要取得连续性的、可预见的结果。另一端则是学习型指导者。这种风格的指导者更加喜欢提问和倾听，而不是直接告诉下属如何做。这种指导者传授的是他们广博的专业知识，而不是实际的技术经验。他们相信每个人都有潜力，他们为下属提供各种迎接挑战、施展才能以及学习的机会。这种指导在一个问题存在多种解决方案而不是只有唯一解决途径的时候非常有效。尤其对那些承担新责任、从事全新的或非常规项目的下属来说，这种指导非常有帮助。

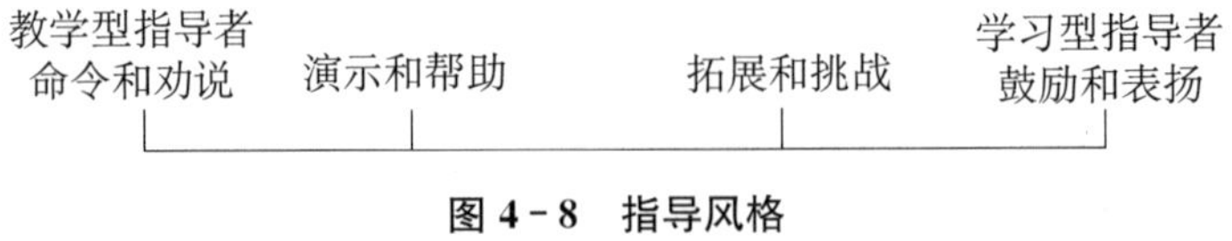

图 4-8　指导风格

每个管理者都有一种天生的或者具有倾向性的指导风格，因此，管理者在进行绩效辅导实践的时候，需要将自己的指导风格与环境以及下属的情况进行匹配，具体问题具体分析，使自己对下属的指导更加有效。也就是说，虽然管理者的“自然”风格可能在这个连续区间内保持不变，但为了取得满意的指导效果，管理者必须采用权变观点，根据具体情况采用不同的风格。

第5节 绩效信息的收集

德鲁克在《21世纪的管理挑战》中所说的“信息的挑战”，是指要想衡量绩效，企业主管要有一整套诊断工具，包括基本信息、生产率信息、竞争优势信息以及与稀有资源有关的信息。在绩效监控阶段，管理者应该通过各种途径收集和记录绩效信息，为绩效监控提供信息支持，防止重大事故的发生，并为绩效评价做好信息准备。

一、信息收集的意义

赫伯特·西蒙认为：“决策过程中至关重要的因素是信息联系，信息是合理决策的生命线。”全面准确和客观公正的绩效信息是做出绩效管理相关决策的基础，绩效信息的质量在一定程度上决定了绩效管理的成败。在绩效监控过程中，管理者需要持续地收集和积累大量准确有效的绩效信息，为绩效管理的监控和评价工作提供详实的信息基础，这也是绩效管理成功的基础和关键之一。作为一项长期的基础性工作，绩效信息收集的重要意义主要体现在以下三个方面。

（1）绩效信息是绩效监控决策的基础。通过对绩效计划执行过程中各种绩效信息的收集和分析，可以发现绩效计划执行中存在的问题。这有利于管理者对绩效计划总体情况的通盘掌控，在下属需要帮助的时候提供及时有效的帮助和支持，更重要的是在重大绩效事故出现之前就做出正确的预判，从而避免重大绩效事故的发生。同时，也可以通过关键事件树立典型标杆，有利于员工在计划执行过程中的自我改进和调整；在员工需要绩效辅导时，能基于现有信息做出正确的辅导措施，帮助员工达成绩效目标。

（2）绩效信息是绩效评价决策的依据。绩效评价的权威性、科学性和公平性是保障绩效管理系统有效性的重要方面。绩效评价需要建立在准确详实的绩效信息基础上，同时避免评价的主观随意性或根据回忆来进行评价。因此，在绩效监控过程中，收集绩效信息，为绩效评价环节提供全面的信息基础，具有重要的意义和价值。

（3）绩效信息是绩效改进决策的依据和保障。通过对绩效信息的系统整理和全面分析，梳理和挖掘出绩效优秀的原因，并发现影响绩效提升或导致绩效低下的各种问题，为组织绩效的持续提升提供信息资源保障。比如，可以对绩效优秀者和绩效一般者进行全面的对比研究，特别是对绩效优异的关键事件和绩效低下的关键事件的对比分析，挖掘其深层次的原因，对成功经验及时推广，而对绩效低下者提供培训，对系统性的问题则需要及时整改，以达到绩效持续改进的目的。

二、信息收集的内容

任何信息的收集行为都需要占用组织的资源，而几乎所有组织的资源都是有限的。

绩效信息收集的主要是与绩效目标达成密切相关的关键绩效信息，而不是对绩效信息的全面记录。绩效信息收集要求既重结果又重过程，要求对重要的过程信息和结果信息进行全面完整的记录。关于绩效信息的内容确定，需要关注如下几个方面。

（1）绩效目标决定绩效信息收集的范围。所有与实现各层次绩效目标相关的重要绩效信息都需要收集、记录和保存下来，其中，与组织战略目标相关的绩效信息是相关工作需要特别关注的领域。

（2）信息收集的内容需要面向绩效评价。绩效评价与绩效监控的信息在内容上是一致的，绩效评价需要的信息就是绩效监控的重要内容。绩效评价是一项鉴定活动，是依据绩效信息对绩效计划执行情况的评判。在绩效监控过程中，需要对绩效信息进行全面的收集和整理，为绩效评价工作提供有力的佐证，从而确保绩效评价的公正性和准确性，并保障员工对绩效评价结果的认可。

（3）绩效信息一般分为关键事件、业绩信息和第三方信息三种类型。首先，关键事件是指一些比较极端或比较有代表性的行为或具体事件。当这类事件发生时，要及时客观地做记录，不应当加入任何主观的判断和修饰。记录的内容主要是全面描述事件，具体包括事件发生的时间、当时的情况、员工的行为以及最后的结果等，总之应尽可能客观具体地列出当时重要的关键事件或结果信息。其次，业绩信息是指完成绩效计划或工作任务时的各种业务记录，特别需要注意收集绩效突出和存在绩效问题的相关信息。业绩信息收集的过程也是对绩效相关的数据、观察结果、沟通结果和决策情况等的记录过程，主要确定需要做什么、为谁做、以什么方式做、在什么时候做，从而帮助员工创造好的绩效。员工是绩效的主要责任者，让员工参与收集信息也是使员工参与绩效管理过程的好方法。通过收集信息，员工不再将绩效管理看成监督和检查的工具，而是把绩效管理看成发现和解决问题的工具。最后，第三方信息是指让客户等帮助收集信息。内部记录的绩效信息不可能涉及绩效评价的方方面面，管理者也不可能了解员工的每个工作细节，比如，管理者不可能总是盯着电话是不是在响了十几声之后才被接听，也不可能总是观察员工接听电话的内容和态度，所以有必要借助第三方来收集信息。

三、绩效信息的来源

绩效信息收集应该实现制度化，对信息来源、信息汇总部门、信息使用和反馈部门等做出明确的规定。其中，信息汇总部门、信息使用和反馈部门都是静态的制度性规定，比如信息由人力资源部或绩效考核办公室汇总，向各部门及时进行绩效反馈，对绩效信息的使用、保密等按照组织的规定执行即可。但是对信息来源的规定则是动态发展的，管理者需要做明确的规定，确保信息收集渠道的畅通和准确有效的绩效信息的获得。

目前，通常采用多渠道保障绩效信息的准确性和客观性。很多组织360度全方位收集绩效信息，要求高层管理者、部门管理者、一般员工、外部客户等都参与绩效信息的收集。针对具体岗位，需要明确每种信息来源在绩效评价中的权重，对于最重要的绩效信息应该保证其完整、全面和准确。下面对不同绩效信息来源进行简要说明。

（1）上级。上级掌握的绩效信息比较全面，能够从宏观和整体上看待下属的绩效表现，对绩效结果的判断也比较客观和全面。在任何类型的组织中，上级都是最主要的信息来源之一。但是，上级不可能了解下属工作的所有信息，还有很多工作是上级没有办法经常观察的，比如营销人员、教师、医生等的工作，上级就没有客户了解其绩效表现；另外，上级也有个人喜好和价值取向，在绩效信息收集过程中，完全可能存在偏见。因此，仅有上级信息来源还不够，必须保证绩效信息来源的多样性。

（2）同事。随着战略协同和团队工作在组织管理中的普及，同事作为绩效信息的来源在绩效信息系统中的重要性越来越受到重视，同级评价所占的权重也越来越大了。但是，由同事做出绩效评价时会存在以下三个方面的问题。一是同事评价容易受到友情偏见的误导，也就是说同事可能会根据与被评价者的关系亲密程度而非实际工作表现来做出判断；二是同事评价可能会给予被评价者的各个方面相类似的评价判断，即使这些维度可能并不具有关联性；三是同事评价容易受到语境效应的影响。因此，同事评价一般只作为绩效评价的一部分。

（3）下级。在对管理人员的绩效进行评价时，下级成为重要的信息来源，比如戴尔公司每隔半年就开展一次名为“告诉戴尔公司”的对上级的评价活动，迈克尔·戴尔本人也要接受这种评价，然后这些评价将作为重要依据决定管理者的薪酬和任职的去留问题。如果由下级做出绩效评价是出于开发目的，则下级提供的绩效信息会更加准确。如果是基于管理方面的目的，那么下级可能会担心受到上级的报复而做出抬高评价分数的虚假判断。因此，由下级对管理人员进行评价时，必须采取完全匿名且保密措施非常高的评价方法，否则很难收集到真实信息。

（4）本人。在现代管理中，自我管理和自我评价越来越受到重视。当员工参与到绩效管理过程中时，他们对绩效评价结果的可接受程度可能会提高。而且，相对于直接上级而言，员工本人对自己的行为表现及工作结果应该更为了解。但是员工自我评价容易导致评价分数偏高，所以不能作为唯一的绩效信息来源。虽然目前自我评价在绩效信息收集的实践中受到的重视程度仍然不高，但是评价者可以通过对比真实绩效水平和自我期望或自我评价的差距，做出积极主动的调整，对绩效目标的达成和绩效改进具有重要的作用。

（5）客户。客户对一个组织的产品或服务的认可是该组织赖以生存的基础，也是其战略目标实现的决定性因素。外部客户信息对绩效改进有重要的意义，在绩效管理中需要更加重视对外部绩效信息的收集和使用。虽然从客户那里收集信息的成本非常高，但这是一个非常重要的过程。在通常情况下，组织对客户信息的收集主要在与客户互动频繁的群体里进行，比如由采购人员、营销人员、售后服务人员、与客户直接接触的一线人员等负责从客户那里收集绩效信息。另外，对客户信息收集时机的把握也非常关键，比如很多服务性工作通常在员工提供服务结束时就需要立即收集，电信运营商和商业银行的满意度评价信息的收集通常都采用这种形式。

总而言之，每一种绩效信息来源都有其特定的优点和缺点。表4-3展示了五种绩效信息来源在大多数职位上的应用情况。一般而言，可以采用多渠道收集绩效信息的方式来提高绩效管理过程的准确性和有效性。

表 4-3　各种绩效信息来源的可观察使用频率

	绩效信息来源				
	上级	同事	下级	本人	客户
任务方面					
行为类	偶尔	经常	很少	总是	经常
结果类	经常	经常	偶尔	经常	经常
人际关系方面					
行为类	偶尔	经常	经常	总是	经常
结果类	偶尔	经常	经常	经常	经常

资料来源：雷蒙德·诺伊．人力资源管理：赢得竞争优势：第7版．北京：中国人民大学出版社，2013.

四、信息收集的方法

采用科学的信息收集方法获取准确、有效和全面的绩效信息，是做出科学的绩效管理决策的基础，对提升战略性绩效管理的决策质量有重要的意义。不同的绩效信息需要通过合适的绩效方法收集，管理者在设计信息收集渠道的时候需要选择最优的方法以保障信息收集工作的质量。目前主要的绩效信息收集方法有如下几种。

第一，工作记录法。对需要详细工作记录的工种进行监管时，就需要使用工作记录法收集相应的绩效信息。比如，对于财务、生产、销售、服务有关方面数量、质量、时限等指标，就需要使用工作记录法，规定相关人员填写原始记录单，并定期进行统计和汇总。工作记录法要求使用规范的信息收集表格，在条件允许的情况下，也需要使用电子表格或绩效信息系统进行收集，便于信息的存储、统计、汇总和分析。

第二，观察法。观察法是管理者直接观察下属的工作表现。在各种渠道中，观察一般是最可靠的。观察是一种收集信息的特定方式，通常由管理者亲眼所见、亲耳所闻，而不是从别人那里得知。管理者常常采用走动式管理，对工作现场进行不定时考察，从而获取第一手绩效信息。

第三，抽查或检查法。这种方法常常与工作记录法配合使用，是为了核对相关绩效信息的真实性而采用的一种信息收集方法。管理者或专门的部门可以对绩效信息进行抽查或检查，确保原始信息的真实性。

第四，关键事件法。这种方法要求在绩效实施过程中，特别对突出或异常失误的关键性事件进行记录，为管理者对突出业绩进行及时奖励和对重大问题进行及时辅导或纠偏做准备，并为绩效评价和绩效改进做基础信息收集。

具体来讲，管理者在绩效信息收集过程中主要做如下几个方面的工作：

（1）定期安排与下属的会面来评价他们的绩效。

（2）对照事先建立的职位说明书或行动计划检查工作的进展，考察绩效是否达到了目标。

（3）回顾在评价周期开始的时候形成的报告或者目标列表。

（4）到各处巡视工作的进展情况，并与下属进行非正式的讨论。

（5）从与下属的同事那里获得关于下属绩效相关信息的反馈（正式的或非正式的）。

（6）检查工作的产出和结果，以检查其质量或者准确性。

（7）要求下属做工作进展报告。

（8）提出要求后，检查任务完成情况，或者看是否有需要帮助下属解决的问题。

（9）通过分析工作结果、讨论改进方案，评价工作任务或绩效目标完成的情况。

（10）关注顾客的投诉和满意度（内部或外部），以便评价、检查员工的绩效。

➡ 关键词

绩效监控（performance monitoring）

绩效沟通（performance communication）

绩效辅导（performance coaching）

绩效信息（performance information）

➡ 复习思考题

1. 绩效监控的方法有哪些？
2. 谈谈你对绩效监控主要内容的认识。
3. 谈谈你对绩效沟通原则的认识。
4. 谈谈你对管理者领导风格选择和绩效辅导的理解。
5. 绩效信息收集的内容和方法有哪些？

➡ 章末案例

被AI算法监控并解雇的员工

一家公司通过AI算法裁掉三成员工的消息在网上引起热议。据Game World Observer报道，俄罗斯在线支付服务公司Xsolla使用算法解雇了147名员工，占员工总数近1/3，理由是公司所使用的算法判断这些员工不敬业、效率低下。

在一封被曝光的内部邮件中，Xsolla的CEO兼创始人亚历山大·阿加皮托夫（Aleksandr Agapitov）直言，裁员的依据是大数据分析了员工在工作聊天、邮件和其他服务中的活动后，一些员工被标记为“不敬业且低效的员工”。

以下为这封内部邮件的大致内容：

> 您收到这封电子邮件是因为我们的大数据团队分析了您在Jira、Confluence、Gmail、聊天、文档、仪表板中的活动，并将您标记为不敬业且效率低下的员工。换句话说，当您远程工作时，您并不总是在工作。
>
> 您们中的许多人可能会感到震惊，但我真的相信Xsolla不适合您。娜迪亚（Nadia）和她的团队与七家领先的人力资源机构合作，将帮助您找到一个好去处，在那里您将工作更少、赚得更多。萨莎（Sasha）将帮助您获得推荐，包括我自己也会帮您推荐。娜塔利娅（Natalia）会为您解读您的权利。再次感谢您的贡献。如果您想和我保持联系，可以给我写信，把您所有的想法、觉得不公正的地方告诉我。

随后，阿加皮托夫在接受媒体采访时证实了这一消息。他回应说，裁员是因为公司近6个月增长放缓——低于40%的增长目标（去年的收入增长达80%），因此他和公司领导层决定通过裁员将公司的工资预算支出减少 10%。根据阿加皮托夫的说法，Xsolla 裁掉了不同领域的专职人员，包括“最差的程序员、最差的营销人员、最差的办公室经理、最差的管理员，甚至最差的会计师”。

受疫情影响，Xsolla 的绝大多数活动都转移到了线上。阿加皮托夫说，公司团队没能很好地适应新的变化，原本在线下环境中工作的员工不知道该怎样在线上工作。

这套绩效评估系统于 2021 年初实施。公司根据 30 多个指标参数、以 100 分制评估员工的工作效率。这些指标包括在内部 Wiki 中撰写和阅读文章、创建和关闭任务工单，以及仪表板活动和参与内部会议的情况等等。

为何如此重视内部 Wiki？对于该问题，阿加皮托夫回应道，今年他开始意识到写作和阅读文本比做演讲报告更有效率。这就是为什么他认为每个员工都应该阅读 Xsolla Wiki 中有关业务和行业的各种信息。“有些人只是不想学习或了解公司的计划，我们为这些人提供了丰厚的遣散费”，阿加皮托夫说。

阿加皮托夫强调，公司只跟踪员工的工作日志，并没有查看大家是否在工作时间处理个人事务，只是研究了他们参与工作的积极程度，所以他认为公司没有侵犯员工隐私。

但更多的质疑在于，这种依据邮件或参与线上会议的活跃度的评判方式未必准确。根据算法结果直接把人裁掉，缺乏对话环节，更重要的是，员工在被裁之前并不知道自己的工作效率被判定为“低下”，也没有改进的机会。

根据媒体对一位被辞退员工的采访，该员工此前对自己的评级一无所知，只有阿加皮托夫和一些高管可以访问那些跟踪员工活动的仪表板。这位前员工表示，他一直认为完成任务和上司的考核是衡量他表现的唯一指标。具有讽刺意味的是，在裁员之前，Xsolla 的网站明确说明了公司如何重视完成任务而不是官僚主义和工作时长。

资料来源：惊现 AI 统治人类！某游戏公司用“算法”裁员，AI 监控员工大数据算出谁将出局！.(2021-09-27). https：//www.shangyexinzhi.com/article/4230849.html.

思考题

1. 结合绩效监控的相关知识分析上述做法的不当之处。
2. 将人工智能应用于绩效监控可能有哪些优势和问题？

第5章
绩效评价

学习目标

通过对本章的学习，你将能够：

1. 理解绩效评价的内涵与过程
2. 说明绩效评价的常见问题
3. 了解绩效评价的内容与类型
4. 明确绩效评价的主体及其选择
5. 了解设置绩效评价周期的影响因素
6. 掌握常用的绩效评价方法

➡ 引导案例

海尔的绩效评价内容与周期

海尔创立于1984年，是全球领先的美好生活解决方案服务商。海尔坚持以用户体验为中心，连续12年稳居欧睿国际世界家电第一品牌。海尔集团以成为卓越运营的全球化企业为战略目标，建立了以个人事业承诺（personal business commitment，PBC）为核心的绩效管理体系。

绩效评价内容

在整个海尔集团内，各级员工经理和下属员工通过自上而下地层层签订PBC，将海尔的战略目标逐步分解落实到每个员工身上，将组织绩效和个人绩效有机联结在一起，实现集团事业发展和个人发展的一致。一般员工的PBC由两种目标组成：业务目标和个人发展目标，而经理级别的PBC增加了员工管理目标。

业务目标（business goal，BG）：每位员工根据所从事岗位工作性质、职责和企业年度工作计划的要求，在员工经理的指导和帮助下制定个人的业务目标。

员工管理目标（people management goal，PMG）：员工经理需设置员工管理目标，引导员工经理关注团队建设和下属培育，培养员工经理的领导能力，支持业务目标的达成。

个人发展目标（individual development goal，IDP）：每位员工在员工经理的指导和帮助下设置个人的发展目标并制订个人发展计划，不断提高自己的工作能力，支持业务目标的达成。

绩效评价周期

海尔集团对于员工的绩效评价周期分为以下几类。

定期回顾辅导：定期回顾辅导分为两种。一种是月度业绩回顾辅导，各级员工经理每月针对本部门月度经营计划的完成情况进行回顾总结，并对下属员工工作中存在的问题以非正式的方式进行辅导，制订工作改进计划，提高工作绩效。另一种是年度中期绩效回顾辅导，通常在半年左右，员工经理与下属员工就个人的业务目标、员工管理目标和个人发展目标进行综合、全面的正式沟通与辅导，为下属员工提出绩效改进意见和建议，必要时进行目标调整。值得说明的是，不论是哪一种回顾辅导，都不与员工工资的发放挂钩。

季度业绩评价：业绩评价针对所有员工季度业务目标的完成情况进行评价。在每季度结束后的第一个月自上而下地逐级进行业绩评价。季度业绩评价结果与员工的季度绩效工资挂钩。

年度绩效考核：对员工经理的业务目标、员工管理目标、个人发展目标进行年度综合绩效考核；对普通员工的业务目标、个人发展目标进行年度综合绩效考核。在每个年度结束后的第一个月自上而下地逐级进行年度绩效考核。年度绩效考核结果与员工的年度绩效工资等挂钩。

资料来源：海尔集团 PBC 绩效管理体系案例．（2017-12-07）．http：//www.hrsee.com/?id=545.

绩效评价作为战略性绩效管理的核心环节，涉及评价什么、谁来评价、多长时间评价一次和如何评价等重要问题，在实践中受到管理者和员工的广泛关注。评价的科学性与准确性是成功实施战略性绩效管理的关键。因此，本章将就绩效评价过程中的评价内容、评价主体、评价周期、评价方法以及评价中常见的问题等内容做系统介绍。

第1节 绩效评价概述

一、绩效评价的内涵

在介绍绩效概念的时候我们已经谈到，绩效是有层次的。相应地，绩效评价也具有层次结构。绩效评价一般包含三个层次：一是对组织绩效的评价；二是对部门绩效的评价；三是对个人绩效的评价。管理者进行绩效管理的目的是通过个人绩效、部门绩效和组织绩效的提升实现组织的战略目标。因此，本章提到的绩效评价是对组织绩效、部门绩效和个人绩效进行评价的广义概念。

绩效评价（performance appraisal，PA）是指根据绩效目标协议书所约定的评价周期和评价标准，由绩效管理主管部门选定的评价主体，采用有效的评价方法，对组织、部门及个人的绩效目标完成情况进行评价的过程。不论评价组织绩效、部门绩效还是个人绩效，都要以绩效计划阶段设定的相关目标、指标、目标值等内容为依据。实施有效的绩效评价是组织管理过程中必不可少的工作，具有非常重要的意义。

第一，绩效评价能够助推组织战略的实现。绩效评价的内容具有行为导向作用，能够使个体行为聚焦于组织战略。组织想要实现既定战略，必须界定清楚与战略相关的目标是什么、通过员工什么样的行为和结果能够达成战略目标，然后将这些内容转化为绩效评价的内容传递给组织内所有成员。换句话说，评价内容直接由组织战略决定，绩效评价时使用哪些指标、如何定义这些指标，都是在向组织成员传达组织重视什么方面的表现、要求员工具备哪些能力和什么样的工作态度等信息。绩效评价这种引导和传递的作用能够让组织成员的工作行为和结果指向组织战略，从而有利于组织战略的实现。

第二，绩效评价能够促进绩效水平的提升。一方面，通过对组织绩效、部门绩效和个人绩效的评价，管理者能够及时发现存在的绩效问题。另一方面，通过及时的沟通和反馈，分析个人层面、部门层面和组织层面存在的导致绩效不佳的原因，制订并切实执行绩效改进计划，提高各层面的绩效水平。

第三，绩效评价结果能够为各项人力资源管理决策提供依据。绩效评价的结果是组织制定薪酬决策、晋升决策、培训与开发决策的依据，只有将绩效评价的结果与人力资源管理的相关决策紧密联系起来，才能对所有成员起到激励和引导作用，同时增强各项人力资源管理决策的可接受程度。

二、绩效评价的过程

绩效评价是绩效管理中技术性最强的环节之一，也是管理者非常关心的内容。在绩效评价时，通常要经过以下五个过程，具体模型如图 5－1 所示。通过这个模型可以看出，绩效评价的过程就是一个收集信息、整合信息、做出判断的过程。

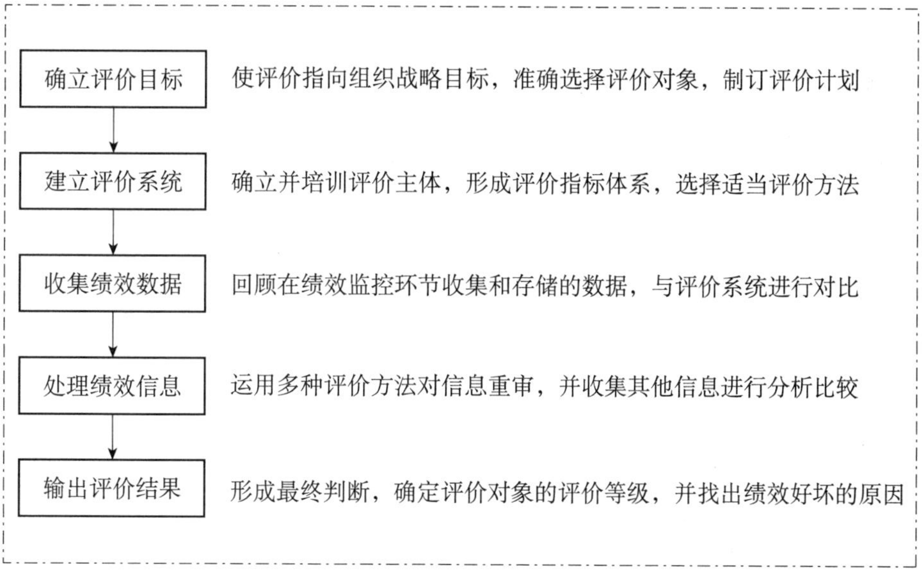

图 5－1　绩效评价的过程模型

（一）确立评价目标

一般意义上的评价除了可以对评价对象做出基本的判断之外，还可以用于选择和预测，并发挥导向作用。绩效评价作为绩效管理系统中的关键环节，其最核心的目标就是通过选择、预测和导向作用实现组织的战略目标。不论是评价组织绩效、部门绩效还是个人绩效，都要基于这个共同的目标，所以我们考虑如何进行绩效评价系统的设计时必须将评价组织绩效、部门绩效与个人绩效联系起来。

绩效评价的对象不同，绩效评价的工作也不同。一般来说，绩效评价包括三种评价对象：一是组织绩效；二是部门绩效；三是个人绩效。评价员工个人、部门负责人或高层管理者的绩效关系到奖惩、升降等人力资源管理的决策问题，而评价组织绩效和部门绩效则关系到组织、部门的发展和重点任务等问题。另外，评价个人绩效也会由于其在组织中的地位以及工作性质的不同而影响评价系统中的其他要素。例如，对于基层普通成员的绩效评价主体就不会涉及下级，而对于基层管理者的绩效评价主体则往往可以包括他的直接下级；不同职位的个人之间绩效评价标准也有很大的不同。

（二）建立评价系统

评价系统应当包括确立合理的评价指标和评价标准，选择适当的评价主体等。绩效评价指标决定了对评价对象的哪些方面进行评价。不论评价组织绩效、部门绩效还是个人绩效，绩效评价系统关心的都是评价对象与组织战略目标明显相关的行为因素，这些行为因素通过绩效评价指标体现。

绩效评价标准是用于判断评价对象绩效优劣的标准，可以分为绝对评价标准和相对评价标准两类。绝对评价标准是客观存在的评价标准，而相对评价标准是通过对比和排序进行评价的标准。进一步地，绝对评价标准又可分为外部导向的评价标准和内部导向的评价标准两类。其中，外部导向的评价标准指的是以其他组织的绩效为评价标准，而内部导向的评价标准则指的是评价标准来源于组织内部，通常根据相关部门或人员过去的绩效情况来确定。我们所熟悉的标杆法（benchmarking）就是典型的外部导向的绩效标准。

所谓评价主体，指的是那些直接从事评价活动的人。一般来说，企业的组织绩效评价主体是企业的外部出资者，政府的组织绩效评价主体是上级领导或主管部门。而在评价个人绩效时，评价主体则要根据评价指标的相关特征进行选择。

（三）收集绩效数据

准确的数据是保证评价公正性的重要保障，绩效评价的一个主要目的是把管理从依靠直觉和预感转变为以准确的数据和事实为依据。在绩效监控阶段收集的数据一般是零散的，因此有必要把这些零散的数据整理成系统的体系。在绩效监控阶段，我们往往记录了一些关键事件，此时对这些关键事件要在不带任何主观色彩的条件下进行分析、界定、归类，然后将所记录的关键事件、绩效结果和文档归入相应的评价标准的级别中。事实上，不带任何主观色彩是很难做到的，但主观判断必须是科学的、反映客观事实的，这就需要评价者具有较高的职业素养和丰富的经验。

（四）处理绩效信息

处理绩效信息就是运用具体的评价方法来确定评价结果的过程。评价要根据组织的特点、评价对象的职位特点、评价内容和评价目的，选择合适的方法和形式。高层管理人员的评价指标主要是围绕战略的实施展开的相关指标和管理状况，述职的形式恰好能够达到这样的目的。中层管理者、业务和操作人员的评价相对就比较简单。也就是说，评价的关键在于指标的设计和评价体系的建立，有了好的评价体系，评价过程就会容易得多。

（五）输出评价结果

使用适当的评价方法进行评价后，就要对评价对象给出一个具体的评价结果。评价结果不仅是好坏的评价或者简单的绩效得分及绩效排名，而且应当对绩效不佳的具体原因进行分析，以便在下一个绩效管理周期进行改进。需要再次强调的是，绩效管理不是为了简单的评价，更重要的是为了运用绩效评价的结果。只有输出详尽的绩效评价结果，才能为进一步的绩效反馈和结果应用提供依据。

三、绩效评价的常见问题

绩效评价系统的科学性和准确性是每个组织追求的目标。但由于种种主客观因素的影响，绩效评价工作中存在各种各样的问题。纵观各种类型组织的绩效评价系统中存在的问题，归纳起来主要有以下几种。

（1）评价目的不明确。有一些组织对绩效评价的目的认识不清，只是为了应付工作，单纯地为评价而评价，把绩效评价当作一项不得不完成的工作，而不是组织提高管理水平和绩效水平的一项系统工程，导致绩效评价原本具有的功能和作用得不到有效地发挥。

（2）评价标准缺失。通俗地讲，评价标准解决的是对具体评价内容进行等级划分的问题，即目标值完成到什么程度是划分“优秀”“良好”“一般”的标准。由于针对每一项评价内容制定相应的评价标准是比较繁琐的工程，许多组织为了避免麻烦，就省去了这一环节。但由于缺乏客观统一的评价标准，评价主体在进行评价的时候只凭借主观判断或个人喜好，导致不同的评价主体对同一评价内容看法不一，让被评价者产生不公平感，从而影响整个绩效评价系统的正常运转。

（3）评价周期确定不合理。一些组织缺乏对评价周期的影响因素的了解，笼统地采用一年为评价周期，导致有些短期显现的绩效问题得不到及时发现和解决，容易给组织带来长期影响；而有些组织将评价周期设定得过短，导致管理成本的上升和组织成员的抵触，不利于绩效评价系统的正常运转。对于如何科学地设定评价周期的问题，将在本章第 4 节讲解。

（4）评价方法选择不当。绩效评价的方法多种多样，但每一种方法有其适合评价的内容。在进行绩效评价的时候要根据评价指标的特点来选择适当的评价方法，采用不恰当的评价方法会导致无法准确衡量评价指标。但实践中的许多组织忽视评价指标与评价方法的契合，试图用一种方法“毕其功于一役”，结果造成绩效指标衡量的无效和失真，严重影响了组织绩效管理工作的科学性和有效性。我们将在本章第5节对评价方法进行详细讲解。

（5）评价结果运用不充分。绩效评价的结果是对评价对象绩效的如实反映，能够体现评价对象的工作态度、行为和结果。如果不将评价结果运用到人力资源管理的相关决策中，绩效评价工作就失去了意义。很多组织在评价完绩效之后，就将评价结果束之高阁，不将其应用到确定薪酬发放、职位晋升、培训与开发、绩效改进等方面，使评价对象认为绩效评价只是“走形式”“走过场”，对绩效评价工作产生消极懈怠的情绪。关于绩效评价结果运用的问题将在本书第6章详细讲解。

第2节　绩效评价内容

所谓评价内容，就是“评价什么”。在绩效管理过程中，为了检验组织的战略目标是否达成，我们需要对组织与员工的绩效表现进行有效评价，确定绩效评价内容，明确具体的目标、指标和目标值则是其中的关键一环。依据绩效评价的类型差异，对于绩效评价的内容也可以从两个方面进行阐释。一是依据评价的具体指向，可以将绩效评价内容分为业绩评价和态度评价；二是依据绩效评价内容的层次，可以将其分为组织评价、部门评价和个人评价。

一、业绩评价和态度评价

业绩评价和态度评价是绩效评价十分重要的两个部分，二者相互联系、相互影响，共同构成促进绩效管理目标实现的绩效评价系统。由于评价的具体指向不同，这两类评价具有不同的特征。

（一）业绩评价

业绩评价是绩效评价最核心的内容。与组织战略目标实现相关的绩效都要通过业绩产出来衡量。所谓业绩，就是通过工作行为取得的阶段性产出和直接结果。评价业绩的过程不仅要判定个人的工作完成情况，也要衡量部门、组织的指标完成情况。更重要的是，管理者要以评价结果为基础来有计划地改进绩效欠佳的方面，从而达到组织发展的要求。对组织层面、部门层面、个人层面的业绩评价不仅要包括利益相关者层面（结果）的指标，也要涵盖实现路径（过程）层面的指标和保障措施层面的指标，既兼顾结果也兼顾过程，才能保证业绩评价的完整性和准确性。

业绩评价一般从数量、质量、时间和成本等角度来考虑。但组织、部门和个人层面的业绩评价是有区别的。组织层面的业绩评价主要集中于对组织整体战略目标实现起重要作用的指标；部门层面的业绩评价是通过分解、承接组织层面的业绩目标而形成的内容，除此之外，还要反映部门自身职责的相关内容；个人层面的业绩评价主要是最微观具体的岗位职责要求的内容。

（二）态度评价

我们通常认为能力强的人能够取得更高的工作绩效。但是，现实情况往往并非总是如此，能力强仅仅是获得高绩效的一个重要条件。能力强的人并不一定能够取得相应的成绩，而能力较差的人也可能取得较高的绩效。这是因为不同的工作态度会对工作结果产生不同的影响。因此，我们主张在绩效评价时，除了要对工作业绩进行评价之外，还要对评价对象的工作态度进行评价，以鼓励其充分发挥现有的工作能力，最大限度地创造优异的绩效，并且通过日常工作态度评价，引导评价对象发挥工作热情，避免“出工不出力”的情况发生。

工作态度是绩效评价的重要内容。通过对工作态度的评价引导评价对象改善工作态度，是充分发挥其工作能力，继而促使其达成绩效目标的重要手段。在评价工作态度时，只评价其是否努力认真地工作，工作中是否有干劲有热情，是否遵守各种规章制度等即可，要忽略评价对象的职位高低或能力大小。

二、组织、部门和个人绩效评价

由于绩效有组织、部门和个人三个层次，我们通常将绩效评价的类型分为组织绩效评价、部门绩效评价和个人绩效评价。个人绩效的取得是部门绩效和组织绩效完成的基础，如果仅仅评价部门绩效和组织绩效而忽略对个人绩效的评价，就会产生组织战略执行不到位和绩效目标无法落地的情况。如果仅仅评价个人绩效而不评价部门绩效和组织绩效，则无法保证组织宏观的、整体的绩效目标的实现。因此，完善的绩效评价体系要从组织层面延伸到部门层面和个人层面，并注意目标在横向与纵向上的协同。

（一）组织绩效评价

1. 组织绩效评价系统的特征

由于绩效评价系统是组织管理控制系统的一部分，因此，组织的绩效评价系统必然要根据组织战略、组织结构等要素进行设计。一般来说，组织绩效评价系统应具备以下特征。

第一，战略一致性。组织绩效评价系统的设计必须要以战略为导向，能够有效衡量组织的战略是否实现。组织绩效评价系统中的目标、指标等内容必须要能够对组织战略的实现提供有力支撑，评价指标的圆满完成能够保证战略目标的顺利实现。各个层级（组织、部门和个人）积极争取达到绩效评价指标要求的过程就是实现组织总目标的过程。

第二，反映组织的特征。任何评价系统都要通过行为引导的作用达到一定的目的。在组织绩效评价系统中，这种引导必然要反映组织特征的要求。这里所说的组织特征，不仅包括组织类型的差异，也包括组织文化、组织资源的优势及劣势等。这些特征约束着组织行为，而这种约束也应该体现在评价系统中，从而引导组织和组织成员的行为，实现既定的目的。各个组织的绩效评价系统在遵循相同原则的基础上，总是存在各种各样的差异，这在一定程度上取决于不同组织的不同特征。比如，评价政府组织绩效需要注重公共服务类指标和群众满意度指标，而评价企业组织的绩效则更偏重于财务类指标。

第三，准确性。为了确认实际的组织绩效是否符合原先的预期，关于绩效的信息就必须是准确的。评价结果准确的前提就是组织绩效评价系统对于评价什么和如何评价必须界定得十分清楚，同时应尽可能采用可验证的、客观的资料作为评价的依据，确保组织绩效评价的准确性。

第四，可接受性。任何管理控制系统只有在人们开始使用时，才会发生作用。如果不能为组织成员所接受，那么组织绩效评价系统就会因为成员的抵触而无法发挥应有的作用，还会给组织氛围造成负面影响。因此，组织绩效评价系统应该尽可能地为组织成员考虑，并通过沟通与协商得到组织成员的认同。设计组织绩效评价系统的工作往往需要经历设计、试运行、调整、再次试运行的过程。

第五，及时性。信息只有被及时地获得才能够更好地发挥效用，滞后的信息可能会导致不适当的反应，甚至会误导人们的行为。因此，组织绩效评价系统所包含的时限信息是系统有效运行的重要因素。

第六，应变性。良好的组织绩效评价系统应该对组织的战略调整、外部环境的变化等因素具有一定的敏感性和动态调整性，能够及时做出反应并进行适当的调整。组织绩效评价系统本身就应该包含一套及时应变的机制。当组织发生变化时，应该针对情况具体分析，及时采取调整措施。

2. 组织绩效评价量表

组织绩效评价量表的设计基于绩效计划阶段设定的各项目标、指标、目标值等内容。将组织的平衡计分卡中的每一个考核指标汇集起来，赋予一定的权重，明确数据来源和评价主体，就形成组织层面的绩效评价量表。下面以某环保局的绩效评价量表为例来说明，如表5-1所示。

表5-1 某环保局绩效评价量表（示例）

层面	指标	目标值	满分	权重系数	得分	数据来源	评价主体
利益相关者	1. 空气质量二级和好于二级的天数占全年比重	84%	100分	5		市环保局	绩效办
	2. 重大环境污染责任事故发生次数	0次/年	—	减分项		市环保局	绩效办
	3. 重大生态破坏责任事件发生次数	0次/年	—	减分项		市环保局	绩效办
	4. 环保工作群众满意度	90%	100分	5		统计局	群众

续表

层面	指标	目标值	满分	权重系数	得分	数据来源	评价主体
实现路径	1. 依法审批率	100%	100分	3		环保局	绩效办
	2. “三同时”执行率	100%	100分	3		环保局	绩效办
	3. 依法验收率	100%	100分	3		环保局	绩效办
	4. 监测任务完成率	100%	100分	3		环保局	绩效办
	5. 国控源年现场监察频次	≥12次	100分	3		环保局	绩效办
	6. 一般污染源年监察覆盖率	≥80%	100分	5		环保局	绩效办
	7. 污染源动态更新	1次/年	100分	3		环保局	绩效办
保障措施	1. 行政诉讼案件败诉次数	0次/年	—	减分项		法制办	法制办
	2. 行政问责次数	0次/年	—	减分项		监察局	监察局
	3. 部门协作满意度	100%	100分	5		各部门	绩效办

组织绩效评价量表是对整个组织的绩效进行考核评价的工具。组织层面的绩效评价内容相对宏观，只有涉及组织发展全局的指标才出现在绩效评价量表当中。在设计和填写组织绩效评价量表时要注意以下几点。

（1）组织绩效评价量表的功能在于考核评价。如果说平衡计分卡是管理工具，那么绩效评价量表就是考核工具。考核评价的核心是指标，因此没有“目标”一栏，只针对指标的完成情况进行评价。在填写具体指标的得分时，要将实际绩效结果与绩效计划阶段设置的绩效评价标准相比较，得出某一指标的得分。

（2）加减分项。为了增强工作的激励性和约束性，在绩效指标的评价中引入加减分项。加分项是激励措施中正强化的一种，目的是鼓励某种行为的发生，突出对组织工作有重大贡献的行为，如“获市级以上荣誉数量”“市级以上财政资金支持总额”等。这些工作并不属于常规性工作，但属于有一定挑战性的任务；减分项作为惩罚方式的一种，目的是避免某种行为的发生，如“重大环境污染责任事故发生次数”“行政诉讼案件败诉次数”等。加减分项也计入总分，但总额不超过总分的10%。

（3）数据来源与评价主体。数据来源是指在对某一指标进行评价时所需佐证信息的提供者；评价主体的选择一般由外部相关职能部门、群众、专门的评价单位（如绩效办）等组成。数据来源的选择是根据知情原则确定的，而评价主体的选择标准除了知情原则以外，还要根据责任制等综合确定。

（二）部门绩效评价

部门绩效评价量表的设计思路与组织绩效评价量表一致，根据绩效计划阶段设定的部门平衡计分卡中的指标、目标值等内容确定。与组织绩效评价量表相比，部门绩效评价量表中的指标相对微观具体，与部门职责紧密相关。表5-2描述的是某环保局综合科绩效评价量表（示例）。

表5-2 某环保局综合科绩效评价量表（示例）

层面	指标	目标值	满分	权重系数	得分	数据来源	评价主体
利益相关者	1. 空气质量二级和好于二级的天数占全年比重	84%	100	5		市统计局	绩效办
	2. 二氧化硫排放量	达市级要求	100	5		市环保局	绩效办
	3. 环保工作群众满意度	≥90%	100	5		统计局	群众
实现路径	1. 依法验收率	100%	100	3		环保局	绩效办
	2. 污染源动态更新	1次/年	100	3		环保局	绩效办
	3. 环境统计季报、年报	5次/年	100	3		环保局	绩效办
	4. 新建项目跟踪服务率	100%	100	3		环保局	企业
保障措施	1. 各类基础数据库健全度	达标	100	3		环保局	绩效办
	2. 行政问责次数	0次/年	—	减分项		监察局	监察局
	3. 部门协作满意度	100%	100	5		环保局	环保局

（三）个人绩效评价

从定义个人绩效评价的角度来说，弗利波（E. B. Flippo）认为，绩效评价是指“对员工在现任职务中的表现情况以及担任更高一级职务的潜力，进行有组织的、定期的并且尽可能客观的评价”。朗斯纳（A. Longsner）认为，“绩效评价就是为了明确员工的能力、工作状况和工作适应性及其对组织的相对价值而进行的有组织的、实事求是的评价；绩效评价的概念包括评价的程序、规范和方法的总和”。松田宪二则认为，绩效评价是“人力资源管理系统的组成部分，由评价者对评价对象的日常职务行为进行观察、记录，并在事实的基础上按照一定的目的进行评价，以达到培养、开发和利用组织成员能力的目的”。学者们对于个人绩效评价的理解不尽相同，但从最基本的含义上讲，个人绩效评价就是指评定和估价个人工作绩效的过程和方法。它回答了这样一个问题：“评价对象在评价期内工作完成得怎么样？”

个人绩效评价量表的设计原理同组织、部门绩效评价量表并无二致，都是根据个人平衡计分卡中的指标汇总而来。但由于组织高层管理者和组织内其他个人的平衡计分卡设计思路不同，因此绩效评价量表的设计思路也不同。第一个层次，在确定组织层面的平衡计分卡后，直接根据高层管理者的分工情况通过共同承接和单独承接的方式形成组织高层管理者的平衡计分卡，在此基础上形成组织高层管理者的个人绩效评价量表；第二个层次，由组织层面的平衡计分卡向下分解、承接，结合部门职责形成部门平衡计分卡，再根据分工和职责不同形成部门层面管理者的个人平衡计分卡和绩效评价量表；第三个层次，由部门平衡计分卡再向下分解、承接，补充进个人职责的相关内容形成组织最基层的个人平衡计分卡和绩效评价量表。需要特别指出的是，由于组织高层管理者是对组织的经营管理全面负责的人，其个人绩效评价量表中的利益相关者层面的结果性指标要与组织绩效评价量表中的结果性指标完全一致，也就是说，组织内的每一个高层管理者都要对组织绩效评价量表中的结果性指标负责。但高层管理者中也有不同分工，在计算个人绩效评价得分时要对利益相关者层面赋予不同权重。比如在政府组织中，领导班子成员每一个人都要对组织绩效评价量表中的利益相关者层面的指标负责，但主管业务的班子成员和负责纪检工作的班子成员在权重分配上肯定要体现差异性，即主管业务的班子成员比负责纪检工作的班子成员在利益相关者层面所占权重要多一些。这样既能保证所有高层管理者全部对组织绩效负责任，又能消除由于分工存在的不公平性。以党政工作部门和乡镇的高层管理者个人绩效权重分配为例予以详细说明，如图5-2所示。

党政工作部门领导干部个人绩效权重分配规则

		权重分配		
		利益相关者层面	实现路径层面	保障措施层面
单位		50%	30%	20%
职务	局长	50%	30%	20%
	书记	50%	50%	
	专职副书记	30%	70%	
	副局长（党组成员）	40%	60%	
	副局长	40%	60%	
	纪检书记（组长）	20%	80%	
	工会主席	20%	80%	

乡镇党政领导干部个人绩效权重分配规则

		权重分配		
		利益相关者层面	实现路径层面	保障措施层面
单位		50%	30%	20%
职务	书记	50%	30%	20%
	乡镇长	50%	30%	20%
	专职副书记	30%	70%	
	副镇长（党组成员）	40%	60%	
	副镇长	40%	60%	
	武装部长	20%	80%	
	纪检书记	20%	80%	
	宣传委员	20%	80%	
	组织委员	20%	80%	
	工会主席	20%	80%	

图5-2　绩效评价权重分配规则

1. 领导班子成员个人绩效评价量表

表5-3说明的是某环保局副局长的绩效评价量表（示例）。该副局长作为环保局领导班子的一员，理应对环保局结果层面的所有指标负责。除此之外，该副局长要承担其所分管工作的相关指标。

表5-3　某环保局副局长绩效评价量表（示例）

层面	指标	目标值	满分	权重系数	得分	数据来源	评价主体
利益相关者层面	1. 空气质量二级和好于二级的天数占全年比重	84%	100	略		市环保局	绩效办
	2. 城市区域环境噪声均值	达标	100	略		市环保局	绩效办
	3. 水环境质量	达标	100	略		市环保局	绩效办
	4. 重大环境污染责任事故发生次数	0次/年	减分项	略		市环保局	绩效办
	5. 环保工作群众满意度	90%	100	略		统计局	群众

续表

层面	指标	目标值	满分	权重系数	得分	数据来源	评价主体
个人层面	1. 监测任务完成率	100%	100	略		环保局	绩效办
	2. 实验室资质认证	合格	100	略		环保局	绩效办
	3. 环境风险点排查率	100%	100	略		环保局	绩效办
	4. 重点源应急预案覆盖率	100%	100	略		环保局	绩效办
	5. 国控源年现场监察频次	≥12次	100	略		环保局	绩效办
	6. 一般污染源年监察覆盖率	≥80%	100	略		环保局	绩效办
	7. 各类基础数据库健全度	达标	100	略		环保局	绩效办
	8. 行政问责次数	0次/年	减分项	略		监察局	监察局
	9. 部门协作满意度	%	100	略		有关部门	绩效办
党建工作	1. 党建工作		100	略		主管部门	主管部门

2. 部门负责人绩效评价量表

部门负责人要对部门总体绩效负责，因此，部门负责人的绩效评价量表与部门的绩效评价量表一致。例如，某环保局综合科副科长绩效评价量表（示例）如表5-4所示。

表5-4 某环保局综合科副科长绩效评价量表（示例）

层面	指标	目标值	满分	权重系数	得分	数据来源	评价主体
利益相关者层面	1. 空气质量二级和好于二级的天数占全年比重	84%	100	略		市环保局	绩效办
	2. 城市区域环境噪声平均值	达标	100	略		市环保局	绩效办
	3. 水环境质量	达标	100	略		市环保局	绩效办
	4. 二氧化硫排放量	达市级要求	100	略		市环保局	绩效办
	5. 氮氧化物排放量	达市级要求	100	略		市环保局	绩效办
个人层面	1. 污染源动态更新	1次/年	100	略		环保局	绩效办
	2. 新建项目跟踪服务率	100%	100	略		环保局	绩效办
	3. 行政诉讼案件败诉次数	0次	减分项	略		法制办	法制办
	4. 行政处罚案卷合格率	100%	100	略		法制办	法制办
	5. 各类基础数据库健全度	达标	100	略		环保局	绩效办
党建工作	1. 党建工作		100	略		主管部门	主管部门

3. 普通员工个人绩效评价量表

普通员工是指部门内部最基层的工作人员。普通员工是具体工作的执行者，如果组织战略不落实到具体执行层面，只能是空中楼阁。普通员工的个人绩效评价量表的构成在部门绩效评价量表的基础上，直接根据工作分工得出。仍然以某环保局综合科为例，该科最基层的员工的绩效评价量表如表5-5所示。

表5-5 某环保局综合科科员绩效评价量表（示例）

层面	指标	目标值	满分	权重系数	得分	数据来源	评价主体
利益相关者层面	1. 环保工作群众满意度	90%	100	略		统计局	群众
个人层面	1. 依法验收率	100%	100	略		环保局	绩效办
	2. 环境统计季报、年报	5次/年	100	略		环保局	绩效办
	3. 新建项目跟踪服务率	100%	100	略		环保局	绩效办
	4. 各类基础数据库健全度	达标	100	略		环保局	绩效办
	5. 行政问责次数	0次/年	减分项	略		监察局	监察局
	6. 获市级以上荣誉数量	个	加分项	略		环保局	绩效办
党建工作	1. 党建工作		100	略		主管部门	主管部门

第3节 绩效评价主体

评价主体能否对评价对象做出准确评判？评价主体是否对评价内容有足够的发言权？评价主体是否真正掌握了评价的方法和要点？这些问题都是在绩效评价工作中与评价主体有关的问题。评价主体的选择和培训是决定绩效评价系统科学性和有效性的关键因素。

一、评价主体的选择

（一）选择评价主体的一般原则

评价主体指的是对评价对象做出评价的人。在设计绩效评价体系时，一定要注意评价主体与评价内容的匹配。选择什么样的评价主体在很大程度上与所要评价的内容相关。评价主体选择的一般原则有以下两个。

（1）知情原则。知情原则是指评价主体对所评价的内容和所评价职位的工作都要有所了解。一方面，评价内容必须是评价主体可以掌握的情况。如果要求评价主体对他无法了解的情况做出评价，那么这种评价一定是不准确的，必将对整个绩效评价工作的准确性和公正性产生不良的影响。另一方面，评价主体要对被评价职位的工作有一定程度的了解。评价对象的任何职务行为都基于实现一定的职责任务目的，并不是孤立的行为。缺乏对职位的了解往往可能做出以偏概全的判断。

（2）360度原则。单一的评价主体容易产生误差与偏颇。采用多元化的评价主体既可以使评价结果相互印证，又能够相互补充，体现评价的准确性；另外，扩大评价主体的范围也能够体现出评价的民主性与公平性。因此，对评价内容与评价对象的评估可以从多角度、多层面来进行，既可以包括评价对象的上级、同级、本人、下级，也可以向组织外部延伸，将利益相关者（如客户、供应商等）纳入到评价主体的范畴当中。需要特别指出的是，360度选择评价主体并不意味着评价主体越多越好，而应在评价主体了解评价对象和评价内容的基础上，扩大评价主体的范围，使绩效评价的结果更加全面准确。

（二）不同评价主体的比较

传统的管理强调下属完成上级安排的工作的重要性。在这种情况下，下属工作的目的在很大程度上是为了获得上级的认同。因此，在绩效管理中，上级是绩效评价过程中最重要的评价主体，对下属的工作进行评价并向其提供绩效反馈信息。随着管理理论与实践的不断发展，利益相关者在管理中的作用越来越受到重视。相应地，评价主体的范围也开始不断扩展。就管理者而言，下属逐渐成为非常重要的绩效反馈信息来源，他们能够对管理者在其实现管理职能中的绩效表现提出宝贵的意见。另外，由于员工本人对自己的绩效表现有一定的评价和看法，为了体现员工参与、授权、民主等观念，员工本人也开始被纳入评价主体。此外，一个人的行为也可能对其他人造成影响。在进行绩效管理和评价时，应当考虑这种相互作用和依存关系，避免员工只关心完成自己的工作，而影响别人的工作或导致不与他人合作的情况发生。所以，同级同事的绩效反馈和信息也非常重要，能够促使员工成为更好的团队成员。以上四个绩效信息的来源——上级、下级、本人和同级——都是组织内部的成员。实际上，在组织外部还有一些群体能够提供有价值的绩效信息。例如客户和供应商等利益相关者。客户是使用组织产品和服务的人，对于企业来说，客户就是其顾客，而对于政府而言，直接享受其公共服务的群众就是其客户。一个组织只有获得客户的认同，才有可能成功。现阶段已有很多包括企业和政府在内的组织把客户也作为评价主体，对组织绩效、部门绩效以及个人绩效进行评价。供应商是为组织生产提供原材料的群体，对组织绩效、部门绩效和个人绩效的某一方面也能够提供有价值的绩效信息。

根据评价主体选择的一般原则和以上分析的获得绩效信息的渠道，图5-3向我们展示了一般情况下绩效评价系统中可能的评价主体。

从图5-3中可以看到，可能的评价主体是多种多样的。选择不同的评价主体不仅是绩效评价的需要，而且是实现绩效管理目的的需要。从这一点上看，评价主体的选择不仅是为了更好地落实绩效评价工作，也是为了更好地对成员的绩效进行管理。

1. 上级评价

直接上级在绩效管理过程中自始至终都起着十分关键的作用。在大多数组织中，上

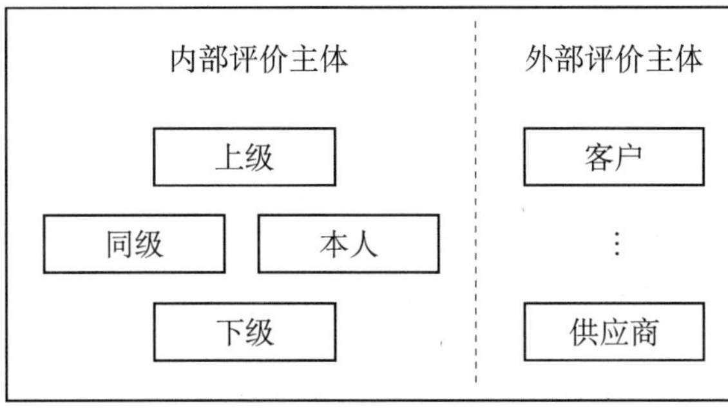

图 5-3 不同的评价主体

级评价是最常用的评价方式。研究表明，目前大约有98%的组织将绩效评价视为直接上级的责任。这是由于直接上级通常是最熟悉下属工作情况的人，而且比较熟悉评价的内容。同时对于直接上级而言，绩效评价作为绩效管理的一个重要环节，为他们提供了一种监督和引导下属行为的手段，从而可以帮助他们促进部门或团队工作的顺利开展。如果直接上级没有绩效评价的权力，将会削弱他们对于下属的控制力。另外，绩效管理的开发目的与直接上级对其进行培训与技能开发的工作是一致的，上级能够协助相关部门更好地将绩效管理与员工培训相结合，从而充分发挥这两个人力资源管理模块的行为引导作用。总之，直接上级在观察和评价其下属人员的工作绩效方面占据着最有利的位置，同时也承担着更多的管理责任。

2. 同级评价

同级评价是由评价对象的同级对其进行评价，这里的同级不仅包括评价对象所在团队或部门的成员，还包括其他部门的成员。这些人员一般与评价对象处于组织命令链的同一层次，并且与评价对象经常有工作联系。研究表明，同级评价的信度与效度都很高，同时同级评价还是工作绩效的有效预测因子。另外，评价对象的同事对他的评价可以有效地预测此人将来能否在管理方面获得成功。这是由于同级经常以一种与上级不同的眼光来看待他人的工作绩效，比如，他们会更加注重相互之间在工作中的合作情况。而且，上级与下属接触的时间毕竟有限，下属总是会在上级面前展示他最优秀的方面，而他的同事却总能看到他真实的表现，这是同级评价最有意义的地方。此外，使用同级作为评价主体来补充上级评价，有助于形成关于个人绩效的一致性意见，帮助人们消除偏见，促进评价对象更好地接受绩效评价的结果，乃至整个绩效评价系统和绩效管理系统。

但是，反对同级评价的人指出，使用同级评价可能会出现一些特殊问题。比如，布雷夫认为，使同级评价有效的环境并没有经过系统的研究，他尤其对同级评价结果用于奖励（如晋升）提出了疑问。当绩效评价的结果与薪酬和晋升等激励机制结合得十分紧密时，同级之间会产生某种利益上的冲突，从而影响业已形成的良好的工作氛围。另外，同级之间的个人关系也可能影响绩效评价的可信度，人们经常担心给别人评分过低会影响他们之间的友谊而遭到报复；同时一些人在评价与其私交较差的同事的绩效时，往往会不考虑其绩效而给予较低的评价；同级评价中可能会存在相互标榜的问题，即所有同事都串通起来，相互将对方的工作绩效评价为较高的等级。

3. 本人评价

有些企业在进行绩效评价时，还采用员工自我评价法（通常是与上级评价结合起来使用）。自我评价的理论基础是班杜拉（Bandura）的社会认知理论，这一理论包括自我目标设定、对目标执行的自我监控、自我实施奖励以及惩罚。该理论认为，许多人都了解自己在工作中哪些做得好、哪些需要改进，如果给他们机会，他们就会客观地对自己的工作业绩进行评价，并采取必要的措施进行改进。另外，提倡自我评价的员工会在自我工作技能开发等方面变得更加积极和主动，重视参与和发展的管理者认同并欢迎自我评价。

但是，大多数研究表明，员工对他们自己的工作绩效做出的评价一般比他们的主管人员或同事对他们所做出的绩效等级要高。比如，一项研究显示，当员工被要求对自己的工作绩效进行评价时，所有类型员工中有40%的人将自己放到绩效最好的10%（“最好者之一”）之中；剩下的人要么将自己放入前25%（“大大超出一般水平”）之列，要么将自己放入前50%（“超出一般水平”）之列。通常情况下，只有不到1%或2%的人将自己列入低绩效等级范围，而那些总是将自己列入高绩效等级的人，在很多时候往往是低于一般绩效水平的。

由直接上级和本人同时进行绩效评价的做法有可能会导致矛盾的出现，这种情况应该得到管理者的重视。即使组织没有正式要求成员进行自我评价，本人也同样对自己的工作有自己的评价，而且自我评价往往比上级所给予他们的评价等级要高。自我评价与上级评价之间的矛盾是所有管理者必须面对和解决的问题。如果能够充分辨析产生评价结果差异的原因，管理者就能够更好地理解评价对象的行为并实行更有针对性的行为引导。例如，可以通过本人评价找出与上级之间意见不一致的地方，鼓励评价对象反映他们的优缺点，帮助上级进行更有建设性的绩效面谈，并促使员工更好地理解上级给予的绩效建议。

4. 下级评价

下级评价给管理者提供了一个了解下属对其管理风格看法的机会，实际上这种自下而上的绩效反馈更多的是基于强调管理者提高管理技能的考虑。

很多管理者担心他们的一些不受欢迎但是必要的行为（如批评下属）会导致下属在对他们进行评价时实施报复。下属由于不承担管理工作而不了解管理者工作的必要性，因此很难对“事”进行评价，其评价的结果可信度通常会较低。由于下级评价与传统的自上而下的管理方式相悖，同时担心下属评价会削弱管理者的权力，因而真正采用这种评价方式的组织不多。

如果组织想把下级评价导入绩效评价系统，充分发挥下级评价的积极作用，要注意以下三个方面：参与管理、考评者匿名以及具体的评价内容。

（1）让下属参与评价其主管的工作实际上是让其对管理提出自己看法的过程。下属观察某些行为指标的能力往往比管理者强，因此通过下级评价不仅是对管理者的评价，更重要的是可以听到下属的声音，在决策时考虑这种意见。

（2）匿名评价是下级评价时要特别注意的。下属在对直接上级进行评价时，必然会想到这种评价对他们的威胁，他们担心对直接上级的低绩效进行诚实的评价会受到谴责和报复。在这种情绪下，仅仅匿名仍然不够，下属还应感到“人数上是安全的”。也就是说，小团体不适合采用下级评价的方法；只有人数超过一定数量时，人们才会认为讲真话是安全的。

（3）前面讲过下属从未做过直接上级所做的工作，他们经常想当然地认为管理者的行为是对还是错。他们在很大程度上并不了解管理者的具体工作，当然也就不了解管理者是否应该做某件事，更谈不上评价他们做得好与坏，因此对下级评价的结果要进行合理的分析和应用。

总之，下级评价在很大程度上是一种管理突破，在一定程度上有利于提高管理质量和培育良好的工作气氛，因此越来越多的组织让评价对象的下级以匿名的方式参与对评价对象的绩效评价。下级评价在一定程度上能够反映管理人员在管理工作上的表现。另外，在各类组织诊断中，来自普通员工的判断能够在更大的范围内体现组织的绩效状况。因此，对员工进行广泛的问卷调查成为了解组织管理状况的重要手段。即使员工并没有作为评价主体，管理者在日常管理工作中也不应该忽视来自下属的意见。各类组织可以尝试将不定期的下属调查作为一项日常工作。

5. 客户和供应商评价

在一些组织中，比较了解员工工作情况的外部利益相关者也成为评价主体之一。最常见的做法就是将客户和供应商纳入评价主体之中。这种做法主要是为了了解那些只有特定外部人员才能够感知的绩效情况，或通过引入特殊的评价主体引导评价对象的行为。例如，在服务行业中，以客户作为评价主体对那些直接面对客户的服务人员进行绩效评价，可以更多地了解他们在实际工作中的表现。更重要的是，由于客户满意度成为组织成功的关键影响因素，这类组织通过将客户作为评价主体来引导员工行为，可以促进其更好地为客户提供服务。

由于绩效的多维性容易导致不同评价主体对同一工作绩效的印象不同。通过上面的分析可知，各种评价主体并不是相互孤立、相互排斥的，而是能够相互补充和配合的。为了保证评价的客观性和公正性，可以适当选择多样化的评价主体。使用多种主体对绩效进行评价必然具有单一主体评价所无法具有的许多优点，但是一个包含各种身份评价主体的评价系统自然会占用更多的时间，费用也较高。

（三）选择评价主体举例

评价主体的多元化一方面为绩效评价提供了不同的视角和途径，另一方面也给管理者选择评价主体造成了一定的困难。如果管理者对各评价主体的特点不了解，导致评价主体选择有误，那么绩效评价就毫无意义，甚至会有负面效果。因此，评价主体的选择要以评价指标为基础，结合选择评价主体的原则和不同评价主体的特点综合确定。如某环保局的评价主体选择如表5-6所示。

表5-6 某环保局绩效评价主体选择

层面	目标	指标	目标值	评价主体
利益相关者	提升环境质量	空气质量二级和好于二级的天数占全年比重	略	上级评价
		城市区域环境噪声平均值	略	
		水环境质量	略	
		辐射环境质量	略	
	⋮	⋮	⋮	
	提高服务质量	环保工作群众满意度	略	群众评价
	提高环境意识	公民环保意识调查	略	
实现路径	严格建设项目审批	依法审批率	略	社会评价
		“三同时”执行率	略	
		依法验收率	略	内部评价
	完善环境监测体系	监测任务完成率	略	
		实验室资质认证	略	
	开展绿色创建活动	绿色社区	略	自我评价
		绿色学校	略	
保障措施	坚持依法行政	行政诉讼案件败诉次数	略	相关职能部门评价
		行政处罚案卷合格率	略	
	坚持政务公开	信息公开及时性	略	
		主动公开信息比例	略	
	科学安排财政预算	预算执行率	略	
	控制行政成本	“三公”经费占总支出比重	略	
	⋮	⋮	⋮	

从表5-6可以看出，该环保局严格遵照选择评价主体的基本原则，根据对评价指标特性的了解程度以及不同评价主体的不同评价责任来确定评价主体，从而确保评价的信度。比如，“空气质量二级和好于二级的天数占全年比重”“城市区域环境噪声平均值”等指标是上级派发的必须完成的硬性指标，自然要由上级进行评价；涉及服务质量和环境意识的指标则应该由其外部服务对象——群众进行评价；而一些如建设“绿色社区”等内部工作由自我进行评价；还有一些与相关部门要求密切联系的工作，如“行政诉讼案件败诉次数”“信息公开及时性”等指标就要由平级部门来评价。

二、评价主体的培训

评价主体在绩效管理的过程中扮演着重要的角色。评价者的主观失误或对评价指标和评价标准的认识误差，都会在很大程度上影响评价的准确性，进而影响绩效管理甚至人力资源管理系统的有效性。因此，评价主体培训对于实现绩效评价的目标乃至绩效管理的目标至关重要。

（一）评价主体培训的必要性

即使组织的绩效评价系统对评价对象的工作标准和评价程序进行了明确的规定，也未必能确保绩效评价的结果得到评价对象的认同，并产生预期的行为引导作用，因为绩效评价的效果不仅取决于评价系统本身的科学性，还受到评价者主观方面的影响。绩效评价的意义并不在于如何准确地评出人的“三六九等”，而在于提供一种行为导向，使评价对象的工作行为符合组织对他们的期望，从而实现组织的战略目标。评价者对评价系统的认识不仅会影响评价结果的准确性，而且会影响评价对象对组织期望的理解，从而对整个组织的绩效产生影响。现实中还没有哪种手段可以精确地评价人的优劣好坏。在这种情况下，评价主体对评价手段、评价目的的理解甚至比评价方法本身更重要。

当上级管理者作为评价主体时，评价者在绩效评价乃至绩效管理中更是承担了重要的职责。评价者不仅是对下属的绩效做出评价的人，也是与下属进行持续的绩效沟通、帮助下属提高绩效、实现绩效计划的引路人。当评价者是评价对象的直接上级时，评价主体培训的重要性就更为突出。

因此，一个完整的绩效评价制度不能缺少评价主体培训这一重要环节。离开了人，任何绩效评价制度都是一堆没有用的文件。组织的相关部门应设计出完善的评价主体培训制度，通过评价主体培训达到以下几个方面的目的。

（1）使评价者认识到绩效评价在人力资源管理和组织管理中的地位和作用，认识到自身在绩效评价过程中的作用。

（2）统一各个评价者对评价指标和评价标准的理解。

（3）使评价者理解具体的评价方法，熟悉绩效评价中使用的各种表格，并了解具体的评价程序。

（4）避免评价主体误区的发生，使评价者了解如何尽可能地消除误差与偏见。

（5）帮助管理者学习如何进行绩效反馈和绩效指导。

（二）评价主体培训的主要内容

直接上级是最常见的评价主体。对直接上级进行评价主体培训的内容比对其他类评价者进行评价主体培训的内容更广泛。因此，我们在这里仅介绍如何对这类管理者进行评价主体培训。当涉及对其他类型的评价者进行培训时，可参考对直接上级进行评价主体培训内容的相关部分。一般来说，评价主体培训主要包括以下六个方面的内容。

1. 关于避免评价主体误区的培训

对于绩效评价中发生的不准确性的问题最常见解释就是评价者的主观错误。因此，评价主体培训中的一项重要内容就是通过培训告诉评价者在评价过程中可能会产生的评价误差，以防止这些误差的发生。例如，在一次与此类问题有关的培训课程中，培训者先为评价者们放了一段反映员工实际工作情况的录像，然后要求他们对这些员工的工作绩效做出评价。接着，培训者将不同评价者的评价结果展示出来，并针对在工作绩效评价中可能出现的问题，例如晕轮效应、严格化倾向等，逐一进行解释。如果有受训的评价者对所有评价要素（工作质量、工作积极性等）都给出了同样水平的评价，培训者可以指出这位评价者可能是犯了晕轮效应的错误。最后，培训者将会给出比较客观的评价结果，并对评价者在评价过程中出现的各种错误逐一分析。通过这种形式的评价主体培训，评价者能够对各种评价者误区有更深刻的认识，从而有效地避免此类问题的发生。

2. 关于绩效信息收集方法的培训

如何收集绩效信息也是评价主体培训中的一个重要项目。前面我们谈到，评价之前的信息收集阶段是绩效评价系统的一个重要环节。为了使评价的结果更有说服力，并为评价之后的绩效反馈提供充分的信息，评价者必须充分收集各种与评价对象的绩效表现相关的信息。这方面的培训一般以讲座的形式进行。另外，还可以通过生动的录像来进行现场演示或练习。需要注意的是，收集绩效信息不仅要依靠上级的观察，还可以通过员工口头汇报或书面工作进展报告来进行。事实上，根据不同职位的不同工作性质，能够获取有关工作绩效信息的渠道各不相同。在进行这方面的培训时，应根据评价对象的不同情况有针对性地进行。

3. 关于熟悉评价指标的培训

评价指标培训指的是通过培训，使评价者熟悉在评价过程中将使用的各个绩效指标，了解它们的真正含义。评价者只有在正确理解各个绩效维度的基础上，才能够将绩效评价体系所要传达的信息传达给评价对象。

4. 关于如何确定绩效标准的培训

绩效标准培训指的是通过培训向评价者提供评价时的比较标准或者参考的框架。评价者如何理解绩效标准将在很大程度上影响他们对每个评价对象的评价结果。进行绩效标准培训是实现绩效管理中的程序公平的前提。

5. 关于正确使用评价方法的培训

绩效评价过程中可能采用的具体方法是多种多样的，每种方法都有其优点和缺陷。应该通过评价主体培训使评价者充分掌握在实际评价时需要采用的各种操作方法、填写表格的注意事项等，以充分发挥该评价方法具有的优势，并使评价者对评价方法产生认同和信任感。这种认同有助于绩效评价结果得到管理者乃至所有评价对象的认同。

6. 关于如何做好绩效反馈的培训

绩效反馈是评价者与评价对象之间的沟通过程。通过这一过程，评价者将绩效信息反馈给评价对象，帮助后者纠正自己的绩效不足。绩效反馈并不是一次简单的谈话，评价者应该通过这一沟通过程帮助评价对象更好地认识自身在工作中存在的问题。通过评价主体培训，管理者应该掌握绩效反馈面谈中应当运用的各种技巧。绩效反馈培训是评价主体培训中的一个重要内容，它关系到绩效管理系统能否达到预期的目标。

评价主体培训的主要内容要根据组织不同的情况来确定，并没有统一的模式，每一次的培训内容可以针对不同的问题来进行。一种称为评价者效能培训（rater effect training，RET）的培训方式被证明是相当有效的。评价者效能培训通过向评价者传授每种绩效维度的意义、每一种维度代表的工作行为以及每一种行为的效果，来提高评价者准确评分的能力。某企业使用的评价者效能培训方案的内容如下：

（1）建立工作期望，包括有关如何设定绩效目标和召开目标设定会议的方法。

（2）通过观察收集资料并记录行为形成文件的方法。

（3）指导员工改善绩效的方法。

（4）绩效评价的方法。

（5）各种评价者误区的形成原因和避免这些错误的方法。

（6）绩效评价反馈的方法：反馈面谈的程序和解决分歧的方法。

（7）企业提供的技能开发计划。

（三）评价主体培训的实施

1. 评价主体培训的时间

现在我们已经对评价主体培训的必要性和内容有了一定的了解。那么，应该在什么时候进行评价主体培训呢？下面是四种可能的时间。

（1）管理者刚到任的时候。当有员工晋升为新职位上的管理人员时，由于工作的需要，他们必将面对管理工作带来的新挑战。此时，这些人员都希望能够接受评价主体培训，以帮助自己更好地适应新工作。另外，组织也希望通过充分的培训，尽快提高其管理水平，避免不必要的摩擦和损失。

这一时期进行的评价主体培训往往是与各类管理技能培训同期进行的。对实施绩效管理的组织来说，评价主体培训是管理技能培训中的“重头戏”。管理者应该尽快学会如何正确地评价并有效改善下属的工作绩效。管理者很快将面对定期进行的绩效评价工作，这些技能很快就能在实际工作中得到运用。此时恰恰也是评价这次评价主体培训效果的最佳时机。

（2）进行绩效评价之前。在进行绩效评价之前对评价者进行培训是十分必要的，因为平时大家都忙于具体的工作，难以集中时间针对评价者进行专门培训，即使举行培训也难以受到足够重视。因此，有针对性地对当期评价中的注意事项进行短时间的讲授是比较可行的。集中进行完整的培训会由于人员不齐、部分管理者无法腾出足够的时间参加培训等原因而影响效果。

在进行绩效评价之前进行的评价主体培训可以采用实际的范例作为培训的教材。这种生动的培训内容能够更好地满足管理者的现实需要，是一种非常有效的方法。

（3）修改绩效评价办法之后。组织往往需要根据现实情况的变化对绩效评价办法进行修订，这种修订可能涉及评价标准、评价方法等方面。在这种情况下，进行评价主体培训的必要性是显而易见的。为了使评价者能够彻底理解修订的目的和修订的内容，在这个时候进行的评价主体培训往往具有特定的内容：通过培训发布和宣讲新修订的内容，并通过对比新旧评价办法使管理者对绩效评价的原理有更加深入的理解和认识。

（4）在进行日常管理技能培训时。管理者的一个重要管理角色就是绩效评价中的评价者，评价主体培训是管理技能培训中的一项重要内容。许多组织都对管理者进行长期的、系统化的管理技能培训。在这种日常的管理技能培训中纳入评价主体培训的内容是非常必要的。

2. 评价主体培训的具体实施形式

根据组织的实际情况，评价主体培训有不同的具体实施方式。根据课程的安排主要有以下两种：一种是与日常的管理技能培训同时进行；另一种则是以独立课程的形式举办。

许多组织都向管理者提供系统化的管理技能培训课程。有关人员通常会在整个课程之中抽出一段时间就绩效评价过程中的有关问题进行讲解。这必然是管理者关心的问题，也是提高管理者管理技能的重要方面。

通常这类管理技能培训的时间不超过一周，常见的做法是安排其中的一天讲解有关绩效评价的内容。培训的具体形式和内容主要包括：直接授课，讲解有关绩效评价的原理及现行的评价制度和评价技巧等方面的内容。另外，为了增强培训的效果，还会进行5小时左右的实战性质的现场培训。如果没有足够的时间，例如只能用半天的时间介绍绩效评价的内容，后面的演练也就无法进行了。

以独立课程的形式进行评价主体培训的培训对象应该是接受过一般性的基础管理技能培训的人员。在这种情况下，通常会安排2～3天的培训时间，主要包括课堂原理讲解、绩效评价实战培训和绩效反馈面谈的实战培训三个方面的内容。下面是一个企业中评价主体培训的具体例子，每个培训部分的时间安排应根据总的培训时间确定和调整。

（1）课堂讲授。

内容1：人力资源管理的基本观点。

授课人：本公司人力资源管理部门的负责人。

主要讲解人力资源管理的重要战略地位，本公司人力资源管理系统中各种相关制度之间的相互关系，着重介绍绩效评价在整个人力资源管理系统中的地位、功能、重要性等内容，详细说明各个人力资源管理职能与绩效评价之间的关系，表明公司高层管理人员对人力资源管理的重视和对基层管理人员的期望等，以激励受训人员，使他们重视这次培训。

内容2：绩效评价的原理和技巧。

授课人：本公司专业人员或外部咨询顾问。

在课堂上讲解绩效评价的原理和技术，详细介绍具体评价过程中的注意事项。应注意培训内容的可操作性。另外，要帮助受训人员更好地理解现行评价制度的优点、特色乃至缺陷，理解整个评价制度的制定原理。

内容3：本公司的绩效评价制度。

授课人：人力资源部经理或外部咨询顾问。

这部分内容应该在人力资源管理和绩效评价的基本原理和技巧都已经讲解完毕之后讲授，针对的是本公司正在实施或即将实施的绩效评价制度。授课人应该对这套制度有充分的了解。主要的授课内容包括绩效评价制度中的评价标准、评价项目以及绩效反馈面谈中的注意事项等。

（2）绩效评价实战培训。在本节内容的后半部分，我们对绩效评价实战培训有比较具体的介绍。简单地说，在培训的这个阶段，培训师应该就所设计的案例要求学员进行“个人评价”、“分组评价”以及“全体评价和讨论”。通过这些实战性的训练方式，帮助学员尽快将培训中学到的内容转化为绩效评价中的实际技能，并通过实际的演练找出一些新的问题，帮助公司更好地完善现有制度。最后，培训师会把分组评价的结果整理成书面报告，再进行一次全体学员都参与的大讨论。

（3）绩效反馈面谈的实战培训。在本节内容的后半部分，培训师要对绩效反馈面谈实战培训有比较具体的介绍。简单地说，在培训的这个阶段，培训师应该就所设计的案例要求学员进行“角色扮演”，并在此基础上辅以一定的讲解。这种反馈面谈的实战培训通常是分组进行的。

（4）培训总结。这部分内容并不是培训课程的核心内容，但缺少这部分内容将会影响整个培训的效果。在培训课程的最后阶段，应安排一段时间将所有受训人员集中起来进行总结。总结包括下面几个部分：首先，由人力资源管理部经理对整个培训课程进行概括性的总结，说明本公司绩效评价系统中的问题和今后的展望。其次是学员代表进行总结，将各个分组讨论内容进行汇总和汇报。最后，如果有一些内容是在各组培训中发现的共性问题，应进行统一的讲解，尽可能将培训中发现的问题在培训结束之前解决。

3. 如何进行绩效评价实战培训

所谓绩效评价实战培训，就是针对培训师预先撰写的绩效评价案例，使用组织现有或即将推行的评价标准和评价表格加以评价。通过对比各学员的评价结果，找出个人之间对评价标准或评价项目内容看法存在的差距，从而拉近各评价者评价水平的一种培训过程。这种实战培训能够统一评价者对评价标准和尺度的认识，尽量减少主观评价过程给绩效评价带来的不准确性。根据培训时间的长短，适用的案例可以是简要的短篇案例，也可以是情况描述非常具体详细的长篇案例。下面以企业为例，简要介绍短篇案例的设计方法，并具体介绍长篇案例的设计方法和使用过程。

（1）短篇案例的设计。在培训时间有限的情况下，实战培训中只能使用简单的短篇案例。这类短篇案例的设计方法比较简单。当由本企业专业人员主持培训时，他们可能会从外部培训资料市场上购买现成的案例，也可能采用企业的现在职或曾在职人员作为案例。如果企业请外部的咨询顾问进行培训，外部顾问往往会根据企业制度设计个性化的案例，一些对企业了解比较深入的外部咨询顾问也倾向于通过前期的调研访谈了解企业中真实发生的案例。不同的案例来源各有利弊。

1）使用现成的案例。现在市场上有很多供人力资源管理培训使用的教程，其中有很多涉及绩效评价的案例。这些案例往往制作精美，有的还附有幻灯片和视频资料。组织负责员工培训的人员借助这些材料，能够节约大量的准备时间。但是，这种资料往往内容过于简单，在进行评价对象的介绍时只是提供一两个事实或简单的背景情况，并不能很好地帮助受训人员做出判断。另外，案例的发生背景往往与组织自身情况有很大出入，可能会引起受训人员的一些疑问，不能很好地帮助受训人员掌握现实工作中需要的评价技能。当然，如果能在这些现成案例的基础上根据本企业的现实情况进行改造，也不失为一种可取的做法。

2）以现在职人员或曾在职人员为实例的情况。以现在职人员的实际情况设计的案例由于有充分的事实材料，往往十分生动。但是将这类案例书面化的过程非常繁琐，往往由该员工的直属上级以口头表述的方式向受训者传达，也可以由培训师根据事先从上级获取的情况在上课时仿效上级的口吻表述出来。

但是在案例中以现在职的员工为例也有一些问题。受训人员可能会因个人了解信息的多寡对该员工产生成见和偏见。另外，只有在受训人员认识该员工时，这种短篇案例才能够充分发挥作用，因而只适用于在特定部门内的绩效评价培训，而不能作为全公司适用的案例教材。最后，这种做法可能会引起员工的一些负面情绪。这种问题往往难以避免，因而需要慎重。

以曾在职人员为实例时，由于对象不是现任的员工，在前面谈到的问题的最后一点上比上一个案例来源容易处理，但前面两种问题仍然无法避免。

总之，各类短篇案例由于提供的资料有限，只有在受训人员进行充分发问的情况下，才能引发更多的资料。假如听者的发问不够多，则有可能在资料不充足的情况下进行绩效评价，从而直接影响到评价的公正性。由于绩效评价需要对评价对象有全面的了解，短篇案例的效果是十分有限的。

（2）长篇案例的设计。相对短篇案例而言，长篇案例内容更加具体，背景资料更加丰富。这种案例一般不可能在培训资料的市场上直接获得，企业中负责评价主体培训的相关人员往往只能配合实际情况自己设计。通过此类企业人员自己编制的案例进行绩效评价实战培训，能够更好地反映本企业实际执行的绩效评价制度，受训者会因感到更具有挑战性而提高兴趣，学习的效果也更佳，因此建议在培训时间允许的情况下采用这种方式。下面是制作中的一些要点。

1）背景资料的设计。在公司自行设计的这类案例中，设计的情景是本公司的某部门或某个工作场所，并将案例中的评价对象的工作岗位设计为某个实际存在的职务类型。由于案例是用于实战练习的，因此所设计的情景应该是受训人员都了解的部门或工作场所，并且在他们都了解的职务类型中界定评价对象的身份。这是使受训者对评价对象的相关资料认识一致所必需的前提。在这样的案例中，受训人员被虚拟为评价对象的直接上级，同时也是最重要的评价者。

2）案例内容的编制。在案例描述的内容里面，应尽可能完全模拟真实的绩效评价过程，将本公司绩效评价过程中涉及的全部评价项目都编写进去。在背景资料和评价制度完全与本公司实际情况一致的情况下，设计者往往希望照搬公司发生的事作为案例，但是如果案例太过逼真，可能会导致种种猜疑，并可能有学员由于在评价过程中掺入了个人成见而影响演练的效果，因此还是避免为佳。出于这种考虑，当案例牵扯到虚拟的评价对象的上级、同事、公司内外关系人时，对于这些人物，应避免使用真实姓名或可直接联想到的姓名或名称。作为评价依据在案例中列出的各种素材，也不应原封不动地照搬现实中实际发生的事，而应在修改之后使用。

在编制案例时，为了有针对性地解决过去在评价中存在的问题，设计者应收集过去的绩效评价表格等资料，找出有代表性的问题，将过去评价中发生问题的指标找出来并设法编入案例中。在案例中，对于这类最可能发生问题的情况应特别注明，以引起受训者的注意，让他们在实战培训之前的预习中着重注意对这些问题的看法，使他们能够在共同理解的基础上评价案例中的评价对象的绩效。

3）案例内容的构成。这类案例的内容构成如下：

● 背景介绍。案例虽然是基于本公司情况设计的，但不一定要完全一致。在这部分应该让学员了解大致的背景情况。例如，公司的所在地、规模、产品、员工状况等，然后说明受训人员（假定的评价者）所处的状况。另外，设计者可以通过组织图的形式将案例中所出现人物的关系和公司的组织概况等表示出来。

● 评价对象的简介。包括评价对象的姓名、年龄、职务、学历、进公司前后的经历、家庭状况、兴趣等。只要有助于评价者更好地了解评价对象的个人情况和特点的资料，都可以在这里有所涉及。另外，评价对象所担任的职务工作等与其工作情况有关的内容也应详细介绍。

● 评价期间内的相关事实资料。案例中设计一定的评价期间，并将有关评价对象在这段期间内的各种表现、发生的主要事实或有助于评价的各方面情况，均按时间顺序加以描述。

● 相关参考资料。上面这些事实资料可能会引用一些管理信息系统的输出数据、财务账目等资料。在可能的情况下，这些资料应充分给出，而不是仅仅给出一个具体的数字。

● 题目。在案例的最后，设计者针对绩效评价案例培训的目的出题，内容可能包括：个人评价结果及评价依据，团体评价结果及评价依据，指出在评价中需要的而案例中并未充分反映的事实信息，面谈指导要点等。

制作长篇的绩效评价案例确实是一个繁重的工作。但是，在评价主体培训中使用这类案例，能够帮助受训人员更深刻地了解绩效评价的基本观念，更好地掌握在前面的培训中学到的评价技术，对公司而言更是一个统一各评价者对评价标准的认识的绝好机会。因此，不管制作起来多么费事，都是十分值得的。

运用长篇案例进行绩效评价实战培训的程序主要包括以下五个步骤。

1）实际演练之前的准备。在进行实际的绩效评价演练之前，主要有两个方面的事项需要预先准备。

其一，培训人员应向学员讲述整个实战培训的过程。这个过程包括：首先，个人在阅读材料的基础上进行独立的评价；然后，分组进行评议，以统一小组成员对评价标准的理解并对得分进行适当的调整；最后，在全部学员中做整体的分数调整，确认虚拟评价对象的最终得分。受训的学员可以通过这个过程，统一对各个评价项目和评价标准的看法，实际应用各种评价技术。

其二，培训人员应该在实际演练之前，将相关的资料下发给学员并做出必要的解释。虽然我们在谈到设计方法时指出，可以运用本公司的实际绩效评价制度作为实战培训的资料，但是在这个准备过程中对制度的介绍要比在前面的培训讲解中的介绍操作性更强，并且在必要的时候应强调指出案例中的评价制度与本公司评价制度之间的差异。另外，评价案例应在开课前分发到学员手中，并要求他们先仔细研读，这样在课堂上就不必重复解说了。

2）个人评价。在实际的评价演练中进行的第一项工作就是个人评价。在此之前，培训者应注意确认大家有没有疑问，并大致讲解学员在个人评价后应回答的问题。个人评价大约要花费一个小时的时间。我们在这里假设所使用的评价制度是一个五级尺度的评价量表，并结合使用鉴定法。学员应给出各个评价指标的评价结果，并详细列出相应的评价依据，以备在下面进行分组讨论时使用。

3）小组讨论。将个人的评价结果进行分组讨论的目的是互相对比和调整，使每一个项目上的“评价结果”和“评价依据”都能获得大家的一致认同。在讨论的过程中需要填制一张如表 5－7 所示的评价结果及评价依据一览表，用于体现在小组中通过讨论统一认识的过程。

表 5－7　评价结果及评价依据一览表

评价项目	评价结果					最终结果	评价依据		资料不足的情况	绩效反馈面谈要点
	A	B	C	D	E		优点	缺点		

在这个表中，小组成员的不同个人评价结果都能够得到体现。在“评价结果”一栏中，每个成员根据自己的评价结果在相应的评价等级下面标出个人的代号，并在其右的“最终结果”一栏中给出经过小组讨论得出的评价结果。每个成员都能够从这张表中看出，自己在把握评价尺度的问题上是否有过松或过紧的倾向。另外，在一览表中还应该写明每个小组成员在个人评价中的评价依据，根据小组的最终讨论结果将相应的优点和缺点在表中列出来。

需要注意的是，不论案例编制得如何完整，如果评价者希望深入寻找有关的评价依据，总会出现事实或资料不足的情况。在个人评价中，每个学员都将这类问题带到分组讨论中解决。小组成员经过磋商，以案例前后进展的脉络判断，最终确定大家可接受的补充解释。这种处理方式实际上是为了提醒学员在将来评价实际绩效时，如果遇到类似的事实或资料不足的情形，应通过调查或收集补充资料取得有利的评价依据，方可做出最终的评价。在这里，这种通过小组讨论解决此类问题的做法只是一种培训中的权宜之计，目的就是要提醒受训的管理者不可对事实情况不明或证据不足的事情仅凭臆测就妄下判断。

如果本次评价的内容包括了绩效反馈面谈，那么在小组评价的最后，小组成员还应该在确定评价结论和评价依据的基础上，就绩效反馈面谈中的要点进行讨论，并得出小组内的一致意见。这是为下面进行反馈面谈实战培训做好准备。

4）综合调整。经过以上过程，各小组都形成了各自的报告。这些报告应发放到每一名受训管理者手中，并进入下面的综合调整环节。在这个过程中，全体受训人员都要参加。可以从受训人员中推选出一名会议主席和一名会议记录来共同主持培训过程。在这个过程中，两个主持将各评价项目逐一列出，整理出全体同意的评价结果，对存在的分歧要求相关小组进行代表发言。整个过程同样可以依照表5-7的方式，将每个组的评价结果和统一之后的评价依据列出来。在综合协商调整的过程中，各学员应专注地参与讨论和评议。最终的调整结果应尽快地整理发放到学员手中。在分组讨论和综合调整的过程中，培训者不应该过多地介入，只有在出现较大问题的时候，才随时给予提醒，并随时解答学员的疑问。

5）总结。综合调整的程序完成之后，绩效评价实战培训的过程即告一段落，最后应由担任讲师的人员对本次评价演练进行讲评和总结。在总结和讲评中，讲师往往会提出一些问题，如必须给出具体详细的评价依据，不可主观臆断，强调学员应在日常管理过程中有意识地收集事实资料；评价演练中评价者容易出现的各类评价误区（如宽大化倾向、中心化倾向等），指出应注意避免这些主观误差，等等。

在前面的步骤中，我们谈到培训者应避免过多地影响学员形成一致意见的过程，因此总结的阶段对于培训者来说非常关键。应通过这个阶段更好地指导学员进行正确的、科学的绩效评价。

4. 如何进行绩效反馈面谈实战培训

（1）准备工作。绩效反馈面谈实战培训是在前面介绍的绩效评价实战培训的基础上进行的。在必要的情况下，培训者应引导学员回顾评价过程中的相关内容，并让学员了解整个面谈演练的过程。

准备过程中的一项重要工作就是分小组确定每个成员在面谈演练中扮演的角色。各小组须同时推举“管理者”和“被约见的下属”两种人物。但受训人员过多时，不可能让每个人都有机会扮演这两种角色，会有一些学员只能通过观摩的方式参与整个面谈演练。在确定谁来扮演相应的角色之后，小组成员应共同帮助这些扮演角色的成员制订详细的面谈计划。表5-7中的“绩效反馈面谈要点”是指导绩效反馈面谈实战培训的主要依据。在准备过程中，学员应对这项内容进一步细化。

需要注意的是，各组挑选了谁来扮演什么角色以及各组内确定的面谈计划和纲要，都应对其他组的成员保密，因为在实际的演练中，各组选出的管理者和被约见员工将被交叉配对。每个小组之间对对方准备的面谈内容不甚了解，在这种情况下才能够更好地模拟现实的反馈面谈过程，否则各组的人物会和对方的选派人员自行熟悉起来，到进行演练时容易变成事先有“剧本”的表演，失去演练的意义。

（2）绩效反馈面谈演练的过程。整个演练的过程由“角色扮演”和“评议”两个部分构成。在各组成员配对进行实际的演练之前，培训者应让参加观摩的每个学员都得到一份如表5-8所示的评议记录表，并说明其用途和填写要领。

表5-8 评议记录表

管理者的扮演者：　　　　　　　　　　　　被约见员工的扮演者：

注意要点：	优点：	缺点：
● 座次 ● 导入主体的方法 ● 态度 ● 内容 ● 结束语		

在实际演练的过程中，其他学员应认真观察双方的态度、行为和发言时的具体表现，并填写评议记录表。角色扮演的实况可以用录音机或录像机记录下来，供学员更深入地探讨。

评议的过程应由培训讲师主持。首先，讲师可以引导两个角色的扮演者谈一谈当时自己的心理活动。比如可以提问“请问从第一次发问到第二次发问之间，您在想什么?”等等，以深入挖掘扮演者的心理活动。之后，培训讲师还应该更多地询问被约见员工扮演者的感受。通过深入的发问引导双方谈出更多的个人体验，帮助观摩的学员更好地体会面谈中的沟通技巧。放录像也是很好的回顾手段。即使时间不够，也要做重点部分的回放。例如，导入正式话题的部分，最重要的激励及指导场面，结尾确认员工是否认同的部分，等等。通过观摩录像，扮演者可以观察自己面谈时的情形，进行自我修正，还能够引导学员观察他们可能忽略的细节部分，强化他们的印象。

之后，评议进入培训讲师与学员之间互动沟通的阶段。讲师依照评议记录表的内容，根据各个要点的提示询问学员的意见。讲师本身不要谈太多，他的任务是在开始时引导带动气氛，在谈话中断时鼓励学员继续发言，当话题沉闷时进行气氛转换。

绩效反馈面谈实战培训中应以每一对扮演者的演练和评议作为一个组合，一个组合一个组合地完成。通常评议的时间至少为演练时间的两倍。每一组的评议讨论会结束之后，都要由讲师进行简单的讲评和总结。各组的演练全部完成之后，也需要由讲师对存在的共性问题和要点做总结性的强调，以加强学员的认识和理解。

（四）评价主体的常见误区

评价主体误区指的是在绩效评价的过程中由于评价者主观原因导致的误差、偏见和错误。这些误区的存在会对绩效评价结果的准确性造成影响，也会对组织上下级之间的关系产生损害。因此，我们既要认识到这些误区的存在，也要采取一定的措施避免这些错误的发生。

1. 常见的评价主体误区

（1）晕轮效应。当我们以个体的某一种特征形成对个体的一个总体印象时，就会受到晕轮效应（halo effect）的影响。在绩效评价的过程中，晕轮效应具体就是指由于个别特性评价而影响整体印象的倾向。有关晕轮效应的例子在我们的日常生活中经常发生，人们往往有根据某一局部印象得出整体印象的倾向。例如，某位管理者对下属的某一绩效要素（如口头表达能力）的评价较高，导致其对该下属其他绩效要素的评价也较高。同时，下属一般会对那些和颜悦色、比较客气的上级有好感。这样的上级工作能力也许不强，但下属往往倾向于对该上级的其他方面给予较高的评价。因此，晕轮效应非常不利于绩效评价的有效性。

（2）逻辑误差。逻辑误差（logic error）指的是评价者在对某些有逻辑关系的评价要素进行评价时，使用简单的推理而造成的误差。在绩效评价过程中产生逻辑误差的原因是两个评价要素之间具有高相关性。例如，很多人认为“社交能力与谈判能力之间有很密切的逻辑关系”，于是，评价者在进行绩效评价时，往往会依据“既然社交能力强，谈判能力当然也强”而对评价对象做出这样的评价。

晕轮效应与逻辑误差的本质区别在于：晕轮效应只在同一个人的各个特点之间发生作用，在绩效评价过程中是在对同一个人的各个评价指标进行评价时出现的；而逻辑误差与评价对象的个人因素无关，它是由于评价者认为评价要素之间存在一致的逻辑关系而产生的。

（3）宽大化倾向。宽大化倾向（leniency tendency）是最常见的评价误差行为。受这种行为倾向的影响，评价者对评价对象所做的评价往往高于其实际成绩。这种现象产生的原因主要有：评价者为了保护评价对象，避免留下不良绩效的书面记录，不愿意严格地评价；评价者希望本部门员工的业绩优于其他部门员工的业绩；评价者对评价工作缺乏信心，尽量避免引起评价争议；评价要素的评价标准不明确；评价者想要鼓励工作表现有所提高的评价对象。

在宽大化倾向的影响下，绩效评价的结果会产生极大的偏差。具体而言，对绩效出色的评价对象来说，他们会对评价的结果产生强烈的不满，从而影响他们的工作积极性。而对于绩效很差的评价对象来说，一方面，他无法了解自己需要提高哪一方面的绩效，只能继续维持现状，导致绩效得不到提高，绩效管理的目的无法实现；另一方面，由于他有一个令人满意的评价记录，即使管理人员想解雇他，也会由于缺乏理由而无法实现。

（4）严格化倾向。严格化倾向（strictness tendency）是与宽大化倾向相对应的一种可能的评价者行为倾向，是指评价者对评价对象工作业绩的评价过分严格的倾向。现实中，有些评价者在进行评价时，喜欢采用比既定标准更加苛刻的尺度。

严格化倾向产生的原因有：评价者对各种评价因素缺乏足够的了解；惩罚顽固的或难以对付的评价对象；促使有问题的员工主动辞职；为有计划的裁员提供证据；减少凭业绩提薪的员工的数量；遵守组织的规定（组织不提倡管理者给出高评价）。

由此我们可以看出，如果针对整个部门的绩效评价过分严格，则该部门的员工在加薪和晋升方面都将受到影响；如果对某一特定的员工评价过分严格，则有可能受到其指控。因此，管理部门必须采取措施避免上述情况的发生。

（5）中心化倾向。在确定评价等级时，许多管理者都很容易产生中心化倾向（central tendency）。这种倾向是指评价者对一组评价对象做出的评价结果相差不多，或者都集中在评价尺度的中心附近，导致评价成绩拉不开差距。例如，在图示量表法中，设计者规定了从Ⅰ到Ⅴ的五个评价等级。管理者很可能会避开最高的等级（第Ⅴ等级）和最低的等级（第Ⅰ等级），而将他们的大多数下属都评定在Ⅱ、Ⅲ、Ⅳ这三个等级上。

中心化倾向产生的原因有：人们往往不愿意做出“极好”“极差”之类的极端评价；对评价对象不够了解，难以做出准确的评价；评价者对评价工作缺乏信心；评价要素的说明不完整，评价方法不明确；有些组织要求评价者对过高或过低的评价写出书面鉴定，以免引起争议。

（6）首因效应。首因效应（primacy effect），亦称第一印象误差，是指评价对象在初期的绩效表现对评价者评价其以后的绩效表现会产生延续性影响。例如，某人在刚刚进入某个部门之初工作热情很高，很快取得了良好的业绩，给他的上级留下了深刻的印象。实际上他在整个绩效评价期间的工作绩效并不是很好，但上级还是根据最初的印象给了他较高的评价。首因效应会给评价工作带来消极的影响，使评价结果不能正确地反映评价对象的真实情况。

（7）近因效应。与首因效应相反，近因效应（recency effect）是指评价者只凭评价对象的近期行为表现，即绩效评价期间的最后阶段绩效表现的好坏，进行评价，导致评价者对其在整个评价期间的业绩表现得出相同的结论。例如，有的组织一年评价一次绩效。当评定某一个具体的评价要素时，评价者不可能回想起在整个评价阶段中发生的与该评价要素相关的评价对象的行为，这种记忆衰退就会造成近因效应。另外，由于评价对象往往会在评价之前的几天或几周里表现积极，工作效率明显提高，因而评价者对近期行为的记忆往往要比对过去行为的记忆更加清晰，这种情况会使绩效评价得出不恰当的结论。例如，有的评价对象在最近一个月内表现不良，因而得到了较差的评价，实际上，他在之前的若干个月内都保持着优异的绩效记录。

（8）评价者个人偏见。组织行为学理论指出，当以某人所在的团体知觉为基础对某人进行判断时，就称这种行为受到了刻板印象（stereotyping）的影响。有些人也使用“评价者使用隐含人格理论”来指代这种现象。在这里，我们将之称为“评价者个人偏见”。评价者个人偏见是指评价者在进行各种评价时，可能在评价对象的个人特征，如种族、民族、性别、年龄、性格、爱好等方面存在偏见，或者偏爱与自己的行为或人格相近的人，造成人为的不公平。

评价者个人偏见可能表现在：对与自己关系不错、性格相投的人会给予较高的评价；对女性、老年人等持有偏见，给予较低的评价等。

我们应通过评价主体培训，要求评价者从企业发展的大局出发，抛弃自己的个人偏见，进行公正的评价。

（9）溢出效应。溢出效应（spillover effect）是指因评价对象在评价期之外的绩效失误而降低其评价等级。例如，一名生产线上的评价对象在该评价周期之前出现了生产事故，影响了他上一期的工作业绩。在本评价期间他并没有再犯类似的错误，但是，评价者可能会由于他在上一评价期间表现不佳而在该期的评价中给出较低的评价等级。

对那些上一个评价期间表现不佳的评价对象来说，在评价中出现溢出效应是很不公平的，会挫伤其继续提高工作绩效的积极性。因此，为了避免这种评价误区的发生，我们应该鼓励评价者记录评价期间发生的关键事件。在评价主体培训时，应对这种错误加以强调。

2. 避免评价主体误区的方法

避免上述评价主体误区最首要的方法就是，通过培训使评价者认识各种评价误区，从而使他们有意识地避免这些误区。评价主体误区实际上是评价者主观上发生的错误，因此，通过使评价者了解这些误区来避免它们是最直接有效的方法。具体来说，为了避免上述评价者误区，可以采用以下方法。

（1）清晰界定绩效评价指标，以避免晕轮效应、逻辑误差以及其他各种错误倾向的发生。在评价指标界定清晰的情况下，评价者能够根据所要评价的指标的含义有针对性地做出评价，从而避免对评价对象某一方面绩效的看法影响了对组织评价指标的评价。另外，界定评价指标还包括界定各评价指标之间的关系，避免评价者主观臆断地找到所谓的逻辑关系，影响评价的准确性。

（2）使评价者正确认识绩效评价的目的，以避免宽大化倾向及中心化倾向。前面提到，宽大化倾向和中心化倾向产生的一个重要原因是评价者不希望在本部门内产生种种矛盾和摩擦，或者影响本部门人员的利益。因此，只要评价者正确认识了绩效评价的目的，就能够避免上述情况的发生。应该让评价者意识到绩效评价作为人力资源管理系统的核心环节，能够通过影响管理决策而同时作用于组织的绩效状况和员工的个人发展。

（3）在必要的时候，综合使用强制分配法以避免宽大化倾向、严格化倾向和中心化倾向。强制分配法，也称硬性分布法，就是按事先确定的比例，将评价对象分别分配在各个绩效等级上。在一些情况下，为了做出某些管理决策，绩效评价的结果必须将评价对象分出所谓的“三六九等”。这时，在其他评价方法的基础上结合使用强制分配法能够达到这一目的，同时也能避免上述三种误区。在实际应用中，一般都是先使用某种评价方法对评价对象进行评价，然后将结果综合计算，按强制分配法确定的比例分配到相应的绩效等级上。

（4）宽大化倾向和中心化倾向的产生原因之一是评价者对评价对象缺乏足够的了解，对评价的结果缺乏信心。因此，解决这一问题的方法就是使评价者有足够的时间和渠道，加强对评价对象的了解，在必要的时候甚至可以延期评价。

（5）评价者缺乏信心还可能源于对评价体系本身缺乏信心。为了提高评价者对整个评价系统的信心，最重要的手段就是通过培训使他们了解评价系统的科学性和重要性，这样可以在一定程度上避免宽大化倾向和中心化倾向的发生。

（6）通过培训使评价者学会如何收集资料作为评价依据，以避免首因效应、近因效应和溢出效应。这三类误区都是由于作为评价依据的事实依据不充分或不准确。应该通过培训使评价者学会如何科学地收集评价中使用的事实依据，避免这三类误区的发生。

此外，相关的管理部门还应该通过各种宣讲和培训方式，要求评价者从组织发展的大局出发，抛弃个人偏见，进行公正的评价，避免严格化倾向和评价者个人偏见的不良影响，确保整个绩效评价制度得到所有成员的认同。

需要注意的是，在这里我们有一个重要的假设前提——绩效评价系统本身是科学的。如果绩效评价系统本身存在问题，那么上述种种避免评价者误区的手段就无法保证评价结果的科学性。上面谈到的六种方法并不能解决所有的评价者误区问题，只是提供了一些思路。管理部门应该通过各种手段了解评价对象对评价结果的看法，及时找到评价中存在的各种问题，有的放矢地逐一解决。

第4节　绩效评价周期

简单而言，评价周期就是指多长时间进行一次评价。绩效评价是对评价周期内绩效表现进行的评价，是一项周期性开展的工作，大多数组织是一年进行一次评价，也有一些组织一个季度或者半年进行一次评价，还有一些组织一个月评价一次。本节讨论的就是与评价周期相关的一些概念和影响因素，以及如何合理设置评价周期的问题。

一、与评价周期相关的概念

在现实的组织管理过程中，我们经常会将评价周期与其他概念相混淆，如果不能有效区分，会影响绩效评价的有效性。

（一）绩效管理周期

绩效评价周期是用于界定“多长时间评价一次”的问题，针对不同的指标和管理特点，会有不同的评价周期，比如有些指标可能需要每月评价一次，而有些指标则需要每年评价一次，因此绩效评价周期不能一概而论，应该根据具体的实际情况合理设置。绩效管理周期是指从绩效计划、绩效监控、绩效评价一直到绩效反馈这一系列过程的时间跨度，是一个相对比较稳定的概念，大多数组织通常以一年作为绩效管理周期的时限。

（二）数据收集频率

容易与评价周期相混淆的概念还有数据收集频率，它是指多长时间收集一次数据，数据收集的最终目的是用于绩效评价。同评价周期一样，不同指标的数据收集频率也不尽相同，有的指标数据需要每天收集，有的一年收集一次即可。但是数据收集频率并不等同于评价周期，通常一次或多次收集的数据会用作一个评价周期的计量，因此数据收集频率往往短于或等于评价周期。区分这两个概念的意义在于，在进行绩效评价时，切不可到评价环节再去收集数据，而应根据不同的指标特点等，实时对相关数据进行收集，这样才能确保绩效评价结果的准确和有效。

二、评价周期的影响因素

绩效评价周期的设置要尽量合理，既不宜过长，也不能过短，应针对企业的不同情况和不同职位采用不同的周期。如果周期太长，评价结果会带来严重的“近期误差”，而且不利于绩效改进的目的；如果周期太短，一方面工作量很大，增加了成本，另一方面许多绩效结果无法在短时间内体现出来。一般来说，评价指标、管理层级、职位类型、绩效管理实施的时间和评价目的等因素决定着评价周期的长短。

(一)评价指标

决定评价周期长短的最重要因素就是评价指标的类型和内容。在绩效评价过程中，针对不同的评价指标设定的评价周期也不一样。对于组织中的过程性指标，其评价周期相对较短，这是由于绩效取得过程的情况会直接影响最终绩效结果，需要进行不断的监控和评价；而结果性指标则要在较长一段时间内才能反映出来，其评价周期可以相对较长。另外，从工作业绩指标和工作态度指标的角度来看，也要设置不同的评价周期来达到准确衡量的目的。工作业绩是工作产生的结果，业绩指标通常表现为完成工作的数量指标、质量指标、工作效率指标以及成本费用指标。对工作业绩指标的评价周期要根据其绩效反映出来的时间长短确定，例如次品率等指标在短期内就可以衡量，应该适当缩短其评价周期，比如以日、周或一个月来计算。这样可以使员工把注意力集中于这些短期业绩指标，及时调整自己的行为，以便完成短期工作任务。而像利润率、资产总额等业绩指标需要很长的时间（通常是一个财年）才能计算，因此这类指标要适当延长评价周期。

对员工行为的评价可以反映其对待工作的态度，态度评价也是绩效评价中相当重要的内容。因此，找出每个职位的具体行为指标很有意义，因为了解了这些行为，就可以指导员工并让员工知道什么样的行为是组织所期望的。虽然态度的真正转变需要很长的时间，但在实践中也可以通过缩短态度指标的评价周期、增加态度指标的权重来引导员工关注工作态度问题，通过不断的考核来实现员工态度的最终转变。

(二)管理层级

高层管理者是指对组织整体负责的领导。对高层管理者的评价旨在促使其理清思路，抓住组织发展的战略重点，并承担起落实宏观战略、完成整体目标的责任。因此，对高层管理人员的考核主要围绕以下内容进行：愿景及战略的规划和制定、影响组织发展的重要的结果性指标的完成情况、处理复杂情况、组织文化建设、组织架构及流程的设计、绩效及管理改进计划的制订和实施、人员培养与开发，以及一些职业素养和工作态度的评价。对高层管理者的评价过程实际上就是对整个组织管理的状况进行全面、系统评价的过程，而这些战略实施和改进计划都不是短期内就能取得成果的。因此，高层管理者的评价周期比较长。

中层管理者是指组织中的部门负责人。对中层管理者的评价一方面根据组织战略目标的分解与承接落到其所在部门的指标完成情况确定，另一方面根据其个人绩效完成情况及工作态度等确定。中层管理者在组织中起到承上启下的作用，要兼顾组织层面、部门层面和个人层面的绩效目标，其评价周期要比高层管理者短。

基层管理者和普通员工的评价周期一般是比较短的。他们的绩效结果一般显现得比较迅速。同时出于对其绩效不断改进的目的，也要尽量缩短评价周期，保证出现问题能够及时解决。

（三）职位类型

市场营销人员主要从事产品推广、销售与品牌提升工作，其考核指标主要包括市场占有率、项目成功率、客户忠诚度、品牌与技术营销、销售额、回款率及客户满意度等。这些指标也是企业重点关注的指标，及时获取这些信息并进行反馈，有利于尽早调整战略战术。因此，根据市场销售人员的工作性质与特点，可以月或季度为评价周期，或者根据情况缩短评价周期。

对于生产工人，在特别强调质量管理的今天，在评价产量的同时，应当引入质量指标，并注重绩效改进的评价指标比重。这些实际上都传达了一个信息：生产绩效需要短期的反馈，以便于员工进行横向比较，找出绩效差距，确定改进方法。另外，生产工人的薪酬发放也要尽量缩短时间，这样才能起到激励他们的作用。要为这种短期薪酬发放提供依据，必然要求短期的、及时的绩效评价。

服务人员的工作同时具有生产人员和销售人员工作的性质，因为服务本身就是企业的一种甚至是全部的产品，而服务人员的绩效与销售具有密切的相关性，在一些以提供的服务作为其全部或主要产品的企业中，服务人员本身就是承担销售指标的人员。因此，服务人员的评价周期应当与市场销售、生产人员一样，尽量采用较短的评价周期。

事实上，市场销售、生产和服务人员一般都属于带有生产性质的人员。对于这类带有生产性质的人员，应当尽量缩短评价周期，以便及时对他们的工作进行认可和反馈。一般情况下，进行月度评价比较合理，部分稳定发展的企业可以进行季度评价。

对研发人员的评价是为了向研发人员提供正确的支持意见和改进建议，为研发人员的工作创造一种宽松、稳定的环境，激励研发人员进行更有成效的研发活动，避免导致急功近利的短期行为。对研发人员的绩效评价旨在检查其目前的工作进度，找出存在的问题和改进的方法，以提高研发工作的效率和效果。因此，对研发人员既可以根据项目周期确定评价周期，也可以定期进行检查。

行政人员主要是指人力资源专员、财务人员、计划人员、秘书等对公司的业务起支撑和辅助作用的人员。行政人员的评价标准不像业务人员那样有容易量化的指标，对行政人员的评价结果通常也会由于缺乏数据支持而变得没有说服力。因此，如何评价那些无法直接用数量指标来衡量的“业绩”是设计行政人员评价体系的重点。应根据职位和职责的履行情况进行评价，衡量一定质量要求下的工作量和工作进度，重点评价的是过程而非结果。鉴于行政人员的工作特点，大多数企业都采用随时监督的方式，并以季度或者月度评价为主。

（四）绩效管理实施的时间

绩效管理的实施要经历由初始的摸索期到后来的成熟期等几个阶段。绩效管理系统的完善不是一蹴而就的，需要经过几个绩效周期的经验积累，不断从以前绩效周期的管理中吸取教训并总结经验。

因为绩效管理开始实施时需要不断地试错，所以刚开始实施绩效管理时，评价周期不能过长。如果绩效周期过长，绩效管理系统中的问题需要很长时间才能暴露出来，就会影响绩效管理系统的有效性和稳定性。以绩效指标的选择为例，由于没有经验，一开始选择的指标可能并不能很好地反映评价对象的真实绩效情况。这就要求绩效评价周期要短，通过短期评价，检验评价指标的信度和效度，及时对指标系统进行修正，并在下一个绩效评价周期对新修订的指标进行检验。

随着绩效管理实施时间的推进，组织实施绩效管理的经验越来越丰富，绩效管理系统越来越完善，这时应当如何确定绩效周期呢？从理论上来说，评价周期越短越好。缩短绩效周期，一方面，在较短的时间内，评价主体对评价对象的工作产出有较清晰的记录和印象，能够比较准确地对其绩效进行评价，如果都等到年底再进行评价，可能会由于绩效信息收集的不全面并受到近因效应的影响或主观感觉的影响而使评价结果的客观性、公正性大打折扣；另一方面，对工作的产出及时进行评价和反馈，可以有效激励组织成员，并有利于及时改进工作。但是，由于绩效评价涉及人员、机构、时间以及资源等多个方面的配合，所以绩效周期短就意味着绩效管理的成本高。考虑到实施绩效管理的成本，在绩效管理系统成熟后可以适当延长绩效评价周期。

（五）评价目的

一般来讲，绩效评价的目的有两个：一是了解并准确评估绩效水平；二是分析并改进绩效。当绩效评价是为了评估绩效水平时，必须要把员工在评价周期内的所有绩效表现全部纳入进来，并作为薪酬、晋升、培训与开发等决策的依据。但有很多结果性指标需要较长时间才能完成，只有评价周期设置得相对长一些，才能保证所有层次的绩效结果都有足够的时间显现出来，以保证评价的准确性和完整性。当绩效评价是为了了解绩效水平时，评价周期一般以季度、半年或一年为宜。当绩效评价是为了分析并改进绩效时，则需要对绩效进行短期回顾与评价，以日、周、月为周期对绩效进行评价，以便及时发现绩效问题并加以改进。

第5节　绩效评价方法

评价方法的选择是绩效评价的重点和难点，也是绩效管理中一个技术性很强的问题。正确地选择评价方法，对于能否得到公正、客观的评价结果有着重要的意义。需要特别指出的是，绩效评价方法与绩效管理工具是不同的概念，二者不能混淆。绩效评价方法解决的是某个具体指标怎么评价的问题，而绩效管理工具解决的是利用哪种方法提高绩效水平的问题。人力资源管理专业人员和专家学者创造了一系列的评价方法，这些方法各具特点。迄今为止，还没有一种方法可以堪称最优或能够满足实践中的所有要求。在管理实践中，它们往往被综合使用，以适应不同组织不同发展阶段对绩效评价的不同需要，满足绩效评价的不同目的。下面主要介绍一些实践中比较常见的评价方法。

一、评价方法的分类

评价方法的分类与评价标准的分类密切相关。一般来说，评价标准可以分为两类：

相对标准与绝对标准。与此相对应，我们可以将评价方法分为相对评价和绝对评价。相对评价又称比较法，是通过在部门或团队内对人员进行相互比较得出评价结论，而不是根据事先统一制定的评价标准进行评价。绝对评价是根据统一的标准尺度衡量相同职位的人，也就是将个人的工作情况与客观工作标准相比较，通常使用量表法来进行评价。这种利用客观尺度进行的绝对评价是绩效评价发展的大趋势。实施绝对评价之前，我们必须通过研究和分析，事先确定一个客观的评价标准。这种客观标准的表现形式在各种具体的评价方式中各不相同。例如，我们可以用数量、质量、时间等因素来表示工作业绩的客观标准（结果导向型评价指标），或者用一些具体的关键事件的发生情况作为客观的评价标准（行为导向型评价指标）。绝对评价的标准不以评价对象为转移，是客观存在的、固定的。由于绝对评价的这个特点，我们可以采用这种方法对组织成员单独进行评价。

此外，还有一种比较特殊的评价方法，即描述法。描述法，又称事实记录法、叙述法、鉴定法等，顾名思义，就是指评价者用描述性的文字对评价对象的能力、态度、业绩、优缺点、发展的可能性、需要加以指导的事项和关键事件等做出评价，由此得到对评价对象的综合评价。通常，将这种方法作为其他评价方法的辅助方法，主要用于观察并记录评价所需的事实依据，以避免近因效应、溢出效应等评价误区的发生，并为绩效反馈提供必要的事实依据。

在前面内容的基础上，我们可以用表5-9表示评价方法的分类。

表5-9　评价方法的分类

比较法（相对评价）	排序法
	配对比较法
	人物比较法
量表法（绝对评价）	图尺度量表法
	等级择一法
	行为锚定量表法
	混合标准量表法
	综合尺度量表法
	行为对照表法
	行为观察量表法
描述法	态度记录法
	工作业绩记录法
	指导记录法
	关键事件法

（一）比较法——相对评价

比较法（comparison method）就是对评价对象进行比较，从而决定其工作绩效的相对水平。对很多工作而言，绝对评价标准很难制定，这时人们就会倾向于通过相互比较和分析，确定一个相对的评价标准，从而进行评价。通俗地讲，相对评价就是将人与人比较并做出评价。由于比较法是最方便的评价方法，评价结果也一目了然，作为各类管理决策的依据也十分方便，因此得到了广泛的运用。但是，采用相对评价法得出的评价结果无法在不同评价群体之间进行横向的比较，而且很难找出充分的理由说明最终评价结果的合理性，因此往往很难让个人接受评价结果，也很难为奖金分配决策提供令人信服的依据。另外，相对评价法最致命的缺点在于无法找出绩效差距的原因，因而也就很难缩小绩效差距。因此，我们一般不能单独使用相对评价的评价方式，在实践中，比较法往往与后面介绍的描述法和量表法结合使用。

常见的比较法主要有以下三种：排序法、配对比较法、人物比较法。

1. 排序法

排序法（ranking method）亦称排列法、排队法、排名法，这种方法类似于学校里使用的“学生成绩排名”，即按照工作绩效从好到坏的顺序进行排列，从而得出评价结论的方法。

排序法是使用比较早的一种方法，这种方法有几个优点。首先，排序法的设计和应用成本都很低，设计和使用都很简单。其次，排序法能够有效地避免宽大化倾向、中心化倾向以及严格化倾向。但同时，排序法也有许多缺点：评价过程的主观性和随意性使评价结果往往容易引发争议，因此得出的评价结果往往不利于各种人事以及管理方面的应用。而且，当几个人的绩效水平相近时，难以进行排列，容易发生晕轮效应。

常见的排序法主要有以下两种类型：直接排序法和交替排序法。

（1）直接排序法。直接排序法是最简单的排序法。评价者经过通盘考虑后，以自己对评价对象工作绩效的整体印象为依据进行评价，将本部门或一定范围内需要评价的所有人从绩效最高者到绩效最低者排出一个顺序。表5－10是直接排序法的一个简单例子。

表5－10 直接排序法

顺序	等级	员工姓名
1	最好	王______
2	较好	钱______
3	一般	赵______
4	较差	张______
5	最差	李______

（2）交替排序法。交替排序法也是根据某些评价要素将评价对象从绩效最好的到绩效最差的进行排序，但是具体的操作方法与直接排序法略有不同：交替排序法是将要评价的所有人员的名单列出，并将不熟悉的评价对象划掉，评价者经过通盘考虑后，从余下的所有评价对象中选出最好和最差的，然后再在剩下的人中选出最好和最差的，依此类推，直至将全部人员的顺序排定。交替排序法适用于评价一些无法用量化指标表达的

工作质量和效率。在对众多评价对象拉开绩效档次的时候，这种方法是比较简单实用的，尤其在需要评价的人数不多时。表5-11是使用交替排序法进行评价时使用的评价表格。

表5-11 交替排序法

评价所依据的要素：________

顺序	等级	下属姓名
1	最好	王________
2	较好	钱________
3	一般	赵________
3	差	张________
2	较差	李________
1	最差	胡________

2. 配对比较法

配对比较法（paired comparison method）亦称平行比较法、一一对比法、成对比较法，是由排序法衍生而来的，它使评价方法变得更有效。具体的操作程序是：将每一个评价对象按照所有的评价要素与其他评价对象一一进行比较，根据比较结果排出名次，即两两比较，然后排序。这种比较方式比排序法更为科学可靠。

例如，我们要对5个人进行评价。在运用配对比较法时，我们应先设计出如表5-12所示的表格，标明要评价的绩效要素并列出需要评价的人员名单。然后将所有人根据表中标明的要素进行配对比较，将比较结果填入两个比较对象相交的单元格中，用“0”表示两者绩效水平一致，“＋”表示竖列的人比横行的人绩效水平高，“－”的含义与“＋”的相反。最后，将竖列每一个人得到的“＋”的次数纵向相加。得到的“＋”越多，这个人的评价得分越高。

表5-12 配对比较法

评价要素：________

被评价人	赵	钱	孙	李	王
赵	0	＋	＋	－	－
钱	－	0	－	－	－
孙	－	＋	0	＋	－
李	＋	＋	－	0	＋
王	＋	＋	＋	－	0
评价结果：钱的评价等级最高					

一般来说，这种方法在人力资源管理中经常用于对职位的评价。这时选取几个指标，比如职位的重要性、影响程度、风险等，分别对职位进行配对比较，依次评估出不同的职位对公司的价值，并以此为确定该职位薪酬的依据。

3. 人物比较法

人物比较法亦称标准人物比较法，是一种特殊的比较法。这种方法的评价标准与前两种比较法不同：前面两种比较法都是对所有的人进行相互比较，而这种比较法则是所有的人与某一个特定的“标准人物”进行比较，在一定程度上能够使评价的依据更客观。

人物比较法的实施方法是：在评价之前，先选出一位成员，以他的各方面表现为标准，将其他人与之相比较，从而得出评价的结果。人物比较法可以使用如表5-13所示的表格。

表5-13　人物比较法

评价项目：业务知识　　　　　　　　　　　　标准人物：孙________

被评价人姓名	A 非常优秀	B 比较优秀	C 相同	D 比较差	E 非常差
赵________					
钱________					
李________					
王________					

人物比较法能够有效地避免宽大化倾向、中心化倾向以及严格化倾向，该方法设计和使用容易，成本很低，比其他方法更能提高成员的工作积极性。同时，它也存在一些难以克服的问题：标准人物的挑选困难，无法与组织的战略目标相联系，很难发现问题存在的领域，不便于提供反馈和指导，容易发生晕轮效应和武断评价。

（二）量表法——绝对评价

量表法（scaling method）就是将一定的分数或比重分配到各个评价指标上，使每项评价指标都有一个权重，然后由评价者根据评价对象在各个评价指标上的表现情况，对照标准对评价对象做出判断并打分，最后汇总计算出总分，得到最终的评价结果。

作为一种绝对评价法，量表法所采用的评价标准一般都是客观的职位职能标准，因此，评价结果更客观、准确，并且可以在不同员工之间进行横向比较。使用量表法得出的评价结果能够直接有效地运用于各类人力资源管理决策（如人员晋升、薪酬等）。但量表法的设计要耗费大量的时间和精力，并且评价指标和权重的设计专业性很强，因此通常需要专家的协助。另外，如果对评价指标的解释不一致，就会出现主观误差。

量表法将评价指标的四个要素（指标的名称、定义、标志和标度）设计成表格用于评价，而不同种类的量表法之间的区别就反映在所使用的评价尺度的类型上。我们可以将评价尺度分为量词式的评价尺度、等级式的评价尺度、数量式的评价尺度（数量式的评价尺度又包括连续型和离散型两种）和定义式的评价尺度。表5-14就是根据量表中所使用评价尺度的不同对量表法进行的归类。

表 5-14　量表法归类表

<table>
<tr><th colspan="2">所使用评价尺度的类型</th><th>评价方法名称（量表法）</th></tr>
<tr><td colspan="2">非定义式的评价尺度
（包括量词式、等级式、数量式的评价尺度）</td><td>图尺度量表法
等级择一法</td></tr>
<tr><td rowspan="3">定义式的
评价尺度</td><td>行为导向型量表法</td><td>行为锚定量表法
混合标准量表法</td></tr>
<tr><td>结果导向型量表法</td><td>（无单纯运用此量表的方法）</td></tr>
<tr><td>综合运用以上两者</td><td>综合尺度量表法</td></tr>
<tr><td colspan="2">其他</td><td>行为对照表法
行为观察量表法</td></tr>
</table>

1. *图尺度量表法*

图尺度量表法（graphic rating scale，GRS）是最简单且应用最广泛的评价技术之一，它在图尺度的基础上使用非定义式的评价。表 5-15 是典型的图尺度量表，该表列举了一些评价要素，规定了从 S（非常优秀）到 D（差或不令人满意）的等级标志，对每个等级标志都进行了说明并规定了不同的得分。另外，不同的评价指标被赋予了不同的权重。评价者在熟悉评价量表及各个评价要素的含义后，根据标准结合被评价者的日常表现给出每个评价要素的得分。另外，图表中还留有空白供评价者填写评价结果和一般说明。

表 5-15　图尺度量表法样表

<table>
<tr><th>评价要素</th><th>评价尺度</th><th>权重</th><th>得分</th><th>事实依据
及评语</th></tr>
<tr><td>专业知识：经验以及工作中的信息知识</td><td>30　24　18　12　6
S　A√　B　C　D</td><td>30%</td><td>A</td><td>（略）</td></tr>
<tr><td>计划能力：对要完成工作的有效设计</td><td>15　12　9　6　3
S　A　B√　C　D</td><td>15%</td><td>B</td><td>（略）</td></tr>
<tr><td>沟通能力：以书面和口头方式清晰、明确地表达思想、观念或者事实的能力</td><td>10　8　6　4　2
S　A√　B　C　D</td><td>10%</td><td>A</td><td>（略）</td></tr>
<tr><td>⋮</td><td>⋮</td><td>⋮</td><td>⋮</td><td>⋮</td></tr>
<tr><td>S：极优
A：优
B：良
C：中
D：差</td><td>最终得分：62 分
最终档次：S　A　B√　C　D</td><td colspan="2">档次划分</td><td>S：80 分及以上
A：65～79 分
B：49～64 分
C：33～48 分
D：16～32 分</td></tr>
</table>

2. 等级择一法

等级择一法的原理与图尺度量表法完全相同，只是在规定评价尺度时没有使用图示，而是采用了一些有等级含义的短语来表示。表 5-16 和表 5-17 是两个例子。

表 5-16　等级择一法（一）

评价对象：　　　　　部门：　　　　　评价者：　　　　　评价日期：

评价指标	权重（%）	优秀（5）	良好（4）	满意（3）	尚可（2）	不满意（1）	得分
工作数量	10						
评语							
工作质量	15						
评语							
专业知识水平	15						
评语							
合作精神	20						
评语							
可靠性	15						
评语							
创造性	15						
评语							
工作纪律	10						
评语							
总得分							

表 5-17　等级择一法（二）

评价指标	评价尺度				
	优秀	良好	满意	尚可	不满意
专业知识	5	4	3	2	1
沟通能力	5	4	3	2	1
判断能力	5	4	3	2	1
管理技能	5	4	3	2	1
工作质量	5	4	3	2	1
团队合作能力	5	4	3	2	1
人际关系能力	5	4	3	2	1
主动性	5	4	3	2	1
创造性	5	4	3	2	1
解决问题能力	5	4	3	2	1

尽管评价的方法目前有数百种，但是像图尺度量表法和等级择一法这类非定义式评价尺度方法仍然是许多组织使用的最主要方法，原因是此类方法使用方便、开发容易、成本较低。由于此类方法评价指标的名称、定义和尺度具有普遍性，因此可以适用于组织中几乎全部的职位，应用时只需要根据职位的不同进行一定程度的调整。在确定了适合本组织情况的一个指标库之后，为各个职位设计此类评价量表就变得十分方便了。另外，使用此类评价方法能够方便地在员工之间进行横向比较。

当然，这两种评价方法也有很多缺点。由于抽象的评价尺度与组织的战略目标缺乏联系，这两种量表无法对组织成员的行为起直接的指导作用。图尺度量表法和等级择一法不能清楚地指导成员必须做什么才能达到某个确定的评分等级，组织成员无法通过这两种方式了解如何才能支持组织目标和改善个人绩效。例如，在计划能力上某人的绩效等级为最低等，但仅仅通过这两种方法，他并不知道如何对自己的计划能力进行改进。另外，图尺度量表法和等级择一法也不能为具体的、易于接受的绩效反馈提供足够的信息。我们知道，当负面的反馈集中在模糊的个人特征上时，往往会令员工感到难以接受。例如，评价者告诉某人他的服务态度差，他很可能会感到不服气。如果能够用具体的行为给出反馈，则会收到更好的效果。例如，告诉他上个月有4名顾客针对他的服务态度进行了投诉，这时他比较容易接受评价的结果。因此，这两种方法在使用时，往往需要与各类描述法（常见的是关键事件法）结合使用，从而帮助员工从评价结果中找到明确的指导，并对评价结果做出一定的解释。

由于使用的是抽象的等级概念即模糊的绩效标准，这两种评价方法的信度和效度较差。例如，两名评价者可能会用非常不同的方式解释“合理”的含义，因而可能对同样的绩效表现做出截然不同的评价。这种不明确规定标度的评价指标容易导致各种评价误差的发生。因此，有人认为这两种评价方法都基于主观的判断，存在很大的问题。

3. 行为锚定量表法

行为锚定量表法（behaviorally anchored rating scale method，BARS）是由美国学者帕特里夏·凯恩·史密斯（Patricia Cain Smith）和洛恩·肯德尔（Lorne Kendall）于1963年在美国全国护士联合会的资助下研究提出的。它由传统的绩效评定表（图尺度量表法或等级择一法等）演变而来，是图尺度量表法与关键事件法的结合，是行为导向型量表法的典型代表。在这种评价方法中，每一水平的绩效均用某一标准行为来界定，在一定程度上克服了其他评价方法的弱点。

采用行为锚定量表法通常按照以下五个步骤进行：

（1）寻找关键事件。让一组对工作内容较为了解的人（被评价者本人或其直接上级）找出一些代表各个等级绩效水平的关键事件，并进行描述。

（2）初步定义评价指标。再由这些人将获取的关键事件合并为几个（通常是5～10个）评价指标，并给出指标的定义。

（3）重新分配关键事件，确定相应的评价指标。让另外一组同样熟悉工作内容的人对关键事件进行重新排列，将这些关键事件分别归入他们认为合适的绩效要素中。如果第二组中一定比例的人（通常是50%～80%）将某一关键事件归入的评价要素与前一组相同，就能够确认这一关键事件应归入的评价要素。

（4）确定各关键事件的评价等级。后一组的人评定各关键事件的等级（一般是 7 点或 9 点的尺度，可能是连续尺度，也可能是非连续尺度），这样就确定了每个评价要素的“锚定物”。

（5）建立最终的行为锚定评价体系。

下面列举了两个行为锚定评价的例子，如表 5－18 和图 5－4 所示。

表 5－18　行为锚定量表法：对宿舍管理员的评价

姓名：　　　　　　工作部门：　　　　　　评价者：　　　　　　评价日期：

评价指标：关心学生		
指标定义：积极结识住宿学生，发现并真诚地对待他们的需要		
评价等级	（1）最好	当学生面有难色时上前询问是否有问题需要一起商量
	（2）较好	为住宿学生提供一些关于所修课程的学习方法上的建议
	（3）一般	遇到住宿学生时上前打招呼
	（4）较差	友好地对待住宿学生，与他们讨论困难，但不能跟踪解决困难
	（5）最差	批评住宿学生不能解决自己遇到的困难
评价结果：		

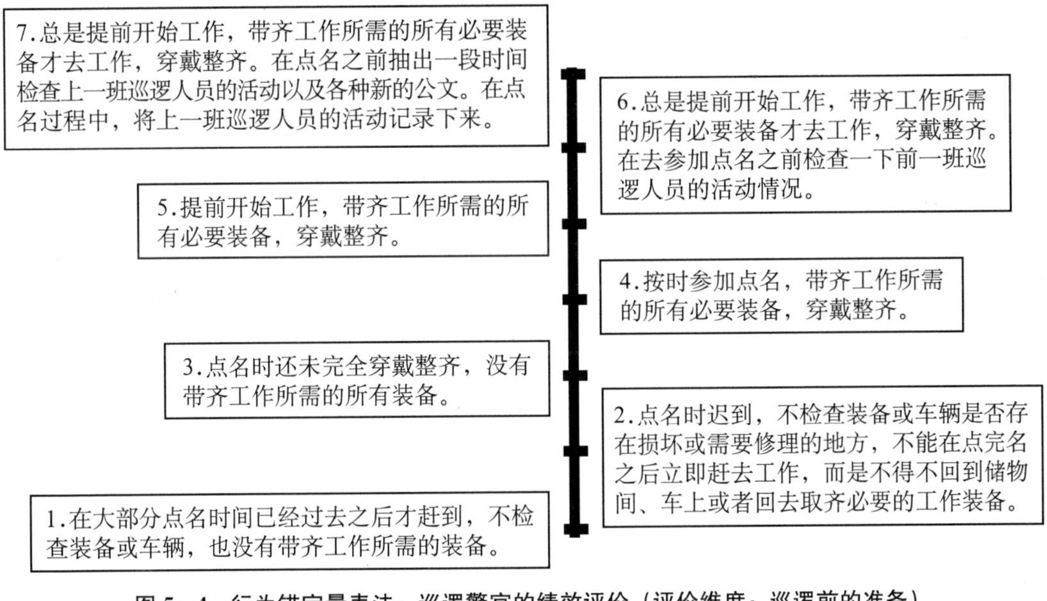

图 5－4　行为锚定量表法：巡逻警官的绩效评价（评价维度：巡逻前的准备）

行为锚定量表法是量表法与关键事件法综合运用的产物。这一方法与一般量表法最大的区别在于，它是用特殊的行为锚定的方式规定评价指标的尺度。为了进一步说明行为锚定量表法的特点，我们将它与图尺度量表法进行对比后可以看出：行为锚定量表法和图尺度量表法都要求评价者根据特征对评价对象打分，但是，行为锚定量表法使用的评价尺度与图尺度量表法不同。行为锚定量表法不是使用数字或一系列的形容词表示不同的绩效水平，而是使用反映不同绩效水平的具体工作行为的例子来锚定每一个评价指标的标志。

与其他工作评价方法相比，行为锚定量表法需要花费更多的时间，设计也比较麻烦，适用的工作类型也有限（仅适用于不太复杂的工作）。但是，这种方法有一些十分突出的优点。

（1）评价指标之间的独立性较高。在设计过程中，设计人员将众多的关键事件归纳为5～8种评价指标，使得各绩效要素之间的相对独立性较强。例如，对于用关键事件加以界定的"服务态度"和"工作积极性"，人们就不容易将这两种评价要素混同起来。

（2）评价尺度更加精确。行为锚定量表法是由那些对工作最熟悉的人编制"锚定物"即对应于某个特定标志的关键事件的，因而能够更加确切地找出最适合某个特定职位的评价尺度。评价尺度以工作分析为基础，依据客观行为，有利于评价者更加清楚地理解各个评价等级的含义，避免发生各类评价误差，能够比其他评价方法更准确地对工作绩效进行评价。

（3）具有良好的反馈功能。能够将组织战略与组织所期望的行为有效地结合起来，可以有效地向成员提供指导和信息反馈，指出行为缺陷，有助于实现各类绩效管理目的。

（4）适合用来为分配奖金提供依据。一方面，行为锚定量表法能够提供可供成员之间相互比较的评价结果，因而适用于为奖金分配提供依据；另一方面，员工参与的程度高，决策依据的是客观事实，比较容易被员工接受。

行为锚定量表法是典型的行为导向型量表法。这种评价方法所使用的评价尺度是行为导向的，因而要求评价者对正在执行任务的个人进行评价，而不是针对预期的工作目标进行评价。这在实际操作中往往会造成一定的困扰。人们会感到疑惑：是否只有这种行为方式才能够带来预期的绩效结果呢？这一点也是行为导向型量表方法共同的问题。另外，行为锚定量表法的最大问题可能在于，评价者在尝试从量表中选择一种代表评价对象绩效水平的行为时，往往会有困难，因为有时一个人的行为表现可能出现在量表的两端。科学的设计过程有助于尽量避免这种情况，但实践中难免会发生这种情况。仍以前面的用于评价宿舍管理员的例子来说明。如某宿舍管理员有时能够主动帮助有困难的学生，也就是达到了"最好"的等级水平，但有时他也会批评学生不能自行解决困难，也就是处于"最差"的等级上。即使用最科学的方法来设计评价尺度，也难免会有这样的情况，因为我们评价的毕竟不是机器，而是活生生的人，人的行为往往会受到各种内外因素的干扰，呈现出不稳定的状态。

4. 混合标准量表法

混合标准量表法（mixed standard scales）是美国学者布兰兹（Blanz）提出的。这种评价方法也属于行为导向型量表法。混合标准量表法最主要的特征在于，所有评价指标的各级标度被混在一起随机排列，而不是按照评价指标的一定顺序进行排列，因而对每一个行为锚定物都做出"高于"、"等于"或者"低于"的评价，而不是在一个指标选出某一个水平作为最终的评价。具体做法是：在确定评价指标之后，分别对每一个维度内代表好、中、差绩效的标度用行为和结果描述相结合的方式加以阐明，最后在实际评价表格中将所有指标的三个标度混合在一起供评价者选择。

表5-19是用于评价巡警的一个混合标准评价量表。表中采用了行为导向的评价指标。这些指标是通过使用一种类似于行为锚定量表法中确定评价指标的方式确定的。找一些熟悉评价对象工作的人写出代表高、中、低三种绩效水平的行为描述。例如，对于“预防犯罪行为”这一尺度，他们用如下的描述表示三个层次的绩效水平：

高水平：在巡区采取大量措施预防和控制犯罪，教育市民预防犯罪的技巧，对预防设备具有广泛的知识。

中等水平：在巡区做一些努力，强调预防犯罪，对预防设备具有适当的知识。

低水平：与本区市民极少或几乎没有接触，未能告知他们须防犯罪的方法。

表5-19 混合标准量表法例一

本部分的每一项目涉及巡警工作不同侧面的绩效水平。请仔细阅读每一项目，确定被评价巡警的一般工作表现是“正适合”“优于”还是“劣于”项目中的描述，并分别在相应的被评价巡警号码下的括号内划上“0”“+”“-”来表示这三种情况。

巡警号码 5	7	4	3	1	9	2	8	10	6	项目
( )	( )	( )	( )	( )	( )	( )	( )	( )	( )	1. 行为有时紧张，但并不影响他履行职责。
( )	( )	( )	( )	( )	( )	( )	( )	( )	( )	2. 尽管有时因工作繁忙，制服略有不整，但大多数时间穿戴整齐。
( )	( )	( )	( )	( )	( )	( )	( )	( )	( )	3. 工作报告良好，但偶尔需要深入或条理化。有时有表达方面的困难。
( )	( )	( )	( )	( )	( )	( )	( )	( )	( )	4. 在巡区采取大量措施预防和控制犯罪，教育市民预防犯罪的技巧，对预防设备具有广泛的知识。
( )	( )	( )	( )	( )	( )	( )	( )	( )	( )	5. 与本区市民极少或几乎没有接触，未能告知他们预防犯罪的方法。
( )	( )	( )	( )	( )	( )	( )	( )	( )	( )	6. 几乎在任何场合下都能做出适当判断，以预先采取、选择或表现合适的行为。
( )	( )	( )	( )	( )	( )	( )	( )	( )	( )	7. 对于与什么人共事或不与什么人共事很挑剔。难以与其他警官相处。
( )	( )	( )	( )	( )	( )	( )	( )	( )	( )	8. 在任何时候、任何场合下都表现出极大的热情和努力。
( )	( )	( )	( )	( )	( )	( )	( )	( )	( )	9. 即使在极端紧张的情形下，也镇定自若，没有紧张的表现。
( )	( )	( )	( )	( )	( )	( )	( )	( )	( )	10. 令人满意地执行任务和责任。几乎不投机取巧或曲解规则。

续表

巡警号码										项目
5	**7**	**4**	**3**	**1**	**9**	**2**	**8**	**10**	**6**	
（ ）	（ ）	（ ）	（ ）	（ ）	（ ）	（ ）	（ ）	（ ）	（ ）	11. 格外注意形象。常常表现出一种为公众服务的自豪感。
（ ）	（ ）	（ ）	（ ）	（ ）	（ ）	（ ）	（ ）	（ ）	（ ）	12. 干净利落地解决大多数骚乱，尽管有些是棘手的。在工作中运用以往经验，以求尽善尽美。
（ ）	（ ）	（ ）	（ ）	（ ）	（ ）	（ ）	（ ）	（ ）	（ ）	13. 跟其他人在一起时表现出深刻的见识和技能，常能防止和解决冲突，缩短了市民与他们的距离。
（ ）	（ ）	（ ）	（ ）	（ ）	（ ）	（ ）	（ ）	（ ）	（ ）	14. 能与任何合作者友好相处，愿意帮助新警官并指导他们；准确如一地执行命令。
（ ）	（ ）	（ ）	（ ）	（ ）	（ ）	（ ）	（ ）	（ ）	（ ）	15. 在大多数情况下，有判断能力，表现得当，满足市民需要。
（ ）	（ ）	（ ）	（ ）	（ ）	（ ）	（ ）	（ ）	（ ）	（ ）	16. 了解法律的新变化，但偶尔忽视执行它们。很了解巡区。
注意，巡警号码的顺序已变更。										
8	2	7	5	4	10	1	3	6	9	
（ ）	（ ）	（ ）	（ ）	（ ）	（ ）	（ ）	（ ）	（ ）	（ ）	17. 必须严密监督其工作表现，否则可能不符合标准。
（ ）	（ ）	（ ）	（ ）	（ ）	（ ）	（ ）	（ ）	（ ）	（ ）	18. 外表向公众传达出一种对工作漫不经心的态度。
（ ）	（ ）	（ ）	（ ）	（ ）	（ ）	（ ）	（ ）	（ ）	（ ）	19. 在任何情形下都意识到法律及其适用性。对巡区有彻底的了解。
（ ）	（ ）	（ ）	（ ）	（ ）	（ ）	（ ）	（ ）	（ ）	（ ）	20. 工作报告对于侦破犯罪并无用处。工作报告中材料重复。
（ ）	（ ）	（ ）	（ ）	（ ）	（ ）	（ ）	（ ）	（ ）	（ ）	21. 他的行为说明在许多场合下缺乏适当判断。经常做出草率粗心的判断。
（ ）	（ ）	（ ）	（ ）	（ ）	（ ）	（ ）	（ ）	（ ）	（ ）	22. 在巡区做一些努力，强调预防犯罪，对预防设备具有适当的知识。
（ ）	（ ）	（ ）	（ ）	（ ）	（ ）	（ ）	（ ）	（ ）	（ ）	23. 不去有意了解与工作相关的变化。有时在本巡区内迷路。
（ ）	（ ）	（ ）	（ ）	（ ）	（ ）	（ ）	（ ）	（ ）	（ ）	24. 高标准地完成职责，并在没有监督的情况下坚持。无论涉及的是谁，他都是个公正的执法者。
（ ）	（ ）	（ ）	（ ）	（ ）	（ ）	（ ）	（ ）	（ ）	（ ）	25. 在一场冲突中如果不造成大量麻烦，几乎不能恢复秩序。

续表

巡警号码 8 2 7 5 4 10 1 3 6 9	项目
( )( )( )( )( )( )( )( )( )( )	26. 把警察工作只当作一时之计，随时准备跳槽。几乎没有表现出工作热情。
( )( )( )( )( )( )( )( )( )( )	27. 虽然与有些人格类型的人难以相处，但能同大多数人共同工作。虽能训练新巡警，但宁肯不去训练。

资料来源：彭剑锋，包政．现代管理制度·程序·方法范例全集：人事考核卷．北京：中国人民大学出版社，1993.

另外，表5-20和表5-21给出了更简单的例子。为了更好地了解量表的内容，我们在表5-20的左侧给出了与描述相对应的评价指标。这在正式的表格中是不必给出的。另外，我们可以从表5-21中看到赋分的标准以及计算最后得分的过程。

表5-20 混合标准量表法例二（一）

被评价的三个维度	绩效等级说明
主动性；智力；与他人的关系	高；中；低

说明：请在每一项陈述后面标明雇员的绩效是高于陈述水平的（填“+”）、相当于陈述水平的（填“0”），还是低于陈述水平的（填“-”）。

主动性	高	1. 该雇员确实是个工作主动的人。个人一贯都是积极主动地做事，从来不需要上级督促。	+
智力	中	2. 尽管这位雇员可能不是一个天才，但是他确实比我认识的许多人都更聪明。	+
与他人的关系	低	3. 这位雇员有与别人发生不必要冲突的倾向。	0
主动性	中	4. 虽然通常来说工作还是积极主动的，但是有时候也需要由上级来督促其完成工作。	+
智力	低	5. 尽管这位雇员在理解问题的速度方面比一些人要慢一点，在学习新东西方面也比别人要花更长的时间，但他还是具有一般智力水平的。	+
与他人的关系	高	6. 这位雇员与每一个人的关系都不错，即使是与别人意见相左的时候，也能够与其他人友好相处。	-
主动性	低	7. 这位雇员有坐等指挥的倾向。	+
智力	高	8. 这位雇员非常聪明，学东西的速度非常快。	0
与他人的关系	中	9. 这位雇员与大多数人相处都比较好。只是在少数情况下偶尔会与他人在工作上产生冲突，这些冲突很可能是要受到监督的。	-

表5-21 混合标准量表法例二（二）

赋分标准：

	陈述			得分
	高	中	低	
	＋	＋	＋	7
	0	＋	＋	6
	－	＋	＋	5
	－	0	＋	4
	－	－	＋	3
	－	－	0	2
	－	－	－	1

根据上述评价等级确定分数的过程举例：

	陈述			得分
	高	中	低	
主动性	＋	＋	＋	7
智力	0	＋	＋	6
与他人的关系	－	－	0	2

与行为锚定量表法相比，混合标准量表法有两个最突出的优点。

首先，混合标准量表法打散了各评价指标的各级标度。这种方式能够避免人们受到等级规定的影响而不能客观地根据标度的描述进行评价。在大多数评价方法中，评价者往往需要与评价尺度对应的等级打交道。以行为锚定量表法为例，评价者在评价的时候可以看到每个锚定物都对应着特定的等级，这样容易产生诸如宽大化倾向之类的主观误差。混合标准量表法则避免了这种情况的发生。

其次，混合标准量表法采用了特殊的评分方式。在合理设计标度的前提下，可以通过寻找评价结果中是否有自相矛盾的情况来判断评价者是否认真地进行了评价。例如，在表5-19中，量表中的第26项和第8项分别代表了工作态度这一评价指标的低水平和高水平。如果评价者在评价同一名巡警时，在第8项画了“0”，而在第26项也画了“0”，则说明评价结果是非逻辑性的。这种情况如果在多个评价者身上发生，就应该考虑重新设计混合标准量表的标度。

此外，在上面的例子中，量表在中间的位置将评价对象的排列顺序进行了变更。这种方式能够在一定程度上避免评价者受惯性思维的影响。在可能的情况下（用同样的量表评价两个名义上的评价对象时），我们可以在使用其他评价方法时借鉴这种做法。

5. 综合尺度量表法

所谓综合尺度量表法，是将结果导向量表法与行为导向量表法相结合的一种评价方法。在该方法中，评价指标的标度规定采用了行为与结果相结合的方式。这种方式既能够有效地引导个人的行为，又能够对结果进行直接的控制。运用综合尺度量表法最大的困难在于设计与职位相关的指标尺度，因此，使用这种评价方法需要较高的设计成本。

表5－22和表5－23是两个用于评价工作态度指标的例子。

表5－22　综合尺度量表法例一

要素名称：协作性　　　　职位等级：中层管理人员　　　　职位类别：职能管理

要素定义：在工作中能否充分认识本部门在工作流程中所扮演的角色，考虑他人的处境，主动承担责任，协助上级和同事做好工作。

等级	定义	评分
S	正确认识本部门在流程中所扮演的角色，合作性很强，自发主动地配合其他部门的工作，积极推动公司总体工作的顺利进行。	20
A	愿意与其他部门合作，在其他部门需要的时候，能够尽量配合工作，保证公司总体工作的正常进行。	16
B	大体上能够按规定配合其他部门的工作，基本上能够保证公司总体工作的正常进行。	12
C	有时候有不配合其他部门工作的现象，存在部门本位主义倾向，导致公司的总体工作有时会遇到困难。	8
D	根本不与其他部门进行沟通和协调，部门本位主义倾向明显，在工作中经常与其他部门发生冲突，导致公司总体工作陷入僵局。	4

表5－23　综合尺度量表法例二

要素名称：自律性　　　　职位等级：中层管理人员　　　　职位类别：职能管理

要素定义：本人以及本人所管理的部门能否严格遵守公司的各项规章制度和工作纪律，有无违反规定的现象发生。

等级	定义	评分
S	本人清正廉洁，严于律己，很受大家尊重，同时能够严格约束下属，本人及所属部门能够严格遵守公司的各项规章制度和工作纪律，从来没有违反公司规定的现象。	20
A	本人对自己的要求比较高，受到大家的尊重，同时对下属人员的纪律要求也比较严，本人及所属部门能够遵守公司的各项规章制度和工作纪律，基本没有违规事件。	16
B	本人有一定的自律性，总体上能够获得大家的认可，同时对下属人员也注意约束，本人及所属部门基本上能够遵守公司的各项规章制度和工作纪律，违规事件较少。	12
C	本人的自律性不够，周围的人对其有一定的意见，同时（或者）对下属人员不注意纪律约束，本人或所属部门有时不遵守公司的规章制度和工作纪律，违规事件时有发生。	8
D	本人的自律性非常差，周围的人对其意见很大，同时（或者）对下属人员根本不加以约束，本人或所属部门经常不遵守公司的规章制度和工作纪律，违规事件屡屡发生。	4

6. 行为对照表法

行为对照表法亦称普洛夫斯特法，是由美国圣保罗人事局的普洛夫斯特在1920

年创立的一种评价方法。在运用这种方法时，评价者要根据相关部门提供的描述行为的量表，将其实际工作行为与表中的描述进行对照，找出准确描述评价对象行为的陈述（评价者只要做出符合或不符合的二选一决定），评价者选定的项目不论多少都不会影响评价的结果。这种方法能够在很大程度上避免因评价者对评价指标的理解不同而出现评价偏差。

制作行为对照表是一项十分繁杂的工作。由于行为对照表中列举的内容与评价对象的工作内容密切相关，因而必须由熟悉评价对象工作内容的人逐项核定。表 5－24 是一个简化的例子。

表 5－24　行为对照表法

评价	评价项目		项目计分（不公开）
□√	懒惰		−2
□	对自己的工作十分熟练		1
□	行动迟钝		−1/−2
□√	值得信赖		1
□	语言粗鲁		−1/−2
□	态度十分明朗		1
□√	人际关系良好		1
⋮	⋮		⋮

在这个例子中，左边的“评价”一栏中打钩的项目就是评价者认为评价对象的行为与项目描述一致。右边的“项目计分”栏在实际的评价表中是不公开的。这是为了避免评价者由于了解评价项目的加分或减分情况而影响判断。

行为对照表法的优点在于评价方法简单，执行成本很小，只需对项目和事实进行一一核实，并且可以回避评价者不清楚的情况，不容易发生晕轮效应等评价者误差。此外，评价标准与工作内容高度相关，有利于行为引导；可以进行个人之间的横向比较，为发放奖金提供可靠的依据。

与此同时，行为对照表法存在以下缺点，影响了该方法的普及。

（1）评价因素/项目所列举的都是日常工作中的具体行为。不论如何，这种列举不可能涵盖工作中的所有行为。

（2）设计难度大，成本高。在拟定各个项目、确定排列方式和各项目的分数比重时，需要高度的专业知识，必须借助专家的力量才能完成。

（3）由于评价者无法对最终结果做出预测，因而可能降低评价者的评价意愿。

（4）能够发现一般性问题，但无法对今后个人工作绩效的改进提供具体明确的指导，故不是特别适合用来提供建议、反馈、指导。

总之，行为对照表法能够通过简单易行的评价过程防止评价者的主观与草率。但是，如果不能科学地设计并谨慎地控制评价过程，很可能会导致不良的后果，在使用中须多加留意。

7. 行为观察量表法

行为观察量表法（behavioral observation scale，BOS）通过针对各个评价项目列出一系列有关的有效行为的方式来进行绩效评价。在使用行为观察量表法时，评价者通过指出评价对象表现出各种行为的频率来评价他的工作绩效。如下面的例子所示，一个量表被分为从“几乎没有”到“几乎总是”五个等级。通过将评价对象在每一种行为上的得分相加，得到各个评价项目的得分，最后根据各个项目的权重得出总得分。行为观察量表法实际上是图尺度量表法和行为导向量表法的结合。在行为观察量表法中我们只需要找出有效行为，并通过有效行为的发生频率对评价对象的绩效做出评价。前面我们谈到，行为锚定量表法有一个很明显的问题，即评价者在尝试从量表中选择一种代表某人绩效水平的行为时往往会有困难，因为有时一个人的行为表现可能出现在量表的两端。在行为观察量表法中，这个问题得到了有效的解决。

下面是两个例子。

（例一）评价项目：工作的可靠性

1. 有效地管理工作时间。

几乎没有　1　2　3　4　5　几乎总是

2. 能够符合项目的截止期限要求。

几乎没有　1　2　3　4　5　几乎总是

3. 必要时帮助其他下属工作，以符合项目的期限要求。

几乎没有　1　2　3　4　5　几乎总是

4. 必要时愿意推迟下班和周末加班工作。

几乎没有　1　2　3　4　5　几乎总是

5. 预测并试图解决可能阻碍项目按期完成的问题。

几乎没有　1　2　3　4　5　几乎总是

总分：

0～13分：很差　14～16分：差　17～19分：一般

20～22分：好　23～25分：很好

（例二）评价项目：克服变革的阻力

1. 向下属描述变革的细节。

几乎没有　1　2　3　4　5　几乎总是

2. 解释为什么必须进行变革。

几乎没有　1　2　3　4　5　几乎总是

3. 与雇员讨论变革会给雇员带来何种影响。

几乎没有　1　2　3　4　5　几乎总是

4. 倾听雇员的心声。

几乎没有　1　2　3　4　5　几乎总是

5. 在推动变革成功的过程中请求雇员的帮助。

几乎没有　1　2　3　4　5　几乎总是

6. 如果有必要，会就雇员关心的问题确定一个具体的日期来进行变革之后的跟踪会谈。

几乎没有　1　2　3　4　5　几乎总是

总分：

6～10分：很差　11～15分：尚可　16～20分：良好

21～25分：优秀　26～30分：出色

由于行为观察量表法能够将组织发展战略与它所期望的行为结合起来，因此能够向评价对象提供有效的信息反馈，指导其如何得到较高的绩效评分。管理人员也可以利用量表中的信息有效地监控评价对象的行为，并使用具体的行为描述提供绩效反馈。与各种行为导向型评价方法一样，在开发行为观察量表时以工作分析为基础，而且每一个职务的评价都需要单独开发，因此开发成本相对较高。行为观察量表法使用起来十分简便，成员参与性强，容易被接受。

但是，这种方法存在以下缺陷：

（1）只适用于行为比较稳定、不太复杂的工作。只有这类工作才能够准确、详细地找出有关的有效行为，从而设计出相应的量表。

（2）不同的评价者对划分等级的理解有差异，导致评价的稳定性下降。这一问题类似于在图尺度量表法和等级择一法中理解“优异”“优秀”……“较差”等概念时的问题。

（三）描述法

描述法（essay method）作为各类评价方法必要的补充，被视为另一类特殊的评价方法。描述法在设计和使用上比较容易，实用性很强，因而适用于对任何人的单独评价。但是，描述法没有统一的标准，难以对多个评价对象进行客观、公正的比较，而且与评价者的文字写作水平关系较大，因而不适用于评价性评价，而较适用于发展性评价。

根据所记录事实的不同内容，描述法可以分为态度记录法、工作业绩记录法、指导记录法和关键事件法。

1. 态度记录法

所谓态度记录法，就是由评价者通过对评价对象日常工作情况的观察，将其在工作中表现出来的工作态度记录下来的评价方法。在记录过程中，记录者应该注意，不仅要将评价对象在所评价态度方面表现出来的优点和长处记录下来，同时，要有针对性地将评价对象的不足之处也记录下来。这样的记录能够更好地运用于对评价对象的绩效进行指导。表5-25是工作态度观察记录卡的一个示例。

表 5-25　工作态度观察记录卡

姓名：　　　　　　所属部门：　　　　　　职位名称：
观察期间：　　　　　　　　　　记录人：

项目	具体事实	
	长处	短处
积极性		
服务意识		
责任意识		
自我开发意识		
⋮		

另外，在运用态度记录法时，我们还可以让记录者记录对于评价对象的一些综合性的评语或指导意见。在记录表中还可以添加一栏，用于评价对象在评价结束之后表明自己是否认可所记录的内容。我们可以采用如表 5-26 所示的表格形式。

表 5-26　态度记录法的补充

指导意见	
评价对象意见栏	你是否同意上述记录及对你的评价？为什么？
	若无其他意见，请在相应位置签字表示认可。 被评价人：　　　　　　日期：

2. 工作业绩记录法

工作业绩记录法要求评价者填写工作业绩记录卡，观察并记录评价对象在工作过程中的各种事实，分阶段记录所达到的工作业绩。另外，还可以用该表记录该人在遵守某些规章制度方面的表现。这种记录卡往往与目标管理法相结合。表 5-27 给出了一个工作业绩记录卡示例。

表 5-27　工作业绩记录卡

姓名：　　　　　　所属部门：　　　　　　职位名称：
观察期间：　　　　　　　　　　记录人：

任务内容	进度	结果
任务一	1 月 2 月 ⋮	
任务二		
⋮		
缺勤记录		
迟到或早退情况		

3. 指导记录法

指导记录法要求上级将其对下属的日常指导记录下来。这种方法多用于发展性评价。指导记录法可以与各种评价方法结合使用。表5-28给出了一个样表。

表5-28 指导记录表

姓名： 所属部门： 职位名称：
指导期间： 直接上级：

时间	地点	相关事实	指导意见	改进目标

4. 关键事件法

关键事件法是由美国学者弗拉纳根（Flanagan）和巴拉斯（Baras）提出的。所谓关键事件（critical incidents），是指那些会对部门的整体工作绩效产生积极或消极的重大影响的事件。关键事件一般分为有效行为和无效行为。关键事件法要求评价者通过平时观察，及时记录评价对象的各种有效行为和无效行为，是一种最为常见的典型的描述法。美国通用汽车公司在1955年运用这种方法获得了成功。通用汽车公司的一位一线领班对其下属杰克的工作“协作性”的记录如下：

> 其一，有效行为。
>
> 虽然今天没轮到杰克加班，但他还是主动留下加班到深夜，协助其他同事完成了一份计划书，使公司在第二天顺利地与客户签订合同。
>
> 其二，无效行为。
>
> 总经理今天来视察，杰克为了表现自己，当众指出了约翰和查理的错误，导致同事之间关系紧张。

关键事件法的优势突出地体现在绩效反馈的环节中。评价者根据所记录的事实及各类评价标准进行评价，最后把评价结果反馈给评价对象。由于关键事件法是以事实而不是抽象的行为特征为依据，评价者可以依据所记录的事实对评价对象说：某某先生，在“协作性”上，我给你的评价等级较低，这是因为在过去的3个月中，你至少有3次对同事或上级表现出不协作态度。如果这名员工觉得事出有因，或误解了上司的意图，或有其他理由为其“不协作”辩解，可能在与上级协商和沟通之后达成共识。

关键事件法能够帮助评价者实事求是地进行评价，不容易挫伤评价对象的积极性。因为对评价对象来说，低评价针对的不是他的人格，而是他的工作行为，而且是可以明确指出的特定行为，所以比较容易得到评价对象的认同。更重要的是，通过使用关键事件法，评价者在绩效反馈时能够更清晰地告诉评价对象，要想在下一期获得高评价，应该如何行动。总结以上内容，关键事件法的优点有：

（1）能够将组织战略和它所期望的行为结合起来。

（2）能够向评价对象提供指导和信息反馈，提供改进依据。

（3）设计成本很低。大多以工作分析为基础，所衡量的行为有效。

（4）参与性强，容易被接受。

需要着重指出的是，关键事件法往往是对其他评价方法，特别是各种量表法的补充。关键事件法在认定下属的良好表现和不良表现方面十分有效，而且有利于制订改善不良绩效的规划。但是如果单纯运用关键事件法，会产生以下问题：

（1）对于比较复杂的工作，要记录评价期间所有的关键事件是不现实的。关键事件法适用于行为要求比较稳定、不太复杂的工作。

（2）运用关键事件法无法在员工之间进行横向比较，无法为员工的奖金分配提供依据。

（3）记录关键事件是一件非常烦琐的事，需要大量时间。尤其是当一名基层主管要对许多员工进行评价时，将会耗费很多的时间。因此，关键事件法的应用成本很高。

（4）容易造成上级对下级的过分监视，导致关系紧张。

（5）由于评价报告是非结构化的，容易发生评价误差。

从上述几种方法的介绍中可以看出，描述法的核心作用是在绩效评价和绩效反馈环节提供充分的事实依据。因此，使用描述法的关键就是以客观公允的态度，及时准确地记录各类事实情况。在通常情况下，不主张单独使用描述法，但在现实的绩效评价和绩效管理系统中，描述法往往作为手段之一与其他各类评价方法结合使用，起到了非常重要的作用。

二、各种评价方法的比较和选择

（一）各种评价方法的比较

前面介绍了各种评价方法的具体内容和优缺点。不同的评价方法具有不同的特点，因而适用于不同的组织以及不同的评价对象。表 5-29 对几种常见的评价方法进行了简单的比较。

表 5-29　几种常见评价方法的比较

评价方法	比较的维度			
	成本最小化	员工开发（提供反馈指导）	分配奖金和发展机会	有效性（避免评价错误）
描述法	一般	不确定	差	不确定
排序法	好	差	一般	一般
等级择一法	一般	不确定	差	不确定
行为锚定量表法	一般	好	好	好

从表 5-29 中可以看到，不同的评价方法各有所长。在实现管理决策的问题上，一些简单的量表法就能达到管理目的，并节约成本。一些较为复杂的量表法的开发成本较高，但能够更有效地对员工的实际绩效情况进行评价。这就引发了下一个问题：选择评

价方法的依据是什么？

（二）评价方法的选择

不同的评价方法各有特点，在评价的有效性、结果的适用性以及使用成本上优劣不一，只有选择合适的评价方法才能在管理的成本和效用上做到二者兼顾。一般来说，选择评价方法的主要依据是评价指标，也就是说，需要根据不同类型指标的特性选择相应的评价方法，从而形成一个基于指标的评价方法组合。除此之外，在选择评价方法时还需要考虑所需数据的可获得性和便利性、评价结果的应用目的、可选评价方法的使用成本等因素。

1. 指标特性

根据指标的分类可知，不同类型指标在结果导向与行为导向、主观与客观、前置与滞后等方面具有各自的特性。一般来说，结果导向的指标多为滞后指标，既包括软指标，也包括硬指标。软指标一般要通过行为锚定和主观判断相结合的方式来进行评价，而硬指标则只需通过客观数据的统计分析即可做出评价。行为导向的指标多为前置指标和软指标，需要基于关键行为事件和工作记录来做出判断。因此，管理者应该以每个指标的特性为基本依据，确定评价方法类型，并进一步选取具体的评价方法。例如表5-30中，销售业务经理的工作业绩维度包括许多指标，其中“客户满意度”是一个依赖客户意见调查的主观判断指标，因此该指标应该选取量表法进行评价，同时这一指标又是一个以结果导向为主、兼具行为导向的综合评价指标，因此可以选取量表法中的综合尺度量表法进行评价。同理，“销售额增长率”是一个滞后指标，完全可以基于客观的销售数据进行绩效分析，因此可以采取比较法中的排序法进行评价。

表5-30　基于指标的评价方法组合——以销售业务经理为例

评价维度	评价指标		评价方法
工作业绩	财务指标	销售额增长率	排序法
		客户走访效率	配对比较法
	经营指标	产品发货准确性	排序法
		客户流失率	关键事件法
		客户走访计划完成率	工作业绩记录法
	服务指标	客户满意度	综合尺度量表法
		质量问题处理及时性	关键事件法
	管理指标	/	/
工作态度	责任感		行为观察量表法
	市场意识		行为锚定量表法

在对该业务经理的工作态度评价中，针对“市场意识”这一评价指标，我们建议采用行为锚定量表法对其进行界定，以此作为评价的标准，如表5-31所示。可以看出，基于指标特性选择具体的评价方法组合，不仅具有可操作性，而且能够保证评价的有

效性。

表5-31　市场意识指标定义

要素名称：市场意识　　　　职位等级：中层管理人员　　　　职位类别：市场经营

要素定义：在工作中关注市场动态，根据客户至上的原则，把客户放在首要的位置，对客户提出的正当要求予以满足，并以市场需求为导向，按照市场要求进行工作的意识。

等级	定义	评分
S	不需要上级的指示就能够非常自觉主动地关注市场动态，工作中总是把客户放在首要的位置；时时处处为客户的利益着想，经常想在客户的前面，主动为他们解决困难，对客户提出的正当要求从不强调自身原因，非常热情又迅速地予以满足；所有工作都以市场需求为导向，从来不强调个人的意愿。	
A	基本上不需要上级的指示就能够比较自觉主动地关注市场动态，工作中基本上能把客户放在首要的位置；一般情况下能够想在客户的前面，从客户的利益出发主动为他们解决困难，对客户提出的正当要求能比较热情又比较迅速地予以满足；所有工作都以市场需求为导向，基本上不强调个人的意愿。	
B	市场意识一般，在上级的指示下才去关注市场动态；客户意识一般，只是被动地接受客户提出的要求并按规定予以解决；工作中偶尔会出现不以市场为导向的现象，偶尔也会因为个人意愿而影响市场需求的满足。	
C	在上级给出明确的指示后也不是很主动地去关注市场动态，工作中没有把客户放在首要的位置，经常强调个人的原因；对客户提出的正当要求态度比较冷淡，并且经常不能按时予以解决；工作中有时会强调个人的意愿，有时不按市场要求进行工作，出现一些因为个人意愿而影响市场需求满足的情况。	
D	在上级的再三指示下才去关注市场动态，工作中从来不把客户放在首要的位置；从不替客户着想，对客户提出的正当要求总是不理不睬，导致客户意见很大；没有以市场为导向，没有按照市场的要求进行工作。	

2. 绩效数据的可获得性

选择评价方法的时候不仅要考虑该指标的特性，而且要分析获取该指标的绩效数据的可行性和便利性。不同的评价指标在衡量的难易程度上是有显著差异的，对于绩效数据的类型、来源、规模、采集和分析过程等有相应的具体要求。因此，需要根据指标在绩效数据上的差异化要求选择相应的评价方法。例如，两个主观判断指标："协作性"和"文化认知度"，前者需要通过关键事件记录来分析评价对象在工作协调上的表现，而后者则需要通过认知度调查来收集评价对象对组织文化的认知程度以及相应的行为表现。

3. 评价结果的应用目的

同一个评价指标由于评价结果的应用目的不同，所选择的评价方法也会出现差异。评价结果的应用目的主要是绩效改进和为人力资源管理决策提供依据。由于薪资调整和奖金发放、培训和开发、晋升等不同管理职能需要通过绩效评价提供与之相对应的决策依据，因此选择评价方法时需考虑并满足这一管理需求。例如，“交叉销售计划完成率”这个指标，如果用于支持晋升决策，可以使用配对比较法；如果用于分析培训需求，则可以使用工作业绩记录法。

4. 评价方法的使用成本

管理是需要资源投入的，选用评价方法也不例外。不同的评价方法对于成本的要求具有较大的差异，相对来说，量表法对于专业人员和资金投入的需求要高于比较法和目标管理法。因此对于同一个指标，管理者应该根据自身的实际情况，以形成相对准确的评价结果并满足评价的应用目的为标准，选择恰当的而不是最佳的评价方法。

➡ 关键词

绩效评价（performance appraisal）
评价主体（performance appraiser）
评价方法（appraisal method）
比较法（comparison method）
量表法（scaling method）
描述法（essay method）

➡ 复习思考题

1. 试述绩效评价的内涵。
2. 试述绩效评价的过程模型。
3. 绩效评价的内容有哪些？各自具有什么样的特征？
4. 评价主体主要有哪几种类型？试对不同的主体进行比较。
5. 常见的评价主体误区主要有哪几种？请结合实践中的情况，解释不同评价主体误区的含义和产生的可能原因。
6. 绩效评价周期的影响因素有哪些？如何设置绩效评价周期？
7. 试述主要的绩效评价方法及各方法之间的区别。
8. 在选择评价方法时需要考虑哪些影响因素？试结合实例，解释各个因素如何影响评价方法的选择。

➡ 章末案例

英国高级公务员绩效考核体系

英国作为最早建立现代公务员制度的国家，在公务员管理方面有许多卓有成效的探索。英国公务员自上而下可分为12级，其中1～5级为高级公务员（senior civil service，SCS），约占公务员总数的1%。英国政府于1996年正式将高级公务员从公务员体系中独立出来进行管理，目的是确保公务员队伍的相对稳定性、增加部门间的有效沟通、促进部门间的横向协作，从而更好地发挥高级公务员在公务员队伍建设中的领导作用。

英国政府以绩效与潜力九宫格（9-box performance and potential grid）为搭载平台设计了高级公务员绩效管理体系。其中，绩效维度重点考核政府组织任务和公务员个人岗位职责所规定的各项具体工作的完成情况，侧重于对高级公务员现实绩效的考核；潜力维度主要通过对以价值观为核心的领导潜力的考察来激发高级公务员积极开发自身潜力，促进潜力向现实能力有效转化，从而助推公共服务水平的持续提升。在具体实践中，英国高级公务员绩效管理系统在绩效和潜力两个维度上都分别设置高、中、低三个等级，这样两个维度就会交叉组合形成一个九个格子的矩阵，其中每个格子根据两个维度等级差异有不同的行为表现，并根据其特征进行了命名，如图 5－5 所示。

潜力 \ 绩效	绩效不一致或不达标	绩效完全达标	绩效表现卓越
极有可能超越现有等级	**早期承诺者（4年以上）** 曾经作为高潜力者具有很强的影响，但在新角色上显得经验不足；是角色转换的标志；处于本格子的人将在18个月之内实现跨越，否则被降级。	**高潜力者（1~3年）** 经常达到具有挑战性和更高难度的目标，作为潜力者具有很强的示范作用；绩效水平持续提升，能适应变化，是公认的领导者。	**当前绩效明星** 与同行相比已经脱颖而出；潜力得到有效开发，完全能胜任更高级别的工作；是公认的熟练领导者和示范标杆。
有可能超越现有等级	**未来贡献者** 无论过去还是现在都有一定的能力表现，但还不足以形成判断，绩效表现也与预期有差距；是角色转换的标志；处于本格子的人不应停留超过12个月。	**稳定贡献者** 完全能胜任当前级别和角色；绩效表现高于正常期望水平，并具有持续提升绩效水平和承担更大更复杂任务的潜力。	**卓越绩效者** 绩效表现一贯优秀，并能提供卓越价值；符合领导者行为并起示范作用；部分行为表现出超越当前级别要求的水平。
现有等级已是最好等级	**绩效不达标者** 绩效表现不一致或不完全有效；有能力差距或者行为风格有问题。	**满意贡献者** 达到本级别所有绩效期望目标；展现了专业和领导能力；处于这一格子的人，两年多就会接受进一步审查。	**优秀绩效者** 在当前级别和角色上受到高度认可；作为核心团队成员奉献了一贯优秀的绩效表现。

图 5－5　绩效与潜力九宫格

作为英国公务员主管机构的英国内阁办公室，每年都要发布《高级公务员绩效管理指导手册》(Performance Management Arrangements for the Senior Civil Service)，用以指导高级公务员绩效管理各项工作。该手册不仅关注高级公务员取得什么成果，还重视如何取得成果。

工作业绩是英国高级公务员绩效考核的核心内容，是高级公务员履行职责、完成任务等情况的集中体现。英国高级公务员工作业绩目标具体分为业务表现（business delivery）、财务与效率（finance/efficiency）、人员与能力（people/capability）和组织贡献（corporate contribution）四个方面。

为了更好地开发和利用人的潜能，英国推行高级公务员的潜力评价，做到唯才是举。胜任力框架（competency framework）主要是通过对公务员在管理过程中具体的有效行为和无效行为的评价，来判断其是否胜任特定岗位；而领导力模型（leadership model）则是描述领导者充分挖掘其胜任力，通过开展领导行为实现目标过程中所有需要的关键素质和行为。英国高级公务员的胜任力框架和领导力模型在结构和内容上都保持一致，两者均包含以价值观为核心的三个维度。胜任力框架的三个维度分别是设定方向、管理人员与取得成果，而领导力模型更加强调通过领导行为达成绩效目标。

内容的科学设计是绩效管理系统的基础，用科学的方法对相关内容进行准确评价则是绩效管理系统有效运行的重要手段。英国高级公务员绩效评价的方法针对绩效和潜力两个维度分别设计了相应的评价方法。

英国对高级公务员绩效评价结果实施强制分布，即将高级公务员的绩效等级划分为高绩效、达标和低绩效三个，绩效总分排在前25%的高级公务员为高绩效，排在中间65%的为达标，而排在最后10%的为低绩效。绩效结果的运用与高级公务员获得的绩效等级关联。

领导潜力评价是通过对绩效目标完成的过程进行评价来判断高级公务员获得高绩效潜力的高低。在2013年新公务员胜任力框架中，将领导行为分为有效行为和无效行为，并通过高级公务员的行为表现来判断绩效潜力开发程度。该框架具体包括10项胜任力和近50个行为指标。其中，设定方向维度具体包括总揽全局、改变与提高、制定高效决策三项胜任力；管理人员包括领导与沟通、建立合作伙伴关系、培养全员能力三项胜任力；取得成果维度包括取得商业成果、实现资金价值、提供高质量服务、反应迅速四项胜任力。

内阁办公室通常将领导力评价标准分为A、B、C、D、E五个等级，每项评分最高20分，最低0分，各项能力得分累加起来就是其年度总得分。其中A级为最出色，总分需140分以上；B级为比较出色，总分需125分以上；C级为达标，总分需100分以上；D级为需要提升，总分在85分以上；E级则是无法胜任，总分在85分以下。在管理实践中，通常认为A和B两个等级的高级公务员都具有较高的发展潜力，属于优先晋升的群体；而C和D两个等级则潜力较低，属于限制发展者。

通过对高级公务员的绩效目标达成情况和领导潜力两个维度实施评价，就可以分别得到两个维度的具体得分。然后将两个维度的得分按照高、中、低三个等级分别进行排序，就可以得到该高级公务员的绩效和潜力的特定组合，从而实现将每个高级公务员在九宫格中进行准确定位。各机构可以根据每一个格子的特点制定有针对性的管理措施，从而提高管理的针对性和有效性。

资料来源：方振邦，冉景亮．英国高级公务员绩效管理实践及其对我国干部队伍建设的启示．探索，2015（6）：98－103.

思考题

1. 结合绩效评价的相关理论知识分析英国高级公务员绩效考核体系的特点。
2. 英国高级公务员的绩效考核体系对于我国干部考核有何经验借鉴？

第 6 章 绩效反馈

学习目标

通过对本章的学习，你将能够：

1. 了解绩效反馈的内涵与方式
2. 理解 360 度反馈计划的适用范围及优缺点
3. 阐述绩效反馈面谈的实施原则与步骤
4. 了解绩效申诉的原则与实施
5. 熟悉绩效改进计划的制订
6. 掌握绩效评价结果的应用
7. 熟悉绩效薪酬的内涵与类型

➡ 引导案例

腾讯的评价结果应用与申诉

腾讯公司成立于 1998 年 11 月，是目前中国最大的互联网综合服务提供商之一，也是中国服务用户最多的互联网企业之一。自成立以来，腾讯一直秉承“一切以用户价值为依归”的经营理念，长期处于稳健发展的状态。

评价结果的应用

腾讯的绩效评价分为 S、A、B、C 四个等级，依次对应优秀、良好、合格、待改进。各等级的比例分布大致为 5%、40%、50%、5%。

对评价结果为 S 级的普通员工和基层干部，将授予“腾讯优秀员工”“腾讯优秀基层管理干部”荣誉称号。相应的激励方式包括通报表彰、召开表彰大会进行颁奖、发放奖金与奖品等。

对评价结果为 C 级且部门评估为“不合格”的普通员工，将进行辞退处理；对评价结果为 C 级且部门评估为“待改进”的员工，部门将制订强制的“绩效改进计划”，并根据情况给予培训、转岗、降薪等处理；同时，连续两次评价结果为 C 级的，将进行辞退处理。

对评价结果为 C 级的基层管理干部，将根据绩效差距制订“绩效改进计划”，并给予管理辅导和专项培养计划；同时，连续两次评价结果为 C 级的，将根据情况给予免职处理。

绩效申诉

如果员工对评价结果不认同，或认为评价有失公正、违反公司规定的，可在评价结果反馈后 10 个工作日内提出申诉，申诉程序如下：

首先，员工与直接上级沟通，提出申诉意见；其次，如不认同直接上级的处理反馈，可向间接上级或部门第一负责人提出申诉意见；最后，如仍不认同间接上级或部门第一负责人的处理反馈，可书面向人力资源部提出申诉意见，人力资源部会在申诉人所在部门进行调研，反馈处理结果。

资料来源：分享腾讯的绩效考核案例．（2018－08－26）．http：//www. hrsee. com/? id=771.

绩效反馈是战略性绩效管理系统的最后一个环节，其目的是通过良好的沟通使员工了解自己在绩效周期内的绩效表现，并针对绩效方面存在的问题采取相应措施，从而提升绩效水平。及时有效的反馈既给管理者和下属提供了一个促进沟通的渠道，也为组织、部门和个人的绩效改进提供了一个平台，是战略性绩效管理系统良好运转的重要保障。

第1节　绩效反馈概述

一、绩效反馈的内涵

绩效反馈（performance feedback）是指在绩效评价结束后，管理者与下属通过绩效反馈面谈，将评价结果反馈给下属，并共同分析绩效不佳的方面及其原因，制订绩效改进计划的过程。心理学家发现，反馈是使人产生优秀表现的重要条件之一。如果没有及时、具体的反馈，人们往往会表现得越来越差，因为在这种情况下，人们无从对自己的行为进行修正，甚至可能丧失继续努力的动力。同理，员工绩效表现不佳的一个可能原因就是没有得到及时、具体的反馈。有学者认为，缺乏具体、频繁的反馈是绩效不佳最普遍的原因之一。

二、绩效反馈的意义

绩效反馈是对评价对象整个绩效周期内的工作表现及完成情况进行的全面回顾，有效的绩效反馈对绩效管理起着至关重要的作用。

首先，绩效反馈有利于提高绩效评价结果的可接受性。绩效反馈在绩效评价结束后为评价双方提供了一个良好的交流平台。一方面，管理者要告知评价对象绩效评价的结果，使其真正了解自身的绩效水平，并就导致评价结果出现的原因进行深入的探讨，使被评价者能够充分地接受和理解绩效评价结果；另一方面，评价对象也可以就一些具体问题或自己的想法与管理者进行交流，指出绩效管理体系或评价过程中存在的问题，解释自己超出或没有达到预期目标的主要原因，并对今后的工作进行计划与展望。绩效反馈为管理者和下属建立起一座沟通的桥梁，有利于双方在绩效评价结果上达成共识，不仅能够让评价对象更加积极主动，更赋予其一定的权利，使评价对象拥有知情权和发言权，有效降低了评价结果不公正所带来的负面效应，确保了绩效评价结果的公平公正，进而提高了绩效评价结果的可接受性。

其次，绩效反馈有利于评价对象了解自身取得的成绩与不足。绩效反馈还是一个对绩效水平进行全面分析的过程。当被评价对象取得成绩时，管理者给予的认可和肯定可以起到积极的激励作用。此外，管理者也要让评价对象认识到自身在知识、技能等影响绩效水平的方面存在的缺点与不足，并提出改进建议。通过绩效反馈，评价对象既获得了鼓励，又发现了不足，从而为进一步提升绩效水平奠定了重要基础。

再次，绩效反馈有利于绩效改进计划的制订与实施。绩效反馈的一个重要目的是实施绩效改进，即针对评价对象当前绩效存在的不足提出改进计划，为下一个绩效管理周期的工作开展提供帮助和指导。绩效改进计划对于绩效不佳的组织、部门和个人尤为重要，如果相关管理部门对此不能给予充分重视，评价对象自身也缺少绩效改进的动力，不去分析绩效偏差的原因，那么绩效不佳者很难发现改进绩效的有效途径和方式，也就无法达到提高绩效水平这一重要目的。另外，评价对象参与到绩效改进计划的制订过程中，会让其更容易接受绩效改进计划，增强对绩效改进的承诺，有利于绩效改进计划的贯彻落实。

最后，绩效反馈能够为员工的职业规划和发展提供信息。员工更好的职业规划和发展是建立绩效管理体系的目的之一，因此在绩效反馈阶段，管理者应当鼓励员工讨论个人发展的需要，以便建立起有利于达成这些发展的目标。由于讨论涉及员工进一步发展所需技能以及发展新技能的必要性，绩效反馈面谈通常还会讨论员工是否需要培训以及在哪些方面进行培训。管理者应当保证提供一定的资源为员工的学习提供支持。在绩效反馈面谈结束后，应当根据反馈结果，结合组织、部门和个人的下一步计划，制订员工个人的发展计划。这些发展计划必须是具体的，通过管理者和下属共同协商，明确员工需要做些什么，什么时候做；管理者要做些什么，什么时候做；等等。

三、绩效反馈的方式

一般意义上，反馈包括反馈信息、反馈源和反馈接收者三个要素。在绩效反馈过程中，上级为反馈源，评价对象为反馈接收者，而整个绩效周期内的工作绩效和绩效评价结果就是反馈信息。选择恰当的反馈方式对于绩效反馈的效果是至关重要的。一般根据绩效反馈信息的内容以及反馈源态度的不同，将绩效反馈分为三类：负面反馈、中立反馈和正面反馈。其中，中立反馈和负面反馈都是针对错误的行为进行反馈，而正面反馈则是针对正确的行为进行反馈。

（一）对错误的行为进行反馈

管理者针对下属的错误行为进行反馈的目的是帮助下属了解自身存在的问题并引导其纠正错误。对错误行为进行的反馈就是通常所说的批评。在大多数人的印象中，批评往往是消极的，但实际上批评应该是积极的和建设性的，这就是负面反馈与中立反馈之间的区别。下面通过一个例子来比较一下这两种反馈方式的不同。小王上班经常迟到，在反馈中，他的上司就这个问题与他沟通。他的上司可以说："小王，你怎么那么懒，上班总是迟到，难道你就不知道守时吗?"同样，管理者也可以这样说："小王，我注意到上周的5天内你有3天迟到。你是不是有什么困难？但这种行为是不被接受的，你以后还是要注意!"比较这两种反馈方式，前一种方式就是典型的负面反馈，这种方式没有指出具体的数据来支持说话的内容，并且有针对个人的倾向，容易使下属产生抵触情绪；而后一种是中立反馈，管理者让下属了解到他迟到的具体次数，指出无法接受这样的行为，而且提出了改进的具体意见。在下属表示接受这样的批评之后，管理者还应该通过一些认同的表示，强化反馈的效果。可见，这种积极的和建设性的反馈方式明显优于负面反馈。现在越来越多的研究学者和管理者已经认识到中立反馈的重要性。建设性批评是一种典型的中立反馈。心理学家亨德里·韦辛格（Hendrie Weisinger）对中立反馈做了大量的研究，发现七条原则能够有效地促成建设性的批评。这七条原则分别是：

（1）建设性的批评要有计划性。管理者在进行建设性批评之前要对批评的目的、内容、方式等都有所准备。有时管理者和下属由于受到当时谈话气氛的影响而对自己的言行失去控制，这种在情绪失控状况下进行的反馈不但毫无意义，而且会产生负面影响。因此，充分明确反馈的目的，有计划性地组织好思路和语言，是促进建设性批评顺利实施的有效手段。

（2）建设性的批评要维护对方自尊。自尊是每个人在进行人际交往时都试图维护的，管理者在绩效反馈时应当照顾下属的自尊。消极的批评容易使下属的自尊心受到伤害，对人际关系具有破坏作用。例如，小王又一次迟到了。上级见状气愤地喊道："你怎么又迟到了，难道你永远都不能准时一点吗?"这样的批评方式十分常见，但往往会伤害下属的自尊，造成管理者与下属之间关系紧张。管理者可以使用下面的批评方式来避免这类问题："你是不是需要……的帮助才能够……""我是不是忘了告诉你……"等。实际上要做到维护下属的自尊，最简单的方法就是在批评对方之前进行换位思考。

（3）建设性的批评要发生在恰当的环境中。绩效反馈应当选择合适的环境因素，充分考虑沟通的时间、地点以及周围环境，寻找最佳时机，以保证良好的反馈效果，尤其是对员工错误行为进行反馈的时候。通常，人们主张单独与犯错误的员工进行交流，这种方式能够最大限度地维护员工的自尊心。但这一点并不是绝对的。例如，在团队的工作环境中，如果管理者只是进行私下的批评往往会得不到充分的信息或帮助，不利于员工最大限度地改进绩效。如果管理者能够在团队中形成一种批评公开化的良好氛围，这类反馈就能够在团队成员的集体会议上进行。在这种情况下，整个团队都能够对犯错误的成员提供必要的帮助。在团队管理中，一种常见的方式就是利用头脑风暴法给出现问题的成员提供建议。这样的团队会议能够激发成员之间团结互助的良好关系，有利于提高所有成员的工作绩效。

（4）建设性的批评要以进步为导向。批评并不是最终的目的，批评的目的是促使员工取得进步。绩效反馈应着眼于未来，而不应该抓住过去的错误不放。强调错误的批评方式会使下属产生防御心理，对绩效反馈的效果起到消极的作用。例如，王小姐在进行市场调研时选择了不恰当的样本采集方法，因而影响了统计结果的可信度。管理者在发现这一问题之后不应指责“你的方法简直太笨了”“这个报告完全不能说明任何问题”等，而应该从改进绩效的目的出发，用“你应该……”“用……的方法能够使……”这类以进步为导向的批评，这类批评能够真正达到绩效反馈的最终目的——提高员工的未来绩效。

（5）建设性的批评应是互动式的。负面反馈往往是单向传递信息，这种方式会由于管理者单方的操纵和控制而引起下属的反感和抵触，从而产生排斥心理。建设性的批评主张让员工参与到整个绩效反馈的过程中，也就是所谓的互动式的绩效反馈。管理者应当通过有效的引导让员工提出自己的看法和建议。

（6）建设性的批评应是灵活的。灵活性要求管理者在批评时应当根据不同的对象和不同的情况采用不同的方式，并在批评的过程中根据对方的反应进行方式的调整。

（7）建设性的批评应能够传递帮助信息。建设性的批评不仅仅是单纯的好坏对错这类信息的传递，更应当为员工提供明确、具体的建议，以表明管理者愿意为员工提供帮助。管理者应该让员工感受到对他们的关注以及信心，并使员工相信自己能够得到来自管理者的充分帮助。这一点非常重要，因为当员工在工作中遇到困难时，他们需要的不是一个只会批评打压的上级，而是一个能提供指导和帮助的领导。这种传递帮助信息的批评有助于改善员工与管理者之间的关系，提高员工对管理者的信任感，从而提高工作绩效。

我们相信，只要管理者在针对错误行为进行绩效反馈时注意上述七条原则，就能够避免无效的负面反馈，将中立反馈变成积极的建设性反馈，从而达到绩效管理的目的。

（二）对正确的行为进行反馈

通常人们更加倾向于关注对错误行为的训导，而往往忽视对正确行为的反馈。事实上，对正确行为的反馈与对错误行为的反馈同等重要，两者的最终目的都是提高员工的绩效。对错误行为的反馈将注意力集中于减少不好的行为，而针对正确行为的反馈是为了强化这种正确行为，管理者在实践中要综合运用两种不同的方式对员工的绩效水平进行反馈，从而达到良好的反馈效果。为此，管理者在进行正面反馈时应遵循以下四个原则：

（1）用正面的肯定来认同员工的进步，例如应针对“成功率的提高”而不是“失败率的降低”。

（2）明确地指出受称赞的行为。

（3）当员工的行为有所进步时，应给予及时的反馈。

（4）正面的反馈中应包含这种行为对团队、部门乃至整个组织的整体效益的贡献。

（三）自我反馈

通常来讲，绩效反馈是通过管理者与员工之间的相互沟通实现的。自我反馈指的是下属在一套严格、明确的绩效标准的基础上主动将自己的行为与标准进行比对，发现并解决问题的过程。自我反馈是一种员工自己与自己进行“沟通”的形式，是绩效反馈的一种特殊方式。这种方式能够有效地使员工对自己的绩效表现有一个正确的认识。自我反馈机制的首要前提就是制定一套员工在进行反馈时使用的绩效标准，然后建立一套机制或办法，使其能够自觉地根据这一标准对自己的工作情况进行自我检查。

四、360度反馈计划

360度反馈（360-degree feedback）是20世纪80年代由美国学者爱德华兹和艾文（Edwards & Ewen）在一些企业组织中不断研究发展形成的。360度反馈计划是一种全方位的反馈机制，主要适用于管理人员。理解这个概念需要注意以下几个方面：第一，360度反馈计划涉及的反馈主体包括管理者本人、上级、下级、同级、与之发生工作关系的内外部客户等。这些人员观察的视角不同，提供的信息内容也不同。第二，360度反馈计划的作用在于提供绩效信息方面的反馈，而不是进行绩效评价。反馈信息主要用于管理人员的培训和开发，而不能直接用于薪酬和晋升决策。这是许多组织使用360度反馈计划时在功能定位上常犯的错误。第三，360度反馈计划通常是以匿名的形式提供信息反馈。第四，360度反馈计划主要适用于管理人员，而不是一线员工。360度反馈计划在日本被称为管理者适应性评价技术，指通过反馈信息来评估管理者能力，进而判断其从事本职工作的适应状况。一些企业将360度反馈计划作为一种绩效评价或考核的方式在整个组织内推行的做法是不妥的。

相比传统的单一直线式的反馈，360度反馈具有以下优点：

（1）增强绩效信息的准确性和客观性。360度反馈能够更加全面地掌握个体的信息，尤其是有关工作行为的绩效信息，从而在一定程度上减少了对量化数据的依赖，同时避免了过分重视直接上级看法的弊端，减少了偏见出现的可能性。

（2）促进管理决策的有效落实。360度反馈在信息渠道上的扩展有利于提高个体对反馈信息的认同程度，从而使管理决策更易于执行。

（3）促进绩效改进。360度反馈可以获得比较充分的绩效信息，帮助个体正确地调整自我认知和自我行为，增强自我发展意识。同时，在获取绩效反馈信息后，组织可以有针对性地实施培训与开发计划，通过提高个体的胜任素质来促进个体绩效和组织绩效的有效改进。

（4）优化职业生涯规划。360度反馈可以使个体了解自身的优势和不足，为个体的职业生涯发展规划提供可供参考的依据。

当然，这种反馈方式也存在一些缺陷：

（1）增加信息处理成本。由于360度反馈收集的是来自上级、下级、同级、本人和客户等多方面的信息，必然大大增加信息收集和处理的成本。

（2）导致沟通过程僵化。由于有大量的信息要汇总，这种方法可能使反馈过程变得机械化（填写大量标准化的表格），导致人们只注重文字材料，而忽略了面对面的直接沟通。

（3）增加评价者的负担。实施360度反馈时，评价者可能需要为其上级、下级、同级等提供反馈信息，客观上增加了评价者的工作负担。

下面以日本一家公司为例进行说明。该公司实施了一个名为“适应性观察调查”的项目，首先确定了适应性观察调查的适用范围和对象，明确了参加调查的具体名单；然后分部门提炼了适应性评价的要素，评价要素分为专业能力、概念化能力、管理能力和基础能力四类，而每类能力又包含若干条目。研发部门和非研发部门在具体条目上有所差异，如表6-1所示。

表6-1 适应性评价的要素

评价要素	非研发部门	研发部门
专业能力 （TS）	1. 专业知识、技术 2. 丰富的知识、见识 3. 信息收集能力 4. 应用能力 5. 积累经验的公开	1. 专业知识、技术 2. 丰富的知识、见识 3. 信息选择、收集能力 4. 应用能力 5. 基于专业知识的判断
概念化能力 （CS）	6. 洞察力 7. 企划、策划能力 8. 决断能力 9. 目标、方针的明确 10. 经营/事业上的灵感	6. 先见性 7. 洞察力 8. 独创性 9. 企划、策划能力 10. 目标、方针的明确
管理能力 （MS）	11. 领导能力 12. 对部下的跟踪指导 13. 说服力、交涉能力 14. 协调能力 15. 权限下放	11. 积累经验的公开 12. 领导能力 13. 对部下的跟踪指导 14. 协调能力 15. 权限下放
基础能力 （BS）	16. 工作欲望 17. 责任感 18. 探求的姿态 19. 革新的姿态 20. 自我开发	16. 工作欲望 17. 责任感 18. 革新能力、挑战能力 19. 执著的探求精神 20. 自我开发

随后，根据研发部门和非研发部门的评价要素，该公司分别确定了评价尺度和观察项目。其中评价尺度为六个等级，观察项目以问题的形式列举，用以收集反馈意见，如表6-2所示。

表6-2 适应性评价的调查问卷

评价尺度
A. 完全做得到；B. 相当程度上做得到；C. 基本上做得到；D. 不好说；E. 基本上做不到；F. 做不到
观察项目
01. 在所负责的领域内是否具有高度的专业知识和技术？
02. 对所负责的业务方面的行业动向及关联技术动向是否了解？是否具有丰富的知识和见识？
03. 是否采取行动获取工作所必需的、确实可靠的信息和知识？
04. 是否将自己拥有的专业知识和技术广泛应用于实际工作中？
05. 是否多方面考虑事物的因果关系，洞察事物的本质？
06. 是否为达成业务目标提出有效、具体的实用方案？
07. 为了实现目标，是否在TPO的基础上选择了最适当的言行？
08. 是否敏锐地把握环境变化、对自己负责领域的变化有先见之明？
09. 为达成业务目标，是否能获得相关人员的必要协作？
10. 对后辈员工是否进行适当的指导、帮助并跟踪效果？
11. 为达成业务目标，是否利用自己的影响力对有关方面进行说服、交涉？
12. 当部门内外出现纠纷时，是否朝建设性方向努力协调、解决？
13. 面对困难，是否将其作为发挥自我能力的机会，积极地投入解决？
14. 一旦接受了任务，是否负责地完成？
15. 是否具有问题意识，关心新事物，不断挑战新课题？
16. 是否持之以恒地进行自我开发、不断提高自己的能力？

通过调查和数据分析，最后得到每个被观察的管理人员在各项评价要素上的分数，并以雷达图的形式将所有的评价要素得分显示出来，从而可以从整体上观察该管理者的优势和不足，还可以对不同管理人员的适应性进行比较，如图6-1和图6-2所示。通过这个过程，人力资源管理决策尤其是培训需求分析就有了比较客观的依据。

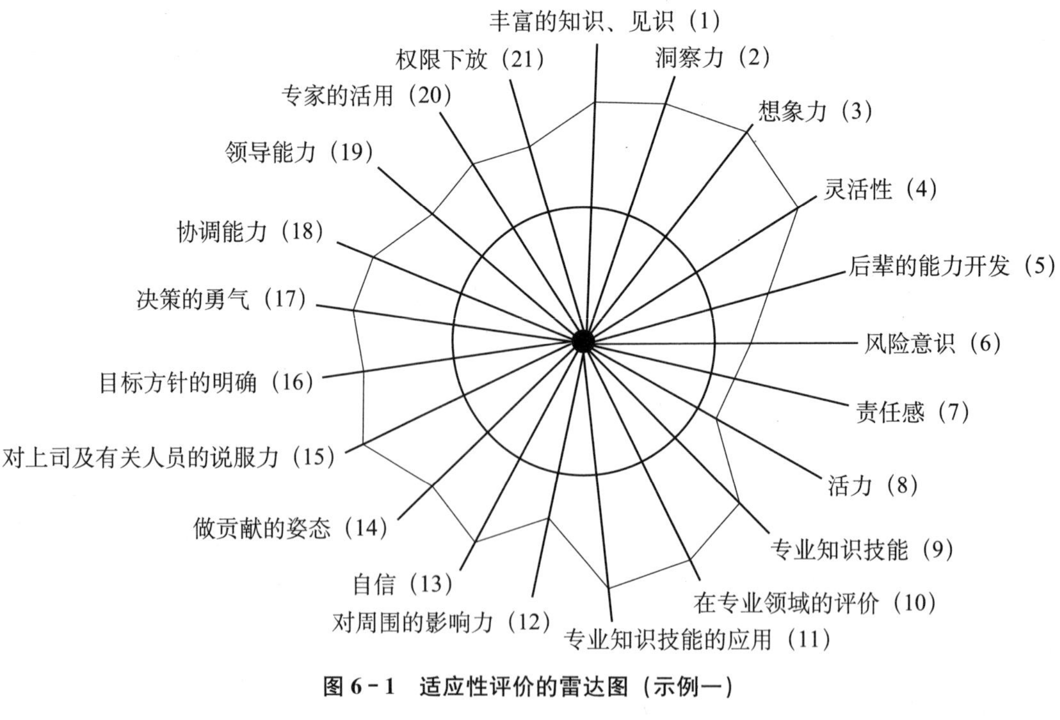

图6-1 适应性评价的雷达图（示例一）

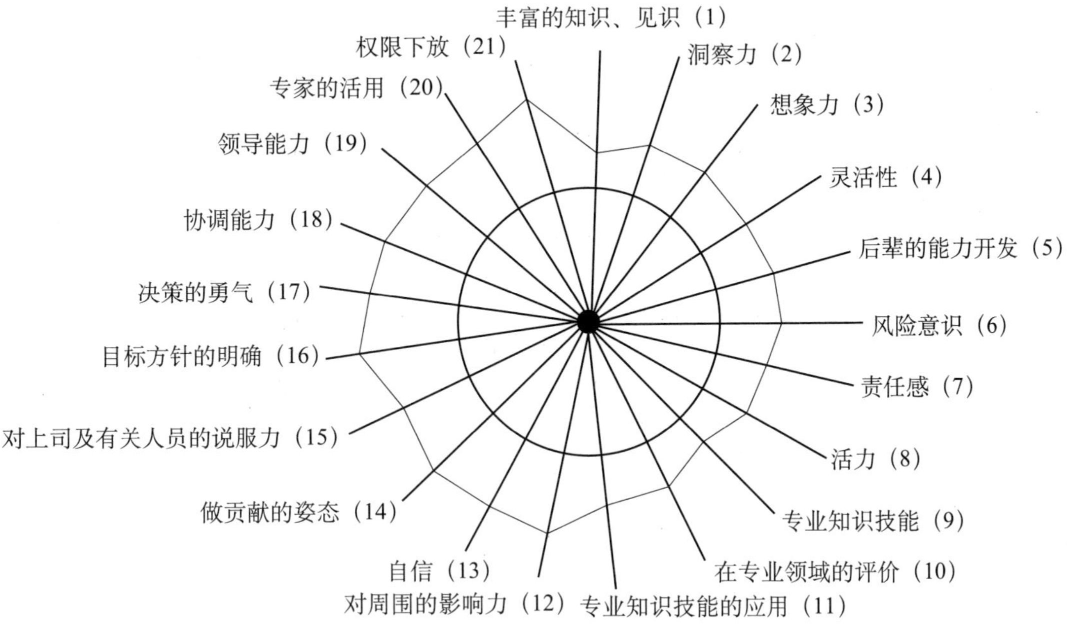

图6-2　适应性评价的雷达图（示例二）

第2节　绩效反馈面谈

绩效反馈面谈是一种正式的绩效沟通。在许多组织中，绩效反馈面谈并没有得到足够的重视，它们往往将填写评价表格、计算评价结果视为绩效评价乃至绩效管理的全过程。实际上，如果缺少将评价结果和管理者的期望传达给评价对象的环节，就无法实现绩效管理的最终目的。

一、绩效反馈面谈的原则

绩效反馈面谈是指由直接上级与评价对象进行面对面的沟通，告知评价对象评价结果，共同分析绩效不佳的方面及其原因，制订绩效改进计划的活动。在绩效管理体系中，根据评价层次的不同，反馈面谈参加者也有所区别。一般而言，对于组织和部门层面的绩效反馈，参加者应为组织和部门的负责人及其上级主管领导；而对于个人层面的绩效反馈，参加者则是评价对象本人及其直接上级。绩效反馈面谈是一种面对面的沟通，对于组织、部门和个人绩效水平的提高以及组织内成员间关系的改善等具有非常大的影响，因此在实施绩效反馈面谈时要重点把握好以下几点原则：

（1）直接具体原则。面谈交流要直接具体，不能抽象地泛泛而谈或仅做一般性评价。对于上级领导来说，无论是赞扬还是批评，都应有具体、客观的结果或事实来支撑，使面谈对象明白哪些地方做得好，并清楚地了解存在的差距与缺点。如果面谈对象对绩效评价结果有不满或质疑的地方，可以向上级领导进行申辩或解释。唯有如此，绩效评价结果的反馈才能够具体、准确、透明、公平，真正取得实效。

（2）互动原则。面谈是一种双向的沟通，为了获得对方的真实想法，反馈主体应当鼓励面谈对象多说话，充分表达自己的观点。由于职位和沟通角色的差异，充当反馈主体的管理者常常处于发话、下指令的位置，下属只是被动地接受。然而，有些时候管理者得到的信息不一定是真实情况，为此，管理者应当允许下属针对模糊或疑惑之处进行询问和辩解，而不应打断与压制，对下属提出的好建议应该充分肯定，从而提高绩效反馈面谈的效果。

（3）基于工作原则。绩效反馈面谈所涉及的是评价对象的工作绩效，即具体工作是怎么做的、采取了哪些行动与措施、效果如何等等。因此，上级在进行绩效反馈面谈时必须以下属的工作情况为基础，而不应掺杂与工作无关的情况和个人情感因素。在明确客观事实的基础上，面谈双方才能够根据绩效评价结果展开深入的分析和讨论，以便达到绩效反馈面谈的目标。

（4）相互信任原则。绩效反馈面谈是上下级交流的过程，缺乏信任的面谈会使双方都感到紧张、急促，充满冷漠进而产生抵触情绪。绩效反馈面谈应是一个双方沟通的过程，沟通要想顺利地进行，最终促进双方的相互理解和共识的达成，就必须营造一种彼此互相信任的良好氛围。

二、绩效反馈面谈的步骤

（一）绩效反馈面谈的前期准备

为了充分实现绩效反馈面谈的目的，参加绩效反馈面谈的双方都应该做好充分的准备，主要包括以下几方面。

1. 选择合适的面谈时间

绩效反馈面谈的时间选择对最终的绩效反馈效果有很大影响。一般来说，管理者应该根据工作安排并在征得下属同意的前提下确定面谈时间。尽量不要将绩效反馈面谈安排在临近上下班的时间和非工作时间。需要指出的是，确定的时间并不是一个时间点，而应当是一个合适的时间段。时间段的长短要适宜，过长会引起疲倦、注意力不集中，从而增加信息交流误差的可能性；过短则会由于信息没有被充分、完全地传递而达不到沟通的目的。

2. 选择合适的面谈地点和环境

面谈的地点和环境会对反馈效果产生重要的影响。一般来说，在办公环境下，主要的反馈地点有管理者的办公室、会议室、接待室，其中小型会议室或接待室是比较理想的选择，因为这些地方一般都远离电话、传真，是不易被干扰的场所。但现实中往往由于条件所限，管理者的办公室成为最常见的选择。但是在办公室进行绩效反馈面谈，要务必确保面谈不被干扰或者中途打断。管理者最好能够拒绝接听任何电话，停止接待来访的客人，以免面谈受到不必要的干扰。面谈的场所最好是封闭的，因为开放的办公区域比较容易受周围环境的影响。当然，反馈面谈的地点也可以选择工作场所之外的地方，比如咖啡厅、茶楼等。这种非正式办公地点的选择可以有效地营造管理者与下属之间的亲近关系，使下属和管理者在轻松的环境中充分表达自己的真实感受。

3. 收集、整理面谈所需的信息资料

管理者和面谈对象都要收集和整理日常积累的有关绩效的各种信息。在绩效反馈面谈之前，管理者必须准备并且熟悉面谈所需的资料，这些资料主要包括绩效评价表格、工作情况的记录和总结、该绩效周期的绩效计划和绩效评价结果以及评价对象的基本信息。在面谈的过程中，面谈对象往往会根据自己的实际情况陈述整个周期的工作情况，因此也应该充分收集整理一些能够表明自己绩效状况的事实依据等，还可以准备好一些与绩效管理有关的问题，以便在面谈中向管理人员提问和咨询。

（二）绩效反馈面谈的过程

事先设计完整而合理的绩效面谈过程是成功实施绩效反馈面谈的保证。在进行面谈前，负责面谈的管理人员应该对面谈的内容进行详细的计划。绩效反馈面谈的过程主要包括开场白、实施和结束。

1. 面谈的开场白

在绩效反馈面谈的开始阶段，管理者应该向面谈对象简要说明面谈的目的和基本程序。管理者可以从一个轻松的话题入手，帮助下属放松心情，以使下属能够在面谈中更好地阐明自己的看法。当然，如果下属能够很好地了解面谈的目的，并已经为面谈做好了充分的准备，那么开门见山将是最好的选择。

2. 面谈的实施

在绩效反馈面谈的实质阶段，管理者和面谈对象要就绩效评价结果、绩效改进计划深入交换意见，达成共识。一般来讲，管理者要先就下属的上一周期绩效表现做一个总体的回顾，并告知其绩效评价结果。对于下属表现好的方面，管理者要适时鼓励，对于绩效不佳的方面，要采取建设性沟通的方式，注意沟通的方式方法。如果下属对绩效评价结果有异议，管理者要耐心倾听，并就存在争议的问题给出合理满意的答复；紧接着，管理者和面谈对象要就导致绩效不良的原因进行分析，找出问题所在并共同制订绩效改进计划和符合员工自身实际情况的个人发展计划。最后，管理者要与下属就下一个绩效管理周期的工作任务、工作目标及其衡量指标等进行商定，并签订绩效计划协议书。

3. 面谈的结束

当面谈的目的已经达到或由于某些因素无法取得预期进展时，应当适时结束面谈。在绩效反馈面谈的结束阶段，管理者要对面谈对象进行正面激励，让面谈对象鼓足干劲，以满怀斗志的状态开始下一绩效周期的工作。

（三）绩效反馈面谈的总结和改进

在绩效反馈面谈结束之后，管理者要对面谈的整体情况和效果进行评估，对面谈过程中所记录的内容进行反思与总结，对面谈对象提出的疑问或要求予以高度重视，并采取具体的方法和手段加以解决。除此之外，管理者也要对自己在面谈过程中的表现进行反思，如是否采用了建设性的沟通方式、是否为下属提供了有效的支持与帮助等，以便在下一次绩效反馈面谈中取得良好效果。

三、绩效反馈面谈过程中应该注意的问题

绩效反馈面谈是一个双向沟通的过程。管理者只有掌握了一定的沟通技巧，获得员工的认可与信任，才能达成共识。管理者在绩效反馈面谈中应该注意以下问题。

（1）重视面谈的开始。许多管理者并没有认识到面谈开始的重要性，往往急于切入主题而忽略开始的方式。实际上，最初的几分钟谈话往往决定了面谈的成功与否。因此，开场白的设计至关重要，管理者要引起足够的重视。

（2）及时调整反馈的方式。管理者在与面谈对象沟通的过程中要根据实际情况的变化及时调整反馈方式。管理者的反馈方式主要有：指示型、指导型和授权型。指示型是比较传统的反馈模式，有时管理者急于解决问题，或者把自己看作权威并主张控制，就会采取这种指示型反馈方式。与指示型相比，指导型和授权型需要更多的时间。指导型是一种教与问相结合的方式，管理者向下属解释并询问下属的想法，并在适当的时机纠正下属的错误思想。授权型方式以下属回答为主，以解释和纠正为辅，管理者实际上主要起引导作用。

（3）强调下属的进步与优点。绩效反馈面谈往往不受欢迎的一个重要原因在于，面谈中难免要谈论下属在上一阶段工作中的失误，如果管理者没有良好地掌握沟通技巧，很容易因为对下属进行批评和指责造成下属的抵触和反感。而鼓励与表扬则是赢得下属合作的好方法。只有充分地激励下属，才能真正实现绩效反馈的目的。下属做得好的地方不能一带而过，而应当花一些时间进行讨论。赞扬不仅可以使下属保持好的工作作风，还可以激励下属。对于绩效不良的方面，不能一味批评，而应当肯定下属的努力和贡献。

（4）注意倾听下属的想法。绩效反馈面谈是一个双向沟通的过程，即使采用指示型方式，也需要了解下属的真实想法与心理。真正有效的沟通不能忽略倾听的重要性，来自下属的信息是十分重要的。倾听有助于全面了解情况，印证或改变管理者自己的想法。平衡讲述与倾听之间的关系是进行反馈面谈的要义，而衡量这种平衡最好的标准就是看是否调动了下属的积极性，是否赢得了下属的合作。管理人员在面谈时要学会倾听，鼓励面谈对象大胆说出自己的想法，在倾听中予以积极回应，不要轻易打断下属，更不要急于反驳。

（5）坦诚与平等应该贯穿面谈的始终。因为绩效评价结果的应用涉及薪酬、晋升等比较敏感的问题，所以管理者在与下属面谈的过程中可能会有所顾忌，有时甚至会回避问题与矛盾。但是这种隐瞒的方式并不能解决任何问题，最好的方式就是坦诚相见，直接向下属展示评价表格。同时，管理者应当清楚自己和下属在错误上负有同等的责任，并且自己的判断与实际情况之间也会出现偏差。当发现问题或认识出现偏差时，管理者应当坦率地承认，这种态度将会有助于与下属进行进一步的沟通，并解决问题。

（6）避免冲突与对抗。冲突与对抗可能会彻底摧毁下属对主管的信任，导致下属对领导产生抵触情绪。双方一旦产生隔阂，问题就不仅仅是一次面谈的失败，很可能会影响今后工作中的合作。因此，当面谈中出现不同意见时，管理者不能用领导的权威对面谈对象进行压制，而应就有不同见解的问题与面谈对象耐心地进行沟通，争取得到理解，同时要站在对方的立场，设身处地为其着想，争取在平和的氛围中就争议问题达成共识。

（7）形成书面的记录。人力资源管理部门提供的各类计划和表格并不一定涵盖面谈中会涉及的全部问题。面谈中双方可能谈到工作中的许多问题，因此需要记录面谈的过程并形成书面文字，这样一方面方便组织对正式文件的管理，另一方面也能让下属感到面谈的正式程度和重要性。

第3节 绩效申诉

由于绩效评价的过程会受到诸如评价标准模糊不清、评价主体的个人偏见、绩效信息不准确等主客观因素的影响，评价结果可能存在不准确或不公平的情况。一旦发生这种情况，绩效评价的可靠性和权威性就会受到影响。为了尽可能避免这种状况的出现，有必要建立科学的绩效申诉与争议处理制度，当评价对象对评价结果存在异议时，可以通过正式途径进行申诉，维护自身的权益，同时提高评价的公平性。所谓绩效申诉，是指由于评价对象对评价结果持有异议，依照法律、法规或规章制度向有权受理申诉的机构提起申诉申请，受理部门依照规定的程序对相应的评价过程和结果进行审查、调查并提出解决办法的过程。

一、绩效申诉的重要性

绩效申诉是健全的绩效管理体系的重要组成部分。建立完善的绩效申诉制度对于保障绩效结果的公平公正、减少组织内部矛盾具有非常重要的意义，具体体现在以下几个方面：

第一，绩效申诉能够保障评价的顺利进行，提高评价的可接受性、公平性和公正性。当评价对象对评价结果产生异议时，可以通过申诉表达。相关管理部门启动相应的调查，对评价中的问题进行裁决，纠正评价中的错误，消除评价对象的不满，保障评价的顺利进行，从而促进评价的公平与公正。

第二，绩效申诉有利于及时发现和纠正评价系统中存在的问题。建立绩效申诉制度是完善绩效评价系统的重要途径。在绩效评价的过程中，由于受到主客观因素的影响，可能会出现评价不准确的情况。一种情况是由于评价主体方面的因素，如对评价不够重视、受不正当动机和目的的支配等致使评价结果不准确，甚至出现营私舞弊、打击报复等不正当行为；另一种情况是由于客观评价系统的因素，如评价标准模糊等导致的评价不公平。通过绩效申诉，可以为这些问题提供纠错机制，由评价对象将上述问题反映到组织内部负责绩效申诉的部门，相关部门一经查实，在纠正评价结果的同时，还要采取相应措施避免类似情况再次发生。

第三，绩效申诉有利于增强评价对象对组织的信任感。如果评价存在不公正现象使评价对象遭到不公正待遇并且无处申诉时，评价对象就会首先对领导失去信任，进而对整个组织产生不信任感。如果建立了绩效申诉制度，评价对象对绩效评价结果有异议时就有了表达意见的渠道，会让评价对象感觉受到尊重，就会愿意积极参与绩效管理过程，乐于接受评价结果，进而对组织产生信任感。

二、绩效申诉的原则

绩效申诉制度的基本原则是在绩效申诉过程中，对绩效申诉具有普遍指导意义的基本准则。它至少应包括以下三个方面：

第一，合理原则。组织内部受理绩效申诉的部门要本着负责的态度，深入细致地查明相关事实，做出准确的认定。受理部门做出的决定要严格依据组织的相关规定，做到合理合规，不能徇私舞弊。

第二，公开原则。在处理绩效申诉的过程中应尽量公开进行，使各方了解有关情况，监督申诉处理过程，消除误解。所涉及的申诉信息，除规定必须保密的之外，应尽量公开。此外，申诉处理结果也要公开，让申诉各方知晓处理结果。保证绩效申诉处理全过程公开透明。

第三，及时原则。绩效申诉作为一种有效的绩效改进手段，不能拖延推诿。这就要求绩效申诉的各个步骤都必须在限定的期限内完成，申诉机构要尽快完成对案件的审查，并及时做出处理决定。

三、绩效申诉体系的构建

绩效申诉体系的构建对于任何组织来说都是一个系统工程。具体而言，一个完整的绩效申诉体系应该包括确定申诉参与方、界定申诉范围、明确申诉管辖权和设计申诉程序等环节。

（一）确定申诉参与方

申诉参与方主要包括申诉方、被申诉方以及申诉管理机构。

（1）申诉方。申诉方是指对评价结果持有异议，依据相关规定以单位或个人名义向申诉管理机构提起申诉的组织或人员。简单地说，申诉方就是对评价主体的评价结果不服而提起申诉的评价对象。

（2）被申诉方。被申诉方是指评价对象就评价争议案件提起申诉的单位或个人，也可以简单理解为评价主体。

（3）申诉管理机构。申诉管理机构是指受理绩效申诉的机构或部门，一般而言，该机构的职能由组织的人力资源管理部门承担。此外，权威的第三方机构也可以作为绩效申诉的管理机构，因为这类机构立场中立、行事客观，但是由于职能权限和信息障碍等方面的限制，会加大其受理申诉工作的难度。

（二）界定申诉范围

申诉范围是指申诉机构接受评价争议案件的范围。它涉及评价对象合法权益的保障程度，也涉及申诉申请的管辖权限。评价对象可提起申诉的事项至少包括以下几方面。

（1）评价结果。评价结果可用于对评价对象的奖惩，用于指导评价对象以后的工作，是绩效评价中相当重要的一部分。由于评价结果正确与否关系到评价对象的利益，当评价对象对评价结果持有异议时，应允许其提起申诉。

（2）评价程序。评价程序科学与否影响到评价结论的正确性，并有可能侵害评价对象的利益。因此，如果评价对象认为评价主体没有按照科学的或既定的程序进行评价，则有权提起申诉。

（3）评价方法。评价方法的选择依赖于具体的绩效指标，如果选择的评价方法不妥，会影响评价结果的准确性。同时，不同评价主体在采用评价方法上可能会存在差异，从而出现使用不同衡量尺度评价同一个评价对象的情况，进而导致评价结果有所不同。因此，如果评价对象认为评价主体所用的评价方法不科学或不符合本部门的实际，可以向申诉机关提起申诉。

（4）评价指标。与评价方法一样，如果评价对象认为评价主体所用的评价指标不合理，可提起申诉。

（5）评价信息。用于评价的信息正确与否、真实与否关系到评价的准确性和可靠性。因此，如果评价对象认为评价主体用于评价的信息不真实、不可靠，可向申诉机关提起申诉。

（三）明确申诉管辖权

申诉管辖是指有权受理评价申诉的组织或部门接受申诉方的申诉请求，并收集资料审查评价过程，最后依据相关规定做出裁决，同时终结申诉活动的行为。这一环节解决的是当评价对象对评价主体的评价产生质疑时应向谁提起申诉的问题。以政府机构为例，当评价对象对评价结果质疑时，如果评价主体是上级或同级组织，评价对象可向与评价主体同级的申诉机关提起申诉。如果评价主体是其下级组织，评价对象应向与评价主体同级的申诉机关提起申诉，以免上级组织利用自己的权力和地位优势影响申诉机关的裁决。如果评价对象是各级人民政府而评价主体是其下级组织时，评价对象应该向上级政府的申诉机关提起申诉，而不能是同级的申诉机关。因为行政监察部门由各级政府领导，向同级申诉机关申请，不利于做出公正的裁决。另外，当中央各部委是评价对象时，评价对象可向国务院行政监察部的申诉机关申诉。

（四）设计申诉程序

申诉程序是申诉机构进行申诉时必须遵守的时间、步骤和方式等内容。科学合理的程序是绩效申诉有序进行的保障，申诉机构应该按照科学的程序进行申诉的处理，以保证绩效申诉处理的公平公正。科学的申诉程序应包括：

（1）申请。当评价对象对评价结果产生质疑，向申诉机关申请时，就开始进入申诉程序。评价申诉依照“不告不理”原则，依申请而进行，如果评价对象不提起申请，就不能进入申诉程序。

（2）受理。申诉机构在接到评价对象的申请后，进行审查，看其是否符合申诉范围，是否符合受理的有关条件等，再决定是否受理。如符合条件，就应立案受理。

（3）审理。绩效申诉受理后，申诉机构应调取相关证据，让申诉各方充分表达自己的意见和立场，围绕评价中的问题展开辩论。

（4）裁决。经过充分的论证和审查后，申诉机构应该以事实为根据做出公正的裁决，并将裁决结果送达申诉各方。

（5）执行。绩效申诉结果裁决后，申诉各方应在规定期限内执行。申诉机构应加强对申诉处理决定执行情况的监督。

（6）期限。科学的程序必须为各个步骤设置一定的处理期限，如立案期限、审理期限、送达期限、执行期限等，以提高绩效申诉处理的效率。

第4节　绩效改进

绩效改进既是绩效评价结果的重要应用领域，也是绩效反馈面谈当中重要的沟通内容。传统的绩效管理侧重于评价已经发生的工作绩效，而现代绩效管理则强调如何改进绩效，使个人获得发展的同时推动部门的发展，从而实现组织的战略目标。因此，绩效改进是一个系统化的过程，指的是通过对现有绩效状态的分析，找出与理想绩效之间的差距，制定并实施相应的干预措施来缩小绩效差距，从而提升个人、部门和组织绩效水平的过程。绩效改进的流程可以分为绩效分析、绩效改进计划的制订、绩效改进计划的实施与评价三个阶段。

一、绩效分析

绩效分析是绩效改进流程的第一步，其目的在于明确个人、部门和组织层面存在的绩效差距，并找出导致差距的原因，编制绩效分析报告。

（一）找出绩效差距

通过科学准确的绩效评价，将组织、部门和个人的绩效评价量表中的目标值与实际值进行对比，就可以得出组织、部门和个人三个层面的绩效差距。由于组织资源有限，弥补绩效差距需要付出大量的人力、物力和财力，如果在很多方面都存在绩效差距，就需要对绩效改进要点进行取舍。就这个问题国内外有许多研究，比如塞莫·勒维就提出了一种二维的选择方法（见表6-3）。要综合考虑每个拟选项目所需的时间、精力和成本因素，选择用时较短、精力花费少及成本低的，也就是比较哪个项目更划算。除此之外，绩效差距与组织战略的相关性、存在差距的部门在组织结构中所处位置的重要性等都是确定绩效差距排序的重要因素。

表6-3　选择绩效改进要点的方法

绩效	不易改变	容易改变
亟须改进	将其列入长期改进计划，或者与绩效薪酬一同进行	最先做
不需要改进	暂时不列入改进计划	第二选择（有助于缓解其他困难的绩效改进）

（二）分析绩效差距的原因

根据学者们的研究，分析绩效差距通常有以下两种思路。

1. 四因素法

四因素法主要是从知识、技能、态度和环境四个方面着手分析绩效不佳的原因，如图6-3所示。

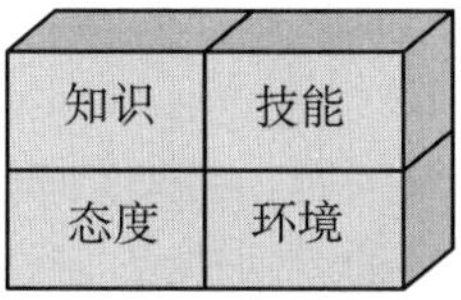

图6-3　影响绩效四因素法

（1）知识：员工是否具有从事这方面工作的知识和经验？
（2）技能：员工是否具备运用知识和经验的技能？
（3）态度：员工是否有正确的态度和自信心？
（4）环境：组织的激励政策及与直接上级的关系是否影响了员工的积极性？（激励机制）
是不是由于缺乏资源导致了最终的不良绩效？（资源）
组织的流程是否影响高绩效的实现？（流程）
组织的人际关系、气氛等是否不利于完成绩效目标？（组织氛围）
是否存在影响绩效的外部不可控因素？（外部障碍）

2. 三因素法

三因素法提出从员工、主管和环境三方面来分析绩效问题（见图6-4），认为绩效未达到预期的绩效水平，要从以下三方面来考虑。

图6-4　影响绩效三因素法

在员工方面，可能所采取的行动本身是错误的，抑或是应该做的而没有去做。原因可能是主管的要求不明确、个人知识和技能不足、缺少动机等。

在主管方面，主管可能因为管理行为不当而导致员工能力无法发挥，或者主管没有帮助员工改进其工作。通常从两个方面分析主管的管理行为：一是主管做了不该做的事情，比如监督过严，施加不当的压力；二是主管没有做该做的事情，比如主管没有明确工作要求，没有对员工的工作给予及时有效的反馈，对员工的建议不予重视，不授权给员工，不给员工提供教育和培训的机会，不鼓励员工尝试新方法和新技术。

在环境方面，主要是工作场所和工作气氛等因素。可能对绩效产生影响的方面有：工具或设备不良，原料短缺，工作条件不良（噪声、光线、空间和其他干扰等），人际关系紧张，工作方法或设备的改变造成工作困难等。

以上两种分析思路各有特点，前者主要从完成工作任务的主体来考虑，通过分析员工是否具备承担此项工作的能力和态度来分析产生绩效问题的原因，这种方法容易造成管理缺位，即把绩效问题产生的原因归结为员工主观方面的问题，而忽视了管理者在产生绩效问题方面的责任，不利于全面查找绩效问题的真正原因，也不易被员工接受；后者从更宏观的角度分析问题，较容易把握产生绩效问题的主要方面，并认识到管理者在其中的责任。

要想更加透彻、全面地分析绩效问题，必须结合这两种思路，在管理者和组织成员充分交流的情况下，对产生绩效不良的原因达成一致意见，如表6-4所示。

表6-4　绩效分析表

影响绩效的维度		绩效不良的原因	备注
员工	知识		
	技能		
	态度		
主管	辅导		
	其他		
环境	内部		
	外部		

（三）编制绩效分析报告

绩效分析报告是对前期分析工作的汇总和总结。要按照个人、部门和组织三个层次编制绩效分析报告，一方面展示现阶段的绩效差距及原因，另一方面为下一步设计和实施绩效改进计划打下基础。

二、绩效改进计划的制订

在完成系统的绩效分析之后，就要开始选择设计和开发能够针对绩效差距根本原因的、缩小或消除绩效差距的方案了，这些方案的组合就是绩效改进计划。绩效改进计划的成功与否和改进措施的选择有直接关系。

（一）改进措施的选择

经过绩效分析环节，明确了绩效差距，选择了绩效改进要点，并对影响绩效的因素有了比较清晰的认识后，就要考虑制定改进绩效的措施。改进措施的选择标准有两个：能否对症下药和成本的高低。一般来说，员工可采取的行动包括：向主管或有经验的同事学习，观摩他人的做法，参加组织内外的有关培训，参加相关领域的研讨会，阅读相关的书籍，选择某一实际工作项目，在主管的指导下训练等。主管可采取的行动包括：参加组织内外关于绩效管理、人员管理等的培训，向组织内有经验的管理人员学习，向人力资源管理专家咨询等。在环境方面，管理者可以适当调整部门内的人员分工或进行部门间人员交流，以改善部门内的人际关系；在组织资源允许的情况下，尽量改善工作环境和工作条件等。

（二）制订绩效改进计划

绩效改进计划是关于改善现有绩效水平的计划。制订绩效改进计划实际上就是具体规划应该改进什么、应该做什么、由谁来做、何时做以及如何做的过程。以个人层面的绩效改进计划为例，其主要内容包括：

（1）个人基本情况、直接上级的基本情况以及该计划的制订时间和实施时间。

（2）根据上一个绩效评价周期的绩效评价结果和绩效反馈情况，确定在工作中需要改进的方面。

（3）明确需要改进的原因，并附上前一个评价周期中个人在相应评价指标上的得分情况和评价者对该问题的描述或解释。

（4）明确写出个人现有的绩效水平和经过绩效改进之后要达到的绩效目标，并在可能的情况下将目标明确地表示为在某个评价指标上的得分。

对存在的问题提出的改进措施应当尽量具体并富有针对性。除了确定每个改进项目的内容和实现手段外，还需要确定每个改进项目的具体责任人和预期时间，有时还可以说明需要的帮助和资源。比如，就某一方面进行培训，就应当列出培训的形式、内容、时间、责任人等。对特殊的问题，还应提出分阶段的改进意见，使员工逐步改进绩效。表6－5提供了一个包含绩效改进计划的绩效反馈面谈表，供读者参考。

表6－5　绩效反馈面谈和改进计划书模板

面谈对象		职位编号	
面谈者		面谈时间	
面谈地点			
评价结果			
利益相关者		内部业务流程	
财务		学习与成长	

续表

<table>
<tr><td colspan="2">其他</td><td></td><td>总分</td><td></td></tr>
<tr><td colspan="5">本期不良绩效陈述</td></tr>
<tr><td colspan="5"></td></tr>
<tr><td colspan="5">本期不良绩效的原因分析</td></tr>
<tr><td colspan="2">影响绩效的维度</td><td>具体问题</td><td colspan="2">原因分析</td></tr>
<tr><td rowspan="3">员工</td><td>知识</td><td></td><td colspan="2"></td></tr>
<tr><td>技能</td><td></td><td colspan="2"></td></tr>
<tr><td>态度</td><td></td><td colspan="2"></td></tr>
<tr><td rowspan="2">主管</td><td>辅导</td><td></td><td colspan="2"></td></tr>
<tr><td>其他</td><td></td><td colspan="2"></td></tr>
<tr><td rowspan="2">环境</td><td>内部</td><td></td><td colspan="2"></td></tr>
<tr><td>外部</td><td></td><td colspan="2"></td></tr>
<tr><td colspan="5">备注：</td></tr>
<tr><td colspan="5">绩效改进计划</td></tr>
<tr><td colspan="2">计划采取的措施</td><td>预期目标</td><td>执行者/责任人</td><td>执行时间</td></tr>
<tr><td colspan="2"></td><td></td><td></td><td></td></tr>
<tr><td colspan="2"></td><td></td><td></td><td></td></tr>
<tr><td colspan="2"></td><td></td><td></td><td></td></tr>
<tr><td colspan="5">备注：</td></tr>
<tr><td colspan="2">面谈对象签字</td><td></td><td>面谈者签字</td><td></td></tr>
</table>

此外，绩效改进计划应当是在管理者和员工充分沟通的基础上制订的。单纯按照管理者的想法制订绩效改进计划，可能会使改进项目脱离实际，因为管理者并不一定很确切地知道每个员工的具体问题，管理者认为应该改进的地方可能并不是员工真正需要改进的地方。单纯按照员工个人的想法着手制订计划，虽然让员工制订绩效改进计划可以激发其积极性，但是员工有可能避重就轻，漏掉重要的项目。只有管理者和员工就这一问题进行充分探讨，才能有效地实现绩效改进的目的。

三、绩效改进计划的实施与评价

在制订绩效改进计划之后，管理者应该通过绩效监控和沟通，实现对绩效改进计划实施过程的控制。这个控制的过程就是监督绩效改进计划能否按照预期的计划进行，并根据评价对象在绩效改进过程中的实际工作情况，及时修订和调整不合理的改进计划。管理者应当督促员工实现绩效改进计划的目标，并且主动与员工沟通，了解员工在改进过程中遇到了哪些困难和障碍，需要管理者提供什么样的帮助。

成功的绩效改进计划离不开评价和反馈。在实施绩效改进计划之后，为了确认是否实现了预期的改进目标，需要对绩效改进计划进行效果评价。在开展绩效改进计划的效果评价时，可以参考柯克帕特里克（Kirkpatrick）的四维度评估框架（也称柯氏评估模型），如表6-6所示：

表6-6　柯克帕特里克的四维度评估框架

维度	标准	重点
1	反应	受训者的满意程度
2	学习	知识、技能、态度、行为方式方面的收获
3	行为	工作中行为的改进
4	结果	受训者获得的经营业绩

（1）反应。一般衡量的是员工对绩效改进计划的感性认识，如员工对绩效改进结果的反应如何，工作场所的其他员工绩效改进的结果如何。

（2）学习。一般衡量的是在实施绩效改进计划之后，员工在原理、事实、技术和技能等方面的获取程度。通过参与绩效改进计划，员工获取了哪些不会的知识和技能，或者说其原有的知识或技能得到了哪些丰富和提高。

（3）行为。一般衡量的是员工在参与绩效改进计划项目中所学习的技能和知识的转化程度。绩效改进计划是否对参与员工的行为产生了影响，员工回到工作岗位后是否运用了新习得的知识或技能。

（4）结果。一般衡量的是绩效改进计划的最终效果。通过实施绩效改进计划，是否节省了组织的成本，是否改善了员工的工作绩效。

下面是一个关于绩效改进的具体案例。

王强是生产部新提拔的一名主管。他原来是该部门的一名普通员工，由于在技术上有所创新，被破格提升为主管。部门内的成员都视他为楷模，大家都十分钦佩他的工作才干。但是，生产部的经理李侠在上一周期的评价中发现，王强领导的一些新进公司的员工对他在新员工培训工作中的表现很不满意。王强在指导员工能力这一评价指标上的得分受到了很大影响。为此，李侠与王强进行了绩效反馈面谈，共同制订了绩效改进计划（见表6-7）。表6-7中的前三列是计划的内容，后两列（实际实施日期和取得的成果）则是李侠根据王强在实施该计划过程中的表现填写的。

表6-7　绩效改进计划示例

员工姓名：王强　　职位：生产部主管　　计划执行时间：1月1日—3月30日

上级主管：李侠　　职位：生产部经理　　待改进绩效：对新员工的培训

计划采取的措施	执行者	计划实施日期	实际实施日期	取得的成果
1. 向资深主管谭进请教如何培训新员工	王强	1月15日	1月14日	约好第二天会见谭进
			1月15日	与谭进会面获得了许多有用的指导

续表

计划采取的措施	执行者	计划实施日期	实际实施日期	取得的成果
2. 观察谭进对新进人员进行培训的过程	王强	下一次新员工报到时	1月15日	谭进计划2月3日进行新员工培训，王强将观摩
			2月3日	谭进训练新员工，王强观察，觉得很值得学习
3. 参加人力资源管理部举办的新员工座谈会	王强	下一次举办时	1月15日	向人力资源部查询，获知1月18日举办座谈会，王强届时将参加
			1月18日	要王强提出参加心得，他的若干意见已送人力资源管理部
4. 决定新员工报到的最佳时间	王强与人力资源部协调	1月20日之前	1月19日	决定新员工报到开始时间，由周一早上7点改为9点
5. 参加“新员工培训”座谈会	王强	2月15日	2月10日	讨论座谈会时间表与内容
			2月18日	讨论该座谈会及王强参加后的收获
6. 阅读下列书籍： (1)《干部与经理之自我发展》 (2)《有效的沟通》 (3)《干部与在职训练》	王强	2月15日之前	1月3日	安排订购王强同意阅读的三本书
			1月14日	获悉王强已阅读了第一本书的一半
			1月31日	第二本书读了一半，第一本书全部读完
			2月5日	第三本书及第二本书均已读完
7. 观察王强培训新员工	张明（现任培训主管）	下一次王强进行新员工培训时	1月20日	获悉王强有一名下属员工将于2月15日报到
			1月20日	听取张明观察王强培训新员工的意见
8. 与王强领导的新员工进行面谈	李侠	员工上岗工作后的一个星期	2月25日	与王强的新员工周蓉谈话。她表示对王强提供的上岗培训大致满意，但在介绍公司一些生产安全方面的保障制度时，讲解得不太清楚，她感到没有安全感

续表

计划采取的措施	执行者	计划实施日期	实际实施日期	取得的成果
9. 向王强提供一份检查表供训练新人用	张明	1月15日	1月13日	向张明查询，表还没做好，答应在1月21日前完成
			1月21日	再向张明查询，还没有完全做好
			1月25日	检查表完成，已经交给王强
10. 为王强安排专用办公室用以培训新人	李侠	1月15日	1月10日	试着找一个专用办公室供王强使用。安排好人力资源部的会议室，无人使用时可以借用。告诉王强，必要时可以用他的办公室，但需在24小时前先行通知，将尽力找一个固定场所
11. 安排固定的培训场所	李侠	2月1日	2月1日	试着找一个培训新员工的场所，无所获
			2月20日	再试着找一个培训场所。装运部门可能有一个地方
			2月28日	在装运部临时仓库的一角隔出一个临时场地，将继续努力安排一个固定场所

可以看到，通过实施这项绩效改进计划，王强很好地完成了从普通员工到主管人员的转变，改变了过去仅依靠技术优势树立个人权威的状况。此外，绩效改进计划还帮助王强获得了他在改进绩效过程中需要的场所。这次绩效改进计划的成效在4月初的绩效评价结果中有了初步体现，一些新员工开始改变最初对王强的看法，纷纷表示王强培训新员工的能力有所提高。

第5节　评价结果应用

绩效管理是人力资源管理系统的核心，而评价结果能否被有效运用关系到整个绩效管理系统的成败。如果评价结果没有得到相应的应用，在组织中就会出现绩效管理与人力资源管理其他环节（晋升调动、培训、薪酬等）脱节的情况，产生绩效管理“空转”现象。久而久之，员工会认为评价只是例行公事，对自身无实质性的影响，绩效管理也就失去了应有的作用。

一般来讲，评价结果除了运用于绩效诊断与绩效改进之外，还应该运用于人力资源管理其他子系统，如招募与甄选、职位变动、培训与开发、薪酬等。其中，最重要的应用是将评价结果应用于薪酬决策。

一、用于检验招募与甄选的预测效度

招募与甄选是人力资源管理的重要职能之一，是指组织通过运用一定的手段和工具，对求职者进行鉴别和考察，区分他们的人格特点与知识技能水平，预测他们未来的工作绩效，从而最终挑选出组织所需要的、适当的职位空缺填补者的过程。在研究招募与甄选的效度（有效性）时，通常都选用绩效评价结果作为员工实际绩效水平的替代，在人员招募与甄选的过程中将其作为重要的效标。也就是说，在绩效评价系统准确的前提下，如果某人的评价结果比较优秀，说明招募与甄选的预测效度较好，是有效的；反之，就说明招募与甄选的预测效度不佳，需要在方法技术上进一步完善。

二、用于做出职位变动的决策

评价的结果是职位变动的重要依据。职位变动不仅包括纵向的晋升或降职，还包括横向的工作轮换。如果评价的结果表明某些人员无法胜任现有的工作岗位，就需要查明原因并果断地进行职位调换，将他从现有的岗位上换下，安排到其他能够胜任的岗位。同时，通过绩效评价还可以发现优秀的、有发展潜力的人员，需要积极的培养和大胆的提拔。这种培养还包括在各个职位之间的轮岗，培养其全面的能力并熟悉组织的运作，为其今后在部门间的交流与协调做好准备。

三、用于确定培训与开发的内容

尤金·麦肯纳（Eugene McKenna）和尼克·比奇（Nic Beech）将绩效评价分为发展性评价与评价性评价。发展性评价在系统分析评价对象的发展需要之后，主要关注如何对评价对象将来的绩效表现做出预测。因此，发展性评价更加注重如何确定评价对象可以改进的知识和技能，从而达到开发其工作潜力的目的。这种类型的评价往往与员工的职业生涯规划相联系。评价性评价将着眼点放在对评价对象做出判断上，往往与薪酬决定挂钩。人力资源的培训与开发是一种提高个人能力和组织绩效的有计划的、连续性的工作。培训的主要目的是使组织成员获得目前工作所需的知识和能力，着眼于当前的工作；而开发的主要目的则是使组织成员获得未来工作所需的知识和能力。通过绩效评价和绩效分析，组织可以找出组织成员在个人知识、技能等方面存在的、导致不能完全胜任工作的缺点和不足，进而有针对性地对这些方面进行培训。另外，组织也有可能对未来的变化进行考虑，当绩效评价结果显示组织成员不具备未来所需要的技能或知识时，对其进行开发是常见的选择。另外，绩效评价结果也可以作为培训的效标，也就是用绩效评价结果衡量培训的效果。

四、用于薪酬的分配和调整

绩效评价最初的目的就是更好地评价个人对团队或组织绩效的贡献，以更好地在薪酬分配的过程中体现公平原则。一般而言，为了强调薪酬的公平性并发挥薪酬的激励作用，组织成员的薪酬中都会有一部分与绩效挂钩，当然因职位不同，与绩效挂钩的薪酬在总薪酬中所占的比例也会有所不同。如何有效地发挥薪酬的激励作用，寻求绩效管理与薪酬管理有机结合的方式，是大多数组织面临的一个难题。有关绩效薪酬的具体内容在将下一节做详细的介绍。

第6节 绩效薪酬

只有将绩效评价的结果与薪酬相联系，才能够使绩效评价发挥应有的行为引导作用。绩效薪酬（performance-related pay，PRP）是近年来西方比较流行的一种与绩效管理制度相联系的薪酬管理制度，同时也可以视为组织激励计划（incentive plans）的一个组成部分。这种薪酬体系突出体现了个人绩效对其收入水平的影响。

绩效薪酬不仅要发挥薪酬管理的作用，更要通过与其他绩效管理手段相结合，起到实现绩效管理目标的作用。因此，绩效薪酬应与组织的战略目标、绩效目标和个人需求紧密结合，有组织、有目的地进行统筹计划和实施。

一、绩效薪酬的内涵

所谓绩效薪酬，是将个人的收入与绩效水平相挂钩的薪酬制度，是与绩效管理制度密切相关的薪酬体系。这种激励性薪酬方案——一种激励性的计件工资报酬制度，是由“科学管理之父”弗雷德里克·泰勒创造的。早在19世纪晚期，泰勒作为米德韦尔钢铁公司（Midvale Steel）的基层管理人员，就十分关注“有组织的怠工”（soldiering）现象。他发现，工人有以尽可能慢的速度工作、把产量维持在可接受的最低水平的倾向。当时，已经存在简单的计件工资制，但实施的效率并不高。工人根据产品数量和计件工资率来确定其收入。然而，部分雇主往往根据工人生产率的提高相应地削减计件工资率。这种行为导致工人只愿生产能够得到可以维持其生活的工资水平的产量，以避免由于生产率的提高导致计件工资率的下降。泰勒针对这一问题提出，应根据科学、正规的观察和分析方法确定标准的、能被广泛接受的日工作标准。由此产生了著名的科学管理（scientific management）运动。泰勒所倡导的激励性的计件工资报酬制度基于科学的工作标准，成为激励性薪酬制度的最初形式。

20世纪30年代，科学管理运动让位于行为科学理论。行为科学理论将人性假设引入“社会人”时代，成为当时受到广泛关注的一种管理哲学。当时，产生了以注重满足工人社会需要为特征的管理手段，这种关注导致了绩效薪酬计划的复兴。绩效薪酬方案的宗旨在于：通过将员工的薪酬水平与绩效水平挂钩的做法，鼓励员工像考虑个人利益一样考虑企业的战略目标，从而促进企业战略目标的实现。

二、绩效薪酬的特征

各类绩效薪酬方案具有不同的特征，但卓越的绩效薪酬制度具有一些共性的特征。

了解这些特征将帮助我们更好地整合各类绩效薪酬方案，形成适合本组织的绩效薪酬制度。这些特征包括：

（1）与战略的一致性。薪酬战略必须与组织的发展战略相匹配，才能够为实现组织战略服务。为了使薪酬制度能够更好地为组织的战略目标服务，薪酬制度所鼓励的员工行为应该围绕着组织的重要目标进行。例如，对于一个想领导市场潮流的企业而言，薪酬方案应该使企业能够吸引那些具有冒险精神和学习精神的人才；对于想通过降低生产成本取得竞争优势的企业而言，薪酬方案则应当对那些有利于提高经营效率或降低成本的行为进行奖励。组织可以选择适合的薪酬制度来支撑战略的实现，使组织成员的行为与组织所倡导的战略保持一致。

（2）与绩效的相关性。强化理论和期望理论都告诉我们，只有在绩效和薪酬之间建立一种明确的相关关系，才能够使薪酬制度真正发挥激励作用。实际上，实现绩效和薪酬之间的一致性是使薪酬与战略一致的最直接的手段。通过建立绩效与薪酬之间的相关性，我们可以利用绩效管理手段引导组织成员的行为，从而使其行为有利于组织战略的实现。

（3）系统的完整性。各类薪酬计划具有不同的特点，综合使用各种薪酬计划能够增强组织的综合实力。绩效突出的组织通常都能够很好地利用各种薪酬计划的特点让它们为特定的目的服务，用一种计划的优点弥补另一种计划的不足，使各种薪酬计划构成一个完整的体系。每个计划都是该体系中不可或缺的一部分。有的计划侧重给予组织成员稳定的、基本的生活保障，有的计划则强调鼓励组织成员的突出贡献；有的计划侧重短期结果，有的计划则强调奖励有利于组织长期发展的行为；有的计划基于组织或团队的绩效，鼓励团队合作，有的计划则强调个人的创新和突破。组织应根据战略发展的要求和自身人员的条件整合各种绩效薪酬方案，从而形成一套提升组织整体能力的薪酬方案。

（4）制度的灵活性。之所以强调制度的灵活性，主要出于两方面的考虑：一方面，世界上没有完美的薪酬制度，任何组织都应该根据自身的特点设计适合的薪酬制度；另一方面，组织面临的情况也在不断变化，只有具有一定的灵活性，才能够持续地根据现有的状况对薪酬制度进行恰当的调整。

三、绩效薪酬的基本类型

从绩效薪酬的定义可以看出，绩效薪酬的具体形式是多种多样的。通常，在实践中使用的都是各种薪酬方案的综合形式。为了更好地理解绩效薪酬的运作方式，我们粗略地列出一些常见的类型并做出比较和分析。

（一）适用于生产工人的绩效薪酬制度

1. 原理概述

绩效薪酬能够将个人的工作绩效与工作收入相挂钩。生产工人的工作绩效可以直接反映在工作数量和质量上。因此，适用于生产工人的绩效薪酬制度具有一定的特殊性。

在介绍绩效薪酬制度时，我们首先要介绍的就是通常仅适用于生产工人的几类绩效薪酬制度。

通常，可以用产量系数和品质系数表示生产工人在工作数量和质量方面的绩效表现情况。这两种系数都是通过将实际的生产情况与生产标准相比较得出的用于衡量实际生产状况的指数。

产量系数的计算公式是：

产量系数＝实际产量/标准产量

从公式中可以看出，产量系数与工人的实际产量成正相关关系，如图6－5所示。

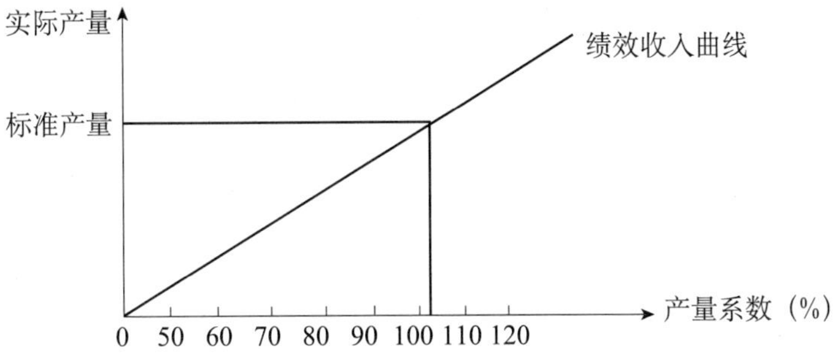

图6－5 产量系数与实际产量的关系

如果只评价产量而不评价品质，就不能真正反映工人的工作业绩。品质系数能够反映工人工作绩效在质量上的表现。在确定品质系数前，首先应确定一个标准的品质要求。例如，某企业用废品率作为衡量品质的标准。当废品率为标准废品率3.0％时，品质系数等于1。实际废品率每降低0.1个百分点，品质系数将提高0.1，由此可以得到如表6－8所示的品质系数表。

表6－8 品质系数表

废品率（％）	…	2.7	2.8	2.9	3.0	3.1	3.2	3.3	…
品质系数	…	1.3	1.2	1.1	1.0	0.9	0.8	0.7	…

另外，当工人的工作时间一定时，通过衡量生产单位产品的时间同样能够反映工人工作业绩中产量的情况。在这种情况下，产生了与产量系数作用相同的效率系数，计算公式为：

效率系数＝生产单位产品的标准时间/生产单位产品的实际投入时间

当使用产量系数计算生产工人的绩效收入时，就是在使用计件工资制。而标准工时制作为计件工资制的衍生品，正是以效率系数替代了计件工资制中使用的产量系数。下面我们将对此详细解释。

在产量系数和品质系数一致的情况下，工人的绩效收入（与绩效相关的收入，可以是全部收入，也可以是收入的一部分如个人绩效奖金收入）可以通过如下公式计算：

绩效收入＝产量系数×品质系数×计算基数

上述公式体现了适用于生产工人的绩效薪酬制度的基本原理。在这个基本公式的基础上，发展出了各种具体的绩效薪酬形式。

2. 计件工资制及标准工时制

（1）计件工资制。

最原始也最常见的绩效薪酬形式就是适用于生产工人的计件工资制。所谓计件工资制（piece-rate system），指的是企业通过确定每件产品的计件工资率，将生产工人的收入与产量直接挂钩。计件工资制适用于那些生产的产品品质单纯、易于控制、变化少的生产工人。计件工资制以工作的实际业绩计酬，计算简便，并能够有效地激发员工提高生产效率，因此从泰勒时代一直使用到今天。

为了建立有效的计件工资制，企业必须进行科学的工作评价和工业工程设计。工作分析能够帮助企业确定每小时工资率。此外，为了确定计件工资率，还需要明确产量标准。产量标准通常需要通过工业工程设计确定，一般可以用单位产品的标准耗时或每小时的标准产量来表示产量标准。例如，某生产线工人的小时工资率为5元，产量标准为每小时生产20件产品，那么可以得知计件工资率应为5/20＝0.25元。

计件工资制主要有两种形式：一种是直线计件工资制（straight piecework plan）。在实施直线计件工资制的企业中，生产工人的全部收入取决于他所生产的产品数量。另一种是有保障的计件工资制（guaranteed piecework plan）。不论工人的产量达到何种水平，有保障的计件工资制都能够保障工人获得一定数量的基本收入。企业采用有保障的计件工资制，确保工人的收入不低于法律规定的最低工资标准。

另外，为了突出计件工资制的激励效果，有些企业还采用根据产量水平的不同确定不同计件工资率的做法，以体现企业与工人共同分享生产率提高的收益。如果工人的产量高于标准产量，超出部分采用的计件工资率会高于一般的标准。

国外常见的计件工资制形式包括：

1）直线计件工资制：

$$Y=P\times WP$$

式中，Y 为收入；P 为产量（在此不考虑品质系数，仅指正品的产量）；WP 为计件工资率。

2）泰勒式的计件工资制：

当产量位于标准产量以下时：

$$Y=P\times WP_1$$

当产量位于标准产量以上时：

$$Y=P\times WP_2$$

式中，WP_1 为较低的计件工资率；WP_2 为较高的计件工资率。

3）有保障的计件工资制：

$$Y=\bar{Y}+P\times WP$$

式中，$\bar{Y}$ 为不论产量如何，工人均能够得到的基本工资。

4）美瑞克计件工资制（D. V. Merrick piecework）。

这种计件工资制与一般计件工资制的不同在于，强调鼓励新工人尽快提高产量水平。对于新工人产量增加的部分给予不同的计件工资率 WP_3。

(2) 标准工时制。

标准工时制（standard hour plan）与计件工资制非常相似，是计件工资制的一种变形。其主要不同之处在于：计件工资制依据产品的计件工资率确定工人的报酬；而标准工时制则依据工人生产效率高于标准水平的百分比付给工人同等比例的报酬。在这里，生产效率体现为生产单位产品所需的标准工作时间与实际所需工作时间比较的结果（前面谈到的效率系数）。

例如，某工人所在职位的基本工资是每小时6元。每日的标准工资收入为48元。又假设该职位的产量标准是每小时生产10单位的产品，即生产每单位产品需要6分钟的工作时间。如果该员工一天（8小时）生产了100单位的产品，他的生产效率可以表示为：单位产品需要的工作时间为4.8分钟。根据产量标准，该员工的生产效率为标准的1.25倍。因此，该员工当天的收入为48×1.25=60元。

标准工时制具有与计件工资制相同的优点：便于计算，易于理解和接受。但是，计件工资制和标准工时制都存在一些缺陷。以计件工资制为例。在现实中，雇主一旦发现其工人的收入高于平均水平，往往会提高产量标准（从而降低计件工资率）。这使得许多生产工人对计件工资制产生了不信任感。此外，由于计件工资率是货币形式的（例如，每件产品的计件工资为0.8元），因此，如果在新的工作评价中确定了新的小时工资率，就必须修订计件工资率。这是实施计件工资制的过程中比较复杂的程序。另外，由于计件工资率表明了每件产品的价值中所含的工资额，产量标准就必然与收入标准挂钩，雇主如果试图修改产量标准，即使对修改做出了充分、合理的解释，也会遭到相当多工人的抵制。

在标准工时制中，由于使用效率标准替代计件工资制中的产量标准，计算工人绩效收入时使用的计算基础采用时间单位而不是货币单位。在这种情况下，调整小时工资标准后需要进行的变动比计件工资制来得简单、易行。但是，计件工资制所具有的其他一些弱点也是标准工时制所不能避免的。

计件工资制和标准工时制都适用于工作内容相对固定的专业化较强的职位，处于这些职位的员工每天周而复始地从事大致相同的工作。这种特征同时也反映了这两种制度存在的弊端。员工往往仅仅关注产出规定数量的产品（提高生产的速度），倾向于接受与完成工作直接相关的有限的培训。因此，在这些职位中引进新生产技术或调整生产流程就显得更加困难。另外，这些成员所使用的设备也往往不能得到良好的保养。类似的问题已使许多企业放弃了计件工资制和标准工时制，而代之以同样适用于生产工人的班组激励计划或利润分享计划。

3. 班组激励计划

班组激励计划是对计件工资制和标准工时制的改造形式。在这种薪酬制度中，用于计算生产工人绩效收入的依据由前面两种制度中使用的个人工作业绩转变为班组的团队业绩。班组激励计划中用于衡量团队业绩的指标可以是产量系数，也可以是效率系数。一般存在以下三种形式的班组激励计划。

第一种形式要求管理者确定团队中每个员工的工作标准和实际产出水平，然后根据下面的三种方式计算其应得的绩效收入：(1) 按照产量或效率最高的员工的绩效水平衡量每个成员的绩效收入；（2）按照产量或效率最低的员工的绩效水平衡量每个员工的绩效收入；（3）按照团队的平均绩效水平衡量每个员工的绩效收入。

第二种形式是根据团队的整体业绩水平确定一个整体的工作标准，每位员工再根据各自的实际工作情况和既定的计件工资率计算应得的绩效收入。

第三种形式是最简化的班组激励计划。在这种形式中不需要确定团队或员工的工作标准，而是依据某个团队能够控制的绩效指标的变化情况，确定团队能够共同获得的绩效奖金。

使用班组激励计划能够有效提高班组成员的团队意识。在一个班组中，各个职位往往是相关的，因为一个工人的绩效不仅反映其个人努力的结果，也反映其他员工共同努力的结果。班组激励计划能够有效增强成员的团队工作能力，有助于提高团队的工作业绩。对整个团队的工作业绩进行奖励的方式能够有效减少成员之间的猜忌，激发他们的团结和合作精神。另外，这种激励计划能够有效促进在职培训的进行，因为班组中的每一名成员都希望自己能够尽快成为团队业绩的主要创造者，从而获得团队的认可。

班组激励计划也存在诸多问题：由于不是根据本人的绩效确定他的收入，成员无法明确地看到个人努力能够带来的收益；另外，还可能存在“搭便车”的行为，管理上容易出现问题。

（二）绩效工资

1. 概述

与前面介绍的适用于生产工人的绩效薪酬制度相比，绩效工资制度以及后面要介绍的其他绩效薪酬制度能够更广泛地运用于组织中的各类成员及管理者。下面介绍两种与工资相关的绩效薪酬制度。

绩效工资制度与后面要谈到的绩效调薪制度都是与工资相联系的绩效薪酬制度。这两种薪酬制度在实施方法上存在许多类似的地方。但最本质的区别在于：绩效工资是根据每个评价周期的绩效评价结果进行的一次性加薪或减薪，而绩效调薪则是根据评价结果（通常是年度中的绩效评价结果）累计式地对基本工资进行调整的制度。由于这两种制度之间存在许多相似之处，所以许多绩效工资的实施方法都能够在一定程度上运用于绩效调薪制度的设计。

2. 绩效工资的计算方法

在实施绩效工资的组织中，年工资的增长通常与绩效评价等级联系在一起。工资的增长一般取决于两个方面的因素：一个因素就是由个人的（有时还包括组织的或部门的）绩效评价等级决定的绩效评价系数；另一个因素则是由职位等级决定的计算基数。在后一个因素中，每个组织的具体做法往往并不相同：有的组织根据岗位的级别确定一个最高奖励比例，以现有基本工资或年度薪资总额和与职位相对应的最高绩效工资比例的乘积为计算基数；有的组织则根据现有基本工资所处的等级确定一个绩效工资的基数，甚至直接以原基本工资为计算基数。

表6-9给出了个人绩效评价等级及绩效评价系数。

表6-9　个人绩效评价等级及绩效评价系数表

绩效评价等级	S	A	B	C	D
绩效评价系数	2	1.5	1	0.5	0.2

最简单的绩效工资的计算公式为：

本期应得绩效工资额＝现有基本工资额×个人的绩效评价系数

表6-10是某公司的员工个人基本工资标准一览表。在这个例子中，企业根据职位等级的不同设定了不同的职位基本工资的基数，这个基数也构成了绩效工资最初的计算基数。在进行调薪后，绩效工资的计算基数会随之发生变化。

表6-10　个人基本工资标准一览表（一）

<table>
<tr><th>工资等级</th><th colspan="8">职位等级</th><th></th><th>基本工资基数（元）</th></tr>
<tr><td>1</td><td rowspan="5">办事员</td><td></td><td></td><td></td><td></td><td></td><td></td><td></td><td rowspan="7">纵向级差5%</td><td>600</td></tr>
<tr><td>2</td><td></td><td></td><td></td><td></td><td></td><td></td><td></td><td>630</td></tr>
<tr><td>3</td><td rowspan="5">业务助理</td><td></td><td></td><td></td><td></td><td></td><td></td><td>662</td></tr>
<tr><td>4</td><td></td><td></td><td></td><td></td><td></td><td></td><td>695</td></tr>
<tr><td>5</td><td></td><td></td><td></td><td></td><td></td><td></td><td>729</td></tr>
<tr><td>6</td><td></td><td rowspan="5">业务主办</td><td></td><td></td><td></td><td></td><td></td><td>766</td></tr>
<tr><td>7</td><td></td><td></td><td></td><td></td><td></td><td></td><td>804</td></tr>
<tr><td>8</td><td></td><td></td><td></td><td></td><td></td><td></td><td></td><td rowspan="7">纵向级差9%</td><td>876</td></tr>
<tr><td>9</td><td></td><td></td><td rowspan="5">业务主管</td><td></td><td></td><td></td><td></td><td>955</td></tr>
<tr><td>10</td><td></td><td></td><td></td><td></td><td></td><td></td><td>1 041</td></tr>
<tr><td>11</td><td></td><td></td><td></td><td rowspan="4">部门副经理</td><td></td><td></td><td></td><td>1 135</td></tr>
<tr><td>12</td><td></td><td></td><td></td><td></td><td></td><td></td><td>1 237</td></tr>
<tr><td>13</td><td></td><td></td><td></td><td rowspan="4">部门经理</td><td></td><td></td><td>1 348</td></tr>
<tr><td>14</td><td></td><td></td><td></td><td></td><td></td><td></td><td>1 470</td></tr>
<tr><td>15</td><td></td><td></td><td></td><td></td><td></td><td></td><td></td><td rowspan="6">纵向级差15%</td><td>1 691</td></tr>
<tr><td>16</td><td></td><td></td><td></td><td></td><td></td><td></td><td>1 944</td></tr>
<tr><td>17</td><td></td><td></td><td></td><td></td><td></td><td></td><td rowspan="2">副总经理</td><td></td><td>2 236</td></tr>
<tr><td>18</td><td></td><td></td><td></td><td></td><td></td><td></td><td></td><td>2 571</td></tr>
<tr><td>19</td><td></td><td></td><td></td><td></td><td></td><td></td><td></td><td rowspan="2">总经理</td><td>2 957</td></tr>
<tr><td>20</td><td></td><td></td><td></td><td></td><td></td><td></td><td></td><td>3 400</td></tr>
</table>

例如，某部门的一名业务主管的基本工资位于10级，基数为1 041元。本期他的绩效评价等级为A。根据上面的公式，本期该主管应得的绩效工资额为：

本期应得绩效工资额＝现有基本工资额×个人的绩效评价系数

$$=1\ 041\times1.5$$
$$=1\ 561.5\text{（元）}$$

一些组织在确定绩效评价系数时，不仅考虑了个人的绩效评价结果，还考虑了组织的绩效评价结果。这一因素可以用矩阵的形式表示。根据计算基数的不同，表中的数字会落在不同的区间。在表6-11所示的这个例子中，企业以现有工资额或总薪资收入与最高绩效工资比例的乘积为计算基数，表6-11中的数字处于0～1的范围内。

表6-11 绩效工资确定矩阵

个人绩效（权重=0.5）	组织绩效（权重=0.5）				
	杰出（1.00）	极好（0.80）	较好（0.60）	可接受（0.40）	不可接受（0）
杰出（1.00）	1.00	0.90	0.80	0.70	0.00
极好（0.80）	0.90	0.80	0.70	0.60	0.00
较好（0.60）	0.80	0.70	0.60	0.50	0.00
可接受（0.40）	—	—	—	—	—
不可接受（0）	—	—	—	—	—

说明：确定个人绩效工资额的步骤如下：（1）将个人截至6月的直接工资或薪资的年度总额乘以最高的绩效工资比例；（2）将步骤（1）中的计算结果同表6-11中相应的数相乘。例如，某人截至6月的年度薪资总额为20 000美元，其最高绩效工资比例为7%，其个人绩效和组织绩效都是"极好"，他的绩效工资额将是1 120美元（=20 000×0.07×0.80）。

资料来源：加里·德斯勒．人力资源管理：第12版．北京：中国人民大学出版社，2012.

一般可以认为，绩效工资设计中最关键的问题就是基数的确定。绩效工资的增加额不是以累进的形式出现，从而强调了基数（也就是通常所说的"底薪"）的重要性。管理者应该尽可能地消除"底薪"的不公平，因为只有在这种情况下，绩效工资才有可能得到成员普遍的认可与接受。

3. 控制绩效工资总额的方法

从前面的例子来看，绩效工资制度似乎并不复杂。但在实践中，考虑到组织的支付能力，绩效工资制度中总是包含各种用来控制绩效工资总额的手段。避免突破绩效工资总额的方法一般有以下两种。

（1）指导性或强制性分布法。很显然，如果大部分员工处于"S"或"杰出"类的最高评价等级，组织应支付的工资总额可能很快就会超出所能承受的范围。为了避免这种情况的出现，有的组织实行了带有一定程度强制规定的评价方法，对应该有多大比例的员工落入某一个绩效评价等级提供一个指导性规定。这些指导性规定各不相同，有的是真正的强制性分布评价法；有的并不具备强制性，只是一种指导性规定。

（2）平均系数分配法。前面介绍的指导性或强制性分布法在很大程度上是为了拉开员工之间绩效评价的差距，避免评价中的主观倾向。因此，这种方法往往不能准确地将绩效工资总额控制在预定的范围内。下面将要介绍的平均系数分配法则是一种能够在明确应分配绩效工资总额的基础上确定个人或部门应得绩效工资额的方法，即按照从组织到部门再到个人的思路，层层确定绩效工资的方法。现举例说明这种方法的原理及常见的操作办法。

步骤一，组织季度绩效工资总额的确定。

组织要从季度财务状况出发，平衡成本控制和有效激励的关系，设定一个合适的比例，确定用来发放绩效工资的总额。

步骤二，部门季度绩效工资总额的确定。

组织季度绩效工资总额首先在各部门之间分配，分配依据是各部门的季度绩效评价结果。具体计算公式如下：

$$\text{部门间季度绩效工资平均系数}=\frac{\text{组织季度绩效工资总额}}{\sum(\text{部门季度绩效工资基数总额}\times\text{部门季度绩效评价系数})}$$

$$\text{各部门季度应发绩效工资总额}=\text{部门季度绩效工资基数总额}\times\text{本部门季度绩效评价系数}\times\text{部门间季度绩效工资平均系数}$$

步骤三，个人绩效工资的计算。

各部门应发绩效工资总额在部门内分配时，根据个人在该季度的工作业绩和具体表现提供区别性奖励，个人应得季度绩效工资与个人的季度绩效评价等级挂钩，具体计算公式如下：

$$\text{部门内季度应发绩效工资平均系数}=\frac{\text{本部门本季度应发绩效工资总额}}{\sum(\text{个人季度绩效工资基数}\times\text{个人绩效评价系数})}$$

$$\text{个人季度应得绩效工资}=\text{个人季度绩效工资基数}\times\text{个人季度绩效评价系数}\times\text{部门内季度应发绩效工资平均系数}$$

（三）绩效调薪

调薪是指对基本工资的调整。这种调整是对工资基数的调整，是一种累计性的调整。决定调薪的基本因素一般包括：市场因素（包括市场薪资水平变动、物价变动等）、个人绩效因素、组织绩效因素、职位变动因素等。根据调薪依据的不同，我们可以将调薪分为普遍调薪和绩效调薪两类。普遍调薪多出现在企业组织中，是指企业根据经营发展情况、市场工资水平变动和物价变动情况，以年为周期对员工的月基本工资进行调整。绩效调薪是绩效薪酬制度的一种，指的是组织根据个人的年度绩效评价等级，每年分别确定不同的调薪比例。与绩效评价相关的调薪就是绩效调薪。与绩效工资的情况类似，绩效调薪也有不同的具体实施方式。

例如，某公司对于绩效调薪的比例做出如表6-12所示的规定。

表6-12 绩效调薪的比例（%）

绩效评价等级	S	A	B	C	D
部长级	8	4	2	0	−10
主管级	9	5	3	0	−10
普通员工级	10	6	4	0	−10

由于绩效调薪将对基本工资产生长期的重要影响，绩效调薪的力度就格外引人注

目。调薪的范围就是每个职位等级对应的工资浮动范围。在之前谈到绩效工资时，我们给出了表6-10。表6-13仍然是一张个人基本工资标准一览表，但除了给出基本工资基数外，还给出了两种调薪幅度下个人基本工资调节的上下限。

表6-13 个人基本工资标准一览表（二）

工资等级	职位等级									调薪幅度±30%（元）		
										最低	基数	最高
1	办事员								纵向级差5%	420	600	780
2										441	630	819
3		业务助理								463	662	860
4										486	695	903
5										511	729	948
6			业务主办							536	766	995
7										563	804	1 045
8									纵向级差9%	613	876	1 139
9				业务主管						669	955	1 242
10										729	1 041	1 354
11					部门副经理					794	1 135	1 475
12										866	1 237	1 608
13						部门经理				944	1 348	1 753
14										1 029	1 470	1 911
15							副总经理		纵向级差15%	1 183	1 691	2 198
16										1 361	1 944	2 527
17										1 565	2 236	2 906
18										1 800	2 571	3 342
19								总经理		2 070	2 957	3 844
20										2 380	3 400	4 420

如表6-13所示，这两种绩效调薪的调薪幅度为±30%。绩效调薪不仅要依据前面给出的调薪比例来进行，还应该受到调薪幅度的限制。

另外，还有一种做法是依据现有工资水平与目标工资水平的比率，确定相应评价等级下的调薪比例。也就是说，绩效调薪比例取决于两个因素：第一个因素是个人的绩效评价等级；第二个因素是现有工资水平与目标工资水平的比率。

在劳动力市场比较健全的国家，通常会有专门的权威机构或咨询调查机构进行定期的市场工资水平调查。在这种情况下，现有工资在工资浮动范围内的位置则用个人实际工资与市场工资之间的比较比率来表示。在缺少市场工资水平信息的情况下，我们也可以用职位工资与一定调薪比例的乘积作为目标工资。这时，现有工资在浮动范围内的位置可以用个人实际工资与目标工资的比较比率来表示。表 6 - 14 给出的例子使用的是前一种做法。

表 6 - 14　默克有限公司绩效加薪水平表

绩效评价等级	绩效加薪比例（%）			
	比较比率 80.00～95.00	比较比率 95.01～110.00	比较比率 110.01～120.00	比较比率 120.01～125.00
EX（绩效超常）	13～15	12～14	9～11	达到浮动上限
WD（绩效优秀）	9～11	8～10	7～9	—
HS（绩效良好）	7～9	6～8	—	—
RI（尚有改进余地）	5～7	—	—	—
NA（绩效不佳）	—	—	—	—

说明：比较比率＝个人实际工资÷市场工资×100。

资料来源：雷蒙德·诺伊．人力资源管理：赢得竞争优势：第 7 版．北京：中国人民大学出版社，2013.

如表 6 - 14 所示，当某人的绩效评价等级是 EX 时，实际工资与市场工资的比较比率（以下简称“比较比率”）为 120，那么他所能获得的工资增长（调薪水平）就是 9%～11%。而另一位绩效评价等级同样是 EX，但比较比率为 85 的人所能获得的工资增长却是 13%～15%（注意，由于受到通货膨胀率的影响，表 6 - 14 中的数字所表明的调薪幅度可以说是很低的）。这种根据比较比率确定相同评价等级下不同的调薪比例的做法，是为了控制工资成本。如果前面那位比较比率已经达到 120 的人得到的调薪比率为 13%～15%，他的工资水平将很快超出薪酬制度中规定的目标比较比率。

表 6 - 15 体现了不同评价等级下的目标比较比率。一个绩效评价等级连续达到 EX 的人应当被按照市场工资率水平的 115%～125%来支付工资（也就是说，比较比率为 115～125）。如果该成员现在的工资水平与上述水平相差很远，就有必要以较大的增长比例调整其工资水平，使其工资尽快提升到目标水平。同时，如果工资水平已经达到了应有的水平（接近目标比率），就只需要对其提供较小的工资增加比例。在这种情况下，调薪的目标就是使工资水平维持在目标比较比率的水平上。

表 6 - 15　绩效评价等级与目标比较比率

绩效评价等级	目标比较比率（%）
EX（绩效超常）	115～125
WD（绩效优秀）	100～120
HS（绩效良好）	90～110
RI（尚有改进余地）	80～85
NA（绩效不佳）	无

实际上不论采用前面介绍的哪种做法，都不能对基本工资总额进行精确的控制。显然，如果大多数成员都处在最高的两个评价级别，就意味着大多数人的工资最终会达到组织愿意支付的最高水平。这将给组织带来很大的工资成本问题。因此，绩效评价等级

的分布也成为绩效调薪制度中用于控制总额的关键因素。前面我们在控制绩效工资总额时所谈的第一种方法同样能够在这里得到运用。

绩效加薪采用的是逐年累加的做法，这种方式会造成一种既得利益心理。在个人职业生涯早期所给予的较大的绩效加薪会成为其基本工资中固有的一部分，这种利益不需要个人继续做出努力就能够持续地得到。因此，出现了不对基本工资进行累加的绩效工资，甚至出现了用绩效奖金（不会成为基本工资一部分的绩效奖励）取代绩效工资增长的做法。

绩效工资和绩效调薪是两种作用于工资的绩效薪酬制度。由于工资往往成为个人工作收入的重要组成部分，并成为影响劳动力成本的关键因素，因此，绩效工资和绩效调薪制度的科学性和合理性就成为人们关注的焦点。

历史上一直存在对于这两类工资方案的批评。反对这两类工资制度的人将争论的焦点集中在绩效评价系统的科学性上。如果评价被认为是不公平的，那么以评价结果为基础的绩效工资制也是不公平的。在这个问题上，人们对于评价主体的选择产生了争议。传统的做法是只把上级作为评价者，这种做法容易导致评价结果的片面性和主观性。但是，按照360度原则选择评价主体的方法是否就适用于与薪酬体系相联系的绩效评价制度呢？另外，由于工资在个人收入中的特殊地位，当绩效评价结果与工资相联系时，评价者往往会有中心化倾向，从而缩小不同成员加薪额度的差距。绩效评价中的种种问题会在绩效工资制度和绩效调薪制度中凸显出来，从而削弱这两类方案的有效性。因此，为了更好地发挥这两类制度的作用，提高绩效评价制度的有效性就成为最关键的问题。

著名的管理学家爱德华·戴明（W. Edward Deming）曾经对绩效工资制度提出反对意见。他认为，评价个人绩效是不公平的，因为“人与人之间存在的绩效差异基本上都是由他们所处的工作系统本身造成的，而不是由于其个人的原因”。在这里，工作系统包括的基本要素有：工作环境、原材料、设备、上级的管理水平、同事的工作状况、客户等。这些要素在很大程度上超出了个人所能控制的范围。这一点正是针对评价可控性原则提出的尖锐批评。另外，戴明还认为，对于个人绩效的过分关注（将个人绩效与薪酬水平相挂钩）对团队工作是不利的。因此，他提出应该尽量削弱个人绩效与工资之间的联系。

当然，对于绩效工资的批评并不能抹杀这种工资制度能够带来的激励作用。至少在目前，还没有人能够对绩效工资制做出一个得到广泛认同的、最终的评判。我们应该注意到对于绩效工资制的种种批评，并将这些批评视为我们实施绩效工资制时应该注意避免的问题。

（四）个人长期激励计划

前面讲到的激励工资是个人短期的激励报酬，长期激励计划把目光放到成员多年努力的成果上，也就是说，长期激励计划关注的是超过一年的绩效周期的员工绩效，并对这个长期的绩效进行考核和奖励。最常见的长期激励计划是员工持股计划。除了员工持股计划外，还有很多长期激励形式。表6-16中列出了其他一些长期激励计划的形式。

表 6-16 长期激励计划举例

类型	内容
溢价股票期权	股票的预购价格高于发行时的市场价值，其目的在于比标准股权产生更强的激励作用。
长期股权	将股权期限延长到10年以上，使授予期限比传统授予期限长3～4年，目的是将公司高层管理人员长期留在公司。
指数化股权	股票的预购价格按照一种股指上下浮动，激励绩优股的产生。
外部标准的长期激励	分期授予基于外部标准而不是内部的预算或目标。推动本公司与其他大公司进行业绩比较，尤其是同行业的大型公司，只有继续高于这些公司，才能获得风险收益。
职业津贴	在雇员退休以前，股票不得全额兑现。这种方法适用于对公司核心雇员的激励和约束，增加核心员工在组织的工作时间。

资料来源：乔治·米尔科维奇，杰里·纽曼．薪酬管理：第6版．北京：中国人民大学出版社，2002.

员工持股计划（employee stock ownership plan，ESOP）是资本持有者、知识所有者等全体员工分享企业所有权和未来收益权的一种制度安排。员工持股计划基于自愿行为，企业所有者自愿有计划地将企业的部分所有权和未来收益权转让给员工，员工也自愿认购或受赠企业的股权。企业通过员工持股计划实现知识资本化，使劳动、知识以及经营者的管理和风险的累计贡献得到体现和回报，从而使企业竞争优势的经验曲线不断延伸。从现代企业管理的角度看，员工持股计划是企业在由传统的简单契约到复杂契约转变的过程中，为了解决各资本（资金、土地、劳动、技术、知识产权等）所有方的权利与利益分配问题，在各资本所有者之间建立利益共同体和命运共同体的具体措施。

目前员工持股计划的应用越来越广泛：美国实行全员持股的公司有17 000多家，其中至少有1 000家企业的大股东是全体员工；在超过1/4的500强企业中，员工持有10%以上的股份。继美国之后，德、法、英、日等国家也把员工持股计划作为重新安排产权的一项重要措施加以实施。日本在20世纪60年代后期开始建立员工持股计划，在上市公司及非上市公司中普遍实行。目前91%的在本国证券市场上市的日本公司都提供了员工持股计划。

作为一种绩效薪酬计划，为了使员工持股计划更好地起到激发工作积极性的作用，应该将员工的行为与相应的收入挂钩。但是对于普通员工而言，通过自己的行为影响企业绩效是比较困难的。因此，员工持股计划往往需要强调员工拥有参与企业决策的权利。研究表明，在员工参与企业决策的程度较高的情况下，这种所有权计划能够对企业绩效产生更大的积极影响。

员工持股计划也带来了许多问题。我们之所以强调员工持股计划是自愿性的，一个重要的原因在于员工可能会由于参与了这样的计划而遭受财务上的损失。这种风险是员工持股计划存在的一个非常重要的负面问题。员工投入自己的财产购买本公司股票，这种购买行为往往不是基于某个合理的投资组合，这种单一性的投资可能会给员工带来巨大的风险：当企业的经营陷入财务困境，员工为了保住工作往往不得不选择购买企业的股票，这种情况下，员工面对的风险是非常明显的。另外，即使公司目前的经营状况良好，在员工持股计划与企业补充养老金相结合的情况下，企业一旦经营不善，就会给员工的养老问题带来长远的忧患。由于员工持股计划对员工而言，不仅意味着收益，也意味着风险，员工可能会据此要求企业提供更高的工资来补偿这种风险。这一点也是企业必须考虑的问题。

企业实施各种绩效薪酬制度的目的都是进一步提高企业绩效。我们知道，所有权计划是将员工的部分收入与组织绩效在股票价格上的表现相联系。由于企业的股票价格在很大程度上受到许多外部条件的影响，这种绩效薪酬计划的货币成本往往很难确定。对于企业来说，如果在实施员工持股计划后，企业的实际价值并没有发生变化，那么股东所掌握的企业价值实际上就降低了。这种“损失”并不是实施员工持股计划的企业能够准确预见和控制的。

（五）团队激励计划

团队正在日益成为人们关注的焦点。团队可以完成个体无法完成的任务，很多时候合作比个人单枪匹马所产生的效果要好。要保证团队的协调与合作，就有必要制订团队激励计划。

当然，团队激励计划也存在一定的问题，其中最主要的是“搭便车”问题，也就是说，在每个团队中，总有绩效高低之分，员工对团队的贡献肯定存在差异，但是干得少的并没有因为他们的低绩效而比别人薪酬少，这就挫伤了优秀员工的积极性。因此，团队激励计划可能会造成优秀员工的流失。

尽管对团队报酬制度存在许多悲观的论调，仍有许多公司在员工团队内部采用了团队报酬。团队报酬主要有两种形式：利润分享和收益分享。在利润分享计划中，支付薪酬的依据是组织绩效在利润指标上的表现。收益分享计划是让员工得到对企业收益进行分享的权利。与利润分享不同，收益分享计划被认为是成本节省所带来的收益在企业和员工之间进行分配的一项计划。因此，收益分享实际上是成本节省分享，又分为基于总成本节省的拉克（Rucker）计划和基于劳动力成本节省的斯坎伦（Scanlon）计划。

1. 利润分享计划

作为一种团队激励计划，利润分享计划能够激发员工更多地考虑如何提高组织绩效。受益于利润分享计划的员工能够像企业所有者一样去思考企业的经营问题，从而有效降低代理成本，增强员工的合作精神。利润分享计划不涉及员工的基本工资，因此当企业的经营发生困难时，企业无须依据利润分享计划支出或过多地支出员工的报酬，也就无须在很大程度上依靠解雇员工来解决问题，有利于实施长期雇佣。

但是在利润分享计划下，员工所获得的利润分享收入的多寡并不能体现他们的工作绩效。并不是所有的员工都能够控制企业利润的多寡，对于普通员工来说，影响企业的利润水平更是一件遥不可及的事情。由于一般员工无法通过自己的行为控制组织的绩效，期望值很低，甚至为零，因此利润分享计划并不能起到很好的激励作用。从这个意义上讲，利润分享计划更适用于企业的高层管理者（有时还包括一些中层管理者）。

2. 收益分享计划

20 世纪 30 年代收益分享计划最初运用于美国俄亥俄州曼斯菲尔德市的帝国钢铁与马口铁工厂。该方案的设计者约瑟夫·斯坎伦是该工厂所在地的地方工会主席，因此这个收益分享计划也称为斯坎伦计划。斯坎伦计划也就是我们所说的基于劳动力成本节省的分享计划，该计划的目的是在不影响员工积极性的前提下降低公司的劳动力成本。表 6 - 17是斯坎伦计划的一个报告示例。

表 6 - 17　收益分享计划（修订后的斯坎伦计划）报告示例　　单位：美元

科目	第一和第二阶段的平均值	第二和第三阶段的平均值
1. 销售额	1000 000	1 000 000
2. 库存变动和在制品	100 000	100 000
3. 产品销售价值	1 100 000	1 100 000
4. 允许成本（82.5%×上述第 3 项）	907 500	907 500
5. 实际成本	850 000	917 500
6. 收益（上述第 4～5 项）	57 500	−10 000
7. 员工股份（上述第 6 项的 55%）	31 625	−5 500
8. 月储备金（上述第 7 项的 20%）	6 325	−5 500
如果没有奖金，则为上述第 7 项的 100%		
9. 可分配奖金（上述第 7～8 项）	25 300	0
10. 公司分配份额（上述第 6 项的 45%）	25 875	−4 500
11. 参与分配的薪酬总额	132 000	132 000
12. 奖金占薪酬总额的比例（第 9 项÷第 11 项）	19.2%	0.0%
13. 月储备金	6 325	−5 500
14. 上期末储备金	0	6 325
15. 年末储备金	6 325	825

资料来源：雷蒙德·诺伊．人力资源管理：赢得竞争优势：第 7 版．北京：中国人民大学出版社，2013.

斯坎伦计划规定，如果工厂的劳动力成本占产品销售额的比率能够保持在某一既定标准之下，则员工（以及组织）都可以获得货币奖励。表 6 - 17 展示的是一个修订过的（例如，增加了除劳动力成本以外的其他成本）斯坎伦计划。由于在第一阶段和第二阶段的实际成本（850 000 美元）比计划成本（907 500 美元）要低，所以获得了 57 500 美元的收益。公司获得成本节约收益的 45%，员工获得成本节约收益的剩下 55%，不过，在应当由员工分享的份额中会有一部分奖金被储备起来，以防下个月出现实际成本超出计划成本的情况。

拉克计划的公式比斯坎伦计划的公式更复杂，需要确定一个比率反映总工资中每一单位货币生产的价值。当总工资确定后，乘以确定的比率，得到预期的生产价值，将预期的生产价值与实际的生产价值相比较，余额再根据比率分配给员工。可见，拉克计划将激励与各种节省联系起来（不像斯坎伦计划只关注劳动力成本的节省），这使得拉克计划可以更好地与个人激励计划结合在一起。

四、各种绩效薪酬制度的比较

前面介绍了各种常见的绩效薪酬制度。这些薪酬制度具有不同的特征，适用于不同类型的员工。表 6－18 对这些绩效薪酬制度进行了对比。

表 6－18　绩效薪酬制度对比

项目		绩效工资制度	绩效调薪制度	员工持股计划	利润分享计划	收益分享计划	班组激励计划
方案特征	支付形式	一次结清的工资	累进式地调整工资	产权(收益权)	奖金	奖金	奖金
	支付频率	每季度或每年	每年	出售股票或分红时	每半年或一年	每月或每季度	每月或每季度
	需评价绩效	员工个人绩效	员工个人绩效	股票价值	利润	分公司或工厂绩效	团队绩效
	覆盖面	全体员工	全体员工	全体或部分员工	全体员工	全体员工	全体员工，常为生产工人
实施结果	激励效果	收入与绩效之间联系密切	收入与绩效之间联系密切	收入与个人绩效之间联系非常少	收入与个人绩效之间联系较少	在较小的组织单位中能够起一定激励作用	在团队与团队之间的竞争中起激励作用
	吸引力	有助于留住高绩效员工	有助于留住高绩效员工	有利于留住员工	有利于吸引所有员工	有利于吸引所有员工	有利于吸引所有员工
	文化影响	鼓励个人竞争	鼓励个人竞争	关注组织绩效	关注组织绩效	团队合作	团队合作
	成本影响	需要完善的个人绩效评价系统	需要完善的个人绩效评价系统	不易明确成本	将支付能力与成本挂钩	将支付能力与成本挂钩	将支付能力与成本挂钩
适用条件	组织结构	适用于大多数企业	适用于大多数企业	适用于股份制企业	适用于大多数企业	适用于较小的独立工作单位	适用于较小的独立工作单位
	管理风格	员工参与					
	工作类型	适用于易衡量绩效的工作	适用于易衡量绩效的工作	适用于各类工作			

➡ 关键词

绩效反馈（performance feedback）

360 度反馈（360-degree feedback）

绩效改进（performance improvement）

绩效薪酬（performance-related pay）

➡ 复习思考题

1. 如何理解绩效反馈的重要性？
2. 试述 360 度反馈的内涵及优缺点。
3. 请自拟情境设计一个绩效反馈面谈计划。
4. 解释绩效评价与绩效改进之间的关系。
5. 绩效评价结果在人力资源管理决策中有哪些作用？
6. 试结合实际对比各种绩效薪酬方案。

➡ 章末案例

华为的员工持股计划

总部位于深圳的华为技术有限公司成立于 1987 年，初始资本只有 21 000 元人民币。经过 30 多年的稳健成长，华为已经成为全球领先的信息与通信解决方案供应商、年销售规模近 9 000 亿元的世界 500 强公司，业务遍及全球 170 多个国家和地区，拥有员工约 19.7 万。

1998 年出台的《华为基本法》第一章第四部分第十七条明确指出："我们实行员工持股制度。一方面，普惠认同华为的模范员工，结成公司与员工的利益与命运共同体。另一方面，将不断地使最有责任心与才能的人进入公司的中坚层。"作为重要的激励手段，员工持股计划已经在华为实行了十多年。1990 年，初创期的华为按照员工的级别、绩效、可持续贡献等给予股票，员工以工资、年底奖金出资购买股份，资金不够的，公司协助贷款，员工享受分红权，但不享受公司法中股东所享有的其他权利；员工所持股份在退出公司时按照购股之初的原始价格回购，员工也不享有股东对股票的溢价权。

2001 年后，华为实行了相应的员工持股改革：新员工不再派发长期不变 1 元 1 股的股票，而老员工的股票也逐渐转化为期股，即所谓的"虚拟受限股"（下称"虚拟股"）。虚拟股由华为工会负责发放，每年华为会根据员工的工作水平和对公司的贡献，决定其获得的股份数。员工按照公司当年净资产价格购买虚拟股。拥有虚拟股的员工，主要的收益变化是除了可以获得一定比例的分红，还可以获得虚拟股对应的公司净资产增值部分。

2008 年，华为再次调整了虚拟股制度，实行饱和配股制，即规定员工的配股上限，每个级别达到上限后就不再参与新的配股。这一规定也让手中持股数量巨大的华为老员工的配股受到了限制，给新员工的持股留下了空间。经过调整后的虚拟股制度沿用至今。

目前，华为通过工会实行员工持股计划，员工持股的比例是 100%。截止到 2020 年，华为员工持股计划参与人数已达到 121 269 人。员工持股计划将公司的长远发展和员工的个人贡献有机地结合在一起，使得全体员工聚焦企业的发展，而不只是一味地关心个人的得失，进而形成了华为独特的分享激励机制。

思考题

1. 试运用相关理论，分析华为在员工持股计划中有哪些成功经验。
2. 你认为华为在实施员工持股计划过程中存在哪些问题?

第 7 章 我国绩效管理的现状与未来

学习目标

通过对本章的学习，你将能够：

1. 了解我国绩效管理实践的发展现状
2. 了解我国政府绩效管理本土化的代表模式
3. 说明我国绩效管理实践中存在的主要问题
4. 阐述我国绩效管理的发展趋势

➡ 引导案例

绩效管理的责任与未来

绩效考核的责任到底谁来承担？人力资源部、各级管理者及员工如何承担人力资源管理责任？尤其是互联网、大数据时代，如何利用互联网和大数据来简化绩效核算体系，减少绩效管理的工作量？未来基于大数据的绩效考核和绩效管理是否会走向智能化？

绩效管理是将企业目标、部门目标、个人目标层层联动的工具，所以绩效管理的责任是所有人的责任。高层管理者负责制订未来企业发展的方向和每年的年度经营计划，同时要为公司的绩效管理体系提供有效落实的保障和资源。人力资源部是绩效管理体系的设计者和组织实施者，同时也是绩效管理的宣传者和培训者。财务和经营部门要协助确定经营目标，进行经营数据分解，协助制订经营计划。各级管理者要将考核制度细化，建立适合业务特色的考核指标体系，从计划、交流、观察、评价、沟通等角度落实绩效管理体系。员工则要在管理者的指导下，针对自身工作开展绩效管理工作，努力达成绩效，不断追求卓越，突破自我，持续创造高绩效。

正是因为绩效管理是一个大体系，需要全员参与，所以绩效体系的有效落实需要配套信息化和智能分析的相关手段。未来的数字经济时代，物联网、大数据、云计算、人工智能将大大简化绩效核算体系，通过动作标准化、能力标准化、绩效结果标准化来实现标准化、模块化、流程化，最终依靠技术手段将绩效管理打造成智能化管理体系。

未来的绩效管理将更加注重精益管理，加强投入产出分析，优化资源配置，用数据说话、用数据管理，促进生产运营效率和效益的提高；而大数据、云计算、物联网、人工智能的技术手段应用，让组织运行更加数字化、智能化。

资料来源：彭剑锋．数字时代绩效管理的十大困惑与烦恼．（2020－04－07）．https：//www. sohu. com/a/385987777_343325.

我国绩效管理历经数十年的发展，已经取得了举世瞩目的成就，不仅为我国各类型组织提供了解决绩效问题的方案，提高了绩效水平，也为绩效管理各种理论与工具的应用提供了良好的平台，检验了其适用性与实用性。因此，有必要系统梳理我国绩效管理多年的探索实践，总结经验、吸取教训，为迎接未来绩效管理的各种挑战做好充分准备。

第1节　我国的绩效管理探索

一、我国企业组织的绩效管理探索

改革开放以后，特别是20世纪90年代中期以来，绩效管理在我国企业中得到了长足发展，基于战略的绩效管理也取得了全面提升。经过多年的实践，绩效管理在不同行业、不同企业取得了不尽相同的效果。有些企业实施了比较规范的战略性绩效管理体系，对企业的发展起到了重要的推动作用。从整体来看，我国企业在绩效管理方面的探索主要有以下几个方面：

（一）引入经济增加值

经济增加值（economic value added，EVA）也称经济附加值，是指从企业的税后净营业利润中扣除包括股权和债务的全部投入资本成本后的所得。其基本假设是股东对企业的资本投入是有成本的，企业的盈利只有高于资本成本（包括股权成本和债务成本）时才会为股东创造价值。在EVA出现之前，传统的衡量企业业绩的指标仅仅是简单的收入减成本，即会计利润。但会计利润并不能很好地衡量企业真正带给股东的价值回报。比如，某家公司的税后净利润是1 000万元，税后债务资本成本为500万元，股本资本成本为700万元，仅从会计利润的角度来看，该企业的利润为500万元（1 000－500），但如果从经济增加值的角度来看，则为－200万元（1 000－500－700）。这说明虽然该企业在账面上盈利500万元，但实际上股东的价值却受到了损害。企业的财务目标是股东价值的最大化，这就要求衡量企业经营业绩的指标必须准确反映企业为股东创造的价值。EVA很好地迎合了这一要求，能够使企业聚焦股东价值的创造，而不是账面利润的多少。

EVA在国际著名企业中都有广泛应用，如可口可乐、美国通信业巨头AT&T等。EVA在我国的应用也越来越广泛，包括青岛啤酒、宝钢、中化国际、李宁等在内的企业都应用了EVA，均取得了良好的收效。国务院国有资产监督管理委员会颁布的《中央企业负责人经营业绩考核办法》已经明确要求，将经济增加值作为中央企业负责人年度经营业绩考核的基本指标。

（二）应用全面质量管理、精益生产和6σ

兴起于20世纪中叶以改进企业绩效状况为核心的“质量管理运动”席卷全球，在日本、美国、欧洲等国家和地区掀起了一浪高过一浪的势头。全面质量管理、精益生产和 6σ 都强调对质量的严格管理。

全面质量管理是以质量为中心，以广泛的员工参与为基础，以让顾客满意为最终目的的管理方式。全面质量管理中的“全面”强调的是全过程、全员和全方位。全面质量管理遵循 PDCA 循环，即戴明环，分别代表计划（plan）、执行（do）、检查（check）和处理（action）。

精益生产（lean production）一词发轫于日本汽车工业，用来形容日本汽车企业对高质量和低成本的追求。精益生产的目的是消除生产中任何细微的资源浪费，通过持续的流程改进来提升产品的质量，并使生产时间和成本得到缩减。

σ 是希腊字母，原用于统计上描述误差。其含义经过引申之后，6σ 变成了用来描述企业生产质量的一个标准，后来发展成为一套管理理念。6σ 理念由摩托罗拉公司创立，在通用电气取得了举世瞩目的成就，并被广泛应用。6σ 指的是每百万次机会出现的缺陷是 3.4 次。6σ 中的“缺陷”不光用来描述质量缺陷，而是泛指产品、服务没有达到顾客要求的各种事件。6σ 强调的是通过对流程的改进达到提升产品和服务质量进而提升绩效水平的目的，是各种类型的企业都期望达到的近乎零缺陷的质量状态。

我国企业尤其是具有生产职能的制造业企业也纷纷采用这些质量改进思想来指导绩效管理工作的开展，例如在绩效计划过程中对绩效目标与指标的设定要以产品和服务质量为核心、绩效监控过程中要将质量作为监控重点、绩效评价过程中要对改进质量的行为进行奖励、绩效反馈中要紧紧围绕如何改进质量进行沟通等等。

（三）运用先进的绩效管理工具

企业是各种管理理论和管理工具应用于实践的前沿阵地。任何理念与工具的诞生都会在企业中得到淬炼。我们之前提到的目标管理、标杆管理、关键绩效指标、平衡计分卡和目标与关键结果等绩效管理工具都是在企业的应用过程中得到检验与发展的。我国企业在应用这些绩效管理工具时进行了批判性吸收，将理论工具与具体实际相结合，取得了很好的效果。尤其是近几年来，越来越多的企业将平衡计分卡作为绩效管理工具，如宝钢、中化集团、青岛啤酒、光大银行等，并取得了良好效果。

（四）建设以绩效为导向的企业文化

企业文化是指在一定的社会经济条件下通过社会实践所形成的，并为全体员工所遵循的共同意识、价值观念、职业道德、行为规范和准则的总和，是一个企业在发展过程中对外部环境适应和对内部资源整合时形成的以价值为核心的独特的文化管理模式。优秀的企业文化能够引导员工树立与组织目标一致的个人奋斗目标，实现个人成长与组织发展共赢；能为员工营造一种积极的工作氛围、共享的价值观念和管理机制，对企业的绩效产生强大的推动作用。我国企业已经逐步建设起以绩效为导向的企业文化，使绩效观念和责任意识进到每一个组织成员的灵魂深处，从而有利于战略性绩效管理的推行和组织目标的实现。比如华为倡导的“以奋斗者为本，使奋斗者得到合理的回报”、三一重工提出的“疾慢如仇、追求卓越”、万科集团推崇的“效率为先”等理念都是以绩效为导向的企业文化的代表。

二、我国公共组织的绩效管理探索

公共组织绩效管理是一种以绩效为导向，以提高公共资源使用效能和完善公共责任机制为目标，以管理和服务对象的满意为最终衡量标准，适应经济市场化和社会信息化发展要求的新公共管理模式。在我国，对公共组织绩效管理这一概念的理解关键是界定公共组织的外延，狭义的公共组织通常指行使公共权力的组织，包括各级党组织、行政组织、立法和审判机关，通常概括为党政机关，广义的公共组织则包括非营利组织等在内的从事公共事务管理，提供公共产品或服务，实现、维护和提高公共利益的所有组织。鉴于党政机关是我国最主要也是最重要的公共组织，下面将以党政机关为主体对我国公共组织的绩效管理探索趋势进行分析。

随着行政体制改革和干部人事制度改革的逐步深入，尤其是在习近平新时代中国特色社会主义理论和正确政绩观的指引下，我国积极学习现代绩效管理理论和经验，坚持从实际出发和以实绩为导向，陆续进行政府绩效管理模式探索和试点，出现了一批具有影响的典型代表，为推进我国的政府绩效管理工作积累了宝贵经验。纵观历年来的政府绩效管理实践，主要形式有以下几种。

（一）实行目标管理责任制

目标管理责任制是我国地方政府开展最早、最广泛的绩效管理方式。这主要是由于我国早在20世纪80年代初就开始试行机关工作人员岗位责任制，为目标管理责任制的形成和推行奠定了基础。进入21世纪后，一些地方在实践中不断改革和完善目标管理的方式和手段，例如贵州省省直机关推行目标绩效管理，福建省开展机关效能建设，深圳市运用现代技术手段进行行政许可绩效测评，湖北省在全省范围推行武汉的绩效管理模式等。总体来说，我国的目标管理责任制具有以下几个基本特点：（1）目的：改进机关作风，提高机关效率，保证党政部门的工作目标顺利达成。（2）范围：主要在党政工作部门推行，少数省市也将下级政府纳入目标管理。（3）绩效计划：以部门职能和当年政府工作报告确定的重点任务为依据。（4）绩效监控：实行自查与上级检查相结合。（5）绩效评价：实行年度考核。评价主体分两种情况：一是主管领导考核；二是从各部门抽调人员成立专门的考核小组进行集中考核，有少数城市引入了第三方评估。（6）结果应用：实行目标奖励，根据考核的不同等级，与奖金和干部任用挂钩或进行表扬批评。目前，在习近平新时代中国特色社会主义思想的指导下，我国政府的目标管理实践正向现代绩效管理和评估的方向转型发展。

（二）开展绩效督察考评

随着我国经济、政治、社会、文化等各项事业的全面展开和迅速发展，为有效保障中央和上级的各项决策部署落到实处，切实提高各级机关和部门的执行力，近年来许多省市创新管理机制，不断强化督察考评职能。例如，江苏邳州市通过绩效督察考评形式在建立战略导向型绩效管理模式上进行了有益尝试，对推动该市经济社会跨越式发展产生了实效。绩效督察考评是在原督察工作之上的创新和发展，在绩效管理各环节展现出以下特点：（1）绩效计划：绩效目标和评价指标的设置紧扣党政中心工作和重大决策部署，并根据各部门职责和各地区情况，进行目标分解和任务落实。（2）绩效监控：督察的重点在于工作过程监控，常用的监控方式有领导检查、单位自查、考评办抽查、群众投诉、职能部门督促等。（3）绩效评价：绩效评价是绩效督察区别于传统督察的核心环节。评价方式以内部评价为主，外部评价为辅。内部评价主体包括上级领导、职能部门、人大代表和政协委员；外部评价主体主要是专家学者、公民、管理和服务对象等。（4）结果应用：许多地方建立了激励机制和问责制度，将评价结果应用于干部使用、物质奖励、年终评优、通报表扬或批评、行政记功或记过等方面。

（三）实行预算绩效评价和绩效审计

公共预算资金使用效益是我国政府绩效的重要组成部分，实行绩效预算和绩效审计是我国绩效管理改革的重要方向。2001年，湖北省财政厅根据财政部安排，率先在恩施土家族自治州选择5个行政事业单位进行试点，标志着真正意义上的预算绩效评价开始在我国起步。2005年，财政部出台《中央部门预算支出绩效考评管理办法（试行）》，在总结前期预算绩效考评试点经验的基础上，统一规定了部门绩效预算考评的各项基本制度，明确了绩效评价的组织管理体系和评价机构制度，将实施范围由前期的针对财政投资性支出及一般预算支出项目的单项评价，扩展到对整个部门预算进行评价的综合评价。我国的政府绩效审计以专项审计调查为主要方式，以提高财政资金使用效益和管理水平为主要目标，重点调查国家政策法规执行中存在的问题和重大决策的落实情况，关注财政资金使用效益和涉及群众切身利益的突出问题，促进国家相关政策制度的落实和完善。

（四）开展公民评议活动

公民通过评议方式参与对政府绩效进行评价是现代政府绩效评估的重要内容，是提高行政管理体系透明度的关键举措和建设服务型政府的必然要求。一些地方政府积极探索公民参与政府绩效考核评价的方式，不断拓宽公民和服务对象考评政府部门和公务员的渠道，逐步实现公民评议活动的规范化和制度化。自2001年起，南京市连续六次开展“万人评政府”活动，北京、青岛、西安、沈阳等地也多次开展大规模的公民评议活动。总体来说，公民评议在绩效管理各环节呈现出以下特征：（1）评议内容：主要包括政府部门职能履行情况、重点任务完成情况、公共服务效率和质量、行业风气情况等。（2）评议主体：参加评议的人员有广泛的代表性，一般包括人大代表、政协委员、专家学者、企业职工、普通群众和基层干部等。（3）评议方式：主要通过发放问卷、网上评议、电话调查等方式进行。（4）结果应用：评议结果一般在一定范围公开，同时作为部门评优和公务员奖惩的重要依据。

（五）建立完善党政领导班子和领导干部综合考核评价体系

班子考核和干部考核历来是干部工作的重中之重，但长期以来采用“德、能、勤、绩、廉”这一高度概括的通用性分类法为指导的做法并没有真正建立起科学有效的领导班子和领导干部绩效考核体系。2009年，中共中央办公厅印发《关于建立促进科学发展的党政领导班子和领导干部考核评价机制的意见》，从完善考核内容、改进考核方式、扩大考核民主和强化考核结果运用四个方面对领导班子和领导干部的考核评价工作做出了原则性的规定。与此相配套的由中共中央组织部制定的《地方党政领导班子和领导干部综合考核评价办法（试行）》《党政工作部门领导班子和领导干部综合考核评价办法（试行）》《党政领导班子和领导干部年度考核办法（试行）》则从具体操作层面分别针对地方党政领导班子和领导干部的综合考核评价、党政工作部门领导班子和领导干部的综合考核评价、领导班子和领导干部的年度考核工作做出了细致规定。“一个意见，三个办法”的颁布实施标志着促进科学发展的党政领导班子和领导干部的综合考核评价机制的建立。

2019年4月，中共中央办公厅印发《党政领导干部考核工作条例》在完善考核内容，结合平时考核、年度考核、专项考核和任期考核四种考核方式，科学确定考核结果，以及强化考核结果运用等方面做出了更加科学的规定。随后，中共中央组织部于2019年11月发布《公务员平时考核办法（试行）》，2020年10月发布《关于改进推动高质量发展的政绩考核的通知》，2020年12月发布《公务员考核规定》，进一步对领导班子和领导干部的综合考核评价进行了完善与细化，新时代中国特色党政领导班子和领导干部综合考核评价机制基本建立。在以上文件的指导下，各地各部门纷纷结合各自实际探索完善体现新时代特色的领导班子和领导干部综合考核评价体系。

（六）建立基于平衡计分卡的政府绩效管理体系

作为一种先进的绩效管理工具，平衡计分卡自问世以来被世界各类组织广泛采用。据权威机构调查，美国60%、欧洲50%、澳大利亚40%、新加坡80%的组织都应用了平衡计分卡。就公共组织而言，美国的夏洛特市、美国商务部经济发展署、美国亚特兰大市富尔顿学区系统、皇家加拿大骑警、英国国防部、英国伦敦自治区、奥地利维也纳财政部、挪威空军、波士顿歌剧团等组织是成功应用这一先进工具的典型代表。在此背景下，为了加强我国领导人才绩效评估和建立科学规范的政府绩效管理体系，中共中央组织部领导干部考试与测评中心于2005年启动“中澳合作平衡计分卡中国化模式研究与推广”项目，将黑龙江省海林市、广西壮族自治区贵港市平山镇、四川省乐山市五通桥区等政府机构作为试点单位，探索建立基于平衡计分卡的政府绩效管理体系。以黑龙江省海林市为例，该市设计出一整套平衡计分卡体系，包括海林市委市政府及其下属的73家委办局和乡镇政府的战略地图、平衡计分卡、指标卡、行动方案、绩效考核量表，并针对每个单位的主要领导、副职领导、中层干部和基层人员设计了个人计分卡、指标卡、行动方案和绩效考核量表。从实施效果来看，海林市在导入平衡计分卡体系之后，全市各部门在工作思路的谋划水平上得到了显著提高，在战略工作的高效落实上得到了大力推进，在绩效管理体系的建设上得到进一步完善，海林市整体战略执行能力得到全面提升，综合实力逐渐增强，从全省“十强县”中的第13位蹿升至第2位。随着平衡计分卡在我国的逐步应用和推广，包括北京市延庆区、山东省青岛市、广西壮族自治区钦州市和合山市等越来越多的政府机关将平衡计分卡作为战略管理和绩效管理的系统工具。

第 2 节　杭州市政府绩效管理实践

杭州市作为浙江省的省会，是改革开放的先行地，不断先行先试，始终走在改革前列，政府绩效管理领域也是如此，形成了具有影响力的绩效管理杭州模式。2011 年杭州市被国家监察部确定为全国绩效管理试点地区，2012 年杭州市综合考评委员会办公室申报的“公民导向的杭州综合考评”获得第六届“中国地方政府创新奖”提名奖，2016 年 1 月 1 日《杭州市绩效管理条例》实施，标志着杭州市在政府绩效管理法制化建设方面走在了全国前列。

杭州市政府绩效管理实践是我国政府绩效管理本土化的代表模式之一，其首创的民主评议模式，通过设立独立的综合考评委员会，把绩效的管理和实施独立出来，评估主体是多元的，并且主要为公民评估。杭州市政府绩效管理模式呈现阶段性与持续性并行的特征，并得到了持续的演进，逐渐形成以人民为中心的绩效管理方式。下面以杭州市为例，介绍我国政府绩效管理的具体实践。

一、杭州市政府绩效管理的发展与演变

杭州市的政府绩效管理起步于 1992 年，一直持续至今。它在体系上包含目标考核、领导考评、社会评价以及创新创优四个维度，基本涵盖了目前地方政府绩效评估的主要形式；在发展阶段上，与当代中国政府绩效评估发展的大环境契合，并在评估形式多样与评估内容趋同、评估过程逐步开放与评估结果使用内部化、评估体系单轨运行与评估使命复合并存的大环境下，走出了一条持续发展的地方政府治理创新道路。其中引人注目的是杭州市在政府绩效评估上的体制创新，成立全国首家正局级常设考评机构——杭州市综合考评委员会办公室（简称考评办），负责市直单位和区、县（市）综合考评，协调、管理市直单位各类工作检查、评比、考核事项。常设考评机构的成立是杭州综合考评走向制度化、规范化、专业化的重要标志，对政府绩效评估体系的发展有重要影响。以考评组织体系的变化以及由此带来的评估体系的发展为脉络，可从以下三个阶段审视杭州市政府绩效管理的发展过程。

（一）1992—2004 年：前综合考评时期

前综合考评时期表现为传统目标责任制的推行和满意评选的启动，以及在各自双轨并行的基础上，完成预设目标。

1992 年，在邓小平南方谈话和党的十四大做出建立社会主义市场经济战略部署的大背景下，为了把推进工作与调动机关工作人员的工作积极性有效地结合起来，杭州市在市级机关范围内开始推行目标责任制，并于 1998 年提出进一步的优化办法，目标考核

基本成型。这一时期的目标考核呈现典型的中国式目标管理特征：自上而下的考核方式、注重经济发展的考核内容、单一封闭的考核方式以及解决政府内部执行力的目标定位，在当时的时代背景下，发挥了提高行政效率的作用。

2000 年，杭州市启动满意单位和不满意单位评选。创新源自外部压力，具有鲜明的解决现实问题的工具导向。2000 年杭州市级机关作风问题已严重影响到杭州的发展，同时上级组织和领导对作为省会城市的杭州有着“浙江的龙头”的期待、要求和支持。因此，在世纪之交的中国区域经济发展竞争中，机关作风建设成为杭州改善城市发展软环境、提升城市竞争力的重要突破口，而满意评选就是实现这一突破的重要举措。满意评选的初衷就在于建立一种促进机关作风建设的激励机制，根治门难进、脸难看、话难听、事难办的机关“四难”综合征。

2000—2004 年，杭州的政府绩效评估呈现目标责任制考核与满意评选双轨并行的模式，各自独立运行，分别由目标办和满意办组织实施，机构独立运行，两部分考评的结果加总后作为单位的最终得分。

（二）2005—2006 年：综合考评的变更期

综合考评的变更期是重要的分水岭，它结束了目标责任制考核和满意评选双轨并行的局面，完成了综合考评体系的建立，同时，在被动和主动的探索中超出了考评制度的初衷，并奠定了制度转向的基础。

2005 年，杭州市委市政府决定将目标责任制考核与满意评选进一步结合，同时增设领导考评，对市直单位实行综合考核评价，形成了“三位一体”的综合考评。和之前的制度创新相似，综合考评的建立是治理体系对变化了的环境的适应和调整。党的十六届三中全会提出科学发展观，践行科学发展观就需要改变唯 GDP 的政府绩效评价模式，引导各级干部树立正确的政绩观和发展观。杭州探索多年的满意评选与中央要求的注重实绩、坚持群众公认的政绩评价原则非常契合，因此，建立综合考评体系成为科学发展观对政府绩效评估的要求。更为现实的问题是，经过五年的深入开展，满意评选已经超越了单纯的转变机关作风的功能，参与的群众不再满足于对机关作风的评议，将工作业绩、民生问题的改善等问题纳入评议范围，而服务于作风评价的满意评选制度面对工作实绩的评价新要求，显然存在诸多不合理和不科学。在这样的背景下，“三位一体”综合考评体系建立，2006 年杭州市考评办成立，履行“三位一体”的职能。

（三）2007 年至今：综合考评的成长成熟期

2007 年以后，综合考评在不断科学化和制度化的过程中日益精细化，尤其在 2011 年杭州被列为全国政府绩效管理试点城市后，指标体系不断调整，内外评估相互融合和渗透，而综合考评工作也实现了“公转”与“自转”的共存并进。

1. 目标考核的精细化与繁复化

一是目标体系不断扩张。不同性质的目标不断衍生，并且在考核中交叠，如市委市政府中心工作目标与部门职责目标、达标目标与创新创优目标、部门目标与部门协作目标等。综合考核体系努力平衡这些目标。

二是目标管理项目化。主要以专项目标的方式实施目标考核，专项目标主要来自市委市政府的年度中心工作和重点工作。

三是目标考核中的绩效考核不断扩大。通过电话访问、问卷调查、专家评估等方式，对目标完成的质量进行第三方测评。尤其 2011 年杭州被确定为全国政府绩效管理试点城市后，在指标体系上正式区分“实现程度”和“绩效测度”，体现结果导向的考核特征。

2. 社会评价的精细化与专业化

一是不断扩大评价主体的覆盖面和代表性。社会评价主体逐步吸纳外来务工人员、农村居民，不断增强社会主体力量，逐渐扩大区县（市）、乡镇街道、社区居委会的投票层面，体现面向基层、面向群众的特征。

二是积极探索“知情人评知情事”的评价方法。采用公众可感知、可理解、可评价的指标，不断提高评价内容的公众贴近性和可理解性；公开政府部门主要工作职能，并由笼统的职责说明发展到具体工作及成果的细节呈现。

三是从一般性问题的社会评价逐步升级到针对具体问题的专项社会评价。在年度社会评价中开展专项评价，一事一评，通过“公述民评”面对面问政活动聚焦绩效问题，弥补印象评价和主观评价固有的缺陷。

四是“评价—整改—反馈”机制形成民意再利用。这是杭州滚动式绩效管理的最大特色，上一年度社会评价征集的各类意见和建议经市考评办的系统分析、归纳和整理，反馈给相关的责任部门，各单位据此制定本年度整改目标和工作计划，并向社会公示，最后对完成情况再度进行公众满意度测评，并将测评结果纳入本年度目标考核。

3. 综合考评的“自转”与“公转”

如果说之前两个阶段杭州综合考评的发展动力更多来自政治压力和要求，围绕决策者的中心工作实现“公转”，那么，2007 年后的考评工作有了制度自我发展完善的动机，遵循绩效管理规律，努力实现考评工作的“自转”。

一在组织体系上，扩展考评办职能。2008 年考评办在既有的负责目标考核和社会评价的两个处室之外成立直属单位绩效评估中心，创设了自主探索绩效管理新路径的空间。

二在评估程序上，强化过程管理。考评办推动目标管理程序化、责任化和刚性化，强化所掌握的目标设定权和检查核验权，并通过《杭州市绩效管理条例》完成最终的制度化。

三在评估体系上，遵循绩效管理规律。2007 年以来，杭州综合考评不断完善绩效指标体系，深化社会评价，推进创新创优。在作为压力机制的内外评估之外增设了体现激励导向的创新创优目标考核，随后又建立了“评价—整改—反馈”机制，在惩戒导向之外确立了推进绩效持续改善的激励导向。

二、杭州市政府绩效管理的流程

（一）绩效计划的编制

杭州市纳入绩效管理的各区、县（市）人民政府和市直单位都要与国民经济和社会发展五年规划同时编制、同步实施本组织的绩效计划。每份绩效计划至少应该包含以下四个部分：

（1）使命和愿景。包括本地、本组织的发展现状，主要职责和工作任务概述，并依据使命，结合环境分析，按照发展的需要，明确计划期间的努力方向和发展目标，同时与国民经济和社会发展五年规划以及相关专项规划内容相衔接。

（2）关键指标和重点工作。包括国民经济和社会发展五年规划涉及本地、本部门的工作任务和绩效指标逐项分解的年度目标，以及体现履职情况的主要职能绩效指标和重点工作的分年度目标。

（3）绩效管理重点目标。包括梳理近3年社会评价意见中反复提出的意见和建议，对其中较为突出的问题，提出整改方向、举措以及预期成效；针对日常绩效信息、绩效测评、绩效整改通知单反映的尚未有效解决的绩效问题，举一反三，提出整改方向、举措以及预期成效；结合本地、本组织工作需要，按照《杭州市政府创新选题目录》提出创新创优申报方向、项目来源和创新路径等；分析本地、本组织公共服务和社会治理标准化建设现状，结合实际，对标国际和国内先进，按照已有的标准、需要修订的标准、计划制订的标准等，列出标准目录，明确需制（修）订标准的具体编制时限和编制依据等。

（4）保障措施。包括保障绩效计划顺利实施的相关举措，如组织领导、制度保障等相关机制建设情况。

在制订绩效计划时，应遵循以下步骤：

（1）前期调研。在准确把握上级党委、政府一个时期（一般为5年）战略要求的基础上，深入开展现状调查，对本地、本组织工作实绩进行分析评估，查找短板，了解相关目标实施的外部环境、政策环境和国内外同行业的先进水平。

（2）撰写初稿。按照绩效计划必须具备的内容和文本体例要求进行编制。编制单位可以根据实际情况，单位内部作适当的分工，分块撰写，最后统稿完成绩效计划文本。

（3）征求意见。计划编制过程中，要充分征求社会公众、相关部门、专家学者的意见，加强与相关规划的衔接协调。涉及经济社会发展的重大事项或专业性较强的事项，要事先组织必要性和可行性论证，切实提高计划编制的科学性、合理性和可操作性。

（4）定稿报送。各地、各组织对论证和征求的意见进行分析梳理，并根据意见进行修改完善，经讨论研究，形成绩效计划定稿，报送绩效管理机构。

（5）审核批准。绩效管理机构对提交的绩效计划文本进行初审、专家会审，然后反馈给各地、各组织进行修改完善，各地、各组织修改完善后提交绩效管理机构审定。绩效管理机构可视情况将绩效计划文本在一定范围内进行公示，接受社会监督，对公示无意见的绩效计划，绩效管理机构予以批准。

（6）公开发布。经批准的绩效计划文本，绩效管理机构以正式发文的形式在政府机构内部公布，同时通过政府门户网站、绩效责任单位网站等平台，向社会公布。绩效计划一旦确定，应保持相对的稳定性，一般不做调整。确实需要根据形势变化和上级要求做出调整的，应按原报批程序办理调整手续。

（二）绩效信息的收集

杭州市在实施绩效管理实践中，主要通过绩效管理机构、第三方机构、绩效信息员和公共服务窗口四个途径进行绩效信息的采集工作。

1. 绩效管理机构采集

绩效管理机构依托信息化系统，定期采集绩效责任单位各类工作目标的进展情况和存在的问题等日常信息，既有工作进度的具体描述及相应的台账信息，也有按百分制计量的定量化进度信息。采集方式主要有定期报送和系统自动抓取两种。定期报送是绩效责任单位按绩效管理机构的要求，通过绩效管理信息化系统定期报送目标进展程度，包括当月完成情况、累计完成情况、是否存在问题、下一步的工作措施以及相应的项目清单与印证材料。如果该年度目标任务已全面完成，责任单位可申请"现结现报"，报送完成情况的同时上传相关电子印证材料，市考评办适时组织核验，年底对该项目标不再进行考核。系统自动抓取是指绩效管理机构通过信息化系统直接访问绩效责任单位或第三方（行业主管部门）的数据库获取目标量化数据，直接纳入绩效信息库进行监控。这种方式可以不受绩效责任单位的影响，有利于获得客观、真实、有效的数据。比如，针对考核指标"人口自然增长率控制在6.8‰以内，人口出生控制在8万人以内"，可直接从市相关机构的信息系统中获取各城区月人口出生数、年累计出生数，即能实时掌握指标的进展情况。

2. 第三方机构采集

第三方机构采集是以政府购买服务的形式，委托非利益相关的第三方提供信息监测和信息采集服务，建立中立客观的绩效信息采集渠道。采集的范围主要是与绩效目标相关的媒体舆情信息，具体包括社会各界对绩效责任单位履行职责的评价及反响、媒体的监督性报道、其他地区的政府绩效管理实践以及特殊事件监测等。

绩效管理机构对第三方采集的绩效信息甄别、审核后，对符合要求的进行分类细化应用，并依托信息化系统实现与责任单位的实时共享。与年度绩效目标相关的绩效信息，作为要求整改或年度考核的依据；属于部门职责范围但不能关联年度绩效目标的，采取责任单位兜底的方式予以应用。在此基础上还应阶段性地整理分析，通过编制月度舆情报告，或根据重点热点编制信息专报，为深入开展日常绩效沟通、绩效进度跟踪提供线索和依据。

通过第三方机构采集，绩效管理部门可以客观掌握责任单位的绩效动态，有效监测社会热点疑点难点问题，及时提醒责任单位重视民意，对相关问题做出整改和回应，提升群众满意度；媒体反复报道得不到整改落实的问题将被作为责任部门绩效考核扣分的依据。

3. 绩效信息员采集

2010年起，杭州市考评办组建了一支由来自不同领域的志愿者和热心市民组成的绩效信息员队伍，从基层收集社情民意，观测并采集绩效责任单位履行职责和执行年度绩效目标的情况。绩效信息员采集信息主要围绕四个重点展开：一是围绕市委市政府年度中心工作、重点工作采集相关专题信息；二是围绕绩效责任单位的工作职责、年度工作目标任务、社会评价意见整改目标和跟踪督办整改目标，采集反映其工作绩效的相关信息；三是围绕绩效责任单位报送的整改工作措施及成效，对其核实后形成相关信息；四是围绕社会关注的热点难点问题，采集相关社情民意信息。

采集方式主要有两种：自主采集和专题采集。自主采集是绩效信息员在了解掌握绩效责任单位工作职责和年度绩效目标的基础上，通过实地勘察、体验、调研、走访等方式，广泛收集身边群众对绩效责任单位的评价、意见及建议，及时发现苗头或倾向性的问题，为绩效管理提供第一手资料；专题采集是指市考评办确定好采集专题，组织绩效信息员在规定时间内，通过调查研究、实地访谈和体验等，围绕专题集中定向进行重点采集。

绩效信息员采集的信息从最基层来，都经过现场核实，可信度高，是在日常绩效管理中发现问题的重要途径，能为绩效考核提供一手的重要资料。同时，通过绩效信息员在基层开展信息采集活动，也架设起了一座政府部门与公众进行沟通的桥梁。

4. 公共服务窗口采集

公共服务窗口采集是指依托信息化系统，获取接受公共服务的行政相对人对公共服务窗口的服务质量、服务态度等方面的满意度评价信息。具体做法是：在行政审批和公共服务窗口，统一设置评价器，在事项办结时，窗口工作人员触发服务评价系统，提请服务对象对其所提供的服务进行评价。服务评价坚持“五统一”原则：统一评价标准、统一评价器数据处理、统一评价器验收标识、统一评价数据发布、统一服务评价考核。

绩效管理机构建立服务评价数据中心，从各公共服务窗口实时采集数据，进行汇总分析。实施公共服务窗口服务评价数据月报制度，按月统一发布公共服务窗口的数量、窗口办件数量、服务评价器使用率等情况。通过公共服务窗口评价月度通报，一是实现对公共服务窗口评价满意度情况的有效监控；二是及时发现系统故障，有效防止数据丢失；三是与窗口单位所在的职能部门建立有效的沟通并为其改进流程、精准服务提供数据分析和决策参考。

（三）绩效考核评价

1. 组织方式

杭州市各市直部门和区、县（市）的绩效考核评价根据考核目标的不同，采用不同的组织形式。其中，市直单位分为绩效目标考核、专项目标考核、创新创优目标考核三种：

（1）绩效目标考核。绩效目标考核在“预审制”基础上实行差异化查访核验，市考评办根据市直单位月度目标进展报送情况和提供的印证材料的明晰程度开展考核预审，并按照预审情况实施年终差异化查访核验。对于部分佐证清晰、绩效外显的目标，免于年终目标检查；对于佐证材料较清晰、绩效不够明显的目标，免于台账资料检查，根据需要组织实地检查；对于佐证材料简单、绩效分析不到位的目标，重点实施检查考核，条件具备的必须进行实地检查。市考评办通常组织若干考核组，分系统进行检查。每个单位检查考核的时间由各检查组根据实际情况确定。绩效目标考核以平时考核为基础，以年终完成情况、目标实施过程和目标完成取得的绩效为主要依据，通过绩效分析和报告、检查核验、绩效测评、综合评定四个步骤进行。市政府为民办实事项目、社会评价意见整改目标等，由市考评办单独组织专项测评或绩效评价。

（2）专项目标考核。由各考核组织单位按照年初经市考评办审定的考核办法组织实施。考核方式以平时考核为主，年终确需检查的，经申报审核后参加市考评办统一组织的集中检查，但只对该项工作进行考核，不参与考核组的其他考核工作。考核结果在规定时间内报市考评办。

（3）创新创优目标考核。在市考评办对创新创优目标申请验收材料的真实性完整性等进行核验的基础上，组织专家实施两轮绩效评价，首轮按项目领域进行专业评审，第二轮组织综合评估。

区、县（市）年终目标考核的组织实施与市直单位稍有不同，区、县（市）根据不同的考核分项内容有不同的组织运作方式：

（1）发展指标考核。主要考核发展指标的完成情况。由市统计局及有关部门提供基础数据，经会审后，由市考评办统一进行核算。

（2）工作目标考核。主要考核由市考评办下达的重要工作目标和共性目标的完成情况。具体由市考评办负责组织考核小组集中实施。以平时工作情况报送、统计报表、日常抽查等为依据，能评定考核结果的，不再组织年底检查；确需年终集中检查的，由牵头单位向市考评办申报，经审核同意后，参加市考评办统一组织的集中检查。

（3）特色创新目标考核。该类目标考核由核验和绩效评估组成。核验主要对各区、县（市）报送验收的特色创新目标是否按申报的内容和要求如期保质保量完成，是否有一定的应用实施期以发挥其成效，以及申请验收材料的真实性、准确性、完整性等情况进行程序性检查与审核。核验由市考评办进行工作目标考核时同步实施。绩效评估由市考评办组织专家组按照评估标准实施评估。

（4）综合考评重点工作单项奖项目复验。对预设的区、县（市）重点工作单项奖项目组织综合复验，复验内容主要包括目标任务完成情况、奖惩情况以及重点工作单项奖项目的绩效分析。复验与年终集中检查考核一并组织实施。

2. 程序步骤

（1）准备阶段。在这一阶段，市考评办主要负责制订年度绩效目标考核评价实施方案，下发有关考核通知，并组织相关业务培训。市直单位的业务培训分为绩效目标管理业务培训和专项目标考核业务培训两类，并就年终目标考核工作进行部署。绩效目标管理业务培训对年度绩效考核目标完成情况的自评、创新创优项目申报验收等工作，从考核对象、考核内容实施步骤时间安排等方面进行辅导，专项目标考核业务培训主要就专项目标考核的总体安排和统筹安排年终各类检查考核以及加强协调管理的问题明确相关要求，对规范考核管理工作做出说明。

（2）实施阶段。对市直单位年终目标考核的组织实施有单位自评、检查考核、意见反馈、公告公示、审核确定五个步骤：1）单位自评。由市直各单位对照考核指标逐项检查实施情况，通过杭州数字考评系统，填报绩效自评报告，详细说明绩效目标完成情况。市直各单位在填报目标完成情况时，如目标中量化考核指标涉及具体项目的，按照具体明确、社会公众可感知的原则，同时填写与目标完成情况表述相对应的具体项目明细清单。根据项目数量和类型的不同，可直接提供具体的清单明细，也可做一些分级、分层次的归并统计。目标完成情况实行网上“晒清单”，市考评办对各单位填报的目标完成情况梳理汇总后，通过政府门户网站及各单位网站进行公示，网上公示收集的意见，作为绩效目标考核的参考依据。2）检查考核。由市考评办组织考核小组到被考核单位听取汇报、查看台账、召开座谈会、实地检查，提出考核意见。考核小组成员由市考评办的工作人员、各系统联络人与绩效信息员、各专项工作目标责任单位人员组成。在考核的同时，市考评办委托第三方，对市直各单位申报的绩效测评项目进行测评。在考核的过程中，也同步对创新创优目标的完成程度，以及申请验收材料的真实性、准确性、完整性等情况进行核验。每年的考核时间一般安排在1月，持续20天左右，每个单位检查考核的时间原则上不超过半天。考核小组成员到市直各单位检查，要在认真听取单位工作汇报、检查台账、询问有关情况的基础上，仔细填写《杭州市市直单位目标考核登记表》和《绩效测评目标完成情况核验表》。3）意见反馈。市考评办对绩效目标、专项目标考核结果及创新创优目标核验结果进行汇总，提出考核意见，并将目标考核情况向被考核单位反馈。被考核单位如对考核意见有异议，可在规定的时间内向市考评办提请复议。4）公告公示。在市直各单位自评及涉密审查的基础上，市考评办对市直各单位绩效考核目标创新创优目标完成情况进行汇总，并将目标及所含具体项目的完成情况在“中国杭州”政府门户网站和“杭州考评网”上进行公示，扩大社会监督，增强目标检查考核的针对性、有效性。5）审核确定。市考评办根据被考核单位提请的复议意见、公告公示征求到的公众评价和意见，对绩效目标、专项目标考核情况进行复审，确定考评结果。

（3）汇总评定阶段。市考评办汇总各项考核情况，其中：绩效目标考核得分由市考评办根据绩效目标考核情况计分；专项目标考核结果由考核组织单位根据市考评办《杭州市市直单位综合考评专项目标管理办法》的要求，提供考核得分或等次，由市考评办汇总审核。

（四）绩效反馈与改进

绩效改进是绩效管理的重要环节，也是绩效管理的落脚点。绩效反馈中发现的问题需要通过绩效改进来解决，从而达到提升绩效的目的。

1. 日常改进

日常改进是根据收集到的绩效信息和目标管理中发现的问题，进行有针对性的阶段性整改。在杭州市绩效管理实践中，日常改进主要通过绩效改进通知和专项绩效测评两种方式进行。发布绩效改进通知单是日常改进的主要形式。从2009年开始，对一段时期反映比较集中或连续多次重复出现的问题，杭州市考评办通过发放绩效改进通知单，及时督促各责任单位落实整改，要求10天内做出情况说明，提出处理意见并通过绩效改进反馈单反馈处理结果，如有必要也可将跟踪整改结果分时段进行多次反馈。对整改落实情况，市考评办组织进行检查评估。设立绩效改进通知单机制是“即知即改”绩效改进理念的体现，有利于责任单位第一时间掌握工作中存在的问题，制定具有针对性和时效性的整改措施，及时解决问题，避免在后续工作中搁置已有问题或者使之积累、蔓延，从而改进和提升部门工作绩效。绩效改进通知单中发现的问题主要来源于绩效信息、目标过程管理和专项绩效测评。杭州市考评办建立了绩效信息库，通过第三方专门机构和绩效信息员等渠道，广泛收集媒体、社会各界、相关民意机构对市直单位履行职责情况的报道、评价、意见、建议和投诉等绩效信息。

2009年，《新闻30分》《经济信息联播》以及人民网、新华网等集中反映杭州经济适用房大面积出现质量问题、杭州在建经济适用房"全面体检"等关于杭州市经济适用房建设质量的问题，杭州市考评办采集各方信息后，及时向有关责任单位发出了绩效改进通知单，要求就相关问题做出情况说明，及时整改和反馈，这是杭州市考评办发出的首份绩效改进通知单。

责任单位接到通知单后，及时开展调查并组织整改。当时群众投诉反映的主要问题是经济适用房墙面和地面裂缝，铺装和粉刷空鼓，阳台、卫生间倒泛水和渗水、漏水，塑钢窗密封不严等。责任部门通过督促整改、落实维修，全面检查、严格监管，立案查处、媒体通报，举一反三、落实责任等四个方面开展整改，使项目质量问题得到较好的解决，开发建设单位还分批邀请业主进行复查。此后，责任部门加强跟踪，完善机制，长效管理，积极推行经济适用房标准化设计和施工，不断提高经济适用房建设的质量和品质。

除了绩效信息，杭州市还针对市委市政府重点工作、重大民生项目和社会公众关注的问题等开展专项绩效测评，发现绩效管理中存在的问题。专项绩效测评通过现场调查、满意度测评、深度访谈等方式，深入了解项目现状，查找存在的问题，并给出可行性较高的对策建议。专项绩效测评有利于责任单位全面系统地掌握自身工作中各个环节产生的问题，完善整改措施，提升整体工作绩效。

2. 意见整改

意见整改是对社会评价中收集到的各类意见进行"一对一"的整改，即对某一条或者某一方面的意见采取有针对性的措施进行绩效改进。意见整改和日常改进最主要的区别在于，日常整改是在日常工作中发现问题，第一时间制定整改措施进行整改，具有较强的时效性，而意见整改则是对收集到的社会评价意见梳理分析后进行有针对性的整改，具有节点性的特点。杭州市综合考评实施以来，建立了社会评价意见整改机制，具体包括评价机制、整改机制和反馈机制。在每年的综合考评中，杭州市考评办邀请社会各界的上万名公众参与，赋予社会公众话语权，让社会公众进行满意度评价，并对政府工作提出意见和建议，形成评价机制；杭州市考评办将收集到的社会评价意见进行梳理后下达给相应的责任单位，责任单位制订整改计划、明确整改目标、确定整改重点并形成意见整改机制；社会评价意见重点整改目标及整改情况在媒体上进行公示，要求责任单位就整改工作向社会做出承诺，并请公众对整改情况进行监督，形成反馈机制。

社会评价意见整改工作主要包括意见征集、梳理分解、制定整改目标、实施整改和组织专项考评五大流程。在杭州市综合考评中，每年社会评价都会收到上万条群众意见，杭州市考评办专门组织力量对这些意见和建议进行梳理，确定整改责任单位，其中，群众关注度较高、意见比较集中、连续几年反复提出的社会评价意见中的难点问题，被列为杭州市考评办跟踪督办社会评价意见。责任单位在收到下达的社会评价意见后进行再梳理、分析，针对其中群众反映较突出、社会影响较大的重点问题，要制定整改目标，明确整改举措和责任。杭州市考评办从整改目标覆盖面、针对性、可行性等方面进行审核后正式下达给责任单位，并对整改目标进行公示，由整改责任单位向社会做出整改承诺。根据整改目标，责任单位有计划地开展整改工作，在整改过程中进行必要的互动，定期向杭州市考评办反馈整改进度。杭州市考评办通过明察暗访等方式，不定期地对整改工作进行抽查，并反馈抽查结果。年底，杭州市考评办在年终目标检查考核时由联合检查组对各单位社会评价意见整改情况进行检查考核，并委托第三方对社会评价意见整改情况开展专项满意度测评，并将专项考核结果向责任单位反馈。

第3节　我国绩效管理实践中存在的若干问题

我国绩效管理经过多年的实践探索，在各种类型的组织中取得了丰富的实践成果，积累了大量的实践经验，但从目前的情况来看，我国的绩效管理实践中仍然存在以下几个问题，需要引起高度重视。

一、绩效管理与组织战略脱节

组织的战略是组织管理系统的起点和核心。绩效管理体系的设计和运转也要紧紧围绕组织的战略来开展。但实践中组织的绩效管理与战略相脱节的现象比比皆是。这种脱节现象主要有两种表现情形：第一种情形是组织没有明确的战略，甚至没有思考过战略，因此无从将绩效管理系统与战略相连接，导致绩效管理系统既没有组织战略的引导，也无法对组织战略的实现起到支撑作用；第二种情形是组织有明确的战略，但是战略管理和绩效管理是两个独立脱节的系统，没有很好地衔接，这既不利于战略的落地，也会导致绩效管理失去方向。

二、将绩效评价错误等同于绩效管理

我国许多组织对绩效管理的认识和实践还仅仅停留在绩效评价的层面上，而忽视了绩效计划、绩效监控、绩效反馈等环节，导致绩效管理系统的作用仅限于绩效考核与评价。有些管理者将绩效评价与绩效管理等同，只重视绩效评价指标体系的构建和评价，而忽视了绩效监控和沟通，并且对绩效管理与其他人力资源管理职能的衔接也不够重视，导致绩效评价与绩效管理其他环节脱钩、绩效管理系统由于流于形式而无法发挥应有作用等情况出现。

三、绩效管理体系不够科学和规范

设计一套科学规范的绩效管理体系是确保绩效管理活动顺利开展的重要前提。然而在现实中存在很多绩效管理体系不够科学和规范的情形：在绩效管理体系的整体结构上没有按照战略性绩效管理系统模型的三个目的、四个环节和五项关键决策严谨地设计绩效管理系统及其相关的配套制度，存在遗漏残缺和相互脱节等现象；在绩效管理体系的内容上没有按照系统论的观点将组织战略转化为组织、部门和个人层面的目标、指标以及行动方案等，尤其在组织协同上的努力仍然不够，往往采取指标分解的简单做法，从而导致组织、部门和个人层面的绩效无法对组织战略的实现提供有效支撑。

四、绩效评价主体相对单一

评价主体多元化既是确保绩效评价结果客观性和准确性的必要条件，也是保证绩效评价公正性和民主性的重要因素。单一的绩效评价主体往往是从自身的立场或者角度进行判断，带有较强的主观色彩，甚至还会受到晕轮效应、近因效应等评价主体误区的影响。在绩效评价过程中，充分吸收客户等外部评价对象的意见已经成为业内的普遍共识。特别是对于政府组织而言，政府的绩效表现如何，是否有效回应了公众需求或者提高了公众满意度，相信只有公众自身才能做出准确合理的评价。然而，当前我国的绩效管理实践还主要局限于组织的内部评价，忽视了外部评价，这必将影响绩效评价结果的准确性和有效性。

五、缺乏有效的绩效沟通和辅导

绩效沟通和辅导是绩效管理体系顺利实施的重要保证。绩效计划阶段缺乏沟通，就容易使管理者和员工在该绩效周期内要做什么、为什么做、做到什么程度、何时做完等一系列问题上产生分歧，进而影响整个绩效管理体系的运转。绩效监控过程是执行绩效计划以达成绩效目标的关键阶段，更加需要上下级之间进行持续不断的沟通，而且管理者要对下属出现的问题及时辅导和纠偏，保证绩效管理过程的有序开展。绩效评价阶段涉及绩效信息的收集、分析、验证和处理，最终将形成关乎组织成员利益的评价结果，因此及时有效的沟通非常必要。绩效反馈可以说是一个正式的绩效沟通过程，在这个阶段，应该让被评价者充分了解和接受评价的结果，并由管理者指导其在下一周期如何改进绩效。相对来说，绩效计划阶段由于涉及指标体系设计，绩效评价阶段需要平衡组织成员的情绪和利益，因此实践中管理者和下属的沟通还或多或少存在。但是，实践中管理者对绩效监控和绩效反馈阶段的沟通与辅导要么关注不够，采取“设定目标—秋后算账”的管理方式，要么与绩效管理系统联系不紧密，沟通与辅导带有随意性。

六、缺乏高层领导和专业人员的有力支持

绩效管理是一项系统性工作，需要组织内所有成员的共同努力才能取得成功。但在

管理实践中，绩效管理工作往往缺乏有力的支持：第一，绩效管理工作得不到高层领导的重视。高层领导是制定组织决策、决定组织发展的关键人物，如果高层领导对绩效管理工作不重视，绩效管理工作将难以在组织内得到良好开展。在现实中，许多高层管理者没有充分认识到绩效管理工作的重要性，将其视为一种增加管理成本的额外任务，导致绩效管理工作在组织内部得不到有效的开展。第二，绩效管理工作缺乏专业力量的支撑。具有人力资源管理理论背景的专业人员是保证绩效管理工作有效运作的基本力量，其能力水平高低、技术力量大小是制约组织推行战略性绩效管理的瓶颈。但在很多政府组织当中，从事绩效管理工作的人员往往缺乏专业背景，对绩效管理或人力资源管理的相关理论和方法技术了解不够，不利于战略性绩效管理的有效实施。

七、过分关注短期绩效而忽视长期绩效

战略性绩效管理要求以战略为导向，有效平衡组织的短期目标和长期目标，并以此为依据调配人财物资源，实现组织的可持续发展。然而，急功近利的思想在我国企业的一些管理者头脑中根深蒂固。他们或迫于市场需求、股东期望、竞争格局等客观因素，或出于个人或者团队的利益诉求，牺牲长期绩效以获得短期利益，严重干扰了组织的整体战略布局。一般来说，企业倾向于关注运营问题和市场业务，而在技术研发、人才培养、品牌建设上投入不足，甚至出现“寅吃卯粮”的现象。而在个别政府组织中，重视任期内的短期政绩而牺牲地方或部门的长期利益的现象也时有发生，不考虑当地经济、自然条件盲目上工程、上项目，搞劳民伤财、破坏生态的政绩工程，严重损害了长远利益。

八、过分重视指标而忽视目标

在战略性绩效管理系统中，目标是实现组织战略要做的重点工作或预期达到的结果，是连接战略与指标的桥梁，相互之间具有因果联系。而指标则是衡量目标实现程度的标尺，相互之间有相关性。但在实践中，由于评价的内容是指标而不是目标，一些组织会出现“唯指标论”的现象，即只关注具体指标的完成而忽视了与战略紧密相连的目标是否达成。

九、重视绩效结果而轻视绩效取得过程

绩效是过程与结果的统一体，战略性绩效管理强调要对绩效取得过程与结果进行平衡管理。我国现阶段很多组织只关注绩效周期结束时的考核与评价，而对绩效取得过程重视不够。换句话说，现在很多组织都只有年度的考核与评价，即重视“期末成绩”，而缺少对平时工作的监控与管理，即轻视“平时成绩”。这种做法的缺点在于无法对绩效取得过程进行实时监控与调整，无法及时发现并解决问题，并把问题控制在最小范围内。

十、对评价结果的运用不够充分

绩效管理的“指挥棒”作用的充分发挥主要取决于评价结果的运用能否落到实处。

如前所述，评价结果的运用一方面是对组织、部门和个人绩效的改进，即通过绩效评价发现绩效差距，分析原因并采取相应措施来改善存在的绩效问题；另一方面是为人力资源相关决策提供依据。但从目前的情况来看，评价结果与绩效改进的关系在各种类型组织中都不够紧密。很多组织并没有充分利用绩效评价的结果来寻找在组织、部门和个人层面存在的绩效差距与绩效问题，以此为契机来改进与提升绩效水平。在企业组织中，评价结果应用于人力资源相关决策的做法相对比较成熟，但在一些政府组织中，由于政府组织性质的特殊性，晋升、培训、招募等人力资源管理的相关决策与评价结果的关系不大。

第 4 节　我国绩效管理的未来展望

当今社会正处于高速发展的黄金时期，是知识经济占主导地位、无形资产决定未来的信息化时代。发端于 20 世纪 80 年代末 90 年代初，以高新技术产业为主导的新科技革命促使生产力迅猛发展，科学技术成为经济发展的决定因素。伴随生产力的发展和社会财富的累积，世界经济一体化进程加快，市场竞争日趋激烈，各类组织面临着充满生机但又荆棘遍布的竞争环境。同时，管理思潮风起云涌，专业分工更为精细，研究视角更为深邃，学术流派相互砥砺，管理的未来让人憧憬但又难以揣摩。

在如此复杂多变的新形势下，绩效管理的发展走向又该如何呢？从传统的绩效衡量模式，包括对表现性评价、目标管理、关键绩效指标等绩效管理工具的历史贡献和局限性分析，我们似乎能够发现一些端倪。同时，根据德鲁克对 21 世纪的管理挑战所做的前瞻性思考，“管理范式”“战略”“变革”“信息技术”“知识经济”“自我管理”等关键词为我们预测管理的未来图景提供了指引。结合绩效管理的过去和管理的未来，我们对绩效管理的发展方向提出以下看法，希望与读者共勉。

一、绩效管理发展演变的总体趋势是战略性绩效管理

德鲁克指出，在 21 世纪的管理领域，战略是新的必然趋势。组织需要通过战略将自己有关组织业务、发展目标、客户需求和价值的经营假设转变为现实绩效。他认为，如果没有战略，“机会”也就不能称为机会。我们也就无法知道什么真正推动了组织实现预期的成效，什么占用了资源，什么分散了资源。但是在一个千变万化的不确定环境中，如何才能明确战略和实现战略呢？这就需要组织通过绩效管理手段来对模糊的战略假设进行诠释，将其转化为具体的组织绩效目标、部门绩效目标、团队绩效目标和个人绩效目标，以及各种财务和非财务指标，并通过对不同主体的决策和行为进行有效的计划、监控、评价和反馈，确实保障战略落到实处。这就说明，绩效管理只是组织达成战略目的的一种手段或方式，必须与战略高度匹配并对战略形成有效支撑才具有实际意义。

二、平衡计分卡将成为主导性的绩效管理工具

卡普兰和诺顿所创建的平衡计分卡之所以被业界广为推崇，原因可能在理论本身，

也可能在理论之外。就理论本身而言，相对于目标管理、标杆管理、关键绩效指标以及其他理论或工具而言，平衡计分卡在理论的广度、深度以及包容性上具有比较明显的优势。它从战略的开发、诠释、衡量、协同到战略与运营的连接，从战略的执行、监控、学习到战略的检验与调整，对战略性绩效（来自客户的价值和来自企业的价值之和）的创造过程进行了全面深入的阐述。该理论体系包罗万象，而且开放性强，能够与任何组织管理理论进行对话，可以说是百年管理思想的集大成者。更为重要的是，平衡计分卡紧紧把握住了时代发展的脉搏，把无形资产的重要性提升到决定组织未来命运的战略高度，完全契合知识经济和信息社会的特点。从理论之外的角度来说，平衡计分卡在各国各种类型组织中的应用也从实践角度对平衡计分卡体系不断充实完善，应用范围不断扩大，应用效果不断提高。理论上和实践上的发展改进使平衡计分卡日臻完善并将被广泛应用。

三、绩效管理体系将贯通战略管理和运营管理

战略管理和运营管理的相互分离是导致组织战略失败和运营不力的根本原因。传统的绩效管理体系采取将战略目标细化为运营计划的方式对两者进行衡量和管理，这种合二为一的做法看似实现了战略与运营的有效连接，实际上因战略和运营相互之间的定位和关系模糊容易导致管理迷失。剖析卡普兰和诺顿对战略和运营连接机制的研究，可以发现战略层面的关键业务流程和运营层面的关键成功因素是两者进行对接的节点，而这两个节点是通过绩效连接起来的。由此，随着对战略和运营连接机制的研究进一步深入，未来的绩效管理必将有效贯通组织的战略管理和运营管理，形成一个层次分明但高度整合的管理体系，既能对战略绩效和运营绩效分别进行计划、监控、评价和反馈，又能确保战略与运营高度整合、协调一致。

四、无形资产将成为绩效管理的重点对象

在知识经济时代，组织赖以生存和发展的价值来源已经发生了实质性的变化，组织之间的竞争不仅取决于有形资产，而且更多地依靠人力资源、技术、品牌、文化等无形资产的贡献，无形资产日益成为组织构建核心竞争能力的决定性因素。因此，无形资产必将成为组织未来绩效管理的重点对象。基于这一趋势，传统的绩效管理体系也会随之解构和重组。由于无形资产必须依附于有形资产并与战略保持协调才能创造高价值，因此未来的绩效管理将更加注重理顺价值创造的结果和驱动关系，更加注重平衡组织的长短期利益，在绩效衡量上也会兼顾财务指标与非财务指标，以实现组织的可持续发展。

五、人的能动性将在未来的绩效管理中得到加强

人力资源是第一资源，是组织最为重要的无形资产。但是，在目前的绩效管理中，人的能动性还没有得到充分发挥。虽然目标管理提出了员工参与的核心思想，但是基于员工队伍构成的现实以及参与机制的不健全，普通员工在绩效计划的制订过程中仍然处

于协商的劣势地位，仍然是绩效监控和辅导的被动接受者，仍然会遭受不公正的评价而申诉无果，仍然会遭受基于政治目的的评价。随着知识经济的兴起，未来的组织中知识工作者构成劳动力主体，员工的自我管理意识和能力将逐步提高，同时通信、信息、自动化等领域的技术变革和发展将改变员工的工作地点、时间和方式。这些因素将共同作用于未来的绩效管理体系，使组织中的每一个人，包括体系的设计者、管理者、组织者和执行者，都有机会发挥自己的能动性和创造力。

六、数字化绩效管理系统将得到全面实施

数字化绩效管理系统是指组织利用互联网和计算机技术实现部分绩效管理的职能，它通过与组织现有网络技术相联系，保证绩效管理与变幻莫测的技术环境同步发展。数字化绩效管理系统能够提供轻松快捷的在线信息访问与业务处理方式，大大优化组织的绩效管理业务流程。由于采取了基于网络的方式实现，有利于采取易于使用的程序使组织成员方便快捷地通过网络提交各种绩效信息，并访问有关绩效管理的内部站点，及时获取组织绩效管理政策。而且，由于采用了个人账户登录的方式，还可以设计个性化的绩效帮助，这种设计能够使成员享受“一站式”的优质服务。更重要的是，绩效管理系统所采用的这种实现方式进一步提高了人力资源部门的工作效率，使人力资源部门优化了业务处理流程和信息访问方式，从而获得更加快捷的事务处理速度，缩短了其他部门以及其他地域的成员向人力资源部门提交相关信息所需的时间。此外，这种基于网络的方式可以推动人们放弃纸质文档方式，转而访问在线人力资源门户站点，减少各种打印表格以及相关的大量处理费用，由此节省的费用总额将是一个可观的数目。

七、政府绩效管理法制化建设进程不断推进

2014 年 10 月，中国共产党第十八届中央委员会第四次全体会议审议通过了《中共中央关于全面推进依法治国若干重大问题的决定》。该决定指出：全面推进依法治国，总目标是建设中国特色社会主义法治体系，建设社会主义法治国家。有序推进政府绩效管理的法制化进程既是建设社会主义法治国家的内在要求，也是促进政府绩效管理制度化、规范化的必要举措。2009 年 6 月，黑龙江省人大常委会审议通过了《哈尔滨市政府绩效管理条例》，该条例共设 7 章 48 条，明确了哈尔滨市政府绩效管理的宗旨、基本原则、适用范围、机构职责，并对绩效计划、绩效评估、绩效信息、绩效诊断、绩效问责等方面做了具体规范。这是国内首部政府绩效管理的专门立法，被誉为政府绩效管理的“哈尔滨模式”。随后，《南京市政府部门绩效管理暂行办法》《四川省人民政府部门绩效管理办法》《杭州市政府绩效管理条例》《深圳市政府绩效管理办法》等发布，标志着政府绩效管理法制化进程的不断深入推进。

➡ 关键词

经济增加值（economic value added，EVA）

数字化绩效管理（digital performance management，DPM）

➡ 复习思考题

1. 简述当前我国绩效管理实践中存在的主要问题。
2. 介绍我国政府绩效管理有哪些实践探索。
3. 简述杭州市政府绩效管理的流程。
4. 试论述绩效管理的发展趋势。

➡ 章末案例

绩效管理新方向

2002 年，时任制药企业卡乐康（Colorcon）全球人力资源负责人的布莱恩·延森（Brian Jansen）把手下人力资源高管惊呆了：他告诉他们，公司今后将不再有年度绩效评估。延森后来在沃顿商学院做报告时介绍，卡乐康找到了一种更有效的方法来强化对员工的要求和进行绩效管理：团队负责人针对员工个人任务目标给予即时反馈，并且每周向表现优秀的员工发放小额奖金。

取消传统评估程序及一切相关事项，在当时还属于异端想法。据估计，现在有超过 1/3 的美国公司就是这么做的。从硅谷到纽约乃至世界各地，很多企业告别年度考核，代之以管理者和员工间更频繁、非正式的反馈沟通。

正如人们所料，科技公司走在了前面，如 Adobe、瞻博网络、戴尔、微软和 IBM 等。然而，加入这一行列的还有专业服务公司，如德勤、埃森哲、普华永道；其他行业的先行者，如 Gap、利尔电气（Lear）、奥本海默基金，甚至还有传统绩效考核的标杆公司通用电气。

重新思考绩效评估，无疑是很多公司管理层的头等大事。还有人认为年度评估是 20 世纪的实践，批评它缺少协作和创新精神。雇主也终于承认，无论领导者还是下属都厌恶评估程序。现在，评估这个永恒的问题随着劳动力市场升温和人才保留问题再次回升，显得更为紧要。

年度评估最大的缺陷是：由于过度强调财务奖惩，且必须在年终进行，它迫使员工为过去的表现负责，却难以提升当前表现，以及培养未来技能，而这两项才是企业长期生存的关键。据观察，这也是越来越多企业取消正式绩效评估的主要原因。与此形成对照，关于个人表现和发展的定期谈话将重心转变为构建理想的员工队伍，使组织现在和未来保持足够竞争力。商业研究者乔什·伯辛（Josh Bersin）估计，虽然还有相当长的路要走，但约有 70% 的跨国企业正转向这一模式。

取消传统绩效评估的三个理由

从绩效评估的发展历程中可以看出，企业放弃传统绩效评估是出于三个清晰的业务原因。

（1）人才发展重新变得重要。在竞争压力下，企业必须不断提升人才管理水平。目前，随着劳动力市场供应收紧，留住优秀人才再次变得重要，专业服务公司正努力消除那些导致员工不满意而离开的因素。传统绩效评估制度就在其列，因为数字评分损害了员工对学习的需要和热情。取而代之的是，在员工与客户接触后立即提供反馈，这帮助管理者更好地给予辅导，也使员工更有效地理解和应用管理者的建议。

2011 年，Kelly Services 成为第一家取消绩效评估的大型专业服务公司。2013 年，普华永道先在小范围内试水，然后取消了全部 20 多万名员工的绩效评估。德勤于 2015 年跟进，埃森哲和毕马威不久后公布了同样的消息。

(2) 对敏捷的需要。对于当下很多公司和行业，快速创新是竞争优势的一大来源，这意味着未来需求将持续变化。传统绩效管理体系主要评估员工过去和当前表现，使其对结果负责；而既然组织不一定希望员工总做相同的事，坚守这一体系就没有意义。

通用电气以创新为基础制定的新商业战略，是公司最近开始取消员工评级和年度评估的最大原因。新的绩效管理模式对敏捷方法借鉴很多，并与 FastWorks 创新平台相适应，目标是创造产品并将其推向市场。管理者仍会在年底与下属进行总结谈话，但目的是强调在常规反馈（称为“接触点”(touchpoint)）中提出的要求，并不断讨论两个基本问题：我的哪些行为应该坚持？哪些行为应该改变？年度目标则被短期“优先项”(priority) 取代。与很多我们观察的企业一样，通用电气在考虑全面推行新制度前，于 2015 年先对 8.7 万名员工展开试点。

(3) 团队工作占据中心地位。取消强制排名、弱化绩效评估对个人表现的关注，有利于将管理重心转移到团队工作上。这对于西尔斯、Gap 这类零售企业非常明显，而它们也是绩效管理早期创新者中最让人意想不到的。复杂的顾客服务工作，现在需要一线员工和后台员工配合，做好货架管理和客流管理。传统评估方式难以提升团队表现，或跟踪协作情况。

Gap 仍保留员工年度评估，但只是为总结一年中的表现反馈，并据此调整薪酬。员工仍然有任务目标，但和其他公司一样，目标是短期的（季度）。Gap 采用新评估体系已经两年，对绩效管理的满意度显著提升，门店经营目标完成情况创出最佳纪录。不过，Gap 绩效管理资深总监罗布・奥兰德-克莱恩（Rob Ollander-Krane）称，公司在设定延伸目标和专注团队绩效方面还需进一步提升。

持续存在的挑战

取消正式绩效评估是人力资源领域的重大变革，最大的阻力也来自人力资源部门本身。理由很简单：人力资源领域多年来建立的大量流程和体系，其基础就是绩效评估。雇佣法方面的专家一直建议组织标准化管理、设计客观评价标准来支持每一项雇佣决定，并记录下所有相关事实。取消正式评估公然违背了这类建议，但这些传统模式未能解决的问题，新方法也未必能解决。

当组织用新模式取代传统绩效管理模式时，它们仍面临以下挑战：

(1) 协同个人目标与组织目标。在传统模式下，业务目标和战略从组织上层布置下来。所有部门继而所有员工在制定目标时都要遵循和强化高层制定的目标。但只有当业务目标能得到清晰表达，且在一整年中维持不变时，这种模式才有效。如前所述，现在很多时候并非如此，员工的目标可能与具体任务挂钩。因此，当项目不断推进，任务发生变化，如何协同个人优先项与整个组织的目标？如果业务目标是短期的，且必须根据市场变化快速调整，这个问题就更突出。这是企业遇到的新挑战，目前还没有明确的解决方案。

(2) 奖励优秀者。通过正式绩效评估，管理者能清晰地根据个人贡献给予奖励。改变绩效管理体系的公司都未明确抛弃按绩效付酬的模式，它们正尝试评估新做法对此造成的影响。

这些公司仍保留奖励幅度的差别，依据通常是管理者的定性评价而非数字评分。瞻博网络和嘉吉的试点项目证明，管理者无须数字评分也能合理分配绩效奖金。实际上，直线管理者和人力资源部门都认为，在一年中更细致地评估员工表现，会让最终绩效奖励决定更有说服力。

(3) 找出绩效差的员工。虽然管理者可能认为，需要用绩效评估来找出哪些员工表现不佳，但传统模式其实对此帮助不大。首先，员工绩效评分波动很大。研究显示，根据前一年评分准确预测当年评分情况的概率只有 1/3，所以很难下结论说某位员工就是不合格。其次，人力资源部门总在抱怨直线经理无法在评估中记录表现差的员工。即便他们能做到，等到年底才亮红灯，也让不良表现持续的时间太长。

(4) 避免法律麻烦。企业人力资源部门的员工关系管理者经常担心，如果升职加薪不再基于看起来较客观的数字评分，歧视诉讼可能大增。但传统评估方式并未防止歧视行为。虽然管理者每年必须全面评估员工的贡献，但他们被赋予相当大的自主权，难以避免受偏见的影响。相当多证据显示，管理者会通过打出偏低分数歧视部分员工。

(5) 保证持续反馈。近年来，大多数企业建立了人力资源信息系统，能将年度评估放在网上，并将其与调薪、继任计划等联系起来。建立信息系统并不是为适应持续反馈的需要，这也是很多非正式反馈只有口头评论而没有文字记录的原因。

还有些公司并未完全回归旧模式，而是寻找折中方案。如前所述，德勤从完全取消绩效评分，调整为由项目负责人和管理者每季度给出四个方面的评分，为员工提供详细的“绩效快照”(performance snapshot)。普华永道的客户服务部门做出类似调整：员工仍不会每年只得到一个评分，而是得到五项能力评分，以及其他针对个人发展的反馈。公司部分恢复数字评分，其实是应员工要求，尤其是想知道自己表现如何的合伙人候选者。

我们很想看看这类道路的效果将会如何。如果缺乏管理层和组织文化的支持，它们同样可能失败。不过对于大多数组织，坚持传统绩效管理模式可能是较差的选项。认为彻底变革行不通的企业，至少可以仔细思考一下，现在的评估流程能否帮助它们解决绩效问题、培养未来人才。毕竟，绩效评估如果不是在根本上存在缺陷，就不会被普遍认为是最不受欢迎的商业实践。

资料来源：彼得·卡佩利，安娜·塔维斯．眼看年底了，优秀的公司都选择改变绩效评估方式．(2016-11-25)．https：//www.hbrchina.org/2016-11-25/4752.html.

思考题

1. 结合案例分析当前的绩效管理面临哪些挑战。
2. 在新时期，绩效管理需要做出哪些变革才能适应时代发展的要求？

附　录

附录一　国外绩效管理案例

附录二　国内绩效管理案例

附录三　绩效管理制度范本

参考文献

1. 方振邦，杨畅．绩效管理．2版．北京：中国人民大学出版社，2019.

2. 方振邦，冉景亮．绩效管理．2版．北京：科学出版社，2016.

3. 方振邦．管理学基础．3版．北京：中国人民大学出版社，2016.

4. 方振邦，徐东华．管理思想百年脉络．3版．北京：中国人民大学出版社，2012.

5. 方振邦，韩宁．管理百年．北京：中国人民大学出版社，2016.

6. 方振邦，葛蕾蕾．政府绩效管理．北京：中国人民大学出版社，2012.

7. 中共中央组织部干部一局．干部综合考核评价工作指导．北京：党建读物出版社，2006.

8. 魏江．管理沟通：理念与技能．北京：科学出版社，2001.

9. 康青．管理沟通．4版．北京：中国人民大学出版社，2015.

10. 任志霞．管理沟通双语教程．北京：清华大学出版社，2014.

11. 彭剑锋，包政．现代管理制度·程序·方法范例全集：人事考核卷．北京：中国人民大学出版社，1993.

12. 桑助来．中国政府绩效评估报告．北京：中共中央党校出版社，2009.

13. 杜胜利．企业经营业绩评价．北京：经济科学出版社，1999.

14. 孙耀君．西方管理学名著提要．南昌：江西人民出版社，2007.

15. 金秀坤．韩国劳资关系．北京：经济科学出版社，2005.

16. 陈清泰，吴敬琏．公司薪酬制度概论．北京：中国财政经济出版社，2001.

17. 陈芳．绩效管理．深圳：海天出版社，2002.

18. 高毅蓉，崔沪．绩效管理．大连：东北财经大学出版社，2015.

19. 李敏．绩效管理理论与实务．上海：复旦大学出版社，2015.

20. 林新奇．绩效考核与绩效管理．北京：清华大学出版社，2015.

21. 林新奇．绩效管理．3版．北京：中国人民大学出版社，2021.

22. 罗帆，卢少华．绩效管理．北京：科学出版社，2016.

23. 赵曙明．绩效考核与管理：理论、方法、工具、实务．北京：人民邮电出版社，2014.

24. 赫尔曼·阿吉斯．绩效管理：第4版．北京：中国人民大学出版社，2021.

25. 王荣奎．成功企业人事管理制度范本．北京：中国经济出版社，2001.

26. 郑晓明．绩效管理实务手册．北京：机械工业出版社，2001.

27. 张德．人力资源开发与管理．2版．北京：清华大学出版社，2001.

28. 王国颖，陈天祥．人力资源管理．4版．广州：中山大学出版社，2011.
29. 林荣瑞．管理技术．厦门：厦门大学出版社，2000.
30. 包国宪，鲍静．政府绩效评价与行政管理体制改革．北京：中国社会科学出版社，2008.
31. 姜异康，唐铁汉．政府绩效管理的理论与实践．北京：国家行政学院出版社，2007.
32. 理查德·威廉姆斯．业绩管理．大连：东北财经大学出版社，1999.
33. 罗伯特·巴克沃．绩效管理：如何考评员工表现．北京：中国标准出版社，2000.
34. 吉姆·柯林斯，杰里·波勒斯．基业长青．北京：中信出版社，2009.
35. 吉姆·柯林斯．从优秀到卓越．北京：中信出版社，2009.
36. 雷蒙德·诺伊．人力资源管理：赢得竞争优势：第7版．北京：中国人民大学出版社，2013.
37. 加里·德斯勒．人力资源管理：第14版．北京：中国人民大学出版社，2017.
38. 乔治·米尔科维奇，杰里·纽曼，巴里·格哈特．薪酬管理：第11版．北京：中国人民大学出版社，2014.
39. Roger Fritz. 个人绩效合约：树立切实可行的目标．广州：中山大学出版社，2001.
40. 费迪南·佛尼斯．绩效！绩效！提高员工业绩的教导对谈法．北京：中国财政经济出版社，2002.
41. 鲍博·哈维德．绩效评估．长春：长春出版社，2001.
42. 哈罗德·孔茨，海因茨·韦里克．管理学：精要版第9版．北京：中国人民大学出版社，2014.
43. 斯蒂芬·罗宾斯．组织行为学精要：原书第13版．北京：机械工业出版社，2016.
44. 斯蒂芬·罗宾斯，玛丽·库尔特．管理学：第13版．北京：中国人民大学出版社，2017.
45. 斯蒂芬·罗宾斯，玛丽·库尔特．罗宾斯管理艺术．北京：中国人民大学出版社，2015.
46. 托马斯·贝特曼．管理学：竞争世界中的领导与合作：第10版．北京：北京大学出版社，2016.
47. 彼得·德鲁克．公司绩效测评．北京：中国人民大学出版社，1999.
48. 彼得·德鲁克．变动中的管理界．上海：上海译文出版社，1999.
49. 彼得·德鲁克．创新与企业家精神．北京：机械工业出版社，2009.
50. 彼得·德鲁克．管理：使命、责任、实务．北京：机械工业出版社，2009.
51. 彼得·德鲁克．现代管理宗师德鲁克文选：英文版．北京：机械工业出版社，2005.
52. 彼得·德鲁克．卓有成效的管理者．北京：机械工业出版社，2009.

53. 彼得·德鲁克.21世纪的管理挑战.北京：机械工业出版社，2009.

54. 罗伯特·卡普兰，戴维·诺顿.平衡计分卡：化战略为行动.广州：广东经济出版社，2004.

55. 罗伯特·卡普兰，戴维·诺顿.战略地图：化无形资产为有形成果.广州：广东经济出版社，2005.

56. 罗伯特·卡普兰，戴维·诺顿.战略中心型组织.北京：中国人民大学出版社，2008.

57. 罗伯特·卡普兰，戴维·诺顿.组织协同：运用平衡计分卡创造企业合力.北京：商务印书馆，2006.

58. 罗伯特·卡普兰，戴维·诺顿.平衡计分卡战略实践.北京：中国人民大学出版社，2009.

59. 保罗·尼文.政府及非营利组织平衡计分卡.北京：中国财政经济出版社，2004.

60. 保罗·尼文，本·拉莫尔特.OKR：源于英特尔和谷歌的目标管理利器.北京：机械工业出版社，2017.

61. 约翰·杜尔.这就是OKR.北京：中信出版集团，2018.

62. 拉斯洛·博克.重新定义团队.北京：中信出版集团，2015.

63. 方振邦，金洙成.韩国地方政府绩效管理实践及其对中国的启示：以富川市构建平衡计分卡系统为例.东北亚论坛，2010，19（1）：90-97.

64. 方振邦，罗海元.中国公共组织平衡计分卡应用设计研究（上）：以黑龙江省H市（县级）为例.北京行政学院学报，2008（1）：32-36.

65. 方振邦，罗海元.中国公共组织平衡计分卡应用设计研究（下）：以黑龙江省H市（县级）为例.北京行政学院学报，2008（2）：16-20.

66. 方振邦，罗海元.政府绩效管理创新：平衡计分卡中国化模式的构建.中国行政管理，2012（12）：25-29.

67. 方振邦，冉景亮.英国高级公务员绩效管理实践及其对我国干部队伍建设的启示.探索，2015（6）：98-103.

68. 廖建桥.中国式绩效管理：特点、问题及发展方向.管理学报，2013，10（6）：781-788.

69. 杨杰，方俐洛，凌文辁.对绩效评价的若干基本问题的思考.中国管理科学，2000（4）.

70. 朱健仪.信息化人力资源管理探析.中国管理信息化（综合版），2007（2）：17-20.

71. 王柳.地方政府绩效管理的制度逻辑及理论蕴涵：杭州实践的回顾.中共杭州市委党校学报，2018（6）：33-40.

72. Choi U Y，Cho H Y，Kwon S H，et al. A Case Study of Local Government's Balanced Performance Management System Focused on BSC Implementation in Bucheon City. Korean Journal of Management Accounting Research，2008，7（3）：222.

73. Jones G R，George J M. Contemporary Management. 2nd ed. Irwin McGraw-Hill，2000.

图书在版编目（CIP）数据

战略性绩效管理/方振邦，杨畅编著. --6版. --北京：中国人民大学出版社，2022.4
面向21世纪人力资源管理系列教材
ISBN 978-7-300-30476-2

Ⅰ.①战… Ⅱ.①方… ②杨… Ⅲ.①企业管理—人事管理—高等学校—教材 Ⅳ.①F272.92

中国版本图书馆CIP数据核字（2022）第050179号

"十二五"普通高等教育本科国家级规划教材
面向21世纪人力资源管理系列教材
战略性绩效管理（第6版）
方振邦 杨 畅 编著
Zhanlüexing Jixiao Guanli

出版发行	中国人民大学出版社		
社 址	北京中关村大街31号	邮政编码	100080
电 话	010-62511242（总编室）		010-62511770（质管部）
	010-82501766（邮购部）		010-62514148（门市部）
	010-62515195（发行公司）		010-62515275（盗版举报）
网 址	http://www.crup.com.cn		
经 销	新华书店		
印 刷	北京溢漾印刷有限公司	版 次	2003年5月第1版
开 本	787 mm×1092 mm 1/16		2022年4月第6版
印 张	24 插页1	印 次	2025年5月第7次印刷
字 数	552 000	定 价	49.00元

中国人民大学出版社　管理分社

教师教学服务说明

中国人民大学出版社管理分社以出版工商管理和公共管理类精品图书为宗旨。为更好地服务一线教师，我们着力建设了一批数字化、立体化的网络教学资源。教师可以通过以下方式获得免费下载教学资源的权限：

★ 在中国人民大学出版社网站 www.crup.com.cn 进行注册，注册后进入“会员中心”，在左侧点击“我的教师认证”，填写相关信息，提交后等待审核。我们将在一个工作日内为您开通相关资源的下载权限。

★ 如您急需教学资源或需要其他帮助，请加入教师 QQ 群或在工作时间与我们联络。

中国人民大学出版社　管理分社

教师 QQ 群：648333426（工商管理）　114970332（财会）　648117133（公共管理）
教师群仅限教师加入，入群请备注（学校＋姓名）

联系电话：010-62515735，62515987，62515782，82501048，62514760

电子邮箱：glcbfs@crup.com.cn

通讯地址：北京市海淀区中关村大街甲 59 号文化大厦 1501 室（100872）

管理书社　人大社财会　公共管理与政治学悦读坊